上海寶鋼年鑒

SHANGHAI BAOSTEEL 2002 YEARBOOK

上海社会科学院出版社

2001年6月13日，江泽民总书记等中央领导视察宝钢展示厅

辦世界一流企業

創世界一流水平

江澤民

一九九五年九月十日

编辑说明

《上海宝钢年鉴(2002)》是上海宝钢集团公司第二部大型综合性年度资料工具书。第二部年鉴由集团公司机关各部门和子公司共同编撰，并经各部门、子公司领导审定，由《上海宝钢年鉴》编辑部负责编纂而成。

《上海宝钢年鉴(2002)》所记载的资料内容的时间跨度，一般从2001年1月1日至2001年12月31日止。

《上海宝钢年鉴(2002)》根据行政分工，兼顾分类编辑法要求，共设特载，专记，专文，大事记，概述，规划与战略研究，科研工作，计划财务与审计，综合管理，人事与机构，法律事务，安全、保卫与环保，钢铁企业，多元产业，共产党组织，民主党派组织，群众团体，教育、文化，人物与表彰，附录，索引等21个栏目。主体内容划分为栏目和条目，个别栏目设置分栏目。条目为记述的基本形式，条目标题用黑体字，并加【 】号表示。

《上海宝钢年鉴(2002)》全面、系统地记述了上海宝钢集团公司机关各部门和子公司锐意改革、积极进取的基本情况和重大事项，配有照片、图表，全书力求图文并茂，直观地反映出各单位的新变化、新特点、新成就，为各级领导的科学决策和管理实践提供借鉴与依据，为精神文明建设、物质文明建设提供翔实的资料，为"宝钢人"和社会各界了解、认识、研究上海宝钢集团公司提供真实可靠的史料。

《上海宝钢年鉴(2002)》中，上海宝钢集团公司被简称集团公司或宝钢集团。其他单位名称，在首次出现时用全称，以后一般用简称。每个条目、每项资料后，均注明撰稿人或提供单位，并加(　)号表示。

《上海宝钢年鉴》编辑部

2002年6月

《上海宝钢年鉴》编纂委员会

主　任：徐大铨

副主任：谢企华、关壮民

委　员：（按姓氏笔画排序）

马国强　卞恩君　尹　灏　艾宝俊　关壮民　孙词雄

何文波　欧阳英鹏　赵　昆　赵如月　徐大铨　徐乐江

谢企华　葛红林　戴元永

主　编：关壮民

副主编：徐乐江　尹　灏

执行主编：孙词雄

编辑部主任：孙词雄

《上海宝钢年鉴(2002)》审稿人员

范顺彪　杨爱平　张　淼　潘建德　陈德林　张宝福　陈国君　张维明　李维国

冯爱华　袁恩余　朱树永　樊纯诗　陈鸿庆　倪颂迅　徐宪民　陈云生　官世杰

朱品成　毛英英　卞恩君　翁志华　王光才　袁志鸿　刘成银　沈　珩　倪家荣

许宏钧　史国敏　赵之玉　梁兆贤　邱三龙　吴慧萍　瞿　标　朱洪章　刘　安

张建国　薛锦炜　王　静　王诚翔　王　喆　徐　楠　程志道　冯国城　张志勇

孔祥清　张建群　郎益富　郭　强　赵锁林　唐志勇　魏国瑞　郁　竑　王文仪

朱丁业　赵光华　庞　锐　傅作民

目　录

特　载

专　记

专　文

大 事 记

概 述

规划与战略研究

·规划发展·

·战略研究·

科研工作

·上海宝钢研究院·

人事与机构

·人事管理·

·机构设置·

·就业管理中心·

法律事务

安全、保卫与环保

·安全生产管理·

·信 息 业·

·上海宝信软件股份有限公司·

·化 工 业·

·上海宝钢化工有限公司·

·检测、检修业·

·上海宝钢设备检测公司·

·上海宝钢设备检修有限公司·

·建筑、房地产业·

·上海宝钢建设有限公司·

·上海宝钢房地产经营开发公司·

·旅馆、旅游业·

·宝山宾馆·

共产党组织

·组　　织·

·宣　　传·

民主党派组织

群众团体

·工会组织·

·共青团组织·

·科学技术协会·

·企业管理协会·

附　录

索　引

·小资料·

特载

TEZAI

特　　载

中共中央政治局委员、国务院副总理吴邦国视察宝钢

吴邦国副总理一行视察宝钢股份公司

2001年1月19日下午，中共中央政治局委员、国务院副总理吴邦国在上海市市长徐匡迪陪同下视察宝钢。随同吴邦国视察的有国家计委主任曾培炎、国家经贸委主任盛华仁、国务院副秘书长尤权、国家计委副主任张国宝、交通部部长黄镇东。

下午3时40分，吴邦国到了宝山宾馆，对宝钢领导徐大铨、谢企华、关壮民、李其世、张思明等提出："我想到现场看看三期的大高炉和热轧、冷轧生产线。"

在1550毫米冷轧电工钢生产现场，吴邦国详细了解了设备、工艺及产品质量等情况。当得知电工钢产品的11项主要技术经济指标已有10项达到国外样板厂水平时，吴邦国高兴地连声说好。在1420毫米冷轧成品库，吴邦国听完介绍后，望着银光闪闪的镀锡板感慨地说："过去我们国家生产的'马口铁'只能做做饼干箱、茶叶筒，现在宝钢的镀锡板可以做易拉罐了。"

在三号高炉平台上，吴邦国十分关注地询问了这座中国最大高炉的运行情况。在得知宝钢炼铁的各项经济技术指标已实现世界一流时，吴邦国赞扬道："宝钢就是要多创几个世界一流。"

现场视察结束后，吴邦国在宝山宾馆迎宾厅作了重要指示。吴邦国在对宝钢三期工程给予充分肯定后，希望宝钢在未来的五年里，不但要建成精品基地，而且技术创新一定要取得突破，要形成企业独有的关键技术和核心技术。吴邦国要求宝钢加快建立现代企业制度的步伐，积极筹备境外上市，真正成为严格按现代企业制度运行的、在国际市场上具有强劲竞争力的大企业。

盛华仁指出：1998年11月，在吴邦国副总理亲自推动下，三钢联合组建了上海宝钢集团公司。两年多时间过去了，宝钢不但出色地完成了三期工程建设，而且大集团的建设和发展也取得了成功，最显著的成绩是一钢、浦钢、五钢、梅山等大企业都实现了扭亏为盈。要好好总结，进行推广。

（宝钢史志办公室）

上海市领导徐匡迪、蒋以任节日慰问五钢公司职工

2001年1月30日下午，上海市市长徐匡迪、副市长蒋以任来到宝钢集团上海五钢有限公司，慰问节日坚持生产的干部工人，向大家表示新春佳节的亲切问候。陪同上海市领导慰问五钢公司的宝钢领导有谢企华、关壮民、徐乐江、葛红林、方彝林及宝山区领导乐景彭。

在五钢转炉分厂的炼钢炉前，徐匡迪同坚持生产的一线工人一一亲切握手，并向大家致以节日的问候。随后，徐匡迪等与五钢公司职工进行座谈，并观看了陈列室和100吨大电炉新厂房以及正在规划建设中的

不锈钢长型材基地厂房。

当得知五钢公司已对今年和“十五”期间的发展作出新的规划时，徐匡迪希望五钢公司能搞好发展定位，搞好技术改造，不断更新设备，提高劳动生产率；不仅要把眼光放在国内市场，满足国内市场的需要，而且要扩大产品出口，增强自身的国际竞争力，参与国际市场竞争，为中国成为钢铁强国作出贡献。

（宝钢史志办公室）

原全国人大常委会委员长乔石视察宝钢马迹山码头

2001年4月8日，在浙江省舟山市视察的原全国人大常委会委员长乔石视察了正在热火朝天建设中的宝钢马迹山码头。

宝钢领导许志斌等向乔石介绍了马迹山码头的生产工艺和先进装备，年吞吐能力达600万吨左右，是目前国内最现代化的码头之一。今年底如期建成后，将对宝钢三期工程整体出效益起到重要作用。乔石听后，对宝钢的建设成就给予了高度评价。他握着许志斌的手高兴地说，宝钢人干得不错。

乔石在码头上还兴致勃勃地与宝钢人合影留念。（宝钢史志办公室）

全国政协副主席陈锦华、毛致用等率团视察宝钢

2001年4月22日下午，全国政协副主席陈锦华、毛致用和全国政协常委卢荣景等率团视察宝钢。

徐大铨、谢企华、关壮民、艾宝俊等宝钢领导向全国政协领导、政协委员的到来表示热烈欢迎。

徐大铨在汇报中说，宝钢建设始终得到全国政协、全国人民的支持和关心，宝钢的目标就是多生产钢铁精品，努力跻身世界500强。

全国政协副主席陈锦华、毛致用视察宝钢股份公司

在宝钢领导的陪同下，陈锦华、毛致用、卢荣景等全国政协委员视察了宝钢三期码头和冷轧、热轧单元。一路上，他们对宝钢厂区绿化、生态环境给予充分肯定。

在1550毫米冷轧现场，陈锦华通过记者转告宝钢职工，向大家问好。第一次来到宝钢的毛致用连连点头称赞：“宝钢搞得很好，这次来宝钢很值得。”

（宝钢史志办公室）

中共中央总书记、国家主席、中央军委主席江泽民视察宝钢

2001年6月13日上午，中共中央总书记、国家主席、中央军委主席江泽民，在出席“上海合作组织”成员国元首会晤期间，专程到宝钢进行了工作视察。

陪同江泽民视察宝钢的有中共中央政治局委员、国务院副总理钱其琛，中共中央政治局委员、上海市

江泽民总书记在视察宝钢时，与宝钢职工亲切握手

委书记黄菊，中共中央政治局候补委员、书记处书记、中组部部长曾庆红，上海市市长徐匡迪，中央有关部门负责人王刚、华建敏、由喜贵、王沪宁、贾廷安等。

9时30分，江泽民首先来到宝钢技术中心大楼，观看了介绍宝钢建设、改革和发展的电视专题片，并听取上海宝钢集团公司董事长徐大铨关于宝钢三期工程建设和上海宝钢重组的工作汇报，上海宝钢集团公司总经理谢企华、党委书记关壮民也汇报了有关工作。当了解到宝钢已发展成为具有1000万吨级生产规模的现代化钢铁企业，同时上海地区钢铁企业重组亦赢得良好发展时，江泽民高兴地称好。

随后，江泽民一行在宝钢领导的陪同下，参观了宝钢股份公司厂区，他对厂区的绿化和良好的生态环境给予了赞扬。在三期1550毫米冷轧热镀锌机组生产现场，江泽民了解了工艺水平、电气设备国产化和生产运行情况，并与现场的干部、职工亲切握手。

江泽民还参观了宝钢展示厅，仔细观看了厅内所陈列的琳琅满目的钢铁精品和延伸产品实物。江泽民指出：宝钢产品的发展天地很大，宝钢要坚持朝着“办世界一流企业，创世界一流水平”的方向努力，集中精力抓好主要方面，搞好钢铁精品基地的建设。

最后，江泽民与上海宝钢集团公司、部分子公司的领导和宝钢历任老领导合影留念。

（宝钢史志办公室）

中共中央政治局常委、国务院总理朱镕基参观宝钢展台

2001年6月21日晚上8时30分，中共中央政治局常委、国务院总理朱镕基参观了由国家经贸委、中宣部等共同主办的国企改革与发展暨技术创新成果展览会的宝钢展台。

朱镕基来到综合馆的宝钢展台，和早已迎候在那里的上海宝钢集团公司党委书记关壮民亲切握手。朱镕基看着展台上出自宝钢集团各子公司的拳头产品，笑着对关壮民说，去年宝钢上市成功，又筹到了一大笔发展资金。关壮民向朱镕基汇报说，宝钢争取早日在境外上市。朱镕基高兴地说，很好！

朱镕基总理在展台前与关壮民书记亲切交谈

在创新馆参观时，朱镕基来到宝钢展示六大创新成果的展台前细细观看。此时，展台的大型

触摸屏上显示出1986年朱镕基任上海市长时视察宝钢的情景。在听取关壮民有关宝钢创新工作的汇报后，朱镕基希望宝钢要坚定不移地按照中央的精神，朝着把集团做高做强的方向继续努力。

（宝钢史志办公室）

中共中央政治局常委、国务院副总理李岚清，中共中央政治局委员、国务院副总理温家宝参观宝钢展台

李岚清副总理在展台前听关壮民书记介绍

2001年6月21日晚，中共中央政治局常委、国务院副总理李岚清和中共中央政治局委员、国务院副总理温家宝一起参观了由国家经贸委、中宣部等共同主办的国企改革与发展暨技术创新成果展览会的宝钢展台。

在参观过程中，李岚清、温家宝等对宝钢的创新成果很关注。温家宝向关壮民了解目前宝钢在国际同行中的地位，以及下一步的发展目标。关壮民说，宝钢已进入世界冶金10强之列，宝钢的努力方向是建成六大精品基地，早日进入世界500强。温家宝听后露出赞许的笑容。

（宝钢史志办公室）

中共中央政治局常委、全国人大常委会委员长李鹏参观宝钢展台

2001年6月26日晚，中共中央政治局常委、全国人大常委会委员长李鹏参观了由国家经贸委、中宣部等共同主办的国企改革与发展暨技术创新成果展览会的宝钢展台。

李鹏来到综合馆中的宝钢展台前，与迎上前去的上海宝钢集团公司总经理谢企华亲切握手。李鹏看着旋转的展台上由钢铁精品制成的各类产品问谢企华，宝钢的钢板最薄能轧到多少？谢企华指着展台上的可口可乐易拉罐说，这就是用宝钢镀锡板冲压出来的。李鹏说，宝钢的钢材能制造易拉罐了！接着，李鹏又关心地问起宝钢新项目的建设情况和无缝钢管的生产情况，谢企华一一作了汇报。

谢企华总经理陪同李鹏委员长参观宝钢展台

随后，谢企华又陪同李鹏来到创新馆中的宝钢展台前，展台的大幅触摸屏上显示出李鹏于1990年为宝钢二期工程投产仪式剪彩时的情景。在管线钢展品前，谢企华向李鹏汇报了宝钢承担西气东输工程高等级管线钢的生产任务。李鹏听后鼓励说，管线钢市场前景很广阔，

宝钢一定要干好。

（宝钢史志办公室）

上海市政协王力平等领导到宝钢调研

2001年8月23日上午，上海市政协主席王力平，副主席朱达人，中共上海市委常委、统战部部长、政协副主席黄跃金，政协副主席王生洪、谢丽娟、刘恒椽、俞云波、黄关从等来宝钢考察。

宝钢股份公司总经理艾宝俊、党委书记欧阳英鹏、工会主席朱义明，原宝钢三期工程副指挥杨广、曹亦芳等在宝山宾馆迎候市政协领导一行。在宝钢股份公司领导陪同下，王力平一行参观了宝钢三期原料码头、1580毫米热轧、1550毫米冷轧热镀锌机组、1420毫米冷轧等生产现场。

在宝山宾馆迎宾厅，艾宝俊、欧阳英鹏等就宝钢三期工程的主要设施、建设规模，三期工程的资金来源和使用、工程设计与施工、生产准备与试生产，三期工程顺利通过国家验收，企业的精神文明建设，宝钢的发展规划和未来战略目标等，向市政协领导作了较为详细的汇报。并就市政协领导们提出的企业内部管理、人才培养、节约工程建设投资、企业应对市场竞争等方面的问题，一一作了回答。市政协领导们听后频频点头，对宝钢在科技创新、体制创新、管理创新、人才培养、环保绿化、社会贡献等方面所取得的新成果，给予了高度评价。

（宝钢史志办公室）

上海市领导徐匡迪、韩正视察克虏伯不锈钢工程现场

2001年10月11日上午，中共上海市委副书记、市长徐匡迪，市委常委、副市长韩正，在上海宝钢集团公司领导徐大铨、尹灏、葛红林陪同下，视察了正在为正式投产作最后准备工作的上海克虏伯不锈钢工程现场。徐匡迪要求各方面全力以赴，确保作为上海市重点工程之一的克虏伯不锈钢工程一次投产成功。

在视察中，徐匡迪等详细听取了徐大铨及德方负责人就工程质量和进度、生产施工准备、人员技术培训、未来产品市场前景等方面情况的汇报，并仔细察看了整个机组和关键工艺设备。当得知公司现有原材料的采购渠道后，徐匡迪要求合资双方在确保一流质量的同时，必须树立竞争意识，尽可能地实现属地化采购或就近采购，以利于将来降低成本和提高产品的市场竞争力。

徐匡迪最后强调，一流的不锈钢生产基地必须要有一流的环境作保障。他希望合资双方抓紧11月上旬竣工投产前最后三个星期的宝贵时间，积极调整、完善设备工艺，不断提高试制产品质量，大力整顿、清理厂房和周边环境，力求在下月初的开工典礼上，将一个厂区环境洁净优美、产品质量世界一流的全新不锈钢企业，呈现在中外宾客面前。

（宝钢史志办公室）

专记

ZHUANJI

专　记

宝钢三期工程竣工通过验收

宝钢三期工程竣工验收大会会场

宝钢建设是中国钢铁工业发展史上一件大事，宝钢三期工程是一个重要里程碑，党中央、国务院非常重视。按照必要的基建工程验收程序，经过国家级验收委员会一年多辛苦工作，已完成各项专业性验收，使宝钢三期工程具备了总体验收条件。

2001年5月14日上午，宝钢三期工程验收委员会的委员们在检查宝钢三期工程现场后，还观看了宝钢三期工程情况的介绍录像并听取了验收委员会副秘书长、宝钢三期指挥部指挥许志斌的汇报，大家对宝钢三期工程给予充分肯定，提出许多宝贵的意见，并在验收报告上签字。

下午，宝钢三期工程验收委员会在宝山宾馆举行全体会议，原则通过了宝钢三期工程竣工验收。

验收委员会特别顾问、原冶金部部长、宝钢三期工程国务院代表李东治，验收委员会主任、国家发展计划委员会副主任张国宝，验收委员会副主任、上海市副市长蒋以任，验收委员会顾问、原宝钢集团董事长黎明，验收委员会顾问、国家计委顾问石启荣，验收委员会副秘书长、上海宝钢集团公司总经理谢企华，验收委员会副秘书长、上海市计委副主任程光等出席了会议。验收委员会秘书长、国家计委产业发展司司长刘铁男主持会议。

验收委员会主任张国宝在会上对委员们的辛勤工作表示感谢。他说，宝钢三期工程的投资是近期国内最大的，三期建成后宝钢的年产可以达到1100万吨钢，宝钢三期工程确实是中国钢铁工业发展史上的一件重大事情。他还说，如果中国多有几个像宝钢这样的企业，中国工业就有了脊梁。

5月15日，宝钢三期工程竣工验收大会在宝山宾馆举行。中共中央政治局委员、国务院副总理吴邦国，中共中央政治局委员、上海市委书记黄菊，国务院代表、宝钢三期工程验收委员会特别顾问李东治，国家经贸委主任李荣融和上海市市长徐匡迪以及验收委员会全体成员、宝钢有关部门代表等出席大会。上海宝钢集团公司总经理谢企华作了宝钢三期工程建设情况的汇报。吴邦国在大会上发表了重要讲话，指出宝钢三期工程与一、二期工程相比，具有四个显著特点：一是工程建设资金主要靠企业自筹；二是工程设备国产化水平高；三是产品的技术含量高、附加值大；四是企业重视改制与工程建设同步进行。同时要求上海宝钢集团公司要进一步增强紧迫感和责任感，将三期工程竣工投产作为新世纪发展的新起点，按照江泽民总书记“办世界一流企业，创世界一流水平”的要求，加快改制和创新步伐，在管理上狠下功夫，以更加积极的姿态迎接中国加入世界贸易组织和经济全球化的挑战，为中国现代化建设作出新的贡献。

（宝钢史志办公室）

上海宝钢联合重组经验座谈会

2001年5月15～16日，国家经贸委在上海宝钢举行“上海宝钢集团联合重组经验座谈会”，国务院有关部委领导，全国10个省、市领导和全国20家大型企业集团、大公司企业家100余人参加了座谈会。在会上，上海宝钢集团公司董事长徐大铨作了题为“组建企业集团，发挥联合优势，建设钢铁精品基地，增强国际竞争实力”的交流发言；国家经贸委主任李荣融作了题为“认清责任，努力工作，培育和发展具有国际竞争力的大型企业集团”的报告；中共中央政治局委员、国务院副总理吴邦国就国有企业改革、发展和组建大企业集团，提升国际竞争力等问题作了重要讲话。吴邦国指出：要全面准确理解和认真贯彻落实中央关于国有企业改革和发展的一系列方针政策，坚定搞好国有企业的信心，将认识进一步统一到党的十五大和十五届四中、五中全会精神上来，使国有企业改革和发展沿着正确的方向积极稳妥地向前推进。

吴邦国说，当前国有企业改革和发展总的形势是好的。国有企业改革与脱困三年目标已基本实现，企业经济效益大幅度提高，结构进一步优化，公司制改革全面展开，我们已经探索一条符合中国国情的国有企业改革和发展的路子。他强调，实践充分证明，中央关于国有企业改革和发展的一系列方针政策是完全正确的，国有企业是可以搞好的，公有制与市场经济是可以有效结合的，国有经济在社会主义市场经济条件下有广阔的发展空间。

吴邦国指出，近几年来各地区、各部门和企业按照党的十五大和十五届四中全会精神，结合实际，积极探索，在深化国有企业改革，促进国有企业发展方面作了大量工作，取得了明显成效。同时，我们也要清醒地看到，有的地方也出现一些值得重视的倾向性问题。如，将国有企业改革简单地演绎为“国退民进”，笼统地说“国有企业要从一切竞争性领域退出”；有的把国有资产“置换”为集体资产，将国有资产无偿或变相无偿量化给个人；有的搞半卖半送“一卖了之”、“一送了之”等等，这些是完全违背中央精神的，必须坚决加以纠正，制止这种错误倾向蔓延。他要求，各级领导干部要认真学习、全面准确地理解中央关于国有企业改革和发展的一系列方针政策，把思想认识真正统一到党的十五大和十五届四中、五中全会精神上来，增强搞好国有企业的信心，在一些重大的、原则性的问题上保持清醒头脑，决不能有任何含糊。

上海宝钢集团联合重组经验座谈会会场

吴邦国强调，着眼于从根本上搞好国有经济，对国有经济布局进行战略性调整，对国有企业实施战略性改组，是党的十五大和十五届四中全会作出的重大决策，是国有企业改革和发展在理论上的突破、实践上的创新和工作指导上的一大转变。国有经济在国民经济中起主导作用，是由中国的社会主义性质决定的，在社会主义市场经济条件下，这种主导作用主要体现在国有经济控制力上。他指出，从战略上调整国有经济布局，要同产业结构的优化升级和所有制结构的调整完善结合起来，坚持有进有退，有所为有所不为。这是针对国有经济分布过宽、整体素质不高、资源配置不合理的问题而提出来的，是为了更好地发挥国有经济在国民经济中的主导作用，也是坚持和完善社会主义公有制为主体、多种所有制经济共同发展的基本经济制度的客观要求。他强调，进与退、为与不为，是一个有机的整体。"进"和"有所为"是发展，"退"和"有所不为"也是为了更好地发展。目的都是为了增强国有经济的控制力，提高国有经济的质量，更好地发挥国有经济在国民经济中的主导作用。要全面理解，并在实际工作中切实把握好三个问题:

一是要促进优势国有企业特别是国有大公司和企业集团加快发展壮大，更好地发挥国有经济在国民经济中的主导作用。国有企业是国民经济的支柱，是国家财政收入的主要来源，也是参与国际竞争的主力军。国有经济要在关系国民经济命脉的重要行业和关键领域中占支配地位，支撑、引导和带动整个社会经济的发展，在实现国家宏观调控目标中发挥重要作用。要通过兼并、联合、重组等形式，形成一批拥有自主知识产权、主业突出、核心能力强、具有国际竞争力的大公司和企业集团，发挥他们在资本营运、资源配置、技术创新、市场开拓等方面的优势，增强国有经济的竞争力和控制力。发展企业集团，要遵循客观经济规律，以企业为主体，以资本为纽带，通过市场来形成，不能靠行政手段撮合、搞"拉郎配"。要在突出主业、增强竞争优势上下功夫。要选择一批具备条件的大企业，经过重组改制，到境外资本市场上市。通过重组上市，不仅可以筹集资金，调整优化企业资本结构，找到与世界一流企业在技术、管理等方面的差距，更重要的是为企业制度创新、技术创新和管理创新增添外在的压力和内在的动力。

二是要通过战略性调整，优化国有经济分布，提高国有经济整体质量。国有经济在重要行业和关键领域中占支配地位，需要保持必要的数量和比重，否则就谈不上控制力、影响力和带动力。但如果国有经济没有分布的优化和整体质量的提高，仅仅靠数量和比重是很难发挥其主导作用的，这是量和质的统一。随着国民经济的发展和经济结构的调整，国有经济在不同产业和地区分布还会有所变化，在整个国民经济中的比重可能会有所减少，但整体素质会进一步提高，分布更加合理，国有经济的控制力和竞争力会得到进一步增强。要建立和完善劣势企业的退出通道，把退出通道的建立与实现"两个确保"和完善社会保障体系结合起来，使产品没有市场、长期亏损、扭亏无望的企业和资源枯竭的矿山有序退出市场，形成优胜劣汰机制，这也是从战略上调整国有经济布局的一个重要方面。通过主动退出和积极调整，集中力量，加强重点，实现国有经济分布的优化和质量提高。

三是通过发展股份制，增强国有经济的控制力、影响力和带动力，这是推进国有经济布局战略性调整的重要途径。国有经济的作用既要通过国有独资企业来实现，更要大力发展股份制，探索通过国有控股和参股企业来实现。对国有企业进行规范的股份制改革，可以使国有资本吸引、调动和组织更多的社会资本，放大国有资本的功能。股份制改革是一项政策性很强的工作，涉及所有者权益、职工安置、债务处理等复杂问题，要依照法律和国家有关政策规范操作，确保出资人的权益不受侵害，职工和债权人合法权益得到有效保护。今后，要进一步鼓励国有大中型企业尤其是优势企业通过规范上市、中外合资、相互持股等多种形式，改制为股份制企业，发展混合所有制经济，重要的企业由国家控股，更好地发挥国有经济在国民经济中的主导作用。

（宝钢史志办公室）

上海宝钢四家债转股公司成立

2001年6月29日，由上海宝钢集团公司、宝钢集团浦钢公司、宝钢集团梅山公司与中国华融、中国信达和东方资产管理公司共同组建的债转股公司——宝钢集团上海第一钢铁有限公司、上海三钢有限责任公司、宝钢集团上海五钢有限公司和上海梅山钢铁股份有限公司挂牌成立。这是上海首批由原来国有独资有限责任公司转变为多元投资的有限责任公司，债转股总金额达66.55亿元。

上海市副市长蒋以任，上海市经委副主任徐逸波，华融公司总裁杨家思，信达公司投资部主任王海军，东方公司上海办事处总经理苏德昌，上海宝钢集团公司领导徐大铨、谢企华、关壮民共同为四家新公司成立揭牌。集团公司尹灏、何文波、葛红林、戴元永、张思明、赵昆等领导出席揭牌仪式，宝钢领导马国强主持仪式。

据了解，华融、信达、东方资产等管理公司，国家开发银行，南京市投资公司，南京钢铁公司等单位今后将作为这四家新公司股东；参加企业董事会和监事会，参与企业重大决策。四家新公司已按《公司法》规定，组建董事会、监事会，明确经理层领导班子成员。

谢企华总经理在揭牌仪式上代表上海宝钢集团公司要求四家新公司牢记江总书记两个“世界一流”的题词和宝钢的使命，加强企业管理，强化法人治理结构建设，牢固树立实施精品战略的发展观，切实抓好技术创新、新品开发和人才开发培养工程，乘势而上，为早日把上海宝钢建成钢铁精品基地作出应有的贡献。

蒋以任充分肯定宝钢联合重组两年多来取得的各项成绩，希望宝钢和各金融投资公司抓住这次上海首批债转股公司成立的机遇，进一步促进国企机制转换，建立现代企业制度和法人治理结构，给企业带来新的生机和活力，促进中国钢铁业的发展。

（宝钢史志办公室）

上海宝钢“三讲”学习教育活动

2001年7月13日，上海宝钢集团公司在宝钢大厦召开“三讲”学习教育活动动员大会，宝钢“三讲”领导小组组长、集团公司党委书记关壮民作了动员报告，集团公司董事长徐大铨、总经理谢企华分别作了讲话，中央组织部“三讲”指导检查组组长李克成作重要讲话。这标志着集团公司机关开展为期一个月的“三讲”集中学习教育活动正式开始。在整个“三讲”学习教育活动中，先后组织举行了20多次征求意见、评议讨论座谈会，共有干部职工300多人参加，大家就影响企业改革与发展的突出问题，提出了900余条意见和建议，汇总各项书面材料近12万字。在认真梳理和深刻分析基础上，领导班子查摆出影响企业改革和发展的主要问题有四大方面：企业发展战略规划系统性不够；深化改革步子不大；企业技术创新能力差距较大；领导班子的整体合力发挥不够，共11条51项整改内容。这些整改项目在11月底已完成7项，12月底完成了17项。另拟定各类制度35项，年内已有17项以文件形式下发至各单位，其余的制度正处于征求意见和讨论修改阶段。

2001年9～10月，27家子公司根据集团公司党委的统一安排和要求，扎实地抓好“三讲”和“三个代表”的学习教育活动。通过听意见，摆问题，自我剖析，调查研究，统一思想，提高认识，各子公司领导班子成员的思想作风建设有了较大的提高。学习和实践“三个代表”重要思想的自觉性明显增强，对影响本企业改革和发展的突出问题有了清醒认识，提出切实可行的整改方案，明确下一步工作的努力方向，增强实现“两个世界一流”的责任感、光荣感和使命感。

上海宝钢集团公司及各子公司通过学习理论，查摆问题，认真分析，制定措施，落实整改，高质量、高标准地按中央关于国有大中型企业开展“三讲”学习教育活动的要求，顺利推进各步骤的工作，取得了较好的成效。

中组部“三讲”活动指导检查组对于宝钢干部职工在“三讲”活动中所体现出来的精神风貌、高度负责的参与意识和高水平的参与能力等，都给予很高评价。集团公司党委认为，宝钢的干部职工在“三讲”活动中所体现出来的五种精神，对宝钢的改革与发展具有重要意义，应当发扬光大。

一、高起点的创新图强精神。这次“三讲”活动之所以成功，一个重要前提，就是以“三个代表”重要思想贯穿其始终，站在加快“两个基地”建设、成为世界500强、实现两个“世界一流”目标的高度，心系全局、着眼长远，识大体、议大事，目标一致向前看；做到无论是学理论、谈体会，帮助领导自我剖析，还是摆问题、提建议、议整改都是为了创新革弊，“做高做强”，为宝钢的“三讲”活动营造一个积极向上、锐意进取的良好氛围与环境。这种氛围与环境，不仅是“三讲”活动的重要前提，也是今后宝钢的改革与发展不断深入的重要前提。只有始终站在这个高起点上，才能凝聚人心、鼓舞士气，团结带领广大干部职工不断创新图强。

二、高标准的苛求精神。宝钢的改革与发展，中央始终高度关注，对取得的每一重大进展，都予以充分肯定。在听取意见的过程中，宝钢的干部职工不否认领导班子及成员的工作业绩，但同时又指出，与实现两个“世界一流”的目标还有很大差距，是影响宝钢改革与发展、必须切实整改的突出问题，因此没有丝毫可以满足的理由。这种严格要求，近乎苛求的精神，使领导班子深受触动，清醒地意识到只有把宝钢放在实践“三个代表”重要思想的历史使命上，放在两个“世界一流”的坐标体系上，才能认清自我、摆正位置，反骄破满、克服“骄气和娇气”，改进提高，自强不息，不辱使命，保持旺盛的生机和活力。

三、高度负责的民主精神。在“三讲”活动期间的座谈会上，干部职工的代表敢于面对领导，说出平时想说却又不愿意说的真话、实话。在确定整改目标的过程中，干部职工站在利益共同体的立场上，广开言路、群策群力，充分显示自己的聪明才智。在领导班子及成员的自我总结大会和班子民主生活会上，自我批评、开诚布公；相互批评、尖锐中肯；入情入理、与人为善。形成这一良好氛围的重要原因，是在于宝钢的干部职工和领导班子成员对宝钢建设大业、对党和国家寄予的厚望，以及对同志的高度负责精神。有了这种精神，就可以胸怀坦荡、打消顾虑，拿起批评和自我批评的武器，使宝钢的各级领导班子思想得到沟通，感情得以融洽，矛盾得到化解，提高班子的凝聚力和战斗力，增进一班人的团结和合力；有了这种精神，使职工参与企业民主管理的渠道进一步拓宽，参与的面更广、度更深、水平更高，使全心全意依靠工人阶级办好企业的政治原则得到更好地落实。

四、高度统一的合作精神。在“三讲”活动中，宝钢上下在认识上、目标上、计划上、组织上达到高度统一。在“三讲”活动“两不误、两促进”的原则要求下，集团公司全面动员，形成一个有序推进、高效运作的的工作系统。宝钢的第一责任人和第一责任集体以及领导班子成员思想、工作到位；“三讲”活动领导小组和办公室全力以赴，日以继夜超负荷工作；集团公司各有关部室高度协调、密切配合；广大干部群众广泛发动、积极参与。由于具备这种高度统一的合作精神，才使宝钢不折不扣，严格规范地完成这次“三讲”任务。这种精神不仅体现于“三讲”活动，也体现于宝钢的各项工作中。发展战略规划的制定与实施、集团管理体系模式的确定、各种资源的优化与整合、综合竞争力的提升、企业党建的加强与改进、集团文化体系的构建与管理等等，都必须同心协力、步调划一、上下互动、紧密合作才能奏效。

五、高质量的求是精神。“三讲”活动中，无论是干部职工评议领导班子及成员、提出整改意见，还是领导班子及成员自我剖析、开展批评与自我批评、确定整改方案，活动的各个环节都严格按照中组部的要求，坚持高标准、高质量，坚持一切从宝钢的实际出发，解放思想，实事求是，求真务实，重在求是。做到恰如其分、通情达理，不泛泛而谈，不说过头话；做到抓住本质、切准要害，不避重就轻、不得过且过。确保“三讲”活动的高标准、高质量，严格、规范地完成预定计划。这种精神也是进入新世纪的宝钢人所必备的，在今后改革与发展的过程中，宝钢将面对很多难题和障碍，从成为世界500强到实现两个“世界一流”的最终目标，将应对诸多严峻挑战，这需要宝钢人立足本职，人人坚持一流的工作标准，求真务实，埋头苦干。

宝钢“三讲”活动中所体现出来的这五种精神，来源于干部职工的实践和创造。领导干部、尤其是党政主要领导必须带头发扬五种精神。使五种精神的宣传和贯彻更具体、实在，更贴近本单位的实际，切实搞好整改，进而巩固和扩大“三讲”集中学习教育活动的成果，加快建设“两个基地”、实现两个“世界一流”目标的步伐，不辱使命、不负众望，使宝钢的各项工作进入新起点、达到新高度、开创新局面。

（宝钢史志办公室）

隆重纪念中国共产党成立80周年

6月28日下午，上海宝钢集团公司纪念中国共产党成立80周年大会在宝钢文化中心隆重召开。集团公司党委书记关壮民在会上号召广大党员干部职工在中国共产党的领导下，按照“三个代表”的要求，进一步树立光荣感、责任感、紧迫感、危机感和使命感，继往开来，团结奋进，以宝钢两个文明的优异成绩，为党旗再添光彩。

徐大铨、谢企华、关壮民、尹灏、何文波、葛红林、戴元永、欧阳英鹏、赵如月、张思明、沈成孝、郭廉高、曹亦芳、赵昆、马国强、卞恩君等领导和黎明、朱尔沛、韩清泉、张浩波、寒力、王佩洲等老领导出席大会。大会由集团公司党委副书记尹灏主持。

20名新党员代表在会上进行庄严的入党宣誓。谢企华宣读《关于命名先进基层党组织、优秀共产党员标兵、优秀共产党员、优秀党务工作者的决定》。宝钢股份公司党委等12个先进基层党组织、单旭沂等10名优秀共产党员标兵、余学文等86名优秀共产党员和陆振家等10名优秀党务工作者受到表彰。

会上，关壮民作重要讲话。他指出，当前，上海宝钢集团公司正处于承前启后、继往开来的重要发展时期。我们要按照“三个代表”的要求，积极推进宝钢各项建设，引导和教育党员干部职工，必须自觉地从“办世界一流企业、创世界一流水平”出发，以把宝钢建设成钢铁精品基地，早日跻身世界500强的优异成绩来体现先进生产力发展要求的代表；必须自觉地抵制腐朽思想的侵蚀，同各种错误思潮、唯心主义、形而上学、伪科学作坚决的斗争，培育积极向上的有宝钢特色的企业文化，以精神文明建设的丰硕成果来体现先进文化前进方向的代表；必须自觉地坚持全心全意为人民

在集团公司纪念中国共产党成立80周年大会上的文艺演出

服务的宗旨，把党和人民的利益摆在高于一切的位置，心里装着职工群众，充分尊重职工群众意愿，保障职工群众的民主权利，关心职工群众的疾苦，以热心帮助、切实解决职工们的实际困难和问题，多做实事，忠实体现最广大人民根本利益的代表。

关壮民要求各级党组织增强责任，不辱使命，努力推进钢铁精品基地建设；开拓进取，勇于创新，积极营造增强竞争力的企业文化；牢记宗旨，奋发图强，全心全意依靠职工办好企业。他说，面向21世纪，各级党组织要牢记使命，瞄准目标，推动技术进步，加快人才培养，“办世界一流企业，创世界一流水平”；每一个共产党员要坚持“三讲”，不断学习，提高本领，增强竞争力，真正把上海宝钢做高做强。

一台“阳光灿烂炉火红”专场文艺演出，表达宝钢人歌颂“共产党好，社会主义好，改革开放好”的炽热感情。来自集团公司各单位的老、中、青演员们充满激情的演出，赢得阵阵掌声。演出前后，台上台下齐声高歌《没有共产党就没有新中国》、《团结就是力量》，把大会的热烈气氛推向高潮。

（宝钢史志办公室）

宝钢绿化生态效益70亿元

2001年10月，复旦大学、华东师范大学等专家组成联合评审小组，对宝钢股份公司生态绿地资源进行系统调查、全面评估：1989年到2000年，宝钢生态绿化年均创效益7.2亿元，生态总资产超过70亿元，一座“绿色银行”正在宝钢建成。

宝钢坚持可持续发展战略，在园林绿化的生态建设上走在同行乃至全国的前列。自建厂之初，宝钢就十分重视生态环境的保护，坚持绿化和工程建设同步进行，实行全过程的污染控制。经过20多年的努力，宝钢已建成为世界一流的生态园林型工厂，其绿化质量、绿地环境、绿化覆盖率、绿化社会效益都达到国内外先进水平。1998年，宝钢率先在全国钢铁企业中通过ISO14001环境贯标。专家统计，截至2000年底，宝钢的绿化面积已达到933万平方米，绿化覆盖率达44.7%，人均绿化面积为537平方米。据现有资料显示，新日铁的绿化覆盖率为18%，浦项光阳厂的绿化覆盖率为31%。联合国规定的“绿色城市”标准为人均绿化面积60平方米。

目前，在宝钢的绿地生态系统中，有乔木、灌木等111个科目560种树木，构成道路绿地、防护林带、特色园林、环保型绿地、观赏型绿地等错落有致的生态园林环境。引来画眉、猫头鹰、蓝翡翠等共84种鸟类在这里栖息繁殖。

据复旦大学教授、博士生导师王祥荣介绍，研究宝钢的绿地生态价值，采取现场调研取样、航空遥感技术、计算机仪器测试等方法，对宝钢的绿地植物、微生物和土壤等进行全面的生态评估。如此全面的生态评估在中国大型企业中尚属首次。本次的研究调查结果表明：宝钢的绿化投入达5.17亿元，绿地所有植物的直接效益（市场价值）共为11.95亿元，绿地间接效益（生态效益）共为58.2亿元，生态资产总价值为70.24亿元，产生效益为投入费用的13.58倍。

（宝钢史志办公室）

中英企业国际研讨会在宝钢举行

2001年11月20日始，为期三天的第五届中英企业国际研讨会在上海宝钢集团公司隆重开幕。本次研讨会的主题是：公司治理结构与提高企业竞争力。国家经贸委秘书长侯云春、上海宝钢集团公司总经理谢企华等以及欧洲圆桌会议副主席、前英国石油公司总裁大卫·西门爵士等出席研讨会并作重要演讲。来自中英两国二百余家大型企业高层管理人员参加研讨会。

由中国国家经贸委、中方企业联合体同英国贸工部、英方企业联合体联合举办的每年一次的中英企业国际研讨会，旨在促进中英两国企业界的交流与合作，也是中国国家经贸委和英国贸工部共同组织实施的“中英五年国际合作培训计划”的主要内容之一。历届研讨会均以中英双方共同关心的企业管理课题为主题内容。

谢企华总经理在第五届中英企业国际研讨会上演讲

侯云春在大会主题发言中指出，公司法人治理是当前受到国际企业界普遍重视的课题，是中国企业加入WTO后必须面对的重要问题，也是中国企业改革和发展需要积极探索的重要课题。完善公司法人治理，加快现代企业制度建设，要借鉴国际上的成功经验和通行做法，要按照“产权明晰，权责明确，政企分开，管理科学”的现代企业制度要求，加快形成股东会、董事会、监事会和经理层，各负其责、协调运转、有效制衡，具体要从“创造前提、健全制度、改善环境、规范运作”四个方面作出切实努力。

谢企华作为中方企业代表之一，率先作题为“培育核心竞争能力，实现企业可持续发展”的演讲。她在演讲中谈到，在“十五”期间，宝钢的战略目标是建成一个以钢铁业为主、多业并举的，融实业、贸易业和金融业为一体的大型跨国公司，成为世界500强。为此，宝钢将通过全面创新，培育和拓展企业核心竞争能力；通过大力开展资本经营和国际化经营，与上下游企业以及国内外竞争对手形成战略联盟，力求在全球获取生存和发展空间。她表示，宝钢将继续吸纳国际先进企业的先进经验，并希望和与会的英国企业、国内企业精诚合作，在合作中取得企业的共同发展，实现共赢。

在研讨会期间，中国海洋石油有限公司总裁傅成玉、中国远洋运输集团公司总裁魏家福、东方航空集团公司总裁叶毅干、许继集团公司总经理王纪年、跃进汽车集团公司总经理助理俞建伟等和来自英国贸工部、渣打银行、毕马威会计师事务所、普华甬道会计师事务所等英方企业的高层管理人员就完善公司法人治理与加强企业财务管理、企业法制化建设等作精彩演讲。　　（宝钢史志办公室）

中国南极长城站宝钢楼建成

2001年4月16日，宝钢赠建“中国南极长城站宝钢楼”签字仪式在停泊于黄浦江畔的中国极地科学考察船“雪龙号”上举行。上海宝钢集团公司总经理、宝钢股份公司董事长谢企华在赠建仪式上表示，宝钢将通过这一赠建活动，推动宝钢职工学习中国极地科学考察工作者热爱祖国、热爱科学、热爱事业、无私奉献的高尚品质，为建设有宝钢特色的企业文化，为把宝钢股份公司建成全球最具竞争力的钢铁企业而努力奋斗。宝钢股份公司总经理艾宝俊和国家海洋局极地考察办公室主任陈立奇代表双方签字。欧阳英鹏、李海平、赵周礼、叶国平、徐楠等宝钢领导出席签字仪式。

2001年11月15日，“宝钢楼”随“雪龙号”极地考察船从上海浦东新华码头启运南极，2001年12月

宝山钢铁股份有限公司赠建的“中国南极长城站宝钢楼”

20日奠基。负责安装施工的8位宝钢建筑维修公司员工随“雪龙号”抵达南极后，连夜组织卸货。他们在极其艰苦的条件下，充分发扬宝钢人团结协作、乐于奉献的精神，日夜轮班作业，甚至连春节期间也没有休息一天，以最快的施工速度、一流的工程质量，赢得南极长城站领导和驻南极各友邻站科学家的交口称赞。

2002年2月21日，“中国南极长城站宝钢楼”终于落成了，上海宝钢集团公司总经理谢企华题写了楼名。

落成仪式由中国南极长城站站长董利主持。国务院办公厅雷武科局长、国家海洋局陈连增副局长为“中国南极长城站宝钢楼”揭牌。中央有关部委、国家海洋局、极地办领导，第18次南极科考队的代表，宝钢施工人员，南极智利站、俄罗斯站、乌拉圭站、韩国站的站长及代表等出席落成仪式。

陈连增在落成仪式上讲话，对“宝钢楼”的建设给予高度评价。他说，“宝钢楼”的建造寄予了宝钢几万名钢铁工人对中国南极考察事业的一片深情。宝钢的参与，增强了南极考察的活力，为完善中国南极考察探索出一条新路，对长城站的基础设施建设起到积极的推动作用。

“宝钢楼”是南极长城站的发电楼，总面积470平方米，采用宝钢最新研制开发出的氟碳彩钢聚氨脂夹芯板建造，具有保温、隔热、阻燃、隔音、自重轻、稳定性强等特点。夹芯板色彩鲜艳、不易褪色，外表美观、平整，无须再装饰。“宝钢楼”由宝钢自行设计、生产、安装，工程总价200多万元，集美观性与实用性于一体，成为南极一道亮丽的风景线。

（宝钢史志办公室）

专文

ZHUANWEN

专 文

竞争与合作——迎接中国入世 融入全球经济

徐大铨

很荣幸受邀参加第六届世界华商大会，并与各位一起就“经济全球化：机遇与挑战”这一主题进行交流。

竞争与合作的发展，必然导致经济全球化。我国从单边和多边的贸易合作到申请加入世界贸易组织，正是为了适应经济全球化的趋势，参与国际竞争，融入世界经济主流。

贸易和投资自由化虽然表现为一种政策取向或政府间的多边协议，但贸易和投资自由化及其带来的经济全球化是由企业推动。尤其是跨国公司是经济全球化的主体，并决定了世界经济竞争的特点，这些特点表现在：

第一，经济全球化背景下的国与国之间的竞争在一定程度体现为跨国公司之间的竞争。一个国家如果没有一批具有国际竞争力的跨国公司，那么在经济全球化的浪潮中将处于不利地位。

第二，跨国公司之间的竞争加剧了产业的集中度，在某一产业内，几家大型企业决定着该产业的技术线路和发展前景。

第三，当市场集中到一定的程度，实力相当的大公司之间的合作就成为一种必要的发展方式。近年来，企业之间的战略联盟成为企业合作的重要形式得到迅速发展。

从钢铁业的角度来看，在钢铁业的下游产业，如汽车业，几大汽车工业巨头通过在全球范围内的直接投资和资本经营，形成了全球化的生产、研发和销售体系，并决定着世界汽车工业的走向。在钢铁业的上游产业，如采矿业，也通过投资来源的国际化和销售的国际化形成了国际化的生产与销售体系。再从钢铁业本身来看，日本的新日铁、韩国的浦项、法国的于齐诺尔等，一方面，它们通过对钢铁业产业链的国际分工，形成了采矿—冶炼—轧制—深加工的国际化分工和生产体系；另一方面，它们通过资本输出、技术转移以及世界范围内的兼并与重组，完成了经营战略的全球化布局。更为重要的是，这些大型企业还通过相互之间的合作，如对矿石的联合采购、对下游产品和第三方市场的共同开发，具有双向控制资源的能力，不仅可以降低成本，开发市场，而且还提高了市场进入壁垒，这也使得国内钢铁企业进入世界市场的形势更加严峻。

面对如此复杂的全球竞争格局，国内企业应清醒地认识我国加入WTO带来的机遇和挑战。从全局的、长远的角度分析，加入WTO，意味着中国企业有了更多的参与国际分工和国际合作的机会，能够更为直接地引进、借鉴和学习国际上先进的技术、经营理念和管理方法，获得崭新的管理视角和发展思路，为企业在更广的范围、更高的层次上参与国际竞争提供了舞台。但机遇与挑战同在，加入WTO后，我国将在五年过渡期内逐步兑现双边和多边贸易协议的承诺，扩大市场准入，降低关税水平，取消非关税壁垒，跨国公司的产品、技术、管理、服务、资本都将很方便地进入中国，国内企业将与世界级大企业同台竞技，企业面临的挑战是严峻的。

我国已经改革开放二十多年，国内竞争国际化已成现实，国内钢铁企业已经充分感受到来自全球竞争的压力。当然，加入世贸组织后，这种压力的强度将会加大。由于全球性产能过剩，钢铁企业之间的竞争已经不再仅仅取决于产品的品种、质量、价格，而在于能否在全球市场形成综合竞争力。如果国内钢铁企业不在企业的发展战略、管理体制、技术创新、企业规模等方面作出重大的调整和变革，有可能出现我国钢铁企业产品结构趋于低层次、产业结构走向边缘化的格局。

面对经济全球化的挑战和跨国公司的竞争，企业界人士已经认识到：国内企业必须从全球竞争的角度重新思考企业的发展战略。学会在全球范围内进行资源配置的方法与手段；充分利用世界贸易组织的过渡期安排，尽快适应新的环境和游戏规则；加快企业的观念创新、体制创新、技术创新和管理创新的步伐，提升自己的核心竞争能力；根据产业组织和规模经济的要求，进行产业内的购并和资产重组，组建具有竞争实力的大型企业集团等，这些已成为企业界的共识。在此，我想指出的是，为适应全球竞争的新特点，我们必须加强合作意识，积极与用户、供应商和国内外同行进行不同层面、不同方式的合作，提升企业的竞争力；同时，积极开展国际化经营，力争建成具有国际竞争力的大型跨国公司。

随着经济全球化的发展和国际分工的深化，跨国公司在传统的供应链管理和客户关系管理的基础上，与竞争对手结成合作伙伴或战略联盟成为一种潮流。近几年，一些钢铁企业走上合作之路，这种合作表现为三个层面：首先，共同进行技术开发，以降低单个企业进行技术开发的风险和成本，如针对钢材替代材料的竞争，共同进行钢铁新材料的研发，国际钢铁协会（IISI）组织成员进行的轻质汽车板的开发项目“IISI汽车新型工程”就是一例。其次，全球钢铁企业之间的兼并与合并日渐增多，如1997年蒂森与克虏伯合并，1999年英钢联与霍戈文合并组建新的Corus集团，最近的一起合并是在今年年初，欧洲三大钢铁公司——于齐诺尔、阿尔贝德和埃塞利尔宣布组建一家新公司，将成为全球钢铁行业中最大的钢铁企业。通过强强联合，优势互补，增强了企业的市场竞争能力。再次，战略联盟成为新的合作方式，于齐诺尔和新日铁已经达成了联盟关系，新日铁与浦项已经相互持股，台湾中钢也期望与日、韩钢铁企业交叉持股。人们普遍认识到合作比彼此竞争更加重要，并可达到双赢。当然，在合作的问题上我们不能只看形式，更重要的是实质，不能形式上讲合作，实质上搞对抗。由于中国经济的迅速发展，中国市场成为全球热点。中国的开放度越来越大，我们欢迎大家来。但有的企业，从劳动力昂贵的国度跑到劳动力低廉的中国，以低于成本的价格来争夺市场，可能将最终吃进自己种下的苦果。

为了避免恶性竞争，不仅国内企业之间要进行合作，更要善于利用自己的竞争优势与国际级大企业进行合作，提升自己的技术、管理水平和市场竞争能力。尽管在技术、管理、营销等方面与世界行业巨头相比，我们在总体水平上还存在着差距，但只要找准在整个产业价值链中的定位，培育自己的核心竞争能力，就能够与国外企业巨头进行有效的竞争与合作。今年年初，宝钢与首钢、武钢签署了战略合作意向书，并已在废钢采购领域开始启动实质性的合作，这是国内三家钢铁企业为应对中国入世和全球竞争而采取的战略举措。今后，宝钢还将选择国内外优秀企业，本着优势互补、互惠互利的原则，在研发、贸易、物流、投融资等领域开展合作。

我们与国外企业之间的竞争与合作不能局限于国内市场，要走出国门，在全球范围寻找合作伙伴，在全球市场进行竞争。开展国际化经营是我们应对全球化挑战，融入世界经济的积极主动的追求。全球化的本义就是在全球范围内进行资源的优化配置，企业只有进入国际市场，在全球范围内进行市场细分，优化资源配置，才能提高国际竞争力，获得更大的发展空间。跨国公司之间的实力比拼已不局限于某一产品、某一市场的得失，而在于全球范围内进行资源配置的能力。进入世界500强的企业一向追求全球战略，实现全球范围内的最低生产成本和最高销售价格，尽可能地提高全球市场占有率和获得全球利润。法国的于齐诺尔钢铁集团推出了“以欧洲为基地，进行长期、有效地向外扩展的发展战略”，计划在拉美、北美、亚洲、东欧全面开展投资经营，形成全球性的经营网络。韩国的浦项在亚洲金融危机后，也在其主要的目标市场以合资形式建立钢材深加工生产线，实现高附加值产品的生产属地化，并储备向第三国出口的能力。最近，浦项又有意投资中国煤矿，以稳定燃料供应，降低采购成本。国内企业也要学会在全球范围内运用资源的能力，积极开展国际化经营，如果说，出口创汇是国内企业过去的主要追求，现在应将全球化经营作为自己的战略目标，实现由产品输出到全球化经营转变。

积极开展国际化经营，建立具有国际竞争力的大型企业集团是中国企业、特别是大型国有企业的必然选择，也是宝钢确定的发展方向。目前，我国企业的国际化经营总体上还处于产品输出阶段，但已有一些优秀企业开始了全球化经营的探索。上海宝钢集团的发展目标是，在今后5~10年内，把宝钢建设成为一个以钢铁业为主，多业并举的融实业、贸易、金融为一体的跨行业、跨所有制、跨地区、跨国经营的大型企业集团，成为世界500强之一。为此，积极开展国际化经营是我们必然的选择，也是企业提升国际竞争力的必然途径。目前，宝钢的国际化经营还处于起步阶段，仅限于钢材及相关产品的国际贸易和相关代理业务，海外销售收入的比例与国际先进钢铁企业相比，也还有差距。但宝钢正在进行跨国投资的尝试，今年，宝钢在与国外矿山合资开采铁矿石领域已经有了实质性的启动。今后，宝钢将在现有的国际贸易网络的基础上，积极探索利用宝钢的装备和技术方面的优势开展国际技术贸易，同时，逐步拓展实业投资领域。去年，宝钢股份在国内A股市场顺利上市。我们将以此为契机，在国内外资本市场上综合利用股权、债券、项目融资等手段积极进行资本运作，积极推动宝钢股份海外上市，为企业的国际化发展提供更为广阔的空间。

面对经济全球化的趋势和世界经济的竞争格局，中国企业正努力提高自己的核心竞争能力，以开放的姿态，积极参与国际竞争。同时，也愿意与国内外同行、供应商、客户进行合作，求得双赢。

和为贵。中华民族是一个强调合作、善于合作的民族，民族传统中对家庭本位和人伦价值的追求是中华民族强调合作的文化渊源。这次世界华商大会无疑为我们提供了相互交流与合作的契机。让我们携起手来，合作图强、共谋发展。

(2001年9月17日，集团公司董事长在第六届全球华商大会专题论坛上的演讲)

宝钢建设23年的回顾

黎　明

在宝钢开工建设23周年之际，迎来了宝钢三期工程全部建成投产，从而使宝钢成为我国第一个具有当代水平的千万吨级大型钢铁联合企业。

其实原来规模的宝钢早在1991年即已建成投产，也就是停建和复建后的所谓一、二期工程，总投资号称300亿元，形成固定资产205亿元。而宝钢三期工程的525亿元投资，是宝钢一、二期工程折旧、利润以及三期进口设备的关税投入。

建设宝钢是中央正确决策。宝钢的高档次产品适应了改革开放以来国民经济各部门发展的需要，特别是石油工业、汽车工业、家电工业、造船工业以及建筑工业等新兴工业的需要，建成宝钢也使我国的钢铁工业有了具有当代水平的产品。

回顾从1978年12月23日在宝钢工地打下第一根钢桩开始的23年建设中，宝钢职工和参加宝钢建设的科研、设计、设备制造、施工等企业的职工，在党的十一届三中全会精神的鼓舞下，以光荣感、责任感、紧迫感的“三感精神”，在18.9平方公里的土地上，努力奋斗，确保工程质量，确保工期，节约建设投资(一、二、三期工程共节约39亿元，约占总投资的4.7%)，按期投产，按期达产，为我国冶金建设史写下了新的一页。

回顾23年建设和16年生产历史，为了答谢各界对宝钢的关心，我就以下十个问题谈谈看法：

一、依据国民经济的发展需求，确定产品大纲。依据产品要求选定具有当代水平的装备。我们是发展中国家，我们需要用最短的时间、最快的速度赶上发达国家的钢铁工业水平，必须引进发达国家先进企业的先进装备。宝钢排除了购买国外淘汰的装备或二手设备的做法，也没有把完整的工艺流程切割取舍，因而避免了不配套所产生的投产后的产量、质量及长期不能达产等问题。这一建设思路，是宝钢建成后即能生产高档次产品，并在最短的试生产后达到并超过设计水平的保证。这种几代建设者坚定不移的建设思路及其效果，从宝钢投产后的业绩得到了充分证明。

二、宝钢在建设中根据当时“市场经济”很不发达的具体情况，以指挥部的形式统一安排设计、施工、生产，以及通过机械行业安排二、三期的设备合作制造，从而做到协调各方力量，统一调度，统一安排施工条件，保证了工程进度、工程质量，并采用概算包干、节约分成的办法，控制并节约资金。宝钢吸取国内冶金建设的经验教训，在施工后期组织设计、设备制造、施工、生产四结合的验收小组，以保证迅速交接、尽快收尾，通过设备功能考核，保证顺利投产，提前达产。

宝钢三期工程建成总结大会会场

三、上海是我国最大的城市，也是工业城市。宝钢建在上海，开始建设时即十分重视环境保护。在引进设备的同时，也引进国外先进的环保设施，如干熄焦、转炉干式除尘、工业废水处理等，水的循环利用率达96.7%。宝钢在建设中强调绿化与工程同时交付生产，也就是在投产半年后按成活数计算交工，种而未活的由施工单位补种。同时教育并督查厂内工作人员爱护绿化，制止任何毁坏绿化的行为，即使施工必需也要经过批准，以形成习惯。还严格规定厂区除设计规定的设施外，严禁搭建任何建筑，包括临时建筑；对现有建筑必须保持完好，并由宝钢开发总公司建筑维修公司强制执行。现在年产1200万吨的钢厂内，绿化覆盖率已达三分之一，厂容整洁，空气清新，给员工一个优美的工作环境，给生产排放的二氧化碳一个转换的条件，使“漏网”的飘尘固定在绿化丛中。

四、宝钢的建设，使我国大型钢铁企业从靠近矿山转向靠近市场，并从水路取得国内外两个资源（矿石、煤炭）。我国大型钢铁企业都是建在矿山附近，鞍钢、本钢、包钢、攀钢以至武钢都是如此。过去的观念是“开发矿业”、“不搞无米之炊”。改革开放以后，为了充分利用国外资源，节约投资，降低成本，加快建设速度，宝钢选在了上海，可使钢铁企业靠近市场，并能充分利用工业城市的人力资源和技术资源，改变了把大型钢铁企业放在内地、“山沟”的做法。

五、把宝钢这样的大型钢铁企业建在沿海，有以大城市作依托的优势，也曾遇到过一些问题，宝钢圆满解决了这些问题。如：

1．钢铁企业是用水大户，但入海的河流，其水质会受潮汐影响，不经处理而就近取水，水质不符合钢铁厂的使用要求。宝钢采用研究部门设计的避咸取淡的取水方案，解决了这一问题，并为江河入海口的水资源利用开创了先例。

2．沿海多为冲积平原，地质比较复杂，宝钢建在冲积层上，工程师们对软土地基处理取得了成功的经验。有关宝钢基础位移等说法是出于揣测，根本不存在。

六、随着与国外合作设计、合作制造工作的开展，随着机械制造工业改造和管理的加强，从宝钢二期工程开始，合作制造的设备中，国内制造部分的设备逐步提高到80%，而且与国外设备相比毫无逊色。现在可以说除三电（电气、仪表、计算机）外，冶金设备只要有设计图纸，国内都可以制造。

其他行业如橡胶、油脂、涂料等，也都为满足宝钢需要，或引进设备技术，或自行研制技术，走从引进到逐步国产化之路。煤炭也从大部分满足、小量进口，到立足国内。总之，与宝钢生产相关的企业都在为宝钢建设作出贡献的同时，也加强了自身的竞争能力。

七、在宝钢建设过程中形成了一支对外谈判、设计、施工、科研和生产队伍，引进了大量的设计、施工技术、生产技术和生产管理模式，在引进的同时也有所发展，并创造了一些相应的技术，这不仅为宝钢建设生产作出了贡献，也为我国钢铁工业发展和改造提供了有益的借鉴。至于有些企业在吸取宝钢的经验后有所发展，这是必然的，是值得祝贺的。

八、宝钢从建设开始起就确定企业不办社会，并依靠社会协作来实现。虽然几经反复，但最终还是还原了企业的本来面貌，把不属于企业经营管理的生活系统，建设完成后转交给社会，或自行创造一个“社会”（即宝钢企业开发总公司）来接替这些事务。

有关生产协作方面的问题，除充分利用社会力量外，在宝钢已经组建的也从宝钢直接管理中分离出去，作为协力单位成为独立经营的宝钢子公司。这样就有条件使宝钢轻装“上阵”，搞好生产和经营，也使宝钢一、二期工程从国家规定的4万人减至不足1万人，三期工程预定为5000人，即用1.5万人生产1200万吨钢，人均年产钢800吨。宝钢在冶金行业率先实行社会协作、主辅分离。宝钢实行岗薪工资，即根据岗位责任大小、技术高低、劳动强度和作业环境好坏确定工资，同工同酬，同时把工龄津贴、购房补贴、医疗补贴、通勤补贴、休假补贴等诸多资金纳入工资渠道，统一发放。宝钢也十分重视在职职工的政治、技术培训，依靠宝钢教委，除培养劳动后备人员外，对现有职工进行培训，提高素质。在生产管理方面，引进日本的作业长制、点检定修制、标准化作业和自主管理。在经营管理方面，实行多元产业投资，明确产品竞争对手和实行上下游企业长期合作等一整套适合中国国情的管理体制，保证了宝钢生产和经营。

九、宝钢一、二期工程形成的205亿元固定资产经营的结果，不但提前八年归还了100亿元“拨改贷”

的本息，并筹集资金建设总投资525亿元的三期工程（原为623亿元概算，扣除涨价预备金、税改股和项目变更63亿元），并从1996年12月起陆续投产。由于采取了老厂管新厂等管理措施，投产、达产更加顺利，特别是一些国内独家生产的产品，市场需求大，效益也更好。2001年12月9日，马迹山码头建成投产，宝钢三期工程全面结束。回想宝钢建设初期，人们出于对宝钢的关心，提出了诸如在中国建设现代化钢铁厂有无必要，能否建设好、管理好现代化装备，投资是不是无底洞等问题。今天可以说，在党中央的正确决策下，在国务院各部门和上海市的领导下，人们怀疑、关心的问题都已经解决，并且以宝钢自身的积累，投资建成了建国以来投资最大的工业项目——宝钢三期工程。

十、由于资金“笼子”及资金筹措的限制，宝钢三期工程后还留下一个不小的尾巴，即所谓三期后工程。包括两套板坯连铸，一套大方坯连铸，一套宽厚板，一套大型钢管和2500立方米高炉。三期后工程建成，宝钢的产品，包括钢管系列和钢板系列才趋完整。由于转炉新技术的采用和高炉喷煤粉已达世界先进水平，以及其它设备的挖潜，生产结构已经发生变化，因而，实际上三期后工程是投资最少、效益最好的项目。

经过23个寒暑，建国以来投资最大、国内外瞩目的工业项目——宝钢工程终于全部建成。但是由于建厂初期的风风雨雨，我们从未大力宣传过这一为冶金建设争光的项目，以致有些企业及院校长期把宝钢建设作为错误决策来传播。在经济全球化的推动下，特别在中国入世前后，国内外的一些大型钢铁企业提出与宝钢合作，包括提出相互持股、技术交流等意向，也说明宝钢在亚洲市场具有一定的地位。随着改革开放的继续深入，国民经济继续发展，国内的钢铁企业改造和新建仍有较大空间，新陈代谢、各领风骚，宝钢发展正不可限量。

（2001年10月，原宝钢集团董事长撰写的回忆文章）

技术变革下传统企业的选择

谢企华

在上海这片开放创新、生机勃勃的热土，与各位相逢相识在APEC CEO峰会，我深感荣幸!

新经济时代把我们引入了从工业化向知识信息时代演化的转折点。在这个转折点上，我们甚至还来不及向工业化时代相对呆板、刚性的思维方式告别，就已经进入到一个富于创新、令人鼓舞而又充满挑战的新时代的情境中。对于企业，对于企业的CEO，这个情境带来的压力来自三个方面，即经济的全球化、新技术的不断产生和市场的快速变化。无论是哪一种压力，都在考验着我们的适应性、创新性和响应速度的能力。尤其是对企业内外技术变革的驾驭，其挑战是史无前例的。

如果将技术变革的速度用科技成果转化为实际生产力的周期来衡量，我们不难发现，其周期已变得越来越短。世界科技史证明，一种科技新产品从技术原理发明、设计构思、生产制造到商品投入市场，这一周期在18世纪大致用了100年，如蒸汽机；19世纪用了50年，如发电机；20世纪40年代用了30年；70年代用了10年。而到了90年代，只要3到5年。在微机领域，用不了半年就会有更新换代的机型问世。

钢铁工业是一个非常传统的产业，但其发展轨迹也显示，钢铁工业技术上的重大突破集中发生在刚刚过去的半个世纪。20世纪50年代至70年代初期，氧气顶吹转炉的发明及其逐步大型化、完善化，使钢厂获得了巨大的经济效益，并带动了高炉的大型化。加上轧钢设备的“大型化、连续化、高速化、自动化”，造就了千万吨级大型钢铁联合企业的诞生，推动了钢铁工业的飞速发展。随后的15年间，全连铸、铁水预处理和钢水炉外精炼工艺的发展、电炉短流程“小钢厂”的产生，使钢铁生产在工艺和装备上形成了新的生产模式。80年代末，世界第一套薄板坯连铸－连轧生产线投产运行，创造了新一代“紧凑型”钢厂模式。

工艺技术的进步也推动了冶金材料的发展，主要表现为冶金材料性能的超级化、复合化和冶金结构材料的功能化。冶金材料的合金化特别是微合金化，以及计算材料科学成果的采用，将使冶金新材料的发展进入崭新的阶段。

像钢铁工业一样，其它传统型制造产业的发展也都经历着一次又一次的技术变革，并且，技术变革步伐都呈现出加速的趋势。虽然各传统产业都具有各自的技术变革轨迹和节奏，但它们相互影响，特别是在供应链上相互关联的产业间产生互动。因此，各产业的技术变革会通过借鉴和融合，形成技术模块，从而掀起技术变革浪潮。

我们往往比较习惯于以上这种技术变革逻辑和发展轨迹，这是工业化时代的特征之一。然而，今天我们不得不关注的是，在这些技术变革之外，我们的企业和企业的CEO同时要面对和把握另一种技术变革，它不仅是传统的制造产业而且是几乎所有的产业都必须面对的变革。更为重要的是，在这项技术变革的背后，还隐含着一系列的变革，以及可能由此而引发的传统技术变革路径的改变。这就是互联网和e技术。

长期以来，我们一直依赖于传统的工业运作体系。有人认为，仅仅注重生产的大制造时代已经结束，必须用互联网和e技术改善制造。这种说法一点都不为过。说到底，就是制造过程如何站在信息技术的肩膀之上，利用信息技术进行包括企业组织形态在内的一系列变革。因此，这种变革不单纯是技术领域的，也是管理领域的，组织领域的。

从本质上看，制造企业在这样的信息时代，还是要与在传统经济中一样，不可避免地要面对相同的问题和挑战。不同之处在于，信息时代要求我们的是速度，是快速反应。因此，制造商不仅仅是制造，而首先应该是信息管理者，必须实现信息流与供应流的齐头并进。互联网和e技术为这样的信息管理提供了开放的平台和交通工具。

那么，如何将信息技术贯穿于传统制造业的生产经营，或者说实现传统技术与信息技术的对接？这是超越于传统技术变革管理范畴的新问题。从我们已经实施的计算机控制技术与制造业生产的结合中，我们发现，数据与信息的聚集、存储和处理技术、数据挖掘及其知识化整合技术，通过与工艺、装备技术的对接，帮助企业的生产实现了高效化和精益化，也为下游产业的高效化和精益化提供了可能。不难想象，在我们的技术创新领域，尤其是在企业核心技术的培育和拓展中，互联网和e技术将被融合和运用。

为了实现持续发展，许多企业追求培养和建立企业独特的、难以模仿的核心竞争能力。这一能力的获得有可能来自于企业独特的战略性资源，但更多地则来自于技术创新所造就的企业核心技术。如果说传统产业的核心技术具有明显的技术路径，那么，在计算机控制技术已经成熟、互联网和e技术广为应用的今天，企业的核心技术的发展就可能借助于这些活跃的变革因素，表现在技术创新组织上，这种组织就可能是矩阵式的、多维的、兼容多种技术的。企业除了是互联网和e技术的使用者，在形成企业核心技术的过程中，还将是投资者和开发者，是对多种专项技术的综合利用。这一崭新的视角告诉我们，企业的技术变革还只是刚刚拉开序幕。企业核心技术的拓展、企业核心竞争能力的提高，将进入一个全新时代。

无疑，这是一个潜在的等待挖掘的机遇，但目前还不是现实。事实上，在企业面对的三大压力中，经济全球化包括经济波动的全球化是具有传播性的，市场变化引起的市场震荡也是传递的，惟有技术是非开放性的，技术变革存在着天然的传播屏障。企业的技术创新还有赖于我们自身的努力，核心技术的开发和拓展也将掌握在我们自己手上。突破这种技术传播屏障的另一种有效途径，就是参与到全球性的技术开发活动和用户技术开发活动中去。这是从顺应技术变革向带动技术创新的转变，是这个时代向管理者提出的新要求。

处理技术变革不是孤立的，还需要管理者在组织上的创新，使组织变革与技术变革相互呼应、相互支持。网络经济时代的社会组织是网络式的，不是层级式的。这就是说，社会的每一单元都面对着所有的单元，企业组织必须“扁平化”。而在组织管理的内容上，企业资源计划（ERP）管理迎合了这一需求，企业建立ERP系统已显得非常迫切。

经济的全球化，使企业进入全球竞争时代。市场竞争的全球化，加上互联网和e技术的概念，自然生成企业国际化经营的网络化。这是因为，第一，日益提高的信息传播速度、宽度和连接技术，使企业全新的合作控制和组织模式的出现成为可能；第二，信息的不对称性正持续消亡，控制权正无情地从供应链的上端向下端转移，从供应方向购买方、最终向消费者转移，企业必须进入网络信息管理状态；第三，来自成本的压力、资源全球配置的压力、增加透明度、向全球投资者传播经营信息的压力，使得企业不得不作出经营网络化的选择。企业需要超越传统的跨国经营模式，甚至进入全球制造网和全球采购营销网。

比如采购。传统制造型企业大量的采购活动往往是分散的、非集约的。当企业转向外部供应链管理的时候，企业会与大宗原材料供应商建立相对稳定而长期的供货关系，随之带来的是相对优惠的供货价格、交货条款和服务，这种集约的采购方式降低了采购成本。如果让互联网和e技术参与到这种商务活动之中，采购集约工作一定变得更加方便、快捷，成本也会有进一步的降低。此外，互联网和e技术还帮助企业跨越地域的限制，可以极大地拓展合乎要求的供应商范围，在购买产品、作出抉择时，企业获得了更大的比较余地。可以相信，这种商务方式下企业经济效益增长的潜力是巨大的。从长远来看，这种供应商的更迭使得企业有可能形成新的合作关系，从而使企业得到从产品开发，到生产和销售以及用户关系管理的全方位提升。

在产品销售领域，由于互联网和e技术的存在，产品和服务的竞技场变得前所未有的透明。即使是强势品牌公司的产品，也会受到用户以及竞争对手运用他们所掌握的丰富信息所进行的最严格的检查，传统营销方式下的用户信任度有可能动摇，企业与用户之间的关系有可能失去固有的基础。

经营网络化一开始可能看上去有些混乱和失控，但企业管理者必须具有强有力的控制能力，去化解由技术变革营造的新的竞争环境所带来的挑战。

企业的CEO，既是企业的管理者，也是企业的领导者。面对技术变革以及由此带来的一系列变革，还须承担一项职责，即引领新型企业文化的创建，核心任务是以知识管理取代传统的工业管理。

与传统的工业管理相比，知识管理不再强调组织部门的分级分工、以岗位职责为依据实行分段管理，而是强调过程管理，以资源的全生命周期的一贯管理为依据；它不再依靠行政方法和机构调整，而是依靠知识转移和共享来解决结合部的问题；它不再把命令和控制作为主要的工作方法，而是采取学习和互动的工作方法；它不再重视直觉的判断和权力的配置，而是强调数据－信息－知识的集成和人的结合。此外，知识管理还必须建立在企业信息化的基础之上。可见，一个具有变革能力的、适应变革、适应竞争的企业应加快从传统工业管理向知识管理和创新的转化的步伐，但其必要的前提是：领导者为此营造全新的企业文化氛围，为管理模式的更新指明方向。

古人云：“上君集人之智，中君尽人之力，下君司其职”。实现传统技术与网络技术的嫁接、拓展企业核心技术需要集人之智，对内实现ERP，对外实现网络化经营需要集人之智，引领创新文化，创建知识管理机制，更需要集人之智，而且是集智人之大智。如果我们能真正做到集人之智，那么，我们将不仅仅是顺应变革，而是驾驭变革，领导变革。

女士们、先生们，自从工业革命以来，许多企业都经历过种种变革，特别是来自技术革命的挑战。有些企业消亡了，有些企业变形了，有些企业却得到了前所未有的发展。新经济时代的技术变革消除了我们之间的距离，赐予了我们开放合作、创新进取的心态。相信我们一定能渐入佳境，找到我们共同发展的广阔空间。

（2001年10月20日，集团公司总经理在亚太经济合作组织2001年工商领导人峰会上的演讲）

培育核心竞争能力 实现企业可持续发展

谢企华

自宝钢建设以来，企业生存与发展这一主题一直是我们所探索的战略问题。面对日益复杂的竞争环境，我们认为，宝钢必须加快培育核心竞争能力，走企业可持续发展之路。

一、宝钢所面对的竞争格局以及竞争对手

进入21世纪，全球经济一体化已成为不可逆转的潮流。钢铁业及其上下游产业全球一体化趋势都表现得十分明显。近年来，钢铁业上游铁矿业的集中度在不断增大。排名世界前三位的铁矿公司通过近几年的收购兼并，其铁矿石出口量将达到世界市场份额的70%。

钢铁业下游产业实行全球一体化战略以汽车业最为领先。据权威统计，全球前六大汽车跨国公司占据了全球70%的汽车市场，排名前20位的汽车制造厂家已占据了世界汽车市场的96%，而目前这20家汽车公司仍在酝酿兼并重组。这些跨国的汽车公司在全球部署营销网络，实行全球采购。

相比之下，钢铁业的产业集中度则显得较低，最大的20家钢铁公司的板材产量仅占世界板材市场的45～50%。近年来，钢铁企业也开始了全球经营的进程。

钢铁业不仅受到上下游产业的挤压，更要面对行业内的激烈竞争。长期以来，全球钢铁产业处于产能过剩状态。按伦敦钢铁统计局的统计报告，2000年全球钢铁产量接近8.5亿吨，而全球的钢铁总产能最保守的估计也有9.5亿吨。供过于求使钢铁价格持续下跌，1984～2000年间，欧洲冷轧钢卷的实际价格年均下降2.2%。今年，受全球经济低迷的影响，一些国家的钢铁产品价格已跌至20年来的最低点。

在中国这个占世界钢材消费量近1/6的市场，竞争也已经白热化。一是因为中国钢材市场的率先开放；二是因为国内钢铁企业还不能全面满足用户需求，致使中国钢材年进口量通常都超过1000万吨；另外，一些国外钢铁企业早就看好了中国市场，早在几年前就已经在中国投资建厂，生产高附加值钢材，在中国市场直接销售。

为了应对全球钢材市场的竞争，90年代后半期以来，钢铁企业间还掀起了购并重组与战略联盟的高潮。

钢铁企业间的购并重组以欧洲的规模最大，而且已发展到跨国兼并。德国的蒂森与克虏伯、法国的于齐诺尔与比利时的考克里尔、英国的英钢联与荷兰的霍戈文分别发生了合并。今年，于齐诺尔、阿贝德、埃塞利亚又进行联合重组，年产粗钢将超过4400万吨。

与此同时，亚洲、美洲和澳大利亚的钢铁业界也都呈现出企业合并的趋势。

除了购并重组，钢铁企业间还掀起了战略联盟热潮。2000年8月，韩国的浦项与日本的新日铁公司结成战略联盟，在研究开发、信息技术和合资建厂等领域开展合作，将来还将逐步延伸到原料采购、加工技术等方面。

以上种种，展示了宝钢以及所有中国钢铁企业面对的全球竞争格局和竞争对手情况。无庸置疑，全球钢铁产能过剩的严峻局面，加速了钢铁业全球市场一体化进程，并已导致钢铁企业的竞争重心从品种、质量和价格层次上升到在全球市场中形成企业综合竞争实力的层次。增强企业核心竞争能力已成为全球钢铁

企业的共同追求。

二、宝钢发展的战略思考

选择什么样的发展道路，是宝钢关心的首要问题。世界上有许多公司曾经显赫一时，即使是曾经进入500强的企业，其兴衰更替也颇为频繁。一些企业依靠大量引进，维持短暂的领先地位，然后进入引进—落后—再引进—再落后的怪圈。这些都给宝钢以警戒和启示。

美国管理学家阿里·德赫斯在他的《长寿公司》一书中认为，企业管理者必须在建设"生命型公司"和"经济型公司"之间作出选择。长寿的生命型公司是为生存而管理，而经济型公司是为利润而管理。长寿公司在公司品格上有四个共同点，即能对环境保持敏锐的反应以便学习和适应；凭着强烈的绝对的认同感达成公司上下的一致；允许打破常规和进行不落俗套的思考和试验；为积蓄财务而在财政上采取保守政策。

针对经营活动有可能给社会带来不利影响（如污染环境）的现象，我认为，长寿公司还必须具有能为社会生态作贡献并被社会广为认同的品格，否则，公司的生存空间将极其狭小。包括英国石油公司在内的由150多家跨国公司组成的"世界可持续发展论坛"，以促进企业、政府和其它组织在环保和可持续发展方面的广泛合作为目标，呼吁全球企业承诺实现"环保、社会责任和经济增长"的三位一体，并鼓励各产业确立更高的环保标准，寻求更高质量的环境管理。一些论坛成员企业在每年编写公司年报的同时，还出版一本页数更多的环保报告。不仅促进了企业和社会的可持续发展进程，而且树立起企业良好的国际形象。目前，这一论坛的活动已扩展到中国。虽然"世界可持续发展论坛"对企业并不具有法律约束，但它代表了企业发展的一种导向。如果企业的经营活动背离论坛所倡导的"三位一体"的精神，那么，它也终将被排斥在按国际游戏规则所进行的游戏活动之外。

因此，宝钢追求的是：建立一个不断提高生命力，能实现可持续发展的企业。对于这一追求，我们认为，其着眼点应该在于培育和拓展企业的核心竞争能力。

企业核心竞争能力最显著的特征是独特性和难以模仿性，这也是企业最难做到的。因为这一特征是实现产品和服务的用户价值、帮助企业进入种类繁多的市场、使企业在竞争中独树一帜，从而体现企业独特价值使企业得以成长发展的根本所在。鉴于核心竞争能力对于企业的重要性，管理学家认为，如果说评判公司最高管理者的依据，在80年代是重组、整顿和减少公司层级的能力，那么，进入90年代，则是看他们是否有能力识别、培育和运用使公司成长变为可能的企业竞争核心能力。我很赞同这一见解，在知识经济时代它将更为适用。

不言而喻，按照核心竞争能力的这一特征，企业最需要的是创新。然而，就是这企业的"第一需要"，最难起步，也最难取得成效。有学者对一些成功创新企业所具有的素质进行了高度总结，很值得我们共同学习和借鉴。在技术创新方面，主要表现为：企业内部有相当强的研究开发能力；能从事基础性研究及其相近的研究；能利用专利保护自己并与竞争者对抗；公司规模大，能为研发活动提供长期资助；研发时间短于竞争对手；愿意承担高风险；能够较早和富有想象力地识别一个潜在市场；重视潜在市场，并努力地帮助用户；具有有效地将研发、生产和营销相协调的企业家精神；与外部的客户和科学界能保持密切联系等。

而在公司对创新的管理方面，创新成功的因素又包括两类：一类是项目执行层的因素，包括良好的内外部交流活动，能够获取外部知识；将创新视为公司范围的任务，有效地协调职能部门并在其间保持平衡；认真贯彻项目计划和执行控制程序，进行高质量的超前分析；提高开发高质量生产工作的效率；具有强烈的市场导向意识，能满足用户需要，开发活动主要集中在创新用户价值的层面上；向用户提供现实的培训；具有高效生产的拥护者和技术"看门人"；实施高水平的、能广纳新思想的管理，承诺开发人才资本；获得跨项目的协同效应和项目间的学习效应。另一类是企业层面的因素，包括高层管理部门要承诺和明确地支持创新；公司的长期发展战略要与技术战略相协调；对重大项目给予长期支持（包括资金）;企业组织要保持柔性以适应变革；高层管理部门要承担风险；形成倡导创新、宽容的企业家精神，等等。

以创新支持培育企业核心竞争力，实现企业的可持续发展，它们之间存在着必然的逻辑关系，引导着宝钢发展战略的选择以及今后的经营活动。

三、宝钢的战略选择

长期以来，宝钢钢铁业的发展，以引进—消化—吸收—创新为指针，凭借规模经济和速度经济，取得了良好的经营绩效。

宝钢在建设初期，通过全面引进国际先进的技术、工艺、装备和管理体系，缩小了我国钢铁工业与世界先进水平之间的差距。通过在工程建设中优化工程管理，许多工程项目比计划提前进入了试生产，并提前达产。使宝钢在短期内实现了赶超，赢得了竞争空间。

但是随着竞争环境的变化，单纯强调规模经济和速度经济已远远不够。要培育企业核心竞争能力、实现可持续发展，创新和经营多元化将成为宝钢未来发展的重要着眼点。

国际大型钢铁企业的战略模式目前已分化为三类。一种是聚焦于核心业务。即经营重心放在钢铁主业，通过整合重点客户战略和采购战略、提高资产利用率、建设电子商务工程，提升企业的综合竞争实力。

第二种模式是向下游业务领域延伸。主要是进入附加值更高的产品加工业务，或者是进入新的服务供应体系。

第三种模式是多元化发展。即发展全新的业务领域，实行业务组合战略，全公司实行价值管理。一些钢铁企业实施了以钢铁业为主体、发展多种经营的策略，多种经营的销售额已占40%左右，而利润却达到50%以上。

借鉴这三种战略模式，宝钢将在实现规模经济和速度经济的基础上，致力于创新经济和多元经济，实现以钢铁业为主业、适度相关多元化经营的发展战略。

在2000~2010年发展时间，上海宝钢集团公司（以下简称“宝钢”）的战略目标是：把宝钢建成一个以钢铁业为主、多业并举的融实业、贸易业和金融业为一体的大型跨国公司，跨入世界500强。

在可预见的未来，宝钢将继续以钢铁业为主业，实施钢铁精品战略。所谓钢铁“精品”，就是高质量、高技术含量、高附加值的钢铁产品。高质量以国际标准和确保用户满意为尺度；高技术含量是指：除应用各种先进技术、高难度技术之外，还要拥有知识产权的专利技术和技术诀窍；高附加值既包括有形物质深加工形成的价值，也包括无形资源精巧应用所创造的价值。钢铁“精品”必须在成本上十分具有竞争力。

宝钢将集中发展对市场影响大、在中国钢铁工业结构调整中需战略性投资、能在国际竞争中与顶尖产品相抗衡的若干钢材精品。主要品种定位于汽车和家电用钢、不锈钢、船舶和管线用钢、电工钢和特种金属材料、石油行业专用无缝管、新型建筑用钢等六大类。

“十五”期间宝钢钢铁业的发展方向，一是要调整形成以宝钢股份公司为核心的钢铁业布局；二是主要生产线的工艺技术装备全部实现现代化，各项技术经济指标达到世界一流；三是产品在实物质量和产品档次上，大大提升宝钢参与国际竞争的实力。

为此，“十五”期间，宝钢将致力于钢铁企业核心竞争能力的培育和提升来增强宝钢的综合竞争力。主要途径是：通过结构调整形成具有较高市场渗透力和盈利能力的产品链；通过技术创新、技术集成和产业化，以专有技术和独创技术，形成具有竞争优势的技术平台；通过信息产业技术与钢铁传统产业的嫁接，扩展钢铁企业的获利空间。

在建设钢铁精品基地的同时，宝钢将努力建成中国钢铁工业新技术、新工艺、新材料研发基地。为实现跻身500强的战略目标，宝钢还将实施适度、相关多元化经营战略。

宝钢实行多元化经营，将继续保持以钢铁业为主的实业、贸易业、金融业三位一体的大产业结构。在确立钢铁业为主业的前提下，坚持以贸易业为先导，以金融业为后盾。

钢铁业以外的实业，将围绕提升钢铁主业竞争力，分四个层次展开。第一，选择IT产业和工程技术业为战略性技术产业，辅助、加强和提升钢铁主业的技术进步和技术创新能力；第二，选择原材料、资源开发、钢材深加工业为垂直一体化产业，通过保障原材料供应、降低采购成本、最终提高钢铁产品盈利能力，支持钢铁主业的发展；第三，选择化工业、环保资源综合利用业为开发型产业，充分利用钢铁业经营所产生的存量资源，努力挖掘盈利潜力，增加集团公司盈利点；第四，选择研发新材料为宝钢潜在战略性产业，通过新材料基地的建设，择机开发对钢铁材料具有替代性的材料和金属基材料，保持宝钢在材料领域的生命力。

为了实现以上战略，宝钢将通过全面创新，培育和拓展企业核心竞争能力，大力开展资本经营和国际化经营，与上下游企业以及国内外竞争对手形成战略联盟，力求在全球获取生存和发展空间。

中国已加入WTO，融入世界经济主流，全世界都对中国经济的未来充满了信心。我相信这也将是中外企业开拓和发展中国市场的良好时机，企业之间的竞争与合作将演绎得更为精彩。宝钢怀有一个高远的志向——办世界一流企业，创世界一流水平。为实现这一志向，宝钢将继续吸纳国际先进企业的经营经验，并希望和与会的英国企业、国内企业精诚合作，在合作中取得企业的共同发展，实现共赢。

（2001年11月20日，集团公司总经理在第五届中英企业国际研讨会上的演讲）

发扬党的光荣传统 努力做“三个代表”排头兵

关壮民

在新世纪的第一个“七一”，我们迎来了伟大、光荣、正确的中国共产党成立80周年的盛大节日。

党的80年历史，是马列主义与中国革命实际相结合、探索救国图强真理、开辟民族振兴道路的80年；是带领人民不屈不挠奋斗、不怕流血牺牲、创造辉煌业绩的80年；是不畏艰难困苦、历经千锤百炼、深受人民拥护的80年。党的光辉历史证明，我们党是富有生机活力、富有凝聚力战斗力、经得起考验的党；是任何敌人和困难都压不倒、摧不垮的党；是能够依靠自身力量解决存在问题、从胜利走向胜利的党。江泽民同志在党的十五大报告中指出：“百年巨变得出的结论是：只有中国共产党才能领导中国人民取得民族独立、人民解放和社会主义的胜利，才能开创建设有中国特色社会主义的道路，实现民族振兴、国家富强和人民幸福。”

历史跨入了21世纪，我们将面对国际政治风云变幻莫测，经济全球化趋势增强，科技革命迅猛发展，产业结构调整步伐加快，国际竞争更加激烈的新形势。当前，上海宝钢集团公司正处于承前启后、继往开来的重要发展时期。以“三个代表”的要求加强党的建设，提高各级党组织的凝聚力、战斗力，是摆在我们面前十分紧迫的任务。我们要引导和教育广大党员、干部、职工增强“三个自觉”，努力做“三个代表”的排头兵，必须自觉地从“办世界一流企业、创世界一流水平”出发，以把宝钢建成钢铁精品基地，早日跻身世界500强的优异成绩来体现先进生产力发展要求的代表；必须自觉地抵制腐朽思想的侵蚀，同各种错误思潮、唯心主义形而上学、伪科学的东西作坚决的斗争，培育积极向上的有宝钢特色的企业文化，以精神文明建设的丰硕成果来体现先进文化前进方向的代表；必须自觉地坚持全心全意为人民服务的宗旨，把党和人民的利益摆在高于一切的位置，心里装着职工群众，充分尊重职工群众意愿，保障职工群众的民主权利，关心职工群众的疾苦，热心帮助、切实解决群众的实际困难和问题，多做实事，忠实体现最广大人民根本利益的代表。

一、增强责任，不辱使命，努力推进钢铁精品基地建设

宝钢作为中国最先进的钢铁企业，能不能进入国际先进行列，体现先进生产力的水平，不仅仅是关系到一个企业的发展问题，而且关系到整个国家的问题；不仅是一个经济问题，而且是一个政治问题。因此，宝钢集团不仅要做高做强、建设钢铁精品基地，而且要在全球范围参与竞争，成为世界最先进的钢铁企业，这是历史赋予我们的神圣使命。

先进生产力不仅指物，更关键的是人。宝钢要进入世界先进企业行列，提高劳动者的素质刻不容缓。当前，宝钢各级党组织正在推进的“三高一流”党员队伍建设工作机制，要求党员达到高觉悟、高技能、高业绩，把党员先锋模范作用落实到“三高一流”的具体实践之中，以党员的先进性来体现先进生产力发展要求的代表。这是我们党建工作的一个很好的载体，应当在全集团公司推进深化。

二、开拓进取，勇于创新，积极营造增强竞争力的企业文化

作为一个企业，不仅需要拥有世界一流的物质技术装备，能生产一流的产品，而且需要世界一流的企业文化。

企业竞争不仅仅是物质力量的竞争，也是精神文化力量的竞争。先进的企业文化是企业综合竞争力不可缺少的重要力量。

我们要坚定建设“用户满意文化”和“全员创新”的信念，要继续大胆实践、大胆探索，以民族文化为母体，以优秀的国外文化成果为借鉴，以现代企业文化为基础，博采众长，建设与“钢铁精品基地”相适应的精品文化，大力培育21世纪的宝钢人、宝钢精神，以精神文明建设的丰硕成果来体现先进文化发展方向的代表。

当前，尤其要抓好人才的培养工作。要深刻理解邓小平和江泽民同志关于人才的一系列重要论述，以政治远见、战略远见，切实把人才资源开发作为企业战略任务来抓，坚持人才构成国际化、人才素质国际化、人才活动国际化，积极营造有利于优秀人才脱颖而出、人才辈出的环境和机制，进一步制订有效的政策和措施，加速人才开发，加快人才成长，使企业不断赢得竞争优势和人才支撑。

三、牢记宗旨，奋发图强，全心全意依靠职工办好企业

当好最广大人民根本利益的代表，首先要从严治党，建设一支勤政廉政、高素质的干部队伍。我们必须对各级领导班子和领导干部加强教育，严格要求，严格管理，严格监督。必须牢记，手中的权力是党和人民给的，只能用来为人民服务，决不能脱离群众，以权谋私。必须牢记“办世界一流企业，创世界一流水平”一定要依靠群众，充分发挥广大职工的积极性、主动性、创造性和在改革、发展、稳定中的主力军作用。

在资产重组、结构调整中，要正确处理好局部利益与整体利益、眼前利益与长远利益、个人利益与企业集体利益的关系。要看到，老企业职工几十年来对国家作出过巨大贡献，各级组织要特别重视关心困难企业和下岗职工，加大必要的投入，满腔热情、千方百计地安排好职工再就业。领导干部要深入群众，倾听群众的意见，耐心细致地做好思想政治工作，把各种复杂的人民内部矛盾解决好。

共产主义事业是一项伟大的事业，建设有中国特色社会主义是一项光荣而艰巨的神圣使命，我们每一个共产党员都要胸怀远大理想，坚定信心，不断学习，不断进取，迎接新世纪的挑战，以两个文明的优异成绩，为党旗增光添彩！

（2001年6月30日，集团公司党委书记为纪念中国共产党建党80周年撰文）

大事记

DASHIJI

大事记

2001年上海宝钢集团公司大事记

一月

1日，中共中央文献研究室冷溶（正部级）到宝钢调研。

5日，宝钢股份公司首次网上招标采购取得成功。采购物资包括铁合金、耐材、有色金属、化工产品4大类13个品种，金额达2.63亿元。参与投标的供应商59家。

18日，朝鲜劳动党总书记金正日在中共中央政治局委员、上海市委书记黄菊、上海市市长徐匡迪等陪同下访问宝钢，受到宝钢领导的热烈欢迎。

朝鲜劳动党总书记金正日在黄菊、徐匡迪等上海市领导陪同下访问宝钢

19日，中共中央政治局委员、国务院副总理吴邦国在上海市市长徐匡迪陪同下视察宝钢。他要求宝钢紧紧围绕建设钢铁精品基地，形成企业核心技术这两个重点，规划好“十五”期间的发展蓝图。国家计委主任曾培炎、经贸委主任盛华仁，国务院副秘书长尤权、国家计委副主任张国宝，交通部部长黄镇东随同吴邦国到宝钢视察。

19日，中华全国总工会副主席刘珩在市总工会副主席唐国才陪同下到宝钢考察。

30日，上海市市长徐匡迪、副市长蒋以任在宝钢领导谢企华、关壮民、徐乐江、葛红林及宝山区领导乐景彭等陪同下，到宝钢集团五钢公司，慰问节日坚持生产的钢铁职工。

二月

1日，宝钢集团召开2001年海外工作会议，面对入世带来的变化和挑战，研究和制定国际化经营策略，更好地发挥内外贸联手优势，做强海外事业。

5日，上海宝钢工程技术公司和加拿大科德公司共同出资110万美元组建的上海科德轧辊表面加工处理有限公司竣工投产，标志着宝钢冷轧辊形成系列化加工工艺技术。

9日，宝钢股份公司热轧点检工姜显荣发现近百米高的3号烟囱中间有条裂缝，有倒坍的危险，立即向上报告，经紧急处理，避免了一起烟囱倒坍的重大事故。

10日，由武汉钢铁设计院设计、宝冶承建的宝钢股份公司冷轧二号彩涂机组开始施工建设，打下第一根钢管桩。该机组设计年产17万吨薄规格、高强度建筑用彩板。

13～14日，鞍钢、武钢、攀钢、首钢等全国各大钢铁企业领导会聚宝钢，举行新世纪钢铁企业发展战略研讨会，为中国钢铁工业新世纪的发展谋篇布局。集团公司副总经理葛红林代表宝钢在会上作了《上海宝钢新时期发展战略构想》的报告。

15日，武钢公司总经理、党委副书记樊政炜、副总经理王炯率代表团一行17人，来宝钢考察交流。

16日，集团公司在宝钢大厦召开2001年第一次思想政治工作会议。党委书记关壮民在会上作了题为《开拓创新、锐意进取，追求新的超越、铸造新的辉煌》的工作报告，总经理谢企华作了重要讲话。

27日，集团公司在宝钢大厦召开2001年度预算计划会议。会议提出集团公司在"十五"期间"加强管理，优化资源，追求效益最大化；改革创新，发展精品，早日进入世界500强"的经营总方针，全面实施钢铁规划，实现利润增长10%。

2001年集团公司预算计划会议

24日，原上海市冶金工业局党委书记、离休干部马丕同志因病抢救无效，于上午7时05分在华东医院逝世，享年82岁。

三月

1日，集团公司召开2001年组织人事工作会议。要求组织人事工作要为集团公司面向新世纪、面向国际化发展提供坚实的人才支持和组织保证。

同日，由集团公司参与投资建设的我国首条磁悬浮列车工程在浦东举行开工仪式。上海市和国家外经贸部、国家科委等领导，集团公司领导徐大铨、谢企华、葛红林参加开工仪式。

9日，国防科工委主任刘积斌率队到宝钢集团五钢公司视察，在听取宝钢领导徐大铨和五钢领导汇报后，刘积斌感谢宝钢对国防建设的大力支持，勉励五钢继续为增强国防实力作贡献。

14～15日，受国家计委委托，集团公司组成梅山公司炼钢系统工程竣工验收委员会，对该工程进行竣工验收工作，同意该工程竣工验收并交付使用。

19日，上海宝钢中日经济技术学院在教培中心隆重成立，集团公司董事长徐大铨与日本东京都中日文化交流协会会长广田隆一郎为学院揭牌。

20日，集团公司与武钢、首钢在浦东宝钢大厦签署战略合作意向书。标志着宝钢与武钢、首钢携起手来，提升企业竞争能力，实现互补双赢，为把中国建成钢铁强国作出贡献。中国钢铁协会会长吴溪淳，宝钢集团董事长徐大铨，总经理谢企华，武钢董事长、总经理刘本仁，首钢董事长罗冰生，首钢总经理朱继民等参加了签字仪式。

同日，投资1.5亿元的浦钢特殊钢改造项目正式受电，投入生产。宝钢领导徐大铨、谢企华、关壮民、李其世等出席投产仪式。

21日，一汽集团公司总经理竺延风率代表团来宝钢股份公司考察，就进一步扩大汽车原材料领域的合作进行洽谈。

26日，集团公司召开干部会议，宣布上海宝钢集团公司董事会、经理班子和党委成员名单。党委书记关壮民代表新领导班子发言。

四月

8日，全国人大常委会原委员长乔石在宝钢领导许志斌、舟山市及嵊县党政领导陪同下，视察了正在建设中的宝钢马迹山码头。

16日，宝钢股份公司赠建"中国南极长城站宝钢楼"签字仪式，在中国极地科学考察船"雪龙"号上举行。

17日，国家经贸委主任李荣融到宝钢视察。宝钢领导徐大铨、谢企华、关壮民等向李荣融作了

宝钢股份公司赠建"中国南极长城站宝钢楼"签约仪式

情况汇报并陪同视察了1580毫米热轧等三期生产现场。

19～20日，上海宝钢集团公司董事长徐大铨、总经理谢企华、党委书记关壮民率团赴武钢学习考察。

20日，由国家工商行政管理局等主办、中央电视台等50余家新闻媒体协办的中国国际商标大赛，经过广泛的公众征答评选后，“宝钢”商标被评为“中国最受欢迎商标”。

22日，全国政协副主席陈锦华、毛致用，全国政协常委卢荣景率团视察宝钢。

23日，国家经贸委副主任蒋黔贵来宝钢视察和调研，宝钢领导徐大铨、谢企华、关壮民、葛红林、李海平、赵昆、马国强等参加调研座谈。

25日，全国总工会副主席倪豪梅、上海市总工会副主席张兴淮率全国劳模代表团到宝钢“传经送宝”。

同日，梅山公司两炉两机发电机组成功并网发电，系统运行稳定。

30日，宁波宝新不锈钢有限公司原料、成品跨扩建工程打下第一桩，标志着投资13亿元的二期工程建设拉开了序幕，二期工程建成后，宁波宝新公司年产能力将增至16万吨。

五月

1日，上海宝钢集团公司获得全国五一劳动奖状。

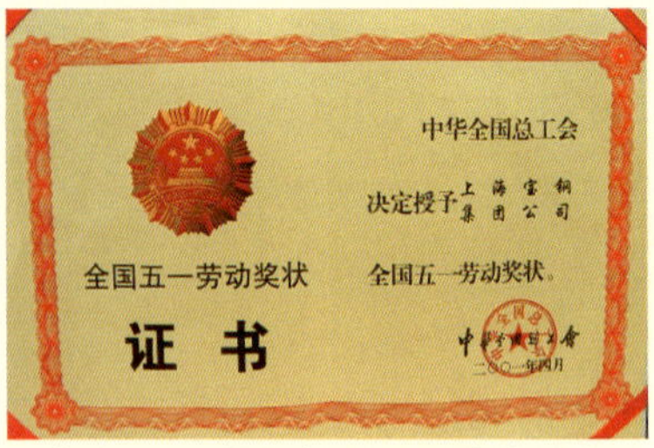

集团公司获得全国五一劳动奖状

10日，上海宝钢集团公司总经理谢企华在上海举行的“2001年世界钢铁论坛”上作了题为《冷静看“入世”，积极迎挑战》的专题演讲。

谢企华总经理在世界钢铁论坛上演讲

14日，宝钢三期工程国家验收委员会在宝山宾馆召开全体会议，按照必要的程序进行验收工作，原则通过宝钢三期工程竣工验收，并在验收报告上签字。

15日，宝钢三期工程竣工验收大会在宝山宾馆隆重举行。中共中央政治局委员、国务院副总理吴邦国，中共中央政治局委员、上海市委书记黄菊出席大会。吴邦国副总理向上海宝钢集团公司总经理谢企华授发宝钢三期工程国家验收合格证书，并代表党中央、国务院祝贺宝钢三期工程竣工，并发表了重要讲话。国务院代表、宝钢三期工程国家验收委员会特别顾问李东治、国家经贸委主任李荣融和上海市市长徐匡迪等出席大会。

同日，宝钢集团一钢公司不锈钢工程隆重奠基。国家经贸委主任李荣融，上海市市长徐匡迪，国家经贸委副主任蒋黔贵，上海市副市长蒋以任和宝钢领导徐大铨、谢企华等出席了奠基仪式。

15～16日，国家经贸委在宝山宾馆召开上海宝钢联合重组经验座谈会。中共中央政治局委员、国务院副总理吴邦国在会上就国企改革、发展和组建大企业集团，提升国际竞争力等问题作了重要讲话，国家经贸委主任李荣融作了题为“认清责任，努力工作，培育和发展具有国际竞争力的大型企业集团”的报告，国务院有关部委领导、全国10个省、市领导和20个大集团、大公司企业家共100多人参加了座谈会。

20日，全国政协秘书长朱训到宝钢参观。

21日，原冶金部部长、宝钢工程国务院代表李东治视察宁波宝新不锈钢有限公司。

25日，中央财办主任华建敏到宝钢调研。

华建敏主任到宝钢调研

同日，中国质量管理协会授予宝钢股份公司“全国质量效益型先进企业”称号。

31日，上海警备区副司令员王进喜到宝钢调研。

同日，宝钢股份公司钢管分公司提前7个月完成全年利润目标，5月份产量达到7.2万吨，“双高”产品比例为55.65%，产销率达100%。

六月

7日，国防大学邢世忠上将、副政委谭乃达中将、教育长王文荣少将率领正军职以上干部培训班30位将军学员到宝钢考察。关壮民、尹灏、郭廉高、许志斌、欧阳英鹏等宝钢领导陪同考察。

13日，中共中央总书记、国家主席、中央军委主席江泽民在“上海合作组织”成员国元首会晤期间，专程到上海宝钢集团公司进行工作视察。中共中央政治局委员、国务院副总理钱其琛，中共中央政治局委员、上海市委书记黄菊，中共中央政治局候补委员、书记处书记、中组部部长曾庆红，上海市市长徐匡迪，中央有关部门负责人王刚、华建敏、由喜贵、王沪宁、贾廷安等陪同江总书记视察。

国防大学30位将军到宝钢考察

21日、26日，党和国家领导人李鹏、朱镕基、李岚清、温家宝，先后来到由国家经贸委、中宣部等共同主办的“国企改革与发展暨技术创新成果展览会”，参观宝钢在综合馆、创新馆两个主展台和行业馆的冶金展区和地方馆的上海展区的两个展位。李鹏委员长和朱镕基总理分别听取谢企华总经理和关壮民书记的汇报。

23日，中央人民政府驻香港办事处主任姜恩柱一行到宝钢参观。

26日，投资110亿元的宝钢集团一钢不锈钢工程举行打桩仪式。集团公司领导徐大铨、关壮民、葛红林、赵昆、马国强等出席打桩仪式。

同日，上海梅山钢铁股份有限公司创立。张思明任董事长，戴元永任总经理。

27日，国家劳动保障部副部长林用山一行到宝钢参观。

28日，上海宝钢集团公司纪念中国共产党成立80周年大会在宝钢文化中心隆重举行。宝钢领导徐大铨、谢企华、关壮民、尹灏、何文波、葛红林等和老领导黎明、朱尔沛、韩清泉、张浩波、寒力、王佩洲等出席了大会。新党员代表进行入党宣誓；宣读关于命名先进基层党组织、优秀共产党标兵、优秀共产党员、优秀党务工作者的决定；党委书记关壮民作了重要讲话。大会最后演出一台“阳光灿烂炉火红”文艺专场。

同日，五钢公司不锈钢长型材工程开工建设。总投资17.2亿元，设计年生产规模25万吨。

29日，由上海宝钢集团公司、宝钢集团浦钢公司、梅山公司与中国华融、信达和东方资产管理公司共同组建的四家债转股公司——宝钢集团上海第一钢铁有限公司、上海三钢有限责任公司、宝钢集团上海五钢有限公司和上海

宝钢集团四家债转股公司揭牌

梅山钢铁股份有限公司揭牌成立。

七月

1日，在中共中央召开的庆祝中国共产党成立80周年大会上，宝山钢铁股份公司党委被授予"全国先进基层党组织"称号。江泽民总书记亲自向宝山钢铁股份公司党委书记欧阳英鹏授予奖牌。

8日，以中共江西省省委书记、省人大常委会主任孟建柱为团长，省委副书记、省长黄智权，省委副书记步正发，省政协主席朱治宏为副团长的江西省代表团来宝钢考察。陪同考察的有上海市副市长蒋以任，市府副秘书长、市经委主任黄奇帆及市各委办领导。宝钢领导徐大铨、谢企华向江西客人介绍了宝钢三期工程投产、上海宝钢联合重组和优化产业结构，推进技术创新、建立现代企业制度等情况。

孟建柱、黄智权、步正发、朱治宏率江西省代表团考察宝钢

13日，上海宝钢集团公司向北京市人民政府、刘淇市长致贺电：最热烈祝贺北京市申奥成功。

同日，集团公司在宝钢大厦召开"三讲"学习教育活动动员大会。中组部"三讲"指导检查组组长李克成作重要讲话；宝钢"三讲"领导小组组长、集团公司党委书记关壮民作动员报告；集团公司董事长徐大铨、总经理谢企华分别在会上发表讲话。

23日，浦钢公司厚板厂改造项目开工。

八月

3日，上海市市长徐匡迪、常务副市长陈良宇、副市长周禹鹏来到在建的上海新国际博览中心视察。徐匡迪对宝钢承建的钢结构表示满意，说宝钢出了大力，也树起了牌子。

同日，投资4.2亿元，年产90万吨连铸坯的梅山二号连铸机项目引进设备签字仪式在宝钢大厦举行。宝钢领导徐大铨、谢企华、徐乐江，奥地利奥钢联、德国西门子以及梅山公司有关领导100多人参加了签字仪式。

8日，首批750吨高级汽车板在宝钢成品码头装船，出口到意大利菲亚特汽车公司，标志着宝钢高级汽车板首次进入欧洲市场。

21日，宝钢与巴西CVRD公司各出资50%开办宝华瑞矿山有限公司，上海宝钢集团公司总经理谢企华和巴西CVRD公司总裁豪杰·安奈力共同在双方合资公司股东协议书、公司章程和资产转让协议书上签字。

23日，上海梅山钢铁股份有限公司召开成立大会，上海市市长徐匡迪，江苏省省长季允石为公司成立揭牌。中国钢铁协会副会长吴建常，上海市副市长蒋以任，南京市市长王宏民，上海市府秘书长姜斯宪、市经委主任黄奇帆和宝钢领导徐大铨、关壮民、徐乐江、马国强等出席成立大会。戴元永主持大会，张思明汇报公司组建情况。

同日，上海市政协主席王力平、副主席朱达人、黄跃金、王生洪、谢丽娟、刘恒椽、俞云波、黄关从等到宝钢股份公司考察。

九月

8日，宁波宝新不锈钢有限公司二期工程正式开工建设。浙江省副省长叶荣宝，中国钢铁工业协会党组书记、副会长吴建常，原宝钢集团董事长黎明，宁波市市长张蔚文，集团公司总经理谢企华、副总经理何文波，日本国日新制钢代表取缔役、副社长星野和夫等为开工仪式剪彩。宝新二期工程投资13亿元，将于2003年4月建成投产，年产能力由8万吨跃升至16万吨。

10日，国家安全局副局长王德学一行8人到宝钢检查工作并参观宝钢。

11日，以蒙古国大呼拉尔副主席扎·宾巴道尔吉为首的蒙古国大呼拉尔代表团一行7人访问宝钢。集团公司党委书记关壮民、中国原驻俄罗斯大使李凤林等接待了蒙古客人。

17日，以“华商携手新世纪，和平发展共繁荣”为主题的第六届世界华商大会在南京市国际展览中心隆重开幕。宝钢集团公董事长徐大铨在以“经济全球化：机遇与挑战”为主题的专题论坛上，作了《竞争与合作：迎接中国入世，融入全球经济》的演讲。

20日，在上海市召开的质量工作会议上，宝钢股份公司荣获“上海市质量金奖企业”；在“上海市2000年名牌产品100强”中名列榜首。

23日，宝钢三期1550毫米冷轧工程被中国建筑业协会复查公示，经专家投票表决，获2001年度中国建筑工程“鲁班奖”。

同日，集团公司在上海人才市场举办上海市国有企业第一家高层次人才专场招聘会。

30日，在钓鱼台国宾馆举行的全国质量管理颁奖仪式上，宝钢股份公司获得“全国质量管理奖”，并在5家获奖企业中荣登榜首。

十月

11日，上海市市长徐匡迪、副市长韩正在集团公司领导徐大铨、尹灏、葛红林陪同下，视察上海克虏伯不锈钢工程建设情况。

同日，由宝钢自行开发研制的我国第一套全氢罩式炉，在2030毫米冷轧一次试车成功，经测试，经该炉生产的产品与引进设备生产的产品比较，各项性能指标相等。

17～31日，由集团公司领导尹灏、赵昆带队，六家子公司组成的招聘团，带着41类岗位需求，赴加拿大和美国进行高层次人才的招聘工作。

20日，参加亚太经济合作组织2001年工商领导人峰会的上海宝钢集团公司总经理谢企华，在“新经济问题”分组会议上，发表了题为《技术变革下传统企业的选择》的讲演，得到众多与会工商领导人的赞赏与关注。

24日，上海宝钢——台湾中钢在上海举行第七次科技交流、研讨活动。

25日，宝钢马迹山港1号卸料机从宁安9号船上顺利抓起近28吨铁矿粉，宣告负荷试车一次成功。

30日，复旦大学、华东师范大学等专家组成联合评审小组，对宝钢生态绿地资源进行全面系统的评估：从1989年到2000年，宝钢生态绿化年均创效益7.2亿元，生态总资产已超过70亿元。

十一月

2日，由德国克虏伯·蒂森不锈钢公司与宝钢集团浦钢公司合资建设的上海克虏伯不锈钢有限公司一期工程举行投产仪式。德国总理施罗德与上海市市长徐匡迪共同启动冷轧机电动按钮，宣告正式投产。宝钢领导徐大铨、谢企华、关壮民等出席投产仪式。

12～13日，国家财政部副部长朱志刚到宝钢考察。

12～18日，中国人权发展基金会副会长肖平到宝钢调研。

15日，由宝钢设计制作的“宝钢楼”（南极长城站发电楼）随“雪龙”号极地考察船从浦东新华码头启运南极。宝钢建筑维修公司的8位职工随船到南极长城站安装“宝钢楼”。2002年2月21日，“中国南极长城站宝钢楼”正式落成，投入使用。

20日，由国家经贸委、中方企业联合体同英国贸工部、英方企业联合体共同举办的第五届中英企业国际研讨会在上海宝钢集团公司隆重开幕。上海宝钢集团公司总经理谢企华在会上作了题为“培育核心竞争能力 实现企业可持续发展”的演讲。

21日，宝钢股份公司11座焦

徐大铨董事长在上海克虏伯不锈钢有限公司投产仪式上讲话

炉被中国煤焦行业协会评为“特级焦炉”，首次实现所有已生产焦炉同时获此殊荣，焦炉生产及维护居国内领先水平。

26日，原西藏自治区副主席拉巴平措、中央统战部副秘书长朱晓明等到宝钢考察。

27日，河南省政协副主席郭国三率团到宝钢考察。

30日，2001年“宝钢教育奖”在宝钢技术中心隆重举行，全国76所高校和中科院17个研究所的795名优秀师生获奖，奖励总金额近400万元。

十二月

7日，在中国香港和北京举行的第十二届世界生产力大会上，上海宝钢集团公司总经理谢企华被授予“世界生产力科学院院士”称号，并在大会“成功企业典范论坛”上作主题发言。

9日，宝钢马迹山港负荷试车一次成功，宝钢领导徐大铨、谢企华、关壮民和有关单位代表300余人出席负荷试车仪式。

10日，原冶金部副部长赵岚视察宁波宝新不锈钢有限公司。

15日，国家经贸委副主任谢旭人到宝钢考察。

20日，上海宝钢集团公司与哈默斯利铁矿有限公司合资办矿框架协议签字仪式在上海国际会议中心举行。上海宝钢集团公司总经理谢企华、副总经理何文波，澳大利亚力拓矿业集团铁矿业务首席执行官兼哈默斯利公司董事长阮内克、铁矿业务总裁鲍宜安，分别代表合资双方在框架协议上签字。

20日，宝钢集团五钢公司特种冶炼技术改造工程开工揭牌仪式在现场举行。上海市副市长蒋以任和宝钢集团董事长徐大铨共同为特种材料冶炼基地揭牌。

21日，在宝钢开工建设23周年前夕，上海宝钢集团公司隆重举行《宝钢工程建设管理丛书》发行仪式。全书112.3万字，共分6册，全面、系统地总结了一、二、三期工程建设的管理经验。

宝钢工程建设管理丛书发行仪式在宝山宾馆举行

25日，在国家建设部召开的全国首届建筑工程装饰奖表彰会上，上海宝钢建设有限公司被评为“建筑工程装饰金奖”单位。

26日，宝钢三期1550毫米冷轧工程，在2001年度国家建筑工程评选中，获得“鲁班奖”。

同日，受国家计委委托，集团公司组成梅山铁矿二期扩建工程竣工验收委员会，对该工程进行竣工验收工作，同意该工程竣工验收并交付使用。

27日，上海宝钢集团公司在浦东宝钢大厦召开干部大会。董事长徐大铨作工作报告，总经理谢企华传达中央经济工作会议、全国计划工作会议、全国经贸工作会议精神。大会回顾2001年工作，提出2002年生产经营目标，部署了新一年改革、发展、稳定工作的主要任务。

集团公司在宝钢大厦召开干部大会

28日，上海钢铁研究所技术中心被批准为上海市市级企业技术中心，是集团公司内第三家市级企业技术中心。

同日，五钢公司颁发了基础、营销、物资、技术、安全、设备、人事等10大类97项管理标准，约730页、70万文字，从2002年1月1日始正式实施。

（宝钢史志办公室）

概 述

GAISHU

概　述

上海宝钢集团公司经营工作概述

2001年，上海宝钢集团公司遵照国家经贸委提出的“调控总量，调整结构，加强管理，提高竞争力”的指导方针，确定了“加强管理，优化资源，追求效益最大化；改革创新，发展精品，早日进入500强”的“十五”经营总方针和“全面实施钢铁规划，实现利润增长10%”的年度经营总目标。全年，集团公司认真贯彻中共十五届五中全会、六中全会和中央经济工作会议精神，以中国即将加入WTO为契机，抓住机遇，迎接挑战，以提高企业综合竞争力为主线，以改革促发展，继续加大技术创新力度，推进加强企业管理，加快企业技术改造建设钢铁精品基地步伐，保持了经营有序、业绩良好。

年内，集团公司领导层为完善用户服务，提高产品质量，提升企业核心竞争力，先后拜访中石油总公司、塔里木油田、西气东输指挥部、一汽集团等用户，虚心听取用户意见，寻找宝钢产品的差距，更好地满足用户的需求，产生了良好效果。

全年实现合并销售收入710.70亿元，完成年度预算的100.2%；实现利税90.50亿元，完成年度预算的116.2%，其中实现利润42.43亿元，完成年度预算的117.1%。

完成铁产量1468.9万吨，完成年度计划99.9%；钢产量1913.52万吨，完成年度计划101.2%；商品坯材产量2093.45万吨，完成年度计划101.7%。

完成固定资产投资65.72亿元，其中：基建15.76亿元，技改49.96亿元。

全年清理子公司196家，完成101.5%。其中：关闭129家、停业25家、合并9家、转让16家、放小17家。

钢铁主业克服困难，实现快速发展

统一规划，钢铁精品基地建设全面启动。益昌公司轧机改造项目完成设备功能考核，产能稳步攀升，品种增加质量提高；浦钢公司特钢系统改造项目竣工投产，通过采用先进技术装备为优化浦钢不锈钢、合金钢品种结构，提高产品质量创造了良好条件；宝钢股份公司热轧酸洗板项目产品广泛应用于汽车、家电、机械行业，增加了国内有效供给。5月，一钢公司不锈钢热轧项目奠基。6月，五钢公司不锈钢长型材项目打桩动工。10月，五钢公司合金模块材料加工生产线建成投产。12月，宝钢马迹山工程进入负荷试车。另外，宝钢股份公司2号彩涂生产线、二钢公司线材改造、浦钢公司厚板改造、五钢公司特钢银亮材等技改工程、梅山公司的热轧改造和新建2号连铸机等项目，也已全面实施改造或建设。

为全面增强市场快速反应能力，建立以用户需求为中心的产销管理理念，宝钢股份公司把按周交货作为全年的一项重点工作加以推进，重点用户实施按周交货的合同比例已接近三分之一。宝钢股份公司还荣获全国质量管理奖和“上海市质量金奖企业”称号。

宁波宝新公司经过几年的艰苦奋斗，努力拼搏，不断学习，取得佳绩，仅394名职工全年实现利润7733万元，名列集团公司钢铁子公司第二；南通宝日制钢公司的装备很一般，但其技术经济指标在全国电炉流程钢厂中是先进的，劳动生产率在集团公司中名列前茅。

抓紧编制完成科技发展规划，集团公司董事会批准实施。宝钢研究院通过加强“科研项目中期评估制度”、产品开发“先期介入”模式以及科研业绩评价考核等措施，大力推进科研项目、新产品开发及用户使用技术研究，各项科研工作按计划节点完成。钢研所和工艺所开发的新产品和专利技术被应用于国家和上海市重点工程，专利发明人还被授予“第七届上海市科技精英”称号。

2000年四季度起，国际市场钢材价格连续下降，加之美国等西方国家反倾销，使钢铁产品出口难度加大。集团公司本着拓展国际化经营的战略方针和总量控制的需要，千方百计组织出口。全年集团公司出口坯材178.6万吨，完成年度计划的79.4%；出口创汇5.55亿美元，完成年度计划的78.3%。在出口产品的结构上，进一步优化，减少钢坯的出口，增加钢材成品出口。

应对美国、加拿大等国的反倾销，应诉8起，结案6起，胜诉率84%。如针对加拿大热轧产品的反倾销，集团公司各部门通力合作，积极应诉。7月18日，该案已经加拿大海关和税收总署作出最终裁决，对宝钢的终裁税率已由初裁的96%下降为2.8%。镀锌板反倾销案也已经加拿大高级贸易法院终裁无害，宝钢镀锌板可继续进入加拿大市场。

集团公司组织钢铁子公司开展与国内外先进水平的对标挖潜，降本增效工作。加大现场成本管理力度，通过对标找准差距，挖掘潜力，实施系统减本，科学降本；严格工艺纪律，强化现场标准化操作，减少质量异议，加强售后服务，提高用户满意度。

加大集团公司内资源优化配置，进一步调整产品结构。一钢公司在2000年成功开发美标螺纹钢基础上，结合国际市场需求，年内完成英标、加标螺纹钢的开发并已组织出口；新开发的高等级螺纹钢已中标三峡、上海磁悬浮工程等项目。二钢公司高线及制品完成10个品种开发，满足了市场需要。浦钢公司使用宝钢股份公司的坯料，积极参与重大工程投标，已批量供应上海卢浦大桥、三峡工程用钢板。五钢公司的碳结、合结、不锈、高温合金等优钢产品有了大幅度增长。梅山公司产品结构从过去单一的Q系列产品，向冷轧原板、低合金高强度钢、汽车用钢等多领域延伸，增强了市场竞争力。

上海钢管有限公司新领导班子紧紧依靠广大职工，统一思想，振奋精神，从抓市场、生产合同入手，全面加强管理，使生产经营面貌发生了巨大变化，亏损额大幅度下降，5月起止亏，年底当期经营实现扭亏。

非钢产业取得突破性进展

贸易业：2001年世界经济不景气，西方国家加强贸易保护反倾销不断，给宝钢贸易业带来极大困难。宝钢国际公司及海外公司克服困难有重大突破。国际公司通过技术营销带动海外市场拓展，冷轧产品出口量实现大幅度增长；实现全部参与集团成员销售产品服务，集团内铁矿石联合采购；加快社会贸易发展步伐，社会贸易占总贸易额比例进一步上升。海外子公司中超额完成预算利润的有宝和、宝矿、宝新、宝欧、宝德等公司。

为使贸易业发展成为集团公司内独立发展的第二大支柱产业，集团公司决定对集团内部贸易资产及其它资源进行重组。通过重组充分利用现代管理技术和信息技术，培育核心能力，为用户提供优质、可靠的增值服务，力争在3～5年内成长为具有国际竞争力的贸易公司。

金融业：财务公司面对经营环境恶化形势，积极应对及时调整经营策略，通过扩大信贷规模，创新信贷产品，实现存、贷款业务大幅增长；年初开通网上银行业务，提高了结算服务质量；做大人民币业务，增加人民币利润来弥补外汇利润缺口。华宝信托公司在搞好“重新登记”的同时，积极探索信托业务的发展和定位，加强对信托新业务的研究，以资产管理为主线，提高公司的理财能力。全年证券经纪业务市场比重（沪深两市A股、基金成交）有了较大提高。

IT产业：宝信公司围绕内部整合和“借壳上市”，在资源整合、体制调整、机制创新等方面进行了探索与实践。在经营上采取“集中精力，加快进度”策略，对正在实施的应用软件开发项目加快了开发进度；并集中力量做强企业信息化市场，承接了一批企业的信息管理系统项目；在智能交通领域和电子政务领域的信息市场也有了较大的进展。“东方钢铁在线”开张一年时间完成了电子商务交易平台基础建设，启动了电子商务在宝钢的应用，逐步形成独具特色的“专营店”服务，正努力发展成为能够为钢铁及上下游行业提供全面服务的电子商务公司。

工程技术业：宝钢工程技术公司充分发挥自己的技术、装备优势和备品、备件维修中心的服务功能，完成宝钢股份公司90%以上的急、抢修件制造和修复任务。同时，把历年来形成的核心冶金设备制造技术和现代工程技术，向集团公司各子公司移植和辐射，为钢铁精品基地的建设做出了贡献。

检测检修业：宝钢检测公司按照大型设备预知

状况维修要求，在宝钢股份公司初步建立起设备监测诊断系统，解决了宝钢一些设备的疑难杂症。并准备将这一设备管理理念和实用技术推广到集团公司各子公司。宝钢检修公司新班子上任后，从强化管理入手，抓作风，树形象；重点对公司机构实施扁平化管理改革、规范经营活动，解决职工最不满意的问题，着力建设一支高素质的检修队伍。

钢材深加工业：产业公司宝翼制罐公司和宝钢股份公司共同实施产销研一体化，进行易拉罐减薄开发，增强了产品竞争力。宝成钢结构公司调整经营思路，积极开拓市场，实现大幅减亏。国贸技协公司大力发展钢材深加工产品出口业务，深加工产品已发展到4大系列40多个品种规格，远销欧美等20多个国家和地区，2001年创汇完成5000万美元。

建筑业：建筑业是集团公司规划发展的产业之一，明确以上海冶建公司为核心企业，通过整合和重组，组建以工程承包为载体、以钢结构为核心技术的具有竞争力的上海宝钢建设有限公司，进入上海建筑业五强。年内宝钢建设公司承接了一批国内最大、设计标准最高等建筑项目，并获得一项“国家优质工程银质奖”和一批上海市工程奖。

化工业：宝钢化工公司年内遇到了焦炭产量减少，化工原料不足，能力放空的新情况，加上化工市场供需不平衡、价格不断下跌，给生产经营带来了较大困难。面对严峻的销售环境，化工公司注意细分不同产品的市场走势，及时把握市场信息，通过加大对产品的宣传，加强对用户售前、售中和售后服务，大力发展支柱产品的直供用户，巩固产品的市场占有率。全年完成预算利润计划，名列非钢子公司实现利润第一。

房地产业：宝钢房地产公司立足市场，内抓管理、外树品牌，通过对集团公司委管项目和公司自管项目的开发建设，完成了国有资产保值增值任务。其总资产已达19.3亿元，净资产4.08亿元。

运输业：运输公司努力为宝钢生产经营提供运输服务，按国家规定自行承运和转手承运的进口原料可抵扣部分进项税，这两项为宝钢股份公司减少了运输费用支出。同时，他们充分利用宝钢优势，开拓国内外航运市场，加强揽货能力，参与市场竞争，提高了货运量和经济效益。

综合利用业：企业开发总公司努力开拓钢铁副产品和废弃物回收利用新途径，增加变废为宝的技术含量和附加值。建成磁性元件生产线一期工程，利用氧化铁红副产品生产出磁性元件用高质量铁氧体颗粒料。建成水渣磨细工程，属中国冶金渣微粉生产和运用的第一家，产品受到欢迎。利用枝桠材、木片作原料的联合公司所属丹东宝钢人造板厂投产后存在种种问题，生产运行不正常。上半年经营状况仍是亏损。8月，联合公司调整了丹宝厂领导班子，新班子采取了加强管理的一系列措施，企业面貌迅速改观，当月就扭亏为盈，全年实现利润500万元。

资本运作井然有序，达到预期目标

年内集团公司加大资本运作力度，进行了三期资产收购、上海钢管股份公司与宝信公司进行资产置换等，在国内资本市场建立起良好的形象。

三期资产收购：宝钢股份公司临时股东大会决定收购部分三期工程资产，这是国内资本市场上最大金额的上市公司收购案。使宝钢集团减少债务70亿元，筹得现金175亿元，为宝钢集团改造发展提供了资金保证。

宝信公司与上海钢管公司资产置换：上海钢管股份公司连续三年亏损，面临下市。经钢管股份公司股东大会批准，上海钢管公司与宝信公司资产进行全面置换。通过本次资产重组，宝信公司解决了发展中面临的体制和机制问题，实施了信息产业的一体化经营，盈利水平有了较大提高。

债转股公司正式运作：2000年11月，国家批准上海宝钢集团公司所属子公司债转股总额66.55亿元。集团公司和有关子公司加快了与国家金融资产管理公司，组建债转股新公司的工作。四家债转股新公司上半年正式挂牌。

三期外债重整优化：针对宝钢三期工程外债规模大、币种结构不均衡等特点，计财部资金处积极与贷款银行协商，对日元外债进行债务重整。实施结果，既优化了债务结构、降低了汇率风险，又大大节省了债务成本。

国外合资办矿：8月21日，与巴西CVRD矿山公司正式签约，双方各出资50%在巴西合资兴办年产600万吨铁矿石的矿山有限公司。12月20日，又与澳大利亚哈默斯利公司签订合资办矿框架协议。这是宝钢首次涉足国际钢铁原料的资源性投资，迈出了国际化经营重要一步。

加快实施主辅分离：钢铁子公司主辅分离工作分为两个阶段，第一阶段工作重点是推进已分离企业与钢铁子公司主体实现法律意义上的分离，第二阶段工作是结合人力资源规划对钢铁子公司主体中的辅业进行分离。一钢、二钢、浦钢、五钢、梅山、益昌、上海钢管等7家钢铁子公司直属79家辅助企业，已完成资产界定分割工作。这些企业已成为独立核算、自主经营、自负盈亏的法人主体。涉及被分离企业职工46799人的劳动合同改签工作全部完成。

子公司清理：2001年实施清理子公司工作在债权债务、人员分流再就业、资产处置上的难度更大。为此，在清理时以稳定为前提，采取积极应对措施，把握清理节奏，简化工作程序，提供政策性服务和专业化服务，使清理工作有条不紊开展。

组建战略联盟：为迎接入世后更加激烈的市场竞争，集团公司与国内外钢铁同行进行了广泛的接触，在一季度分别与首钢、武钢在优势互补、互惠互利、平等自愿、实现双赢的运作原则下，组建战略联盟。集团公司还积极寻求与国外企业的战略联盟。　　（程陆平）

上海宝钢集团公司党委工作概述

2001年，集团公司党委坚持把邓小平理论和江泽民同志“三个代表”重要思想贯穿党委工作的始终，以创新为动力，以“三讲”和“三个代表”学习教育活动为主要抓手，以庆祝建党80周年为契机，全面贯彻落实中共十五届六中全会精神，大力加强党的作风建设和精神文明建设，不断完善思想政治工作新机制，全心全意依靠职工办企业，促进了生产、经营和建设各项任务的全面完成，确保了宝钢的改革、发展和稳定。

认真学习和贯彻江总书记“七一”重要讲话和六中全会精神

“七一”重要讲话是新世纪全面加强和改进党的建设的科学指南，是实现现阶段党的历史任务和奋斗目标的行动纲领。集团公司党委在中心组学习、讨论的基础上，及时就进一步学习贯彻“七一”讲话精神提出了具体要求和意见。在贯彻落实中有以下特点：一是以我们正在做的事为中心，联系实际，抓住重点，提高认识，指导工作；二是联系宝钢改革发展实际，着重学习、领会和把握党的基本经验，进一步提高了贯彻执行党的基本理论、基本路线和基本纲领的自觉性和坚定性；三是着重学习、领会和把握新时期党的建设的任务与要求，联系“办世界一流企业，创世界一流水平”的实践，以创新为主旋律，以精品基地和最具竞争力的钢铁企业为目标，自觉为实现党在新世纪的历史任务而奋斗。集团公司党委还下发了关于加强和改进党委中心组学习的意见，安排了五个专题学习，集团公司领导成员分别联系实际作了专题发言。

十五届六中全会召开后，集团公司党委及时下发了关于学习六中全会《决定》的意见，并组织了两期由255位集团公司直管领导干部参加的学习六中全会精神学习班，有20位子公司的党政主要领导和公司机关部门领导作了大会（包括书面）交流发言。本次轮训出席率高达99.22%，集团公司党委书记关壮民亲自备课为学员们上了一堂理论联系实际的课，取得较好效果。进一步提高领导干部对党的作风建设重要性的认识，各单位都确定了本单位和本部门的党的作风建设目标和个人打算；坚定以《决定》为指导，推进党政领导班子“三个代表”学习教育活动，改进领导班子作风建设，团结带领干部、职工加快钢铁精品基地建设步伐；抓好发动，克服困难，拓展市场，促进销售，稳定生产，全力以赴抓好四季度生产经营，实现全年预算目标；加强思想政治工作的针对性，维护稳定，确保年内各项工作顺利完成；从战略高度思考宝钢的发展和党的作风建设，着手制定企业文化、企业精神和企业的道德规范。

认真开展领导班子成员“三讲”学习教育活动

7月，集团公司领导班子成员开展了为期一个月的“三讲”学习教育活动，通过学习理论，查摆问题，分析原因，制定措施，落实整改，高质量、高标准地按照中央关于国有大中型企业开展“三讲”学习教育活动的要求，顺利推进各步骤的工作，获得了较好的成效。

“三讲”学习教育活动中，组织召集了20多个征求意见、评议讨论座谈会，300多位与会者就影响企业改革与发展的突出问题提出了900条意见和建议，汇总了近12万字的书面材料。在认真梳理和深刻分析的基础上，领导班子查摆出影响企业改革和发展的企业发展战略规划系统性不够、深化改革步子不大、企业技术创新能力差距较大和领导班子的整体合力发挥不够等四大方面问题，11条51项整改内容。制定了从五个方面进行整改的有力措施：增强贯彻落实“三个代表”重要思想的自觉性，提高领导班子及成员的思想政治素质；明确集团公司改革与发展的方向，提出集团公司做“高”、做“强”的措施；进一步提高领导班子的凝聚力、战斗力，增强团结与合力；密切干群关系，增强领导班子全心全意依靠职工办企业的意识；增强责任感和使命感，坚定实现“两个世界一流”的信心。整改项目在11月底完成7项，12月底完成17项。拟定各类制度35项，其中17项已形成文件下发，其余的正在征求意见和讨论修改。

9～10月，27家子公司根据集团公司党委的统一安排，扎扎实实抓好“三讲”和“三个代表”学习教育活动。各子公司领导班子成员把这次学习教育活动作为加强领导班子及成员思想作风建设的一项重要任务，通过广泛听取党员、干部和职工的意见、建议，查摆问题，自我剖析，思考事关本单位改革与发展的全局性、战略性、前瞻性的问题。通过批评与自我批评达到统一思想，提高认识，使领导班子成员学习、实践“三个代表”重要思想的自觉性明显增强，班子整体素质、整体合力有了进一步提高；对需要重点解决的影响本企业改革与发展的突出问题有了清醒的认识，提出了整改方案；增强建设“两个世界一流”的责任感和使命感，明确下一步工作努力的方向。

加强党的自身建设，提升党组织的战斗力

2001年，集团公司党委加强基层党支部建设，督促基层单位认真实施“班长工程”，加强党支部书记队伍建设，选好、配强党支部书记。基层党支部积极开展“达标创优”、“支部工作上等级”活动，促进支部工作上水平。在参与基层基础管理、在促进企业生产经营、止亏扭亏、精神文明建设和减员分流、维稳工作中发挥了重要作用。1月起，集团公司党委还开展了“基层党支部建设”的征文活动，积极探索新形势下基层党支部建设的内容、形式、方法、手段和机制。

集团公司党委继续把深入开展“三高一流”活动，作为加强党的自身建设，提高党员队伍整体素质的重要抓手，在深化“三高一流”活动和探索创新渠道上下功夫。宝钢股份公司着重在深化上下功夫，积极推进专业技术岗位、管理岗位、经营岗位和后勤服务岗位党员“三高一流”活动的开展。梅山、一钢、二钢、冶建、益昌等五家子公司继续抓好试点工作，注意对试点单位情况进行调研和总结。五钢、浦钢、钢研所、上海钢管、工艺所等单位均已组织开展“三高一流”活动的试点，集团公司开展“三高一流”活动的覆盖面达到了100%。

集团公司党委坚持党要管党、党管干部和从严治党的方针，深刻理解“七一”重要讲话所提出的新思想、新观点和新思路，不断加强干部队伍建设。一是加强理论学习，提高干部思想政治素质和研究新情况、解决新问题的创新精神；二是制订和完善各项制度，先后出台和即将出台“关于加强和改进党的作风建设实施办法”、“党委常委会工作制度（试行）”、“基层党委工作制度（讨论稿）”、“党员管理工作制度（讨论稿）”、“2001～2005年领导干部教育培训规划（讨论稿）”、“优秀干部挂职锻炼实施办法”、“关于领导班子后备干部工作暂行规定”等；三是不断推进干部任前公示制和任职试用期制，加大考核力度，促进干部能上能下机制的不断完善。

集团公司党委认真开展党员民主评议工作，对党员队伍现状进行分析。2001年，集团公司应参加民主评议的党员30389名，实际参加评议有27473名，占党员总数的90.4%。参加评议的党员中，被评为合格党员有27430名，占99.8%。

积极探索党建工作的新思路，认真做好宝钢形象的宣传

年初，集团公司党委提出9个重点调研课题，年底，这些重点调研课题都按节点初步完成。为落实市委组织部下达的调研课题，集团公司党委组织部、宣传部和工会一起对20家子公司中1000名员工思想状况进行问卷调查。形成了《努力塑造新世纪工人阶级的新形象——关于宝钢员工队伍变化及阶级意识培育的研究报告》。

集团公司党委以中国共产党建党80周年为契机，认真组织纪念活动，加强党员先进性教育，不断提高全体党员干部的思想政治素质。对《三高一流——宝钢党员队伍建设探索与实践》一书进行修改和完善，为下一步在集团公司推进、深化党员“三高一流”活动提供了很好的范例。推荐、评选、表彰党内先进，并将16名优秀共产党员标兵候选人的事迹，在《宝钢日报》上刊登，进行公示及公开的投票评选，起到了很好的效果。组织党的知识竞赛活动，与中央党校、上海《干部视野》联合拍摄制作了以介绍优秀共产党员标兵单旭沂为题材的“我心中的洋博士”党建工作电教片等。

在组织筹备“宝钢三期建设和上海宝钢联合”会议期间，向中央和上海的主要新闻单位提供了10多万字的图片和资料，全国各新闻单位共发稿120篇，较好地宣传了宝钢。同时还圆满完成江泽民总书记视察宝钢的各项准备工作，以及电视新闻、照片拍摄、资料整理和展示厅改造等有关工作。集团公司党委还出色地完成了北京国有企业改革发展和创新展、上海国际工业博览会等5个展览会的展示工作，扩大了宝钢在国内国际上的影响力。

加强思想政治工作，加大人才培养力度，不断创新企业文化

集团公司党委坚持企业思想政治工作围绕创“两个世界一流”深入展开。年底前，全员政治轮训已按计划超额完成。“四五”普法教育在全公司拉开序幕，党委专门发了文件，召开动员大会，并邀请了郑传本等多位知名律师来公司开展现场法律咨询，提高职工学法、用法的热情。为推动职工“三学”活动，在全集团内评选表彰了十名“三学”状元，为职工学知识、学科学、学技术树立先进典范。中央关于《公民道德建设实施纲要》发表后，集团公司党委立即召开了研讨会，开展工作调研，总结这方面经验，并开始着手起草“宝钢职工道德建设意见”。在企业结构调整中，继续做好减员分流，职工再就业工作。全年完成减员13793人，钢铁主体减员5740人。计划新增3000个就业岗位，安排职工再就业，实际完成新增岗位3111个。在安排职工再就业的同时，加强职工的技能培训，全年共完成等级工技能培训2751人；转岗、新项目培训2775人；社会就业培训1097人。同时，集团公司党委还积极做好APEC会议期间的稳定工作，以及开展对“法轮功”的揭批，组织收看中央台电视片和召开反邪教座谈会，确保宝钢一方平安。

2001年，集团公司党委加大了人才培养工作力度。已建立了宝钢技术业务专家、海外留学生、教授级高工、享受政府特殊津贴者、进站博士后和博士研究生等在内的高层次人才资源库。为实现“两个世界一流”的目标，集团公司大力实施国际化人才战略，加大高层次人才引进力度。10月，由集团公司领导带队，组织相关子公司赴美国招聘宝钢急需的高层次人才，共吸引了近500名海外留学生到场应聘，有50名当场达成意向。同时招聘团还访问美国斯坦福大学等五所著名高校，拓宽了宝钢海外培训渠道。宝钢还注重与国际著名企业的交流与合作，并将此作为宝钢国际化人才培养的重要渠道之一。

在加快企业文化融合方面，集团公司党委认真听取有关专家关于推进宝钢企业文化建设的建议与构想的意见，以及宝钢视觉形象与世界一流企业的比照和改进的建议，分析了宝钢企业文化的现状，初步完成宝钢集团视觉形象的诊断，写出了诊断报告。9月，召开以建设精品文化为主题的“新千年新思路”研讨会，提出要以一流的企业形象打造世界一流企业。全年集团公司分别召开人才开发方面的“用施展人才的舞台留住人才”、宝日制钢公司“从亏损转变为利税大户”和开发总公司“创业——就业”三个观念与创新的现场会，进一步推动了人才开发、主辅分离，促进下岗职工再就业等工作。

加大厂务公开力度，把全心全意依靠职工办企业落到实处

集团公司党委在制定《关于坚持和完善职工代

表大会制度，推行厂务公开的若干意见》的基础上，多次召开推进会总结研究，深化厂务公开问题，明确厂务公开的“四个责任人”，党政联合下发了《上海宝钢集团公司关于深化厂务公开的若干意见》，加大厂务公开的推进力度。进一步健全和完善了职代会制度，把全心全意依靠职工办企业的方针落到实处，取得明显成效。

促进企业经营管理水平的提高。厂务公开工作以提高生产经营管理水平为切入点，注重把事关企业改革、发展的重大事项向职工代表公开。如把企业转制或改制的重大方案、生产经营重大事项、发展战略及企业劳动人事分配“三项制度”改革等列入厂务公开的内容。所有的子公司都实行了职代会审议通过职工收入分配方案；有91%的子公司实行了职代会审议职工减员分流再就业的方案；有80%的子公司公开了企业转制、改制方案。

促进党风廉政建设。各子公司把干部民主评议结果、领导干部廉洁自律情况，通过职代会向职工代表报告，或者通过干部廉政大会向职工代表报告，扩大职工代表的民主监督的范围。据统计，各子公司民主评议结果向职代会公开率达到了96%；领导干部廉洁自律情况向职工代表通报率达到83%。

促进企业职代会制度的进一步健全与落实。各子公司不断修订和完善职代会制度，职代会制度作为企业民主管理的基本制度，更加规范化、程序化、制度化。尤其是职代会在审查涉及职工切身利益和企业重大制度、改革方案时，各级职代会基本上都实行无记名投票表决，充分体现职工代表的意愿。

促进干部任前公示制的实施。宝钢在部分子公司进行了公示制的试点，在取得效果的基础上，加以推行。宝钢股份、五钢、化工、国际、开发等公司已实行了干部任前公示。国际公司还利用主干网实施干部任前公示，短短一周里，“干部公示”网页上，职工上网点击达1181次。

集团公司把厂务公开作为落实依靠职工办企业的措施，探索职工民主参与、民主管理、民主监督、民主选举制度的改革创新，做到政治上保证、制度上落实、素质上提高、权益上维护。今年上半年，集团公司对基层千余名职工和职工代表随机问卷调查，职工群众对实行厂务公开的满意率达到90%以上。

从实际出发，开拓创新，标本兼治，不断强化党风廉政建设

2001年，集团公司党委认真组织两级领导班子及成员系统地学习关于党风廉政建设一系列重要理论和《上海宝钢集团公司关于重申和提出领导成员遵守“七个不准”规定的实施处理意见》等文件。通过学习，提高了三方面的认识：一是面向新世纪的企业党组织必须进一步加强自身建设，特别是要加大党风廉政建设和反腐败力度；二是国有企业领导成员必须做廉洁自律、廉洁从业的表率；三是企业各级领导机关、领导成员必须与时俱进，不断改进领导作风和工作作风。为落实集团公司“三讲”整改措施，集团公司纪委监察部及时总结了一钢公司对案件查处实施“三不放过”的基本经验，组织制定并由集团公司党政联合下发了《上海宝钢集团公司关于实施重要案件“三不放过”教育的规定》。今年以来，集团公司累计实施各种形式的廉政教育共1410场次，参加人员达103789人。

集团公司党委还坚持规范经营管理行为和规范领导干部廉洁自律行为并举，加大了实施《廉洁自律“七个不准”规定》的力度，在316位直管干部中，开展了填报《领导人员遵守廉洁自律自查表》的活动，填表自查率为99.37%。全年，共有364位领导干部对个人重大事项作了报告，1438人次对个人收入作了申报，1322人次登记上交了各类礼品和礼金，折合人民币68.74万元。

集团公司党委和纪委在信访、举报查办方面加强了各级责任制的落实，使案件查处量有了新的突破。2001年，纪检监察系统共受理群众信访举报569件次，已办结519件，办结率达91.2%。全年案件查处涉案金额达387.46万元，通过查处，直接挽回经济损失达241.47万元。在效能监察和专项检查中，围绕“严肃经济工作纪律，规范经营管理行为”，抓重点部位突出监管职能，抓关键领域形成监督机制，抓薄弱环节注重实际效果。在围绕生产经营、物资采购、资金管理、工程建设和技改等四大领域开展效能监察中，全年共立项58项，完成45项，已挽回损失1548.60万元，堵漏建制213项。　（夏成顺）

规划与战略研究

GUIHUAYUZHANLUEYANJIU

规划与战略研究

规划发展

【概况】 上海宝钢集团公司规划发展部（以下简称规划部）下设规划处、科技处、企业管理处和宝钢监督站（挂靠）。其主要职责是负责上海宝钢集团公司钢铁业和非钢铁业发展规划的制定和调整；固定资产投资计划编制和统计分析；钢铁业固定资产投资项目的管理；技术改造项目的管理；规划、项目与政府有关部门的协调沟通；环保、节能工作。负责集团公司技术创新、科技开发、知识产权、质量及标准化等归口管理等科研方面的工作。负责集团公司体制机构调整、部门职责修订、专业管理制度审核、代码管理和子公司重组、改制管理及现代企业制度、现代化管理方式推进。2001年底，规划发展部（含宝钢监督站）在岗44人。

宝钢马迹山港一号卸料机

年内规划部作为集团公司规划、科技、企业管理等方面的综合职能部门，在进一步调整完善集团公司管理体系的同时，全面参与了集团公司规划、科技开发、技术改造、体制调整、整合重组等工作。《上海宝钢集团公司“十五”钢铁发展规划》上报国家审批；《上海宝钢集团公司“十五”钢铁科技发展规划》经集团公司董事会批准下发实施；组织编制了非钢产业发展规划框架、宝钢信息化建设规划、工程技术规划、冶金建设规划等。推进规划和计划的实施，全年完成固定资产投资65.7亿元，努力用好并积极争取国家政策，技改项目减少税收支出5.8亿元，获得专项贴息贷款2900多万元，获得补贴和经费资助8400多万元。宝钢贸易、建筑等产业结构的调整和整合重组破产工作有序进行，组建了上海宝钢国际经济贸易有限公司，上海冶建和五钢建筑资源整合，组建上海宝钢建设有限公司协议已签字。一钢、浦钢、五钢、梅山四家债转股公司成立（债转股总金额66.56亿元）。全年清理子公司196家，完成计划目标。举办“管理年”系列宣传活动，召开集团公司“管理年”总结座谈会，集团公司体制改革研究全面启动；制定并下发实施了《上海宝钢集团公司重点科研项目管理办法》等多项管理制度。（规划部）

【发展规划编制】 《上海宝钢集团公司“十五”钢铁发展规划》完成编制，并经集团公司董事会通过上报国家有关部门。2001年规划工作的重点是：研究钢铁发展规划遗留的问题以及发展规划尚未涉及的有关钢铁业子公司发展问题，制定非钢产业发展规划，拟订信息化建设规划。

年内完成上海钢铁研究所建设金属功能材料精品基地的规划方案、上海钢铁工艺研究所发展大规格冷弯型钢产品的规划方案。宝钢钢管业专题规划和浦钢专题规划拟订，准备组织专家论证和集团公司董事会最终决策。

集团公司董事会原则通过非钢产业规划发展框架。年内组织工程技术业、信息产业、建筑业、资源综合利用业、钢材深加工业专题规划的拟订工作。以宝钢工程技术有限公司为核心企业、形成“以设计科研为核心、以设备制造为支撑、以工程技术总成为载体”的具有现代工程技术总成能力的工程技术业专题规划；以宝钢建设有限公司为核心企业、通过集团内资源优化配置形成“以工程承包为基本形式、以钢结构为核心技术、以专业化施工为支撑”的新型建筑业专题规划，已经集团公司研究确定。

为提高集团公司信息化管理水平，保障集团公司信息化建设工作有序实施，规划部组织编制

信息化建设规划，该规划集团公司已原则通过。宝钢的信息化建设项目已列入国家第六批国债贴息项目。（许旭东）

【技术改造与基本建设】 2001年是集团公司“十五”钢铁发展规划的启动年。技术改造和基本建设工作按照建设钢铁精品基地的要求，围绕发挥联合优势、调整产品结构、加快淘汰落后工艺技术装备，进一步推进技术进步、实现物流顺畅化和效益最大化、全面提高企业的市场竞争力，加强科学管理，积极推进了钢铁规划的实施。全年重点项目达到进度节点要求，固定资产投资完成65.7亿元。

年内已完成的重点项目有：宝钢股份公司的新建热轧酸洗涂油板产品及其精整配套项目、马迹山港工程；浦钢公司特钢改造；浦钢公司与德国蒂森克虏伯公司合资建设上海克虏伯不锈钢有限公司（一期）工程等。

浦钢公司特钢改造工程建成并投产

正在建设项目有：宝钢股份公司汽车板生产系统改造、石油管生产线综合改造；益昌公司冷轧机组及配套改造；一钢公司不锈钢及碳钢热轧板卷改造；二钢公司高性能钢丝绳项目、高强度低松弛预应力钢丝钢绞线项目、油回火弹簧钢丝项目；五钢公司合金模块材料专业生产线项目、特殊钢银亮冷拉材中心项目；梅山公司热轧改造、2号连铸机项目；宁波宝新公司二期工程等。

在抓好项目建设的同时，对一批已建成的项目及时组织竣工验收。宝钢三期工程顺利通过国家计委组织的竣工验收；一钢公司2500立方米高炉项目，梅山公司炼钢项目和矿山二期项目也由国家有关部委授权宝钢组织竣工验收并顺利通过。

（郑海亭）

【环境保护】 在全面完成国家和上海市“双达标”任务的基础上，年内认真组织实施吴淞工业区宝钢集团有关企业的环境整治计划，加强污染源治理改造，落实环境综合整治任务目标。全年完成了五钢公司转炉厂烟气除尘改造项目，启动了一钢公司和五钢公司清浊分流、纳管工作，完成淘汰落后工艺装备及实施关停项目5项，烟尘、粉尘以及废水、COD（化学需氧量）、油等污染物排放总量进一步减少。

为迎接APEC会议在上海召开，集团公司制定了环境综合整

宁波宝新不锈钢有限公司二期工程开工典礼

治实施计划。通过对计划的实施、推进，及加强环保基础管理工作，确保了整个APEC会议期间，环保设施正常运转，未发生污染事故。（池海良）

【加强制度建设 推进规划实施】 为了规范并促进技术创新工作，集团公司加强了技术创新制度建设，2001年下发实施了《上海宝钢集团公司重点科研项目管理办法》、《上海宝钢集团公司知识产权管理办法》、《上海宝钢集团公司"专利及技术推广费"管理办法》，组织制定了《上海宝钢集团公司科技进步奖管理办法》、《上海宝钢集团公司科研外协管理办法》等制度。

2001年，《上海宝钢集团公司"十五"钢铁科技发展规划》先后通过了公司技术创新委员会和公司董事会的审查，已正式下发实施。规划重点突出了超前性、科学性和可操作性，以把宝钢建设成为"钢铁精品基地"和我国钢铁行业新技术、新工艺、新材料开发基地为目标，明确了发展的重点和方向。规划全面实施后，经过5～10年的努力，宝钢将拥有一批世界一流的技术及在世界钢铁界具有一定影响力的重大专有技术和独创技术，并发展成为我国钢铁行业科技开发的排头兵。（龚肇亨）

【开展高层次产学研活动】 集团公司加强了同国家自然科学基金委员会的合作，2001年11月，集团公司与国家自然科学基金委员会在北京人民大会堂签定了长期合作意向，并把"钢铁联合研究基金"规模从1200万元扩大到2000万元。会同国家自然科学基金委员会组织确定"钢铁联合研究基金"首批42个资助项目。

受国家经贸委委托，宝钢作为组长及秘书单位，负责筹备、召开第五届中美工程技术研讨会材料组、计算机组会议。这是高层次综合性的大型学术研讨会，为集团公司的有关技术人员提供了一个很好的技术交流机会。

2001年，宝钢教育基金颁奖活动中首次安排了"产学研合作推进会"。宝钢向到会的全国几十所高校的领导，介绍了宝钢技术创新体系和科技发展规划、科研开发工作情况。（龚肇亨）

【实施科研开发】 2001年，集团公司组织科研开发项目共566项；组织各子公司申报国家和上海市各类计划项目共计39项，其中科研开发项目获得立项经费资助900多万元；组织了"钢铁联合研究基金"首批42个资助项目。集团公司"科技发展专项经费"支持项目开始启动。全年组织实施了首批9项集团公司重点科研开发项目，其中"薄带连铸产业化"项目已申请"薄带连铸用布流装置"1项专利；"喷射成形先进冶金加工技术的应用开发"项目，在喷射成形超高碳钢的超塑性研究中取得阶段性成果，已申请2项国家专利。

2001年，集团公司通过省部级以上新产品鉴定12项、科技成果鉴定10项，通过上海市高新技术成果转化项目认定7项。"宝钢2030毫米外耦滚筒式协衡飞剪机"、"梅山无底柱分段崩落法加大参数结构的研究"、"宝新1500毫米不锈钢纵切机组和横切机组"等三项成果获国家科技进步二等奖。4个项目获2001年度上海市科技进步奖，其中"高炉喷煤技术"和"油井管水淬装置"获上海市科技进步一等奖。另有9项新产品获上海市优秀新产品奖。（龚肇亨）

【专利】 联合重组三年来，集团公司专利申请量每年以20%比例递增，累计申请408件，其中授权177件。2001年共申请专利166件，获授权103件，审定技术秘密328项，软件著作权登记23项。获2000年度上海市发明创造专利奖6项。"按工艺要求定滚筒类飞剪机构参数的方法"荣获2001年全国专利金奖。（龚肇亨）

【开展管理年活动】 2000年5月～2001年5月为上海宝钢集团公司"管理年"。在以谢企华总经理为组长的"管理年"领导小组的大力推进下，集团公司职能部门和各子公司下了很大功夫。在财务管理方面，着重抓了集中一贯管理，推行全面预算管理，建立结算中心和真帐体系，实行"收支两条线、零余额管理"的资金调度模式，加强应收账款管理，规范会计核算制度。在采购和销售方面，推行集中采购、销售，集中企业营销资源，控制制造成本，统一销售策略，加快现金回笼。在企业体制、机制建设方面，推进主要子公司的“债转股”工作；主要企业建立扁平化管理模式，实行企业再造，以加快信息流，提高企业对市场变化迅速反应并且回避风险、把握机遇的能力。在提高基础管理水平方面，通过向有关子公司推广、幅射宝钢股份公司比较成熟的基础管理模式和经验，取得了比较理想的效果。

（黄洪永）

【清理规范子公司】 本年度实施清理的子公司在债权债务、人员分流再就业、资产处置上的难度更大。主要表现在被清理的子公司需要分流的人员较多，资产关系复杂、银行债务多，清理进程难以控制等问题。为此，全年的子公司清理采取以稳定为前提，简化工作程序，专门提供政策性服务和专业化服务，使清理工作进展加快。全年清理子公司工作，共完成关停并转企业196家(不包括参股单位)，其中关闭129家，停业25家，合并9家，转让33家。

（陈　炯）

【主辅分离工作】 9月，集团公司对一钢、二钢、浦钢、五钢、梅山、益昌和上海钢管等七家钢铁子公司主辅分离工作进行了验收。验收内容是：对已分离企业是否确立了独立法人地位，是否规范和理清了与钢铁主体的资产关系、经济关系和劳动关系。验收结果表明，各钢铁子公司主辅分离工作成效显著，基本解决钢铁子公司与其所属企业之间长期存在的分而不离、主辅不清的问题。七家钢铁子公司下属79家企业已成为独立核算、自主经营、自负盈亏的法人主体；已分离企业在劳动关系方面已完成46799人的劳动合同改签工作；经济关系初步规范，暗贴变为明贴。

（陈　炯）

【加大资产重组力度】 2001年，集团公司在继续清理子公司、主辅分离工作基础上，加大产业结构调整和重组工作。先后对集团公司钛合金、贸易、建筑、检修、化工等产业进行了重组或重组可行性研究。钛合金与贸易产业的重组已经完成。钛合金重组取得了良好效益。2000年，原上海钢研所钛分所经营利润仅30万元，与五钢公司实施重组后，2001年创利超过2000万元。集团公司贸易产业重组聘请了国际上知名咨询公司进行策划，在业务流程与组织机构再造方面，引入了当今国际全新的理念与方法，重组方案得到集团公司决策层一致通过。新组建的上海宝钢国际贸易有限公司已开始运作。建筑产业的整合也在积极推进中。检修业通过总结益昌公司的试点也将在其它钢铁子公司推行。实施资产重组对调整集团公司的产业结构、优化资源配置、消灭亏损点、提高综合竞争能力，加速实施战略发展规划起到了积极推动作用。

（程　津）

【四家债转股公司成立】 1999年5月，集团公司向国家经贸委提出宝钢四家全资子公司按国家政策实施债转股的申请。2001年6月，上海第一钢铁有限公司、上海五钢有限责任公司、上海三钢有限责任公司、上海梅山钢铁股份有限公司正式成立。并按《公司法》的规定，组建了董事会、监事会，明确了经理领导班子成员。四家公司债转股总金额66.56亿元(其中，宝钢集团上海第一钢铁有限公司债转股金额为：10.38亿元，出资比例：集团公司为：73.48%，工商登记日为：2001年6月28日；宝钢集团上海五钢有限责任公司债转股金额为：5.46亿元，出资比例：集团公司78.15%，工商登记日为：2001年6月28日；上海三钢有限责任公司债转股金额为：20.76亿元，出资比例：浦钢公司50.08%，工商登记日为：2001年3月30日；上海梅山钢铁股份有限公司债转股金额为：29.96亿元，出资比例：梅山公司37.45%，工商登记日为：2001年7月13日)。

（唐礼枫）

【宝钢会议电视系统投用】 为树立宝钢大企业形象、提高会议效率、降低会议成本，集团公司决定建设宝钢会议电视系统。该系统覆盖集团公司及其各直属部门、各子公司共30个会场，采用

ISDN组网方式，并选用美国Ezenia公司的多点控制器MCU和挪威Tandberg公司的终端。该系统投资717万元。1999年9月，上海宝利计算机集成技术有限公司提出项目建议书，2000年底如期建成，并一次通过功能验收，2001年1月正式投用。该系统在使用中语音质量良好，图像清晰稳定。在上海信息港主体工程建成开工仪式上有上佳表现，上海市信息办公室特来信致谢。 （黄洪永）

【企业管理成果奖项】 集团公司及各子公司参加了上海市及中国钢铁工业协会分别组织的“企业管理成果”评比工作。获“2001年上海市企业管理现代化创新成果”一等奖1项、二等奖2项、三等奖3项；获“2001年度冶金企业管理现代化创新成果”一等奖2项、二等奖3项。 （唐礼枫）

【工程质量监督概况】 冶金工业局工程质量监督总站宝钢监督站（该站挂靠集团公司规划部）对集团公司下属各子公司所有重大基本建设和技术改造工程进行质量监督。2001年，核定单位工程总计74个，其中宝钢三期工程尾项核定35个，优良等级26个，优良率74%；股份公司技改工程核定39个，优良等级34个、优良率87%。审查备案建安工作量50万元以下工程55个。受监宝钢股份公司技改工程110项，益昌公司技改工程3项，一钢公司技改工程15项，二钢公司技改工程2项，五钢公司技改工程1项，宝新公司二期工程1项，共承担了23亿元以上建安工作量的工程质量监督工作。 （赵　聪）

【工程质量控制】 年内，监督站按照开工前制定的工程质量监督计划及设定的质量控制点，进行了205次中间到位检查，查处工程实体质量问题198项，工程质保资料问题298项；签发工程质量问题整改通知单4份；发通报2份。组织工程质量平行检测6次。组织宁波宝新不锈钢工程和马迹山港工程质量检查8次。处理工程质量事故1起；查实并处理工程质量投诉举报1起。

质量监督工作充分发挥工程检测的作用，做到根据数据以事实为依据，通过理论分析以规范、标准为准绳，有理、有利、有节地处理工程质量问题，使被监督管理单位和人员口服心服。

在对益昌薄板改造工程监督中，随机抽查5套设备基础混凝土灌注桩时，发现已由同济大学检测中心检测为合格的桩中，179号桩仅为3类桩。据此对同济大学检测中心提出了严厉批评，同济检测中心核对监督站的检测报告后，承认工作有误。最后，根据检测结果，由建设单位和设计单位对问题桩进行了加固处理。

为了保障涉及结构、生产安全的重要施工部位质量，还对宝钢股份公司“氧、氮、氩管道技改工程”的管道焊接进行了平行抽查检测。由于施工及检测单位均为同一家施工企业，为确保检测样本和结果的真实性，宝钢监督站又另选一家检测单位，对已检测的焊口进行了随机抽样检测。抽样结果相符后，对施工及检测单位给予表扬。（赵　聪）

【1550毫米冷轧工程获“鲁班奖”】 该工程是宝钢三期建设最后一个大项目。工程一开工，三期工程指挥部就提出各施工单位要团结协作，对工程质量严格苛求，争取集体创优再夺“鲁班奖”。2001年1月，三期工程指挥部召开“1550毫米冷轧工程创优推进会”，宝冶、五冶、二十冶等单位全面推进集体创优。为实现这一目标，宝钢监督站在工程施工过程中严格贯彻三期工程指挥部的要求，按照“鲁班奖”评选条件配合各单位对工程实体质量、资料、整改复查、用户回访、申报材料准备等工作多次进行检查。

2001年上半年，1550毫米冷轧工程获“冶金优质工程奖”，9月23～25日中国建筑业协会“鲁班奖”评审复查组对1550毫米冷轧工程进行了现场复查。复查通过并经中国建筑业协会在《中国建设报》“公示”征求意见后，12月经评审专家投票表决，1550毫米冷轧工程获2001年度中国建筑工程“鲁班奖”。 （赵　聪）

【工程“质量月”活动】 根据工程质量监督总站在9月开展冶金工程“质量月”活动的通知，宝钢监督站组织各施工、监理单位认真学习、贯彻《建设工程质量管理条例》和《冶金建设工程质量监督细则》，发扬宝钢工程建设对质量“严格苛求”的好传统，牢固树立“质量第一”、“质量是企业生命”的质量意识，按照贯标管理文件，完成现场质保体系自查、完善工作。

参加宝钢工程建设的各设计、监理、施工单位按有关要求，认真开展了“质量月”活动。各施工单位以“抓管理、促质量、上等级、创精品”为主题，对存在的管理、操作等薄弱环节进行了自查自纠。宝钢监督站于9月结合“质量月”活动，对集团公司在建项目进行了工程质量大检查。

（赵　聪）

【工程质量问题处理】 年内，宝钢监督站专业人员在日常巡检中发现一些影响结构安全的工程质量问题，及时得到整改处理，确保了工程质量。8月，该站在对宝钢2号彩涂工程入口段设备基础（A块设备基础）钢筋安装进行抽查时，发现诸多质量问题：a、由于钢筋配料加工长短误差，造成现场存在大量不规范钢筋搭接；b、步进梁轨道牛腿钢筋保护层厚度过大，改变了钢筋受力点，部分牛腿钢筋被移位或切断后未经处理；c、钢筋安装观感较差，大量钢筋不到位、搭接不规范、锚固长度不足、断面复杂处钢筋凌乱。针对以上情况，宝钢监督站立即制止施工单位浇筑砼，经施工单位整改，对部分钢筋进行返工处理，以上问题得到纠正。

9月，查处了一钢不锈钢工程（5.1标）三份混凝土试块报告达不到设计强度等级。前后历时两周，通过对施工、监理、混凝土搅拌站、试验室等单位的追溯调查；现场实物质量1200个测点的检测；同班次、同强度等级混凝土在其它工程使用质量情况对比，查出产生问题的根源，发现一些质量控制的薄弱环节。为防止同类事故再次发生，对责任单位和人员进行了通报批评。

宝钢监督站还先后两次查处了大型屋面板安装未按规范要求做到三点焊接的工程质量问题，避免了一旦地基产生不均匀沉降、位移或受地震影响时可能发生的屋面板坠落事故。

（赵　聪）

战略研究

【概况】 集团公司战略研究室主要负责集团公司总体发展战略，钢铁业、贸易业、金融业、房地产业等多元产业发展战略的研究，以及资产重组、资本运作、入世对策等的决策咨询和实施方案的研究。2001年底，战略研究室在岗14人。（吴东鹰）

【非钢产业发展战略框架】 年内战略研究室完成了《非钢产业发展战略框架》报告，董事会原则通过，并形成了决议。徐大铨董事长在12月底的集团公司干部大会报告中宣布了各产业的战略发展定位。该报告分析了宝钢非钢产业经营现状，提出宝钢非钢产业发展必须遵循的四项原则，明确了非钢产业发展的四个层次，对贸易业、金融业、IT产业、工程技术业、钢材深加工业、建筑业、化工业、综合利用业、房地产业、新材料业分别作了战略定位。并结合宝钢成为500强的战略目标，对各产业的销售收入作了量化分解。这一报告完善了宝钢“建设钢铁精品基地、实施相关适度多元化”的产业发展思想。各产业将按照报告中提出的原则和定位制定发展规划并实施推进。

（冯爱华）

【宝钢进入500强方案探讨】 该方案研究报告在详细分析宝钢与全球500强存在的最新差距，以及造成这种差距的原因的基础上，提出宝钢在钢铁主业、服务业（重点是金融和地产）以及其他多元产业中可能的突破方向和拟采取的措施，并提出了宝钢进入全球500强的大致时间表。该方案作为“三讲”整改措施之一已提交集团公司董事会和经理书记办公会讨论通过。公司高层肯定并采纳了本研究的结论和建议，并作出决议，明确了在服务性产业的重点突破口和钢铁业的开拓方向。

（袁　舟）

【子公司业绩考核指标体系研究】 该研究课题在《国有资本金效绩评价规则》的基础上，吸收现代企业绩效评价理论的基本原理，根据集团公司特点和对子公司考核的特殊性，将子公司业绩考核指标分为评价指标和考核指标两大类，并各以50%计入总分。评价指标从财务效益、资产营运、偿债能力、发展能力四个角度对子公司作横向比较，以了解子公司在国内同行业中所处的地位。纵向考核指标包括：EBITDA/总资产、预算完成情况、反映子公司不同特点的管理指标和当年集团公司未纳入预算的重要推进项目。纵向指标反映子公司的进步程度，同时，也体现了子公司的特点和定位差异。考虑到金融业的特殊性，将金融类子公司的业绩考核设计为：盈利指标、资产安全指标、流动性指标、预算完成指标。为强化集团公司作为出资人的地位，将投资返利作为一项否决指标。

该课题的创新点：引入EBITDA/总资产指标，该指标剔除不同折旧、税收、利率政策对企业经营业绩的影响；将财务评价与目标（预算）管理结合起来，通过对预算完成指标和适合子公司特点的管理指标的设计，可以强化集团公司的战略控制和管理推进职能。课题完成时间为2001年12月。（何太平）

【分别与首钢、武钢组建战略联盟】 为应对中国加入WTO后钢材市场面临更加激烈的国际化竞争，为了中国钢铁业的可持续性发展，战略室就宝钢分别与首钢、武钢组建战略联盟问题进行了研究。3月20日，集团公司分别与首钢总公司和武汉钢铁（集团）公司签署了战略合作意向书。这是中国钢铁界跨时代的一次合作，在实现大型企业间“双赢”的道路上走出了实质性的第一步。三家大型钢铁企业的合作内容设想主要包括铁矿石等大宗原材料的联合采购，运输环节的合作，新产品、新技术和新工艺的联合研发等等。通过这些合作，既可以降低采购和运输成本、缩短技术和产品开发周期，还能够避免恶性竞争，使市场资源配置更优化。（吴东鹰）

【宝钢钢材出口战略研究】 该项研究主要就国外钢材出口环境与市场特点做了较全面的阐述，在此基础上分析宝钢钢材出口的战略市场，提出宝钢将要实现出口理念上的五个转变：从资源导向型向用户导向型转变；从检验产品质量到创造品牌与利润转变；从中间商用户向最终直供用户转变；从普通品种钢出口向特色品种钢、甚至钢材深加工出口转变；从直接出口向出口与就地加工相结合转变，以贸易带动实业投资。在此基础上提出了宝钢钢材出口的分阶段发展步骤。同时，课题组就东南亚市场、国际化、反倾销以及营销策略等具体问题也展开了分析。课题完成时间为2001年10月。（徐美竹）

【集团公司不锈钢资源优化配置研究】 该报告在对世界不锈钢市场的发展态势、不锈钢领域在世界钢铁企业合并重组中的重要作用，以及中国不锈钢产销建情况分析的基础上，根据中国在不锈钢方面的发展思路，提出了宝钢集团发展不锈钢事业的基本原则。针对宝钢集团不锈钢资源及存在的主要问题，提出了优化配置集团内不锈钢资源的设想方案。（甘龙华）

【宝钢镀锡板发展问题研究】 该报告在对镀锡板市场的发展态势，以及在短期内较难改观的国内供求关系进行分析的基础上，对宝钢镀锡板的竞争优势和劣势进行深入研究。针对存在的主要问题，提出宝钢镀锡板优化资源配置、加大科研力度和扩大两片易拉罐生产规模的发展思路。（杨胜化）

【医药业现状及前景分析】 年内围绕宝钢是否进入医药业的议题，战略研究室在广泛调研、听取行业专家意见的基础上，完成了《医药业现状及前景分析》专题报告，供领导决策参考。该报告分别对制药企业与医药分销企业的经营情况、竞争状态、入世后面临的困难与机会以及国家政策导向作了较为系统的分析。结论认为，医药业属于进入壁垒较高、但将进入高速发展的朝阳产业。经营医药业，资金实力和开发能力是关键因素。报告还对宝钢如欲进入医药业提出了若干对策建议。（冯爱华）

科研工作

KEYANGONGZUO

科研工作

上海宝钢研究院

【概况】 上海宝钢研究院（以下简称研究院）是上海宝钢集团公司的科研开发机构，下设办公室、科研管理处、科研条件处、组织人事处4个职能处室；按照研究领域分设冶金工艺研究所、产品研究所、用户服务研究中心、设备研究所、自动化研究所、新材料研究所、分析测试研究中心、科技信息研究所。

2001年12月，研究院共有职工407人，其中宝钢技术业务专家9人。按人员类别划分：管理人员36人；科研人员221人；科研保障人员150人。按学历划分：博士47人；硕士79人；本科131人；专科72人；中专16人；高中及以下62人。按技术职称划分：教授级高工10人；高级职称95人；中级职称132人；初级职称67人。

（陈兴福）

上海宝钢研究院（技术中心）外景

【科研管理和技术创新】 2001年，研究院以“创机制、育人才、出成果、争一流”为指导思想，围绕集团公司生产经营总目标，贯彻“重产品开发，重用户技术，重规划发展；抓学科联合，抓环境建设，抓成果转化；求认同实效，求自主创新，求持续发展”的科研工作方针，加强科研管理，认真落实项目，严格把关评估，定期推进工作。通过实施“重大项目中期报告制”、新产品开发和用户技术研究“先期介入”模式，采取技术主攻方向聚焦和产品主攻方向定位等措施，加大新产品开发力度。全年完成科研项目50项，取得阶段性成果17项。其中“全氢罩式退火炉设备和控制系统国产化”等重大项目8项、“微合金化非调质塑料模具钢的研制（BSM3、BSM4）”等新产品开发项目6项、“转炉托圈、倾动机构可靠性研究”等重点项目15项、“超低碳钢铁素体区轧制工艺研究”等项目9项、“纳米及亚微米先进金属材料研究”等预研项目12项；实现科研效益3751万元；技术秘密20项。专利受理35项。其中“磁阻式两相励磁无刷移相器”专利获2001年度“上海市优秀发明二等奖”，并于11月经过上海市高新技术评审委员会的评审，认定为“上海市高新技术产品”。10月，“磁阻式两相励磁无刷移相器”项目和“微合金化贝氏体非调质塑料模具钢”项目，荣获上海市2001年优秀发明选拔赛二等奖。（陈兴福）

【编制人力资源规划】 人力资源规划作为研究院科研发展项目指南的配套机制，4月开始编写，至9月完成。规划编写是以领导、技术专家、技术业务骨干与群众相结合的方式。规划内容共分5个部分：现状与差距；任务与需求；理念与方针；目标与指标；对策与措施。（陈兴福）

【引进培养人才】 为有效提高新产品开发、汽车板技术以及高层次分析测试研究水平，根据研究院人才队伍建设的需要，先后从美国、上海交通大学及宝钢内引进成熟型的高级人才20名；以重大项目研究开发和相应设备技术配置、集成需求为重点，制定项目、技术等各类人员的出国考察培训计划，按期实施，选派各层次优秀项目研究开发人员和科研保障人员赴美国、德国、韩国和北京科技大学、东北大学等著名院校深造培训499人次；国内外考察和参加国际会议45人次；科研人员占员工比例已从年初的48.62%提高到55%。（陈兴福）

【选拔优秀中青年科研人员】 为营造尊重人才、激励人才、凝聚人才的良好氛围，9月28日，研究院制订《优秀中青年科研人员评定与管理办法》，遵循“重业绩、看发展、少而精、众认同”的原则，推进“优秀中青年科研人员”评定工作。经部门推荐（或本人自荐），对被推选的人员从基本素质、科研能力、学术水平、外语与计算机水平、历年业绩考核等5个方面进行综合评价、筛选后公示。经研究院评定小组讨论决定，第二批（2000年已评选第一批）产生了孙大乐、蒋浩民、李自刚、周坚刚、黄宗泽等5名“优秀中青年科研人员”，已逐步形成科研人员‘领头羊’的群体。（陈兴福）

【形成分配多元化】 为加大对项目人员的管理和业绩考核，实施业绩考核向业绩评估转变，使科研业绩与项目基础工资、业绩奖水平的确定紧密结合起来，与科研人员的调整分流紧密联系起来，全年完成体制划转及分流71名。与此同时，为完善科研人员业绩评价和分配机制，鼓励和引导科研人员锐意进取、追求实效，在对项目人员和管理人员实行项目工资和岗薪工资的基础上，探索多元分配新模式。即对技术业务专家和研究院“优秀中青年科研人员”试行“协议工资”；对“用户技术研究人员”试行“面议工资”，由于加大了激励比重，更能充分调动科研人员的积极性、创造性。（陈兴福）

【组建中试实验室】 为加强项目研究开发中间试验的管理力度，优化配置实验室资源，提高工作效率，11月26日组建成立上海宝钢研究院中试实验室，现员8名。中试实验室将分散于各所、中心的大型实验室和有关人员集中，实行统一管理，加强科研设备的操作、点检、维护，保证设备状态以满足科研需要。同时，进一步提升实验室人员技术素质，力求达到一专多能，使之成为集操作、点检、维修能力于一身，并具有制作科研所需小型特殊工具能力的一流实验队伍。（陈兴福）

【科研设施及装备】 研究院占地面积约20万平方米，有实验室和试验厂房的建筑面积约3.37万平方米。东区占地面积约9万平方

宝钢用户中心自行研制的科研设备

米，西区占地面积约7.2万平方米，将在2002年建中间试验基地大型试验场所，计划建11个实验室及车间。现有设备共1698台套，其中，测量设备119台套；分析设备84台套；理化设备221台套；工艺设备71台套；研究设备102台套；辅助设备272台套；其它设备829台套。（陈兴福）

【国内外技术交流】 为进一步提高宝钢的技术创新能力和科研水平，加强与国内外科研机构、企业、高等院校的科研合作和交流，以适应研究院的发展需要，年内共接待美国、日本、德国、巴西、英国、丹麦和国内首钢、武钢及其它行业企业来访、参观、交流共60余次。其中，国内交流25次；国际交流35次；来访人数273人次，参加交流人员1335人次。

（陈兴福）

【开展技术贸易】 为提高市场竞争力，加强科研成果的转化，研究院与宝信公司签订《冷轧无规程轧制》项目技术贸易合同110万元，签订《RH过程控制模型》项目技术贸易合同80万元；与常州冶金机械厂签订《油井管水淬》项目技术贸易合同180万元；与上海机械加工厂签订《连铸辊》项目技术贸易合同30万元。与宝钢国际签订《铁矿石高效使用技术服务》项目技术贸易合同10万元；全年签订技术贸易合同16项，合同总金额523.71万元。（陈兴福）

【薄带连铸项目研究】 该项目组于3月成立，在岗5人。“薄带连铸产业化关键技术及成套装置研究开发项目”于5月正式启动。项目组与相关协作单位通过艰苦努力，已完成项目的可行性研究及初步设计，并邀请相关专家对设计方案进行了技术研讨和审查。同时，各研究子项目也展开工作。

薄带连铸技术产业化需要对薄带连铸过程进行深入细致的基础研究，试验基地的支持条件即薄带连铸实验室建设是非常重要的，要根据薄带连铸连轧关键技术的研究要点，分别对其中的关键技术进行深入的研究和开发。因此，按照研究院以项目带动组建的原则，计划分别建立三个实验室：快速凝固实验室，薄带连铸连轧模拟仿真实验室，薄带铸轧热态模拟实验室。考虑到其技术的前沿性及自主性，其中的主要工艺研究设备将由课题组自行设计制造。目前有关实验设备正在设计或制造当中（现正在建设的有三台），拟准备引进一台带变形功能的高温激光成像装置，专门研究钢铸轧态的快速凝固过程及组织变化过程。

为使宝钢拥有自主知识产权的核心技术，项目组承担起薄带连铸关键技术的研究和开发。研究立项的4个子项目分别为：“薄带连铸结晶辊的结构设计及材料选择”，“薄带连铸侧封材料的设计及传动机构设计”，“薄带连铸连轧工艺技术”，“薄带连铸布流器设计”。其中的薄带连铸的主机部分由项目组自行进行设备设计（内容包括：结晶辊，薄带成套机构，结晶辊表面清理机构，密闭室，连铸机框架结构，结晶辊传动机构，侧封板控制机构等）。

（陈兴福）

【新型材料研究】 新型材料研究是立足冶金新材料领域，综合利用现代的先进科学技术成就，注重传统材料的持续改进；并有选择地开展先进材料的研究，参与新兴产业所需新材料的开发，努力形成新的经济增长点。按照以科研项目带动组建的原则，结合宝钢科研优势和开发条件，新型材料研究所首先启动被列为集团公司2001年重点科研项目的“喷射成形先进冶金加工技术的应用开发”研究。在喷射成形特殊钢的研究中取得重要进展：该钢种性能优于或相当于常规工艺制备的同一钢种，而工艺流程缩短，能耗降低。这项研究成果已申请1项专利，9月30日被中国专利局受理，现正拟申请国外专利。

（陈兴福）

【喷射成形非调质钢研究】 一种新型喷射成形非调质钢具有显微组织均匀、细小、无偏析的特点。该新钢种不经过调质处理（即淬火+回火），综合力学性能超过现有的“铁素体－珠光体”型非调质钢中的高档牌号。该成果已申请题为“一种新型的高强度高韧性非调质钢”的国内专利。

（陈兴福）

【轴承钢新工艺研究】 采用一种新工艺生产GCr15轴承钢，其强度和延伸率完全达到市场供货所需标准，并且处于其标准的上限值；其冲击韧性比现有GCr15钢的指标值高。该研究成果已申请一项关于生产高韧性GCr15钢新工艺的技术秘密。（陈兴福）

【电炉关键工艺技术优化研究】 该研究目的是使宝钢电炉单元生产达到设计要求，保持高水平运转。电炉冶炼方面：建立电炉冶炼过程模型，计算水冷碳氧枪气动特性，优化电炉冶炼工艺，开发电弧炉冶炼过程音频监测技术，研究宝钢直流电弧炉底电极状态仿真技术。二次精炼工艺方面：开展深脱氧技术研究和LF/VD过程模拟和仿真研究，开发VD炉钢水温度预报模型，对LF电气特性、加热效率及电极消耗，研究抑制钢水回磷技术。圆方坯连铸工艺方面：开发圆坯连铸机结晶器温度和热流在线监测系统，对结晶器电磁搅拌技术及凝固末端电磁搅拌技术进行预研；对非金属夹杂物形成及分布规律，电炉连铸温度控制和电炉连铸保护渣技术，电炉方坯连铸缩孔控制技术进行研究。耐火材料方面：调查了耐火材料对洁净钢的影响，对钢包进行了热分析，研究开发出新型中间包永久衬浇注料和中间包超轻质涂料。（陈兴福）

【冷轧产品易锈蚀原因及对策研究】 经过对生产工艺的了解和生产条件环境中大量参数的测定，找到了影响宝钢股份2030毫米轧机轧制冷轧板耐蚀性能问题的主要原因。从8月份开始，对1550毫米轧机轧制冷轧板出现的锈蚀现象进行挂片、电化学、湿热耐蚀等试验；并对上海大众普桑车采用宝钢冷轧板脱脂后出现的丝锈，分析产生的原因和制定试验方案，与上海大众达成共识，提出对冷轧生产现场整改措施、调整大众涂装线溶液参数等。（陈兴福）

【开发连铸二冷控制模型】 宝钢二连铸从日本引进的二冷模型由于模型计算误差大、参数多、调试困难、长期运行效果不好。自行开发的新二冷模型，经过测试在宽度变化、冷却方式、停车、引拔、更换中间包、意外急停车、水量比等多项指标上分析，均优于引进模型。二连铸的4流二冷模型全部采用新开发的模型。其中，温度推定算法采用了满足实时需求的快速偏微分计算方法，避免了不再需要参数调整的弊端；控制算法采用了智能积分方法，改进了模型的动态性能。日本方面为宝钢二连铸二冷模型制定的指标是推定温度与目标温度之差小于20度。而新模型则小于5度，技术指标明显优于日本引进的模型。使工艺参数与模型参数互相独立，对二冷工艺的优化和技术的推广提供了方便。

为提高项目模型研究、开发、测试的效率，注重实用工具的研究，成功地开发了二冷水表计算软件、二冷过程参数计算软件、二冷温度测量分析软件，设计了二冷过程仿真平台、喷嘴参数计算软件等产品。与此同时，对质量模型也进行了比较深入的分析，掌握了连铸模型技术。还承担了浦钢二冷模型的开发工作。

（陈兴福）

【硫印自动分析系统研究】 用硫印自动分析系统获取了连铸质量的定量信息，以生产实绩数据及计算数据为基础，进行了内在质量预测与表面质量统计分析。把工艺机理、图象处理技术、统计技术有机地结合在一起，对内裂进行了定性和定量的分析研究。模型预报达到了一定的精度（基本正确率为99.63%，相对正确率为82.74%）；在中心偏析方面，利用多种方法（神经网络、线性回归等），重点对二冷方式为“5”的钢种进行建模的分析对比研究工作，最终模型的预报精度（基本正确率）达到99.6%，预测模型的研究工作达到了项目所要求的目标。

（陈兴福）

【轧辊涡流检测系统建立与优化研究】 开发了一套能检测轧辊表面缺陷又能检测轧辊内部缺陷的涡流超声一体化的联合检测机组。开发的“微型样辊库”及“多频多通道电脑轧辊涡流检测仪器”，解决了轧辊涡流检测仪器的初始灵敏度的校准问题。建立的“‘域’相关轧辊涡流异常信号分离系统”，使轧辊“残磁”等材料噪声“干扰信号”的自动消除，将提高轧辊涡流检测系统的效率。建立的单探头多功能轧辊涡流检测系统，使轧辊常规缺陷——裂纹及软点与支承辊辊端加工硬化能够同时检

测，缩短在役轧辊维护的时间。（陈兴福）

【提高连铸辊使用寿命技术研究】 该项目开展了辊体材料及热处理工艺研究、改进连铸辊堆焊层质量研究、硬面涂层材料与工艺研究、连铸辊的失效机理分析、连铸辊现场使用规范及实物试验等5个方面的研究内容。根据新型实验连铸辊的使用实绩，实验辊可以连续使用3个周期，弧形段连铸辊使用寿命预计可超过10000炉、水平段连铸辊使用寿命预计可达12000～15000炉。该项目形成了具有宝钢自主知识产权的新型连铸辊成套制造和使用技术，经宝钢股份公司财务部门初步确认，每年可为宝钢股份创造直接经济效益2400万元。（陈兴福）

研究出提高连铸辊使用寿命技术

【电镀锌机组工艺及装置核心技术研究开发】 该项目以新型槽的优化研究、高电流密度电镀工艺为主的电镀工艺研究、新型槽投运涉及的机电仪及控制系统改进、电镀液过滤系统改进为研究内容。研制开发了高速电镀用静压式水平电镀槽（新型槽），较好控制带钢镀锌层边缘增厚并能自动跟踪带钢的边缘罩及控制系统、新型槽用非真空扩散焊钛基铅锡阳极板、保证电镀液清洁度的镀液循环过滤系统、适合新型槽生产需要的电镀液组份及相关工艺参数，形成了宝钢自主拥有的、能生产较高质量电镀锌产品的核心技术。（陈兴福）

【带钢表面缺陷在线检测设备技术研究】 该子项目建成了“带钢表面质量检测实验室”，形成了独立开发检测设备和支持现场应用的必要手段；生成了宝钢电镀锌板的表面缺陷样本库；开发了两个关键软件模块并嵌入到HTS3系统中运行；设计开发了与引进系统兼容的“BSQD带钢表面缺陷检测系统”中文用户界面和后处理程序。同时，完成了资料的消化、编译及技术培训工作，掌握了带钢表面缺陷在线检测设备的关键技术。（陈兴福）

【全氢罩式炉设备和控制系统国产化】 该子项目完成了全氢罩式炉工艺技术、机械设备及控制系统的开发。8月底，在宝钢2030毫米冷轧现场建成了一台具有完全自主产权的全氢罩式炉，结束了国内全氢罩式炉只能依靠引进的

研制出高速电镀用静压式水平电镀槽

研制出国产化全氢罩式炉

历史，标志着宝钢已掌握了全氢罩式炉技术，具备了成套输出全氢罩式炉能力。9月份，该炉热负荷试车一次成功，退火的三个DDQ合同卷表面光洁，机械性能合格，各项性能指标完全达到宝钢产品的要求。从2001年11月开始，国产化全氢罩式炉正式投入生产。（陈兴福）

【热喷涂技术应用研究】 该子项目以宝钢2030毫米热镀锌机组沉没辊、2030毫米五机架夹送辊以及1420毫米CAPL机组炉内辊为实施对象，分别开展了耐锌液腐蚀磨损复合涂层材料及工艺开发、耐磨抗剥落复合涂层材料及喷涂工艺开发、耐高温氧化复合涂层材料及喷涂工艺预研等三个方面的研究内容。上机考核的喷涂沉没辊及相应轴套的使用寿命达到了21天，5对喷涂试验夹送辊的使用寿命均达到3~4个月以上，较好地完成了项目任务书目标，形成了宝钢自主开发、应用热喷涂技术的核心能力。（陈兴福）

【科技信息研究】 全年完成信息研究任务114项，研究报告56篇，提供各类信息407篇，专利信息报告6篇，在国内公开出版的刊物上发表《电炉冶炼纯净钢技术》等论文10篇，制作《它山之石》光盘系列第一辑。汇集1996年~2000年期间有关全球钢铁业新技术、新工艺、新装备、新产品等方面信息专题研究成果11个专题，计112万字，输入“世界钢厂数据库”信息2082条；举办科技讲座13次，参加人数达1202人次。信息工作在数量上较往年增加，在研究的深度和广度上有所突破。特别是《网上竞争，信息时代的产物—浦项与宝钢因特网上竞争之差异》一文，得到集团公司谢企华总经理和何文波副总经理的重视并作了批示。（陈兴福）

研制开发出热喷涂技术装置

【对标工作】 2001年，信息专业人员深入现场，走访宝钢专家，反复确认对标所需的各工序核心指标，采用发传真、电子邮件和信函等多种方式，加强宝钢与国内外各大钢铁企业的联系。特别是日本的五大钢铁公司，已有四家与宝钢建立了数据交换关系。为确保对标工作的顺利开展，有针对性地系统收集国内外竞争对手的相关技术经济指标数据，完成《宝钢与国内外先进钢铁企业核心技术经济指标对比》（以下简称《对标报告》）2001年版的编撰、发行。新版《对标报告》信息量较之2000年增加近55%，文字增加近3万字，版面与包装质量更讲究，图表清晰，文字简练，增加了能源和环保专业。即由原来的11个专业增加到13个，核心指标由原来的157个增至254个；收集竞争对手数据1.3万个，较上年增加了1.17倍，更加侧重企业经营、战略、科研、营销、市场、价格等信息的说明与例证。（陈兴福）

【网络建设】 2001年，创建宝钢域名系统，建立公司人事网站，开通指挥中心各职能部门在宝山宾馆的因特网上网功能；编制科技专题网页，完成网络实名注册系统，用户键入“bg”、“宝钢”、“baosteel”、“baogang”等简单字符，即可进入宝钢主页；建成技术中心上网计算机数据库；在网上竞标采购活动中，完成竞标金额2.5亿元人民币。网络系统在“红色代码”、SIRCAM、尼姆达等病毒轮番侵犯宝钢因特网之际，信息所与设备部等有关单位一起共同作战，及时清除病毒肆虐，保证了公司网络的畅通。（陈兴福）

【科技图书管理服务】 科技图书馆人员注重以“四为”（为领导服务、为科研服务、为现场服务、为广大用户服务）为重点的服务方向，完成联机检索324项，《宝钢150吨直流电炉高次谐波与对策研究》等9篇，提供外文原版文献250篇，处理电子邮件2161封，转发710封，编撰《技术经济快讯》和《世界钢铁快讯》12期（计88万字），输入主干网《技术经济快讯》信息293篇，《世界钢铁快讯》信息3263篇、出国考察报告35篇，接通“海峡两岸”网和METALINFO网，订阅外文报刊432份、中文期刊455种，采购图书3618册，零购资料961册，编目2528种共4518册，外借图书2.2万余册、期刊683册、资料289份、光盘615张，提供文献3142篇，复印2.25万张，接待读者3.82万人次，提供咨询2410人次。

（陈兴福）

【国际钢铁企业综合数据库】 2001年结题的“国际钢铁企业综合数据库”项目，检索功能齐全，使用方便，除一般常用检索方法外，能提供智能扩展检索、普通中英文混合快速检索、高级全文检索、分类检索、渐近检索等功能。信息研究人员利用该数据库系统，向公司领导和有关部门提供《宝钢与浦项研究机构之比较》、《浦项研发体系的启示》、《新日铁研发体系的启示》、《中钢研发体系的启示》、《与浦项、新日铁、中钢建立研究开发合作项目的建议》、《浦项过程创新与企业资源计划——一个全面系统的企业再造案例》等研究报告6篇，建立“国外钢铁企业技术经济指标”、“咨询公司研究报告”、“世界金属导报”等专栏库。建成的新数据库，使竞争对手数据有了存放的空间，实现了信息共享。（陈兴福）

越南国家信息中心代表团参观宝钢研究院信息所

【宝钢因特网综合利用】 经过22个月开发的“宝钢因特网综合利用”课题，初步构建先进、快速、安全的集团公司因特网框架。开通宝钢大厦、张江宝信软件公司和教培中心等单位因特网，发展网络用户达2100余户，扩展拨号帐户达500余户。应用NAT地址转换技术，建立10M ATM高速链路、缓冲加速服务器（CACHE）和“宝钢招聘网站”。创建服务器托管—企业IDC环境，建成大容量baosteel.com信箱，实现因特网远程教学。编制宝钢因特网主页多功能结构及人才招聘主页，全方位体现宝钢科研、生产、营销、管理等各方面情况，强化产品介绍功能，为宝钢网络发展奠定了基础。（陈兴福）

上海钢铁研究所

【概况】 上海钢铁研究所（以下

简称钢研所）始建于1960年，是一个集冶金新材料、新工艺和新技术的科研、试制、生产为一体的综合性应用技术研究所，是我国精密合金重要的研究和生产基地之一。

2001年1月1日起，上海钢研所正式转制，成为上海宝钢集团公司下属的科技型企业。一年来，该所围绕“十五”规划建设国内领先、国际知名的金属功能材料精品基地，开展了冷带生产线一期技术改造；围绕全年生产经营目标，在落实“三改一加强”，建立与时俱进的预算机制、营销机制、用人（人才培训和分配激励）机制、监督机制和科技创新机制等方面进行有益的探索和实践。年内覆盖全所生产主线全部产品的质量体系认证，通过了中方委上海审核中心专家的复评；依托钢研所成立的上海市金属功能材料开发应用重点实验室通过了市科委专家的复评；该所申报的上海市市级企业技术中心也通过了市科委专家的评审批准。以上两项资格的获得将为科技创新，增强发展后劲创造条件。

2001年，钢研所面对外贸出口下降造成销售增幅减少的困难，以及市政工程外环线泰和路和铁力路拓宽施工的影响，全所职工统一认识，转变作风，扎实工作，奋发图强，完成了全年考核目标。全年实现销售收入2亿元，利润总额20万元，产销率和货款回笼率均实现100%，科研成果鉴定完成5项。为落实集团公司清理子公司的要求，全年关、停、并、转和放小13家子公司，超额完成清理任务。全年净减员125人，离岗退养76人，至12月底在岗职工1604人。

（孟井清）

【成立市级企业技术中心】 9月24日，钢研所技术中心通过了市经委组织的市级企业技术中心评审，并被批准为上海市市级企业技术中心，是集团公司内的第三家市级企业技术中心。

该技术中心是钢研所技术创新的依托，技术创新体系的核心，技术研究和开发的主体。技术中心开展有市场前景的高新技术、关键技术研究，并超前研究和开发具有自主知识产权的新一代产品，为本所技术进步和科技创新服务。技术中心在所内建立产、销、研一体化的技术创新机制，增强钢研所技术开发和技术创新能力，加快技术创新步伐，提高本所自我发展的市场竞争能力。组织对潜在市场的预测研究和战略研究，收集和调研国内外市场信息和科技动态，制定钢研所科技发展战略和规则，组织贯彻落实本所科技发展规划。组织开展与国内外有关高校、科研院所和企业的科技合作和交流。建立人才激励机制，造就科技新人才，成为技术创新、科研开发人才的培养基地。（毛彭龄）

【重点实验室通过市科委评估】 以钢研所作为依托单位的上海市金属功能材料开发应用重点实验室，于9月10日顺利通过市科委组织的专家评估，并获得市科委下达的实验室运行经费20万元人民币。

评估专家组对该重点实验室三年来的运行情况表示满意。认为，“上海市金属功能材料开发应用重点实验室具有独立开展以金属功能材料为重点的应用基础研究、产业化研究和开发新型金属功能材料的能力，并在该领域保持较高的科研和学术水平。该实验室研究方向明确，工作成绩显著。三年来承担了50项新型金属功能材料的研究和开发项目。开发了具有自主知识产权和前瞻性的材料和技术，培育了若干新材料产业化的新增长点，为推进新型金属功能材料国产化进程做出了应有的贡献”，“实验室日常管理规范，制度健全，仪器设备使用率高，在为相关单位的科研工作和人才培养方面发挥了积极的作用。”（张文彪）

【一期技改项目启动】 钢研所“十五”规划中信息产业用金属功能材料生产线一期改造工程项目有14项，总投资4800万元，分两年实施。2001年共完成投资350万元。其中，液压四辊轧机、拉伸弯曲矫直机组、固相轧机改造项目的设备、技术合同已签定，廿辊轧机、高精度可逆式多辊轧机进入招标阶段。（周兆亮）

【非晶重点科技攻关项目通过鉴定】 钢研所承担的国家“九五”重点科技攻关项目“千吨级非晶带材及制品”项目中的“非晶纳米晶合金材料及开发应用”专题，于

2月6日通过国家级验收鉴定。

钢研所承担的“非晶纳米晶合金材料及开发应用”专题攻关，全面完成了攻关专题的研究内容和主要技术经济指标。该所研制成功纳米晶合金新材料，开发成功电流互感器用纳米晶合金铁芯等多项新产品，获得了多项科技成果，并在科技成果转化和推广应用中，形成了自己的开发应用特色，大部分科技成果已产品化。一些产品在国际市场上的需求量逐步上扬，部分产品成功用于国家重点项目中并已发挥重要作用。

验收鉴定委员会专家对攻关专题的完成情况给予很高的评价，一致认定专题的科技成果已达到国际先进水平。　（周兆亮）

上海钢铁工艺技术研究所

【概况】 上海钢铁工艺技术研究所(以下简称工艺所)始建于1984年10月。1998年11月，进入上海宝钢集团公司，成为宝钢重要的钢铁工艺技术研究机构，也是上海市高新技术企业。工艺所占地87250平方米，建筑面积41830平方米，主要产品是高效经济型材冷弯型钢和新型建筑用钢相关技术产品，2001年末资产总额1.64亿元，资产负债率54.93%。全所设四部四室，职工总数629人，其中在岗396人，专业技术人员占三分之一。

2001年，工艺所坚持改革创新，坚持厂务公开、民主管理，克服了市场波动大，还贷压力重等困难，取得了各项经济指标同比全面上升的较好业绩。钢材产量41478吨，同比上升5.67%；钢材销量41092吨，同比上升4.76%；技工贸总收入1.40亿元，同比上升7.69%；利税总额502万元，同比上升31.41%；累计现金流量为598万元。全年有2项成果被认定为国家级新产品，1项成果被认定为上海市高新技术成果转化项目，3项成果被列入上海市新产品、新技术开发计划；开发冷弯型钢新品种121项，2项成果通过专家鉴定；钢艺牌精密方矩形焊管继续被评为上海市名牌产品；主持了2项冷弯型钢国家标准的修订与初评；编制完成了《工艺所“十五”发展规划》，确立了“十五”发展定位和技改方案。

10月8日，工艺所所长、教授级高级工程师郁玹当选为“第七届上海市科技精英”。

（朱健飞）

【被认定为高新技术企业】 工艺所拥有国家级新产品8项、上海市高新技术成果转化项目2项、科研成果200余项、中国专利30项，获各级科技进步奖、发明奖、新产品奖117项。它是国家级钢筋机械连接技术研究推广中心，3项钢筋机械连接国家技术规程主持起草单位，5项冷弯型钢国家标准主持起草单位，在高效经济型材冷弯型钢和新型建筑用钢相关技术产品领域，拥有一批自主知识产权的核心技术和核心产品。工艺所技术中心是上海市市级企业技术中心，测试中心是上海出入境检验检疫局外委托测试机构、上海市建筑钢结构质量检测站。11月，被上海市高新技术企业(产品)认定办公室认定为上海市高新技术企业。　（朱健飞）

【两项成果认定为国家级新产品】 工艺所研制的ZK800轻钢结构用冷弯型钢系列产品最大展宽800毫米，精度达到DIN59411及GB6728－86I标准要求，强度高、自重轻、焊接性能好，与热轧型钢相比，节约钢材10%以上，可替代进口产品。6月，被国家经贸委认定为国家级新产品。该所研制的镦粗直螺纹设备最高工作压力为100兆帕，压力精度检测达到98%以上，具有各类棒材切割、弯曲、连接等复合功能，接头强度大于母材强度，适合高层、地铁、核电等恶劣条件施工，可提高效率5倍，节材50%以上。9月，被国家科技部认定为国家级重点新产品。

（朱健飞）

【冷压一体化设备被认定为高新项目】 工艺所研制的新型机电一体化钢筋冷压连接设备，首创低压泵闭路循环系统工作，能在10~100Mpa工作压力下实现自动换向；独创超高压状态下系统的模糊控制，由PLC程控系统机电一体自动采样、运算、控制，整机性能达到国际先进水平。11月，被认定为上海市高新技术成果转化项目。　（朱健飞）

计划财务与审计

JIHUACAIWUYUSHENJI

计划财务与审计

计划财务

【概况】 2001年底，集团公司计财部（资产经营部）（以下简称计财部）共有职工67人。其中本科以上学历55人，占总人数82%，具有中级以上专业技术职称的人数31人，占总人数的46%。下设预算管理处、资金管理处、投资管理处、资产经营处等四个处。

计财部作为集团公司资产、财务管理的综合职能部门，2001年主要围绕公司生产经营、资产经营、资金管理、投资、制度建设等做了大量工作。主要完成了宝钢债券上市、信用评级、四家债转股公司成立、宝钢股份收购三期资产、宝信公司与上海钢管的资产重组等工作；从国家开发银行争取到40亿元宝钢授信额度，并签订银企合作协议；同时，新沪钢铁公司进入破产程序，争取电费减免政策，并抓住有利时机进行债务结构调整；加大了清理委贷力度，共收回委贷本金1.7亿元，并落实1.5亿元委贷的还款计划；完成了宝华瑞矿业股份公司、青岛及重庆两家钢材配送公司的组建和宝岛贸易有限公司注册资本增加到800万美元的工作；在集团公司内进一步推进全面预算管理、子公司效绩评价、经营责任制考核等工作。这些工作确保了集团公司生产经营目标的顺利实现，进一步确立并完善了控股公司的资产管理模式。 （蔡黎明）

【进出口管理】 根据集团公司年度预算计划，计财部组织有关单位定期召开外贸出口工作会议，检查月度、季度计划节点完成情况，同时分析、交流工作经验教训，提出改进、落实措施。积极推进联合出口工作，促成国贸总公司与各子公司间的联合、代理出口，充分发挥集团公司所属海外公司作用，为各子公司扩大产品出口渠道。2001年，集团公司完成出口创汇55527万美元，出口钢材（坯）178.6万吨，其中出口钢材132.5万吨，出口钢坯46.1万吨，出口生铁4.24万吨，出口焦炭33.32万吨。 （蔡黎明）

【"以产顶进"工作】 "以产顶进"工作是国家给予冶金行业的特殊政策，但"以产顶进"工作中"免、抵"手续严谨、繁琐，涉及面广，部分中小城市的企业和税务部门对"以产顶进"工作的程序理解存在偏差，致使部分子公司"以产顶进"工作遇到阻力。计财部积极配合子公司一方面向加工企业和当地税务部门做好宣传、解释工作，另一方面向有关企业和部门提供资料和相应的文件。同时，积极向国家有关管理部门争取有关政策，为各子公司"以产顶进"工作创造条件。全年，集团公司完成"以产顶进"总量97.52万吨。其中按国家68号文执行60.19万吨，按国家162号文执行37.33万吨。 （蔡黎明）

【资源优化配置】 为充分发挥宝钢整体优势，实现资源的优化配置，促进集团公司的经济效益最大化，将集团内资源互供工作纳入各子公司的全面预算管理，加强了集团内资源互供工作的计划性和规范性，建立健全每月资源互供情况反馈制度。同时，为发挥集团整体优势，降低企业生产成本，根据集团公司大宗原（燃）材料要逐步做到联合谈判、集中采购、统一对外的原则。计财部积极组织有关部门对集中采购项目进行细致调研，大力推进集团公司大宗原（燃）材料集中采购。全年联合采购铁矿石2034万吨，废钢集中采购207万吨，取得了较好经济效益。 （蔡黎明）

【宝钢股份公司收购三期资产】 宝钢股份公司成功上市后，鉴于公司经营情况良好，以及为了原宝钢一、二期和三期资产的一体化经营和管理，创造出更大的经济效益。经股东大会批准，决定向集团公司收购宝钢三期资产。此次三期资产的收购涉及总资产248.9亿元，净资产182.6亿元，资产规模达到宝钢股份公司的70%以上。经过集团公司、宝钢股份公司以及各中介机构的通力合作，资产的最后交割于9月顺利完成。 （蔡黎明）

【宝信公司与上海钢管资产重组】 3月26日，上海钢管股份有限公司第一次临时股东大会审议通过了公司重大资产重组方案，同意公司全部资产和负债与宝信公司整体资产进行置换。3月30日，两家公司的全部资产和负债在上海产权交易所进行了交割。4月30日，钢管股份公司第二次临时股东大会审议通过了公司名称、注册地、经营范围等变更以及修改公司章程等议案，并选举产生了新一届董事会和监事会。6月14日，原钢管股份名称变更为上海宝信软件股份有限公司。7月12日，上海钢管股份名称变更为宝钢集团上海钢管有限责任公司，标志着本次资产重组工作已完成全部法律手续。（蔡黎明）

【新沪钢铁依法申请破产】 2000年3月，集团公司正式启动上海新沪钢铁有限公司破产筹备工作。2001年4月，全国企业兼并破产和再就业工作领导小组批复新沪公司列入全国企业兼并破产项目。经过一年多的筹备，职工安置分流方案、对外投资清理、债权债务清理等工作基本就绪；11月，新沪钢铁公司向法院提出企业破产申请。经审核，上海市第二中级人民法院于12月立案受理新沪公司破产案件，并于12月31日刊登公告，宣告破产。（蔡黎明）

【标准普尔对宝钢评级由负面转为正面】 5月9日，标准普尔评级公司公布了对上海宝钢集团公司最新评级，结果为BB＋，前景展望从负面转为正面。正如标准普尔对外发布的新闻稿说："前景正面，反映了宝钢集团在合并后经营上的进步，以及公司整体财务状况的改善。假定宝钢集团在现有范围内，保持强的市场地位，在上钢和梅山的经营上连续盈利，上述评级将会被提高"。

1997年标准普尔对国内第一家国有企业宝钢进行评级。评级结果为BBB＋，与国家主权级相同。1998年宝钢、上钢、梅山三钢实施联合后，新组建公司的负债和人员均大幅度增加，外界包括评级公司都担心三钢联合是否会拖垮宝钢。1999年初复审时，标准普尔将宝钢的评级从BBB＋降为BB＋，前景展望为负面，还有进一步降级的可能。

鉴于联合重组后上海宝钢集团公司盈利能力显著提高，人员大幅度下降，各项财务指标明显改善，建设钢铁精品基地的规划正在按计划实施，2000年2月，国际信用评级机构标准普尔公司恢复上海宝钢集团公司长期外币评级的复审工作。（蔡黎明）

【宝钢债券上市】 4月，宝钢债券挂牌上市工作启动，上市推荐人为联合证券有限责任公司；9月3日，99上海宝钢集团公司企业债券于9月28日在上海证券交易所挂牌上市，上市简称为"99宝钢债券"，交易代码"120001"。宝钢企业债券总额为20亿元人民币。（蔡黎明）

【与巴西CVRD公司签约合资办铁矿】 集团公司与巴西淡水河谷矿山有限公司（CVRD）在巴西里约热内卢正式签约，决定双方各出资50%在巴西贝罗矿区合资兴办年产600万吨铁矿石的宝华瑞矿山有限公司。合资年限为20年。这是宝钢首次涉足国际钢铁原料的资源性投资，迈出了国际化经营重要一步。

宝钢是铁矿石的直接用户，为实现铁矿石资源长期稳定和低成本的供应，一直在寻求与世界上一流的铁矿石公司合作，以实现企业自身发展战略目标。

巴西CVRD是世界最大的铁矿石生产和出口企业，拥有两个一体化的矿山－铁路－港口系统。2000年，CVRD公司以存托凭证ADRs在美国纽约证交所上市，铁矿石销售1.196亿吨，其中出口1.01亿吨。宝钢与CVRD合资组建铁矿开采公司，可保障巴西铁矿石资源对宝钢的稳定供应；获得合资铁矿项目合理的投资回报；开发中国煤炭向巴西出口等合作项目，有利于提高宝钢的国际经营能力和综合竞争力。

5月13日，宝钢和CVRD公司在上海签署了《合资矿山框架协议书》。6月，双方公司完成编制Agua Limpa铁矿项目可行性研究报告。8月21日，宝钢和CVRD公司在巴西里约热内卢正式签署了《宝华瑞矿山股份有限公司章程》、《股东协议》、《股份购买协议》、《铁矿石长期供应基础协议》、《矿山租赁协议》、《权益保障协议》。双方公司约定通过合资铁矿项目，共同开发中国的煤炭和焦炭向巴西出口，共同开发铁矿石和煤炭、焦炭的远洋运输，协助

CVRD建设发电站等合作项目。合资铁矿项目将是双方开发其它合作领域的基础，通过矿煤联运，能较大幅度地降低宝钢进口巴西矿的运输成本，发电站等项目的合作也将给双方带来更大的利益。

（蔡黎明）

【两家钢材配送公司成立】 中国加入WTO后，钢材市场将面临国际竞争的挑战。为及时掌握用户需求，通过Just-in-time方式为用户减少资金压力，提高成材率，控制综合成本，进而扩大和巩固宝钢钢材的市场占有率，抵御入世的冲击，2001年度设立了重庆、青岛两家钢材配送公司。（蔡黎明）

【日本海外协力基金OECF项目】 年内，完成日本海外协力基金OECF宝山基础设施贷款项目竣工报告。该项目自1995年开始，共编制了13期进度报告，获得了国家财政部国债金融司、上海市财政局、日本国际协力银行北京代表处等单位的一致好评。

（蔡黎明）

【子公司效绩评价】 6月，国家财政部会同劳动和社会保障部对宝钢进行了2000年度效绩综合评价。之后，集团公司决定根据国家主管部门实行的国有资本金效绩评价规则，建立内部子公司效绩评价体系，并纳入子公司的资产经营责任制考评。12月，已完成资产经营责任制考评的指标体系修订工作并自2002年度起实施。

（蔡黎明）

【推进全面预算管理】 年初编制完成《上海宝钢集团公司2001年度计划、预算》，并制订"十五"经营总方针、2001年度经营总目标，全面反映集团公司年度经营、投资等预算安排。详细分析了集团公司2000年度预算、计划执行情况。进一步完善了集团公司对子公司月度预算执行情况分析体系，逐月跟踪钢铁子公司主要产品价格、收入及利润走势，及时把握集团生产经营动态，为集团公司的决策提供重要依据。对2002年预算编制管理工作进行相应调整，进一步强化各子公司自行编制预算、计划的职能。

（蔡黎明）

【深入"对标挖潜"】 2001年，计财部组织各子公司将"对标挖潜"活动作为一项系统工程更深入地贯穿于生产、经营各环节之中。在深入推进"对标挖潜"工作中，各子公司建立起全员、全方位、全过程的责任体系，做到领导、机构、人员、工作内容"四落实"；建立了信息交换网络和"对标挖潜"数据定期编报制度；坚持按月进行各项指标对比，针对存在的具体问题和薄弱环节，进行阶段性攻关，努力使每个攻关项目成为新的效益增长点；各单位还结合经济责任制考核，加大降本增效的考核力度，确保了挖潜增效任务的圆满实现。（蔡黎明）

【规范财务会计报告编制】 年内，集团公司以推行《企业会计制度》为契机，积极推进集团内会计政策的统一。一方面，为做好整个集团范围内执行《企业会计制度》的准备工作，计财部组织开展了2001年度资产清查工作；另一方面，进一步推进和完善集团公司合并会计报表管理制度。集团公司合并报表范围，包括子孙公司多达170余户，各子孙公司之间内部关联交易往来复杂。计财部对子公司之间的内部关联交易作了深入的调研，并将调研结果运用到编制合并会计报表中，使合并会计报表的编制更加规范和准确。

（蔡黎明）

【进一步加强会计监督】 7～9月，集团公司根据财政部的统一部署，组织开展了《会计法》执行情况检查，并进一步跟踪落实各子公司在《会计法》重点检查中发现问题的整改情况，协助和监督各子公司切实贯彻实施新《会计法》。同时，集团公司统一组织、统一委托会计师事务所对各子公司年度会计报表进行审计，进一步加强集团会计监督、提高企业会计报表质量，真实反映国有资产保值增值情况。（蔡黎明）

【预算会计统计信息管理系统建成】 集团公司委托宝信公司开发的《上海宝钢集团预算统计会计综合管理信息系统》建成使用。实现了集团内37家子公司的远程通讯管理需要，使信息的传输、采集、生成、存储、处理和编报实现自动化和一体化。该系统的建成，对改进业务流程、提高工作效率起到积极作用。各子公司数据和整合处理后的数据通过服务器调上网页可以实现集团内部管理、各子公司数据信息共享之目的。

（蔡黎明）

审　计

【概况】 上海宝钢集团公司审计室，分财务收支审计和固定资产投资审计两部分。主要负责对集团公司各全资及控股子公司年度财务收支审计；集团公司子公司法定代表人任期经济责任审计；集团公司固定资产投资项目造价、工程决算审计；组织协调集团公司所属孙公司年度财务收支审计；集团公司领导和上级审计机关交办的专项审计和调查；配合集团公司纪检监察部门查案的相关审计；对子公司内部审计的业务指导。

2001年底，审计室共有19人，大专以上学历18人，占95%，中级以上职称9人，占47%。

2001年，审计室严格遵守国家审计署规定的“八不准”要求，即：1.不准由被审计单位安排住宿；2.不准接受被审计单位安排的就餐和宴请；3.不准无偿使用被审计单位的交通工具；4.不准参加被审计单位安排的旅游、娱乐和联欢活动；5.不准无偿使用被审计单位的通讯工具和办公用品；6.不准接受被审计单位任何纪念品、礼品、礼金和各种有价证券；7.不准向被审计单位提出与审计工作无关的要求；8.不准向被审计单位报销任何因公、因私的费用。充分发挥了审计监督应有作用，对法定代表人任期经济责任审计在深度上有了一定的延伸，完善了固定资产投资审计制度。全年共完成各类审计项目45项。

（汪俊英）

【子公司审计】 2001年，审计室对所属全资及控股子公司的经营财务状况审计共25项。并由审计室组织和协调、委托东华会计师事务所对所属60个孙公司进行年度财务状况审计。根据沪宝钢审计字[2001]30号和沪宝钢审计字[2001]31号文的规定，对8家子公司和12家中外合资孙公司的审计也委托东华会计师事务所进行。

在对子公司的审计中，审计室针对各子公司的不同情况，全面审计，抓住重点，重点审计资产负债和损益的真实性、资产保值增值、利益分配的合法性等。

对于委托会计师事务所对孙公司的审计中所存在的问题，审计室采取相应的措施，促使其不断提高审计质量，以满足集团公司内审的要求。（汪俊英）

【法人代表任期经济责任审计】 根据《全资、控股子公司法人代表任期经济责任审计的暂行规定》和集团公司人事部的要求，审计室对宝钢股份钢管分公司、华宝信托投资有限责任公司、上海钢管股份有限公司、宝山宾馆、上海冶金建设有限公司、宝钢集团上海联合公司、上海宝钢设备检修有限公司、宝钢集团南京轧钢总厂、天津路招待所、宝钢集团江西人民机械厂、南京宝日钢丝制品有限公司、日本宝和公司12个单位的法人代表或总经理进行了任期经济责任审计。通过审计，对法人代表（或委托法人代表）在职期间的经济责任作出客观公正、实事求是的评价，既肯定成绩，也指出存在的问题。2001年审计室在法人代表任期经济责任审计的深度上有了一定的延伸，并取得较好效果。（汪俊英）

【完善固定资产投资审计制度】 根据《上海宝钢集团公司固定资产投资管理制度》的有关规定，审计室草拟《固定资产投资项目造价审计办法（试行）》和《固定资产投资项目竣工决算审计办法（试行）》，集团公司于7月正式颁发执行。文件具体规定了对工程造价和财务竣工决算进行审计所需达到的具体条件、审计的具体内容、应完成的审计事项。审计室在工作中不断摸索，进一步完善两个“办法”，制定了相关的审计管理办法，针对项目投资主体的不同，进一步明确审计工作的具体实施办法。（高玉平）

【开展固定资产投资审计】 固定资产投资审计是审计室开展的新工作，在完善各项制度的基础上，审计工作也有了实质性进展。

在宝钢三期工程方面，根据国家计委在“关于宝钢三期工程竣工验收批复”文件中明确要求需对三期工程进行竣工决算审计。审计室多次与宝钢股份公司固定资产投资管理处、财会处、设计处、技改处、设备采购处等部门进行落实。委托上海东华会计师事务所、上海东华造价财务咨询事务所有限公司、上海文汇工程造价咨询公司和上海宝钢监理公司等四家中介机构对宝钢1550毫米冷轧带钢工程项目进行工程造价审计，核减额占工程造价的4.98%。

在国债技改项目方面，根据国家经贸委发布的国经贸投资[2001]208号文《国债专项资金技术改造项目竣工验收办法》，审计室委托上海东华会计师事务所对宝钢国债资金技改项目连续热镀锌及连续电镀锌进行了竣工决算审计，在各方积极配合下，取得较好效果。

在子公司固定资产投资项目审计管理方面，审计室对子公司的固定资产投资情况进行了全面调查，收集了必要的信息资料，为审计创造了条件。根据固定资产投资方面的有关管理制度，审计室分别组织了对上海梅山有限公司矿业二期项目和上海三钢－梅塞尔气体项目竣工决算审计报告的审核确认，针对相关问题，与有关方面进行探讨，取得满意效果。

（高玉平）

·小资料·

宝钢职工六张银行卡的使用说明

为满足不同的用途和需要，集团公司计财部及人事部为集团公司机关和直管部门（教培中心、党校、老干部处）的员工办理了银行信息卡及各类银行卡6张，针对尚有部分员工对众多银行卡具体用途不甚了解，现再次对各类银行卡的具体用途说明如下：

1. **建行龙卡**：发放职工工资、奖金以及职工用于各类报销。

2. **工行牡丹灵通卡**：发放职工奖金（月度奖金的发放，职工可根据自身需要选择建行龙卡或工行牡丹灵通卡）。

3. **建行公积金储蓄卡**：用于存入职工住房公积金，可查询职工本人住房公积金余额，同时也可作为职工个人储蓄卡使用。

4. **民生银行借记卡**：为新华人寿保险公司免费赠送的一年期人身意外伤害保险的附属卡(即代替保单，保险期为一年，起始日已在借记卡上显示)，同时也可以作为职工个人储蓄卡使用。

5. **招商银行一卡通**：集团公司员工的个人住房补贴由华宝信托进行操作，华宝信托为以后解决职工查询个人住房补贴余额及发放住房补贴，同招商银行进行技术接口而办理的银行卡，目前尚未启用查询住房补贴余额及发放住房补贴的功能，但可按招商银行一卡通的全部功能进行使用。

6. **上海银行东方卡**：为市医保局发放个人医保款项的临时过渡卡，同时也可作为职工个人储蓄卡使用。

集团公司托管部分职工的银行卡由宝钢股份财会处管理。

如职工在使用银行卡的过程中遇到问题，请接洽集团公司计财部资金处，联系电话：58350000 × 1118、1142。

（计划财务部）

综合管理

ZONGHEGUANLI

综合管理

【概况】 集团公司办公室下设秘书处、调研处、史志办公室、外事办公室、接待处、驻京联络处。挂靠单位是档案处、汽车服务公司。2001年底,有职工71人(不含挂靠单位)。主要职责:负责董事会秘书工作和集团公司的文秘和行政事务处理;重大问题调研;集团公司史志资料的收集整理和史志刊物的编纂出版;档案管理;外事管理、出国事务办理、对外签证邀请和对外联络工作;中外来宾的接待工作;与政府部门的联络;提供公司内的公务用车服务等。

(程陆平)

【文秘工作】 年内,为更好地执行公司办公室管理制度,秘书处进一步完善了秘书、文书工作要求,使其更细化、更规范化。年内重新制订了《上海宝钢集团公司领导秘书的工作规定》,规范了秘书处41项工作;下发了《上海宝钢集团公司OA公文系统管理办法》。

全年精心组织安排中共中央总书记江泽民,国务院副总理钱其琛、吴邦国,中共上海市委书记黄菊,中共中央组织部长曾庆红等中央领导和省部级76人次视察宝钢,做到安全顺利,万无一失。周密组织了宝钢三期工程竣工验收大会,上海宝钢集团联合重组经验座谈会,一钢公司不锈钢工程开工仪式,一钢、浦钢、五钢、梅山等子公司成立债转股公司的揭牌仪式,集团公司干部大会、集团公司预算计划会、海外工作会议、马迹山港负荷试车仪式等大型会议31次、仪式26次;记录、整理董事会会议纪要8期、经理书记办公会议纪要12期,发出抄告抄送97份,并及时对抄告抄送内容进行督办。在此基础上,整理完成了经理书记办公会信息反馈汇总10期。全年处理各类传真件、来函件共1140份。全年共处理公文7173件,其中呈批文件1633件、送审文件754件、外来文件1090件、上报或下发公文716件。整理归档案卷2286件。编报《国际经贸红线》、《冶金密参专屏》、《中企协冶金电讯》等85篇。做好信息通讯工作:收发传真9565件、Email 177件。做好密码通讯和保密工作,2000年被评为《冶金信息电讯》网络信息工作先进单位。

(吉伟成 陈丽萍)

【行政管理】 年内完成零固项目审报26批(次),金额408万元;办理固定资产验收、报废、异动、闲置150批(次);根据机构变化,协调各部门办公地点调整;完成机关红十字会、爱卫会、计划生育等工作。全年组织无偿献血12人次,协助组织各类卫生保健咨询、讲座活动4次;组织全员体检800余人次,女工体检210余人次;办理开具登记结婚证明、独生子女费的发放、计划生育药品药具发放及相关工作,计划生育晚婚晚育率达100%。全年完成办公室系统岗位调整73人次,办理调入、调出、待退、退休37人次;办理职工住房补贴、补差、购商品房退税等有关手续86人次;全年发放岗位住宅电话补贴190余人次。总值班室圆满完成元旦、五一、国庆和APEC会议期间的值班工作。平时做到24小时值班不间断,确保集团公司与各子公司之间上情下达、下情上报信息传递的畅通、无误。年内及时处置突发性事件10起,各种意外事故(事件)37起。接受并落实紧急会议及重要事项通知31次,接受群众电话情况反映9次,接受电话查询、传递信息3503人次,收到有关传真531件;积极配合、协助公司有关处室做好相关重要事项及工作26项(次)。

(刘汉民 何世宇)

【文稿与调研】 1.经验交流材料。起草集团公司在国家经济贸易委员会召开“上海宝钢集团联合重组经验座谈会”经验交流材料:“组建企业集团,发挥联合优势,建设钢铁精品基地,增强国际竞争实力”;集团公司在国家发展计划委员会召开“宝钢三期工程竣工验收大会”上的汇报材料。2.上报材料。以集团公司报告和《宝钢情况摘报》及时向中共中央、国务院领导,国家有关部委,中共上海市委、市人民政府汇报宝钢的技术改造、生产经营和改革发展等方面的情况。有关领导同志在汇报材料上作了重要批示。还有国家有关部委、省市负责同志视察宝钢的专题汇报材料。3. 集团公司领导讲话材料。为集团公司领导起草讲话稿、工作报告、情况汇报、座谈会发言等。另外，还有各种揭牌仪式、投产仪式、打桩动工仪式、引进设备签字仪式等领导讲话。4.宣传宝钢有关材料。为《中国经济年鉴》、《上海经济年鉴》、《中国钢铁工业年鉴》、《上海工业年鉴》撰写宝钢条目及组稿工作；《2000上海宝钢集团公司年报》集团公司概况、总经理经营报告书及全书编辑工作等。5. 现场调研。完成上海钢管有限公司实现大幅度减亏；南通宝钢新日制钢有限公司扭亏脱困；马迹山工程进展情况及存在问题；宁波宝新不锈钢有限公司实现高效率高效益的情况；联合公司丹东人造板公司扭亏为盈等调查报告。

（程陆平）

【档案管理与鉴定】 年内接收国内外原版技术图纸和资料160余万张（页），交工资料近58万页，竣工图20万张，科研产品档案91项，文书档案2600多件，会计档案5849册。外委翻译资料39332张（页）。复制各类原稿19万张、65万印张。办理交工证书528项。全年整编科技档案93万张（页），文书档案5000余件，会计档案4239册。扫描图纸41万张。拍摄各类活动照片4588张。提供档案资料查询1500多人次。

顺利组织完成五年一次的档案鉴定工作。按照国家和集团公司有关文件规定，对达到短期保管期限的文书、会计档案开展期满鉴定。本次共计鉴定档案13329件，销毁12841件，留存488件。鉴定结果经公司档案鉴定委员会审查通过。（张基娇）

【档案业务指导】 集团公司召开2001年档案工作会议，促进各子公司档案工作水平进一步提高。对一钢公司不锈钢、宝钢股份公司热轧薄板等7个国债项目进行档案稽查，有力推动子公司理顺档案管理体制。完成集团公司2000年度档案统计年报编制工作，受到国家档案局通报表扬。完成上海第三冷轧带钢厂等3个单位撤销后的档案接收工作。组织对一钢、浦钢、五钢等子公司档案安全保管检查，推动原宝钢转制出去的子公司建章立制。根据上海市档案局要求，向有关子公司征集党和国家领导人题词及声像资料复制品74件，并移交给市档案局。（张基娇）

【工程竣工档案验收】 年初，宝钢1550毫米冷轧、电厂3号机组、动力设备、检验分析4项工程档案通过国家档案局验收。落实宝钢三期工程28个单元项目的各项验收材料，为宝钢三期工程通过国家计委组织的全面竣工验收做了大量准备工作。组织完成浦钢公司特钢工程、梅山公司矿山二期扩建工程和益昌薄板公司冷轧机组改造项目的档案验收。

（张基娇）

【档案管理创新】 改传统的施工单位编制竣工图为设计单位编制竣工图，有利于竣工图归档质量的提高。在进行基础调研后，选定两个试点项目，制定《关于设计单位编制竣工图试点工作的规定》。此项工作仍在积极推进中。试行技术资料以电子文件接收、还原和归档。改变以往施工图纸以纸质文件提供的方式，从源头开始就以电子文件进行管理，减少后面档案整编和光盘扫描的工作量，为全面实施科技档案数字化管理创造条件。（张基娇）

【档案科研成果鉴定】 经上海市档案局立项的科研课题“宝钢档案计算机信息管理系统”，经不断完善存储图纸量已达到254万张，数据量502万条，网络终端扩大到100多个，系统运行稳定正常。11月，该系统通过上海市档案局组织的专家评审组的功能测试和成果鉴定。专家的评价是：“系统在设计思想、实施方案、在线检索机数据库容等方面，均处于国内企业档案的领先水平，具有实际推广应用价值。”（张基娇）

【《上海宝钢年鉴》工作启动】 2000年四季度，宝钢史志办公室先后提出“关于建议开展《上海宝钢年鉴》编纂工作的报告”、“关于成立《上海宝钢年鉴》编委会和《上海宝钢年鉴》编辑方案的意见”，得到集团公司主要领导的一致同意。2001年初，经讨论后形成“《上海宝钢年鉴》栏目”（初稿）、“《上海宝钢年鉴》编写规范细则”（讨论稿）、“编纂工作进度安排意见”等工作文件。同时，建立起《上海宝钢年鉴》工作网络，落实了首批58个单位和机关部门的分管领导和联络员。3月上旬，党委书记关壮民听取了《上海宝钢年鉴》工作筹备情况汇报，同意3月28～29日《上海宝钢年鉴》工作会议在梅山公司举行。会议动员、布置年鉴的有关要求，研讨有关年鉴编纂工作的文件，统一办年鉴的思想认识，明确各单位、部门的工作内容和要求。标志着《上海宝钢年鉴》工作全面启动。

（罗和平）

【首部《上海宝钢年鉴》十月出版】 梅山会议后，集团公司各部门、各有关子公司按工作进度要求收集、整理相关史志资料和照片、图表，完成撰稿任务。编辑部组织编辑分栏目对稿件进行系统加工，完成封面设计、文字版面编排、文字稿特约编审、总纂合成、核实重大数据、整书装帧设计等编辑工作。将小样稿返回各单位、部门进行确认盖章，并及时反馈给编辑部修改，组织全书审读和保密审查。主编对全书进行终审后，交付上海社会科学院出版社印刷出版。全书共372页，设26个栏目，609个条目，版面文字62万，照片225张，全彩印，印数2000册。首部《上海宝钢集团公司年鉴》于10月底正式出版。（罗和平）

【上海市大型企业（集团）史志编纂研讨会在宝钢召开】 该研讨会由上海市地方志办公室、上海市地方史志学会主办，宝钢史志办公室协办，8月7～9日在宝山宾馆举行。出席会议的有21家大型企业（集团）代表，以及市经委、建委、市社联等有关方面的领导、专家50余人。与会代表一致认为：修志工作必须以“三个代表”的重要思想为指导，这是新形势下对地方志编纂工作的新要求。会议系统总结了上一届修志工作成就和经验。宝钢史志办公室在会上就宝钢十几年来开展史志工作的做法作了介绍。会议肯定了宝钢经验，认为对大型企业（集团）有启发和借鉴作用，为推动大型企业（集团）史志工作提供了宝贵经验。会议还为搞好下一届修志工作提出建议。上海市地方志编纂委员会副主任委员林克参加会议并作重要讲话。（罗和平）

【第七本《宝钢史志资料》五月出版】 史志办公室组织编纂的2000年宝钢股份公司《宝钢史志资料》于5月出版，共设大事记、专记、概述、综合管理、专业管理等11个栏目、61个分目，527个条目，约37万字。较全面、系统地记载了2000年宝钢股份公司在生产、经营、管理、改革、改造、创新、科研等各方面的大事、特事、要事、新事。是1993年起编辑出版的第七本《宝钢史志资料》，供宝钢内部各单位、部门相互学习、交流、研究，印证史实。这是一本较完整地反映宝钢股份公司情况的资料工具书。（罗和平）

【史志信息库管理系统开通】 宝钢史志信息库管理系统项目于3月27日结题，并通过专家审查验收后正式开通。该项目于1999年立项，由上海宝利计算机集成技术有限公司、上海东大自动化有限公司和宝钢史志办公室合作开发而成。技术部科研室和三电软件项目组负责审查、协调管理。在保证系统正常运行情况下，为对历史和用户负责，史志办公室年内组织了数据库1600余万文字数据进行纠错和查漏工作，共纠错8000余处，及时补充数据输入过程中遗漏的文字数据约3万字、图片332幅，有效保证了史志资料的准确性、真实性、科学性。该数据库在宝钢信息主干网上的网址为：http://190.2.67.95。

（罗和平）

【出国管理和派遣】 年内共受理611个团组计2908人（次），前往45个国家和地区申报审批工作（比上年多出近百个出国团组近千人次）。在出国（境）审批过程中，否定了24个团组，计84人次的出国任务，实际派出587个团组2824人（次）。申办护照（包括港澳台通行证）2035本；共申办签证2530人（次）；办理签订出国合同480批1829人（次）；举办出国教育学习班99期、共192批出国团组852人（次）。对于紧急出国团组，千方百计按时派出。上海冶金设计研究总院为处理原上海外经公司与泰国某公司经济纠纷案，距规定时间只有2天，经多方努力及时办妥护照签证。该团组按时将材料送达曼谷法庭，打赢了官司，为国家挽回40多万美元损失。

（王伟民）

【外事联络接待】 年内接待外国（不含港、澳、台地区）来访的团组303批计2250人（次）。其中：外国政府部门副部长以上团组19批；外国大公司常务董事以上团组104批；外国记者团组7批；其他来访团组154批。

1月18日，接待朝鲜劳动党总书记金正日一行高级代表团。准备工作充分细致周到，接待工作圆满完成。金正日总书记在留言本上写道：“向你们致以崇高的敬礼”。9月，接待蒙古大呼拉尔副主席代表团一行9人后，团组十分满意，并在留言簿写道：“有机会会有更多的蒙古客人来参观你们的工厂”。 （王伟民）

【对外签证邀请】 本年度受理155批231人（次）对外签证邀请函的申报审核工作，被邀请外国人主要来自22个国家。

在对外邀请工作中，注意严格把关，认真核对，及时周到，做到急事急办、特事特办。对因工程、生产急需邀请的外国专家，当天即完成审核、报批、打印、发出。有的还及时办妥机场签证手续，保证了外国专家按时赶到现场。

（王伟民）

【上海市白玉兰奖评奖活动】 经评选，上海克虏伯不锈钢有限公司外方总经理格哈德·麦贺法先生(Gerhard Mairhofer)获得“上海市白玉兰荣誉奖”。9月30日，接受上海市市长徐匡迪的颁奖。通过评选活动，进一步激发了外国专家的积极性。 （王伟民）

【接待和会务工作】 全年接待来访团组1518批，接待来宾35932人次；其中：省、部级以上领导303位；司局级领导1164位；港、澳、台胞34批，542人次。（重要接待活动参见大事记栏目）

完成集团公司各类会议会务组织接待工作69个，接待与会人员5465人次（其中：在外地召开的会议52个，接待与会人员3040人次；在上海市召开的会议17个，接待与会人员2425人次）。

（许云发 靳春节）

【接待管理及制度建设】 在加强基础管理、健全完善各项规章制度方面：接待处年内重新修订了岗位职责，进一步明确各岗位责任，提高接待管理、协调能力和团队合作精神，提高接待质量和工作效率。制定了业务活动费用、会议费用月报表，计划外会议审批表，建立台帐制度。强化费用预算管理，严格控制业务活动费用的开支，掌握标准，严格把关，业务活动费得到了有效控制。

（许云发 靳春节）

【驻京业务与接待】 宝钢驻京联络处是集团公司在北京的“窗口”。2001年，催办重大项目在国务院及有关部委的立项、可行性研究、环保评价、退免税、外汇申请和设备招投标等工作。如：宝钢“十五”规划报批，钢材焦炭进出口指标协调工作，财政部退税、开证、政策信息工作，2号彩涂机组项目审批及免税，巴西合资办矿项目批复，香港宝岛公司增资项目批复，宽厚板项目审批，1800毫米冷轧项目催报批，反倾销诉讼相关工作，国债项目招投标报批及免税工作，子公司破产项目报批等。全年领取中央有关部委的文件共555份，直接向国务院有关领导和部委呈送重要文件427份，传递其它文件、资料等上千份；协助集团外事办公室在外交部、台办、港澳办办理出国护照、出国审批手续、团组签证等手续；协助国际公司和宝钢股份公司完成进口合同的登记、延期、改证，配额和许可证申请等共297份，合同总额约2.6亿美元；受领导委托参加在京举办的各类会议和活动；完成有关国家部委交办的业务等。全年接待来京人员188批（次），比上年增加17.5%。接待处级以上领导1980人天，预订飞机票和火车票464张。

（屈敬东）

【汽车服务】 汽车服务公司面对集团公司、股份公司公务用车改革，及时对人员、车辆作了调整，合理调配车辆，较好完成集团和股份公司交给的各项用车任务。全年安全行车217.8万公里，内部结算运营业绩为711.8万元，服务于各种会议133次，共派会议用车1214台次，其中外地会务与公出107次，共派会议用车535台次。全年减员11人，减少车辆11台。

（彭乐平）

【行车安全教育和车辆管理】 年内，安全工作常抓不懈，严格管理，落实安全教育，认真履行规章制度，确保全年安全行车，做到管辖范围内驾驶员重大事故为零。汽服公司2001年被评为上海市区级创优达标单位。针对职工自备车管理难度大的问题，利用日常和每周六为自备车主开展服务，宣传安全行车知识，传授车辆保养经验，收到较好效果。

汽服公司承担各种公务车资产和日常使用费归口管理，全年完成车辆外壳大修40辆，发动机更换和大修10台，日常维修及保养车辆3500台次，办理车辆过户9台，更新车辆7台，进二级旧车交易市场10台，办理报废车辆1台，完成车辆检验100%，保证了公务车辆正常运行。

自备车管理服务中心组建后，有842名自备车主参加了这一中心。年内服务中心共协助处理了大小事故980余起，理赔金额达135.5万元，急救抛锚车122起，为自备车主减少了后顾之忧。

（彭乐平）

·小资料·

社保卡损坏、遗失后的处理方法

遗失了社会保障卡（医疗保险专用）的市民应立即挂失。挂失可电话报失：先拔打市医保中心的报失电话（62533197）进行报失，并提供遗失者姓名、身份证号码、医疗保险卡卡号或单位名称。电话报失经工作人员确认后，在1小时内停止报失卡的结算。同时，遗失者应在48小时内（即2天内，节假日顺延），到邻近的区县医保中心办理书面报失手续。书面报失：参保人员遗失医疗保险卡后，可凭本人身份证，及时到邻近的区县医保中心或市医保中心办理书面报失手续，同时办理补卡申请手续。委托他人办理的，还应当出示被委托人的身份证。书面报失经工作人员确认后，在一个小时内停止报失卡的结算。

如医保人员电话报失至办理书面报失期间又找到医疗保险卡的，可到市、区县医保中心办理撤销报失手续。撤销报失经工作人员确认后，在1小时内恢复报失卡的结算。在市、区县医保中心受理报失并停止使用医疗保险卡前，因使用该卡所造成的经济损失，全部由个人负担。医疗保险卡报失期间（电话或书面报失起至补发医疗保险卡）所发生的急诊医疗费，在补发卡以后，可以在受理补卡申请的市、区县医保中心申请零星报销。

补卡：参保人员在办理书面报失的同时，可以办理医疗保险卡补卡手续。自办理补卡申请手续起的第7个工作日后，可到办理补卡手续的市、县医保中心领取新的医疗保险卡。在领取新的医疗保险卡时，按规定支付工本费。换卡：参保人员的医疗保险卡发生损坏的，可到邻近的区县医保中心或市医保中心办理换卡手续。办理换卡手续后，由受理的市、县医保中心及时发给新的医疗保险卡，收回损坏的医疗保险卡，并收取工本费。

修卡：医疗保险卡在医院、药店或医疗保险经办机构无法使用时，由医院、药店发给《就医损坏告知单》，参保人员应在三日内凭告知单和身份证到邻近的市、区县医保中心进行验卡。验卡后可以修复的，由受理的市、区县医保中心修复后将原医疗保险卡退回参保人员，继续使用。验卡后不可修复的，由受理的市、区县医保中心换发新的医疗保险卡，并收回原医疗保险卡。属于参保人员保管不当的，应收取工本费。因医疗保险卡损坏不能使用发生的当日急诊、门诊大病医疗费，可在办妥修复、换发医疗保险卡手续后，凭《就医卡损坏告知单》、本人身份证及医疗费收据，在一个月内向市、区县医保中心申请报销。

（宝钢史志办公室）

人事与机构

RENSHIYUJIGOU

人事与机构

·人事管理·

【概况】 人事部下设干部处、人才开发处、人力资源处，2001年底定员24人。主要职责有：对集团公司直接管理的领导干部的考核、交流、任免、奖惩实施及日常管理工作；对海外子公司派驻人员的管理；负责对集团公司委托组织部、人事部管理的岗位人员的聘解和对集团公司备案管理岗位人员的宏观管理；负责高层次经营管理人员的后备队伍的规划、培养、选拔、使用管理工作；负责公派出国人员政审报批手续；负责上海宝钢集团公司人力资源配置计划、员工招聘、工资分配制度、工资总量决定机制、社会保险福利、劳动关系的宏观管理、指导和对外协调工作；负责劳动工资预算及统计、人力资源计划编制、劳动生产率统计；负责对子公司工效挂钩考核办法制定及结算；负责集团公司本部定岗定编、职工招聘录用、劳动关系、工资分配方案制定及发放、保险福利、人事信息的管理工作；负责人事档案归档、整理及管理工作；制定宝钢集团公司人才资源需求和开发规划；负责专家及其后备人才、高级技能人才的选拔、培养、考核以及其他各类专业人才的管理工作；制定宝钢集团公司各类教育培训计划和人员组织落实工作；负责宝钢人才奖励基金的管理，招聘海外留学生、博士后研究人员、国内专家和国外智力引进工作；负责专业技术职称的资格认定和具有高级职称员工的退休审批工作。

（傅新宇）

【深化干部选拔任用机制】 推进择优录用竞争上岗机制。4月，公开招聘设备检修公司经营者。在22名应聘者中，录用总经理、副总经理各一名。同时在集团公司计财部、规划部以及宝钢股份公司、五钢公司等子公司推行干部择优录用、竞争上岗的工作机制。

进一步扩大干部选拔工作的民主，切实增强干部任用的透明度，拓宽群众的知情权、参与权、选择权和监督权。坚持和完善民主推荐、民主测评制度，不断扩大公示范围，加大公示制力度。

根据不同类型、不同层次、不同岗位职务特点，细化不胜任现职领导干部的认定标准，制定《集团公司关于调整不胜任现职领导干部的暂行规定》。

提拔年轻干部，拓宽干部交流任用渠道。全年提拔、交流集团公司直管干部79人，占直管干部总数的27%。其中，提拔39人，占总数的13%；交流40人，占总数的14%。同时，按照法人治理结构，进一步规范董事会、监事会成员任免程序，完成一钢、浦钢、五钢、梅山、宝信、国贸等公司改制、重组后高级经营管理人员的委派、推荐和任免工作。共办理董事会和监事会成员及法人代表的委派、更换73人次，办理领导干部退休10人，待退休9人。

（傅新宇）

【提高干部整体素质】 建立以需求为导向的干部教育培训机制，实现教育培训与资源配置的有效结合。年内，有21名后备干部参加为期两个月的青年干部党校培训班，40名参加财务经理培训班，22名年轻干部报考MBA，选送32名中青年干部到国外高等院校或公司接受培训，选送了500名领导干部和财务人员到上海国家会计学院参加培训，提高财务人员和领导干部财务管理素质。通过讲座形式，加强领导干部新理论、新知识培训，先后举办领导干部WTO知识讲座、电子商务知识讲座、“企业价值增加值（EVA）”讲座、“人力资本的产权和定价与国有企业改革”讲座以及知识产权培训、企业领导财务培训班、董事和监事培训班、企业资源计划（ERP）培训班、项目管理培训班等，使他们了解国际规则，提高经营管理水平。

加强年轻、后备干部培养。出台《集团公司优秀年轻干部挂职锻炼实施办法》。发挥宝钢青年干部培养基地的优势，挑选优秀中青年干部到基地进行锻炼，使其开拓视野，增长才干。宝钢股份公司选送部分年轻干部到五钢、一钢等老企业挂职锻炼。（傅新宇）

【加强国际化人才培养】 组织对126名后备干部进行英语测试，选送14名后备干部到浙江大学参加英语强化，并参加国际标准化考试。配合海外合资办矿的需要，首次采取公开招聘形式，从报名的135名候选人中，选拔3人赴北京外国语大学学习。为进一步提高宝钢员工的外语素质，对原宝钢等级外语制度进行修订，并推广到宝钢集团。选送34名优秀骨干到日本AOTS(海外技术者研修学会)、三菱商事、韩国浦项工大等国外院校和企业培训，还对有关海外培训渠道进行联系和拓展。

为进一步学习、跟踪国外先进技术，提高宝钢综合技术水平，不断进行技术和管理创新，推进宝钢科技成果的产业化，举办宝钢专业人才论坛系列讲座活动。邀请宝钢相应领域的专业人才担任主讲，第一讲由宝钢研究院的杜斌和郭朝晖2位博士主讲的“冶炼模型控制技术”。在技术人员中引起较大反响，大家普遍认为这是专业技术交流的好形式。

（傅新宇）

【推进减员分流】 根据“紧紧围绕建设集团公司钢铁精品基地的战略目标，以主体减员为重点，以主辅剥离、搞活主体、转制放小、开拓就业渠道为措施”的指导思想，2001年减员13793人，其中办理待退休手续的1192人，离岗退养3046人，协解6349人，终止劳动合同544人，离退休427人，其他减员2235人。年底在岗人数113857人，其中钢铁主体的在岗人数为45454人(与人力资源五年规划同口径)，钢铁主业减员分流共9577人(减员5740人，分流3837人)，控制人力资源增量，对需向社会招聘的紧缺的专业人才要求先在集团内部公开招聘，同时控制招收录用中专技校生等一般劳动力，全年实际进员为1327人。

为适应集团公司强化对子公司的重大经营决策权、人事管理权和资产收益权，增强战略规划管理、预决算管理、运行监督管理和产权事务管理功能的需要，组织推进机关管理岗位扁平化设置以及综合主管竞聘上岗工作，使机关主管岗位由原来80个，减少到35个，减少了管理层次。机关本部共完成减员分流134人，其中：退休、待退休96人，解除终止合同21人，调离15人，其他减员2人。完成上级部门下达的各类人员接收安置指令性计划，接收安置6名军转干部、100名城镇待业入伍应征青年、1名退伍运动员。（傅新宇）

【主辅分离验收】 对一钢、二钢、浦钢、五钢、梅山、益昌、上海钢管等七家公司进行主辅分离验收，验收对象是七家钢铁子公司直属的79家企业，涉及人员96501人，在劳动关系上，已完成46799人的劳动合同改签，占总数的48.5%。

（傅新宇）

【深化工资制度改革】 结合集团公司生产经营发展的需要和深化企业工资分配制度改革的要求，强化子公司经营者的激励和约束机制，增强对子公司经营者经济责任考核力度和责任风险意识，规范经营者的收入分配，在2000年对9家子公司试行经营者年薪制的基础上，2001年扩大到20家子公司。并在考核指标及运作办法上作调整完善，进一步提高激励和约束机制，体现了经营者这一特殊劳动群体的劳动价值和贡献与其劳动报酬的关系，调动了经营者的工作积极性。

（傅新宇）

【推进医保改革】 为贯彻落实上海市政府年初召开的“加强职工医疗费清欠和医疗救助工作”会议精神，按照市府和集团公司的工作部署，积极推进子公司清欠职工医疗费的工作，通过对子公司的工作沟通，及时跟踪收集子公司清欠工作情况，加强工作检查和督促等，使子公司清欠职工医疗费的工作提前完成，共计清欠了职工医疗费1341余万元，彻底解决长期以来企业拖欠职工医疗费问题，稳定了职工的思想情绪，确保了上海市医疗制度改革方案顺利实施。（傅新宇）

【子公司工资总量确定机制的改革创新】 对子公司的现状及趋势进行测算和可行性分析，上半年选择一钢公司、二钢公司、五钢公司、上海冶建、梅山公司、检测公司、上检公司、宝山宾馆、东方电子商务公司、鲁宝公司、宁波宝新公司等11家子公司进行改革试点。改革方案通过选用净资产收益率和资本保值增值率两个效益指标的"效益横比"和员工的"收入纵比"来确定子公司的应提工资总额。方案在引入市场机制，消除人为因素的同时，肯定各子公司的历年贡献和历史积累。改革将引导子公司的经营者注重集团公司投入本公司的资本获取净收益能力和国有资本保值增值能力在同行业中的定位，从而不断地超越自我，赶超行业先进水平，增强市场竞争能力；使集团公司对子公司的外部考核机制变为子公司的内部激励与约束机制。调动员工积极性，求得公司利益最大化。　　（傅新宇）

【工效挂钩】　在集团公司与国家实行工效挂钩的前提下，根据各子公司的特点，对30家子公司分别采取"效益横比、收入纵比"的工效挂钩办法、工资总额与利润总额环比办法和工资总额包干浮动办法，制定了2001年工效挂钩考核办法。对25家子公司的2000年工效挂钩执行情况进行结算。　　（傅新宇）

【国际化人才引进】　制订上海宝钢集团公司"关于加快高层次人才培养的若干意见"和"关于鼓励吸引海内外高层次人才到宝钢工作的若干规定"，加大国际化人才引进力度，提升宝钢国际竞争能力，迎接中国加入WTO的挑战。

9月23日在上海人才市场举办上海市国有企业第一家高层次人才专场招聘会，吸引了268位硕士以上的高级人才应聘，其中有海外学习或工作经历的96人次，与其中的51人达成进一步洽谈的意向，现已引进7人。

10月17～31日，由集团公司领导尹灏、赵昆带队，宝钢股份、宝信、宝钢国际、华宝、化工和工程技术6家子公司组成招聘团，带着41类岗位需求，赴加拿大和美国举办宝钢高层次人才招聘会。先后在加拿大的多伦多、美国的纽约、匹兹堡和旧金山举办4场专场招聘，在华盛顿组织大华府地区留学生座谈会。此次出国招聘共接待了438人的应聘，50人达成初步意向。被中央电视台、《文汇报》等各大媒体争相报道，产生强烈社会反响。　　（傅新宇）

【博士后科研工作站】　年内，为充分发挥博士后科研工作站在科研、人才培养等方面的优势，加快老企业的升级改造，将原宝钢博士后科研工作站提升为上海宝钢集团公司博士后科研工作站。宝钢作为全国企业博士后工作站的代表在全国博士后大会上做《抢占人才制高点，迎接新世纪的挑战》的交流发言。集团博士后工作站为上钢一厂的不锈钢工程改造引进博士后4人。并在上钢一厂召开博士后工作现场推进会，进一步推进老企业博士后的引进工作。　　（傅新宇）

【职称评审和申请政府特殊津贴】建立社会化职称评定机构，成立冶金工程高评委，下设7个专业评审组；成立20多个中评委，进行规范化的职称评审工作。整合集团公司职业技能鉴定资源，将宝钢职业技能鉴定所改制为宝钢职业技能鉴定中心，下设梅山公司鉴定所、冶建公司鉴定所和开发总公司鉴定站，实行统一领导、二级管理。积极组织材料申报国家、上海市各类专业技术人才和技能人才的各类奖项。从基层推荐的16名人选中，通过专家遴选、领导审定，组织、申报宝钢股份公司的吴信慈、杜斌，技术工程公司的李守根，梅山公司的董振民和五钢公司的汪周勋5位员工享受2001年度政府特殊津贴。　　（傅新宇）

【因公出国审查】　2001年共计派出因公出国（境）团组612个，2251人次。其中，技改项目团组152个，计895人次；业务培训及进修团组92个，计208人次；经贸往来及用户访问团组110个，计355人次；专业考察及技术交流团组152个，计561人次；参加国际会议团组83个，计197人次；海外子公司人员延期、调整和选派团组23个，计35人次。对各类出国团组，做到预审合格率100%。（傅新宇）

上海宝钢集团公司负责人

（2001 年 12 月）

董　事　长：徐大铨
副董事长：谢企华　关壮民
董　　　事：徐乐江　尹　灏
　　　　　　艾宝俊　何文波
　　　　　　葛红林
　　　　　　卞恩君（职工董事）
总　经　理：谢企华
副总经理：徐乐江　何文波
　　　　　　葛红林　戴元永
　　　　　　赵　昆　马国强
党委书记：关壮民
党委副书记：尹　灏
纪委书记：赵如月
工会主席：卞恩君
总经理助理：崔　健　伏中哲
　　　　　　汪金德　谢　蔚
　　　　　　张汝忻
董事会秘书长：方彝林
党委书记助理：莫　臻

（干部处）

中共上海宝钢集团公司委员会

（2001 年 12 月）

常委成员：
徐大铨　谢企华　关壮民
徐乐江　尹　灏　艾宝俊
何文波　葛红林　戴元永
欧阳英鹏　赵如月

上海宝钢集团公司机关各部门负责人

（2001 年 12 月）

办公室
主任：方彝林（兼）
副主任：范顺彪　王利群
秘书处
副处长：傅果毅
外事办公室
主任：范顺彪（兼）
副主任：李明芳
调研处
处长：程陆平
史志办公室
主任：孙词雄
档案处
处长：宓孟秋
驻京联络处
主任：王利群（兼）
副主任：李丽娅
汽服公司
经理：朱文彬
计划财务部
副部长：潘建德
资金管理处
副处长：占兴华
投资管理处
处长：钟永群
资产经营处
处长：王成然
副处长：吴锦国
预算处
副处长：王诚翔
副处长：贲有志（专务）
人事部
部长：韩鹏根
副部长：袁恩余
干部处
处长：吴克斌
人力资源处
处长：刘家兴
副处长：曾永荣
人才开发处
处长：秦长灯
再就业服务中心
主任：袁恩余（兼）
副主任：徐惠章
规划发展部
部长：张　淼
副部长：盛更红
规划处
处长：盛更红（兼）
企业管理处
处长：郭建光
副处长：叶纯兴
科技处
副处长：施胜洪（主持）
　　　　龚肇亨
宝钢工程监督站
站长：傅作民
战略研究室
副主任：吴东鹰　冯爱华
安全管理室
主任：张维明
法律事务部
部长：陈德林
诉讼处
副处长：卞正治
合同处
副处长：李南山　沈　雁
审计室
主任：张宝福
监察处

处长：叶恩光（兼）
副处长：周荣德
公安分局
局长：朱树永
副局长：徐平之　张明胜
冯剑镛
党委书记：朱树永（兼）
党委副书记：徐平之（兼）
纪委书记：尹甫才
政治处
主任：姚光明
宝钢日报社
总编辑：沈　珩
电视台
台长：王小甫
副台长：倪家荣
组织部
部长：韩鹏根
组织处
处长：杨爱平
宣传部
部长：莫　臻（兼）
副部长：倪颂迅
宣教处
处长：倪颂迅（兼）
副处长：徐宪民
新闻处
处长：金思龙
精神文明办公室
主任：莫　臻（兼）
副主任：金思龙
党委办公室
副主任：陈鸿庆（主持）
虞志灏
秘书处
处长：虞志灏（兼）
信访办公室
主任：孙　晰
统战部
副部长：吴金耀
老干部一处
处长：朱品成
副处长：孙　旭
老干部二处
处长：陈国境
副处长：毛英英
纪委
书记：赵如月
副书记：叶恩光
工会
主席：卞恩君
副主席：朱义明　刘金喜
党校
副校长：陈云生
武装部
部长：官世杰
科技协会
秘书长：袁志鸿
企管协会
副会长：孙福兴（兼）
机关党委
副书记：王光才
机关工会
主席：王光才（兼）
机关纪委
书记：沈于国
教培中心
主任：樊纯诗
副主任：徐德鑫
党委书记：樊纯诗（兼）
党委副书记：李　娟
钢铁研究院
副院长：崔　健（常务）
李维国　冯建生
陆匠心
党委书记：李维国（兼）
纪委书记：忻利珠
工会主席：忻利珠
金属学会
秘书长：谢志明

（干部处）

上海宝钢集团公司直管干部（子公司）
（2001年12月）

上海宝钢国际经济贸易有限公司
董事长：何文波
总裁：何文波
副总裁：孙孟祥　全　平
人事副总裁：张志良
财务副总裁：周竹平
信息副总裁：王　静
党委书记：张志良
纪委书记：丁忠铎
工会负责人：丁忠铎
宝钢集团企业开发总公司
总经理：徐　楠
副总经理：朱文其
唐　柏
姚殿国
翟传恭（专务）
韩克勤（专务）
党委书记：叶国平
党委副书记：徐远洲
纪委书记：徐远洲
工会主席：钱公匀
上海宝钢工程技术有限公司
总经理：王　喆
副总经理：田定宇
吴国良（停职）

总工程师：丁　山
党委书记：王鸿锷
党委副书记：朱　明　吴汉忠
纪委书记：阮葆康
工会主席：蔡邦俊

上海宝钢产业发展有限公司

总经理：孙迪鹏
副总经理：陈显辉（兼）
　　　　程志道　邱　华
党委书记：陈显辉
纪委书记：张佩莉
工会主席：屈幼荣

上海宝钢化工有限公司

经理：魏国瑞
副经理：方志民　於良荣
党委书记：顾士忠
纪委书记：成银法
工会主席：曹　民

宝钢集团宝山宾馆

副总经理：庞　锐（主持）
　　　　朱根林
党委书记：朱根林
纪委书记：许建斌
工会主席：沈锦康

上海宝钢设备检修有限公司

经理：唐志勇
副经理：张国忠
　　　崔洪度（专务）
党委书记：章玉铨
纪委书记：裴世兵
工会主席：王朝江

上海宝信软件股份有限公司

总经理：王文海
副总经理：周建平　朱立强
　　　　王　力　华建新
　　　　夏思椿（专务）
党委书记：冯国城
纪委书记：马亚平
工会主席：马亚平

上海宝钢房地产经营开发公司

经理：赵光华
副经理：唐国华　张清河
党总支书记：唐国华

上海宝钢设备检测公司

总经理：张克南
副总经理：赵锁林
党总支书记：傅肖燕

宝钢集团上海联合公司

董事长：郎益富
总经理：郎益富
副总经理：林雄军
党总支书记：郎益富

宝钢集团财务有限责任公司

董事长：翁英俊
总经理：孔祥清
副总经理：卞　恒

华宝信托投资有限责任公司

董事长：王世宏
副董事长：张建群
总经理：于业明
副总经理：郑安国　李学纲
　　　　王铁峰
党委副书记：王金旋

宝山钢铁股份有限公司

董事长：谢企华
总经理：艾宝俊
党委书记：欧阳英鹏
副总经理：李海平　赵周礼
纪委书记：朱义明（兼）
工会主席：朱义明

宝钢集团上海第一钢铁有限公司

董事长：伏中哲
总经理：伏中哲
副总经理：饶记珠　冯国坚
　　　　何　凡　李　明
　　　　王水通　史国敏
不锈钢副组长：饶记珠（兼）
党委副书记：许俊章（主持）
　　　　　曹金星
纪委书记：曹金星
工会主席：卞进利
顾问：孙公权

上海二钢有限公司

董事长：谢毛弟
总经理：赵之玉
副总经理：唐铭章　张　建
　　　　王嘉琪
党委书记：谢毛弟
党委副书记：俞佩君
纪委书记：蔡迎荣
工会主席：俞佩君

宝钢集团上海浦东钢铁有限公司

总经理：汪金德
副总经理：倪明德　顾国明
　　　　缪永耀　吕　鹏
　　　　黄宝龙　胡学发
　　　　史国良（专务）
党委书记：梁兆贤
党委副书记：朱　铧
纪委书记：朱　铧（兼）
工会主席：彭培炎

宝钢集团上海五钢有限责任公司

董事长：谢　蔚
总经理：谢　蔚
副总经理：夏　斌　胡达新
　　　　肖得义　彭俊湘
党委书记：胡鸿铣
党委副书记：余世尉
纪委书记：蒋庆弟
工会主席：王少炯

上海梅山有限公司

董事长：张思明
副董事长：戴元永　吴慧萍
总经理：戴元永
副总经理：何兴凯　李良振
　　徐国良　陈德浩
　　李永祥　劳光熹
　　李亚松
党委书记：张思明
党委副书记：戴元永　吴慧萍
　　徐国林
纪委书记：徐国林
工会主席：林怀平

上海宝钢益昌薄板有限公司

总经理：瞿　标
副总经理：王晓东　朱　宏
　　宋晓天（专务）
项目负责人：夏林勇
总工程师：胡　俊
党委书记：李　荣
党委副书记：李筱忠
纪委书记：李筱忠
工会主席：李筱忠

上海冶金建设有限公司

总经理：谈德勤
副总经理：孙　帆　裴雨来
　　任琪新　朱惠臣
　　杨　照（专务）
总工程师：孙　帆
总经济师：朱惠臣
党委书记：吉福关
纪委书记：马银坤
工会主席：马银坤

宝钢集团上海钢铁研究所

所长：万梦兰
副所长：朱丁业　虞洪斌
　　李天维
党委书记：孟繁德
党委副书记：朱　桦
纪委书记：朱　桦
工会主席：潘兴亚

上海钢铁工艺技术研究所

所长：郁　玹
副所长：罗曲波　唐宇翚
　　钱伟中
　　马炳华（专务）
党委书记：李广武
党委副书记：钟征峰
纪委书记：钟征峰
工会主席：钟征峰

宝钢集团上海钢管有限公司

董事长：张汝忻
总经理：朱洪章
副总经理：李志芳　张　岩
　　陈晓丹　邵定裕
　　钱宝银（专务）
党委副书记：潘跃良
纪委书记：潘跃良（兼）
工会主席：崔以聪

上海第三冷轧带钢厂

党委书记：杨玉华

宁波宝新不锈钢有限公司

总经理：刘　安
副总经理：王宪玉

南通宝钢新日制钢有限公司

副总经理：张建国（主持）
　　章柏康
党委书记：徐永昌

南京宝日钢丝制品有限公司

总经理：韩　畴

宝钢集团人民机械厂

厂长：范永祥
党委书记：范永祥
改制工作组组长：顾立仁

宝钢集团烟台鲁宝钢管有限责任公司

党委书记：季元功
副总经理：干键民

（干部处）

·小资料·　**“宝钢艺术奖——迎接建党80周年创作奖”**

电影剧本4部：
《走出西柏坡》
《嗨，弗兰克》
《至高利益》
《面对生命》

舞台剧剧本6部：
话剧《共和国不会忘记》
现代京剧《映山红》
淮剧《大路朝天》
沪剧《心有泪千行》
昆剧《班昭》
越剧《早春二月》

歌曲5首：
《雅鲁藏布大峡谷》
《旗帜》
《海这边》
《故乡情思》
《伊犁姑娘》

电视剧剧本5部：
《忠诚》
《天堂鸟的故乡》
《汽车城》
《龙家故事》

广播剧2部：
《汽车人》
《民工党支部》

（宝钢史志办公室）

·机构设置·

上海宝钢集团公司组织机构图

（2001年12月）

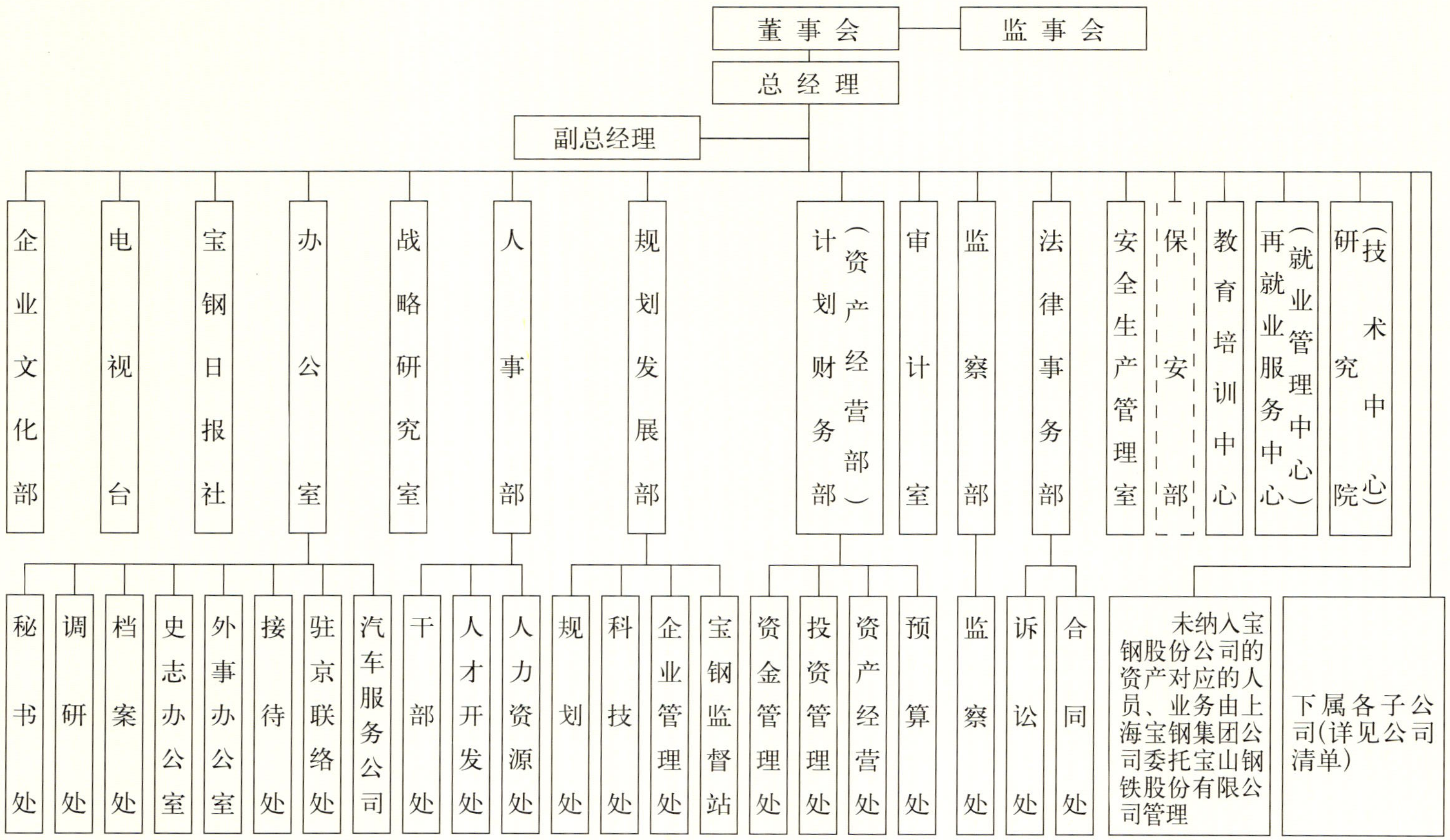

注：①国家冶金工业局工程质量监督总站宝钢监督站行政关系挂靠规划发展部
②企业文化部与党委宣传部实行合署办公，两块牌子，一套班子。
③汽车服务公司挂靠办公室管理
④监察部与中共上海宝钢集团公司纪委合署办公

（规划部）

上海宝钢集团公司党群机构图

（2001年12月）

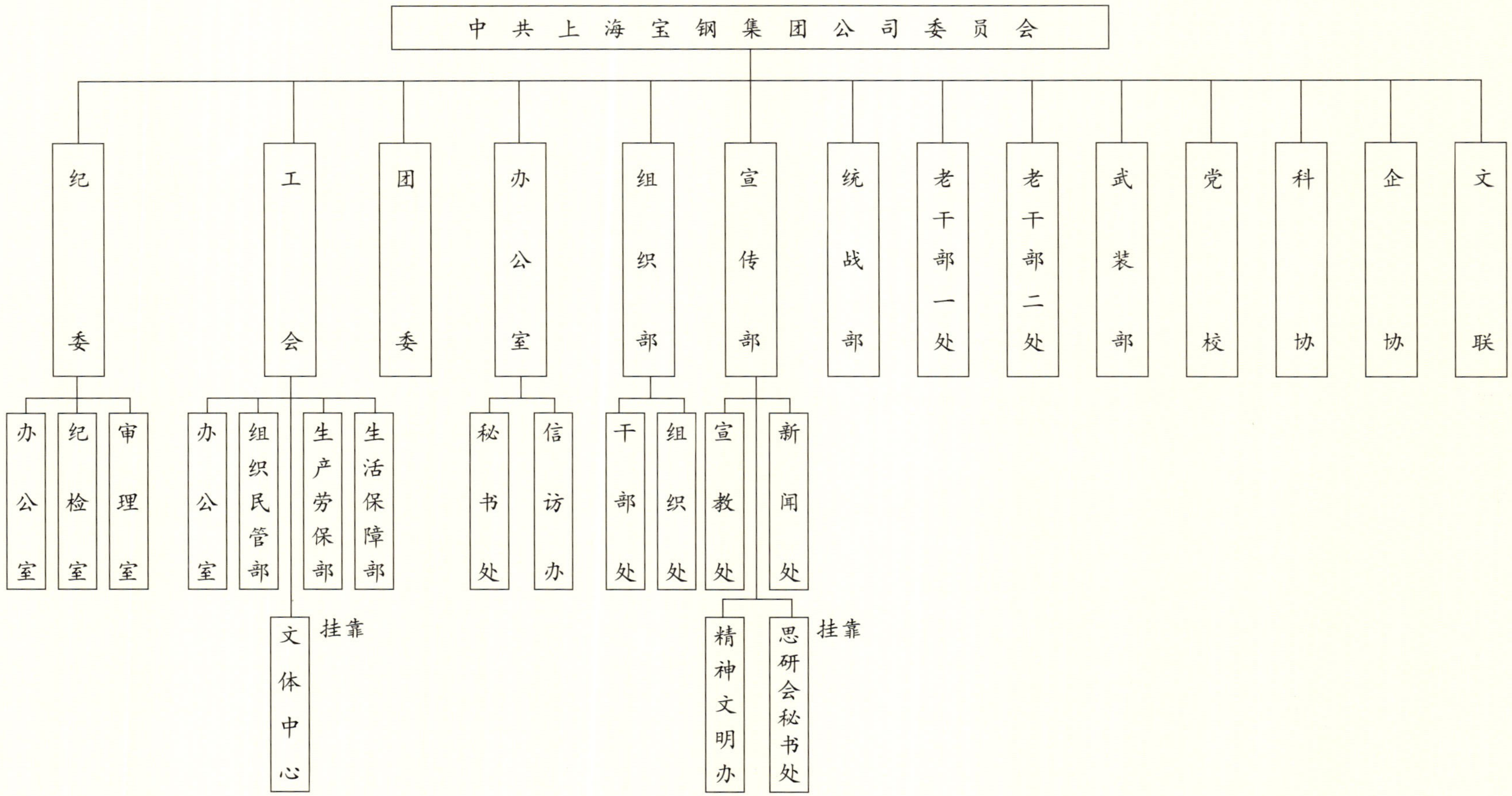

（组织部）

上海宝钢集团公司全资子公司一览表

2001年12月31日

序号	公司名称	行业属性	经济性质	备注
1	上海宝钢房地产经营开发公司	房地产	国有独资	
2	上海宝钢运输有限公司	运输	国有独资	
3	上海宝钢国际经济贸易有限公司	贸易	国有独资	
4	宝钢集团企业开发总公司	服务	国有独资	
5	上海宝钢设备检测公司	服务	国有独资	
6	宝钢集团宝山宾馆	服务	国有独资	
7	上海宝钢设备检修有限公司	服务	国有独资	
8	上海宝钢化工有限公司	化工	国有独资	
9	上海宝钢工程技术有限公司	制造	国有独资	
10	宝钢集团人民机械厂	制造	国有独资	
11	上海宝钢产业发展有限公司	钢材深加工	国有独资	
12	宝钢集团上海钢管有限公司	钢铁	国有独资	
13	宝钢集团上海浦东钢铁有限公司	钢铁	国有独资	
14	宝钢集团上海梅山有限公司	钢铁	国有独资	
15	宝钢集团上海钢铁研究所	服务	国有独资	
16	上海钢铁工艺技术研究所	服务	国有独资	
17	上海冶金建设有限公司	工程建设	国有独资	
18	上海新沪钢铁有限公司	钢铁	破产中 归一钢公司管理	
19	上海冶金老干部活动中心	—	国有独资	

（规划部）

上海宝钢集团公司控股子公司一览表

2001年12月31日

序号	公　司　名　称	行业属性	经济性质	备　注
1	宝山钢铁股份有限公司	钢　铁	境内上市	
2	上海二钢有限公司	钢　铁	合　资	
3	宝钢集团上海第一钢铁有限公司	钢　铁	国内合资	债转股
4	宝钢集团上海五钢有限公司	钢　铁	国内合资	债转股
5	上海宝信软件股份有限公司	信　息	上市公司	
6	上海新华钢铁有限公司	钢材深加工	中外合资	产业公司托管
7	南通宝钢新日制钢有限公司	钢　铁	中外合资	
8	宁波宝新不锈钢有限公司	钢　铁	中外合资	
9	宝钢集团财务有限责任公司	金　融	国内合资	
10	宝钢集团上海联合公司	贸　易	国内合资	
11	常州宝钢钢管有限公司	钢　铁	国内合资	
12	宝钢集团南京轧钢总厂	钢　铁	国内合资	
13	宝钢集团烟台鲁宝钢管有限责任公司	钢　铁	国内合资	
14	南通宝南实业有限公司	服　务	国内合资	
15	华宝信托投资有限责任公司	金　融	国内合资	
16	上海宝钢益昌薄板有限公司	钢　铁	国内合资	
17	上海益昌薄板有限公司	钢　铁		
18	南京宝日钢丝制品有限公司	钢　铁	中外合资	
19	上海宝钢减振板有限公司	钢　铁	国内合资	

（规划部）

上海宝钢集团公司参股企业一览表

2001年12月31日

序号	公　司　名　称	行业属性	经济性质	备　注
1	德马克冶金设备技术有限公司	设备制造	中外合资	工程技术公司托管
2	北京中工企经贸有限责任公司	综合产业	国内合资	
3	东方软件有限公司	信　息	国内合资	
4	上海科技投资股份有限公司	其　它	股份公司	
5	苏州物资贸易开发总公司	其　它	国内合资	
6	上海地球王实业公司	其　它	国内合资	
7	交通银行	金　融	国内合资	
8	申银万国证券股份有限公司	金　融	股份有限公司	
9	上海浦东发展银行	金　融	股份银行	
10	福建兴业银行	金　融	国内合资	
11	中国国泰证券有限公司	金　融	有限责任公司	
12	上海胶带股份有限公司	其　它	股份有限公司	
13	恒通集团股份有限公司	其　它	股份有限公司	
14	华泰保险股份有限公司	金　融	股份有限公司	
15	新华保险股份有限公司	金　融	股份有限公司	
16	联合证券有限责任公司	金　融	有限责任公司	
17	北京冶经联咨询有限公司	其　它	国内合资	
18	中国改革报业	报　业	国内合资	
19	中咨沿海水资源开发工程有限公司	其　它	有限责任公司	
20	中国(海南)改革发展研究院	其　它	国内合资	
21	东方钢铁电子商务有限公司	信　息	国内合资	
22	上海外高桥造船有限公司	制　造	国内合资	
23	上海浦东不锈薄板股份有限公司	钢　铁	境内上市	
24	上海宝鼎投资股份有限公司	金　融	国内合资	
25	上海磁悬浮交通发展有限公司	基础设施	国内合资	
26	北京中联电子商务有限公司	计算机信息	国内合资	

（规划部）

上海宝钢集团公司海外子公司一览表

2001年12月31日

序号	公　司　名　称	行业属性	经济性质	备　注
1	宝和通商株式会社	贸　易	独　资	日　本
2	宝钢欧洲贸易有限公司	贸　易	独　资	德　国
3	宝钢俄罗斯贸易有限公司（俄罗斯）	贸　易	独　资	正在关闭中
4	宝钢巴西贸易有限公司	贸　易	独　资	巴　西
5	宝岛贸易有限公司	贸　易	独　资	香　港
6	宝钢美洲贸易有限公司	贸　易	独　资	美　国
7	宝钢法国贸易有限公司	贸　易	独　资	法　国
8	宝钢新加坡贸易有限公司	贸　易	独　资	新加坡
9	宝运企业有限公司	贸　易	独　资	香　港
	以下五个公司上海宝钢集团公司均占50%			
10	宝金企业有限公司	运　输	合　资	香　港
11	宝德技术贸易有限公司	贸　易	合　资	德　国
12	宝矿国际有限公司	贸　易	合　资	美　国
13	宝力有限公司	贸　易	合　资	美　国
14	宝华瑞矿山股份有限公司	矿　业	合　资	巴　西

（规划部）

就业管理中心

【概况】 集团公司就业管理中心(以下简称“中心”)成立于2000年3月,是集团公司内部从事再就业工作的管理职能部门,下设办公室、财务部、岗位开发部、培训部和结算部。2001年底共有工作人员18名(其中向各子公司借用人员11名)。主要负责拟定集团公司减员分流、再就业工作政策和实施意见,报集团公司再就业工作领导小组和董事会讨论;集团公司再就业专项资金年度预算、每月结算和对下属各子公司再就业专项资金使用的监督和检查;开发再就业项目,安置集团公司富余人员重新上岗;组织集团公司富余人员的市场就业培训,帮助企业组织在职人员的技能提升培训和新上项目的转岗培训;集团公司下属破产、重组企业对富余人员的分流安置;处理集团公司下属各子公司关于减员分流、再就业工作中的来信来访;做好集团公司再就业工作领导小组交办的各项工作。

全年集团公司减员分流、再就业工作紧紧围绕“建设宝钢集团钢铁精品基地”的战略目标,以主体减员为重点;以剥离辅体,搞活辅体,转制“放小”,开拓就业渠道,拓宽就业容量,吸纳下岗人员为措施;以加大各类培训力度,提高职工就业能力为保证,确保减员分流工作顺利进行,确保职工队伍稳定。在专项资金使用上,从2000年的向“离岗退养”倾斜转为向开拓就业岗位倾斜。全年集团公司共减员分流13793人(其中:协解6349人;终止合同544人;离岗退养和待退休4238人;其他2662人),其中钢铁主体减员分流5740人。年底,集团公司在岗职工113804人,其中钢铁主体在岗职工45454人。 (王国娟)

【“4050”招投标工程】 2001年,中心参与上海市“4050”项目(即为本市女40周岁、男50周岁以上的企业富余人员开发的再就业项目)招投标,深入市、区“4050”项目招投标现场,寻觅适合冶金系统富余人员的再就业岗位。2001年联系、洽谈项目10余个,投标成功的有“好思威离子水”、“无水洗车”和“离子水配售中心”等项目,其中浦钢公司的“无水洗车”和“离子水配售中心”在9月正式开业。 (王国娟)

【十钢公司淮海西路步行街项目启动】 “十钢公司淮海西路步行街”是集团公司2001年再就业工程的重点项目。该项目利用十钢公司地处长宁区虹桥的独特地理优势,在上海市总工会和集团公司的支持下,计划投资1800万元(上海市总工会投资600万元,宝钢集团投资600万元,十钢公司自筹资金600万元),配合“北京华联”的进驻,在十钢公司厂区大道建成一条集文化、购物、餐饮、娱乐、服务、休闲的特色街。并以此构建再就业示范基地(再就业创业者孵化基地、再就业职业介绍基地、再就业培训基地),为“4050”人员提供就业帮助,在招聘用工和招商引资中将优先招用集团公司富余人员。该项目在8月正式启动,计划在2002年建成。 (王国娟)

机动车清洗服务站暨饮用水配送服务社开业揭牌

【加强信息沟通,开拓就业岗位】 拓展岗位,安置就业是2001年再就业工作的重点。全年,中心坚持每天开通职介中心劳务信息“实时联网”,利用网络提供配对信息8000多条。建立集团内部职介网络,交流信息,互通情报,资源共享。派员进驻浦东新区、宝山区、虹口区职介中心大户室，扩大就业信息渠道。配合第三冷轧带钢厂、新沪钢铁公司破产企业做好富余人员分流安置工作。年内帮助三冷厂42名协解和协保人员重新走上工作岗位，34名征地农民工也全部妥善分流安置。全年中心配合企业共开拓就业岗位3111个。（王国娟）

【组织各类培训】 2001年，中心加强培训力度，充分利用上海市劳动和社会保障局、市总工会及市慈善基金会等政策支持，收集信息，落实计划，培训重点由单一的市场就业培训向技能提升培训和新上项目转岗培训转移。全年共组织各类培训班（项目）140多个，培训人数7000多人次，并向上海市有关部门争取到培训费用140多万元。（王国娟）

浦钢富余人员在宝钢餐饮公司重新上岗

·小资料·

个人医疗账户资金的查询方法

据上海市医保局有关负责人介绍，要了解自己个人医疗账户的资金，参保人员可以凭社会保障卡或医疗保险卡、身份证，到邻近的市、区县医保中心查询本人个人账户资金的预计、清算和个人账户余额计息情况。参保人员若要查询其个人账户资金使用明细账目，应当通过市、区县医保中心划卡提出查询申请，同时登记查询者的社会保障卡或医疗保险卡卡号及联系方式。查询人可在市、区县医保中心受理查询之日起的第3个工作日起，到原查询的市、区县医保中心获得查询信息。

个人医疗账户清算的对象为：在职职工劳动（工作）关系由本市转移到外省市，其个人账户自即日起注销，并进行清算；职工因一次性发放养老金等原因终止养老保险关系的，其个人账户自即日起注销，并进行清算；职工死亡或者在职职工出国（出境）定居且注销本市户籍的，其个人账户自即日起注销，并进行清算。

办理个人医疗账户清算由职工本人或者由其单位、亲属，到单位所属的市、区县医保中心办理个人医疗账户清算手续。办理时，应当凭下列材料：本人社会保障卡或医疗保险卡、身份证（委托他人办理的，还应当出示被委托人的身份证）；职工劳动（工作）关系由本市转移到外省市的、一次性发放养老金的，应当凭养老保险关系终止证明（如养老保险关系转移单）；职工出国（出境）定居的、死亡的，应当凭户籍注销证明（户口簿）。清算前，职工如有门急诊、急诊观察室留院观察、住院及家庭病床的医疗费未结算的情况，职工或家属完成上述医疗费用结算或报销后，再到市、区县医保中心办理个人账户清算。个人账户资金清算后，市、区县医保中心将打印的《注销个人医疗账户资金清算表》交清算人员或被委托人，同时将应当归还的个人医疗账户剩余资金交清算人员或被委托人。

（宝钢史志办公室）

法律事务

FALUSHIWU

法律事务

【概况】 集团公司法律事务部(以下简称法务部)负责集中处理集团公司的重大法律事务。法务部下设合同处和诉讼处，2001年底定员18人。年内，法务部根据集团公司国际化、集团化经营发展的需要，突出为资本运作核心业务提供法律服务，在集团公司海外投资合作办矿等项目中，开展对项目章程、合同等法律文件的决策前置性法律审核；办理美国、加拿大反倾销应诉案件5起，维护了企业合法权益；根据集团公司技术创新的需要，大力拓展知识产权法律事务，办理了宝钢商标申报中国驰名商标的相关工作，宝钢商标被认定为全国最受欢迎的商标；加强技术引进中企业知识产权保护的服务管理工作；为集团公司下属企业在改制改革、破产放小等工作中提供各类法律服务。全年共审核各类合同、章程和协议等法律文件278份，出具法律意见书143份，办理法人委托书377人次；受理各类纠纷案件40多件，案值3亿多元；经过诉讼和非诉处理，收回人民币1.18亿元、美元109万元，通过法院查封、保全财产金额2.2亿元。 (李南山)

【美国热轧板卷反倾销应诉案】 2000年11月15日，美国国际贸易委员会(简称ITC)和商务部(简称DOC)根据美国钢铁工人联合会及8家钢铁企业的申请，对来自中国、印度和哈萨克斯坦等11个国家和地区的热轧板卷立案进行反倾销调查。宝钢、鞍钢、本钢、武钢和攀钢参加应诉。同年12月29日，ITC初裁裁定来自中国等11个国家和地区的热轧板卷对美国国内工业已造成实质性损害。2001年4月23日，DOC初裁。9月21日，DOC对本案作出终裁。11月9日，ITC作出终裁。对DOC作出的无视中国企业实际成本，滥用替代国价格核定正常价值的终裁决定，宝钢于12月28日向美国国际贸易法院提起上诉。

(陆俊勇)

【加拿大热轧板卷反倾销案应诉获胜】 1月19日，加拿大海关和税收署(简称CCRA)根据加拿大阿尔格玛钢铁公司的申请，对来自中国、巴西和韩国等13个国家和地区的热轧板卷立案进行反倾销调查。加拿大国际贸易法庭(简称CITT)于同日对本案立案调查。4月19日，CCRA初步裁定宝钢产品倾销幅度为96%，鞍钢产品倾销幅度为24.4%，本钢产品倾销幅度为24.4%，中国其他未参加应诉的企业倾销幅度为96%。对CCRA的初裁结果，宝钢提出严正抗议和书面抗辩，要求CCRA认真、负责地对宝钢提交的资料全面进行核实。7月18日，CCRA作出终裁，将宝钢税率从96%降到2.8%，是所有应诉国家中最低的。 (陆俊勇)

【加拿大冷轧板卷反倾销案应诉获胜】 3月12日，加拿大海关和税收署(简称CCRA)和加拿大国际贸易法庭(简称CITT)根据道法斯科公司的申请，对来自中国、巴西、韩国和台湾等9个国家和地区的冷轧板卷立案进行反倾销调查。中国企业惟有宝钢参加应诉。6月11日，CCRA初步裁定宝钢产品税率为3.69%，中国其他未参加应诉的企业倾销幅度为45.14%；9月10日，终裁裁定宝钢的税率为2.44%。CITT终裁认为本案产品未对加拿大同类企业造成损害。 (陆俊勇)

【美国合金焊管反倾销应诉案】 5月25日，美国国际贸易委员会(简称ITC)根据西北钢管公司等10家钢管生产企业的申请，对来自中国、罗马尼亚和南非等5个国家的合金焊管立案进行反倾销调查。6月13日，美国商务部(简称DOC)也立案对上述5国的合金焊管进行调查。宝钢(代理上海埃力生钢管有限公司、昆山鸿源机械制造有限公司出口美国)、潍坊东方钢管有限公司、攀钢等11家公司参加应诉。7月10日，ITC初裁来自印尼、马来西亚、罗马尼亚和南非等4国的产品未对其国内产业造成损害，仅来自中国产品对其国内造成实质性损害。12月20日，DOC初裁宝钢销售的产品倾销幅度为0，其他企业平均为36.42%。2002年1月16~19日，

DOC在宝钢进行现场核查。

（陆俊勇）

【美国保障措施相关的法务调查工作】 6月22日，美国国际贸易委员会（简称ITC）根据其贸易代表要求，对33大类进口钢材进行201条款调查（即保障措施调查）。法务部作为集团公司该项业务的牵头部门，在外经贸部、国家经贸委、行业协会和集团公司的领导下，组织集团内各出口企业积极参加应对调查的有关工作，认真填写ITC的损害调查问卷（包括补充问卷），推进应对美国保障措施的相关法律事务。 （陆俊勇）

【宝钢获国家首批“重合同守信用”企业称号】 12月26日，国家工商行政管理总局从全国各地报送的“重合同守信用”企业中，选出520家企业为国家级“重合同守信用”企业，上海宝钢集团公司名列其中，宝钢成为“重合同守信用”企业的国家队。（江 彪）

【宝钢连续11次获市重合同守信用单位称号】 8月8日，上海市工商管理局召开“1999～2000年度上海市重合同守信用单位”命名大会，共有86家单位被命名为“重合同守信用单位”，其中连续5次以上被命名的单位有45家，宝钢连续11次获此命名；集团公司总经理谢企华被评为上海市“1999～2000年度合同管理”优秀厂长、经理。 （江 彪）

【宝信公司与上海钢管资产置换】 2月20日，上海钢管召开董事会，审议通过关于重大资产重组有关事项。3月26日，召开临时股东大会批准该事项，具体实施宝信公司与上海钢管整体资产置换。11月7日，资产置换实施完毕并进行公告。法务部参与制订资产置换方案，负责审核《资产置换协议》、《整体资产置换之重大资产重组暨关联交易公告》、《整体资产置换之重大资产重组暨关联交易独立财务顾问报告》等法律文件，审核并修改上海钢管和宝信公司章程，办理两个公司的工商变更登记。另外，协助处理两公司有关合同变更和债务、担保转移事宜、原宝信公司内部重组的有关法律事务（包括宝希股权变更、计算机公司和软件公司注销、宝利公司进入宝信软件等）以及上海钢管董事会和股东大会的有关法律文件的制定等。（万福洋）

【宝钢股份公司收购部分三期资产】 宝钢股份公司收购集团公司部分三期资产所涉金额大（净资产为人民币182.6亿元），且属于关联交易，法务部依照中国证监会《关于规范上市公司重大购买或出售资产行为的通知》以及上市规则中关于关联交易的规定进行法务服务工作。参与收购方案的制订；负责审核《宝钢三期工程资产收购协议》、《收购部分三期工程资产暨关联交易公告》、集团公司因出售三期资产而出具的《关联交易承诺函》、《不竞争承诺函》和《长期持股声明》等法律文件，协助处理有关合同变更和债务、担保转移事宜以及宝钢股份公司董事会和股东大会的有关法律文件的制定。6月18～19日，宝钢股份公司召开董事会，审议通过收购集团公司部分三期资产的有关决议，8月15日，召开宝钢股份公司临时股东大会，批准该收购事项并实施收购；11月16日，收购结束并予以公告。

（万福洋）

【宝钢与巴西CVRD公司合资办矿】 5月底，法务部介入项目可行性和法律文件谈判；6月，赴巴西进行可行性研究报告的编制和法律环境的调查；7～8月，进行法律文件的草拟、审核、谈判并最终定稿；8月21日，双方签署所有法律文件；10月18日，进行交割。该项目分为合资办矿和铁矿石长期贸易两部分，其中合资公司注册资本为3870万美元，双方各占50%的股份；贸易量为在合资期限（20年）内宝钢每年从CVRD（淡水河谷公司）购买的铁矿石600万吨。法务部负责调查巴西的法律环境，形成《关于宝钢与CVRD在巴西合资办矿项目的法律环境和法律问题的分析报告》；编制合资项目可行性研究报告中的法律部分；参与有关商务谈判；负责审核《股份购买协议》、《股东协议》、《合资公司章程》、《矿山租赁协议》、《权益保障协议》和《铁矿石长期购买协议》等全部法律文件，配合对方在巴西有关政府部门就该项目做反垄断登记，完成最终法律文件的交割等法律事务工作。 （万福洋）

谢企华总经理与巴西CVRD公司代表交换签字文本

【为人民机械厂改制提供法律服务】 6~11月，宝钢集团人民机械厂实施改制工作，法务部参与了九江三钴公司的民营化改制、久安钢瓶公司歇业、人民厂社区移交及原人民厂职工劳动纠纷案处理等相关法律事务的协调和服务工作，对民营化改制的相关问题进行法律分析，并出具法律意见书。对被改制单位的职工宣讲与改制相关的法律法规和国家有关政策，为人民厂民营化和改制工作顺利完成提供全过程的法律服务。法务部及时提供的法律服务，保证了人民厂改制工作的规范操作；为集团公司开展相关工作提供了法律支持，也为领导决策提供了参谋意见。（黄顺菠）

【财务公司收回3500万元】 1997年3月，中国重型汽车财务公司向宝钢财务公司资金拆借人民币1000万元、美金200万元，由重汽集团公司作担保。后因经营不善到期无力偿还，形成巨额债务。法务部受到委托后，向上海市二中院起诉。鉴于重汽公司负债累累，有许多债权人，在诉讼期间，法务部通过司法程序，抢先在重汽公司其他债权人之前查封被告单位在联合证券公司的3060万股股权，从而确保宝钢财务公司的债权。本案胜诉后，由于重汽公司未按约定履行还款义务，法务部又向法院申请强制执行。由于没有查封到重汽集团公司财产的其他债权人单位提出异议，导致法院难以执行，法务部又会同受理法院行文请最高法院协调，使已查封的股权得以变现，全额收回借款及银行利息共计3500多万元。（严韵辉）

【依法保障宝钢股份公司债权回收】 江苏诚德钢管股份有限公司欠宝钢股份公司钢管货款人民币4147万元一案移送法务部后，法务部向上海市二中院起诉，法院判决宝钢股份公司胜诉。5~9月，因诚德钢管公司拒不履行法院生效文书，法务部请求法院查封被告单位的库存钢材，强制抵偿所欠货款（抵债钢材4100多万吨，评估价值2028万元）。另外，通过法院查封被告单位价值1822万元的土地和设备等，依法保障宝钢股份公司剩余债权及利息3500万元的回收。（严韵辉）

【回收武锅集团公司欠款7000多万元】 法务部受理武汉锅炉集团公司欠华宝公司借款一案后，立即起诉至上海高院。为保证债权的安全，经司法程序查封被告单位持有的武锅股份国有法人股15500多万股，迫使武汉锅炉集团公司签订分期还款协议书。2001年，武汉锅炉集团公司按照还款协议，偿还华宝公司欠款5100万元。法务部还受理武汉锅炉集团公司欠上海钢管公司货款一案，并及时向上海市二中院起诉，法院在审理过程中，依法查封了武汉锅炉集团公司部分钢材。法院判决上海钢管公司胜诉后，因武汉锅炉集团公司未按法院判决履行还款义务，法务部于6月向法院申请强制执行，通过法院的执行以及法务部不断加大的清欠催讨力度，2001年帮助上海钢管公司收回现金1949万元，实现钢材抵债价值108万元。（严韵辉）

【完成债转股公司工商登记】 经国务院批准，国家经贸委批复同意宝钢集团一钢、浦钢、五钢和梅山公司实施债转股。法务部负责审核债转股新公司章程并进行工商登记等法律事务。浦钢公司的债转股新设公司“上海三钢有限责任公司”，由宝钢集团上海浦东钢铁有限公司与中国华融资产管理公司、中国信达资产管理公司共同出资组建，于3月30日设立登记取得营业执照；梅山公司的债转股新设公司由宝钢集团上海梅山有限公司、中国信达资产管理公司、中国东方资产管理公司、国家开发银行、南京市投资公司和南京钢铁集团有限公司共同出资组建。经法务部与上海市工商局、南京市工商局协商，债转股新公司名称由上海市工商局核准，为“上海梅山钢铁股份有限公司”，具体工商登记事项在南京办理。8月4日，新公司顺利取得由南京市工商局核发的企业法人营业执照；一钢和五钢公司债转股后改由上海宝钢集团公司与中国华融资产管理公司、中国信达资产管理公司、中国东方资产管理公司共同出资组建。法务部协助召开债转股公司股东会、董事会和监事会后，按照国务院债转股会议纪要精神，克服重复评估等注册登记中的有关障碍，及时于6月28日取得一钢、五钢公司债转股后新的营业执照，保证一钢、浦钢、五钢和梅山4家债转股公司揭牌仪式于6月29日举行。

（裘　虹）

【开宝厂喷枪专利纠纷案获胜】 宝钢生产协力公司下属开宝喷枪厂生产的铁水预处理喷枪，用于宝钢股份公司炼钢部250吨转炉系统铁水预处理设备。上海宝湘耐火材料有限公司（下称宝湘厂）生产的铁水预处理喷枪经过试验，也在二炼钢批量试用。为此，开宝喷枪厂向集团公司领导反映并寻求法务部的法律支持，法务部向开宝厂提供了法律服务。开宝喷枪厂于1999年6月21日向国家知识产权局申请“铁水预处理喷枪”实用新型专利，依法维护企业的合法权益。国家知识产权局于2000年4月26日公告授予开宝厂铁水喷枪的实用新型专利权。在开宝喷枪厂获得喷枪的实用新型专利后，如宝湘厂继续使用该专利方法制造专利产品，必将侵犯开宝喷枪厂的专利权。于是，宝湘厂在2000年6月向国家知识产权局请求撤销开宝喷枪厂“铁水预处理喷枪”专利，形成了铁水预处理喷枪专利权属的争议纠纷。法务部再次提供及时的法律支持，就喷枪的专利权属问题协助开展调查取证和法律分析，及时向国家知识产权局提供了有力的证明材料，2001年11月国家知识产权局经审查裁决维持开宝厂“铁水预处理喷枪”专利权。

（裘　虹）

·小资料·

宝钢职工用血须知

凡职工因病住院，需手术或其他原因需输血者，请带好医院用血通知单及本人或家属是否献过血的证明（献血证），前往卫生处医务科办理用血手续，有关交付用血互助金的规定如下：

1.职工或家属符合献血条件献过血的，自献血后5年内需用血可免交用血互助金，5年后用血则须交用血互助金。

2.职工不符合献血条件者，若需用血可免交用血互助金。

3.职工身体健康但未曾献过血，若因患病需用血则须交用血互助金，此与职工所在单位是否完成献血指标无关。

4.职工所在单位完成了献血指标，当职工发生工伤或交通事故而需用血时，则可免交用血互助金。

5.职工交了用血互助金，自上交之日起7个月内，其符合献血条件的家属在本市献血或家属有不能献血证明，则可带好相关证明及互助金发票到医务科办理退还用血互助金手续。

6.所交用血互助金数额按职工预计用血量的总价翻倍收取。

7.若职工实际用血量少于预计用血量，则可凭医院证明到医务科办理退还差额部分互助金手续。

咨询电话：56787949　56781085

（宝钢卫生处）

·小资料·

宝钢主干网在册网站一览表

2002年5月

部门／网站	网址	联系人或单位	电话
宝钢股份公司网站			
技术中心	http://190.2.41.61	汪鸿涛	26645800×2056
技术中心科技信息研究所	http://190.2.40.40	王永红	26645800×2051
炼钢部	http://190.2.24.12	陈锦松	26648474
生产部	http://190.2.64.45	刘新宇	26642912
运输部	http://190.1.112.20	吴　刚	26648787
钢管分公司	http://190.1.78.18	李　欣	26645412
成本管理处	http://190.2.195.43	刘春华	26648069
电厂	http://172.20.90.9	刘　芳、郑　靓	26677213
集团公司及其他子公司网站			
教育培训中心	http://190.2.79.232	史定云	26643601
教育培训中心继续工程教育学院	http://190.2.78.102	林国瑜	26646741
党校	http://190.2.250.10	周　奇	26642789
档案处	http://190.1.254.20	钱卫东	26648120
宝钢国贸总公司	http://172.30.5.100	张　靖	68403919
宝钢国贸总公司商贸有限公司	http://190.2.40.30	李立力	56124335
宝钢国贸总公司钢材贸易有限公司	http://172.20.3.30	严鸽群	68404699
专题网站			
宝钢青年热线	http://190.2.40.54	宝钢股份公司团委	26648082
NOIC	http://190.2.200.8	王　磊	26643415
在线光盘检索	http://190.2.40.41	王永涛	26645880×2056
宝钢科技图书馆	http://190.2.40.60	汪鸿涛	26645880×2056
计算机病毒防治	http://190.2.18.110	郭　策	26648763
宝钢质量信息管理系统	http://190.1.255.18	胡江民	26648355
宝钢史志信息管理系统	http://190.2.67.95	张　鑫	26649618
宝钢汽车板数据库系统	http://190.2.40.80	王永红	26645880×2051
宝江公安热线	http://190.1.51.110	何相俊	26649110
宝钢股份企业商务智能之窗	http://190.2.200.6	稽　晓	26646409

（史志办公室）

安全、保卫与环保

ANQUANBAOWEIYUHUANBAO

安全、保卫与环保

安全生产管理

【概况】 集团公司安全生产管理室行使安全管理的监督、管理职能，主要责职：贯彻落实国家和上海市政府有关安全生产的政策、法令、法规、标准和规章制度，制订集团公司安全生产有关规章制度；负责编制集团公司安全生产年度工作要点和年度工作计划，检查、监督各子公司安全生产年度计划和执行情况；负责各子公司厂长（经理）、安全技术专职干部的安全技术培训工作，对各子公司建立的安全生产工作体系和安全技术工作的责任制进行监督、服务、协调；负责指导各子公司推广运用安全生产的新工艺、新技术，编制各类安全事故预案，组织实施辨识、监控重大危险源的安全技术管理工作；负责审查各子公司新建、改建、扩建项目的可行性研究、初步设计、施工图设计及竣工验收各阶段报告，确保建设项目中的职业安全卫生技术措施与主体工程"四同时"（同时设计、同时施工、同时验收、同时投产）；负责开展各子公司安全生产的交流、分析、总结工作，以及安全科技进步和安全技术创新活动；配合外事部门做好有关安全技术的国外技术交流工作；负责编制集团公司"三防"（防汛防台、防震、防化）管理和特种设备安全管理的年度工作要点和年度工作计划、监督各子公司"三防"管理和特种设备安全管理年度计划和执行情况，组织各子公司开展"三防"工作。

2001年底，有职工4人。张琼、蒋栋耀被评为上海市1999～2000年度安全生产表扬个人。

（陆　勤）

【安全责任落实】 年初，根据上海市安全生产领导小组确定的2001年度千人工亡率小于0.08、千人重伤率小于0.3、千人负伤率小于2.5的要求，集团公司总经理谢企华与集团公司所属28家子公司法人代表签订《安全生产经营责任书》，各子公司也层层签订《安全生产目标责任书》，将安全管理作为对子公司主要领导工作业绩考核的重要内容，使安全生产工作业绩与经济效益直接挂钩。

（陆　勤）

【安全目标考核】 2001年，安全生产工作重点是：实施目标管理，落实安全责任，实行分类考核。按照上海市安全生产领导小组确定的2001年度千人伤亡率考核目标值，将控制指标进行层层分解，对所属28家子公司分为三类进行分类考核。对生产过程危险性较大的冶炼、矿山等子公司划分为第一类（共有7家企业），按照千人工亡率0.08、千人重伤率0.3进行考核。对生产过程危险性一般的压延、加工、制造、维修等子公司划分为第二类（共有13家企业），按照全年无重伤（含重伤）以上事故进行考核。

对从事金融、贸易、信息等子公司划分为第三类（共有8家企业），按照全年无轻伤（含轻伤）以上事故进行考核。（陆　勤）

【安全事故统计】 全年，按国家规定的统计口径，共发生主责工亡事故3起，死亡3人，千人工亡率为0.02，低于上海市要求的千分之0.08的考核目标值，与上年工亡事故6起相比，下降50%；重伤13人，千人重伤率为0.09，低于上海市要求的千分之0.3的考核目标值，与上年重伤事故11起相比，上升18%；轻伤153人，与上年208起相比降低26.4%。一类子公司中宝钢股份公司、浦钢公司、五钢公司、化工公司、开发总公司全年无主责工亡事故。发生次责工亡事故2起，死亡2人，比上年3人减少1人。

（陆　勤）

【安全宣传和培训】 年内，集团公司共召开各类安全生产工作会议9次，其中召开电视安全生产会议3次，传达布置上级部门对安全工作要求和各级领导讲话精神、布置全年和各阶段安全生产工作、通报各类事故情况、布置安全生产大检查、推广和吸取有关子公司的经验和教训等。

在5月和11月组织开展两次"安全生产宣传周"活动中，集团

安全事故统计表

单位：人

单位	工亡事故		重伤事故		轻伤事故	
	2001年	2000年	2001年	2000年	2001年	2000年
宝山钢铁股份公司		1	2	1	8	14
上海第一钢铁公司	1	1	2		40	56
上海浦东钢铁公司		1			27	42
上海第五钢铁公司			5	5	47	45
梅山钢铁公司	1	1	2	4	17	29
宝钢开发总公司					2	1
化工公司					1	
上海钢研所					3	2
二钢有限公司		1			2	8
益昌薄板公司			1			2
冶金建设公司			1	1		
钢管股份公司	1				2	5
上海工艺所					1	1
国贸总公司					1	
工程技术公司					1	
宝钢检修公司					1	2
合计	3	5	13	11	153	207

公司领导分别发表“落实安全规章制度，强化安全防范措施，迎接新的世纪”的讲话和“倡导企业安全文化、提高全员安全素质”的文章。通过开展形式多样、丰富多彩的安全宣传教育活动，强化员工自我保护能力和岗位安全意识，加大安全培训力度。据初步统计，仅一、二类子公司中的10个主业生产企业，共举办各类安全学习培训班554起，受训人员38642人次，占职工的30%。对提高全员法律观念和安全意识、提高岗位安全技能、减少各类事故起到积极有效作用。（陆　勤）

【安全检查与整改】 按照国家和上海市安全工作要求，集团公司加强对各子公司安全工作检查与监督，依法管理，从严管理，在各子公司安全自查基础上，共组织6次安全大检查，查出各类隐患456条，除立即整改外，还发出整改通知27份共201条，经复查，除3条需立项整改外，其余已全部整改完毕。

对存在严重不安全隐患的设备，要求其停产整改，直至对设备作全面检查，消除隐患，经现场确认，才同意其恢复生产。对发现未取得有关资质而擅自作业的特种作业线，要求其立即停止作业，并协助企业取得有关部门认可后再恢复生产。（陆　勤）

【事故分析处理】 在2001年发生的各类安全事故中，人为因素（主要是：违章作业、自我伤害）所引发的重伤以上人身伤害事故占绝大多数（占84%）；2001年所发生的3起主责工亡事故和2起非主责工亡事故都发生在非主生产作业线上；按照国务院75号令的要求，对2001年所发生的3起主责工亡事故，组成事故调查组，进行深入调查取证，查清事故真正原因，制定整改措施，并督促落实整改，对事故责任者和有关人员进行严肃处理，对主责工亡事故单位由安全生产第一责任人在集团公司安全会上作检查，对非主责工亡事故和外协队伍工亡事故的单位，也认真查找事故原因、事故责任，落实整改措施，举一反三，引以为戒，做到事故教训资源共享。（陆　勤）

【防汛防台】 根据上海市政府和集团公司领导对2001年防汛防台工作的要求，制定防汛防台工作计划，调整防汛防台各级指挥体系、应急抢险队伍，针对性地开展防汛防台指挥、组织、抢险演习。

在汛期前，宝钢股份公司对灰坝工程进行加固加高，江堤旁安放1500只扭工字体。浦钢公司250米防汛墙改建工程于5月30日竣工。五钢公司在汛前完成3136.8米防汛墙改建工程。集团公司30多公里的防汛墙已全部达到百年一遇的标准。

在汛期前，加强对排涝设施维护保养和管理工作，完成雨排水管道、护厂河的清淤和疏通工作。宝钢股份公司清除厂区生产性雨排水管道淤泥24442立方米，检测避雷设施3024点。五钢公司改建管径φ230毫米排水管道107米、窨井14只。浦钢公司对26扇防汛闸门进行维修保养，新建管径φ1350毫米排水管道345米。一钢公司结合不锈钢工程，拆除原φ600毫米以上排水管道2230米，

新建φ600毫米以上主干雨排水管道4337米。（陆 勤）

【特种设备普查】 根据国家和上海市的部署和要求，6月，组织开展锅炉、压力容器、压力管道和其他特种设备的普查登记工作，经过共同努力，锅、容、管、特普查登记工作基本上按原定节点进行，已进入结尾阶段。（陆 勤）

【外协队伍管理】 外来的施工队伍在集团公司范围内发生工亡事故居高不下，通过对集团公司7个主要子公司的在建项目外协施工队伍的安全合同、资质审查、安全教育、安全考核、持证上岗等安全管理现状的调研，发现在外来施工队伍的安全生产监督和管理上，做法不一，参差不齐，确实存在着“一包了之”的现象，规范、监督外协施工队伍的安全生产管理显得尤为重要。（陆 勤）

【安全科研项目】 根据转炉喷渣对生产以及职工的生命安全所带来的危害性极其严重的情况，预防转炉喷渣已成为一项困扰冶金行业的难题。安全生产管理室与科研院校和有关企业合作，组织开展“预防转炉喷渣及事故预案研究”科研项目，从2000年四季度至2001年四季度，完成此项科研项目。（陆 勤）

【三起事故教训】 4月2日，上海钢管股份有限公司汽车驾驶员王国芳（男，40岁）正在装运钢管空箱子作业时，右脚踏在钢管空箱子上，左脚踏在卡车护板上，因左脚打滑，随手抓住待挂钩的钢管空箱子，箱子随人一起从卡车上坠落倒地，钢管空箱子压在其胸部和头部，经抢救无效死亡。引起这起事故的原因是：违反操作规程，在汽车装载过程中，驾驶员无证对货物进行挂钩指吊。

事故调查组多方取证、分析、试验，确定是一起违章所引起的恶性事故。有关事故责任人已受到行政警告处分和相应的经济处罚。

4月15日，梅山公司矿业公司选矿厂重选车间丁班皮带运输机操作工唐梅凤（女，26岁），违章作业跌倒在运转中的皮带机上，其平口羊毛衫被卷进下矿漏斗护罩内，颈部被羊毛衫领口勒紧，使其窒息死亡。引起这起事故的原因是：皮带工违章在运行的皮带机上作业，现场管理不力、防范措施不到位，未能落实劳动保护措施和监督机制，导致危急情况发生后，无法采取紧急措施，实施相应保护。

事故调查组多方取证、分析、试验，确定是一起违章作业所引起的恶性事故。有关责任人已受到行政记过处分、经济处罚的处理。

5月11日，一钢公司炼铁厂原料组副组长范世华（男，37岁），带领2名组员对4号取料机斗轮料嘴齿检修时，在斗轮未停转情况下，用身体迫使其停转，反而随斗轮料嘴齿一起转到最高点，不慎跌落在斗轮内，被严重挤压，终因伤势过重抢救无效死亡。引起这起事故的原因是：违章在运行的斗轮料嘴齿作业，现场安全管理存在漏洞，违章作业未能及时制止，不严格执行检修工作票制度。

事故调查组多方取证、分析、试验，确定是一起现场安全管理存在漏洞所引起的恶性事故，一钢公司炼铁厂在现场安全管理、现场检查监督上存在“死角”。有关事故责任人已受到行政警告处分、经济处罚的处理。（陆 勤）

公安保卫

【概况】 2001年，宝钢公安工作以服从、服务于宝钢改革、发展为中心，全力维护企业内部政治安定和治安稳定，开展严打整治斗争，加强治安综合治理，推进公安队伍建设，提升队伍战斗力，确保宝钢的一方平安。

年内，上海市公安局宝江分局圆满完成APEC峰会期间以面保点等重大警卫任务和重要会议的安全保卫任务。组织3次代号为“钢剑”的集中统一行动，开展治安集中清查13次，全年共破获各类刑事案件179起，其中：经济案件24起，为企业和群众挽回经济损失1189.13万元；摧毁犯罪集团9个，抓获涉案成员30人。查处治安案件789起，打击处理各类违法犯罪嫌疑人1440人，追捕逃犯27人，收容、遣送“三无”盲流157人，缴获非法土制枪支4支、子弹10发，收缴废炮弹、废雷管8813枚。处置化解因各类人民内部矛盾引起的群体性事件和闹事苗子138起1695人次；在与“法轮功”的专项斗争中，查处“法轮功”违法分子4人，收缴各类“法轮功”宣传品402件，配合地区公安机关捣毁“法轮功”作案窝点5个，抓获作案人员15人，缴获了一批作案工具和宣传品。全年110接警1362起，现行抓获违法人员297人。

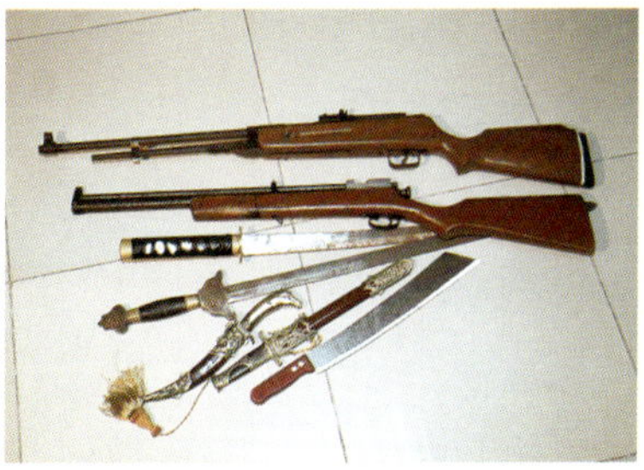

收缴的管制刀具和汽步枪

充分发挥公安行政管理的职能作用，以签约的形式，推进单位“防火安全”、“交通安全”、“治安防范”工作行政领导负责制的落实；帮助企业修订完善了17项专业管理制度，宝钢交通安全分校和消防培训分中心，年内开办消防、交通安全培训班442次（期），教育培训员工46285人次，并以“5.5”交通安全日和“119”消防活动日和宝钢“2.28”防火宣传日的多样化形式，增强员工的参与度；分局交巡警支队改进和完善勤务模式，提高民警的出现率、管事率，大力查纠闯红灯、超速、超载等交通违章和开展无证、假牌、假证车辆的专项整治，纠正交通违章107676起，厂区道路交通死亡事故比上一年下降75%。防火监督上认真把好104项竣工项目的消防验收关，检查发现各类火险隐患1175个，组织清理废弃电缆149.21吨，全年发生火灾事故3起，直接经济损失4.43万元，分别比上年下降了70%和99.28%。年内，分局被评为第十届上海市文明单位、上海市爱国卫生先进单位称号，连续五年获得宝钢“用户满意”文明单位，有6个部门受到市公安局、宝钢的集体记功、嘉奖。在“6.13”和APEC会议两次重大安全保卫工作中，分局通令嘉奖了10个先进集体和45个先进个人。 （徐丽华）

宝江公安分局交巡警整装待发

【重大保卫工作】 在APEC峰会和“6.13”等重大保卫工作中，分局实行领导逐级负责制和民警岗位责任制，定人定岗定责和确保万无一失的“三定一保”工作要求，采集情报信息，加强工作重点，以实战为要求，完善预案，加强演练，提高应对突发事件的能力，确保警卫工作顺利进行。全年，圆满完成重大警卫任务和重要安全保卫任务45批，确保了中共中央总书记、国家主席江泽民和朝鲜劳动党总书记金正日、摩尔多瓦共和国总理瓦西里·塔尔列夫等中央领导和重要外宾视察、参观宝钢的绝对安全。

（徐丽华）

【“钢剑”行动　重拳出击】 按照全国社会治安工作会议的精神和市公安局对“严打”工作的要求，分局组织3次代号为“钢剑”的集中统一行动。4月27日凌晨，分局发起“钢剑一号”行动，出动400余名警力，冒雨对辖区内治安复杂地区和场所进行整治，将41名违法犯罪嫌疑人搜捕归案，并在宝钢会议中心召开逮捕、劳教公开宣布大会，10名犯罪嫌疑人依法予以逮捕，20名违法犯罪分子被劳（妇）教。宝钢领导郭廉高、赵昆及宝山区委政法委副书记章刚毅、宝山区人民检察院副检察长刘鸣分别讲话，有300余名群众代表参加。5月29日，分局全线出击，“钢剑二号”严打整治战役

"钢剑三号"整治行动待命出发

再奏凯歌。9月28日，分局发起"钢剑三号"行动，形成一波又一波的严打整治高潮，起到威慑作用。（徐丽华）

【开通宝江公安热线】 5月10日，分局热线网络在宝钢主干网上开通，网址：http://190.1.51.110，网络设置公安要闻、法律法规、案件聚焦、局长信箱、服务指南等栏目，实行政务公开，方便群众查询，为职工提供非紧急性求助服务。年内，有13610人次访问公安热线，产生良好的社会效果。（徐丽华）

将犯罪嫌疑人收容审查

【组建应急处置机动力量】 改革警务机制，创新工作模式。3月1日，分局抽调25名青年民警在交巡警支队中成立机动中队，以提高应对、处置各类突发事件的快速反应能力。实行集中住宿，昼夜备勤。年内，共有效处置各类突发事件11次，及时处置一起400余名"黑车"司机围哄、阻碍执法的群体性事件；抓获一名在杨浦区持刀劫持出租车后逃窜至宝钢厂区的犯罪嫌疑人。（徐丽华）

【破获"7.19"特大诈骗案】 7月19日，分局接群众对废钢个体老板与宝钢某磅站司磅员内外勾结，骗取宝钢钱款的举报。分局刑侦支队立案侦查，发现江苏淮安籍的个体废钢老板勾结串通司磅员和收料员，采用"骑马"压磅等欺骗手法，虚增废钢吨位，达到大肆诈骗宝钢采购款目的。此案仅查实的就达1000余吨，共抓获犯罪嫌疑人16名，追缴赃款赃物达96万元。（徐丽华）

【深挖黑恶势力集团线索】 在"打黑除恶"专项斗争中，分局看守所强化对在押人员的政治攻势，深挖犯罪线索，根据在押人员提供的线索，配合地区公安机关破获了以戴喜华为首的黑恶势力犯罪集团，抓获涉案成员24名，查破敲诈勒索、伤害、非法拘禁、寻衅滋事等刑事案件15起，缴获自制土枪2支、子弹51发、炸药70克、砍刀7把。此案被上海市公安局评为2001年上海市深挖"十大精品案"之第二。（徐丽华）

【加强队伍正规化建设】 年内，结合"爱民月"活动，对"三讲教育"、"三项教育"活动中剖析的存在问题和整改情况进行"回头看"，巩固了教育成果。同时，加大队伍监督力度，采取"110"电话举报、开通局长信箱和宝江公安热线等形式，并3次邀请警风警纪监督员来局和4次上门听取意见，多渠道、全方位敞开警门接受群众监督，防止队伍违法违纪案件的发生。经群众问卷调查和网上测评，群众对分局的满意、较满意率为93.4%，比上年有所提高；有210人次上交、拒收礼金、礼品，折合人民币10.9万元；全年有669人次的民警参加市公安局组织的警衔晋升、岗位任职资格和计算机操作应用的培训考试。（徐丽华）

【"三个一工程"建设】 分局重视警营文化建设，抓好一室、一片、

2001年7月6日，宝江公安分局展示室开馆

一书的“三个一工程”。7月6日，举行分局展示室开馆暨电视片《为了宝钢的安宁》首映和报告文学集《钢城第一案》首发仪式，体现了分局的发展历程和全体民警在维护稳定、打击犯罪、服务人民中作出的成绩，在新世纪，展示新形象，振奋新精神，激励为宝钢经济建设建功立业的神圣使命。集团公司党委书记关壮民，市公安局副局长张声华，宝山区副区长、政法委副书记朱达等领导出席仪式并剪彩。（徐丽华）

环 保

【概况】 2001年，上海宝钢集团公司所属企业在全面完成国家和上海市所规定的环保“双达标”任务基础上，结合宝钢集团总体规划实施，调整产品结构，淘汰落后工艺装备，进一步加强环保基础管理工作，认真贯彻建设项目环保“三同时”管理，以新带老，加强污染源治理改造，使集团内企业环保发展水平总体有所提高，大气中二氧化硫、粉尘以及废水中COD（化学需氧量）、石油类等污染物排放总量比上一年得到削减，污染物综合排放合格率也得到了提高。

集团公司贯彻落实上海市人民政府下发的沪府[2000] 75、76、77号文，制定了吴淞工业区内宝钢集团有关企业2001年环境综合整治实施计划，进行责任分解，层层落实。确保吴淞工业区内宝钢集团有关企业的环境综合整治工作得到有效开展。做好钢铁冶炼产生的无组织排放烟尘的控制，启动企业清浊分流、纳管工作。全年，一钢公司投资455万元完成一烧机尾电除尘改项目，五钢公司投资996万元完成转炉烟气除尘改造项目，取得预期环境效益。同时还启动一钢公司污水处理站和五钢公司“十五”节水技术改造工程。（池海良）

【为改善吴淞工业区环境质量作贡献】 结合上海宝钢集团公司总体发展规划，认真实施吴淞工业区环境综合整治计划，加快淘汰污染严重、能耗高、生产工艺落后的设备，实施关停项目5项。并经市有关部门认定，同意2001年宝钢集团所属企业环保污染关停项目的分流人员享受吴淞工业区环境综合整治优惠政策，经确认涉及分流人数2535人，分流人员安置补贴费共计7500.2万元。安置补贴费已到位，分流人员得到了妥善安置。

2001年，吴淞工业区内宝钢集团有关企业的绿化建设工作得到推进，年底，益昌公司绿化率达到23.97%，五钢公司绿化率达到18.48%，钢研所绿化率达到16.67%。五钢公司结合环境综合整治，开展拆房建绿，全年新增绿化面积10万平方米。

通过2001年环境综合整治计划实施，不但改善了企业所在地区的周围环境质量，而且为改善整个吴淞工业区的环境质量作出了应有的贡献。（池海良）

【迎接APEC会议进行环境整治】 2001年，为迎接APEC会议在上海胜利召开，宝钢集团制定了上海宝钢集团公司有关企业迎接APEC会议在上海召开的环境综合整治实施计划，通过对计划的实施、推进，及加强环保基础管理工作，确保了APEC会议在上海召开期间，宝钢集团有关企业环保设施正常运转，严格控制污染物排放，未发生任何污染事故现

象。 （池海良）

【主要子公司环保实绩】 宝钢股份公司2001年制定了“控制污染、节资源、兴利用、建设生态型钢铁企业”新的环境方针。编制了污染防治、资源综合利用、节能降耗、节材四个方面67项管理方案，并达到了预期目标。同年4月，宝钢股份公司环境管理体系通过了复评审核取得了ISO14001的新一轮论证，主要环保指标完成情况比上年有了明显改进。2001年，宝钢股份公司主要污染物排放量除COD比上年增加20.49吨（因新建1550冷轧于2000年第四季度开始投入运行，+6.47%）外，其余二氧化硫、烟尘、粉尘等污染物排放量比上年有所削减。2001年废水排放量也比上年减少139.95万吨（-9.69%）。污染物综合排放合格率达到了99.9%。

一钢公司环保工作贯彻“立足本职、以人为本、科学管理、严格考核、预防为主、减少污染”的指导思想，公司主要污染因子合格率为95.97%，比上年上升4.6个百分点。投资65万元实施鱼雷罐车修理项目。

浦钢公司在完成环保“双达标”的基础上，2001年环保工作推行环保“天天查”制度；提高环境监测和环境巡检工作力度；强化环保设施运转；完成了特钢环保设施功能考核和环保验收；解决了转炉OG系统供水水质稳定问题；加强了全公司污染源源头控制；油泄漏问题得到较大改善；全面淘汰了石灰窑和白云石窑；顺利完成了APEC会议期间浦钢公司环境污染控制任务。污染物综合排放合格率达88.76%。

年初，五钢公司实现环保“一控双达标”后，又根据吴淞工业区环境综合整治的要求，重点加大工业粉尘和二次烟尘等污染源的治理力度。污染物综合排放合格率达到90.72%。

梅山公司环保工作以“稳定达标排放、努力控制排污总量、强化管理”为重点，加强管理、加快治理、讲求督查、严格考核等措施，污染物排放总量控制指标比去年有较大幅度的下降。污染物综合排放合格率达到91.57%。

二钢公司以“推一流文明生产，建一流清洁企业，走可持续发展道路”为环境保护方针，加大环保力度，扩大环境整治管理范围投资450万元新建含酸废水处理中心，并已投入正常运行，达标排放。污染物综合排放合格率达到92.5%。

益昌公司建立了全员、全方位ISO14001管理体系，提出“以清洁生产为目标；以预防污染为手段；以法律法规为准绳；不断实施持续改进；建设世界一流清洁工厂”的环境保护方针。

（池海良）

生态园林式的宝钢股份公司厂区一角

钢铁企业

GANGTIEQIYE

钢铁企业

宝山钢铁股份有限公司

【综述】 经国家经贸委批准，由上海宝钢集团公司独家发起组建的宝山钢铁股份有限公司（以下简称宝钢股份公司），于2000年2月3日创立，12月12日在上海证券交易所成功上市。

2001年，宝钢股份公司对产销流程进行优化整合，加快市场反应速度，推进生产周期缩短，提高用户服务质量，主要生产经营目标按计划完成。

全年产铁1026万吨，完成年度计划100%；产钢（锭+坯）1151万吨，完成年度计划101%；商品坯材1062万吨，完成年度计划102%；其中“双高”产品375.14万吨，占商品坯材总量35.33%。全年销售商品坯材855万吨，完成预算133%；实现销售收入291.70亿元，完成预算111%；实现利润37.05亿元，完成预算100%；出口商品坯材118.23万吨，完成预算102.7%；“以产顶进”销售钢材80.7万吨；全年出口创汇4.88亿美元。

高炉喷煤、高炉利用系数、超低硅低硫冶炼等6大工艺技术指标，继续保持世界领先水平；1450毫米板坯连铸实现1200万炉无漏钢，该项指标好于浦项和新日铁；油井管月产量首次突破3万吨，热轧量、平均班产、合格量、准发量等9项产量指标以及热区收得率、冷区收得率、检验合格率等6项质量指标突破历史记录，创造世界同类机组最好水平；全年吨钢综合能耗达到699千克标煤，顺利实现“破七进六”，比上年下降14千克标煤，达到世界领先水平。

全公司月均设备综合有效作业率、功能投入率、精度保持率分别为89.24%、99.51%、99.87%，分别比目标值提高了3.54%、1.31%和1.58%。19条主作业线月均故障时间比上年下降7.8%，故障次数下降15.8%。高炉、一炼钢转炉、连铸、初轧等8条主作业线，51次实现月设备故障时间为零的记录。设备维修综合管理计算机系统开发后成功上线运行。

2001年，完成科研及开发新产品项目116项，完成年度目标的129%；新产品试制28.8万吨，为年度目标167%；科研实现直接经济效益3.9亿元，完成年度目标130%；申请专利121件，授权83件，审定技术秘密300项，登记软件著作权2个；实现技术贸易总额2512.8万元；实施技改项目116项，完成年计划的129%；实施合理化建议48214条，人均实施2.91条，完成年度目标的145.5%，合理化建议实现经济效益5.82亿元，人均效益3.51万元，为年度目标的175.5%。

2001年，宝钢股份公司积极拓展市场，坚持100%按合同组织生产。全年汽车用户总销售量为95.03万吨，同比增长2.18万吨，其中O5板销售量为10.01万吨，同比增长3.71万吨。IF钢销售量为39.24万吨，同比增长17.68万吨。2001年，宝钢汽车板国产化论证工作卓有成效，到年底已通过上海通用、广州本田、风神汽车以及神农富康等9家用户部分零件国产化论证，并陆续开始小批量订货。海外市场开拓初见成效，意大利菲亚特公司已批量订购宝钢镀锌板产品。2001年，在国内家电行业普遍低迷，钢材需求不旺的形势下，宝钢家电用钢销售总量达到89.2万吨，同比增长34.3万吨，增幅为62.4%。冰箱外板批量进入科龙、海尔、美菱、苏州合昌等大型家电企业。宝钢家电用钢的国际化发展也取得重大进展，马来西亚开利、松下空调已小批量使用宝钢材料；欧洲梅洛尼洗衣机、伊莱克斯冰箱、南美匹克空调已使用宝钢家电用钢。至2001年底，宝钢主要产品国内市场占有率：汽车板为62.2%，管线钢58.82%，家电用钢42%，集装箱用钢32%，彩涂板卷27.2%，镀锡板卷26%，镀锌板卷24%。

公司在保持高节奏生产的同时，也重视可持续发展，坚持清洁生产。全年环保设备抽查合格率达99.80%，岗位粉尘合格率达99.84%，污染物综合排放合格率达99.44%，厂区大气降尘量为14.23吨/月·平方公里，创历史最好水平。主要固废综合利用率达到100%，取得经济效益2.13亿元。厂内绿化面积933万平方米，绿化覆盖率44.7%，人均绿化面积537平方米。主要环保指标继续保持世界一流水平。

本年度，宝钢股份公司获得三项重要荣誉：7月1日，宝钢股份公司党委被授予“全国先进基层党组织”称号，江泽民总书记亲自向宝钢股份公司授予奖牌；9月30日，宝钢股份公司荣获我国质量管理的最高荣誉奖——“全国质量管理奖”，并在5家获奖企业中荣登榜首；12月，在中国上市公司百强高峰论坛会议上，宝钢股份公司被评选为“中国上市公司百强”之首。　（李孝斌）

谢企华（女）
1943年6月生，中共党员，大学文化，教授级高级工程师，宝山钢铁股份有限公司董事长。

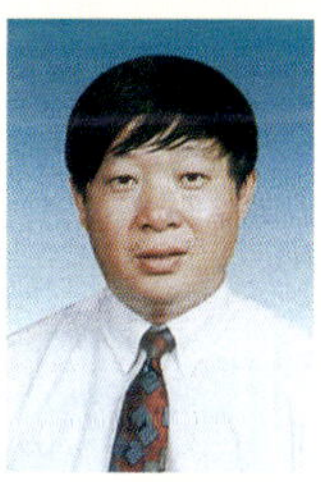

艾宝俊
1960年2月生，中共党员，硕士研究生，高级会计师，宝山钢铁股份有限公司总经理。

欧阳英鹏
1950年8月生，中共党员，大学文化，高级政工师，宝山钢铁股份有限公司党委书记。

【部分产品实现按周交货】　2001年，宝钢股份公司组织冶炼、轧钢等生产单元，会同生产、销售、技术、国贸等部门，改变以“按周交货”倒排节点环环确认，并通过完善9672计算机系统实时动态跟踪功能，加快了工序之间的生产、物流和信息传递节奏。线材产品经先期试点，4月份率先实现按周交货。热轧、冷轧等单元通过新开发的“按周交货SAS报表”的试运行，6月中旬交付广东格力电器的第一批1400吨空调用板，按节点实现按周交货。到3季度，线材、热轧、冷轧产品开始实行“按周交货”管理。至12月底，全公司按周交货（包含出口）综合实施率为36.40%（其中线材为43.5%，对直供用户达到100%；热轧产品33.80%、冷轧产品31.90%）。热轧集装箱和汽车用钢、冷轧彩涂、O5板、耐指纹板、热镀锌和电工钢等重点产品，交货周期比上年缩短四分之一。　（李孝斌）

【建立完善快速反应机制】　为对外部市场和用户快速响应，公司加紧信息共享平台的构筑，年内实现了网上查询。已有139家直供用户、23家直供用户子公司、15家代理商以及宝钢各地区公司，通过“宝钢在线”网，开通了合同生产执行进度及出厂情况跟踪、质保书查询、合同结算信息查询、用户热线等功能，用户可以随时方便的通过网上查询，掌握自己关注的相关信息。物资系统建立了物资和设备电子采购平台，通过网上招标采购和无库存“直接配送”供应方式，累计网上招标采购170次，总金额近8亿元，使急需的生产、检修物资和备件直接进入现场。

上半年，宝钢股份公司对11个产销研一体化小组进行了调整，借助跨部门一体化合作优势，加速信息传递，优化整合流程，对市场变化和用户需求加快响应速度。钢管分公司在大庆油田提出紧急求购5000吨油套管要求后，从订货、生产到发货仅用不到10天时间。　（李孝斌）

【科研和技术创新】　2001年，宝钢股份公司科研工作保持强劲势头。具有自主知识产权的连铸二冷模型成功地在宝钢连铸机组上应用，温度控制误差小于5℃，有效地提高连铸坯的质量。1580毫米热轧卷取温度U型冷却研究项目，解决了带钢头尾性能不均性，使CQ、DQ钢种头尾性能差缩小到4～6 MPa，提高了带钢均匀性。获得自主知识产权的全氢炉工艺，成功投入宝钢冷轧129号炉台生产运行，该项成果申请专利3项，技术秘密2项，填补国内空白。自行开发的1580毫米热轧汽车板轧制工艺、热轧数学模型及计算机技术，实现了1580毫米热轧稳定向1550毫米冷轧生产高等级汽车板的供料。

《高炉喷煤技术》和《油井管水淬装置》获得上海市科技进步一等奖；《宝钢2030毫米外耦滚筒式协衡飞剪机》获得国家科技进步二等奖；《一炼钢增建2号RH真空脱气装置》获“九五”国家技术改造优秀项目；《搪瓷用钢深冲冷轧钢板及钢带BTC1》项目通过上海市高新技术成果转化服务中心认证；《按工艺要求定滚筒类飞剪机构参数的方法》和《钢管旋转装置》分别获得上海市创造发明专

利一等奖、实用新型专利二等奖。

（李孝斌）

【新产品开发】 宝钢股份公司在新产品开发上，积极开发深受汽车用户欢迎的热轧酸洗板，成功进行BRC3、TL1406和410XLF等热轧酸洗板试制，产品成功应用于别克、金杯和跃进汽车等制作汽车结构件；完成了铁路车辆用耐候钢的研发，年内生产65400吨耐候钢，各项指标满足了铁道部标准；成功研制出屈服强度700MPa高强度集装箱用钢，具备生产3.2～6毫米板厚能力；X70管线钢通过成分、工艺的优化和调整，各项性能满足了西气东输管线要求，并完成X80高强度、高韧性管线钢的预研工作；开发成功0.25毫米薄规格DI材，经出口德国CCE（欧洲大陆制罐）使用验证，用户表示满意，并成功开发出0.24×1204毫米超宽、超薄DI材。此外，BSP－1半工艺电工钢、建筑用耐火耐候钢、抗压溃系列套管、模铸和电炉连铸钢帘线用钢、弹簧钢、模具钢等新产品的研发，也取得良好开发研制效果。

《高强度钻杆S135》获上海市优秀新产品一等奖，《4"无接箍套管》获上海市优秀新产品二等奖。

（李孝斌）

【提升用户服务技术含量】 1季度，宝钢股份公司推出《产品质量整改措施反馈给直供用户管理办法》，对质量、计量、运输、销售各部门服务用户的界面和流程进行了明确，在产销研小组设立了由技术专家领衔的技术代表，及时解决产销研各环节中的技术问题。

宝钢股份公司先后与上海大众签订了“宝钢技术中心－上海大众长期紧密型技术合作推进计划”，并共同开发汽车板数据库；以“先期介入”方式，强化用户使用技术研究，分别针对一汽小红旗、大众帕萨特、南汽英格尔、安汽奇瑞等代表车型，进行技术服务和技术支持。与安汽奇瑞共同开发激光拼焊板应用研究、减震板应用研究等，使宝钢为用户服务的技术含量得到明显提升。南汽继2000年开发的两款新车型使用宝钢板后，2001年开发的最新车型也全部使用宝钢板。宝钢技术人员参与大众皮卡车车型改造后，该车的样车选材全部使用宝钢料。安徽奇瑞轿车在使用宝钢板实现国产化后，它的改进车车身112种主要冲压件也全部使用宝钢板。2001年，仅宝钢技术中心（不包括各生产厂和销售部门）有156人次的技术人员，承担和参与84项关于汽车用钢、家电用钢、电工钢、镀锡板、DI材等高技术含量的用户服务。 （李孝斌）

【宝钢三期工程通过竣工验收】 由国家计委牵头，国务院各有关部委、上海市有关委办局和上海宝钢集团公司联合组成的宝钢三期工程验收委员会，于2001年5月对宝钢三期工程进行了竣工验收。国家计委副主任张国宝任验收委员会主任，国家经贸委副主任蒋黔贵、上海市副市长蒋以任担任验收委员会副主任，全国政协副主席陈锦华、宝钢三期工程国务院代表李东冶任验收委员会特别顾问，宝钢集团公司原董事长黎明、国家计委顾问中国国际工程咨询公司原总经理石启荣任验收委员会顾问，国家计委产业发展司司长刘铁男任验收委员会秘书长，上海市计委副主任程光、集团公司总经理谢企华、副总经理兼三期工程指挥部指挥许志斌任验收委员会副秘书长，验收委员会的委员由国务院各有关部委下属司局和上海市有关委办局的负责人担任。

5月15日，召开宝钢三期工程竣工验收大会，国务院副总理 吴邦国向谢企华总经理颁发宝钢三期工程竣工验收合格证书。

（李孝斌）

【宝钢股份收购三期资产】 8月17日，宝钢股份公司召开2001年第二次临时股东大会，通过向上海宝钢集团公司收购部分三期工程资产的议案。根据《宝钢三期工程资产收购协议》，本次收购价格总额最终确定为182.58亿元。宝钢股份公司于9月3日和6日分两次向集团公司支付了第一期收购价款共30.16亿元，并根据协议于10月10日支付最终收购价格与179.16亿元的差额共342175420.20元。按协议规定，其余价款将于2005年6月30日前分四期支付。收购的固定资产主要包括：250吨炼钢转炉2台，1450毫米板坯连铸机组2套，150吨炼钢电炉1台，圆方坯连铸机组1套，1580毫米热轧机组1套，1420毫米冷轧机组

1套，1550毫米冷轧机组1套。根据双方签订的《宝钢三期工程资产收购协议》，协议所涉资产及负债已于9月1日正式清点移交给宝钢股份公司。（李孝斌）

【制定2001～2006年经营规划】为更好地确立未来发展方向，从2000年5月起，宝钢股份公司组织厂内专家并邀请部分知名学者和外部专家，开展了两轮专题调查。分析总结了宝钢股份公司的六大优势、两大潜力、三大劣势，决定编制《宝钢股份2001～2006年经营规划》，决心通过六年规划期的发展，把宝钢股份公司建成全球最具竞争力的钢铁企业。

2000年8月，宝钢股份公司下发了《规划编制大纲》，开始由相关部门进行公司经营规划总纲和与之配套的八个子规划的制定。期间，邀请了中国国际工程咨询公司的专家、学者参与分析和指导。2001年3月，经营规划总纲及配套的八个子规划的编制初步完成并进入论证阶段。5月，公司完成了《宝钢股份2001～2006年经营规划》的编制、论证和定稿，并于5月正式上报国家经贸委。

《宝钢股份2001～2006年经营规划》共分为九篇，第一篇为总纲，以下八篇分别为市场营销、钢铁发展、科技创新、生产运行、采购供应、财务管理、人力资源、企业文化。《经营规划》提出了宝钢股份公司的核心价值观——追求企业价值最大化；提出了公司目标——成为全球最具竞争力的钢铁企业；提出了公司战略：经营战略——跨越式赶超，竞争战略——目标积聚。按照规划目标，宝钢股份公司的产品结构将会进一步优化。主要产能规模为：铁水达到1350万吨，钢（锭+坯）1410万吨，商品坯材比例达到98.4%，连铸比97.2%，冷轧比43.3%。如果按规划项目全部实施，经过六年的努力，宝钢股份公司的综合竞争力可望赶上或超过主要竞争对手。（李孝斌）

【用工、用人和分配的三项制度改革】 2001年始，宝钢股份公司开始着手用工、用人和分配三项制度改革。在用工制度改革方面，优化整合机关业务流程，提高管理效率；优化现场劳动组织结构，规范作业区管理；优化设备管理体制，实行设备系统定员合理化。通过将一些辅助性、阶段性的作业，从钢铁生产主线上剥离下来，进行社会化生产大协作。对一些技术含量低、劳动强度大的岗位，采取岗位劳务和作业外协形式进行置换，逐步实现劳动力资源配置市场化。在用人机制改革方面，推进人力资源结构优化，继续开展岗位竞争，形成优胜劣汰用人机制，对符合条件的人员办理离岗休息、离岗退养、协商解除合同等手续。对年内距离法定退休年龄三年以内的人员，实行待退休，同时给予一定的经济补偿。在分配制度改革方面，突破单一的岗效薪级工资制分配模式，探索建立以岗薪工资为主、多种工资分配形式并存的工资收入分配体系，逐步建立与市场接轨的现代企业收入分配制度。三项制度改革初步方案，在宝钢股份公司首届三次职代会上获得通过，并开始实施。推进程序积极稳妥，实施过程中十分注重有情操作，做了大量过细的思想工作，确保各项改革措施的落实和职工队伍的稳定。（李孝斌）

【产销系统整合与ESI工程】本年度是宝钢股份公司实施系统创新工程（ESI）的起步年，计划利用三到五年时间，对公司信息系统进行规划与策划，对管理业务进行重组与再造，在体系创新、制度创新等方面，实施业务再造和过程优化。对现行流程中不合理的、多余的或不增值的环节，进行必要的清理和归并。通过理顺流程，精简环节，加快工作节奏和创新步伐，进一步提高全公司运作效率。

宝钢股份公司实施系统创新工程的工作方针是："系统策划，重点突出，全面推进，分步实施"。推进工作首先通过全面细致的调研，对现行的产销系统业务流程进行优化与重组，对公司9672计算机系统进一步优化完善，建立起由计算机数据库统一对各单元、各系统支撑的信息流体系，大幅提高全过程、全流程管理效率。系统创新工程需要对7大块流程进行优化整合，即产销核心流程、技术支撑流程、财务管理流程、采购管理流程、基础保障流程、战略管理流程。

5月始，宝钢股份公司对现行的产销系统所涉及的生产管理、

技术管理、营销和销售管理等内容进行了调研、整合和调整。11月，对产销系统的业务和机构先行进行了调整。（李孝斌）

【产销系统整合的做法】 彻底打破传统职能分工带来的各种协同障碍，按照满足客户需求的宗旨，将整个产销系统分为四大功能层次：面向用户和市场的综合销售业务；综合的技术和业务支持；一贯的生产、技术、质量控制；生产作业线的精益稳定运行。据此再造新的业务流程、整合现行组织机构。功能完善，使流程各环节可以高效沟通、并行作业。产品销售业务通过信息系统得到后台强有力的技术和业务支持，能做到单点对外，为用户提供全方位的服务。

整合产能计划、资源计划、资源调整计划，形成动态反应市场需求并与生产相结合的综合销售计划；通过工厂动态计划模型的建立，使可供销售资源与生产的动态变化有机结合起来；整合材料匹配与合同优化排序，提高合同准时交货精度。

建立新品开发快速响应体系，确保对用户新品需求变化的及时反应能力。

加强营销策划与销售业务的互动，确保营销策划对具体销售业务提供有效指导，各项具体销售业务为营销策划提供适时的基础信息支持。

整合用户服务体系，建立以用户服务技术室为中心的三级服务网（即用户服务技术室、各销售业务室、派驻重点用户代表）。

充分利用现代通讯网络技术，推行网上销售与在线服务。

公司产销系统先行一步进行业务整合和体制调整。11月22日，宝钢股份公司调整产销管理业务和机构，组建销售部、制造管理部、科技发展部、战略管理部、采购部、工程设备采购处和稽查组，同时撤销销售处、营销管理处、技术部、生产部、物资采购处和设备采购管理处。公司各生产单元，由“部”属名称改回“厂”属名称，如“炼铁部”改称为“炼铁厂”。

产销系统等业务整合和机构调整的文件下发之后，企业系统创新部、人力资源处、人事处、办公室等部门密切配合，在很短的时间内，完成了业务、岗位、人员的确定、划转和办公地点的落实等各项工作，同时，明确各部门下设机构及业务分解，保证各项工作有序运行。（李孝斌）

【加强企业文化建设】 2001年，宝钢股份公司加强企业文化建设力度，结合六年经营规划的制定、论证和定稿，6月中旬又召开了公司首届企业文化建设大会，提出加快建设有宝钢特色的创新型强势文化，逐步形成清晰的宝钢股份公司核心理念。即公司目标——建成全球最具竞争力的钢铁企业；企业精神——忠诚、认真、严格、不断学习；核心价值观——追求企业价值最大化；公众理念——绿色宝钢，我们共同的家园；企业之魂——用户满意。

公司结合企业文化建设，着手建立完整的宝钢股份公司VI（视觉识别）系统，并将VI推广作为树立宝钢股份公司现代企业形象、实施品牌战略的重要举措。在全公司范围内普及VI常识，树立全员VI意识，确保该系统的统一性和严谨性，最终塑造宝钢股份公司稳定可信的现代企业形象。在着眼现代企业制度建设的同时，公司认真抓好职工队伍建设，构筑包括“用户满意”机制等15个子系统在内的《思想政治工作长效机制》，努力培育一支富有创新活力的“学习型团队”。（李孝斌）

【宝钢股份技改基本情况】 2001年，宝钢股份公司更新改造完成投资148433万元，为年度计划的108.8%，其中：技术改造项目完成投资127371万元，为年度计划的111.3%；零固和工程机械发生费用21062万元，占年度计划的95.7%；全年计划交工81项，实际完成89项，为年度计划的110%。

在2001年重点推进实施的22个项目中，实际建成投运的项目有11项，其中包括增建热轧酸洗板产品项目、2050毫米热轧卷取机改造、1420毫米冷轧电镀锡机组增设软熔装置、2050毫米热轧F2大电机交流化改造、1580毫米热轧增建硅钢保温炉、能源部高炉鼓风站增设冷却塔、钢管热区FLS系统改造、3号高炉热风炉富氧助燃烧炉改造、2BF脱硅改造等项目。（李孝斌）

【热轧酸洗涂油板机组】 该项目列入国家技改贴息重点项目，在宝钢股份公司2030毫米冷轧热卷库东侧增配一条年产75万吨的热轧酸洗涂油板机组及精整检测设施。产品规格为厚度1～6毫米、宽度800～1650毫米，其中厚度在4毫米以下的产品占90%以上。项目总进度为22个月。改造后，年需热轧板卷78万吨，由宝钢热轧厂供应，其余外部配套条件，宝钢均自行平衡解决。项目总投资为4.6亿元（含外汇1724万美元）。项目资本金1.6亿元，占总投资的34.8%，由宝钢自有资金解决；资本金以外的3亿元，由中国工商银行贷款解决。改造后，新增利润7925万元，项目内部收益率为14.75%，全部投资回收期为7年6个月（含建设期22个月）。

该项目计划建设工期22个月。2000年3月开始打桩施工，2001年10月进入热负荷试车，并开始按合同组织生产。到2001年底，生产热轧酸洗板5万吨，出口1.4万吨。（李孝斌）

【冷轧2号彩涂机组项目】 该项目是国家技改贴息重点项目。该项目在宝钢冷轧区预留场地内增建2号彩涂机组。产品以薄规格、高强度的彩涂建筑用板、建筑屋顶板和墙板为主。规格为厚度0.3～1.0毫米、宽度700～1250毫米，年产彩涂钢卷17万吨。该项目总投资3.96亿元，其中固定资产投资3.66亿元（含外汇1493万美元），铺底流动资金0.3亿元，全部由宝钢自有资金解决。该项目投资回收期8年6个月（含建设期1年半）。

该项目计划建设期1年6个月。2001年2月10日，该机组打下第一根钢管桩，开始施工建设；6月，进入设备安装阶段；11月中旬，开始设备单体试车。2002年3月底，交付生产进入热负荷试车。（李孝斌）

【宝钢马迹山港工程】 马迹山港属宝钢三期工程配套项目，工程投资单列，工程建设由宝钢三期工程指挥部管理。马迹山港工程合同12个，合同金额1901.77万美元。2001年，马迹山港工程计划投资1.87亿元，实际完成投资1.73亿元，为年度计划的93%；马迹山港工程1号、2号卸船机系统分别于9月、12月实现负荷试车，12月9日举行了负荷试车仪式。

港机设备总重量达8000余吨，实现由国内设计总承包、电控部分由外方分包、整体设备制造由中方总负责的管理新方式。（李孝斌）

【宝钢股份“十五规划项目”】 宝钢股份“十五规划项目”主要包括新建1800毫米冷轧和涂镀生产线、宽厚板连铸连轧机组、4000立方米级的高炉一座及热轧带钢和连铸生产线。

2001年3季度开始，“十五规划项目”中的宽厚板轧机和1800毫米冷轧项目，进入实质性启动。至年底先后完成了宽厚板轧机及配套连铸、1800毫米冷轧等三大主体项目的设备技术交流、设计分工方案、建设区域搬迁方案以及项目规划的编制，宽厚板轧机项目第二轮技术谈判开始；1800毫米冷轧可行性研究报告完成审查，并进行引进设备技术谈判，对国内分交厂商的评估和考核也同步进行。（李孝斌）

【宝钢股份公司大事纪要】

1月10日，由公司和青岛四方机车车辆厂共同研制的我国第一台无线遥控内燃机车运抵宝钢，实现了无线遥控工艺的宝钢铁路运输机车国产化。

上旬，公司为“西气东输”涩宁兰管线试制的1000吨X70管线板卷，通过试验全部合格，达到涩宁兰管线供货技术标准。

2月10日，冷轧二号彩涂机组，打下第一根钢管桩，开始投入施工建设。该机组设计年产17万吨薄规格、高强度建筑用彩板。

2月28日，宝钢股份召开2001年首次临时股东大会。会议以记名投票表决方式，增选高尚全为公司独立董事。

3月12日，公司与风神汽车股份公司签署“风神系列轿车钢板使用技术协议”。根据协议，公司将就“风神系列轿车”车身用钢板的国产化工作开展全面的技术合作。

3月23日，公司召开首届三次职代会。

3月，本月公司吨钢综合能耗降至690千克标煤，为宝钢历史最好水平，也是世界同类钢厂最好水平。

4月9日，经国家环保局审核小组评审，公司顺利通过ISO14001环境管理体系换证审核。

4月13日，公司与上海大众

签订长期紧密型合作推进计划，通过汽车板模拟成型性能分析等12项具体推进计划，实现宝钢钢板在桑塔纳、帕萨特轿车上的稳定应用和POLO车型的先期介入。

4月25日，由国家工商行政管理局等4家单位主办和中央电视台等50余家新闻媒体协办的中国国际商标大赛，在经过广泛的公众征答评选后，"宝钢"商标被评为"中国最受欢迎商标"。

4月30日，公司2000年度股东大会召开，审议并以记名方式表决通过了《宝钢股份公司2000年度董事会工作报告》等会议9个文件。

5月15日，《宝山钢铁股份有限公司2001～2006经营规划》编制完成，并正式上报国家经贸委和国务院。

5月25日，中国质量管理协会授予公司"全国质量效益型先进企业"。

6月上旬，公司首次为"西气东输"工程批量生产的2100吨X70板卷发往西部制管厂，产品各项技术指标均满足该工程供货标准。

6月13日，江泽民总书记在出席"上海合作组织"成员国首脑会晤期间，于当日上午专程到宝钢进行工作考察。

6月18日，公司召开首届企业文化建设大会。会议提出加快建设有宝钢特色的创新型强势文化，形成企业的核心理念——"把宝钢股份建成全球最具竞争力的钢铁企业"。

6月19日，公司召开董事会，会议决定拟收购宝钢三期工程部分资产，收购资金来源于经营过程产生的净现金流量和适度货款。

6月30日，公司2号高炉平稳运行10周年，超过一代炉龄设计水平，迈入世界长寿高炉先进行列。

7月1日，在中共中央召开的庆祝中国共产党成立80周年大会上，公司党委被授予"全国先进基层党组织"称号，江泽民总书记亲自向公司授予奖牌。

8月19日，公司X70管线钢通过国家经贸委组织的"X70大口径输气钢管用板卷国产化及评价"专题的验收和鉴定。

8月22日，"西气东输"工程用X70管线钢国际招标第一标开标，公司获得总标的10.3万吨中的4万吨合同。

9月6日，截至晚11点，宝钢3座高炉累计产铁突破1亿吨，燃料比、工序能耗、利用系数、喷煤比、铁水哇数、烧结矿品位、焦炭馈裂强度等主要技术经济指标居于世界前列。

9月6日，公司召开首届四次职代会。

9月20日，在上海召开的质量工作会议上，公司获得"上海市质量金奖企业"；在"上海市2000年名牌产品100强"中名列榜首。

9月30日，公司获得"全国质量管理奖"。

10月11日，由公司自行开发研制的我国第一台国产全氢罩式炉，在2030毫米冷轧一次试车成功，经该炉生产的产品与引进设备生产产品比较，各项性能相当。

11月5日，"十五"期间重大建设项目——宽厚板工程已进入实质性启动。

11月22日，公司调整产销管理业务和机构，组建销售部、制造管理部、科技发展部、战略管理部、采购部、工程设备采购处和稽查组，同时撤销销售处、营销管理处、技术部、生产部、物资采购处和设备采购管理处。

12月9日，远东最大的深水港——宝钢马迹山港全系统进行负荷试车取得成功。

12月15日，采用全程顶底复吹工艺的炼钢3号转炉第49炉役炉龄，突破万炉大关，达到1.011万炉，创公司转炉顶底复吹最高炉龄。

12月18日，1998～1999年度宝钢重大科技进行奖颁奖仪式在宝钢技术中心举行。本次颁奖共有26个科研项目获奖，"高炉喷煤200千克/吨铁攻关"，获得本次颁奖特等奖。

12月27日，公司召开"2002年预算计划会"。

12月31日，"西气东输"X70管线钢第二标(总量20万吨)开标，中标结果为：宝钢13万吨，浦项5万，武钢1.5万吨，鞍钢5000吨。

(李孝斌)

上海第一钢铁有限公司

【综述】 上海第一钢铁有限公司(以下简称一钢公司)，始建于1938年11月。解放初，定名为上海钢铁公司第一厂。1995年12月更名为上海第一钢铁(集团)有限公司。上海地区钢铁企业联合重组后，对一钢公司实施债转股转

2001年6月26日，一钢公司举行不锈钢工程打桩仪式

制，2001年6月29日，集团公司与中国华融、中国信达和东方资产管理公司共同组建的债转股公司——宝钢集团上海第一钢铁有限公司挂牌成立。

一钢公司属国内特大型钢铁企业。占地面积3.43平方公里，资产总值83.10亿元，职工人数12436人（其中钢铁主体8514人）。置有132平方米烧结机三台，烧结矿实际年生产能力390万吨；750立方米高炉和2500立方米高炉各一座，炼铁实际年生产能力260万吨；15吨和30吨氧气转炉各三座，炼钢实际年生产能力230万吨；2350毫米双机架可逆式轧机中板机组和1200毫米五机架连续式带钢机组各一套，轧制钢板实际年生产能力70万吨；中型型钢轧机一套，轧制中型型材实际年生产能力70万吨。

一钢公司通过ISO9002质量体系论证。近年来开发的高强度系列带肋钢筋、NS1耐硫酸露点腐蚀钢、10PcuRe耐大气腐蚀钢、SM490A焊接结构用钢等新产品广泛应用于上海地铁、南浦大桥、杨浦大桥、东方明珠电视塔、上海八万人体育场、浦东国际机场等重大工程。公司曾获得12项国、部、市优质产品，其中“克浪牌”船板获国家金质奖，“上一牌”带肋钢筋已连续六年为上海市名牌产品、2001年评为国家免检产品，113毫米集装箱专用槽钢列入国家重点新产品。

一钢公司不锈钢项目桩基工程施工

根据宝钢集团总体发展规划，将用三年时间对一钢公司实施技术改造。2000年9月27日，不锈钢项目获国务院批准，列入国家“十五”期间重大技术改造项目。该项目已于2001年6月动工，计划在2004年6月竣工投产。一个全新的具有当代世界一流先进水平的不锈钢及碳钢炼钢、热轧板卷精品生产基地建成后，成为集团公司六大钢铁精品基地之一。

为确保不锈钢项目加快建设，一钢公司已先后淘汰了两座平炉、六座化铁炉、两座小高炉、八座小石灰窑、四台φ650中型轧机和一台φ100自动式轧管机等落后工艺设备；三座15吨氧气转炉计划在2002年3月底关停、拆除。生产规模的下降，直接影响到规模效益，为此一钢公司在降本降费、苦练内功上下功夫，2001年，目标成本与滚动预算相比下降了7257万元，销售费用下降604万元，管理费用下降2485万元，财务费用下降5034万元。

全年完成铁产量250.07万吨，钢产量239.33万吨，钢材产量144.31万吨，销售收入42.74亿元，出口创汇8323万美元，利润495万元，连续两年实现扭亏为盈。

12月3日，一钢公司董事长兼总经理伏中哲获得上海市“全心全意依靠职工办企业十佳厂长（经理）”称号。（章鼎成）

伏中哲
1960年6月生，陕西扶风人，中共党员，研究生，高级工程师，上海第一钢铁有限公司董事长兼总经理。

许俊章
1951年11月生，江苏盐城人，中共党员，大专文化，高级经济师，上海第一钢铁有限公司党委书记。

【推行标准成本管理模式】 一钢公司成本管理模式从原来的成本核算体制，改进为全面预算体制，积极推行标准成本管理制度。成本管理模式的改进，把降本中心从成本分析转移到生产现场，及时解决成本管理中的难点；从以往硬卡指标，转换到根据实际生产情况制定具体消耗指标；从单纯的管理转变为服务于生产，提高全员、全方位、全过程的降本理念。（章鼎成）

【优化运输降低成本】 一钢公司对进口矿石的运输，采用COA（全年锁定合同）的组合运输方法，让承运商在整个购矿年度内改用“期租船”运作，实际运输费用与预算相比，降低费用5204万元，同时

通过直航少减载118.96万吨，节约运输费用1752万元。（章鼎成）

【科技降本成效显著】 一钢公司全年实行连铸钢坯热送热装工艺后降本1057.93万元；煤气综合利用项目降本366.51万元；优化配矿、以煤代焦、转炉炉龄攻关等项目，获得显著效益；板坯一次合格率和硅钢高牌号比连续保持在较高水平；碳化钨辊环应用等项目也为公司持续降本打下坚实基础。全年34项科技攻关项目完成率91.17%，新产品开发完成10万吨目标，为公司拓展市场空间作出贡献。全年物耗节约70247吨，其中铁矿节约19856吨，钢铁料节约36940吨，石灰节约10228吨，金属料节约3047吨，轧辊节约176吨；能耗节约标煤2507吨，其中，节油5893吨，节电2507万度。（章鼎成）

【带肋钢筋评为国家免检产品】 一钢公司生产的“上一牌”带肋钢筋自1995年以来，已连续6年被评为上海市名牌产品，2001年被国家质量技术监督局首批批准为“国家免检产品”，授予“产品质量免检证书”（2001国免字007310145号）。“上一牌”带肋钢筋已广泛应用于秦山核电站、大亚湾核电站、连云港核电站、三峡水利工程等国家重大工程和上海市重点工程。（章鼎成）

产品质量免检证书

CERTIFICATE FOR PRODUCT EXEMPTION FROM QUALITY SURVEILLANCE INSPECTION

经审查

宝钢集团上海第一钢铁有限公司

上一牌Φ10mm～Φ40mm HRB335、HRB400钢筋混凝土用热轧带肋钢筋符合《产品免于质量监督检查管理办法》规定，批准免检，特此证明。

免检有效期：2001 年 3 月 至 2004 年 3 月

证书编号：（2001）国免字（007310145）号

国家质量技术监督局

CHINA STATE BUREAU OF QUALITY AND TECHNICAL SUPERVISION

“上一牌”钢筋连续6年被评为上海市名牌产品

【行政管理机构改革】 2001年，一钢公司对行政管理机构进一步改革、精简，为逐步建立与不锈钢精品基地相适应的管理模式创造条件。市场部建制撤销，营销管理处、备件分公司、行政处、资产管理处、项目管理处、规划处、档案馆等7个处级建制撤销、合并；炼铁厂与烧结厂、二炼钢厂与三炼钢厂合并成立新的炼铁厂、炼钢厂，理顺了管理体制，提高了管理效率。（章鼎成）

【“企业发展战略”课题启动】 为期两年的“一钢公司企业发展战略”课题研究工作启动，四川大学工商管理学博士陈进女士应聘担任主研。一钢公司企业发展战略研究以建设不锈钢精品基地为突破口，提出未来五年一钢公司的中期发展规划，把一钢放在经济全球化的视角，瞄准国内外同行业的先进水平，培育一钢公司特有的核心竞争力，在激烈的市场竞争中取得主动权。（章鼎成）

一钢公司举行发展战略报告会

【制定企业文化建设总体目标】 为建设与不锈钢精品基地相适应的“精品文化”，一钢公司制定了《关于进一步推进企业文化建设的实施意见》。规划企业文化建设的总体目标：积极探索、大胆实践、认真总结、整合创新，提炼和概括一钢公司企业文化建设的核心内容，争取三年时间，初步形成与不锈钢精品基地相适应的“一钢企业文化”。（章鼎成）

一钢公司加快主辅分离的步伐，将检修车间划归机电公司

【检修实现集中一贯管理】 为推进企业改革，加快精干主体、剥离辅助的步伐，一钢公司将生产厂检修车间实现“集中一贯”管理，归属一钢机电公司。与此同时，一钢机电公司与生产厂签订“优质服务协议书”，本着“服务前方，稳固后方；抓住机遇，寻求发展”的宗旨，把检修集中管理优越性真正化为现实，体现出高效率和高效益。（章鼎成）

【减员分流三千 创再就业岗位千余】 2001年，一钢公司以深入

一钢公司劳务输出人员在靖江作业

细致的思想政治工作为基础，突出精干主体、搞活辅体、转制放小，完善考核机制，加大就业技能培训力度，大力拓展就业渠道，平稳、有序地实施减员分流再就业工作。全年减员分流3008人；采取内部挖掘岗位、外部创造岗位、部分单元民营化、进行技术劳务输出、以市场换岗位等一系列措施，共创造再就业岗位1000多个。经推荐在社会劳动力市场上就业的有374人，以技术劳务输出在嘉定和靖江就业的有343人，有力地推动了减员分流再就业工作。

（章鼎成）

【放小改制第一家民营企业】 12月28日，上海水泉机动车驾驶员培训有限公司正式成立，这是一钢公司放小改制第一家民营企业，也是上海市113家机动车驾驶员培训单位中惟一的一家民营企业。上海水泉机动车驾驶员培训有限公司的前身，是一钢开发总

2001年12月28日，上海水泉机动车驾驶员培训有限公司正式成立

公司下属的上海益钢机动车驾驶员培训部。根据沪府办发[2000]25号文《关于进一步推进国有资本从小企业中退出工作的若干意见》和集团公司放小改制的工作精神，此项工作于2000年底正式启动。谢企华总经理对此作了批示：“可把益钢机动车驾驶员培训部作为改制放小的试点，规范操作。”该公司成立后，7位股东追加投资180万元，引进国外先进的驾驶模拟器，以满足客户的需要和适应市场竞争。 （章鼎成）

2001年5月15日，一钢公司举行不锈钢工程奠基仪式

【不锈钢工程于六月动工】 一钢不锈钢工程列入国家“十五”重点技改项目，也是建国以来国家实施的最大贴息技改项目。该项目总投资110亿元，工程计划2004年6月建成投产。采用国际先进的工艺技术装备，设计年产60万吨不锈钢板卷、180万吨碳钢板卷，将成为我国最大的不锈钢冶炼、热轧中心之一。年内编制完成了“不锈钢工程建设控制进度表”、“工程项目表”，编制了“2001年度投资计划”，下达了炼钢、连铸、热轧三个主体工程的施工网络计划。5月15日，举行了隆重的工程奠基仪式。6月26日与9月27日，在热轧、炼钢、连铸工地举行了打桩仪式，从而标志着整个不锈钢工程建设的全面启动。至年底，共打桩12762套，延长78万米，打桩质量合格率达到99%，并开始基础开挖。 （章鼎成）

【不锈钢工程的招标】 2001年，为严格控制项目建设投资，一钢公司不锈钢项目在国内外已订货的309925.88万元设备材料中，以公开招标方法达到92526.639万元。同时明确引进国外技术和设备，必须是国内还没有掌握或尚不能独立完成的技术和设备。设备国产化比例较同类工程有所提高，既推进了国产化进程，又较好处理了节约投资与保证技术装备先进性的关系，实现了经济与技术的统一。

年内，遵照国家《招投标法》规定，自行组织了主干道、雨排水管、电缆隧道的施工招标。5月28日至6月12日，在上海市招标办监管下，开展了8大施工标段开标、评标和揭标工作。中国一冶、五冶、十三冶、十七冶、十九冶、二十冶和上海冶建7个单位中标。

（章鼎成）

【不锈钢工程的管理】 为使工程管理做到规范化、标准化和科学化及“项目管理一贯制”的管理理念和方法，形成了“扁平矩阵、力求高效”的管理模式，建立起一系列科学管理的工作制度。如管理制度、管理职能、管理台帐和管理岗位职责，计100多万字。自10月份起每月编制《一钢不锈钢工程进度情况》，实施前锋线和综合进展率的考核办法，推进项目的

建设进度。

为做好不锈钢精品基地的生产准备，编制完成不锈钢工程技术培训及全员素质培训三年计划。年内完成数模、外语、生产工艺操作人员的培训计1092人次，其中工程技术培训19项计345人次，不锈钢生产操作培训13个专业24个班计747人次。（章鼎成）

【750立方米高炉大修】 一钢公司750立方米高炉历时113天大修改造于3月3日竣工投产。750立方米高炉建于1991年3月，已连续生产近11年，产铁490万吨。这次大修改造投资1.5亿元，由中国冶金设备总公司总承包。750立方米高炉大修改造以"高效低耗、改善环境、延长炉龄"为宗旨，对矿焦槽、上料、炉顶等项目进行了大修改造。同时结合不锈钢工程，对煤气管道南移进行了改造。大修改造所有的初步设计计划项目实施率达到100%。（章鼎成）

2001年3月3日，一钢公司举行750立方米高炉大修工程竣工点火仪式

【一钢公司大事纪要】

2月28日，一钢公司召开一届十一次职代会。伏中哲总经理作了题为《生产与建设齐头并进，改进与创新同步发展》的工作报告。

3月3日，历时113天大修的750立方米高炉竣工点火投产。

3月28日，一钢公司召开干部大会。总经理伏中哲和党委副书记许俊章在会上作了重要讲话。

5月15日，一钢不锈钢工程奠基。

5月18日，一钢公司与日本三菱商事株式会社举行一钢不锈钢工程1780毫米热轧项目成套设备合同签约仪式。

6月18日，一钢公司召开债转股后第一次股东会、董事会、监事会。

6月20日，一钢公司热轧带肋钢筋质量体系顺利通过中国方圆标志论证中心的年度监审。

6月21日，上海市经委组织召开一钢公司"1780毫米热轧板卷工程初步设计审查会"。

6月26日，一钢不锈钢工程举行打桩仪式。打桩仪式由一钢公司副总经理、不锈钢工程总指挥饶记珠主持，一钢公司董事长兼总经理、不锈钢项目领导小组组长伏中哲在打桩仪式上讲话，集团公司董事长徐大铨下达打桩令。

7月11日，为期两年的"一钢公司企业发展战略"课题研究工作启动。

7月18日，一钢公司召开"不锈钢工程工作推进会"。

8月3日，一钢公司召开一届十二次职代会。

8月8日，一钢公司与日本川崎重工业株式会社举行不锈钢工程碳钢冶炼成套设备合同签字仪式。

8月13日，一钢公司与德国西马克、德马格公司举行不锈钢工程不锈钢炼钢及不锈钢、碳钢连铸成套设备合同签约仪式。

8月27日，一钢公司举行不锈钢工程炼钢、连铸项目合作产品协议书及合作产品订货合同签字仪式。

9月20日，为期三天的不锈钢项目炼钢工程、连铸工程、总图运输工程、全厂供配电工程初步设计内审会结束。

9月20日，公司作出决定：撤销市场部、营销管理处、物资分公司、备件分公司，组建采购分公司，保留销售分公司、进出口分公司。

9月25日，炼钢厂二转炉2号转炉龄突破8千炉，创一钢公司转炉炉龄历史新记录。

9月28日，公司举行不锈钢工程主体项目施工合同签约仪式。

10月19日，一钢不锈钢工程指挥部召开第一次不锈钢工程设计工作会议。

11月7日，集团公司董事长徐大铨来一钢公司考察、调研不锈钢工程进展情况。

11月18日，一钢公司不锈钢项目1780毫米热轧主体工程基础开挖。

11月19日，一钢公司顺利通过中国冶金工业质量体系认证中心的年度监督审核。

12月15日，国家经贸委副主任谢旭人、上海市经委副主任俞国生在集团公司领导徐大铨、谢企华、赵昆和一钢公司领导伏中哲、许俊章等陪同下，视察一钢不锈钢工程建设工地。

12月20日，上海市副市长蒋以任，市政府副秘书长朱晓明、江上舟，市经委主任唐登杰在集团公司领导徐大铨、谢企华、赵昆和一钢公司领导伏中哲、许俊章、饶记珠等陪同下，视察一钢不锈钢工程施工现场。

12月20日，一钢公司举行一届二次董事会、股东会，通过了总经理工作报告，公司2002年计划、预算议案，公司2002年投资计划议案，公司2001年财务决算及利润分配方案等九项决议。

12月28日，一钢公司不锈钢项目炼钢主体工程基础开挖。

12月28日，一钢公司放小改制第一家民营企业，上海市113家机动车驾驶员培训单位中的第一家民营企业——上海水泉机动驾驶员培训有限公司正式成立。

（章鼎成）

上海二钢有限公司

【综述】 上海二钢有限公司（以下简称二钢公司），始建于1942年2月。解放初，定名为上海第二钢

二钢公司外景

铁厂。1995年8月更名为上海二钢有限公司。1998年11月，上海地区钢铁企业联合重组后，成为集团公司下属子公司。

二钢公司有三个生产主体，17个全资控股企业和1个中外合资企业，拥有代表国际先进水平的无扭控冷45度高速线材轧机，OTT拉丝机，厚镀锌作业线及钢纤维专利生产设备，是国家经贸委确定的512家重点企业之一。

二钢产品主要分为线材和制品两大类，生产原料全部采用宝钢坯料，主要品种有几十个类别，上百个品种、规格，用途遍及国防、汽车、冶金、建筑、港口、矿业、农业、渔业、家电等生产和生活领域。部分产品远销美国、澳大利亚、加拿大、东南亚、香港等国家和地区，在国内外客户中享有较高的声誉。其中，三狮牌盘条、弹性针布钢丝、胎圈用钢丝、桑塔纳汽车软垫用镀锌钢丝、电梯钢丝绳、线接触钢丝绳、镀锌钢丝绳、镀锌钢绞线等获得国家银质奖和部、市优质产品。

2001年底，二钢公司总资产为15.59亿元，净资产8.1亿元，线材市场能力54万吨/年，金属制品能力3.9万吨/年；总占地面积为27.3万平方米；在岗职工数2690人，其中生产主体人员1748人，子公司员工942人。

全年，该公司完成工业总产值7.78亿元，产品销售收入10.98亿元，利税总额3173.64万元，利润1212.79万元，线材生产总量48.28万吨，金属制品商品量2.63万吨，资产负债率48.02%，资产保值增值率107.17%，净减员109人，分流670人。

年内，二钢公司积极寻找降本增效关键，推进基础管理，为市场竞争提供坚实保证；坚持科技创新，加快制品项目建设，注重培养中青年技术人员，提高市场竞争能力；通过加大主辅分离力度，全面实施新的收入分配制度，减员分流取得较好成绩。 （周泳泳）

谢毛弟

1951年7月生，浙江余姚人，中共党员，研究生，高级经济师，上海二钢有限公司董事长、党委书记。

赵之玉

1950年10月生，浙江宁波人，中共党员，研究生，高级经济师，上海二钢有限公司总经理。

【稳定市场营销】 本年度二钢公司进一步强化对市场和客户的分析，正确把握市场脉搏，及时调整营销策略，利用坯料、技术、管理上的优势，准确市场定位，优化产品结构。着重加强营销体系的完善工作，完善以销售子公司、联销公司为核心，以保持稳定合作关系的大客户为重点、中小客户为骨干的市场覆盖网络体系；加强销售网点的构建，扩大区域市场的辐射面；加强各销售子公司对市场需求信息的捕捉和为客户的服务功能，突出为客户提供技术支持，在线材制品深加工用材上进行技术指导，使用户在生产过

2001年二钢公司制品营销研讨会

程中避免用材不当的误区，为用户创造更大的价值。按全年销售情况统计，重点直供用户达到80%，区域市场份额同2000年相比略有增量。（周泳泳）

【优化品种结构和新品开发】 二钢公司加大科研及新产品开发力度，把科研和新产品开发与提高技术创新能力，满足用户需要，提高产品技术含量等方面紧密结合起来。通过依托集团优势，挖掘资源潜能，以满足用户特殊需求为宗旨，专门制定新工艺，相继开发出一批技术含量较高、难度较大的高强度冷拉钢筋用钢、D牌标准件用钢及M6通信光缆用钢等新品。

同时优化品种结构，提高φ5.5毫米及大规格等优势线材产品比例，使φ5.5毫米线材销量占总销量的比例同比上升3个百分点。PC钢棒和碳结低碳丝销量分别同比增长92.1%和41.86%。这些新品的推出和产品结构的优化，为二钢全年实现利润同比增长发挥了重要作用。（周泳泳）

【加强质量管理】 本年度二钢公司在加强质量管理方面，坚持"用户的需求就是我们的质量标准"的经营理念，以每个岗位、每道工序为关键点，以生产、质检、设备作业区为主线，以ISO9002质量保证体系为覆盖面，构筑了一个点、线、面相结合质量管理体系；强调产品质量的过程控制，积极推进CS用户满意工程；坚持产品质量持续的改进，通过了国家质量认证中心对二钢ISO9002质量保证运行体系的复审，使二钢产品在同行业中继续保持领先优势。（周泳泳）

【开展节能降本】 二钢公司把节能降耗的着力点放在加强基础管理和技术创新上，通过开展群众性的科技创新活动，完善工艺技术和推广先进操作法，有效提高了产品一次合格率，原材料消耗指标处于同行业领先水平。公司加强了动力能源管理与综合利用，对制氧站进行技术改造，将原自制供氧改为外购液氧储槽供氧。改造后，每月用电量由原来的40000度下降到2400度，每月用水量可减少40000立方米，全年节约动力费用80万元。（周泳泳）

【全面推进作业长制】 2001年，二钢公司继上年在制品系统推行作业长制后，又在高线分厂全面

二钢公司全面推行作业长制

推行作业长制。全公司共设立60个生产作业区。公司以全面推行作业长制为切入点，加强生产现场的基础管理，向管理要效益。通过加大设备点检力度，抓好设备的正常运行，使各分厂全年故障停机时间明显减少，设备运行处于受控状态。（周泳泳）

【工商管理培训】 为抓紧实施人力资源计划，二钢公司年内实施了中、高级管理人员工商管理培训。培训共分三期，开设七门课程。每个学员都经封闭学习后，通过考试取得相关的专业证书。学习期间，公司领导分别前往工商管理研修班慰问学员，了解学员们的学习、生活等情况，并要求学员们认真学习新理念、新知识，更新观念，转变思路。回到公司后把所学的知识和理念与岗位实际工作紧密结合起来，推动公司管理水平再上新台阶。9月30日，三期工商管理培训班举行了结业典礼。（周泳泳）

【清理子公司】 二钢公司根据集团公司部署，着眼于企业整体结构调整优化，年内按计划完成清理18家子公司。其中直属企业9家，工会"三产"2家，集体企业7家。被清理的企业全部实施停业清理，终止其经营活动。已办理6家企业注销，其余企业因涉及税金、诉讼等事项按集团公司停业标准予以严密监控。

7月18日，由原综合后勤部改制组建的上海二钢志力工贸有限公司揭牌成立。二钢志力工贸有限公司的正式成立，使生活后勤与主体完全分离，建立起资产关

二钢公司志力工贸有限公司成立

系清、经济关系清、劳动关系清，面向市场，服务主体，自主经营，自负盈亏，自我约束，自我发展，具有独立法人地位，比较规范的子公司。　　（周泳泳）

【安全生产和环境整治】　二钢公司于3月成立安全环保部，构建安全生产网络。加强安全规章制度和安全检查力度，严格安全生产纪律；加强对生产现场和施工现场的安全监控。同时，二钢公司加强环境综合整治，投资450万元，新建含酸废水处理中心。该中心的建立大大改变了二钢公司环保设施分布散、设备陈旧、效率低下的状况，实现废水的集中处理与利用。其投入正常运行后，排放水质完全达到国家和上海市污水综合排放标准。6月27日，对原二车间余热炉两座40多米高的烟囱实施定向爆破。两座烟囱拆除，改善了企业及周边地区的环境。（周泳泳）

二车间余热炉40米烟囱实施定向爆破

【减员分流】　2001年，二钢公司减员分流工作分几个方面实施。一是精干主体，综合后勤、主体分厂的机修人员先后从母体剥离划出，撤消原先的一些临时机构；二是通过发挥和运用减员分流政策，使全年减员分流计划大大突破年初制定的目标。全年完成减员分流779人（年初计划减员50人，分流300人），其中：净减员完成率达到218%，分流完成率达到223.3%，主体劳动生产率得到进一步提高。　　（周泳泳）

【分配制度改革】　10月，二钢公司分配制度改革方案经公司一届二次职代会讨论通过后正式开始实施。其主要特点是建立以岗位绩效工资为主要形式的工资制度，以市场劳动力价格为导向，结合企业实际，合理拉开分配差距，明确岗位职责和技能要求，以岗定薪、岗变薪变的分配模式，形成收入能增能减的机制。收入分配向重要岗位、关键岗位和负有主要责任的岗位倾斜。同时，本次分配制度改革仅限于钢铁生产主体部分，所属子公司都要根据自身特点和经济效益状况，探索和研究自己的收入分配激励机制，职工收入增加与各子公司效益相挂钩，以发挥分配的激励作用。　　（周泳泳）

二钢公司一届二次职代会场景

【组织“优势再造”大讨论】

10月17日，二钢公司召开以“创造优势”为主题的管理课题研究会。

11月29日，二钢公司召开以“实现优势再造，走可持续发展道路”为主题的寻找优势大讨论。公司领导、各分厂、子公司、部门负责人、作业长代表、技术人员代表、员工代表等100多人参加讨论会。随着中国正式加入世贸组织，将全面参与国际间的竞争，二钢公司作为国有企业怎样去适应这一变化，寻找优势，再造优势。会议认为：优势再造的实现要靠两方面的指标来实现。一个是硬指标，即建设金属制品精品基地，通过投资项目来完成；第二个是软指标，即加强管理。2002年公司要完成以物流整合为主的七大流程整合，来适应一切为市场服务的新理念。　　（周泳泳）

二钢公司“寻找优势”大讨论

【金属制品基地启动三项技改】　二钢公司金属制品精品基地建设2001年开始进入实质性启动阶段。其前期第一阶段项目共有三项：一是高性能钢丝绳和锌铝合金钢丝生产线；二是油回火弹簧钢丝生产线；三是高强度、低松弛预应力钢丝与钢绞线。至年底，高

建设中的二钢金属制品基地

性能钢丝绳项目进入合同执行阶段，开始国产设备安装调试，大部分设备完成安装。部分进口设备年内到港，将在2002年1月份投入安装。高强度、低松弛预应力钢丝与钢绞线一期项目合同已全部签订，该项目招标工作已完成，年内完成签约。油回火项目将在2002年初完成签约，这三大项目将在2002年底前全部建成并投产。另外，还对制品二分厂TB4水箱车拉丝机进行电气部分改造，采用可编程控制器及交流汽变频控制系统；完成制品一分厂2号炉热处理半明火加热炉改造。通过这一系列技术改造，降低了设备故障和各类消耗，减少了维修费用，生产效率有了进一步提高。

（周泳泳）

【二钢公司大事纪要】

1月9～19日，制品一分厂LW8/550象鼻式收线设备安装调试成功。

1月18日，集团公司规划发展部召开《PC钢丝和钢绞线项目》和《油回火弹簧钢丝项目》可研报告（代扩初）审查会。

1月19日，二钢公司召开一届十二次董事会。

3月5日，二钢公司《高性能钢丝绳及镀锌－铝合金钢丝生产线》项目国际商务招标开标仪式，在上海机电设备招标公司正式举行。

4月4日，集团公司规划发展部来二钢，就高性能钢丝绳项目招标情况和PC项目推进情况进行调研。

4月18日，二钢公司召开一届一次职工（会员）代表大会。

5月11日，二钢公司召开降本增效工作会议，明确下阶段降本增效工作重点。

6月11～14日，二钢公司召开以“合作与发展”为主题的首届营销战略年会。

6月20日，上海第二医科大学附属新华医院二钢分部正式成立。

6月25～26日，中国方圆委上海认证中心派组对二钢公司ISO9002质量保证体系运行状况进行监督审核。

6月27日，二钢公司对原二车间余热炉两座40多米高的烟囱实施定向爆破。

7月18日，上海二钢志力工贸有限公司正式成立。

8月17日，集团公司徐大铨、赵昆、马国强、卞恩君、方彝林等领导率规划部、计财部、人事部来二钢调研。

8月29日，二钢工程指挥部与重庆钢铁设计院对PC钢丝、钢绞线工程主厂房土建施工设计有关问题和其他事项进行了研讨。

8月31日，二钢公司召开一届十三次董事会。

9月21日，二钢公司召开一届二次职代会。总经理赵之玉作了题为《加快改革与发展步伐，提高企业核心竞争力》的工作报告；副总经理唐铭章作了关于《分配制度改革方案》提交职代会审议的说明。

10月8日，二钢公司新建的含酸废水处理中心投入试运行。

10月17日，二钢公司召开以“创造优势”为主题的管理课题研究会。

10月31日，高性能钢丝绳项目中的两台LZ6-550国产拉丝机进入整机安装调试阶段。

11月7日，二钢公司分配制度改革在制品一分厂、制品二分厂、建设工程指挥部、技术发展部率先推行，其他单位部门待条件具备后，也正式实施。

11月14～15日，二钢公司2001年制品营销战略年会在苏州举行。

11月26日，集团公司副总经理赵昆率集团公司规划部、计财部等单位来二钢召开技改推进会。

11月29日，二钢公司召开以“实现优势再造，走可持续发展道路”为主题的寻找优势大讨论。

12月14～15日，二钢公司与美国HETRAN公司草签了WS-50型剥皮机购买合同。

12月16日，二钢公司与加拿大ICE公司草签了铅脱脂和退火炉等热处理设备的购买合同。

12月17～18日，二钢公司与意大利M+E公司草签了收放线设备购买合同。

12月20～22日，二钢公司与英国RADYNE公司签定了油淬火－回火感应加热线的购买协议。

（周泳泳）

上海浦东钢铁有限公司

【综述】 上海浦东钢铁有限公司(以下简称浦钢公司),始建于1913年3月。1957年,定名为上海第三钢铁厂。1996年5月,改制为上海浦东钢铁(集团)有限公司。1998年11月,更名为上海浦东钢铁有限公司,成为集团公司的子公司。

浦钢公司地处上海浦东新区,占地面积231.59万平方米,厂区西面和北面濒临黄浦江,岸线总长度1820米。有转炉、电炉、特钢3个炼钢厂,厚板、中板、型钢3个轧钢厂,具有钢200万吨、材200万吨年综合生产能力。2001年,产钢127.69万吨,钢材180.36万吨;钢材出口3.8万吨;实现销售收入45.75亿元;实现利润660万元。年底,在岗职工11181人,其中钢铁主体6446人。

浦钢公司产品有薄、中、厚黑色钢板,薄、中、厚不锈钢板,以及中、小异型钢材3大类。宽厚板、高效型钢、不锈钢作为特色产品用于国家支柱产业、重点建设工程以及国防事业,有较高的知名度和市场占有率。浦钢公司宽厚船板通过美国、英国、德国等八国船级社认证。长征火箭、西陵大桥、葛州坝水电工程、秦山核电站、上海东方明珠电视塔、上海大剧院以及徐浦大桥、卢浦大桥等都采用浦钢公司产品。

(戴 泉)

汪金德
1951年6月生,甘肃定西人,中共党员,大学文化,高级经济师,浦东钢铁有限公司总经理。

梁兆贤
1941年10月生,江苏江都人,中共党员,大专文化,高级政工师,浦东钢铁有限公司党委书记。

【上海三钢有限责任公司成立】 6月29日,上海三钢有限责任公司正式成立。新建立的债转股上海三钢有限责任公司由宝钢集团

2001年6月29日,上海三钢有限责任公司成立

浦钢公司、华融资产管理公司、信达资产管理公司三家股东共同投资发起成立,总股本为41.588亿元。该公司按现代企业制度建立法人治理机构,建立企业所有者和经营者相互制衡的经营管理机制,确保国有资产的保值增值。

(戴 泉)

【开拓市场措施有力】 浦钢公司坚持走服务增值的道路,服务于市场、服务到现场、服务到终端用户,凭借中厚板产品品种多、规格齐,型材、板材中专用钢材具有相应比例及地域优势,加强营销管理,拓展市场。开拓周边市场及直供户,加强对重点工程项目跟踪服务。把市场做到用户门口,上门订货,上门服务。在江浙两省近10个地区设立经营部和经营点。对主要直供用户派出驻厂代表,使驻外点销售量逐月上升。浦钢公司抓住国内大规模基本建设带来的商机,全面包揽了卢浦大桥桥梁用钢合同,承接舟山大桥、上海磁悬浮、广州展览中心等一系列重点工程项目合同。采取长期跟踪,两头延伸、联手投标等措施,浦钢公司本年度工程结构桥梁钢销售比上年增长100%。大力拓展高附加值专用材市场,开发新品种,形成系列产品。导轨销售量比上年增长2.4倍,锯片钢增长3倍,主要品种销售增长32.2%;直供用户销售量由2000年的31.53万吨,提高到2001年的41.4万吨。

浦钢公司加强用户管理。选择一批有销售能力和资金实力的流通用户,签约后使之成为浦钢特约经销单位。给予直供用户的特殊政策,优化供应链,降低用户采购成本。与宝钢国贸所属子公司共同规范市场行为,共同抵御某些中厚板销售中的不正当干扰,与用户共担风险,共同维护市场秩序。另外,加强对营销队伍人员专业培训,重视做好对用户异议的审查和整改。完善和建立合同检查、用户档案检查、各部门信息反馈、新增应收款落实回笼和考核制度,对各项制度的落实定期检查、跟踪和追溯。 (戴 泉)

【技术质量工作】 本年度该公司

浦钢产品用于海洋采油平台

技术进步有较大突破。炼钢系统：转炉溅渣护炉工艺改进和完善，炉龄最高达到4002炉；特钢高锰、高合金钢连铸工艺生产成功，T8A、8MnSi、8CrV连铸生产为国内首创。轧钢系统：厚板生产线推广轧制新工艺，钢材性能明显提高，基本解决长期围绕屈服点偏低问题，常化炉工艺优化，质量水平稳定；中板生产线通过工艺优化，关键工序实施工艺控制，重点产品和重点工程用钢初试合格率下半年有较大幅度提高，解决了16MnR、20R、20g冲击性能不合格现象；Q345、16Mng系列钢种控轧代正火新工艺，轧制厚度达50毫米，有效缓解了常化炉压力，也降低了生产成本。推进不锈钢质量攻关，提高不锈钢质量和初试性能的合格率。厚板攻克了10CrMoA1屈服点偏低的技术难度，稳定了产品性能。

强化产品质量、工艺纪律的监察、整改措施。开展质量月活动，入库代发产品管理、过程产品质量检验和管理有了明显提高，产品质量异议得到控制。代表浦钢产品服务形象之一《产品质量证明书》，经有效实施质保书形成的全过程管理，质保书正确率达99%以上，确保24小时内开具、寄发用户。规范质量基础管理，归并18个质量管理制度。制订《产品质量管理规定》，对原材料质量、生产过程质量、质量检验、不合格品、质量事故、产品质量工艺纪律、供需质量等作出明确规定。针对产品质量存在的问题，加大了质量监察和考核力度，对卢浦大桥板、磁悬浮板、采油平台板、三峡板等进行了全数复核，做到近5万吨重点产品钢板无重大质量异议。加强监察抽查，全年监察抽查平均每个工作日达3次以上。抽查范围覆盖产品生产的全过程，每月发布监察通报。2001年按计划进行质量体系内审，通过了年度中方委体系监审，09SiV1汽车大梁板国家监察抽查。

（戴　泉）

【推进精细化管理】 年内深入开展学宝钢、学邯钢、学济钢活动，实施对标挖潜，对标找差距，对标鼓士气。强化预算管理，执行严格的支付控制、降低费用。坚持按月度、季度检查预算执行情况，加强经营实绩的管理和控制。建立成本日报、资金日报制度，2001年与2000年相比，费用降低3358万元。推进生产物流管理，按合同组织生产，全年产销率达98.06%。针对品种调整、规模增加，重视物流管理，加强调度，调整优化仓储布局，使合同完成率在原来基础上提高了3个百分点。推进原辅材料比价竞价采购、外协招标、维修承包等工作，原辅材料供应比价采购率达80%。供应处通过原辅材料的招投标管理，全年降低采购成本1117万元。全年设备维修费用降低3144万元，其中轴承消耗比预

开展学宝钢、学邯钢、学济钢，对标挖潜，降低设备维修费用

算降低307万元。严格执行公司规章制度和条例，强化现场标准化作业管理，建立和完善责任考核制度。建立资产、技术、维修、操作等四个关键设备保证体系，使关键设备始终处于受控状态。

（戴　泉）

【用户满意工程】 本年度，浦钢公司全力推进“用户满意工程”，加大在普及用户满意工程基本理念、完善用户满意工程相关考核和建章立制、制订易记可行，量化可考岗位规范等方面工作力度。

浦钢公司绿树成荫的厂区二号路

浦钢公司新事业公司电讯室坚持“三声铃响，必有应答”的服务规范

浦钢公司制订了《用户满意工程运作体系》、《用户满意工程2001年创优目标书》、《用户满意文明职工评选办法》、《用户满意达标班组评定办法》等相应的各项工作制度和条例；重新修订完善38个生产厂、部门、职能处室582个主要生产、操作、管理、经营岗位的《用户满意岗位职业道德规范》。 (戴　泉)

【产品技术创新】 2001年，围绕品种结构调整、开展现场技术质量攻关，新产品开发。全年科研完成30项，获得34项科技成果，研制军工新材料产品、民用新材料开发10多项，专利授权数3件，技术改进215项。成功开发磁悬浮用S355N π 型钢和05Si2CrNiCu软磁钢。中板综合成材率创历史最好水平，实现小尺板为零的目标，厚板小尺板大幅度下降，转炉钢铁料消耗下降6.77公斤/吨，轧钢厂负公差轧制节约价值量近1000万元，专用板初试性能合格率提高近20个百分点，36公斤级钢板采用控轧生产，解放了厚板生产能力，研制开发耐高温腐蚀、低磁钢、超低碳钢、军用钢等不锈钢品种。

(戴　泉)

【机构改革】 年内按照精干高效原则，推进机构改革和体制创新。精简机构，营销上实行内外贸管理；对原机电部、冶金发展公司、工程建设公司进行整合重组，建立了三钢工程技术公司；在生产厂推进扁平化管理，试行作业长制度，提高现场工作效率。2001年机构改革，撤销处级编制7个，科级编制170个。 (戴　泉)

德国总理施罗德、上海市市长徐匡迪出席投产典礼

【减员分流】 2001年，经过各级组织艰苦工作，实施减员分流2159人。在减员分流工作中，通过加强信息管理和工作指导，依托强有力的思想政治工作，减员分流工作平稳实施，确保职工队伍和大局的稳定。开展职介就业、劳务输出、技能培训、项目开拓、群众互助职介等工作，为再就业人员丰富新的就业机会。2001年，有900多名下岗职工实现了再就业。

(戴　泉)

积极开拓再就业渠道，开办手机维修业务培训班

【上海克虏伯不锈钢一期工程投产】 11月2日，上海克虏伯不锈钢一期工程投产仪式隆重举行。上海克虏伯不锈钢公司由宝钢集团浦钢公司与德国蒂森·克虏伯公司共同投资14.3亿美元组建，其中一期工程投资2.95亿美元。一期工程共设有20辊冷轧机、光亮退火线、平整机、修磨线、纵切线、横切线等6条生产线。已建成的一期工程将形成年产7.2万吨国内市场紧缺的高等级光亮不锈钢薄板的生产能力，产品可广泛应用于家电、汽车、石油化工、医疗器械、电子、建筑、装饰、家具和厨房用具等行业。 (戴　泉)

【特种钢厂、厚板厂改造】 浦钢公司特种钢厂改造工程投资1.53亿元，引进一台30吨氩氧转炉、新置一台30吨电弧炉与一台30吨LF炉，改造原有20吨电弧炉与VOD精炼炉一座，不锈钢连铸一台，新建厂房10000平方米。实现所有钢种全连铸生产模式，最终形成年产16万吨钢生产能力，特钢改造重视解决环保问题，彻底解决了特钢烟尘污染问题，拆旧建绿1.8万平方米，实现清洁生产目标。年内特钢改造工程完成投产。

浦钢公司厚板厂生产现场

浦钢公司厚板厂改造于7月23日开工。厚板厂改造工程由五个项目组成：一是从美国Drever公司引进一台辊底式热处理炉，一台辊压式淬火机，并建相应的水处理设施与配套设备。该生产线主要用于不锈钢固溶处理和碳钢的正火、淬火，年生产能力约18万吨。二是采用SMS-Demag公司最新技术，由国内制造一台滚切式双边剪，替换目前使用已40余年的老双边剪，以提高厚板剪切质量，增加剪切能力。三是新建一台2500吨液压压平机，以提高厚钢板矫直能力，使浦钢厚板平直度可以满足最苛刻用户要求。四是改造厚板高压除鳞系统，提高高压水压力，恢复三点除鳞，使厚板产品表面质量有较大幅度提高。五是与以上主体工程配套项目，如成品台架迁移、新增液压翻板机、行车改造等。厚板厂改造工程完成以后，将成为全国最大不锈钢中厚板生产基地，年产量将达8~10万吨。专业板比例将从40%提高到70%左右，重点生产32~36公斤级以上高强度船板、高压锅炉板等专用板。厚板厂改造后，可以生产许多高品位产品，使浦钢中厚板产品上一档次，拥有较强的竞争力，成为宝钢集团精品基地之一。 （戴　泉）

【浦钢公司大事纪要】

1月3日，公司总经理汪金德与各二级单位的责任人签订了安全与环保责任书。

1月5日，集团公司徐大铨、李其世、徐乐江、葛红林等领导来浦钢指导工作。

1月11日，公司召开设备研讨会，总结2000年设备工作，制订2001年设备规划。

1月18日，公司召开精细化管理工作推进会议，要求能源降本3000~5000万元，采购成本月控制在600万元。

1月23日，公司中标卢浦大桥建设项目，一举拿下14000吨大桥用钢板的供货合同。

2月8日，公司制定用户满意工程运作体系，该体系主要包括组织领导体系、目标创优体系、信息反馈体系、过程控制体系、用户评价体系和激励考核体系六大内容。

2月8日，公司中标深圳赤湾海洋转井平台项目，用钢1.4万吨。

2月21日，公司召开一届九次职代会，通过了《浦钢公司继续推进减员分流再就业工作的补充意见》。

2月22日，公司电梯导轨钢2001年产销研工作会议召开。

2月28日，公司2001年党建、预算、经营责任书签约仪式在工会影视厅举行。

3月1日，浦钢公司实施《产品质量和工艺纪律考核规定》。

3月20日，公司举行特钢改造工程投产典礼。

3月20日，厚板改造项目成套设备暨工程管理协议签字仪式在浦钢举行，公司总经理汪金德与宝钢工程技术公司总经理王喆在协议书上签字。

3月29日，公司召开债转股公司第一次股东会议、董事和监事会议，确定公司名称为：上海三钢有限责任公司。

4月12日，公司高层建筑结构用宽厚钢板被国家经贸委审定为2000年度国家级新产品。

4月24日，公司召开一届十次职代会。

4月28日，厚板改造工程双边剪设计合同、制造合同、电气合同签订。浦钢与BSEE下属宝德公司、常冶、宝钢西门子的代表分别在合同上签字。

5月17日，公司召开2001年科技暨质量工作大会。

6月12日，公司为颁发《浦钢公司职工奖惩条例》，从劳动纪律、安全生产、技术质量等方面，在原厂规厂纪基础上作了修订和完善，于7月1日起执行。

6月29日，浦钢债转股公司挂牌成立，名称为“上海三钢有限责任公司”。

6月29日，浦钢中标上海浦东磁悬浮列车工程用钢，签订5395吨II型钢和9560吨S355N钢板。

9月7日，公司决定撤销教育培训处，原党校、政校管理职能划归党委宣传部；职工培训、教育、考核等管理职能划归劳资处；部分培训职能向社会转化。

10月11日，上海市市长徐匡迪来浦钢，对上海克虏伯不锈钢工程项目进行现场考察。

10月22日，浦钢销售分公司与外经处合并，内、外贸集中管理。

11月2日，上海克虏伯不锈钢有限公司举行投产典礼，一期工程投资2.95亿美元，年生产能力7.2万吨不锈钢。

11月3日，公司召开2001年预算暨再降成本工作会议。

11月12日，浦东不锈薄板股份有限公司的国有股、法人股，共占全部股本的74%转让给上海上实集团公司。

11月13日，集团公司副总经理赵昆及规划部、设计院、计财部等来浦钢研讨调整规划问题。

11月29～30日，通过中国方圆标志认证委员会对公司质量体系进行年度监审，推进质量体系标准换版工作。

12月19日，上海三钢责任有限公司召开第二次股东会、董事会，审议董事会人选变动、浦东不锈资产重组等事宜。会议通报了三钢公司2001年预算执行情况与2002年预算初步安排，通报了三钢公司调整规划设想。

（戴　泉）

上海五钢有限公司

【综述】 上海五钢有限公司（以下简称五钢公司）始建于1958年11月。1995年12月，更名为上海沪昌钢铁有限公司。1996年，该公司吸收上海十钢有限公司、上海冷拉型钢厂组建为上海五钢（集团）有限公司。上海地区钢铁企业联合重组后，对五钢公司实施债转股转制，2001年6月29日，集团公司与中国华融、中国信达和东方资产管理公司共同组建的债转股公司—宝钢集团上海五钢有限公司挂牌成立。

五钢公司是全国大型特殊钢生产企业。炼钢系统装备有：100吨电炉1座，30吨电炉2座，20吨电炉1座，15吨电炉2座，20吨转炉3座，真空感应炉3座，100吨精炼炉2座，40～50吨精炼炉2座，AOD炉1座；轧钢系统装备有：小型连轧机1套，φ800初轧机1套，φ550轧机1套，φ500轧机1套，φ400轧机1套，φ300轧机2套，φ400热轧带钢机1套，小型冷轧带钢机14套，φ100穿孔机1台，高速轧管机1台，ХПТ轧管机2台；另有1万立方米制氧机1座，6000立方米制氧机3座。公司占地面积299万平方米，建筑面积7.6万平方米，资产总额71亿元，2001年底，在岗职工数18691人。

五钢公司设有17个管理部室、8家生产分厂、6个辅助分公司、2个辅助管理部门；下属企业包括上海十钢有限公司、上海冷拉型钢厂等11家全资子公司和上海沪昌特殊钢股份有限公司等3家控股子公司。五钢公司以生产优质钢为主，普碳钢为辅，普优结合。主导产品轴承钢产量占全国四分之一，产品质量居全国领先地位，已成为中国第一家通过SKF公司无条件质量认可的轴承钢生产工厂；汽车用钢主要为上海大众汽车公司配套，提供桑塔纳轿车用齿轮钢、精控碳结钢和非调质钢，并获上海大众汽车公司和德国大众、GKN、LF、美国Rockwell等公司认可；不锈钢品种以不锈无缝钢管最为著名，除一般不锈钢外，能生产核级和尿素级以及双相不锈长钢管，并为秦山核电等重点工程提供管材；工模具钢品种多、规格齐、质量水平处于国内领先，部分产品已接近国际标准，H13、D2、5CrNiMo等钢种内在质量达到美国ASTMA681规范。高温合金、钛合金技术质量与技术能力在国内具有一定优势，在国内航空、航天领域的市场占有率已超过三分之一，钛合金已进入美国的电站材料、宇航材料制造工厂。

2001年，五钢公司围绕“进而有序、退而有为、对标登高、再

五钢公司100吨直流电弧炉

造五钢”的企业方针，以创新的观念和思路，强化企业管理，加快技术进步，扎实而稳步地推进企业的改革与调整。年内“十五”规划的技术改造全面启动，生产经营保持盈利，财务资金状况有所好转，产品结构调整取得阶段性效果，资产质量得到进一步提高，各项改革措施稳步推进。全年产钢188.8万吨，钢材121.6万吨，其中优材64.5万吨；全年出口17371吨，创汇650万美元；实现销售收入47.9亿元，实现利润总额1526万元。 （陈益生）

谢 蔚
1964年8月生，上海市人，中共党员，硕士研究生，教授级高级工程师，上海五钢有限公司董事长、总经理。

胡鸿铣
1946年9月生，浙江嘉兴人，中共党员，教授级高级工程师，上海五钢有限公司党委书记。

【全面推进预算管理】 五钢公司在预算管理工作上，进一步开展制度化、体系化建设，完善和规范预算管理工作。首先是调整预算管理的职能，在以往总预算管理的基础上，增加了管理费用管理、子公司财务管理、保险费用管理、年度计划、预算综合管理等一系列新职能。同时，制订月度预算预审和审定制度、月度预算执行分析制度、管理费用预算制度、零固预算制度、子公司月度财务预算制度、年度预算编制与审核制度等一系列预算制度与工作机制；进一步强化预算编制、预算分析、预算执行、预算反馈的全流程动态管理，使预算管理对公司各经营期内（月、季、半年、全年）的各类经营活动的经营风险、控制资金和效益、调节各类经营管理活动，对改善整体经营状况起到了积极有效的作用。特别是通过预算编制和审核，发现和解决了一系列长期存在于管理体制、运行机制中的缺陷和漏洞，切实起到了预算管理作为经营管理“预警器”的作用。 （陈益生）

【实现降本增效1.17亿元】 五钢公司为解决降低成本、盘活呆滞和减少存货问题，职能部门以召开现场办公会和定期走访形式进行调研和分析，制定降本增效目标和对策措施。从物资采购、流程再造、技术创新、工艺改进等各方面开展全方位“挖潜”，努力降低原料成本、制造成本和能源成本，扩大效益来源。在降低生产成本同时，狠抓各项管理费用控制，将财务科目中几十类、上百项费用科目分解落实至各责任中心，严格控制各类费用，减少开支。11月又召开“奋战50天，实现降本增效2000万元”动员大会，再次开展动员、分解目标，落实责任，有力地促进了降本增效工作的开展。全年实现降本增效1.17亿元。 （陈益生）

五钢公司召开降本增效动员会

【资金集中严格管理】 在生产经营规模扩大、新上技改项目较多的情况下，为合理调度经营、技改资金，五钢公司加强流动资金的集中统一管理，制订和实施新的《五钢公司资金管理细则》，通过资金集中预算、集中调度、集中平衡，切实保证各类生产经营活动和技改项目所需的资金流量。为降低财务费用和融资成本，把握住外部金融市场银行间竞争带来的机遇，调整和优化银行存贷结构，压缩高息贷款1.8亿元，降低财务费用1200万元。为防范资金风险，严格对外担保管理，并针对子公司资产结构不合理状况，通过规范融资运作方式办理贷款，减轻资金压力。为实现存货资金下降1亿元的目标，加强存货资金的管理和监控，对每月的存货资金状况进行审核、监督和反馈，积极开展零库存、寄存制管理和消化呆滞物资的工作，取得明显成效。为加快应收帐款的清欠，成立清欠办公室，采取目标分解、责任到位、严格考核等一系列措施，使应收帐款不断下降，清欠现金回笼量明显提高，对优化资金结构、补充经营活动现金流量、减轻流动资金压力起到促进作用。 （陈益生）

【努力拓展销售渠道】 五钢公司在坚持款到发货政策和直供优先、兼顾流通、资金第一销售原则的基础上，积极实施销售战略。对直供用户采用“靠近式”营销方式，发展战略合作关系，并通过“年度打包”、“网络组合”、“散户集约”等营销策略，实现优钢销售的增长。在扩大老用户销售总量的同时，加强北方、西部等内陆地区用户的开发力度，开发新的销售市场。加强与宝钢国际贸易有限责任公司在国际、国内营销体系上的合作，充分利用其营销网络、营销优势、扩大销售。对用户实行“紧、迫、围”战术，配以灵活的营销组合，加强售后服务、技术支撑、生产跟踪等措施，努力满足用户的各种实际需求，取得良好的效果。 （陈益生）

【积极调整产品结构】 五钢公司在充分发挥预算管理对生产经营调控指导作用基础上，根据市场状况结合预算计划，积极开展产品结构调整。通过适度压缩碳结钢、保持轴承钢、提高合结钢、扩大新试销售量等措施优化品种结构。对碳结钢的销售进行总量控制，实行合同审批制度和资源平衡工作，使碳结钢控制在销售总量的45%以下；对轴承钢、合结钢等优钢盈利品种优先排产、优先入库，努力扩大生产规模，特别是合结钢由年初的月销量7000吨，提高到1.1～1.3万吨，全年达到16.9万吨，同比上升46.56%，在产品结构的调整中，五钢公司努力寻找优钢生产量与结构的最佳结合点，实现成本最优化和效益最大化。 （陈益生）

【大力开发新试产品】 五钢公司依靠科技进步，大力发展新试产品。汽车用钢、高质量轴承钢、弹簧钢、高性能冷轧辊坯锻材、油田用钢、不锈钢及航空、航天领域用高科技材料等新产品研究开发取得新的突破。先后完成了双相不锈钢OOCr25Ni6Mo2N、OCr25Ni4N、发动机材料W9Cr4V2Mo、高纯轴承钢材料Cr4Mo4V等新品开发；完成了FWS9发动机用材料、高温合金痕迹元素分析研究等科研项目的鉴定和评审，20CrMnTiH等新产品完成了试制总结；5项新产品通过上海市经委组织的专家鉴定；TC4冀芯等温锻件获上海市优秀新产品二等奖，UC2、8620、GCr15均获上海市优秀新产品的三等奖；国家重点科研攻关项目《非调质钢的研究》获上海市科技进步奖。全年新试产品销售15万吨，同比增长超过50%。 （陈益生）

【完善质量管理体系】 年内该公司实施了内部质量体系认证工作，制订了《五钢公司内部质量认证管理办法》和《质量体系评分标准》。经过反复检查、整改，又经过现场审核，最后由内部认证评审小组根据现场审核，及外部认证监督审核情况进行综合评审，20个分厂、部门通过了内部质量认证。在进行内部质量认证基础上，该公司接受中国冶金质量中心和中国进出口商品质量认证中心联合组团，按ISO9001:2000版标准进行现场审核，并经认证中心技术委员会对推荐通过现场审核结论的确认。五钢公司获得两家认证中心分别颁发的质量体系中英文双版转换认证证书，成为特钢企业首批实施2000版质量体系标准转换，并一次通过认证的企业。 （陈益生）

中国冶金工业质量体系认证中心
质量体系认证证书
兹证明
宝钢集团上海五钢有限公司
（地址：上海市宝山区同济路333号　邮编：200940）
建立和实施了符合
GB/T19001-2000 - ISO 9001:2000
标准要求的质量管理体系。
该管理体系覆盖范围：轴承钢、不锈钢、结构钢、工模具钢、高温合金（镍基合金）和钛合金产品的设计、开发、生产和服务。
“涉及本证书的范围和GB/T19001-2000-ISO9001：2000要求的适用性问题，可通过向该组织咨询而得到进一步的澄清”。
证书注册号：2101Q10081R0L
颁证日期：2001年10月11日
有效期：2001年10月11日至2004年10月10日
中心主任：（签字）
国际认可论坛多边承认协议（IAF/MLA）集团承认
国家认可注册号：SC 21

五钢公司获“质量体系认证”证书

【实施整章建制】 2001年，五钢公司实施整章建制，重新修订管理标准。成立了管理标准修订审定工作小组，制订管理标准修订及换版工作计划。经过“制度清理整顿、设置管理标准体系、分批编写审改”三个阶段，历时半年多，完成了除计财部系统的全部管理标准编审。其中新制定24项管理标准为首次发布，并废止和回收过时失效的原97版管理标准65项。12月28日，公司召开2001版企业管理标准发布会，颁发了基础、营销、物资、技术、安全、设备、人事等10大类97项管理标准。全部标准约730页、70万文字，从2002年1月1日起正式实施。

（王有文）

【稳步推进企业改革】 五钢公司从实施企业规划和建设特钢精品基地出发，逐步推出企业内部改革方案。在生产组织结构的调整上，先后完成电炉炼钢系统和热轧系统整合，使生产流程更加合理，生产组织和协调更为高效。为加快主辅剥离，先后实施生活后勤、运输系统的归并和剥离，实施检修集中管理，推行检修协力公司运作模式，关闭了耐材厂。按照“分口销售、集中管理”原则，对营销系统进行改革，成立营销管理部，形成1个客户服务中心、5

五钢公司搞好“放小”工作

个专业分公司、6个专业销售口、2家销售子公司的销售模式。按照集团公司布置，实施上海钢研所钛分所、超塑中心与五钢特冶公司的资产重组，五钢建筑业资源及相关产业与上海冶金建设公司的资产重组。2001年，五钢公司主业完成减员1341人，实物劳动生产率达到227027元/人·年，同比上升47.48%，全公司净减员847人。 （陈益生）

【开展环境整治和绿化生态建设】 按照污染治理“一控双达标”要求，五钢公司投资1000万元，对转炉二次烟尘进行治理，彻底解决了转炉烟尘的污染问题。同时，

五钢公司抓好环境整治工作

结合同济路高架延伸和江济路拓宽等市政工程，开展绿化生态工程建设，共拆除各类建（构）筑物52000平方米，建成同济路、江济路沿线透绿围墙，新辟绿地10多万平方米。在绿化生态工程建设中，公司职工自发捐款37万元，建成了一块标志性的绿地，徐匡迪市长题名“特钢林”。3月14日，该公司隆重举行“特钢林”揭牌仪式。经过一年努力，五钢公司1号门至4号门区域的环境整治和绿化建设基本完成，开始显现未来五钢公司符合生态型发展的现代企业风貌。 （陈益生）

【不锈钢长型材工程开工】 6月28日，不锈钢长型材工程开工建设。该工程是五钢公司淘汰化铁炼钢、小电炉、小转炉和多火成材落后工艺装备的重要技改项目，可以优化五钢产品结构，增加高附加值产品，增强企业竞争力；同时可以缓解我国特殊钢材以及不

五钢公司不锈钢长型材工程开工

锈钢材的供需矛盾，替代进口产品。项目总投资17.2亿元，拟建规模为年产钢25万吨，年产钢材为30万吨，主要产品为不锈钢、轴承钢、易切削钢、阀门钢、汽车用钢、钛合金及镍基合金钢材等特殊钢产品。该工程采用世界先进的技术装备、工艺流程和管理方式，充分利用五钢现有的技术、人力、场地、设施等有利条件，并引进不锈钢、合金钢冶炼和精炼设备、三流不锈钢连铸机、连续式轧机等装备。该工程在五钢规划建设和新的生产力布局结构中处于核心关键地位，也是五钢建设特钢精品基地的重点技术改造项目，将于2003年底建成投产。

（陈益生）

五钢公司合金模块

【特种冶炼工程开工】 12月20日，五钢公司特种冶炼技术改造工程开工建设。该工程是五钢为适应国际、国内对镍基合金、钛合金等特种金属材料需求不断增加而实施改造的一条专业化生产线，也是新世纪五钢发展“双高”产品，并在世界冶金尖端技术平台上与国际强手竞争的一项重要举措。该工程分为特种冶炼及热加工两个主要部分，总投资6亿元。一期工程首先实施钛合金冶炼部分改造，投资额1.99亿元。该工

特种冶炼技术改造工程开工

程采用当今世界先进的特种冶炼技术和新材料工艺技术，在充分利用五钢现有技术、装备等优势基础上，引进电极制备专用设备、真空自耗炉、钛合金等温锻用8000吨压力机及理化分析测试等先进设备。该工程建成后，将大大提高五钢公司特种金属材料生产能力和产品质量，年新增钛锭1700吨、特冶钢材3100吨。届时，加上现有能力，五钢特种金属材料年生产能力将达到5000吨，居国内首位，年销售收入将超过5亿元。该工程一期项目将于2003年建成投产。（陈益生）

【沪昌公司基本概况】 上海五钢有限公司所属的上海沪昌特殊钢股份有限公司（以下简称沪昌公司）是由国家重点技术引进和技术改造项目——“30万吨合金钢棒材工程”转制而成的股份制上市公司。1991年9月，经上海市人民政府批准成立，1993年7月9日公司股票在上海证券交易所上市，股票简称：“沪昌特钢”，股票代码：“600665”。沪昌公司注册资本7.2亿元人民币。主要股东为：上海五钢有限公司、上海申银万国证券有限公司、上海市金属材料总公司、中国工商银行上海市分行、中国建设银行上海市分行、交通银行上海市分行、上海汽车工业有限公司等。公司主营钢材及延伸制品，钢铁生产副产品及来料加工，进口备件国产化研制。

沪昌公司拥有先进的合金钢棒材生产线。轧钢生产线机械设备和电气自动控制设备分别从德国曼内斯曼·迪马克公司和瑞典ABB公司引进。精整热处理生产线在2001年度基本完成升级改造，新增漏磁探伤仪、超声波探伤仪、抛丸机、倒棱机、打包机、辊底式连续退火炉、矫直机等一系列新装备，为优钢精品生产拓展和产品档次提升创造有利条件。沪昌公司合金钢棒材生产线的工艺、装备、检测手段在国内同行业中处于先进地位。

沪昌公司年产优质钢材30万吨，主营产品包括轴承钢、合金钢、弹簧钢等七大类特殊钢以及优质螺纹钢，产品规格φ8～55毫米，产品应用于航天、汽车、铁路、冶金、机械和民用建筑等诸多领域。全年生产钢材28.45万吨，实现销售收入8.26亿元，利税3834.1万元。近年来，通过装备改造、工艺优化、市场开拓等有效途径，优钢比连年提高，2001年达到77.43%，在特钢精品基地建设进程中，迈出新的步伐。1996年，沪昌公司通过ISO9002质量体系认证并

沪昌公司生产现场

持续保持有效证书，2001年，又顺利通过了ISO9001：2000版质量体系认证，质量管理体系的有效运行为产品质量的稳定和提高，提供了保证。

沪昌公司按照上市公司规范运作要求，建立和完善精干高效的组织机制、科学规范的决策机制、自我加压的动力机制、按劳分配和效率优先的利益机制、优化结构和提升主业的发展机制以及内外结合的制约机制，促进企业运行质量和效益提高，连续多年跻身中国工业企业综合经济排名500强，连续保持上海市“文明单位”和“花园单位”称号，并被列为上海市工业系统爱国主义教育基地。（何　东）

【五钢公司大事纪要】

1月2日，宝钢集团副总经理、五钢公司董事长葛红林到五钢公司宣布，宝钢集团钛合金产业实行资产重组。

1月初，国家住宅工程中心审定：上海大通高频焊接轻型H型钢首批获得国家建筑新技术新产品推广应用证书。

1月20日，上海宝钢实业公司代理五钢进口废钢业务举行签字仪式。

1月30日，徐匡迪市长、蒋以任副市长到五钢看望坚持节日生产的转炉工人，并考察五钢不锈钢长型材基地。

2月12日，五钢公司召开一届十次董事会。

2月15日，五钢公司举行一届二次职工（会员）代表大会。

2月27日，五钢科技工作会议召开。

3月6日，五钢首任厂长、局级离休干部冯毅同志遗体告别仪式在龙华殡仪馆举行。

3月9日，电炉厂一工区3号炉，出完最后一炉钢水后，第一炼钢厂整体关闭停产。

3月14日，五钢公司“特钢林”揭碑仪式，在位于初轧厂南首的特钢林现场举 行。

4月1日起，五钢新版质量体系文件正式实施，4月～6月底为试运行期。

4月9日，国防科工委主任刘积斌等一行来公司考察国防军工项目的研制开发。

5月9日，集团公司监事会主席丁贵明等人来公司实地检查2000年工作。

5月9日，投资1000万元的转炉厂二次烟尘治理系统投入试运行。

5月17日，以提高企业核心竞争力，构筑人才高地与转岗分流并举的《五钢2001年构筑人才高地推进转岗分流实施办法》经公司职代会代表联席会议表决通过。

5月25日，沪昌特钢2000年度股东大会在五钢影剧院举行。

5月30日，谢蔚总经理在三炼厂召开的大电炉达高产推进会上宣布“大电炉月产突破5万吨”，标志着五钢公司多年前提出的优材西移的战略目标基本实现。

6月18日，债转股后五钢公司举行股东会第一次会议、第一届董事会和第一届监事会第一次会议。这是实施债权转股权，建立法人治理机构的重要举措。

6月28日，总投资17亿元不锈钢长型材工程正式开工打下第一组桩。

7月5日，澳大利亚西澳洲总理杰夫·盖勒普博士访问五钢。

7月19日，公司决定：电炉炼钢厂与第三炼钢厂合并，成立炼钢厂。

7月19日，电炉厂电渣中心改造工程一期项目新建两台2吨电渣炉热调试获得成功，并投入生产运行。

8月，全公司19个主体部门的百余名汽车驾驶员、30辆生产车辆归并集中到五钢运输公司。

8月3日，公司召开一届三次职工代表大会。谢蔚总经理作题为《对标登高、创新图强、迎接挑战、再铸辉煌，为全面完成今年各项任务而奋斗》的行政工作报告。

8月15日，宝钢集团公司党政工领导专程前来公司调研及现场办公。前来调研的集团公司领导有徐大铨、谢企华、关壮民、尹灏、徐乐江、何文波、葛红林、戴元永、赵昆、马国强、卞恩君。

8月中旬，研究一所开发的UC2棒材、8620H钢棒材，被列入国家经贸委2001年国家重点新产品试产项目计划。

10月8日，公司总经理谢蔚亲自带队，依靠五钢名牌及技术质量、服务的整体优势，一举中标总标近5000万元的南方一重点工程用材。

10月23日，五钢重大工程之一——合金模块工程建成，并进入试生产。

10月31日，耐材厂整建制关闭，分批从岗位上撤下的百余名职工平静地选择了协解或是到劳服总公司接受转岗安置。

11月2日，五钢精品模具钢产业基地新闻发布会，在宝山宾馆举行。

11月9日，公司召开党政干部大会并发出动员，奋战五十昼夜，降本增效再夺2000万；落实”三个代表“，抓实抓早迎接2001年。

11月中旬，五钢公司正式获得由中国冶金质量认证中心和中国进出口商品质量认证中心，分别颁发的质量体系中英文双版转换认证证书。五钢领先一步成为特钢行业首批实施2000版体系标准转换，并一次通过认证的企业。

11月22日，沪昌后道改建项目A线现有设备和B线正式投入试生产。

12月，五钢冶市绿公司、大通钢结构公司、五钢设计院，正式划归宝钢集团上海冶建，标志着宝钢集团非钢产业的资源重组跨出重要的一步。

12月中旬，国家经贸委副主任谢旭人在集团公司徐大铨、谢企华、赵昆等领导的陪同下，视察五钢公司合金模块生产线和银亮钢生产线上的强对流退火炉。

12月中旬，银亮钢厂新设备——国内首台棒材倒棱机正式安装完毕，开始进入调试阶段。

12月21日，五钢特种冶炼技术改造工程（一期）开工仪式，在锻造厂东侧隆重举行。上海市副市长蒋以任和宝钢集团董事长徐大铨共同为五钢特种材料冶炼基地揭牌。宝钢集团副董事长、总经理谢企华发布开工令。

12月28日，五钢公司第一届董事会第二次会议在公司二号会议室举行。谢蔚董事长主持会议，监事会成员列席了会议。

12月30日，公司全年新品销售量已突破15万吨的攀高目标，达到15.5万吨，销售额已达5.6亿元，销售量已达到优钢总量的25%。五钢公司已连续三年新品年增幅达到60%。 （陈益生）

上海梅山有限公司

【综述】 上海梅山有限公司（以下简称梅山公司）始建于1969年4月，是总部在上海、生产基地在南京的跨地区、跨行业的国家特大型工业企业。1998年11月，成为上海宝钢集团公司的子公司。2001年7月13日，由梅山公司等6家股东作为发起人组建的上海梅山钢铁股份有限公司正式注册登记成立。梅山公司下属的钢铁公司、矿业公司、企业发展公司、联合经济发展公司、工程技术公司和技术中心、培训中心全面开始独立运作，标志着经过多年的改革、改制、改组、改造，梅山公司已初步建立与市场经济和建立现代企业制度相适应的管理体制。

2001年底，梅山公司资产总额为132.71亿元，在岗人数为19255人，其中钢铁公司在岗人数为7660人。主体设备有采矿和选矿系统各一套、1250立方米高炉2座、130平方米烧结机2台、65孔焦炉3座、150吨顶底复吹转炉2座、162吨LF钢包精炼炉1座、双机双流板坯连铸机一台、1422毫米热轧带钢机1套、220吨/小时掺烧高炉煤气的高压煤粉锅炉2台、50兆瓦单抽凝汽式汽轮发电机组和60兆瓦背压式汽轮发电机组各一套。

2001年，在市场竞争激烈、技改任务繁重、原燃料供应紧张的情况下，梅山公司坚持眼睛向内，紧紧围绕效益最大化，积极挖掘内部潜能，不断追赶先进指标，全面完成集团公司下达的经济责任制考核指标。经济效益再创新高，全年实现工业现价产值46.25亿元、工业增加值16.38亿元，实现主营业务收入46.16亿元；在热轧产品平均售价比2000年下跌191元/吨，提取预算外折旧7606万元、消化1.80亿元影响损益的预算外因素的基础上，梅山公司实现利润6868.93万元（合并数），比上年增加100%，其中钢铁公司完成4023万元；主要产品产量继续保持较高升势，全年生产铁矿石281万吨、铁精矿187万吨、生铁193万吨、烧结矿319万吨、焦炭115万吨、连铸板坯160万吨、热轧板卷148万吨，其中连铸坯、热轧板卷产量分别比上年增长28.28%、23.55%。市场开拓形成新格局，全年销售热轧板卷（包括利用卷）142.3万吨，创历史新高，其中出口5.02万吨；销售连铸板坯2.7万吨，其中出口1.87万吨；销售生铁25.7万吨，其中出口6.3万吨；销售焦炭30万吨；外销铁精矿51.5万吨，创历史新高；销售化工产品14.3万吨；资金回笼率102%，其中货币回笼率95.4%；应收账款余额、应付账款余额分别比年初减少2.83亿元和2500万元，年末现金净额比上年增加5亿元。钢铁主业和非钢产业规划编制工作进展顺利，成立了编制钢铁主业、非钢产业发展规划工作班子，对钢铁主业、非钢产业的发展进行考察、调研，在各子公司发展规划的基础上初步形成梅山公司发展规划调研提纲。 （田源斌）

上海市长徐匡迪与公司领导研究梅山公司的发展规划

张思明
1939年9月生，河北辛集人，中共党员，大学文化，高级经济师，上海梅山有限公司董事长、党委书记。

戴元永
1943年6月生，浙江永嘉人，中共党员，大学文化，高级工程师，上海梅山有限公司副董事长、总经理、党委副书记。

【梅山钢铁股份有限公司成立】 梅山债转股方案经国家批准后，由梅山公司和信达资产管理公司、国家开发银行、东方资产管理公司、南京市投资公司、南京钢铁集团有限公司6家股东，按照现代企业制度的要求和股份有限公司的组建程序，友好、坦诚地进行讨论和协商，积极推进钢铁公司的组建工作。在完成持股份额的确认工作后，2000年12月1日召开钢铁公司股东预备会，草拟《公司发起人协议书》和《公司章程》，就有关第一届董事会和监事会的选举产生办法等事宜进行讨论、协商并达成共识。在南京市政府等有关方面支持下，2001年3月1日完成了“上海梅山钢铁股份有限公司”的名称预先核准工作，经南京市体改委、南京市政府讨论、审查，南京市人民政府6月23日正式发文批准钢铁股份公司设立。7月13日，完成注册登记。

（田源斌）

8月23日，上海梅山钢铁股份有限公司成立

【“对标挖潜”取得新突破】 2001年，梅山公司狠抓稳产，追求高产，把成本“分母”做大。坚持“以铁前为基础、以炼钢为中心、以热轧为最终效益体现”的生产组织原则，认真研究炉料结构变化、热力新老系统接口、热电厂投产、热轧技改年修、1号烧结机大修等新情况，调整原燃料平衡、煤气平衡、蒸汽平衡方案，完善设备检修制度，主体生产继续保持稳中有升的态势。热轧推进高效轧钢，提前两个月完成年度生产计划，年生产水平超过设计能力28.7%；炼钢推行并完善长浇次的生产组织方式，全年产出水平超设计能力33.33%；铁前系统突出五种铁料生产和烧结矿落地两项重点工作，铁矿石、铁精矿、生铁产量稳步提高。

主体生产的稳步提升使成本指标明显优化。钢铁公司仅固定成本就比上年下降1.459亿元。该公司紧盯先进指标，挖潜降耗，把成本“分子”做小。坚持眼睛向内，严格成本考核，着力建立对标挖潜长效工作机制，热轧抓住成材率和消耗两项重点指标，热轧板卷制造成本比上年下降158.25元/吨；炼钢突出钢水收得率和一次拉坯合格率两项关键指标，连铸坯制造成本比上年下降79.73元/吨；铁前系统强化以煤代焦，优化能源结构，在无富氧的情况下煤比达109.85公斤/吨，铁精矿、生铁制造成本继续保持全国同行领先水平。同时，坚持比质比价、招标采购，把成本“进口”做紧。探索功能计价采购模式，制定《耐材功能计价考核方案》，吨钢耐材消耗下降14.33元；深化议标招标和比质比价采购，全年降低备件采购成本4000余万元；完善集中管理，钢铁公司物资配送率达90%以上；坚持开展效能监察和执法监察，对763个检修和常规技改项目进行效能监察，对热轧技改工程进行同步效能监察和重点执法监察，促进管理与监督的有效结合。

（田源斌）

技术含量较高的梅山三号高炉

【新产品开发显优势】 梅山公司从提高新产品开发的市场导向性和实效性出发，改进新产品开发管理模式，由项目管理转变成课题制管理，注重超前调研、全系统服务、全方位跟踪，并采取蹲点跟踪的方式了解用户使用情况和特

梅山公司热轧产品成品库

殊需求，不断调整、改进工艺。全年共研制开发HP295、Q345B、Q255A、BM510L、H-Q235A、08Al、X42、SS490八个新品种，其中HP295、Q345B、Q255A、BM510L、花纹板的工艺参数趋于稳定，已顺利转产，生产规模不断扩大，高附加值的效益优势和适应需求的市场优势已显现出来。新产品开发使梅山热轧产品品种结构发生明显转变，已由过去单一的普碳钢系列产品，向冷轧原板、低合金高强度钢、液化气瓶用钢、汽车用钢、石油管线用钢等领域延伸，增强了企业市场竞争力和抗风险能力。　（田源斌）

【获上海市专利示范企业称号】 梅山公司坚持把专利工作作为提升企业创新能力的一项重要工作来抓。一是修订专利管理制度，成立“梅山公司专利工作联络员网”，将基层单位专利工作开展情况纳入经济责任制考核，把专利工作贯穿于技术创新的全过程，着力建立专利工作长效机制；二是大力宣传普及专利知识，采取“走出去、请进来”的方式，以专家授课和专题讲座相结合的形式，对各级领导、科技人员和专利管理工作者有计划地进行专利知识培训，组织专利管理联络员参加上海市专利培训班，积极参加“全国知识产权知识百题竞赛”活动；三是加大对专利发明的奖励力度，设立创新基金，采用“一奖两酬”的办法，加大对获取专利授权和实现专利转让的人员的奖励力度，激励广大员工尤其是专业技术人员“学技术、用技术、出技术”。

2001年，梅山公司共申请“衡器非砝码校验装置”、“半干法焦炉喷补料”、“机床铣削刀盘”、“落球冲击疲劳试验机”、“喷煤用复合喷管装置”、“从瓦斯泥中回收铁精矿的方法”、“一种复合扩散脱氧剂及其使用方法”等16项专利技术，这些专利技术对改善企业技术经济指标、提高产品档次、降本增效发挥了很大作用。

（田源斌）

【铁矿一研究项目获国家科技进步二等奖】 1987年，梅山铁矿着手进行无底柱分段崩落法加大采矿分段高度和进路间距的研究。1991年经国家冶金部立项批准后，按照“加大采矿结构参数，优化主体采掘设备与结构参数的匹配，提高采矿强度，减少采准工程量，实现采矿良性循环”的总体思路，梅山矿全面开展高分段、大间距无底柱分段崩落法的研究。先后采用物理模拟、计算机仿真及工业试验等手段，开展了凿爆破

梅山铁矿井下运矿生产

参数及崩矿步距、放出体工业试验、过渡分段方法、大型采掘设备合理配套等研究，最终确定采矿生产的结构参数为分段高15米，进路间距15米，崩矿步距3米，实现了由10米×10米的小结构参数向大结构参数的飞跃，掌握了不同结构参数的过渡技术，完成了与大结构参数相匹配的生产主体设备的优化组合，形成了我国无底柱采矿方法的系列新技术。

这项科研成果使梅山矿掘采比由试验前的40米/万吨降至20米/万吨，采矿强度由26.50吨/平方米·年提高到42.58吨/平方米·年，回采率由82.74%提高到84.15%，贫化率由14.23%降至13.21%，全员劳动生产率由862吨/人·年提高到1331吨/人·年。这五项衡量采矿生产的主要经济技术指标居全国同行首位；工艺放出矿体试验、不同结构参数分段过渡技术、矿石回收率和贫化率、单口竖井年提升矿量等指标达国际先进水平。　（田源斌）

【两项科研成果获冶金科技特等奖】 在中国钢铁工业协会、中国金属学会评出的2000～2001年度“中国冶金科学技术奖”三个特等奖奖项中，梅山公司独占两项。其中“梅山无底柱分段崩落法加大结构参数的研究”项目，获2000年度特等奖（并获国家科技进步二等奖），“梅山铁精矿选矿降磷工艺研究及应用”项目获2001年度特等奖。“梅山铁精矿选矿降磷工艺研究及应用”项目采用工艺矿物学研究方法，查明磷灰石赋

存状态及嵌布特征，确定最佳磨矿细度。先后完成了浮选小型试验、全浮选和筛－磁－浮小型试验、全浮选降磷扩大连续试验等7个不同规模的试验。经过技术经济比较、筛选、论证，初步确定了“浮－磁－浮”和“浮－磁－磁”两个降磷工艺。在此基础上，进行历时8个月、用矿25000吨的工艺试验，最终确定以“浮－磁－磁”流程作为选矿降磷工艺流程。降磷工艺研究成果的应用，解决了梅山铁精矿多年来硫、磷含量高和粘性大的问题，突破制约矿山生产的瓶颈，年创经济效益5700万元（预计达产400万吨/年原矿时，将获得年经济效益8265万元），并可大大减少对环境的污染，具有显著的社会效益。（田源斌）

【深化企业内部改革】 2001年，梅山公司强化“五公司、两中心”整体运作，按照独立核算、“分灶吃饭”原则，规范母公司与子公司、子公司与子公司之间的经济关系，推进各子公司（中心）内部的改革与改制工作；各子公司（中心）结合自身实际，认真制订中长期发展规划，整合内部资源。全年清理子公司10个，完成了子公司清理目标。

加大减员分流力度，通过提高协解补偿待遇、制定内部待养政策、组织劳务输出等途径，梅山公司全年净减员1148人，年末在岗人数为19061人。其中钢铁公司全年净减员449人，年末在岗人数为7158人。

规范用工制度，按照“一个地位、三个关系”原则，各子公司（中心）分别与职工改签劳动合同。分配制度改革继续向关键岗位、关键人才倾斜，有84人享受特殊类岗待遇，196人享受梅山津贴，大学生初期工资标准和部分青年知识分子的岗效工资得到提高。加快梅山社保与上海社保的接轨步伐，经反复商谈，梅山养老保险于2002年1月正式参加上海养老保险统筹，挂靠静安区社保中心。

（田源斌）

【推进专业管理和基础管理】 2001年，梅山公司以预算管理为切入点，专业管理更加科学规范。狠抓预算指标的落实，实行费用责任部门负责制，严格按预算控制协力费用、财务费用、销售费用；规范成本核算规程，坚持成本效益分析制度和月度、季度预算完成情况分析报告制度。

钢铁公司从8月份开始实行月度滚动执行预算。各专业管理紧扣预算指标，强化系统控制、过程控制，提高了管理的科学化、规范化水平。炼钢、热轧质量体系通过了认证中心年度监督审核，铁前系统贯标也进入《质量手册》、《程序文件》起草阶段。

全面推进CS战略，创建“用户满意文明单位”，探索并总结出CS战略、党内“三高一流”工作、经济责任制“三位一体”的考核机制，明确“怎样干”的问题。并从完善目标责任体系、管理推进体系、考核评估体系、反馈激励体系入手，形成横向到边、纵向到底、纵横贯穿、有机结合的管理体制，明确如何进一步形成梅山公司CS战略的管理“链条”问题。

以现场管理为突破口，基础管理更加扎实有效。注重长效，严格考核，大力整治工业渣土，现场管理成效明显。厂区环境、道路环境、绿化状况均达到建厂以来最好水平。实施“捆绑式管理”、“无烟工厂”管理、“花园式工厂”管理、无故障管理、无隐患管理等各具特色的现场管理模式，推动基础管理和基层管理上新台阶。

强化档案目标管理，文书和科技档案管理申报国家一级通过验收；规范投资管理，清理出各类长期投资106项，涉及金额达5.92亿元。

以健全职代会制度为重点，民主管理继续探索和创新。实行职代会质量评估制度，抓好职工代表旁听重要会议、职工代表巡视、职代会报告会、职工代表座谈会、厂情发布等厂务公开制度的落实，推进厂务公开向干部管理和经营管理领域延伸；所有新建单位同步建立职工代表大会制度，两级职代会和集体协商机制已基本形成。（田源斌）

【非钢产业保持良好发展势头】 2001年，梅山公司所属非钢产业子公司积极整合内部资源，大力

上海梅山新产业开发公司开平厂投产

开拓多元产业市场。矿业公司成立四个非矿子公司，成功地进行自用炸药改型、硫酸系统扩建改造、新型建材微晶玻璃产品市场的拓展。

企业发展公司耐火材料项目一期工程完工，热轧开平项目正式投产，钢渣处理、改质沥青、氧化铁红等项目进入前期准备和组织实施阶段。联合公司坚持“有所为、有所不为”，所属进出口公司升级为可全方位开展进出口业务的外贸公司；无模具密封件产品在上海北京东路机电产品市场已小有名气；都市服务型产业中仅上海西部加油站就实现利润131万元。工程技术公司充分利用技术、管理、资质等优势，积极开拓上海市场，与东南大学合作开发的无刷电机进入小批量试生产阶段。科技发展公司实施“焦炉半干法喷补产业化推广”、“热轧除鳞系统PLC改造”等项目，取得良好效益。培训中心与安徽工业大学联合开办了面向安徽招生的“机电一体化”高职班，积极探索办学创效新路子。（田源斌）

【梅山街道办事处正式揭牌】12月28日，南京市雨花台区梅山办事处挂牌成立，标志着梅山社区属地化管理迈出坚实的一步。梅山公司积极推进社区属地化工作，成立了社区属地化工作领导小组。经与地方政府反复协商，南京市政府于12月24日批复同意在梅山公司所属范围（含厂区和矿区）成立梅山街道办事处，作为雨花台区政府的派出机构。梅山公司将本着积极稳妥的原则，逐步推进医疗、卫生等社会职能的属地化管理。（田源斌）

12月28日，南京市雨花台区梅山办事处正式挂牌

【热轧炼钢技改工程】2001年，梅山公司为加强对热轧技改工作领导，成立了技改工程指挥部，下设工程计划组、设计管理组、设备组、热轧炼钢项目现场指挥组、质量组，全力推进热轧技改工程。在参战单位的共同努力下，技改工程按计划节点有序推进。全年组织18个引进项目100多轮次技术、商务谈判，完成热轧主轧线和平整机等项目国内外基本设计、详细设计及国内非标设计；加强设备招投标至交货期全过程跟踪，完成近万吨国内外设备招标订货，合同金额达6.5亿元；处理好进度、质量、文明施工三者关系，轧机牌坊测量和底部加工及5月精轧牌坊加工全部结束，除主轧线外，设备安装全面展开；按照投资概算切块包干办法，明确包干内容、范围、责任，将投资控制工作落实到工程建设的全过程；以把梅山热轧技改工程建成“冶金部优质工程”为目标，组织制定了《梅山热轧薄板技术改造工程创优规划实施要求》，加强检查，及时整改，确保了工程质量；2号连铸机引进设备招标签约和初步设计审查工作结束，进入基本设计阶段，总网络计划和国内设备招标工作已顺利完成。（田源斌）

梅山公司从西马克引进的卷取机

梅山发电机组外景

【梅山发电机组成功并网发电】梅山公司热电一期工程为两台220吨/时掺烧25%高炉煤气的高压煤粉锅炉；一套50兆瓦单抽凝汽式汽轮发电机组（2号机）和一套6兆瓦背压式汽轮发电机组。2001年，梅山公司在做好1号锅炉、2号汽机系统并网发电前的检查、消缺工作的同时，狠抓2号锅炉、1号汽机工程扫尾工作。1月6日，2号锅炉、1号汽机通过江苏省电力建设质量监督中心组织的整套启动试运行前质量检查；3

梅山公司举行二号连铸机项目引进设备签字仪式

月2日与1号锅炉、2号汽机进行整组启动；4月2日，完成24小时和72小时带负荷运行考核；4月18日，1号机组启动验收委员会同意1号机组移交生产方，标志着2号锅炉、1号汽机系统并网前期调试工作全部结束，两炉两机均已具备并网发电条件。4月25日，两炉两机成功并网发电，并网后系统运行稳定。全年共发电25963×10^4千瓦/时，上网电量20771×10^4千瓦/时，向高炉鼓风机等用户供应中低压蒸汽71.89万吨，实现利润3000余万元。

（田源斌）

【炼钢系统工程竣工验收】 3月14日至15日，受国家发展计划委员会委托，集团公司组成以副总经理葛红林为主任的梅山公司炼钢系统工程竣工验收委员会，对该公司炼钢系统工程进行竣工验收。验收委员会对工程建设情况等有关基础资料进行了检查，认为梅山炼钢系统工程符合国家有关工程建设规定，工程设计和施工质量较好，炼钢连铸生产水平超过工程设计能力，同意工程竣工验收并交付使用。梅山炼钢系统工程1994年1月经国务院批准建设，1996年3月28日开工建设，1996年被列为国家重点工程和上海市重大工程，工程规模年产连铸板坯120万吨，总投资33.26亿元。工程主要包括两座150吨顶底复吹转炉，一座162吨LF钢包精炼炉，一台1320毫米二机二流板坯连铸机；配套工程包括一台15000立方米/小时制氧机（合资）、56兆瓦机组热电厂以及公用辅助设施。工程于1999年4月建成并投料试车，2000年生产连铸坯125万吨，超过设计能力；2001年生产连铸坯160万吨，超过超设计能力33.33%。 （田源斌）

梅山公司转炉炼钢

【梅山铁矿二期扩建工程竣工验收】 12月26日，受国家发展计划委员会委托，集团公司组成以副总经理赵昆为主任的梅山铁矿二期扩建工程竣工验收委员会，对梅山铁矿二期工程进行竣工验收。验收委员会对工程建设情况等有关基础资料进行了检查，认为梅山铁矿二期扩建工程符合国家有关工程建设规定，资金使用合理，工程设计和施工质量较好，

建成后的梅山铁矿二号主井

梅山矿业公司河滨风光带

试生产期间工艺顺畅、设备运行良好，基本具备400万吨/年采选综合生产能力，同意工程竣工验收并交付使用。梅山铁矿二期扩建工程1993年10月经国务院批准建设，1994年11月开工，工程总规模为年采选综合能力由200万吨扩大到400万吨，年产铁精矿新增107.92万吨，总投资5.923亿元。工程主要包括：采矿有2号主井、主斜坡道、北风井、东南风井扩邦、－318米水平通风系统、－330米水平4号、5号穿脉巷、地下破碎硐室等；选矿有主厂房、中破碎车间、磁重车间、筛洗干选间、降磷系统等。整个工程以北风井开工为标志，1994年11月井巷开拓工程在一期延伸基地上陆续展开，1998年2月10日2号主井塔楼开工，1999年9月28日建成启用；降磷工程于1996年8月23日开工，1997年8月7日投料联动试车成功，完成了新旧工艺的平稳过渡；尾矿管线工程于1998年5月26日开工，1999年5月28日新尾矿库建成启用，2000年3月9日，国内第一条长达2公里的主斜坡道贯通，5月28日竣工投入使用。（田源斌）

【梅山公司大事纪要】

1月3日，公司举行2001年经济承包合同签字仪式，戴元永总

经理分别与矿业公司、企发公司、联合公司、工程技术公司、技术中心、培训中心签订经济承包合同。

1月17~18日，公司召开八届二次职代会，戴元永总经理代表公司作工作报告。会议以无记名投票方式表决通过了《公司职工持股会2000年度分红方案》。

2月1日，公司有78位专业技术人员从3月1日起享受特类岗待遇，岗效工资将执行2.8~3.0系数，不受增资控制线限制。

2月7日，公司召开热轧技改项目领导小组会议，通过了《梅山热轧薄板技术改造工程投资控制暂行办法》。

2月14~15日，以集团公司副总经理葛红林为主任的梅山公司炼钢系统工程竣工验收委员会，受国家计委委托，对梅山公司炼钢系统工程进行竣工验收，对工程建设情况和有关基础资料进行了检查，同意工程竣工验收并交付使用。

4月12日，梅山热轧技改项目中的炼钢RH顶枪和热轧喷印机引进项目签字仪式在梅山宾馆举行，李良振副总经理分别同日本新日铁公司、友川公司代表在合同上签了字。

4月24日，公司举行炼钢转炉污泥项目民营化签字仪式，向中标人颁发了《中标书》，与中标人签定了《劳动关系协解合同》。

4月25日，梅山公司热电厂正式并网发电。

4月25日，梅山炼钢技改项目RH系统和除尘系统设备国内招投标开标。

5月10日，梅山公司出口韩国的3000吨热轧板卷首次从自备码头直装外贸海轮。

5月11日，梅山热轧板厂停机进行为期21天的技改、年修。

6月23日，集团公司副总经理葛红林主持召开梅山技改工作推进会，他要求梅山抓好招标、投标和工程质量，规范项目资金管理，力争把技改工程建成国家经贸委优秀工程。

6月24日，集团公司监事会主席丁贵明一行听取梅山公司2000年工作汇报。

6月26日，上海梅山钢铁股份有限公司创立大会召开，大会选举产生了张思明为上海梅山钢铁股份有限公司第一届董事会董事长，高冠江、戴元永为副董事长；通过了《上海梅山钢铁股份有限公司董事会议事规则》。根据董事长提名，通过戴元永为钢铁公司总经理。

7月3日，梅山技术中心化学室通过中国实验室国家认可委员会金属专业能力验证工作组组织实施的《CNACL T006 2000CM-002低合金钢化学分析能力验证计划》项目中计划规定的C、P、S、Cu、Al、W等全部13个检测项目的能力验证，参加验证的全国44家单位中有7家单位的13个检测项目通过验证。

7月17日，梅山公司与平顶山煤业（集团）公司签订《中长期战略伙伴关系协议书》。

8月3日，梅山二号连铸机项目引进设备合同签字仪式在宝钢大厦举行。

8月12~13日，梅山钢铁公司召开首届一次职代会暨工代会，戴元永总经理作行政工作报告，林怀平主席作工会工作报告。

8月23日，梅山钢铁股份有限公司成立大会在梅山健身馆举行。

8月23日，集团公司徐大铨、关壮民、尹灏、葛红林、赵昆、马国强、赵如月、卞恩君、方彝林等领导及有关部门负责人，在梅山进行生产经营情况调研。

9月14日，“梅山无底柱分段崩落法加大结构参数的研究”项目获“国家科技进步二等奖”。

9月19日，梅山公司炼钢、热轧质量体系顺利通过中国冶金工业质量体系认证中心年度监督审核。

9月，梅山公司有3个项目在“上海市2001年优秀发明选拔赛”中获奖，其中《金属型铸球复合模具》项目获优秀发明二等奖，《再生酸净化处理利用方法》、《无机防渗碳涂料及涂覆工艺》两项目获优秀发明三等奖。

11月29日，首届中国冶金矿山企业协会矿山技术委员会新技术交流会在梅山矿业公司举行，来自全国14家单位共55名代表出席会议。

12月17~18日，梅山公司举行2002年度工作会议，提出公司2002年生产经营计划预算和精神文明建设计划。

12月26日，梅山矿业公司二期扩建工程通过竣工验收。

12月28日，南京市雨花台区人民政府梅山办事处揭牌。

（田源斌）

上海宝钢益昌薄板有限公司

【综述】 2001年，益昌公司面对严峻的市场形势，始终围绕“达标、顺行、创优、提高”的生产经营方针，确立了“观念转变先行市场，营销策略围绕市场，产品价格

宝钢益昌公司外景

贴近市场，内部改革适应市场”的经营思想。采取确保轧机产能尽快达标，完善贸易生产快速应变机制等措施。全年实现产销量66.1万吨，产销率达到100.5%。实现销售收入21.48亿元，同比下降1.42倍；利润总额5311万元，同比增长1.42倍。本年度，益昌公司资本结构进一步优化，资产负债率降为50%。公司资本保值增值率增加了4.6个百分点，经营性现金流量增加1.8亿元，为公司技术改造、生产经营、资产经营及今后发展奠定了良好的基础。

赵 昆

1955年11月生，安徽定远人，中共党员，博士研究生，高级工程师，上海宝钢益昌薄板有限公司董事长。

瞿 标

1961年7月生，江苏建湖人，中共党员，大学文化，高级工程师，上海宝钢益昌薄板有限公司总经理。

该公司荣获“2001年度上海市建设工业新高地争先创优活动”优秀企业称号、“2000～2001度优秀工业企业形象单位”称号。

（胡仲毅）

【新轧机产能稳步提高】 2000年，益昌公司完成冷连轧机组技术改造，2001年1月，轧机进入试生产和设备功能考核。之后，轧机产能以每月增加1万吨的速度爬坡，至4月产量已达4.6万吨，恢复到轧机改造前的历史最好水平。10月已攀升至6.08万吨。产能爬坡速度达到世界同类型机组最好水平。

益昌公司改造后的冷连轧机组

7月31日，冷轧机组顺利通过最终功能考核。平直度、厚度、边缘降、生产量等四项重要检测指标全部合格，从而标志着冷轧机组正式投产。全年轧制平均厚度为0.4毫米，轧制最薄规格为0.17毫米；冷轧板卷成材率控制并稳定在92.5%左右；产品厚度精度达到±0.5%，约±2 μ；板形全长的95%＜5Iunit。0.35毫米以下冷轧板卷形成了批量生产，目前约占日用搪瓷行业的60～70%，改变了中国0.35毫米以下规格产品主要依靠进口的局面。

（胡仲毅）

【完善贸易生产快速应变机制】 面对瞬息万变的市场形势，益昌公司的销售策略始终围绕市场灵活多变，不断完善从“市场信息、生产组织、产品质量、设备保驾”到“实现销售、用户服务”的内外响应机制。力争做到市场信息的准确把握、生产组织的平稳顺行、产品质量的稳定提高、设备保障的体系完备、销售资金的快速回笼以及用户服务的意识到位。经过不懈努力，该公司的贸易生产快速应变机制日臻完善；并借此捕捉到了数次重要的市场需求信息，使公司在今年的价格大战中，始终站在市场的前沿，牢牢把握生产经营的主动权。（胡仲毅）

【降本增效成果显著】 本年度，益昌公司继续加大降本增效力度，强化吨钢成本意识，加强预算计划跟踪考核，严格控制各类责任费用的支出，深化全员降本意识。分别从减少工序、委外、改善、检修资材等消耗、降低采购成本、提高成材率、用活资金等多方面入手，创造性地开展降本增效工作。全年实现降本增效5300万元。自

益昌公司推进绿色环境贯标

1998年开展此项活动至2001年底，已累计实现降本增效2亿元。吨钢加工成本已具备与世界同类一流企业竞争的实力。

（胡仲毅）

【培育核心产品竞争优势】 该公司发挥装备优势，不断培育“人无我有，人有我优”的核心产品竞争优势，满足市场需要，提升产品档次，改善产品结构。2001年第四季度始，通过大量的市场调研，相继成立“光亮板、电池用钢、邦迪管、极薄规格”四个科研攻关小组，把发展“薄、特、优”产品作为一项重要的战略规划。四项科研攻关研发工作已取得实质性的进展。一批新试产品质量已达到或接近国际先进水平，并获得用户的一致认可。（胡仲毅）

益昌公司冷轧成品库

【加快信息化建设】 该公司产销计算机系统于8月1日正式全线贯通，整套系统是由益昌公司与宝信公司合作开发的“产、供、销”管理系统。该系统已稳定运行5个月，各项功能不断完善，大大提高了生产组织管理效率，管理手段实现现代化。（胡仲毅）

【实施绿色管理】 益昌公司在1999年通过ISO9002质量认证体

益昌公司厂区绿化环境

系的基础上，以环境体系贯标为突破口，扎实推进绿色管理，不断深化员工的环境意识。11月，又顺利通过ISO14001环境贯标体系认证，标志着该公司参与市场竞争的空间更为广阔，管理层次将登上新台阶。（胡仲毅）

【减员分流稳步推进】 益昌公司在理顺岗位定员基础上，积极、慎重而有计划地推进减员分流工作。并注重宣传与引导，有情操作，妥善安置分流人员，确保队伍和人员的思想稳定。年内该公司主体减员分流140人，实现定岗700人。劳动生产率大大提高，实现人均产值270万元/人·年，人均增加值27万元/人·年，属行业一流水平。此外，还通过减员分流，促进并初步形成了以事定岗、以岗定人、竞争上岗的用人机制。

（胡仲毅）

【厂务公开深入人心】 该公司积极发挥职代会作用，进一步深化以厂务公开为主要内容的民主管理工作。通过职工素质教育、职工代表培训和《工会法》学习，提高了职工的民主管理参与率，以及职工代表参政议政能力和民主管理水平。同时，公司还健全和完善了劳动法律监督组织，参与对《集体合同》执行情况的中途检查，工会劳动法律监督得到进一步落实。厂务公开工作进一步落实，在内容上有深化，广度上有拓展，工会通过《班组通讯》，使全体职工都了解公司的大政方针、目标任务、政策措施。（胡仲毅）

益昌公司一届二次职代会场景

【益昌公司后续改造齐头并进】 为确保益昌公司冷轧机组改造后产能的最大释放，该公司又接连实施新建电解脱脂机组和新增罩式炉等后续改造项目。其中新建电解脱脂机组自11月10日开始负荷试车以来，运行速度已达到900米/分钟世界最快设计速度，钢带表面清洗情况良好。新增8个炉台于12月14日通过最终功能考核，已生产280炉产品性能全部达到合格标准。上述两个改造项目顺利进行，进一步为益昌公司发挥产能、开发新产品创造了有利条件。（胡仲毅）

益昌公司冷轧生产车间

【益昌公司大事纪要】

1月9日，公司董事会召开一届六次会议。会议审议通过《宝钢益昌公司2000年经营工作总结汇报》、《宝钢益昌公司2001年经营工作计划汇报》、《宝钢益昌公司财务综合情况汇报》。

1月14～15日，公司召开2001年预算计划工作会议。

2月7日，上海市总工会副主席李毓毅代表全国总工会专程来到公司，向总经理赵昆颁发"全国外商投资企业优秀员工之友"荣誉证书和奖牌。

4月6日，EDT完成功能考核，签署验收证明书，正式投入生产。

4月13日，公司召开二届一次职代会。

4月28日，由宝冶承建的公司罩式炉扩容工程正式开工。

7月6～8日，公司一届七次董事会召开，会议通过《宝钢益昌公司2001年上半年生产经营情况暨下半年工作打算》、《宝钢益昌公司2001年上半年财务综合情况汇报》、《宝钢益昌公司轧机改造配套项目工作汇报》、《宝钢益昌黄石镀铝薄板有限公司2001年上半年工作汇报及下半年工作打算》等报告。

7月13日，公司获上海市"重合同守信用单位"证书。

7月25日，公司新建电解脱脂清洗机组项目开始单机试车。

7月31日，公司进行了冷连轧机组产品的最终功能考核(FAT)工作。经检验板形、厚度、边缘降、生产量等四项指标全部合格，顺利通过测试。

8月1日，公司整体产供销计算机管理系统正式上线。

9月28日，公司召开二届二次职代会，瞿标总经理作行政工作报告。

11月30日，公司获中国质量检验协会授予的2001年第2季度国家监督抽查汽车用钢板、钢带合格好产品称号。

12月14日，新增罩式炉通过FAT功能考核，并签署最终验收证明，正式投入生产。

12月15日，国家经贸委副主任谢旭人在集团公司领导徐大铨、谢企华等陪同下，视察益昌公司。

12月20日，上海市副市长蒋以任以及市计委、市经委、市外经贸委有关领导在集团公司领导徐大铨、谢企华等陪同下，视察益昌公司。

12月28日，公司正式获得中国科学研究院环境管理体系认证中心颁发的ISO14001认证证书。

（胡仲毅）

上海钢管有限公司

朱洪章

1963年2月生，上海市人，中共党员，大专文化，工程师，宝钢集团上海钢管有限公司总经理。

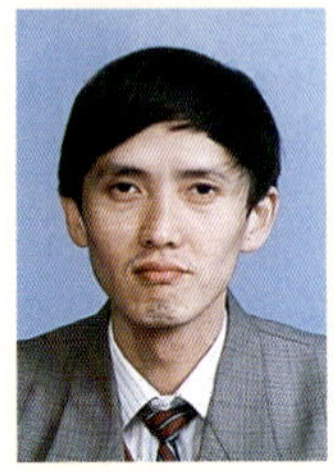

潘跃良

1961年12月生，上海市人，中共党员，大专文化，助理工程师，宝钢集团上海钢管有限公司党委副书记（主持工作）。

【综述】 上海钢管有限公司的前身是上海钢管厂。1958年3月13日，经上海市建委批准新建专业钢管厂，起初定名为上海焊接钢管厂，同年5月24日更名为上海钢管厂。1993年9月，改制为上海钢管股份有限公司，并于1994年1月在上海证交所挂牌成为股份制上市公司。2001年，上海钢管股份有限公司与上海宝钢信息产业有限公司实行资产重组方案等议案经公司董事会、股东大会审议通过，并在上海产权交易所签定产权转让合同，完成产权转让交割。2001年5月，上海钢管股份有限公司更名为宝钢集团上海钢管有限公司（以下简称上海钢管）。

上海钢管地处毗邻吴淞口的张华浜，占地面积120,843平方米。公司设"八部二室"机构，3个生产车间，1个辅助车间；拥有3个分厂、2家子公司。公司主体在岗职工1429人。

该公司是中国主要钢管制造、供应企业之一。年生产能力20万吨，能生产43个大类，4000多个品种规格的无缝钢管、高频焊接钢管和镀锌钢管。各类钢管产品广泛应用于能源、交通、化工、纺织、机械、宇航、地质、钻探、建筑、国防等各个领域。该公司无缝钢管系列产品通过GB/T19002、ISO-9002产品认证，获得中国方圆认证标志，船用钢管分别获得LR、ABS、NK、CCS和GL船级社认证。

调整后的公司领导班子，转变观念，深化企业改革，严格内部管理，带领公司员工团结一致，奋力拼搏，使连续3年多亏损的上海钢管止住了亏损，自5月起逐月实现赢利。2001年公司生产钢管6.53万吨，实现销售收入35107.93万元，利润68万元。

（王烈强）

【大力减少亏损】 该公司曾连续3年亏损，最高时1年亏损1.3亿元。2000年11月，集团公司对该公司领导班子进行调整。新班子从转变观念入手，全面引进宝钢的先进管理理念和管理模式，确立必须100%完成合同的观念，要求各个环节必须按照合同这个指挥棒开展工作。建立起一周三次的调度会制度，强化生产调度指挥，及时协调生产过程中出现的各种难点。千方百计扩大生产规模，坚持放量生产，逐步解决管理、销售、设备、技术等方面存在的问题。通过抓市场、抓质量、抓产量、抓新品、抓合同，上海钢管终于突破了产能不足的瓶颈，生产经营出现了转机，班产量、月产量屡创历史纪录。5月份实现扭亏为盈，以后保持了月月止亏的良好发展态势。2001年，无缝钢管产量比上年增长72%。

上海钢管不断调整营销策略，把产品销售的重点转移到被市场看好的石油管、汽车用管、船舶用管、电厂维修用管以及具有高技术含量、高附加值的产品上来。2001年，根据市场需要，先后开发出汽车用管、高压锅炉管、热轧成品管等新产品。公司强化预算管理，紧缩各种非生产性开支；整合组织机构，加大减员力度；组织员工培训，提高队伍素质。这都为实现扭亏奠定了基础。

上海钢管热轧车间生产现场

（王烈强）

【精简组织机构】 上海钢管对主要部室进行调整，对一些职能交叉、归口不清的部门予以归并和重新整合：原来分散在各车间的钳电检修人员划归装备部集中管理；分散在各车间的工艺、技术人员集中到技术发展部；统计条线、车间生产调度、运输公司划归生产部管理；安全生产、环境保护等职能划归安环部管理；分散于部门、子公司的财务核算人员统一归口财务部管理。公司通过对相关职能的归并，实行专业条线集中管理，减少管理层次，提高工作效率。 （王烈强）

【拓展国际市场】 上海钢管把开拓国际市场作为发挥自身优势、提升企业竞争力的有效途径。公司通过有关外贸机构和合资企业，运用网上招标等多种途径争取出口订单。为确保出口产品的质量和服务，公司专门成立"外贸产品领导小组"，严格按国际标准组织生产，根据用户要求，实行"全天候"技术质量跟踪，针对外贸产品交货期特殊要求，公司领导定期组织协调，各生产部门通力合作，

准备出口的无缝钢管产品

确保产品如期交付，满足外商需求。2001年，公司外贸销售合同量达到3159吨，出口总值折合美元196万元，其中自营出口755吨。产品远销美国、澳大利亚、泰国、古巴、伊拉克、巴基斯坦、韩国、印尼等十多个国家和地区，未发生一起质量和服务方面的异议。

（王烈强）

【加大新产品开发】 上海钢管克服资金短缺、设备落后等困难，发挥自身的技术和品牌优势，2001年成功开发一系列新产品，赢得市场青睐。T91钢管由于工艺复杂、技术要求高，过去基本上依赖进口。为了开发并批量生产这一高附加值的高压锅炉专用合金钢管，公司专门成立攻关组。通过不断优化工艺，采取多种质量保证措施，T91钢管首次批量开发成功，150吨产品一经推向市场，即受到极大关注，并已成为上海钢管的拳头产品。公司同上海主要汽车配件企业联手，根据大众、别克车型的需要，研制开发新产品。一种转动轴专用管过去一直依赖进口，经开发成功后，已用于帕萨特、捷达等多种车型，并被列入2002年国产化项目。上海钢管生产的汽车用管除供应大众、别克之外，还进入"红旗"、"青岛颐

上海钢管职工进行产品质量分析

中”、“富康”、“捷达”等多家企业，并正逐步向卡车、公务车、工程车、摩托车等用管市场进军。公司对现有设备进行改造，研制生产的薄壁热轧成品管，已批量供应市场。（王烈强）

【强化预算管理】 上海钢管改进预算管理办法，从单纯的年度预算推进到按月编制滚动预算，将预算指标细化分解，层层落实到各车间、部门，并列入经济责任制考核。预算考核指标也从上年的平均指标改为按5月份较为先进的指标进行考核。公司倒推产品成本，确定成本指标，试行内部毛利核算，对产品的成本系数进行调整，对特殊产品成本进行跟踪分析，提高产品成本的准确性和稳定性。公司在物资采购上，实行比质、比价、综合评审制度，重大采购项目实行招标采购。在生产过程中，精心计算用料，减少生产道次，降低金属消耗，提高收得率。2001年，产品单位成本每吨从5682元，下降到4676元；每吨毛利则从上年的-72.96元，上升到766.79元。（王烈强）

【节能降耗】 公司采取有效措施，加强能源管理，推进技术改造，建立强有力的节能奖惩考核，节能降耗取得显著成效。月用水量从1月份的20.79万立方米下降到10.9万立方米，吨钢重油从95公斤下降到51.5公斤，全年节约能源3513吨标煤，公司2001年节能总费用为753.88万元。（王烈强）

【加强费用控制】 公司推行月度现金收支预算，实行一支笔的费用审批制度。对车间、部门辅料消耗实行预算控制、超用申请制度。明确通讯工具的使用范围，对移动电话、寻呼机进行清理，压缩对外电话机50%，封存生活用车4辆，停闭电梯，归并办公大楼，减少不必要开支。年度管理费用同比下降1341．86万元，下降幅度为20%。（王烈强）

【推进减员分流】 上海钢管按照“精干主体，剥离辅助”的思路，加大减员分流力度。公司以各岗位相对饱满的工作量，确定合理的定员定额；根据精简高效的要求，确定管理部门的定岗定编。同时，运用各种政策和渠道，推进人员的精减分流。公司对三家子公司进行了清理，对上管开发总公司进行了整体剥离，将原来属于公司的后勤、食堂、消防、劳动服务、吸纳安置富余人员等业务划归开发总公司管理。公司全年减员分流535人，占在岗人数27.24%，在岗人数已减至1429人。由于开展细致的思想工作，得到广大员工的理解，保持了职工队伍的稳定。（王烈强）

【钢管公司大事纪要】

1月10日，公司召开年度首次干部会议，朱洪章总经理作“抓住机遇，迎接挑战，同心同德，力争年内扭亏”的报告。

1月15日，热轧车间新热轧机组试轧73 × 5.5油井管成品管。

1月19日，老热轧环型炉生产线中修，包括剪刀机、穿孔机、轧管机等8个大项，99个小项。

2月20日，公司第二届董事会第十五次会议、监事会第十一次会议在宝山宾馆召开，董事会讨论了公司与宝钢信息产业有限公司进行资产置换的方案及相关事项。监事会审议通过了关于公司重大资产重组方案的议案。

3月26日，公司召开2001年第一次临时股东大会，以记名投票表决的方式逐项审议通过了关于重大资产重组的议案、资产重组后关联交易的议案、资产重组后同业竞争的议案。

3月27日，公司董事会召开第十六次会议。通过了关于公司变更公司名称、住所及经营范围的议案。公司中文名称由“上海钢管股份有限公司”变更为“上海宝信软件股份有限公司”，住所变更为“上海浦东张江高科技园郭守敬路515号”。会议通过了修改公司章程的议案；通过了董事会换届选举及选举独立董事的议案。

3月30日，公司与上海宝钢信息产业有限公司签订产权转让合同，在上海产权交易所完成产权转让交割。

4月1日，星火钢管机械厂几年来经营亏损，公司决定该厂歇业，办理注销工商登记手续。

4月20日，公司召开一届十二次职代会。朱洪章总经理作“抓住机遇，振奋精神，强化管理，拓展市场，为实现年内扭亏目标而奋力拼搏”的工作报告。会议通过了工作报告以及“2000年业务招待费使用情况汇报”、“关于四金交纳情况汇报”、“上次职代会提案执行情况报告”。

4月26日，公司修订颁发《劳动纪律管理办法》、《违纪处理实施细则》、《公司员工违章记分管理办法》。

4月30日，公司召开2001年第二次临时股东大会。会议通过了关于公司变更名称、住所及经营范围的议案、修改公司章程的议案、董事会换届选举及选举独立董事的议案、监事会换届选举的议案。

5月22日，公司名称改为：“宝钢集团上海钢管有限公司”，法定代表人为张汝忻。为国有独资的有限责任公司，是集团公司全资子公司。公司注册资本为人民币1.4亿元。

5月，成品量、销售量双双打破历史纪录，实现当月利润58.8万元，止住持续34个月亏损的被动局面。

6月15日，公司决定撤销总务部、劳动服务中心，将后勤、食堂、消防、劳动服务、吸纳安置富余人员等职能划归开发总公司。

8月21日，集团公司徐大铨、关壮民、尹灏、徐乐江、葛红林、戴元永、赵昆、马国强、赵如月、卞恩君等领导及计划财务部、规划部、人事部来公司调研。

8月31日，集团公司决定：聘请朱洪章任上海钢管有限公司总经理，张岩、李志芳、陈晓丹、邵定裕任副总经理，钱宝银任专务副总经理，杨卫民任总经理助理。

10月19日，公司召开一届十三次职代会，朱洪章总经理作了“咬定扭亏目标，打好攻坚战役，为实现全年生产经营目标而奋力拼搏”的工作报告。会议通过了工作报告以及上次职代会提案执行情况报告。

10月26日，公司组建“西安销售分公司”。

11月28日，公司完成出口伊拉克1750吨A179冷凝器、热交换器用薄壁钢管，出口古巴312吨T22高压锅炉无缝钢管。

（王烈强）

南通宝钢新日制钢有限公司

【综述】 南通宝钢新日制钢有限公司（以下简称宝日制钢）是由上海宝钢集团公司、日本新日铁株式会社、南通市投资管理中心、日本三井物产株式会社合资经营的生产建筑用热轧带肋钢筋企业。总资产5.36亿元人民币，注册资本3.46亿元人民币。由上海宝钢集团公司出资67.5%控股，其余3家出资比例分别为20%、7.5%和5%。厂址位于南通市唐闸镇，厂区占地面积23万平方米。在岗职工701人。组建合资企业时设计年产钢坯20万吨，圆棒材24万吨。

新建的4500立方米/小时氧气站

徐永昌
1942年10月生，上海市人，中共党员，大专文化，政工师，南通宝钢新日制钢有限公司党委书记。

张建国
1961年9月生，上海市人，中共党员，大专文化，南通宝钢新日制钢有限公司副总经理。

2001年，生产连铸方坯45.06万吨，轧制螺纹钢32.8万吨。实现销售收入8.1亿元，实现利税1.1亿元，当年经营利润7540万元。经过技术改造，电炉变压器由1.5万KVA改为3万KVA，连铸由每机每流年产10万吨提高到15万吨，轧钢机组由半连轧改为全连轧。现已达到年产60万吨钢坯，45万吨钢材的能力。近5年来，平均每年以10万吨幅度递增。实物劳动生产率从1997年的人均133吨提高到2001年的643吨。

（赵再饴）

【管理体制扁平化】 宝日制钢借鉴先进管理体制，实行“精简高效”、“集中一贯”做法。原公司生产系统设炼钢、轧钢车间，机关职能部门有生技、设备、质检等8处3办，精简后部门减少了45%，38名中层干部减掉一半，实现体制扁平化。现公司生产设2厂2处，即炼钢厂、轧钢厂、动力处、运输处；机关设4处1办，即计财处、供应处、销售处、企管处、行政办。每年核定岗位，推广一专多能，实行一人多岗，适时调整编制，裁减人员充实新岗位，做到增产增事不增人，不断提高劳动生产率。公司销售在上海、杭州、宁波、昆山、杨州、泰州等地设立7个分公司，发展8个外地代理商，组成销售网。 （赵再饴）

【强化质量控制】 宝日制钢强化质量控制，2000年7月，通过ISO9000认证，2001年5月，通过复审，并着手按2000版质量贯标改版认证。对电炉、精炼炉、连铸、轧钢、计量化验直至包装、运输等工序的设备和人员严格管理，对与生产质量直接相关的设备改造重点投入资金。全员全过程实行严格的质量否决制。对违章操作和产品质量事故，坚决按“三不放过”原则，纳入部门业绩考核，与个人收入直接挂钩。产品出厂100%完好，取得用户的满意和市场的信誉。“宝日牌”螺纹钢被中国建材工业经济研究会评为国内螺纹钢最受欢迎十大名牌之一，被江苏省技术监督局评为省重点保护产品及免检产品，被南通市人

生产中的四流连铸机

民政府评为重点保护名牌产品。螺纹钢用于上海国际博览中心和上海陆家嘴中银大厦、交银大厦等标志性建筑。 （赵再饴）

【以“极限”抠成本】 宝日制钢推行全员、全方位成本管理，为使产品制造成本降到最低限度，以“极限”来抠，步步紧逼，实现最优化生产。该公司瞄准国内同类电炉最好的技术经济指标作对比，把好原材料采购，生产操作、设备维修等每个环节，对成本进行全方位控制，尽最大努力将可控成本中的水分挤干。2001年，炼钢吨钢冶炼电耗最低达每小时415千瓦，电极耗2.78公斤，耐材20.21元。最长炉龄548炉，最长包龄109

宝日制钢公司炼钢车间外景

炉，消耗件修理费15.26元/吨钢；轧钢吨钢油耗29.28公斤、电耗51.62千瓦时，消耗件修理费15.39元/吨钢。 （赵再饴）

【形成企业精神】 2001年，经过各党支部、各部门反复酝酿提议，公司党政召开专题会议，总结公司多年来的发展离不开全体员工“拼搏、求实、创新、发展”的精神，许多平凡岗位上涌现了先进人物和先进事迹，成为学习的榜样，有力地推动各项工作。一致认为这8个字精神贴切地体现了宝日制钢的企业精神。公司将继续发扬这种精神，以“拼搏”体现精神风貌，以“求实”体现工作作风，以“创新”作为工作思路，以“发展”作为追求目标，克服自身的不足，取得不断的进步，实现物质文明和精神文明双丰收。

（赵再饴）

【宝日制钢实施18项技术改造】 2001年，南通宝日制钢公司实施全厂性设备高效化技改18项，共投入资金9200万元。主要项目为：2台30吨炼钢炉改1.5万KVA变压器为3万KVA，冶炼时间由120分钟缩短至80分钟；新增45吨精炼炉一台；实施连铸高效改造，提高拉速，实现单机单流年产15万吨，与经改造后的炼钢能力相匹配；轧钢系统将原粗轧φ550三辊可逆轧机改造成6机架平立交替全连轧机，提高产量，降低钢坯出炉温度和烧损，减少轧废；动力系统新建4500立方米/小时制氧系统，220KV变电站新增一台4万

宝日制钢公司轧钢车间内景

KVA变压器。通过上述改造，使宝日制钢炼钢能力从年产40万吨提高到60万吨，轧钢能力从年产35万吨提高到45万吨，各项经济技术指标进一步提高。（赵再饴）

【宝日制钢公司大事纪要】

5月9日，集团公司领导徐大铨、关壮民、赵昆、马国强、方彝林、莫臻来公司考察调研。

6月8日，总经理倪明德离任，留任董事长职务。副总经理张建国主持行政工作。

6月15日，公司召开二届三次董事会，审议并通过2000年度财务决算及2001年生产经营预算计划。

6月29日，公司召开二届四次董事会，讨论2001～2005年财务预测，中日双方董事一致同意公司经营班子提出的技改计划。

12月18日，公司召开二届五次董事会。会议还听取了2001年度财务预测及2002年度计划预算。并对公司投建第二条轧线、新建一座高炉等近期发展作了探讨。

（赵再饴）

烟台鲁宝钢管有限责任公司

【综述】 1992年5月，由宝钢集团与山东省冶金工业总公司、烟台钢管厂合资组建宝钢集团鲁宝钢管厂，1999年5月改制为烟台鲁宝钢管有限责任公司（以下简称鲁宝钢管）。公司占地15万平方米，注册资本1亿元，至2001年底，固定资产2.01亿元，主体在岗职工数570人。

主体设备轧管机为引进美国ITAM公司设计制造的世界第一台ACCU-ROLL（阿克－罗尔）轧管机，几经改造，年设计生产能力由原来的7.1万吨增加到20万吨。公司主要产品为φ108～φ219×4.5～20毫米输送流体用无缝钢管、液压支柱用无缝钢管、锅炉用无缝钢管、结构用无缝钢管、石油光管、氧气瓶管等10多个品种、369个规格。产品均按IS09001质量体系组织生产与销售，产品原料为集团公司提供的优质管坯，主要用于石油、化工、锅炉、建筑、煤炭、管加工等行业，并出口韩国、美国、泰国、菲律宾等。

烟台鲁宝钢管公司厂区一角

2001年，鲁宝钢管紧紧抓住“效益最大化”和“以人为本”两条主线，内抓向技术进步要效益，向管理深化要效益，持续降本增效；外抓向市场做大要效益，产销、利润等多项指标创历史新高，企业市场竞争力稳步提高。2001年，产销量继上年首次实现达到设计生产能力后，再创历史新高。全年生产钢管14.77万吨，同比增长33.3%；销售钢管15.15万吨，同比增长32.6%；实现销售收入5.1亿元，同比增长50.8%；利税3877万元，同比增长50.16%。

（孙银芳）

薛锦炜
1943年3月生，浙江绍兴人，中共党员，大专文化，高级政工师，烟台鲁宝钢管有限责任公司董事长。

王旭午
1960年11月生，山东莱州人，中共党员，大学文化，工程技术应用研究员，烟台鲁宝钢管有限责任公司总经理。

季元功
1943年12月生，上海市人，中共党员，大专文化，政工师，烟台鲁宝钢管有限责任公司党委书记。

【及时调整营销策略】 2001年，鲁宝钢管坚持“产销结合，优化结构，发展用户，拓展出口，提高销售收入利润率”的营销方针，在上半年坯料严重不足的情况下，及时外采管坯，确保下半年生产的正常进行。全年生产经营实践中，抓住市场机遇，产销紧密结合，一方面加强市场分析与研究，及时调整营销策略，追求规模市场，充分利用较好市场形势，加快资金的及时回笼；另一方面不断优化产品结构，什么产品市场适销，就全力产销什么产品。ϕ159毫米以下产品基本保本，只有ϕ219毫米为代表的产品市场适销又赚钱。年内全力组织ϕ219毫米钢管生产，共生产7.8万吨，占总产销量的一半以上。这也是鲁宝钢管2001年的主要效益增长点，从而创销售历史新高。 （孙银芳）

ϕ219钢管产品占总产销量的50%

【经济承包兑现激励】 2001年，该公司加大经济承包责任制的实施力度，通过抓市场开拓、加快生产作业节奏、抓产品质量和降本增效等，取得明显效果。具体操作是：将职工一切收入（甚至包括原来的130元/人·月的午餐补贴）都纳入到奖惩考核中，严格按承包办法奖惩兑现（生产系统采取计件计奖，营销系统采取大包形式），按实际月效益计提和兑现奖励。月创效益好的，当月兑现；完成不好的，少得或不给激励。奖惩中浮动部分比例增大，月浮动部分与固定部分之比平均在55：45，

鲁宝钢管生产现场

其中车间月浮动部分与固定部分之比达到65：35左右。同时，车间内部也打破大锅饭分配，从而较好地调动职工的工作积极性与主动性。该公司岗位工作效率明显提高：年平均班产支数同比增加120支，月产量首次突破1.9万吨，设备故障时间同比下降了约7小时/月等。 （孙银芳）

【强化监管促规范管理】 2001年，鲁宝钢管根据市场形势要求，完善《物资采购管理制度》、《销售管理制度》、《成本费用管理办法》等规章制度，进一步加强和规范企业管理。同时，充分发挥审计监督作用，在坚持日常经济合同审计等基础上，加强干部离任（任期）经济责任审计、财务审计、固定资产管理及辅料消耗审计、公司二级部门奖金分配专项审核、小金库专项检查，以及安全管理等效能监察等。对查出的问题，及时整改。另外，通过加强对子公司的规范经营和创效能力的监管，提高子公司规范经营、自我发展的能力。2001年，该公司管辖的子公司——开发公司实现利润53.15万元，鲁宝钢管上海经销处实现利润7.5万元。 （孙银芳）

【通过环境管理体系认证】 鲁宝钢管为实施环境管理贯标体系，认真学习环境管理体系文件，严格按环境贯标体系要求执行。取得的成效是：职工的环境意识普遍提高；公司固体废弃物管理、油品管理、能源和资源消耗等管理进一步细化；许多节能降耗新措

ISO14001
CERTIFICATE
Certificate No.: 06-2001-100

We hereby certify that
YANTAI LUBAO STEEL TUBE CO., LTD.
NO.185, XINGFU MIDDLE ROAD, ZHIFU DISTRICT,
YANTAI, SHANDONG, P. R. CHINA
POST CODE: 264002

By reason of its
Environmental Management System
has been awarded this certificate for
compliance with the standards
ISO14001: 1996

The Environmental Management System applies in the following area:

THE PRODUCTION SITE OF YANTAI LUBAO STEEL TUBE CO., LTD., LOCATED AT NO.185 XINGFU MIDDLE ROAD, ZHIFU DISTRICT, YANTAI, SHANDONG, P. R. CHINA, AND THE WHOLE PROCESS ABOUT PRODUCTIONS, SALES AND SERVICES OF SEAMLESS STEEL TUBES.

Date of Issue: July 18, 2001
Date of Expiry: July 17, 2004
Certification Body: Certification Center of Environmental Management System, Chinese Research Academy of Environmental Sciences
Issued by:

7月18日，取得ISO14001环境管理体系认证证书

施取得明显经济效益，如能源集中监控的水处理改造节省电费约30万元/年，芯棒内水冷改进项目使芯棒的使用寿命提高约50%，穿孔顶头热处理改进项目使顶头的使用寿命提高约一倍等，企业形象和企业产品形象不断提高。

7月9～10日，由中国环境科学研究院环境管理体系认证中心、山东省环境保护局、烟台市环境保护局的专家对鲁宝钢管环境体系运行情况进行了现场审核认证。经过严谨、认真、务实的审核，认为鲁宝钢管环境管理体系运行持续有效，所制定的环境方针是适宜的。7月18日正式向鲁宝钢管颁发ISO14001环境管理体系认证证书。 （孙银芳）

【鲁宝钢管上马煤气发生炉】 2月24日，鲁宝钢管新建煤气站的煤气发生炉举行开炉点火仪式。为从根本上解决燃油冒黑烟问题、最大限度地降低燃料能耗成本、使生产的钢管保持较强价格优势，

鲁宝钢管提出用煤气发生炉产生的煤气取代燃油，进行能源结构调整的思路。煤气发生炉当年试运行以来，在环保和降耗方面均取得较为明显的成效：解决了以往管坯加热烧重油时易冒黑烟问题，同时每年至少可以少排放90吨二氧化硫；以煤气取代燃油，较好地降低了燃料能耗成本，当年节约燃料成本300多万元。

（孙银芳）

【鲁宝钢管公司大事纪要】

1月16日，获得美国石油协会颁发的API-5L证书。

2月24日，公司煤气发生炉工程项目举行点火仪式。

6月2日，公司召开第三届职代会暨工会会员大会第一次会议，会议通过了公司行政工作报告、工会工作报告、业务招待费专项报告、《鲁宝钢管公司工资分配制度改革总体思路》、《职工供养直系亲属大病统筹救助办法》等，选举产生第三届工会委员会。

7月1日，公司计算机管理产、供、销及其信息反馈内部网投入使用。

7月10日，公司通过由中国科学研究院环境管理体系认证中心组织的环境管理体系ISO14001认证。

10月，公司产量、销量均突破1.9万吨，创月产销历史新高。

11月，公司生产及考勤电视监控系统试运行。

12月20日，公司第三次董事会暨监事会在烟台召开，对董事会和监事会成员进行调整。新一届董事会由张汝忻、李玮、沙学连、邵定裕、季元功、于健民、许旭东组成，张汝忻出任董事长，李玮出任副董事长；新一届监事会由康健民、许卫、苗红梅组成，康健民出任监事会召集人。

12月31日，全年生产钢管14.77万吨，销售钢管15.15万吨，创历史新高。（孙银芳）

宁波宝新不锈钢有限公司

【综述】 宁波宝新不锈钢有限公司(以下简称宝新公司)由上海宝钢集团公司出资54%、浙甬钢铁投资（宁波）有限公司出资12%，日本国日新制钢株式会社出资20%、三井物产株式会社出资7%、阪和兴业株式会社出资7%，合资组建的生产冷轧不锈钢薄板企业。一期工程于1998年12月11日正式投产。一、二期建设投资总额为30亿元人民币，总用地面积为27.93万平方米，厂址位于宁波经济技术开发区（北仑·霞浦）。一期生产经营员工394人。二期工程竣工后定员541人。

2001年，宝新公司克服进口原料税率调整及不锈钢市场低迷的困难，超额完成董事会下达的各项指标。全年完成不锈钢产量98267吨，为预算目标的115.61%；主营业务实现不含税销售净收入136319万元，为预算目标的107.17%；实现利润总额7733万元，为预算目标的154.63%。综合成材率、产品质量均超目标值，二期工程建设也按预定计划顺利进行。

年内，宝新公司先后被中华全国总工会评为全国外商投资企业“双爱双评”活动先进单位。被宁波市评为“AAA级资信企业”、“先进外商投资企业”和“园林式单位”等。

12月3日，国家对外贸易经济合作部列“2000至2001年度中国

宝新公司办公楼外景

最大的500家外商投资企业”表，宝新公司排第226位。

（包　新）

刘安
1961年9月生，浙江开化人，中共党员，工商管理硕士，高级工程师，宁波宝新不锈钢有限公司总经理。

华丁生
1957年7月生，浙江遂昌人，中共党员，大学文化，工程师，宁波宝新不锈钢有限公司党委书记。

【抓基础整章建制】 宝新公司为了推进生产经营的规范有序运作，2001年以3个管理体系贯标认证为契机，理顺了公司行政公文与管理体系文件之间包容与兼容的关系，并对公司投产以来的规章制度进行清理。至年底，公司已建立有效行政规章制度共346项，其中：属质量管理体系108项，属环境管理体系44项，属职业安全卫生管理体系67项，属其它行政管理规章127项，形成了宝新公司基本健全的行政管理规章体系。

（包　新）

宝新公司二期工程新招员工接受技术培训

【通过三个管理体系认证】 宝新公司在2000年11月通过ISO9001:1994质量管理体系认证的基础上，为进一步提高管理水平，增强企业后劲，11月，再一次通过了ISO9001:2000（转版）质量管理体系认证，同时获得美国注册认可机构RAB的确认；12月，一次通过了ISO14001:1996环境管理体系，及OSHMS职业安全卫生管理体系的认证。标志着该公司管理水平又上了新台阶。

（包　新）

公司领导正在接受“环境及职业安全卫生管理体系”第二阶段审核

【产品质量上新台阶】 ISO9001:2000质量管理体系贯标认证，推进了宝新公司产品质量的提高。年内针对产品板面色泽度、粗糙度、晶粒度、延伸性、冲压性、硬度等问题，制订和实施了产品品质提升对策。全年综合成材率、合格品率分别为90.56%、96.87%，分别比目标值增加0.06和1.87个百分点。其中一级品率为88.98%，比目标值增加3.98个百分点。7月，该公司一级品率达到94.72%，创历史最好水平。产品质量已接近样板厂日本国日新制钢周南制钢所水平。宝新公司坚持严格按JIS等国际标准生产，杜绝超标、大负公差供货，建立了良好的企业信誉。（包　新）

【降本增效成效显著】 宝新公司积极倡导“全员参与，系统降本”，年初，按照公司年度预算目标结合各部、分厂的管理职能，把成本费用细化成124个考核指标分解到部、分厂，然后再层层落实到各室、班组、岗位和个人。并将考核指标分成重点与一般两类，建立了成本费用横向到边、纵向到底的考核体系，做到年预算、季调

宝新公司获质量、环境、职业安全卫生管理体系认证证书

整，月审定、季考核。同时，不断加深对"成本与产量规模"、"成本与产品质量"、"成本与设备运行效率"关系的认识，逐步从单一降本向追求系统成本最优化、最低化转变。通过提高产能，实现以规模求效益，全年交库量比目标值增加13267吨，并提高高附加值产品比重，实现降本增效3629万元。通过抓质量、产精品，保证产品的优质优价，由此降本增效313万元。通过广罗市场信息，加强市场预测，灵活运用"时间差"、"价格差"、"地区差"进行原料采购，在原料关税调增7%的情况下，与预算同口径相比实现原料采购成本下降11846万元。通过同国内外同类先进企业进行"对标"，挖掘降低物料消耗的潜力，全年吨钢物料消耗实绩比预算目标值下降8.92%，降本增效1134万元。通过严格按预算支出，合理调度使用资金，改变进口原料付款方式，大大降低财务费用，全年费用比预算降低1332万元，尤其是财务费用降低1232万元。

（包　新）

【大力开拓市场】 至2001年底，宝新公司已建立起"厂－商－厂"的营销模式，共培育了产品经销商17家，发展了格兰仕、广州日立等直供用户，产品已销售到国内10多个省、市，取代了进口，部分产品还远销到美国、新加坡、香港等国家和地区。2001年，虽然不锈钢市场一直低迷下滑，但宝新公司抓营销促服务，全年组织经销商及直供用户召开销售工作会议2次，公司领导带队上门走访经销商、直供用户20余家，建立了5家重点用户档案；选派专业技术人员赴全国4个地区，对30余家用户开展不锈钢技术讲座；积极推进CS战略，按照顾客对产品不同的需求签订供货合同，制订了《产品异议管理制度》，并纳入ISO9001:2000质量管理体系文件，不断提高产品异议的处理效率，做到用户至上，诚信服务。全年用户合同完成率100%。

为了建立公司与产品经销商的利益共同体，公司还制订了《宝新公司产品销售代理商年度考核奖励办法》、《宝新公司产品销售合格代理商奖励办法（暂行）》。通过努力，宝新公司全年产销率达100.01%，期货比例达90%，特别是8月，完成销售量10264吨，月销量破万吨，创历史最好水平。

（包　新）

【技术攻关和新品开发】 2001年，公司组织开展了提高收得率、深加工性能改善、提高SUS430酸洗表面质量、SUS304黑皮卷生产提速、减少轧机厚度超差、降低带钢表面粗糙度、降低CTL矫直机加工硬化、轧制油系统技术、改善SPM机组平整液残留、不锈钢垫纸国产化、减少SUS304薄料酸洗垫纸用量、单面研磨产品出厂、降低黑皮卷酸洗氧化铁皮残留、减少轧机断带、减少APL停炉、提高APL产量等16项技术攻关项目，已完成10项，取得显著效果的有6项。

经过反复的攻关试验，先后成功开发了SUS316L新产品，其防腐性能好，可用于化工设备；开发了SUS304加Cu新产品，改善了材料的深加工性能；开发了SUH409L新产品，可用于制造汽车排气管等。（包　新）

【宝新获得三项专利】 1月17日，国家知识产权局以00116606.9专利号，确认宝新公司"不锈钢板冷轧机轧制油回收装置"专利；2月24日，国家知识产权局以00218078.2专利号，确认宝新公司"不锈钢冷轧研磨油回收装置"专利；6月23日，国家知识产权局以00251886.4专利号，确认宝新公司"板材的包装"专利。

（包　新）

【健全设备管理】 宝新公司以贯标为契机，建立健全设备基础管理规章制度，编制了《设备检修标准》，修订和完善了《设备检修技术标准》、《设备点检标准》、《设备给油脂标准》。以点检定修制推进为重点，推进一日两检，强化点检周期管理、优化定修模型，提高点检命中率，延长定修周期，并强化定修全过程管理，提高检修质量，确保检修合格率为100%。全年设备可开动率达98.58%，为目标值的102.69%，比上年提高3个百分点。（包　新）

【加强安全管理】 年内，宝新公司在安全生产管理方面重点加强了安全宣传教育和现场督查的工作。全年组织了5次安全电视录像播放，共499人观看；开展了安全生产宣传周、安全月、“安康杯”安全竞赛和“119天”无特大火灾事故等活动。对生产、施工现场坚持实行一日三查、周查、月查、专项查、夜间突击查，并对冷轧和酸洗两条主要作业线实施定修全过程安全跟踪检查。全年共组织大检查16次，及时整改不安全隐患183项。

为了预防火灾事故，公司编写了《轧机机组火险事故预防手册》，并在4个分厂组织了消防演习。结合OSHMS职业安全卫生管理体系的贯标，公司辨识了597项岗位危险源，对其中302项一般危险源均由各班组制定了相应的防范措施；对其中295项重大危险源，均由各部、分厂制定相应的管理措施和应急预案；同时公司又通过技术改造，消除了55项容易对职工形成伤害的危险源。

全年，宝新公司员工因工轻伤、重伤、死亡事故均为零，职工职业病事故为零，交通事故为零，机械设备安全事故为零，火灾、爆炸事故为零。（包　新）

【重视环境保护】 宝新公司结合ISO14001:1996环境管理体系的贯标认证，出资建造了污泥堆放场，解决了一期工程遗留问题，使其无害化处理率、规范化堆放率、规范化运输率均达100%；针对APL头部尾部等4个操作室的噪声问题，APL炉子及循环水站等噪声源问题，公司投资设置了隔音墙、隔音卷帘门、隔音窗等，使厂界噪音达标；加强设备维护，精心操作，悉心保养，使含油废水站的油排放、化学耗氧量、悬浮物浓度均低于目标值，中和站的废水排放实现达标；改造了雨排水系统，采取隔油池处理，杜绝了因雨排水引起的水污染事故；修复APL酸雾处理自动控制系统，消除了氮氧化物的超标排放。为了避免环境污染，公司还设置了废电池、废日光灯管、油回丝等收集点，并将生产过程中产生的油渣进行分离，回收利用。公司还全面禁止使用石棉制品，从根本上消除了污染源。公司绿化覆盖率一直保持在35%。（包　新）

【推进人力资源管理】 2001年，制定了《人力资源调配管理办法》、《行政管理人员管理办法》、《员工奖惩管理办法》、《员工待退休管理办法》、《岗位劳务工管理办法》，健全了人事管理制度；修订了《员工惩处细则》，加大对违纪人员处罚力度；完善《公司管理职责和部门职责》、各部门《岗位规范》；制定了《2001年奖金分配考核办法》及《2001年资产经营、工效挂钩方案》。

结合贯标工作，制定了《人力资源管理程序》；开展“拜师学技”活动，采用师傅传、帮、带的形式，对新员工上岗技能培训进行指导。公司调整了组织机构，部以下设室、站，车间改制为分厂，并将平整机组成建制从轧钢分厂划转到精整分厂；还根据公司发展需要增设了规划发展部。公司编制了《二期劳动定员编制说明》、《二期劳动组织表》、《二期生产人力资源初步安排方案》，审定二期劳动定员541人。加强各部、分厂人事管理的基础工作，对考勤、岗位变更、培训、人事信息、劳动合同、业绩考核、奖惩、上岗考试、各类假期等记录提出了具体要求。建立人员动态管理台账，公司现员配备为正式工468人，岗位劳务工30人，满足了公司生产、建设的需要。（包　新）

【宝新二期工程建设】 宝新公司二期工程是在充分发挥一期设备能力基础上，增加3座罩式退火炉、1套冷轧机组、1套光亮退火机组、1套冷带退火酸洗机组，并改造现有热、冷带退火酸洗机组及平整机组，新建工业厂房约4万平方米。

二期工程建设总投资约12.5亿元人民币。年内宝新公司已完成二期工程立项审批、技术谈判、初步设计审查、供水、供电、征地、设备引进、工程招标等前期各项工作，已于9月8日正式开工，全面进入二期工程建设实施阶段，计划2003年4月竣工投产。

二期工程建成后，宝新公司年设计产量将增至16万吨，其中新增4.8万吨高光泽度的光亮板，并可供热轧不锈钢酸洗白卷4万吨。增加了产品品种，拓宽了产品规格，改善了环境保护，具有显著的经济效益和社会效益。

二期工程将本着“模式参照一期，费用低于一期，质量勇超一期，效率高于一期，装备好于一期，现场文明优于一期，确保建设、生产两不误”的建设方针，优质、高效搞好工程建设，实现做强、做精奋斗目标。（包　新）

【宝新二期工程开工典礼】 9月8日上午，宝新公司不锈钢二期工程开工典礼在厂区举行。国家有关部委、行业协会、浙江省、宁波市、宝钢、浙甬公司等领导石启荣、吴建常、单亦和、王晓齐、杨东明、叶荣宝、张蔚文、邵占维、陈泰声、宋小六、黎明、谢企华、何文波、刘培志、刘安和日本国日新制钢、阪和兴业、三井物产的代表星野和夫、古贺宪介、坂东祥三郎、波床健藏、三浦悟以及各有关委、办、局，出资方，设计、监理、冶建等单位的代表、嘉宾共150余人出席了典礼。

典礼由宝新公司二期工程总代表、总经理助理郑根富主持，刘安、星野和夫、谢企华、吴建常、张蔚文、叶荣宝先后讲话。叶荣宝、黎明、张蔚文、吴建常、谢企华、何文波、星野和夫为工程开工剪彩。谢企华宣布开工令。浙江省计委还发来了贺电。（包 新）

2001年9月8日，宝新公司不锈钢二期工程开工

【宝新公司大事纪要】

1月3日，公司被评为“全国外商投资企业‘双爱双评’活动先进单位”。

1月20日，公司召开了一届四次工会会员代表大会。

1月23日，宁波市市长张蔚文、常务副市长邵占维、秘书长陈炳水一行来公司视察。

2月10日，公司成功开发了SUS316L新产品，其防腐性能好，可用于化工设备。

3月5日，公司与日新制钢株式会社正式签定《宝新BA产品技术合同》。

3月20日，宁波市经委组织审查同意公司的二期技术改造工程。

4月4日，公司在宁波南苑饭店召开出资者协议会、二届十二次董事会会议，通过了“2000年会计年报及财务说明”、“原料进口关税变化对公司2001年生产经营影响的汇报”、“2001年工资分配方案”、“宝新BA产品技术协作合同”、“宝新公司高级管理人员奖励”等决议，并签署修改后的合营合同、章程。

4月6日，公司召开一届五次工会会员代表大会。

4月28日，公司成功地开发了SUS304加Cu新产品，改善了材料深加工的性能。

4月30日，公司举行“宁波宝新不锈钢有限公司二期工程原料、成品跨扩建工程打桩仪式”。

4月30日，公司在宁波南苑饭店举行了“宁波宝新不锈钢有限公司二期工程引进设备合同签字仪式”。

5月21日，原国家冶金工业部部长李东冶来公司视察。

5月25日，浙江省总工会主席张凤鸣一行来公司视察。

5月30日，公司获宁波市“2000年度AAA级资信企业”。

6月15～16日，公司在广西北海召开了上半年销售工作会议，共有58名代理经销商代表参加。

7月2日，公司召开了贯标动员大会，并宣布公司ISO9001:2000质量管理体系、ISO14001:1996环境管理体系和OSHMS职业安全卫生管理体系从7月2日开始试运行，8月1日起正式运行。

8月2日，公司成功地开发了SUH409L新产品，可用于制造汽车排气管。

8月22日，宁波市经济委员会批复同意公司二期工程的初步设计。

9月8日，隆重举行宁波宝新

不锈钢有限公司二期工程开工典礼。

9月8日，公司在宁波南苑饭店召开了出资者协议会、二届十三次董事会会议，通过《出资者协议会决议》和《关于调整二期工程投资总额的董事会决议》。

10月9日，公司被评为宁波市“园林式单位”。

10月17日，公司被评为宁波市“先进外商投资企业”。

10月22～29日，集团公司监事会丁贵明主席一行，对公司成立以来建设、生产经营、财务运作情况进行了实地监督检查。

10月23日，浙江省发展计划委员会副主任刘亭一行来公司考察。

11月8～11日，上海质量体系审核中心对公司的ISO9001:2000质量管理体系进行了现场审核，并推荐认证通过。

12月4日，上海质量体系审核中心正式向公司签发了《质量管理体系认证证书》，并获美国注册机构RAB的确认。

12月8～9日，上海质量体系审核中心对公司的ISO14001:1996环境管理体系和OSHMS职业安全卫生管理体系现场审核，并推荐认证通过。

12月10日，原冶金工业部副部长赵岚来公司视察。

12月13日，公司在宁波南苑饭店召开了出资者协议会、二届十四次董事会会议，通过“3号轧机项目可行性研究报告”、“2002年公司生产经营计划预算报告”、“增设规划发展部”、“宝新公司融资方案报告”等决议。

12月13日，日本三井物产株式会社副社长今泉烈先生一行来公司访问。

12月18日，日本日新制钢株式会社代表取缔役、副社长小野俊彦先生一行来公司访问。

12月19日，公司在宁波召开下半年销售工作会议，共有53名代理经销商代表参加。

12月21日，公司召开了一届六次工会会员代表大会。

12月21日，上海质量体系审核中心正式向公司签发了《ISO14001认证证书》和《职业安全卫生管理体系认证证书》。

（包　新）

建成的马迹山港全景

多元产业

DUOYUANCHANYE

多元产业

贸易业

【综述】 2001年11月13日，集团公司在宝钢国际经济贸易总公司的基础上，进行贸易整合重组，改制成上海宝钢国际经济贸易有限公司（以下简称宝钢国际）。

2001年，宝钢国际克服世界经济增长率下降，国内钢材进口大幅增加，钢材需求呆滞，价格下降等困难，尽心尽力为宝钢股份公司提供销售和供应服务，确保宝钢股份公司生产、建设和经营的顺利进行，并积极发挥集团联合优势，努力为集团成员单位提供代理销售和采购服务，同时大力发展社会贸易，提高社会贸易在整个贸易额中的比例，全面实现2001年度经营目标。

2001年是宝钢国际改革的关键一年，也是宝钢股份公司上市后按照上市公司规范运行的第一年，宝钢国际从宝钢股份公司所获得的优惠政策和贸易条件不断削弱。公司从自身生存发展大计着眼，在一如既往做好服务宝钢股份公司的同时，把更多的目光

宝钢召开贸易产业发展动员大会

瞄向宝钢股份公司以外的市场。为此公司在全体员工中开展生存危机意识的教育，向全体员工宣扬宝钢国际要从过去政策庇护中走出来，自主地参与真正的市场竞争。全年公司从体制和机制两个方面向市场化经营方向倾斜，把社会贸易额指标作为考核贸易

宝钢国际公司试行干部聘任制

部、子公司领导业绩的主要指标之一，在收入分配上优先向完成社会贸易作出突出贡献的单位和个人倾斜；公司下属各部门、子公司还纷纷改革内部经营体制，把过去那种完全适应于宝钢贸易和集团贸易的内部组织体制逐步向适应社会化经营的方向过渡。公司还明确发展社会贸易的5年经营目标，力争在2005年实现纯社会贸易180亿元，为集团公司跻身世界500强作出宝钢国际的应有贡献。为实现这一目标，宝钢国际把180亿元社会贸易指标层层分解，确保完成。经过全体员工共同努力，2001年宝钢国际完成纯社会贸易额将近80亿元，比2000年翻了近一番。

在强化内部管理方面，宝钢国际继续出台一系列管理制度，其中干部聘任实行任前网上公示制度为宝钢国际的首创，宝钢国际把拟聘任的领导干部简要情况及拟聘任的岗位在网上公布，在一段时间内接受全体员工的意见，对群众反响强烈的干部宝钢国际暂缓聘用，继续加强考察。此举不仅增加干部任用的透明度，也是对宝钢国际人事制度的一次重大改革。宝钢国际还在物资采购的效能监察方面跨出了一步，宝钢国际纪委、监察室强化对物资采购过程的跟踪、监督、检查，宝钢国际及各贸易部相继出台一些管理制度，如宝钢国际制订《招标管理办法》、原料部出台《电煤招标采购管理办法》、实业公司出台《废钢铁竞价采购规定》等，有效防止采购工作中的不廉洁行为发生。（黄建中）

上海宝钢国际经济贸易有限公司

【概况】 上海宝钢国际经济贸易有限公司注册资本为14.5亿元人民币，下设矿业事业部、钢铁事业部、设备工程事业部、金属资源事业部、物流事业部等五个事业部和技术公司、浦东国贸、包装材料公司、汽车贸易公司（筹）、东方钢铁电子商务公司等五家直属子公司，以及亚洲、欧洲、美洲三个海外事业区。宝钢国际主要业务为矿业、钢材贸易和加工配送、废钢资源开发和销售、设备工程业务、与贸易相关的产品深加工及

其出口、电子商务和物流服务。

年内，宝钢国际被评为上海市“重合同、守信用”单位，4月，被评为上海市文明单位（1999～2000年度）；宝钢国际纪委连续两次被评为上海市纪检工作先进单位；6月，宝钢国际党委被上海市工业党委评为“优秀基层党组织”；公司还获得1999～2000年度上海市安全工作先进集体；宝钢国际下属的技术发展公司被上海技术交易所授予“技术交易先进单位”称号。在2000年中国最大进出口额500家企业的排行榜上，宝钢国际排名第18位。同时，上海市人民政府还颁布“2000年度市外贸出口贡献奖”，宝钢国际荣登榜首，并被市政府授予“出口创汇一等奖”。在2002年2月揭晓的上海市2001年企业进出口排行榜上，名列第二。　（黄建中）

何文波　1955年6月生，辽宁沈阳人，满族，中共党员，硕士，高级工程师，上海宝钢国际经济贸易有限公司董事长、总裁。

张志良　1951年2月生，上海人，中共党员，大专文化，高级政工师，上海宝钢国际经济贸易有限公司党委书记兼人事副总裁。

【宝钢贸易产业改制重组】　贸易产业是宝钢重点培育、扶持和发展的战略性支柱产业之一，集团公司为适应宝钢总体发展战略，加快多元产业的发展，早日跻身世界500强而决定对宝钢贸易产业进行整合。为此集团公司聘请美国波士顿咨询公司进行宝钢贸易业重组的方案设计。新的宝钢国际作为宝钢发展贸易产业的核心企业，通过对宝钢所拥有的贸易及相关产业资源进行重组、优化，充分利用现代管理技术和信息技术，培育自己独特的核心能力，为宝钢钢铁主业及其他产业、社会用户提供优质、可靠的增值服务和有力支撑，提升宝钢整体竞争力。新的宝钢国际将通过全方位区域化营销服务平台和电子商务平台的搭建，以及以快捷的配送服务为主体的物流支撑体系的建立，充分发挥宝钢在多年贸易产业发展过程中形成的人才、资金、营销网络和客户资源等方面的综合优势，积极参与市场竞争，努力开拓新业务，成为钢材及其相关产品贸易服务市场的领导者。

11月13日，集团公司以沪宝钢字（2001）418号文《关于组建上海宝钢国际经济贸易有限公司的通知》，正式宣布组建上海宝钢国际经济贸易有限公司，为有限责任公司，国有独资公司。条件成熟时可吸收其他战略投资者参股，改制为多元投资主体公司。以原宝钢国贸为基础吸收合并进行组建，将宝钢在贸易及相关领域已有的产业化经营资源中的宝钢方股权逐步划转或转让给宝钢国际，主要划转和转让的有：原集团公司的所有海外子公司、宝钢运输公司及其子公司、上海申井钢材加工有限公司、上海新华钢铁有限公司、东方钢铁电子商务有限公司、上海宝矿矿产品有限公司，另外马迹山港按租赁方式进行运作。宝钢国际依照《公司法》设立董事会、监事会，实行总裁负责制，公司实行事业部制运行模式，下设五个事业部和五个直属子公司。　（黄建中）

【销售钢材创新高】　2001年，宝钢国际钢铁板块各子公司面对国内钢铁产能增加，低价钢材大量进口，市场竞争加剧，钢材严重供大于求的局面，强化“用户的利益就是我们的利益、用户的标准就是我们的标准、用户的计划就是我们的计划”的“三个就是”承诺，加强宝钢股份公司三期产品，特别是1550毫米电镀锌、热镀锌、电工钢和热轧酸洗板的的营销力度，努力开拓新用户，加强库存管理，全年累计在国内市场销售宝钢股份公司钢材657.58万吨，同比增长29.1％，创历史新高。

（黄建中）

【创建先营后销的新模式】　2001年是钢材市场的严冬之年，宝钢股份公司的钢铁产品销售也经历从未有过的困难。宝钢国际下属各钢铁板块子公司以技术营销带动宝钢股份公司产品的销售，编制“三期产品与二期产品性能对照表”、“三期产品介绍手册”，方便用户了解三期产品；钢铁板块子公司还与宝钢股份公司合作，在重庆、东莞、大连、湖南、青海、贵州等地举办10次宝钢三期产品技术推介会，300余家宝钢直供用户、重点用户、大流通商的千余名代表参加会议；钢铁板块子公司在直供用户和重点用户中聘请特约服务监督员，并派专人了解检查，及时反馈产品信息；宝钢国际钢贸公司建立30030网站，使用户可在网上查询产品资料、合同进展情况。通过以上措施，大大密切宝钢技术专家与用户、销售商与用户、生产厂与用户之间的交流与沟通，使宝钢了解用户的生产要求，产品技术服务更贴近用户要求；用户更了解宝钢三期新产品的性能和效用，解决三期产品替代上的问题；这种多方位的宣传促销三期产品方式，形成宝钢国际销售先营后销的新模式。

（黄建中）

【为宝钢股份公司产品保驾】 宝钢国际钢铁板块子公司树立“任何情况下都要从宝钢大局出发，以宝钢整体利益为重”的信念，提出保驾不仅要体现在市场好的时候，更要体现在市场不利的时候，宝钢股份公司才更需要保驾，保驾才更有价值。在资源紧缺时，宝钢国际及时向宝钢股份公司销售处反映用户需求，同时利用现货资源作调剂，帮助用户解决生产急需。如亚星－奔驰、崎胜金属制桶厂、友诚机床设备厂等企业在宝钢期货合同量不能满足需要时，钢贸公司从现货仓库中寻找替代钢材，通过宝森剪切加工，缓解用户燃眉之急。当宝钢股份公司钢材滞销时，宝钢国际又接受大量预合同，为宝钢股份公司分担库存压力、稳定产品价格作出贡献。

（黄建中）

【宝钢、首钢、武钢签署废钢采购协议】 6月21日，宝钢国际实业公司继5月为首钢代理采购5000吨国内废钢后，又与首钢和武钢本着应对市场挑战、实现共赢目标的指导思想，签署《宝钢、首钢、武钢废钢铁联席会议协议》和《宝钢国际代理首钢进口废钢协议》，这标志着宝钢、首钢、武钢三大钢铁集团废钢采购供销战略联盟已实质性起步。此举不仅能使延续多年的国内废钢铁市场存在的无序竞争状态和资源紧张价格上涨局面得到初步扭转，就宝钢国际而言，在集团公司大力支持下，实业公司以集团利益为重，响应号召、主动出击，牵头协调三大钢厂在废钢采购方面的合作，想方设法为降低三方废钢采购成本所作的努力，已经取得初步成效。

三方废钢铁联席会议协议的签订是宝钢、武钢和首钢缔结战略联盟的具体体现，协议明确三方共同研究跟踪市场、协调采购价格与节奏、随时制订相应措施的具体方案。三个特大型企业组成战略联盟可以消除无谓的“竞争”，共同应对国内外市场的变化，寻求最经济的采购模式，努力控制国内废钢市场价格走向。三家联手后，可以对整个废钢铁供应链从头到尾进行一次新的整合，消除联手前的一些不必要环节，优化采购程序，确保三家的废钢采购价格能够在战略上保持长期市场最低。2001年，宝钢国际实业公司共为首钢代理采购废钢4.76万吨。

（黄建中）

【以战略投资控制贸易资源】 贸易资源是贸易企业获得可持续发展的基础，掌握和控制贸易资源等于为企业发展留下广阔的空间。基础性原材料如煤炭、矿石等作为不可再生性资源不仅储量有限，而且价格呈现刚性特征，尤其是煤炭作为宝钢国际重要的贸易资源近年来出现价格连续上扬，采购困难的局面，这不仅使宝钢股份公司的生产用煤采购难度增大、成本上升，而且也使宝钢国际开拓煤炭的社会贸易丧失基础。为能有效控制煤炭的贸易资源，宝钢国际从2001年起加大向煤炭行业的战略性投资力度，先后完成对上海大屯能源股份有限公司、河北开滦精煤股份有限公司、大同煤业股份有限公司以及山西潞安能源开发股份有限公司的出资参股的有关工作。宝钢国际正在继续寻求以掌握煤炭资源为主要目的的投资机会，正与河南永城煤电集团和山西焦煤集团洽谈有关合作事宜。在2001年全国煤炭市场价格上扬、供应偏紧的情况下，宝钢国际仍然保持对宝钢股份公司煤炭的稳定供应，并且煤炭的采购价格涨幅远低于市场平均涨幅。

此外，为掌握和控制集团公司今后不锈钢生产原料的供应权和商权，宝钢国际还对投资国内镍矿作前期调研工作，对甘肃金川及加拿大INCO公司这两大国内外具有代表性的镍生产企业的财务状况、市场前景等作全面分析，为宝钢国际2002年正式启动投资镍矿作充分准备。

（黄建中）

【剪切配送中心建设进入新阶段】 传统贸易的“低买高卖”在信息化时代已经越来越失去其生命力，宝钢国际只有发展增值服务、使传统贸易产生新的价值，这才是企业发展的方向。发展钢材的剪切配送贸易，使钢材增加附加值，以提高贸易收益是宝钢国际今后的发展方向。根据宝钢国际的发展规划，将在5年内形成年200万吨左右的钢材剪切配送能力，剪切配送网络覆盖全国主要的钢材消费地区，通过新建、兼并、收购等形式使剪切中心的数量达到15～20家，宝钢国际要成为国内最大的钢材剪切配送商。

2001年是宝钢国际的“剪切中心年”，首先是剪切配送中心的建设全面启动。2000年12月立项的重庆、青岛钢材配送有限公司2001年进入实质性建设阶段，7月前完成工商登记、土地使用权购置、地质勘探和土地平整以及进口设备的引进合同签订等工作，9月进入全面施工阶段；其次是剪切中心网络建设的调研工作全面展开。2001年，宝钢国际进行全国范围内的剪切配送中心的网络建设研究工作，先后就在沈阳、大连、长春、武汉、江西、漳州、东莞等地建设配送中心与当地有关部门进行磋商，并进行前期考察工作，其中沈阳配送中心、东莞模具钢加工中心两大项目已获得集团公司的立项批准；第三是对现行剪切配送中心加强管理，主要从完善管理制度着手，以提高剪切质量为手段，大力拓展剪切配送市场。宝钢国际成立剪切中心工作领导小组，定期组织由技术部、冷轧厂和下属4家剪切配送中心参加的技术巡检，规范技术质量标准，为剪切配送中心建立质量体系奠定基础。在剪切中心的管理上，提出“两个必须”（即剪切质量必须符合宝钢质量要求，必须完成1550分流任务）和“三查”（查设备和生产工艺上的遗漏和不足、查生产过程和管理制度上的薄弱环节、查与外界的接口）、“三抓”（抓市场开拓、抓质量改进和标准化作业、抓人员培训），并建设剪切中心信息管理系统。

（黄建中）

【完成招标量占全市之首】 全年完成国际招标项目26项，接受委托金额19498万美元，中标金额13076万美元，节汇6422万美元，平均节汇率33%。据上海市机电办统计，宝钢国际完成的招标量（中标金额）占上海市招标量的40%以上，居各招标公司之首。完成国内招标6项，委托金额12680万元，中标总金额8956万元，节约资金3724万元，平均节约率29%。在全年完成的32项招标项目中，实现零违规。

2001年，是宝钢国际国内招标的起步年，狠抓培训和制度建设，在邀请有关招标公司的专家对全体相关人员进行招标实务培训的同时，选派人员参加招标工作上岗培训。宝钢国际制订《招标管理办法》和招标工作管理细则，规范招标商务文件和技术文件，

图为招标会现场

坚决不搞假招标、假评标、陪标，坚持不压价，不轻易废标，合理流标，配合业主单位做好保密工作，赢得业主的一致好评。年内宝钢国际取得技改项目设备招标代理机构甲级资质并成功晋升机电产品国际招标机构乙级资质。申请取得财政部批准的惟一一家中央单位为政府采购招标代理机构的资格以及上海市政府采购招标中介业务资格。

（黄建中）

【集团内铁矿石集中采购】 宝钢集团范围内的钢铁企业各自为政，自行采购，没能发挥集团联合的优势。从2001财政年度起，宝钢国际发挥采购批量大，运量大的优势，计划为集团统一进口铁矿石443万吨，其中为梅山公司进口167万吨，为一钢公司进口276万吨。这两家成员单位享受与宝钢股份公司相同的价格和回扣，降低了采购成本，提高集团的整体效益。统一采购还使宝钢股份公司和上钢、梅山的矿石资源保证得到增强，一家矿石供应告急，可以相互作后备。

（黄建中）

【新国际博览中心建设获得好评】 8月3日，上海市市长徐匡迪视察在建的上海新国际博览中心时，称赞"宝钢出了大力，也树起了牌子"。位于浦东花木地区的上海新国际博览中心是由中德合资的特大型会展项目，全部建成后将拥有17个展厅，室内外总展览面积为25万平方米。一期工程共有四个展厅及一个入口大厅。该博览中心设计先进，其中屋盖中心跨度达72米，所采用的钢管与铸钢件节点组合空间结构为国内首创。2000年9月，宝钢国际联合上海冶建冠达尔公司、宝冶，在激烈的竞争中成功中标，承建德国合资方原先认为中国无法制作，坚持要从国外引进的、整个工程中难度最大的钢结构主体项目。博览中心铸钢件共计6134个，规格达200多种。在工期紧、工程精度要求高、施工难度大的情况下，宝钢国际与各合作单位团结协作，攻克难关，经过长达9个月的日夜奋战，终于在2001年5月底前顺利完成了钢结构工程，确保整个工程后墙不倒，并打响"中华牌"，创出优质工程。新国际博览中心已于10月建成开馆。 （黄建中）

上海新国际博览中心外景

【宝钢二手车经营渐入佳境】 年初，为进一步拓展非钢贸易，做大汽车贸易这块"蛋糕"，宝钢国际在原商贸公司汽车贸易分公司的基础上，成立二手机动车经营有限公司，该公司是沪上仅有的6家能从事公转私等汽车业务的汽车贸易企业之一，公司成立一年来，依托社会大市场，通过全员营销和规范服务，使公司的各项工作快速步入正轨。

为进一步激活二手车交易，市政府在二手车交易政策上有重大突破，允许带牌的二手公车通过市场出售给私人、允许通过拍卖获得的新增上牌额度购买二手车等，这些政策的出台为二手车交易扩展空间，创造良好的外部环境。宝钢二手车公司依托大市场，用好用足政策，在配合宝钢公务车改革过程中，承接浦东国贸职工租赁车转籍的服务工作，并为宝钢集团公司内的闲置公务车开展公转私交易。二手车公司还与农工商出租车公司签定协议，保证每年500辆旧车通过宝钢二手车公司流入二级市场。年内宝钢二手车公司办理1363辆旧车交易业务，二手车交易将成为宝钢国际社会贸易新的增长点。

（黄建中）

【"宝钢国际"倍受海外学子青睐】 8月，宝钢国际随浦东新区"上海引进人才招聘团"赴美招聘，共有260余人前来应聘，应招比例达50: 1，为30家招聘企业之首。这是宝钢国际第一次海外人才招聘，分别随团在旧金山何塞、芝加哥、纽约举行三场招聘会，招聘国际贸易经营策划、高级物流管理、高级IT管理、高级设备贸易管理和矿山经营等五个岗位。尽管宝钢国际招聘的岗位要求高，且给予的年薪不具竞争力，但海外人士纷纷看好宝钢国际的事业舞台，应聘者纷至沓来，场面十分红火，不仅吸引当地留学生，有的远在加拿大和欧洲的留学人员和外籍专家也专程前来，他们大多冲着宝钢而来。最多一天应聘者达150多人。 （黄建中）

【"宝钢国际" 大事纪要】

1月3日，经有关部门批准，广州宝钢南方贸易有限公司、天津宝钢北方贸易有限公司、成都宝钢西南贸易有限公司以环比参股的形式，互相参股10%。

1月12日，总投资2000万元的宝森钢材配送中心增建横切加工线工程正式启动。

1月17日，宝钢国际实业公司参股上海新华钢铁有限公司。

3月16日，青岛、重庆宝钢钢材配送有限公司工程获集团公司批准正式启动建设。

4月1日，宝钢国际取得经外经贸部核准的机电产品国际招标乙级资格。

4月10日，宝钢国际获得经财政部核准的中央单位政府采购业务代理资格。

5月23日，宝钢国际向中国进出口银行申请5亿元、两年期中短期额度贷款。

7月30日，宝钢国际取得上海市政府采购中介资格证书。

8月17日，宝钢国际获得国家经贸委颁发的技术改造项目设备招标代理机构资格甲级资质证书。

10月9日，广东宝钢模具钢配送中心项目正式启动。

10月19日，沈阳宝钢钢材配送中心项目正式启动。

10月30日，为加快对镍市场投资研究，宝钢国际成立镍项目筹备组。

11月13日，集团公司对宝钢贸易业实行重组，宝钢集团国际经济贸易总公司更名为上海宝钢国际经济贸易有限公司。

（黄建中）

海外子公司

【概况】 集团公司海外营销网络遍布五大洲，分为亚澳、欧非、美洲三大管辖区，主要从事原材料、钢材、设备、备品备件等进出口贸易和转口贸易。2001年，在全球经济衰退，钢材市场萎缩、疲软，市场销售价格锐减等不利因素下，海外子公司克服困难，取得较好经营业绩，全年合计实现销售收入12.1亿美元，利润总额1717万美元。

集团公司召开2001年海外工作会议

亚洲地区一直是集团公司出口的传统市场。近年来，海外子公司在巩固对韩国、日本的热轧产品销售外，还积极开拓韩国的线材市场和澳洲的镀锌市场等，为将来以冷轧产品为销售主体夯实基础。另外，在东南亚地区新产品和高附加值产品的销售比重不断增加，马口铁、钢管和轧硬卷的冷轧系列产品成为主要销售品种。

在美洲地区，海外子公司在加大对高附加值热轧产品销售力度的同时，理顺钢管和线材在美国的销售体系，通过不断努力，钢管产品已成为宝钢在北美市场的重要出口品种，并受到用户的一致肯定。

在欧非市场上，海外子公司积极推销高等级、高附加值的产品，全年成功地出口汽车板、电工钢、酸洗涂油卷等一批以前没有出口过的高档产品。其中：向意大利菲亚特汽车公司出口三批共7800吨汽车板；实现4700吨电工钢出口；出口镀锡板1.72万吨，其中约1万吨出口北非市场，这一新的突破意义深远。

除将集团公司的产品销往世界各地外，海外子公司还承担集团公司所有进口铁矿石和设备、备品备件采购，将巴西和澳大利亚的优质铁矿石和设备、备品备件提供给集团公司，保证集团公司生产组织的正常运行。年内集团公司开始涉足国际钢铁原料的资源性投资。8月，与巴西CVRD矿山公司兴办年产600万吨铁矿石的矿山有限公司正式签约。12月，集团公司又与世界级矿业公司－澳大利亚的哈默斯利签订合资办矿的框架协议，标志集团公司迈出对外直接投资的重要一步。

海外子公司作为集团公司在境外的贸易窗口，交流、吸收和提供世界最新工艺、装备、技术等信息，全面开拓集团公司在世界各地的贸易业务，发展和提高集团公司产品在海外的市场占有率，以国际市场严格的标准，检验集团公司的产品质量，进一步提升宝钢国际知名度，强化海外市场开拓能力和网络应变能力，初步确立集团公司国际品牌地位。

（李　钊）

东方钢铁电子商务有限公司

【概况】 东方钢铁电子商务有限公司是由宝钢投资建设的钢铁冶金专业B2B电子商务公司。其名下的东方钢铁在线(www.bsteel.com)是上海市政府命名的电子商务示范平台之一，自2000年10月对外发布以来，结合企业个性化业务需求，在宝钢股份、宝钢国际等多家公司的业务中进行实践应用，提升企业在成本、效率及服务方面的综合竞争实力。2001年度实现网上交易额27.6亿元，会员数达1772家，全年累计页面访问量为117万页次。

2001年底，从宝钢集团公司调集人员17名，该公司自招员工37名，形成54人的工作团队是一支具备电子商务规划、分析、研发、实施及运营服务能力的队伍。

该公司原隶属上海宝钢集团公司，12月，成为上海宝钢国际贸易有限公司的子公司。该公司董事长是集团公司副总经理、宝钢国际执行总裁何文波，宝钢国际信息副总裁王静兼任该公司执行总裁。 （杨 雁）

【商务模式与定位调整】 2001年一季度，据宝钢集团的战略发展目标，该公司在总结经验基础上，紧贴市场，按用户需求及时调整商务模式：由原来的“以交易市场运作为主、建设个性化包装的专卖店为辅”的模式，转变为“以运作基于东方钢铁基础平台的专营店为主、市场运作为辅”的模式。同时明确该公司新的定位：东方钢铁近期内定位于服务宝钢集团，实施集团内企业电子商务为主，同时沿着钢铁供应链向宝钢的上下游企业拓展，逐步发展成为能够为钢铁及上下游行业提供全面电子商务服务的电子商务公司。在实际运作中致力于协助钢铁及其上下游企业应用网络技术深化信息化建设，实施电子采购、电子销售及用户服务，进而整合供应链资源，实现客户关系管理(CRM)及供应商关系管理，畅通信息流、物流、资金流，构建整个供应链的竞争优势。（杨 雁）

【Bsteel三大支柱平台】 10月，东方钢铁在线在运营一周年之际推出的新版平台具有全新的页面风格，并着力呈现三大支柱平台：

物资交易平台：全功能电子采购平台。根据钢铁行业标准设计，基于J2EE架构的物资交易平台。以企业自定义的采购目录和动态配置的审批流程为基础，支持招投标和询价比价等多种交易模式，提供采购计划管理、供应商关系管理以及基于供应链思想的动态虚拟库存管理，是企业实现电子采购的首选平台。个性化应用案例：宝钢股份公司物资采购平台。

钢材交易平台：全功能电子销售平台。采用先进的J2EE架构，基于钢铁行业标准和规范，系统伸缩性、扩展性强，支持询报价、拍卖等交易模式，可以满足从大型钢铁联合企业到终端用户实施钢材电子商务的要求。个性化应用案例：宝钢实业、宝钢钢贸、宝山钢市等的企业门户。

信息平台：每日滚动发送全球钢铁行业信息，发布国内外40多个市场、近50个品种的钢材行情及述评、产品标准、产品价格、钢材进出口数据查询，以及百余家钢厂的详细资料检索。并提供企业产品推广、网上广告、栏目信息定制、市场分析预测和专题调研等增值服务。个性化应用案例：宝钢北方公司的信息服务门户。

（杨 雁）

【电子商务服务体系】 一是为企业提供个性化电子商务解决方案及应用。根据用户的个性化需求，提供电子商务解决方案咨询服务，并帮助用户建设完整的企业信息门户和高效的电子商务门户，协助客户实施电子商务应用，帮助客户创建其独特的网上品牌和网上营销平台。为客户的电子商务平台运行及电子商务应用提供全面的高品质的运营支持，包括系统管理、操作培训、系统监控、安全管理、故障处理、信息保密等多维运营管理服务体系，确保用户的商务应用能在一个稳定、健壮、高效、可靠、灵活的系统中运行。二是信息增值服务提供《Bsteel精粹》杂志、《Bsteel钢材信息——冷轧专刊、热轧专刊、螺纹专刊》电子版、《东方钢铁快讯》电子版和信息栏目定制等服务。

（杨 雁）

【加大电子商务开拓力度】 作为一种全新的贸易方式，电子商务具有降低交易成本、缩短流通环节、提高企业经营管理水平的优势。启动电子商务，逐步与国际经济贸易方式接轨是上海工业信息化工作的一个重要方面。该公司将进一步全力协助集团钢铁、贸易子公司运用电子商务深化供应链管理和业务整合，实现在工作效率、服务质量、成本控制等方面的飞跃，增强企业竞争力。该公司内部将不断完善组织机构、营销体系、运营服务体系、项目管理、质量管理和成本控制，形成比较完整的电子商务解决方案，为今后的发展打好基础。同时，推广基础平台的应用，加大对中小企业市场的开拓力度，通过经营基础平台所具备的信息产品、商业社区、网站配套工具等产品，面向国内各钢厂、贸易商、钢铁行业上下游相关企业拓展市场。

（杨　雁）

【“东方钢铁在线”大事纪要】

1月5日，宝钢股份公司首次通过东方钢铁在线物资交易平台进行物资采购招标。

1月15日，Bsteel交易中心推出首家企业专营店——上海宝钢实业公司专营店。

1月18日，东方钢铁电子商务系统被上海市列入“十五”期间扶植和建设的5个电子商务示范平台之一。

2月26日，宝钢领导徐大铨、关壮民、李其世、郭廉高、何文波、方彝林等在视察东方钢铁在线时指出：“东方钢铁在线要在钢铁行业B2B电子商务方面占领先地位，要创造比国内IT产业更快的发展速度。”

6月25日，东方钢铁在线新版物资交易平台成功进行首次网上招标。

8月7日，东方钢铁在线推出新版平台。

12月，东方钢铁在线成为宝钢国际的子公司。　（杨　雁）

金融业

【综述】　宝钢集团财务有限责任公司(以下简称财务公司)经中国人民银行批准的经营范围为：

吸收成员单位3个月以上定期存款；发行财务公司债券；同业拆借；对成员单位办理贷款及融资租赁；办理成员单位产品的消费信贷、买方信贷及融资租赁；办理成员单位商业汇票的承况及贴现；办理成员单位的委托贷款及委托投资；有价证券、金融机构股权及成员单位股权投资；承销成员单位的企业债券；对成员单位办理财务顾问、信用鉴证及其他咨询代理业务；对成员单位提供担保；境外外汇借款；办理成员单位之间内部转帐结算业务；经中国人民银行批准的其他业务。

2001年，财务公司的外部经营环境发生重大变化，美国联邦储备委员会为振兴美国经济，连续11次下调美元利率，累计降幅达73%，造成财务公司的外汇资产收益率大幅下降，给财务公司完成全年经营目标带来很大困难；而且在中国即将入世的大背景下，传统金融业务领域的竞争日益激烈。面对新形势和新困难，财务公司按照董事会确定的“增强核心业务优势，培育创新业务市场”的经营方针，及时调整经营策略，进一步强化信贷、结算和资金管理等方面的核心竞争优势，通过改善服务客户的技术手段，来提高服务效率和服务质量；通过加大业务品种的创新力度，使传统业务和创新业务互为补充；通过推动客户经理工作，来加强营销力度。这些措施形成综合服务优势，提高整体竞争力，克服经营环境中的不利因素，在为集团提供优势金融服务的同时，也取得较好经营业绩。2001年末总资产规模达114亿元，各项存款年末余额100亿元，各项贷款年末余额42亿元，均创历史最高记录。公司自1992年成立以来，已累计实现利润10.06亿元。

华宝信托有限责任公司（以下简称华宝公司）经营范围，受托经营资金信托业务；受托经营动产、不动产及其他财产的信托业务；受托经营国家有关法规允许从事的投资基金业务，作为基金管理公司发起人从事投资基金业务；受托经营公益信托；经营企业资产重组、购并及项目融资、公司理财、财务顾问等中介业务；受托经营国务院有关部门批准的国债、企业债券承销业务；代理财产的管理、运用与处分；代保管业务；信用见证、资信调查及经济咨询业务；以银行存放、同业拆放、融资租赁或投资方式运用自有资金；以自有财产为他人提供担保；办理金融同业拆借；中国人民银行批准的其他业务。上述经营范围包括本外币业务。

华宝公司在经营和管理中，遵循“以人为本、优质服务、讲求效率、稳健经营”的经营宗旨，以“打基础、找市场、创信誉、求生存”为经营思路，以资产管理为重点，依照“产品线、客户线、控制线”三条线原则，大力拓展各种业务，不断提高盈利能力，取得良好经营业绩，确保资产的安全性、流动性和盈利性。全年共实现利润总额11938万元，完成董事会下达的预算指标。

华宝公司获得国家财政部和国家证监会颁发的交易所债券市场国债承购包销团成员资格证书。债券发行工作成绩比较显著，全年承销债券17.3亿元，其中企业债券1亿元，交易所系统国债16.3亿元。2001年，华宝公司被评为上海市A类纳税信用单位，被上海宝钢集团公司评为“文明单位”。　　（谢　放　方绪国）

宝钢集团财务有限责任公司

【概况】 财务公司是经中国人民银行批准成立的全国性非银行金融机构，由上海宝钢集团公司、上海宝钢国际经济贸易有限公司、上海宝钢浦东国际贸易有限公司等13家集团成员单位共同出资组建，其中上海宝钢集团公司控股70.26%。注册资本为人民币114011万元，其中人民币资本金36000万元，外汇资本金1亿美元。公司下设信贷业务部、资金业务部、营业部、综合管理部、财务会计部、稽核部和办公室（人力资源部）。截至2001年底，财务公司在册职工39人，其中：95%的职工具有大专以上学历，69%的职工具有中级以上职称，21%的职工具有研究生以上学历。（谢　放）

翁英俊
1953年8月生，浙江镇海人，中共党员，大学文化，高级经济师，宝钢集团财务有限责任公司董事长。

孔祥清
1967年9月生，安徽庐江人，中共党员，硕士，会计师，宝钢集团财务有限公司总经理兼党支部书记。

【提高信贷主业竞争力】 2001年，为弥补外汇降息的减利影响，财务公司确立进一步做大做强信贷业务，提高信贷主业竞争力的经营策略。全年信贷运营在规模扩张、品种创新、结构优化、质量提高等方面均取得显著成效，人民币自营贷款规模屡创历史新高，从年初的12亿多元增长至年末的24亿多，平均余额比上年增长约56%，全年累计发放各类人民币自营贷款69亿元，外汇贷款1.36亿美元，实现收入8846万元，为全年经营任务的完成奠定坚实基础。财务公司对信贷资产进行结构性调整，由长期偏重短期业务向中长期业务转型。在一钢公司不锈钢、五钢公司银亮钢材、工艺所冷弯型钢、苏冶齿轮中心等技改项目贷款方面，取得实质性进展，同时对一些技改项目进行前期调研，达成初步银企合作意向。本外币中长期业务量从年初的5300多万元增长至年末的6.92亿元，比重从年初3.87%增长至21.5%。中长期业务的突破，极大改善信贷资产结构，有效提高资产收益率。

2001年，财务公司进一步贯彻“银企双赢”的指导思想，立足于为客户降低融资成本，确定“引导、培育集团内部票据市场，建设票据业务链”的信贷方针，以商票为主的贴现业务获得大规模发展。全年累计贴现各类票据30.68亿元，较上年增长208%。由于客户降低融资成本效果明显，促使客户在对外支付中进一步增加使用票据信用方式融资，使公司票据贴现业务规模得以扩大，公司也取得较好效益。2001年还开拓货权保障贷款、商票抵押贷款等新业务品种，融资租赁业务在中断数年后得以恢复发展，信贷产品更加丰富。在一如既往地做好对以贸易单位为主的传统客户的服务工作的同时，2001年财务公司对上钢系统客户的服务工作取得突破性进展。在项目贷款、授信额度、票据贴现、应急服务、出谋划策等方面，均获得客户好评；深化对机械制造等行业客户的财务顾问服务；配合股份公司资金集中管理的要求，开展授信与票据服务；客户单位向化工、运输、冶建、科研等多行业延伸，客户结构呈多元化发展态势。2001年，财务公司切实执行贷款分级授权审批制度，严格控制与防范金融风险，贷款审核制度得到改善与加强，审查工作更趋规范与成熟。同时下大力气，清收与处理不良信贷资产，妥善处置所有的逾期、呆滞贷款，收回、压缩隐患贷款，信贷资产质量得到进一步提高。

（谢 放）

【存款工作成绩显著】 2001年，财务公司成功地推出网上内部结算系统，提高结算业务效率，改善服务客户的技术手段，以为客户提供快捷、便利、周到的服务取得客户信赖，再加上推出协定存款新品种，更增强存款业务的竞争力，使各项存款稳中有升。经过大量艰苦细致的工作，财务公司进一步拓宽服务面，将服务面向上钢系统、梅山系统等做深度延伸，使这些企业的存款持续增加，成为新的存款增长点。随着存款客户的不断增加，市场份额的逐步扩大，2001年人民币各项存款平均余额达到67.93亿元，有力保障信贷资金来源。（谢 放）

【深化金融中间业务】 财务公司坚持"服务树形象，服务出效益"的经营理念，采取得力措施，富有成效地推出网上内部结算系统，进一步做好结算业务的基础工作和特色服务工作，使结算业务再上一个台阶。全年结算流量达6660亿元，比上年增长56%；结算业务量115851笔，比上年增长16%；新开展的网上内部结算业务共计1113亿元，占全部客户结算业务量的六分之一，至2001年底，结算主体客户全部安装并使用网上内部结算系统。委托、基金类业务具备低风险、高收益的业务属性，因此公司一直十分重视。2001年委托投资业务获得迅速增长，全年人民币委托投资平均余额达30.18亿元，比上年平均增加17.26亿元，增幅134%，外汇委托投资平均余额7678万美元，比上年平均增加3154万美元，增幅70%。全年办理委托贷款5.96亿元，年末余额达到9.9亿元。基金管理业务有所拓展，全年补充养老保险基金平均余额2.3亿元。代理保险业务取得新进展，2001年与中国人寿保险公司签署代理协议，首次迈入人寿医疗保险领域。货运保险业务由一家货运代理公司发展到五家。2001年财务公司还努力开展国债分销业务，利用已加入银行间市场所具有的会员资格优势，及时了解市场信息、债券发行情况以及市场本身的发展动态，并将债券发行情况及投资分析报告及时提供给有兴趣的客户，为客户开拓投资渠道。

（谢 放）

【资金管理水平不断提高】 财务公司一贯坚持资金的"三性原则"（安全性、流动性和收益性三者的动态平衡），从流动性来看，及时了解客户需要，灵活调度资金，保证主要客户历次临时用款需要，维护财务公司良好信誉。从安全性来看，严格审核各银行间的划款线路，密切跟踪用款单位余额变化情况并及时采取相应措施，保证全年调度无差错。从收益性来看，抓住市场时机，将暂时闲置资金运作短期投资，增持国债新品种，进行国债买卖，提高资金收益率。2001年，财务公司积极利用银行间同业拆借市场和债券市场融通资金，弥补短期头寸，充分利用国债等二级备付手段降低备付率，使全年平均结算备付率维持在41%，圆满地完成计划任务，备付率的有效控制，大大提高资金使用效率。（谢 放）

【客户经理工作取得实效】 经过一年多的运行，财务公司实行客户经理岗的措施开始收到实效。针对客户多元化、复杂性的特征，客户经理通过提供专业化服务来提高客户满意度，从而提高业务竞争力，扩大市场占有份额。"面向客户、以客户为中心"的全新的营销理念落到实处，树立公司良好对外形象，促进公司各项业务发展。2001年客户经理一切从客户的利益出发，真正面向客户需求，全力为客户着想，贯彻落实"银企双赢"指导思想，取得较好的成效。其中为培育票源市场，降低客户融资成本，客户经理将客户进行分类细分，确立票据业务拓展的重点客户，对不同客户采取不同的营销策略，取得一定成效。财务公司推出的网上内部结算系统，其功能在同行中有着一定的领先优势，为使优势得以实现，提高客户的结算效率，客户经理向客户做了大量深入细致的工作，使客户获得快捷、便利的服务，真正体会到网上内部结算系统的优越性。为及时了解客户的需求情况，客户经理有计划地开展走访客户的工作，了解客户的业务动态变化和金融需求，适时为客户提供全面、特色的金融服务，赢得客户的好评。

（谢 放）

【加强内控建设】 2001年初，财务公司细化完善《分级授权及风险资产管理办法》，突出风险可控性和业务可操作性。随着新业务拓展，根据中国人民银行有关要求，再次细化该办法，保证公司各项业务的顺利开展。2001年财务公司积极配合外部审计，强化内部稽核的监督协调作用。根据《企业集团财务公司管理办法》及人行的有关要求，对规范性法律文件进行全面清理、修改和补充，完成2001年版的《制度汇编》，使规章制度涵盖开展的各项业务，此外，各种行政管理制度、财务管理制度、营业费用控制制度等也相继推出。（谢 放）

【利用信息技术提高经营管理水平】 年初，管理信息系统全面投入使用，这套系统集业务操作、信息查询、信息分析、决策支持为一体，大大提高办公效率，缩短部门之间差距，真正实现信息资源共享。同时开发的自定义报表模式，通过建立模板，来完成不同会计期间的各类报表制作工作，不仅简化工作量，而且提高报表准确率，工作效率显著改进。管理信息系统的建立为财务公司提高经营管理水平打下坚实基础。此外，还对邮件系统进行彻底改造，并同时建立公文流转系统，邮件公文系统的建立，为办公自动化打下基础。（谢 放）

【用工制度逐步走向市场化】 在劳动用工方面，财务公司用工制度逐步走上市场化道路，使人力资源得到更合理的配制，目前在册员工39人，外来劳务13人，比例为3：1，这样既有利于调动员工积极性，有利于提高工作效率，使用人制度更加灵活多样，同时也大大地降低用工成本。

（谢 放）

【财务公司大事纪要】

1月1日，新管理信息系统正式投入使用，实现信息资源共享，提高办公效率。

4月2日，网上内部结算系统正式推出，提高公司结算业务竞争力。

4月6～7日，召开公司三届二次董事会和第五次股东会。

6月，获人民银行批准，推出曾一度停办的协定存款业务。

8月，公司总资产规模首次突破100亿元大关。

9月7日，公司第一笔技改项目贷款，对上钢五厂银亮钢材1.4亿元贷款正式签约，拉开公司支持集团内企业技术改造的序幕。

9月28日，公司作为副主承销商承销的“99宝钢债券”上市流通。

12月12日，对宝钢股份公司8000万美元长期贷款合同正式签约。（谢 放）

华宝信托投资有限责任公司

【概况】 华宝公司的前身为舟山市信托投资公司，成立于1988年4月22日。1998年6月5日经中国人民银行总行批准，由宝山钢铁（集团）公司等单位入股，通过增资、更名，于1998年10月19日迁址到上海浦东新区陆家嘴金融贸易区。2001年11月20日，经中国人民银行核准，获得“重新登记”，注册资本金为人民币10亿元（其中美元1500万）。华宝公司是上海宝钢集团公司持有98%股权的控股公司。

华宝公司总部下设8个部门：客户服务部、债券业务部、投资管理部、发展研究中心、业务管理部、计划财务部、稽核部和行政管理部。截至2001年底，华宝公司

张建群
1952年8月生，浙江海宁人，中共党员，大学文化，高级会计师，华宝信托投资有限责任公司副董事长。

于业明
1967年1月生，山东蓬莱人，中共党员，博士研究生，高级会计师，华宝信托投资有限责任公司总裁。

王金旋
1958年9月生，山东五莲人，中共党员，硕士，政工师，华宝信托投资有限责任公司党委副书记。

共有职工158人，其中:女性职工52人，占总数32.9%，本科以上文化程度71人，占总数45%，硕士研究生以上20人，占总数13%。

（方绪国）

【撤销分支机构】 按照银发(2000)第389号文重新登记的信托投资公司“不得设立任何形式的分支机构”的要求，华宝公司经营层根据董事会的要求和授权，在解决舟山分公司机构撤销及善后工作过程中，始终贯彻“不放弃市场，不推向社会”的原则，按照依法推进、理性操作、平衡着落的工作部署，稳步推进各项工作，最终做到人员妥善安置、业务平稳过渡。2001年6月，中国人民银行舟山市中心支行以舟银发（2001）第157号文，同意撤销舟山分公司。

（方绪国）

【信证分业】 根据国家主管部门规定，要对信托投资公司的证券经纪业务实行分业经营、分业管理，即信证分业。华宝公司按照信证分业的要求，积极推进股权投资工作。联合其他股东发起设立“富成证券经纪有限公司”，于2001年4月获得筹建批复。

（方绪国）

【首批获得中国人民银行核准“重新登记”】 根据新出台的《信托法》、《信托投资公司管理办法》等法律法规对信托公司重新定位的要求，华宝公司对信托业务及新业务品种等进行规划，在完成分支机构撤销、信证分业等工作后，第一批完成重新登记材料的申报。2001年10月29日，中国人民银行以银复（2001）第173号文，中国人民银行上海分行于11月16日以上海银复（2001）第347号文同意华宝公司“重新登记”，并于11月20日获得中国人民银行核准“重新登记”后的信托机构法人许可证。

（方绪国）

【股权管理】 为改善华宝公司的资产结构，扩大对金融机构的股权投资，华宝公司通过受让方式，持有4.45%联合证券有限责任公司的股权。同时加强对控股、参股公司的股权管理，制定舟山万隆典当行股权管理办法，确保公司股权管理的制度化、规范化。

（方绪国）

【提高理财能力】 随着《信托法》、《信托投资公司管理办法》等法规相继出台，华宝公司确立“以资产管理为主线”的工作重心，按照“大客户经理”的要求，本着“积极依靠依托市场，努力拓展社会业务，着手研究新业务品种，认真清理老业务”的市场策略，积极拓展和开发市场。

信托业务和财务顾问业务的相互融入始有进展，与宝钢集团、宝钢股份公司、四川长虹、武汉锅炉等新老客户建立良好合作关系。

（方绪国）

【提高预算管理的事中控制力度】 在推进全面预算管理的基础上，从预算指标的分解过程入手，提高预算目标及评价核算过程的透明度，基本做到了指标明确、要求清晰、评价客观。及时运用会计数据，初步建立以资产来源与资产运用一一对应关系为基础的资源与预算运用项目的分析控制体系，从制度和技术措施上确保证券营业部的股民保证金、委托资金运作余额不被其他项目占用，从而确保到期的负债按时足额偿付。

（方绪国）

【交易系统实现转型】 2001年完成上海和深圳证券交易所的清算系统、行情分析系统的升级工作，华宝公司的交易系统完成由“营业部模式”向“基金模式”的转型，为公司投资业务创造良好操作环境。在企业特定基金信息系统的设计、开发工作中，结合华宝公司网站的建立及框架结构，突出围绕企业特定基金信息系统进行开发，初步形成以企业特定基金信息系统为平台，以公司网站为手段的公司客户服务信息系统。华宝公司的OA系统全面投入使用，并强制形成使用习惯，总部初步实现“无纸化办公”目标。

（方绪国）

【加强业务审查、稽核力度】 本着“有效、审慎、全面、及时”的原则，配合信托公司的重新登记，根据国家的法规和新的信托业务的定位，对公司相关制度进行适时的“废、改、立”，修订业务授权、证券自营、资金信托业务、财务顾问、债券承销等20多项制度文本，较好地做到各制度间的统

一、协调和可操作性。在法律事务方面，本着法律允许范围内利益最大化、风险最小和纠纷最少的原则，通过政策研究、业务设计、合同审核，较好地确保事前防范有效性。稽核内容开始从财务收支向证券自营等业务延伸，稽核手段、方式由单一的现场稽核到目前的运用通过计算机系统对公司总部会计核算资料进行非现场稽核。（方绪国）

【改善证券营业部投资环境】 根据各证券营业部的业务发展需要，投资1600多万元，对交易环境和交易设施以及远程网点进行不同程度改造，在确保证券营业部硬件合规性的同时，有效改善投资者投资环境。（方绪国）

【人力资本市场化原则】 根据人才的市场定位以及同行业激励机制的经验和教训，结合华宝公司的实际情况，探索富有华宝特色的"按照人力资本市场化原则"的激励机制。对实施两年的工资体系进行全面改革，适时推行新的工资体系，以求破除"论资排辈"、"论工作年限定收入（补贴）"的传统观念，从而基本实现以岗位和责任大小定薪酬，以业绩和贡献大小定收入，做到岗变薪变，绩效挂钩。根据金融行业的特点和华宝公司的持续、稳定和发展的要求，适度把握风险与预算目标的挑战性关系，对部门和员工实施绩效挂钩考核。同时实行绩效工资与业绩的紧密挂钩，加大对部门和员工的考核力度。改变每月每季发放奖金，实行半年预发、年度考核结算的做法。（方绪国）

【构建华宝公司企业文化】 华宝公司根据金融行业的特点，提出构建华宝公司企业文化的战略目标，本着遵循"以人为本"的理念，注重员工的思想、精神理念的追求与认同，倡导华宝公司的主导意识，强调不同个体和群体的价值观，用统一的市场定位应对复杂多变的外部市场环境。经过三年实践，逐步形成"超越对手，超越自我，锐意进取，追求卓越"的企业经营理念和"以人为本、尊重个人、成功团队"的价值观。（方绪国）

设备设计、制造业

【综述】 上海宝钢工程技术有限公司（以下简称工程技术公司）以宝钢集团公司总体发展战略和自身的目标来定位，立足国际型工程公司，努力做高做强。承接了宝钢集团公司内宝钢股份、一钢、浦钢、五钢、益昌、梅山、宝新等公司一批重大工程项目，其中宝钢股份公司冷轧增设酸洗平整机组已投入生产；益昌公司罩式炉及脱脂机组改造已进入试生产。同时，坚持走技术创新之路，以科技创新为动力，在原有特色产品基础上实施精品战略，培育核心技术能力。如宝新不锈钢工程及在建的一钢公司不锈钢工程等，都具有世界领先技术水平。一年来，以客户为中心实施"全生命期服务"，把"全生命期服务"作为管理年的标志来抓，赢得用户，赢得市场。还围绕工程技术公司发展战略，实施内部改革，从体制上、机制上加大改革力度。体制创新，进行工程技术公司本部与宝钢院先行整合，实施内部功能重组，提升工程总承包和项目管理能力。机制创新，建立设备联合营销机制、备件联合营销机制和冷轧辊联合营销机制。管理创新，进行分配制度改革，建立新型的分配激励机制。经营理念创新，创品牌，追求企业效益最大化。通过全方位系列改革，朝着国际型工程公司目标迈出一大步，加速形成与宝钢钢铁主业互动发展的战略性技术产业，取得全年生产经营和精神文明双赢。本年度公司资产规模总额12亿元，实现产品销售收入8.9亿元，实现利税7458万元。（顾宏鸣）

宝钢工程技术有限公司

【概况】 工程技术公司是上海宝钢集团公司的全资子公司，资产

王喆
1945年8月生，江苏苏州人，中共党员，大学文化，教授级高级工程师，上海宝钢工程技术有限公司总经理。

王鸿锷
1947年4月生，江苏武进人，中共党员，研究生，高级政工师，上海宝钢工程技术有限公司党委书记。

总额17.6亿元，注册资本6.34亿元，由17家子公司组成。是集科研、设计、监理、设备制造、设备成套和工程总承包为一体的新型工程公司。截至2001年12月底，职工总数7446人，其中工程技术人员1983人。（顾宏鸣）

【承担集团公司内一批重大工程项目】 2001年是中国入世年，国内冶金行业大规模技改达到前所未有的高峰，工程技术公司承接了集团公司内宝钢股份、一钢、浦钢、五钢、益昌、梅山、宝新等公司的一批投资额大，技术含量高，业主要求高；成台、成套、整线设备多；且多为年内开工的重大工程项目。从年初开始，抓紧落实每一个工程项目，合理配置人力、物力资源。全公司上下拧成一股合力，把全面完成各项工程项目作为"冲锋年"的重要标志来抓，克服困难，降本增效，努力拼搏，确保各个工程项目按质、按期完成。（顾宏鸣）

【宝钢股份公司冷轧增建热轧酸洗板工程】 该工程是宝钢股份公司成立后最大技术改造工程，也是宝钢自建厂以来，第一条由宝钢技术集成并总负责的带钢处理线。该酸洗平整线建设采用冷轧部负责下的工程技术公司总包制，工程技术公司是该项目的技术总成单位。在建设过程中，其新型的合作方式与合同关系，充分发挥业主冷轧部、技改处和承担技术总成责任的工程技术公司及商务代理单位宝钢国际公司、施工单位二十冶的作用。各单位严格按照高质量、高速度、高效益的要求，密切配合，实现取代外商的目标。实现"以我为主，对全线负责的自我设计、自我管理、自我总成"的模式，改变过去重大工程建设由外商总负责的状况。设备国产化率达78%，保证工程建设质量100%合格。通过这一项目实践，形成镀锌3号线总包新型管理模式。工程技术公司承担了工厂设计（含该酸洗线设计集成）、设备设计和设备制造（开卷机、卷取机、处理机、平整机和传动柜、PLC等关键设备的制造）、设备安装和调试工作。完成工厂设计施工图109套，1550张图，折1070张/A1；机械设备设计图纸5600张，折3500张/A1；电气设备设计图纸5000张，折1000张/A1；完成机械设备制造1800吨；电气设备制造600余面高低压盘箱柜和6套PLC。（顾宏鸣）

【编制战略发展规划】 工程技术公司重组后，集团公司董事会多次强调，工程技术公司发展要以赶超西马克、奥钢联为目标。根据这一原则，上半年完成"宝钢工程技术业规划"编制。下半年以来，邀请资深专家进行咨询。期间，多次向集团公司董事会、领导作汇报，并根据集团公司董事会、领导和专家意见进行修改。这一规划已经集团公司董事会正式批准，并已在加以落实、推进之中。规划确定：近期目标2001～2002年，年销售收入达15亿元，劳动生产率达25万元/人·年。中期目标2003～2005年，年销售收入达到30亿元，劳动生产率达到50万元/人·年。整体功能健全，达到国际工程公司四大基本能力，即工厂设计能力和设备设计能力；核心设备制造能力；开发及拥有专有技术能力和承接实施工程项目能力。形成三大中心，即工程设计中心；备件制作、维修中心和设备、备件开发研究中心。提升技术创新能力和开发拥有自主知识产权的新技术、新设备和新产品能力，为推进建设宝钢"两个基地"（钢铁精品基地；新工艺、新材料基地）和钢铁主业效益最大化提供优质服务，成为支撑宝钢钢铁主业工艺装备技术不断创新，保持世界一流不可缺少的战略性技术产业。（顾宏鸣）

【实施"全生命期服务"】 国际型工程公司的一个显著特点就是十分强化工程项目中的前期和后期服务。全年工程技术公司继续着力推进以"全生命期服务"为核心的客户关系管理体系。并把"全生命服务"作为管理年的标志来抓，即利用工程技术公司自身的专业优势和整体优势，以客户为中心对客户所需的设备，在从设计、制造、安装到使用、维护、更新改造等全生命期内，形成"全责任承担，全过程管理，全天候保驾，全方位服务，全周期跟踪，全身心投入"的客户关系管理体系，为客户创造最大价值。同时我们也赢得客户更大的信任，赢得市场。2001年工程技术公司以"全生命期服务"为核心的客户关系管理体系

获得上海市企业管理现代化创新成果一等奖，形成工程技术公司良好企业信誉形象。（顾宏鸣）

【工程技术三大中心建设】 年内工程技术公司着力点是整合内部优势，尽快形成三大中心，即工程设计中心、备件制作、维修中心和设备、备件开发研究中心，为推进建设宝钢“两个基地”（钢铁精品基地；新工艺、新材料基地）和钢铁主业效益最大化提供优质服务。经过全年的努力，已初见成效。提升工程设计（工厂设计、设备设计）能力。通过工程技术公司本部与设计总院（上海院、宝钢院）的整合，工厂设计与设备成套技术人员相融合，同时以宝菱工程、宝菱电气、常州宝菱、德马格等几家合资公司为支撑，有效地强化工程技术公司核心冶金设备及数字化电气设备的设计能力和制造能力，提升规划设计、工厂设计、大中型高炉、转炉、炉外精炼、电炉、连铸、热轧、冷轧、无缝钢管等工厂设计和核心设备设计能力。确立备件制作、维修中心地位，明晰与宝钢股份公司备件系统的关系。以机械厂、苏冶厂为中心，形成备件制作、维修中心。增强设备、备件研制开发能力。（顾宏鸣）

【管理创新】 2001年也是工程技术公司的管理年，强化内部管理，为改革、发展构筑支撑平台。企业经营理念创新，创品牌，追求企业效益最大化。工程技术公司通过以往几年项目实绩所形成的竞争优势，以市场为导向，强化企业经营理念，通过对设备、备件全生命期服务等方式积极地拓展设备、备件的制造市场，各子公司力求品牌产品的规模效应，以求企业效益最大化。分配制度改革，建立新型分配激励机制。2001年工程技术公司体制、机制改革力度很大，为确保改革顺利进行，同时进行分配制度改革，通过调整分配关系，建立合理的激励机制，利用工改杠杆作用，充分调动员工的工作积极性、主动性和创造性，为工程技术公司探索了一条改革激励机制的新路子。更加密切地加强与宝钢股份公司、宝信公司、研究院、国际贸易公司等单位的合作，开创各家共赢局面。2001年与宝钢股份公司签订长期科技创新合作协议，成为宝钢科技输出载体，为宝钢股份公司技术贸易奠定坚实基础。同时进一步加强与宝信公司、研究院、国际贸易公司合作，形成宝钢科技创新基体。（顾宏鸣）

宝钢工程技术公司常冶厂连铸中心

【清理整顿子公司】 根据集团公司1999年600号文件和2001年子公司清理、放小工作要求及工程技术公司的定位和发展需要，2001年认真组织各子公司对下属企业进行规范、合并重组。原有三级～五级子公司63家，经公司领导和各子公司领导及有关人员的努力，已完成关闭23家、停业4家、合并终止联营等4家、上报改制方案2家，共计完成33家的处置任务，同时减员分流507人，为工程技术公司的改革、发展拓宽空间。（顾宏鸣）

【按国际型工程公司模式改制】 2001年11月，工程技术公司根据上海市建委等部门联合发文《关于市勘察设计单位体制改革的实施意见》中关于设计勘察单位要在2002年年底前完成改制任务的要求，参照SMS、VAI等国际工程技术公司的运作模式，遵照集团公司董事会关于加快工程技术公司体制和机制改革的指示精神，进行工程技术公司本部与宝钢院先行整合，实施内部功能重组，并逐步完成与上海院的整合。按新型的工程公司模式运作，以设计为龙头，并依托现有几家合资公司设计能力，引进人才，强化核心设备的设计能力，强化核心技术的应用能力，提升项目总承包和项目管理的能力，使工程技术公司早日成为工程技术设计中心和技术总成中心。（顾宏鸣）

【精神文明建设】 公司领导班子成员，围绕公司中心工作，带领职工群众积极进取，勇于开拓。公司被评为集团公司用户满意、文明达标单位，并荣获上海市文明单位和重合同、守信用先进单位。苏州冶金机械厂党委注重发挥党组织的政治优势，积极做“三个代表”的实践者，使有40余年历史的老厂重焕青春。该厂多项技术经济指标已在国内同行业中名列前茅，厂党委连续6次被苏州市评为先进基层党组织。（顾宏鸣）

【工程技术公司大事纪要】 2月5日，宝钢工程技术有限公司和加拿大科德公司共同出资110万美元建设的上海科德轧辊表面处理有限公司正式竣工投产，这标志宝钢在冷轧轧辊研究、制造、使用、加工、修复等形成系列化加工工艺技术。

4月11日，宝钢西门子制造工程中心有限公司经过数年艰难爬坡，高新技术项目比例达70.45%，主要经济技术指标跃居西门子工业系统及技术服务集团全球同行的前列。

8月8日，常州宝菱冶金设备制造有限公司，积极移植国外先进技术，成为世界上第四家能生产卡罗塞尔卷取机的企业之一。该公司生产的可逆式轧机，顺利出口日本，成功实现了轧机等冶金核心装备从进口到出口的历史性转折。

9月3日，常州宝菱冶金设备公司，先后高质量地生产制造圆盘剪、多辊可逆式冷轧机等大批冶金设备，其中三分之一设备出口至日本、巴西、荷兰、泰国等国，名扬海内外。

9月20日，根据沪宝钢字(2001)377号文，宝钢工程技术有限公司下属宝钢工程建设总公司划转宝钢集团企业开发总公司。

10月11日，宝钢监理公司提升为宝钢工程技术有限公司下属子公司，宝钢工程技术有限公司对其实行归口管理。

10月12日，由宝钢自行开发研制的我国第一套全氢罩式炉，在2030冷轧一次试车成功。这标志中国已经掌握世界上只有少数国家掌握的全氢罩式退火炉研制技术。

10月16日，由常州轧辊制造公司、宝钢股份公司、常州冶金机械厂共同研制的高品质铬5轧辊，经国家经贸委严格审定，被评为国家级新产品。这一科研成果，结束了中国高品质轧辊长期依赖进口的历史。铬5轧辊毫米轧制量等重要技术经济指标达到和超过英国轧辊公司、法国FORCAST公司的实物质量，达到世界一流水平。（顾宏鸣）

钢材深加工业

【综述】 上海宝钢产业发展有限公司（以下简称产业公司）主要产品和业务有：以轻钢结构、拱型结构为主的工业与民用建筑业；以彩板为主要原材料的房屋、家具、门窗、幕墙板、夹心板和工业门等制造业；钢制易拉罐、集装箱等包装运输业；以电子警察、道口智能信号机等为主的信息产业，还有工业气体及拆船、装潢等行业。

2001年是产业公司进一步深化管理、优化资产结构、确定发展方向的一年。产业公司自成立之日起，致力于创建和拓展宝钢钢材销售市场的钢材深加工新产业，在“两个根本性转变”的导向下，重点发展合资企业。这些合资企业已基本在行业中形成规模，为发展宝钢深加工、高科技产业打下良好基础。

宝钢集团上海联合公司（以下简称联合公司）按照集团公司领导关于“一定要搞好联合公司，搞好实业，稳妥萎缩钢材等经营贸易，加大清欠力度”的指示精神，以及联合公司股东会、董事会提出加强对丹宝公司、朝带公司等实业的管理，提高投资回报率等工作要求，狠抓思想观念的转变，调整工作重心及经营思路。围绕工作重心、经营思路的转移，结合转变观念、统一思想、统一步调的要求，不失时机地开展从领导干部到职工群众的思想作风及工作作风的教育，在领导班子中开展“三个代表”教育的同时，针对工作中出现的一些现象和存在的问题，先后召开两次全体职工大会，要求全体职工增强全局观念，调整工作重心，改变工作作风，加快工作节奏，树立开拓创新、高效敬业、不畏困难、艰苦奋斗、廉洁从业、团结奋进的工作精神，严肃纪律，加强管理，同时明确要求联合公司机关工作的重心必须下移，以实际行动贯彻党的十五届六中全会精神。按照工作重心调整的工作步骤，对公司的经营贸易部机构及其人员分工进行调整，组建四部一组，即地板加工部、地板经营部、不锈钢复合管和电池钢开发部、钢材贸易部、不锈钢复合管和地板开槽线筹建组。通过对组织机构和人员的调整，激发广大职工的工作积极性，各部门按照工作职责分头并进，保证各项工作顺利推进。

（汪小燕　吕同庆）

上海宝钢产业发展有限公司

【概况】 产业公司是上海宝钢集团公司全资子公司，独立法人，注册资金3000万元人民币。下设办公室、人事部、财务部、资产经营部、内审部、安全培训部。2001年底，经过两年结构优化，产业公司拥有合资公司8家，独资公司4家。员工总数1166人。

2001年，产业公司下属宝成钢结构公司，成为上海金山石化70万吨乙烯项目钢结构惟一承建商，合同金额5000万元，钢结构8500吨。

（汪小燕）

孙迪鹏

1942年4月生，上海市人，中共党员，大学文化，上海宝钢产业发展有限公司总经理。

陈显辉

1942年2月生，广东肇庆人，中共党员，大学文化，上海宝钢产业发展有限公司党委书记兼副总经理。

【围绕公司新定位开展工作】 9月26日，集团公司领导来产业公司调研，肯定产业公司提出“一个罐（宝翼公司易拉罐）、一口气（宝普公司气体生产）、一只眼（宝康公司智能交通系统）、一块板（意达公司彩板）”系列整合的发展战略。利用铝制易拉罐制造业普遍亏损的机会，联系世界著名的钢制罐集团实施铝改钢的计划，发展一只罐。11月3日，集团公司总经理谢企华批准工作方案。该方案实施后，国内将出现16亿只罐生产能力的钢罐集团，占有全国二片罐近30%的市场份额，营造一个5万吨DI材的钢材市场。产业公司在与菲律宾LK集团公司签署了经济住宅协议后，进一步贯彻宝钢集团关于“抓大放小”，优化结构，开始内部相关控股公司“一块板”实质性整合，开展队伍重组、解决历史遗留问题等工作。按集团公司领导授权，产业公司在宝普公司与梅普公司实行市场、管理整合的成功经验的基础上，在全集团范围内酝酿整合各气体公司。2001年宝康公司董事会通过推进宝康公司改制决议，实现分配机制的改革，从深层次调动员工积极性以及加速与国内外同行优势互补的强强联合等一系列决议，此举将有助于推动宝康公司在交通智能行业的发展。

（汪小燕）

【基础管理与基层建设】 7月2日，产业公司召开“双基”管理大会，会上提出要在全公司范围内开展基础管理和基层建设工程，在企业中不断巩固标准化管理，建立并完善现代企业制度、公司制度、管理部门和工厂制度。10月12日，进行了第一次交流会，12月下旬执行标准化作业和开展程序化经验交流。各公司将“双基”管理作为经营层的基本职责，从系统管理的角度强化工作，根据自身实际，对“双基”各项管理制度进行持续改进。宝普公司在此基础上对配送系统和客户服务系统大胆进行组织机构整合，在产业公司内部率先开展6σ系列培训活动，6σ是世界各大公司崇尚的一套管理体系，其目的就是在每个环节上减少浪费，将损失减到最小，增加赢利。宝翼公司也加强生产监控系统，以实现信息化管理。“双基补课”作为人力资源部和制造业信息化计划的组成部分，与预算相结合，制定阶段行动计划，建立标准和完善制度，确保信息不断流，严格考核制度，实现企业的系统管理和控制。

（汪小燕）

【规范人力资源管理】 2001年，针对人力资源部缺乏完善管理模式的问题，产业公司将人力资源看作公司第一重要资源的角度来完善人力资源管理系统，强化干部教育，培养、考察、监管、聘任及管理工作，迅速提升人力资源部员工素质。人事选拔坚持“用好的作风选人，选作风好的人”，“将合适的人放到合适的岗位上”，经过公示听取群众意见，让员工融入到公司的各项工作中，从深层次调动员工积极性。公司本部继续沿袭目前的精简构架，减员分流，注意做员工的思想工作。坚定不移地贯彻实施产业公司关于分配改革一系列原则，并在实践中加以完善，逐步做到用工社会化、工资市场化、岗位职业化、管理电脑化。 （汪小燕）

【深化以财务为中心的监控】 产业公司在2000年规范财务管理的基础上，针对公司存在竞争机制、激励机制和约束机制不足的实际情况，2001年，在加强竞争和激励的同时，进一步加强以财务管理为中心的约束机制，成立内审部，在公司内部包括各控股子公司开展大量内审工作。在清理前几年遗留问题上，协助子公司理顺内部控制程度，加强内部管理。对外汇收支管理和会计法执行情况进行自查，协助纪委完成外协业务的自查和小金库情况调查，参加子公司经营分析会，进一步加深对子公司现状的了解。另外，在全公司范围内针对财会人员整体素质不高的情况，抓继续教育工作，开展新企业会计制度学习，迎接中国加入WTO以后的挑战。 （汪小燕）

【减薄宝钢DI材厚度】 率先在国内推出二片式易拉罐的宝翼公司近年来一直致力于罐身减薄工作，其所涉及的金属成型、罐型设计和模具设计等均属高难度技术。2001年，宝翼在推动2000年所实现的0.265毫米减薄成果的全面应用的基础上，依托宝钢股份公司技术部门和1420技术攻关小组、宝钢技术中心等相关部门的大力支持，3月开始深入开展减薄工作研究，10月成功使用宝钢生产的0.255毫米DI材生产出质量、性能等各方面符合欧洲技术标准的产品，并在客户的灌装生产线上灌装成功投放市场。宝翼公司经过两年来的技术研究和开发，其所使用的主要原材料——宝钢DI材厚度已由投产初期的0.285毫米减低到目前0.255毫米。 （汪小燕）

正在验收即将包装的钢罐罐身

【交通综合工程技术开发】 宝康公司的城市交通综合工程实现零的突破，2001年营业收入达到700万元，从而迈出宝康公司在交通市场上从单个产品销售向系统集成转移的关键一步。智能交通整体业绩的支持率从去年的36%上升至今年的55%，成为公司主营业务的格局基本形成。宝康公司坚持走高新技术产业道路，其自行研制开发的MITCOTM信号控制系统从实验室走向市场，该系统具有自主知识产权。它面向行人、自行车、机动车混合交通，基于ITS概念，综合运用交通设计、交通信息搜集，计算机网络和控制技术，从时空分离与结合两个方面建立混合交通分类、分型模型和算法，其软件可生成最优交通信号控制方案，与相应硬件配套，即可组成不同规模的系统，适应不同城市、不同交通量的需要，实现混合交通所需的交通控制功能，系统达到国内领先水平，达到国际水平。另一项高新技术移动电子警察研制实验室工作已完成。开发人员经过6个月的努力工作，对工控机、液晶显示屏、直流12v电源供电等难点都一一解决。 （汪小燕）

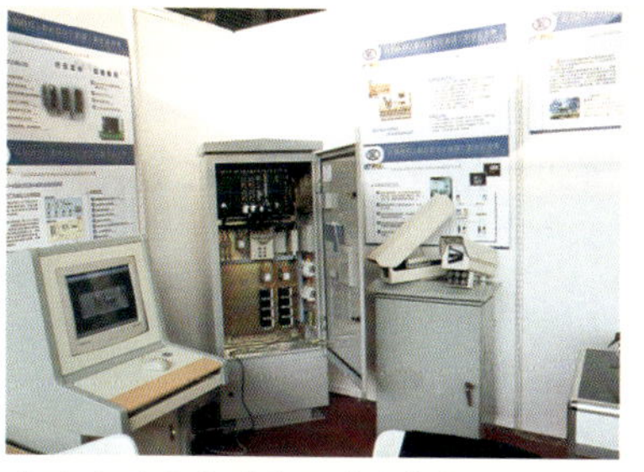

宝康公司展出的电子警察智能交通系统

【启动开发太阳能彩板房屋系统】 9月，产业公司下属专门设计制造工业与民用轻钢房屋的宝产公司与上海交通大学太阳能研究所合作，启动"太阳能系统在彩板房屋产品中利用"的研究开发项目，将太阳能装置系统与各类彩板房有机地结合在一起。11月，首幢太阳能彩钢办公房在上海交通大学校园内落成，该太阳能办公房具备利用太阳能实现照明、取暖、热水淋浴等功能。（汪小燕）

【强化安全防范措施】 年内，产业公司领导重视安全工作，加大安全宣教力度，组织开展安全讲座、安全测验、安全培训活动，强化安全防范措施，公司领导定期到基层检查安全工作。成立以公司总经理为组长的交通安全领导小组，并制定《上海宝钢产业发展有限公司交通安全管理考核办法》和《交通安全管理办法》，以及事故责任追究试行条例和《驾驶员管理办法》等各项制度。组织实施全公司的交通安全管理工作。深入开展勤查制度，制定完善安全管理制度、防火消防制度和交通安全管理制度，做到全公司范围内全年无重大伤亡事故发生，有效保障生产经营顺利进行。

（汪小燕）

【产业公司大事纪要】

8月，宝产公司在北京长安街建设的书报亭获得北京市政府市政优胜杯，10月与北京邮政局达成协议，在北京再建600只彩钢书报亭，12月30日之前安装完毕。

9月26日，集团公司董事长徐大铨、总经理谢企华等集团公司领导及有关职能部门，对产业公司生产经营情况和下一步工作进行现场调研，并对有关产业公司定位及整合等问题表示关注和认可。

10月30日，在北京举行的菲律宾总统阿罗约出席的菲律宾—中国商务论坛签字仪式上，产业公司副总经理程志道与菲律宾LK集团公司签署菲律宾经济住宅房建造项目意向书。

11月6日，宝康公司自行研制开发的混合交通控制系统MITCOTM信号控制系统获得中国科技部小型科技企业创新基金立项的资助，成为国家支持和推荐产品。该系统在哈尔滨已通过国家二级验收。在泉州、龙岩使用的系统被评为福建省畅通工程的第一名、第二名。

12月，宝翼公司采用宝钢1420镀锡板为原材料生产的二片式易拉罐销售量突破13亿只罐。

（汪小燕）

2001年10月30日，菲律宾总统阿罗约出席在北京举行的菲中商务论坛签字仪式

宝钢集团上海联合公司

【概况】 联合公司是上海宝钢集团公司控股子公司。联合公司的前身为宝山钢铁联合（集团）公司，始建于1988年8月。经冶金工业部批准和上海市工商行政管理局核准，1993年7月30日更名为宝钢集团上海联合公司。联合公司共有48家股东成员单位。除了投资主体集团公司外，股东中还有一大批与宝钢生产建设有着长期密切合作关系、在国内外知名度较高的企事业单位，如第一汽车集团公司、东风汽车公司、上海大众汽车公司，工商、建设、中国、交通等4家国有银行的上海市分行，以及一些重点冶金设计、施工和科研单位，清华、北科大、东大等高等学府。联合公司是宝钢的一个窗口。联合公司注册资本19042.5万元人民币，集团公司控股73.95%。联合公司下设七个部

联合公司举行宝优特地板面世剪彩仪式

门：综合管理部、计划财务部、联营企业管理部、地板经销部、地板加工部、钢材贸易部、不锈钢复合管和电池钢开发部，另设不锈钢复合管和地板开槽线筹建组、清欠组。2001年末在册职工48人（其中包括外派到联营企业工作的干部10人，待退休2人）。7月以来，联合公司新的领导班子率领全体职工，狠抓思想观念的转变，调整工作重心及经营思路，重新确定的经营方针为：立足实业，实施“两板”战略，打好联合公司翻身仗。　（吕同庆）

郎益富

1945年8月生，江苏人，中共党员，大专文化，高级政工师，宝钢集团上海联合公司董事长、总经理兼党总支书记。

【公司主要领导成员顺利交替】根据集团公司关于更换宝钢集团上海联合公司股东代表、调整宝钢集团上海联合公司董事、董事长和推荐郎益富、林雄军任职的意见，鉴于联合公司四届二次董事会刚开过不久（4月12日召开），按照联合公司章程中关于股东会闭会期间授权董事会确认职务更换的有关规定，经董事会成员7月6日分头审议并以会签方式表决，一致同意联合公司控股单位——上海宝钢集团公司给股东会、董事会来函的意见，同意郎益富为宝钢方在联合公司的股东代表，程喜亨不再为宝钢方在联合公司的股东代表；同意郎益富出任联合公司董事、董事长，程喜亨不再担任联合公司董事、董事长；聘请郎益富为联合公司总经理，林雄军为联合公司副总经理，程喜亨不再担任联合公司总经理职务。至此，顺利完成联合公司董事会和行政主要领导成员的新老交替。　（吕同庆）

【实施“两板”战略】　联合公司新的领导班子根据集团公司领导的指示精神及联合公司股东会、董事会的要求，重新确定联合公司的经营方针：立足实业，实施“两板”战略（“两板”指联合公司下属的丹宝公司生产的人造板和朝带公司生产的精密带钢板），打好联合公司翻身仗。联合公司抓好实业的工作重点是：调整班子，聘用人才；严把质量，开拓市场；强化管理，严格考核；安全生产，降本增效，使初级产品得到更高的效益。“两板”战略是指：联合公司建立以“两板”产品为基础的延深加工产品的生产基地，提高“两板”产品的附加值，投资生产联合公司的“拳头”产品——“宝优特”强化复合地板和“宝优特”不锈钢复合管，扭转联合公司经营的被动局面，增强联合公司的抗风险能力。同时，帮助丹宝公司改进地板基板的生产工艺，提高产品质量，扩大生产规模及产品的销售规模，提高产品的市场占有率；帮助朝带公司解决产品品种单一、生产不正常、产品质量不稳定等问题，增加生产不锈钢带

联合公司“宝优特”地板新闻发布会

产品，增加订单，提高设备的开工率，提高产品的高附加值，提高朝带公司参与市场竞争的能力。（吕同庆）

【强化两个中外合资企业的管理】 丹东宝钢人造板有限公司（以下简称丹宝公司）和宝钢集团朝阳精密带钢有限公司（以下简称朝带公司），是联合公司对外投资额最大的两个项目。一直是联合公司各股东单位和全公司职工关注的焦点，是联合公司重点抓的两个中外合资企业。针对丹宝公司、朝带公司2001年上半年生产、设备不正常，效益大幅度滑坡，领导班子不团结，管理混乱等职工反映的热点问题，经联合公司党政领导研究，丹宝、朝带两公司董事会同意，及时、果断地更换该两公司的总经理。新班子深入车间、现场办公，及时解决生产和设备上出现的难题，受到干部、职工好评，极大调动职工积极性。同时采取引进懂技术、懂工艺的专业管理人才等措施，使两个公司产品质量上存在的各种问题得到解决，产品的优等品率、合格率明显提高。同时，加强对丹宝公司、朝带公司生产、经营动态的跟踪管理，从7月起，要求凡设备停机4小时以上，必须做到“三不放过”，及时上报并整改；同时要求每天填报生产、设备、经营日报表，次日上午9时前上报联合公司。采取上述措施后，丹宝公司产品质量节节上升，产品供不应求，在1～6月累计利润只有0.44万元的情况下，7月实现利润23.16万元，从8月起，每月盈利100万元左右，7～12月，半年时间实现利润720.46万元，全年累计实现利润720.90万元，并为2002年的生产经营打下较好基础。朝带公司在设备、技术、工艺等方面进行全面整改，为改变原设计、生产产品单一的缺陷，在原有机组的基础上，添置改造上一台连续退火炉，增加生产不锈钢薄带钢品种，增强朝带公司自身的盈利能力。（吕同庆）

【控股子公司继续取得较好效益】 在经营环境严峻、市场竞争激烈的情况下，联合公司控股的生产型子公司，克服种种困难，顽强拼搏，进一步改善对客户的服务方式和服务质量，不断加强企业的内部管理，开发高附加值的产品，扩大营销渠道，降低成本，节约费用，2001年仍然取得较好效益。深圳大西洋电焊条公司从1990年至2000年，累计返回联合公司的利润2032.45万元，年平均投资回报率为25.39%，累计投资回报率为279.29%，2001年实现利润732.31万元；无锡大众维修站从1992年至2000年，累计返回联合公司的利润418.29万元，年平均投资回报率为26.04%，累计投资回报率为234.34%，2001年实现利润103.11万元；北京焊业有限公司从1995年至2000年累计返回联合公司的利润70.56万元，年平均投资回报率为3.92%，累计投资回报率为23.52%，2001年实现利润60.41万元。（吕同庆）

【稳妥萎缩钢材贸易】 联合公司原以经营钢材贸易为主，近几年在一无资源、二无资金优势、三无直接用户的情况下，依靠融资方式经营钢材，随着市场的波动，承担的风险很大。自1996年以来，联合公司的经营实绩也证明，联合公司单纯依靠经营钢材、投资返利难以维持正常开支，难以扭转持续亏损的局面。按照联合公司工作重心及经营思路的调整，公

上海大众汽车无锡特约维修站外景

司连续多次召开经营贸易工作的专题研究会，面对现实，实事求是地对经营贸易工作提出“以办好实业为主，以适当的钢材贸易作为服务于‘两板’战略的补充”的过渡办法，稳妥地萎缩钢材贸易。同时，要求在经营钢材贸易中必须坚决摒弃零星小客户和高风险、低收益的业务，要选择信誉好、有实力、有市场竞争力的客户和单位合作，以低风险、效益较好的业务增强竞争实力。（吕同庆）

【加大清欠工作力度】 应收帐款余额很大，是多年来历史遗留的造成联合公司资金紧张、影响经济效益的重要原因之一。随着清欠工作的难度越来越大，2001年，联合公司继续把清欠工作列入公司的重要议事日程，公司领导定期召开专题会议听取清欠工作情况汇报，督促检查，研究对策。不仅对1996年以前形成的老债和委贷款加强清讨，而且对钢贸部1997年之后形成的债务采取一系列措施，对一些老大难的债务，公司领导亲自出征催讨。清欠组人员克服种种困难，想方设法，采取多种办法和手段，努力追讨债款。2001年收回1996年以前应收帐款721余万元，收回1997年之后应收款66余万元。同时，清欠组在钢贸部、计财部的配合下，还对大量的债务台帐，特别是历史上有异议的债务进行清理、对帐和取证，接上时效，也解决一部分疑难悬案，对一些困难户及时清回价值约125万元的抵债物资，避免更大的损失。清欠组、钢贸部、综管部共同配合，积极处理抵债物资，2001年度回笼现金77.3万元。

（吕同庆）

【联合公司大事纪要】

6月20日，上海宝钢集团公司发函，决定更换出任宝钢集团上海联合公司股东代表，调整出任联合公司董事、董事长，重新推荐联合公司总经理、副总经理。

7月6日，联合公司董事会一致同意郎益富为宝钢方在联合公司的股东代表，程喜亨不再为宝钢方在联合公司的股东代表；同意郎益富为联合公司的董事，任董事长、总经理，程喜亨不再担任联合公司董事长、董事和总经理的职务；林雄军为联合公司副总经理。

10月15日，上海宝钢集团公司领导徐大铨、关壮民、尹灏、何文波、戴元永、赵如月、赵昆、马国强、卞恩君、方彝林及计财部、规划部、人事部等职能部门负责人对联合公司生产经营情况进行调研，听取联合公司董事长、总经理郎益富的工作汇报。充分肯定联合公司在“调整、转型”时期取得的工作成绩。

10月18日，联合公司隆重举行“宝优特”强化复合地板系列面世新闻发布会和地板经销部（宝山店）剪彩仪式。约130人出席新闻发布会和剪彩仪式。

10月28日，联合公司隆重举行“宝钢集团上海联合公司复合材料加工厂”开工奠基仪式。

12月28日，联合公司隆重举行“宝优特”地板经销部（浦东店）剪彩仪式。（吕同庆）

运 输 业

【综述】 上海宝钢运输有限公司（以下简称运输公司）主要经营宝钢外贸进出口货物运输、国际近洋海运、仓储运输及航运咨询等业务。拥有1艘载重量为6500吨的近洋海轮。2001年底，运输公司有上海宝江航运有限公司、上海宝铁储运公司、上海宝通运输实业有限公司、上海宝洋国际船舶代理有限公司和浙江嵊泗宝捷国际船舶代理有限公司五家控股子公司，长期投资共计4268.16万元。此外，向宝钢集团财务有限责任公司长期投资1201.18万元。全年运输公司完成国际海上货物运输量1465万吨（其中宝钢进口原料1158万吨、市场外贸进出口货物307万吨），实现营业额10.75亿元、利润总额1827.73万元、净利润1757.07万元，所有者权益7948.49万元，资本保值增值率120.26%，投资回报率35.14%，资产负债率20.37%，全员劳动生产率46739.13万元/人·年。为适应宝钢总体发展战略需要，加快宝钢贸易产业发展，集团公司决定对宝钢贸易业进行整合重组。11月13日，集团公司发出“关于组建上海宝钢国际经济贸易有限公司的通知”，决定将运输公司及其子公司划转给宝钢国际，根据业务划分，从属宝钢国际物流业。

（王建刚）

上海宝钢运输有限公司

【概况】 运输公司由原上海宝钢

运输有限公司和上海宝钢海洋运输有限公司在2000年5月合并重组而成，是上海宝钢集团公司的全资子公司，独立法人，注册资金5000万元人民币。下设办公室、计划财务部、业务部、船舶安全技术部。2001年末职工总数22人。

（王建刚）

郭 强
1944年9月生，江苏扬中人，中共党员，大学文化，高级工程师，上海宝钢运输有限公司总经理。2001年11月，任上海宝钢国际经济贸易有限公司董事、党委委员、物流业总裁。

陶利生
1952年12月生，上海崇明人，中共党员，大专文化，政工师，上海宝钢运输有限公司总支书记。

【"宝洋一号"轮安全营运】 载重量6500吨的"宝洋一号"是运输公司的自有海轮，主要从事钢材、散货及木材等近洋运输。2001年期租给韩国"大宝航运公司"，租期3年。该轮船龄已近18年，设备及技术状况均开始老化，给船舶的正常营运、安全和营运成本带来很大影响，而国际杂货船市场一直不景气，期租租金很低。在此情况下，公司提出"宝洋一号"轮2001年保本微利的经营目标。为此，公司不断加强对船舶的营运管理和维护保养，千方百计提高营运天数；另一方面严格控制修理费用和其他开支，扩大船员自修项目，降低船舶营运成本，从而使"宝洋一号"轮的营运率达到97%，并实现保本微利的目标。在船舶的安全管理上，严格实行《国际船舶安全营运和防污染管理规则》（ISM规则），通过安全检查、内审和外审等手段，对安全管理体系（SMS）运行中出现的问题，不断改进和完善，使其运行更为有效。公司通过不断推进ISM规则的实施，确保"宝洋一号"轮在营运中没有发生任何安全事故。2001年初，"宝洋一号"和公司岸基地分别通过认证机构对SMS的年度审核，保持相关证书持续有效。 （王建刚）

【成立两家国际船舶代理公司】 随着中国的入世，国内的国际船舶代理市场逐步开放。为更好地为宝钢外贸运输服务，积极参与市场竞争，经宝钢集团公司同意，9月和10月交通部和上海市城市交通管理局分别批复同意由宝钢与国内船代实力较强的企业分别在上海和浙江嵊泗合资成立"上海宝洋国际船舶代理有限公司"（简称宝洋船代）和"浙江嵊泗宝捷国际船舶代理有限公司"（简称宝捷船代）。

由运输公司、上海宝钢国际货运代理有限公司（简称宝钢货代）、上海外轮代理公司合资组建宝洋船代，注册资金300万元人民币，运输公司占股50%，宝钢货代占股5%，上海外轮代理公司占股45%。宝洋船代于11月底完成工商、税务、海关、外汇管理及海事部门的注册、登记等有关手续，取得《中华人民共和国国际船舶代理批准证书》及《附件》，12月中旬开始试营业，2002年1月18日正式开业。

由运输公司、宝钢货代、中国舟山外轮代理公司、中国对外贸易运输总公司浙江省舟山公司和嵊泗金海口岸服务有限公司合资组建宝捷船代，注册资金300万元人民币，运输公司占股35%，宝钢货代占股5%，中国舟山外轮代理公司，中国对外贸易运输总公司浙江省舟山公司和嵊泗金海口岸服务有限公司各占股20%。宝捷船代于12月底完成国家规定的公司注册登记手续，获得《中华人民共和国国际船舶代理批准证书》及《附件》。2002年5月随着宝钢马迹山矿石中转港的开港投产，宝捷船代也将正式开业营运。 （王建刚）

【子公司经营取得较好业绩】 2001年，运输公司所属子公司（除年底成立的宝洋船代、宝捷船代外）经合并重组后有三家控股公司，共有职工512名，其中宝钢方职工115名（离岗退养4名），2001年末三家子公司宝钢方占有的所有者权益合计为4103.85万元。从事国内沿海、长江沿线等水上运输的上海宝江航运有限公司（简称宝江公司）完成国内水上货运量211.1万吨（沿海运量151.2万吨、长江运量59.9万吨），营业额和利润总额分别达到4212.3万元和873.2万元；从事钢铁成品储运、汽车运输和铁路运输代理的上海宝铁储运公司（简称宝铁公司）完成汽车运量108万吨、仓储量115万吨、铁路运输代理量19.1万吨，实现营业额和利润总额为3391万元和206.2万元；从事钢材、件杂货等水上运输的上海宝通运输实业有限公司(简称宝通公司)完成钢材水上运输量106.2万吨,营业额和利润总额分别为981.6万元和597.1万元。 (王建刚)

【宝江公司旧船更新】 2月,交通部下达《老旧运输船舶管理规定》,宝江公司根据交通部的有关规定,结合公司发展规划,以及宝钢马迹山港投产后中转矿二程运输需要,决定对原有老旧船报废更新,并逐步扩大船舶运力。为此,3月,宝江公司一届二次董事会同意对宝江公司增资,注册资金由2500万元人民币增加到4000万元人民币(其中运输公司占股40%、上海长江轮船公司30%、福建琯关头海运总公司20%、中国海运集团公司10%),并逐步发展江海及沿海运力。5月,船龄为33年、载重量3.8万吨的"密云海"轮退役报废;7月,完成增加公司注册资本工作;9月,与希腊船东签订载重量为2.39万吨、船龄为17年的散货船买卖合同,10月24日,完成船舶交接,并将船舶更名为"宝江101",10月25日,"宝江101"轮正式投入营运。按宝江公司近期运力发展计划,在1~2年内将再购置1艘2.5万吨级散货船、2艘5000吨级江海散货轮、4艘长江驳船及1艘拖轮,新增运力5.2万吨。 (王建刚)

【宝铁公司通过ISO9001认证】 宝铁公司针对生产上面多点散,作业内容繁多,基础管理薄弱等情况,2001年全面推动和实施ISO9001贯标工作,以此来规范公司的各项业务,加强基础管理,增强企业的市场竞争能力。3月,公司成立贯标领导小组和工作小组;4~5月,对员工进行培训,编制质量手册和程序文件,建立质量管理体系;6~8月,体系试运行;9月,进行管理评审、现场审定,并通过贯标认证。 (王建刚)

【宝通公司完成企业转制】 1月,宝通公司向国家有关部门提出经营水路运输的申请,6月,获交通部和上海市城市交通管理局的批准,取得从代理运输企业转向船务公司的资格。7月中旬,上海宝通运输实业公司二届一次董事会通过决议:按《公司法》要求将公司转制为有限责任公司,转制后的公司更名为上海宝通运输实业有限公司;吸收中国中福实业有限公司参股;将公司注册资金从100万元增加到500万元(其中运输公司占股50%、上海市联运总公司占股40%、中国中福实业有限公司占股10%)。9月3日,请有关资产评估机构对原宝通公司以2000年12月31日为基准日进行资产评估,评估结果报宝钢集团有关部门,并得到确认。9月12日,运输公司和上海市联运总公司分别与中国中福实业有限公司按评估值签订股权转让协议。12月3日,完成公司增加注册资金400万元的手续。12月10日,完成公司工商变更登记。宝通公司2001年下半年开始,积极开展购置船舶的工作,经过广泛的市场调查,在12月1日与造船厂签订建造1艘载重量为2400吨干货船的合同,按建造进度,该船将于2002年6月投入营运。按宝通公司的购造船计划,2002年还将新造2艘载重量为2400吨的船舶。 (王建刚)

后勤服务业

【综述】 宝钢集团企业开发总公司(以下简称开发总公司)主要担负宝钢股份公司及其他有关子公司的生活后勤服务和生产协力、专业配套等业务,是集餐饮、客运、物业管理、绿化养殖、医疗卫生、工业废弃物及副产品综合利用、钢材深加工、仓储运输、新型建材、包装材料、钢铁产品包装、土木工程建筑、内外贸易等一体的大型综合经济实体。为与宝钢跻身世界500强、建设钢铁精品基地和研究开发基地的目标相适应,开发总公司开展"两个一流"活动,认真与先进企业找差距,以创新为突破口,以提升企业的市场竞争能力为目标,使企业的服务经营不断登上新的台阶。2001年实现销售收入65.2亿元,利税总额3.06亿元,分别比2000年增长26.3%和10%。 (闻 群)

宝钢集团企业开发总公司

【概况】 开发总公司注册资本4.7亿元,下辖13个二级公司。分别是:饮食供应公司、交通运输公司、生活福利公司(房产管理公司)、厂容绿化公司、卫生处、生产协力公司、工业公司、建筑维修公司、综合开发公司、新事业发展总公司、工贸实业总公司、磁业发展有限公司、工程建设总公司。2001年底，开发总公司共有在册职工13912人，其中在岗职工10074人。（闻　群）

叶国平
1946年8月生，浙江宁波人，中共党员，大学文化，高级政工师，宝钢集团企业开发总公司党委书记。

徐　楠
1949年7月生，江苏启东人，中共党员，工商管理硕士，高级工程师，宝钢集团企业开发总公司总经理。

【餐饮服务】 饮食供应公司继续完善供餐模式，从菜肴搭配、出售方式、餐用具、餐厅设施等方面实施改进，在菜肴品质、就餐环境等方面均有明显提高，重点加强浴室管理，采取专人负责制，在卫生、环境、笼头完好率等方面采取多项措施，使浴室面貌有所改观，受到广泛好评。全年完成10所食堂改进试点工作，2002年将推广至宝钢股份公司所有食堂。由饮食供应公司承担的马迹山港区医疗、饮食、交通、单宿、物业管理等后勤业务于9月15日全面正式运转。经过近2年的筹建，饮食供应公司克服人手少、点多面广、强度大、海岛供水供电不正常等困难，想方设法做好食堂、车辆、单宿、物业封闭管理、医务等全套后勤服务工作，切实保障港区职工生活上的需要，多次受到马迹山港领导和职工的表扬。继续以"服务宝钢，服务社会"的理念，打造宝钢餐饮品牌，2001年，共接管部队院校、企事业单位餐饮管理19家，客饭日送量达1.6万客。（戴朝霞）

【汽车服务】 交通运输公司负责宝钢职工上下班通勤客车运输，针对职工实际乘车人数逐月减少的情况，为提高车辆载客率，对市区多班次通勤全部实行交接通勤运行；根据宝钢股份公司职代会提案，对2路厂区班车实施线路延伸；根据宝钢职工居住地变化，开通时代花园、浦发公寓通勤线路；为方便宝山地区职工到钢专学习和工作，开设宝山八村至钢专通勤车。交通运输公司面对激烈的市场竞争，推进汽车服务品牌建设。2001年4月，下属上海宝钢汽车检测修复有限公司被上海市城市交通管理局评为"规范服务新风窗口"和上海市汽车修理行业服务APEC"四好"竞赛优胜集体；11月，交通运输公司被评为上海市交通安全市级达标单位。（张文波）

【物业管理】 继续做好单宿精神文明建设，文明寝室已达到99.2%，果园单宿继续保持"上海市文明小区"称号。为进一步提升宝钢职工居住环境的质量，使宝钢物业尽早实现科学化、规范化、制度化管理，房产管理公司率先在物业管理工作中实施ISO9001:2000质量体系贯标工作，顺利通过SGS通标标准技术服务有限公司的国际质量体系认证，成为宝山地区物业管理行业中首家通过贯标的企业。投资200余万元用于改进和改造宝山八村的小区基础设施，使小区环境得到进一步改善，创造良好入居环境，被国家建设部授予"全国示范小区"称号，这是宝山区惟一获此殊荣的小区。（王振英）

【绿化环卫】 厂容绿化公司担负着宝钢厂区的绿化养护与环境保洁任务，目标定位于将宝钢建设成为一流的生态园林工厂。随着宝钢三期各项目的相继竣工，绿化建设也全面完成"同步设计、同步施工、同步验收"的目标，宝钢绿化覆盖率达到42.71%。在生态园林体系的建设中，以抗逆性植物净化厂区污染，以复层次绿化拓展绿视空间和绿容量，以植物多样性促成生物多样性。2001年由上海同济大学和华东师大的园林专家对宝钢进行的生态效应测试结果反映：宝钢的累计生态效益达到了702429万元。作为宝钢生态建设的重要标志，养鹿场内的各动物种群已形成小型群落。养有梅花鹿、孔雀、广场鸽。绿化公司职工运用"普扫、检扫、巡扫"三结合的操作流程，做好垃圾清扫和清运，保持厂区主干道路397万平方米清洁。对垃圾桶实行"合理定位、定时修缮、及时更新"。对厂区的独立厕所管理进行调整，使清洁、管理、维修服务一体化，保障独立厕所的清洁卫生。2001年，公司积极投身社会市场，通过竞标取得市政外环线吴中路段绿

化和宝钢马迹山工程的绿化等工程。（金亦青）

【医疗卫生】 2001年全员体检24200人次。院前急救成功地抢救3名危急病人。开展为劳模提供医疗健康服务活动，11名医生与宝钢股份公司22位劳动模范结对子，为劳模提供建立健康档案、保健、指导就医用药等服务。宝钢三期工程19个项目工业卫生一次性通过国家验收。甲类传染病为零，乙类传染病发病率、职业病发病率均明显低于上海市发病率控制指标。9月4日，宝钢率先在上海市实施“自愿、无补贴、无休假”无偿献血新办法。经上海市爱卫会验收通过，上海宝钢集团公司继续保持上海市爱国卫生先进系统的光荣称号。宝钢老年福利院（又名宝康老年公寓和上海市宝山区宝钢红十字老年护理院）工程于8月15日开工，该院位于海江新村居住小区，总建筑面积9700平方米，设265张床位，集养老、娱乐、护理、康复为一体。（徐俊龙）

【生产协力】 生产协力公司为了进一步提高服务和产品质量，适应市场经济发展的规则，2001年底，公司下属劳防用品管理分公司、宝钢劳防厂、商业公司、开宝耐火材料有限公司、喷枪厂、宝田、回收站、劳务分公司、格安邦宾馆等九家单位通过了贯标工作，同时，宝田矿渣微粉、喷枪、洁富丽康产品荣获上海市高新技术成果转化奖，劳防厂除尘袋作业区获得“上海市劳模班组”荣誉称号。7月，宝田公司顺利通过功能考核开始正式生产，成为总公司经济增长新的亮点。劳防用品管理站树立“用户满意我满意”理念，克服点多面广、人手少的困难，采用计算机联网方式，收发准确率100%，劳防用品发放满足供应率100%，无服务质量异议。（张　雷）

【工业包装】 工业公司成立管线钢包装攻关小组，成功开发“U型夹具”，解决传统钢带包装在运输和仓储中发生卷尾崩开或散卷的难题，不但使X70管线钢的运输安全得到保证，储运散卷率降为零，而且使每卷包装成本下降45元，此管线钢“U型夹具”已获得国家专利。为了适应宝钢股份公司生产发展的需要，工业公司投资的第二条纸护角生产线投入生产，投资250万元的PET捆带项目和投资100万元的油井管短尺全程加工项目也已进入设备安装调试阶段，锡粒生产线的工艺更新和设备改造已完成。（王新民）

【建筑维修】 建筑维修公司为确保宝钢股份公司的安全生产和各种设施的正常使用，不仅制订和完善急修、抢修的制度和网络，而且专门备有急、抢修的“机、物、料”，确保在接到急、抢修指令后，1小时内准备完毕到达现场。2001年急修、抢修472次。在马迹山港项目建设中，发挥专业优势与运输部同步驻港建设，做好专业指导把关和整编技术档案工作，使港区上排水、空调、消防等系统如期正常运行，确保12月9日顺利开港，被运输部评为信得过单位。利用企业现有的资质资源、专业特长和经营特色，承揽南极“宝钢楼”的建设，承接“一钢”不锈钢项目的道路建设，生产的行车空调进入“益昌”、“一钢”、“梅钢”等新市场。（沙雄伟）

【新事业公司】 为配合做好指挥中心大修宝钢股份公司机关办公地点搬迁工作，新事业公司主动与宝钢股份公司办公室研究、协调搬迁中需要解决的问题，并制订搬迁保驾服务方案和协调联络网，紧密配合宝钢股份公司及总公司开展工作，使职工就餐、洗澡、通勤、文件收发、印刷、物资保管、保安等各项生活后期服务按规定时间节点到位，特别是在搬迁中做到不断一份报，不漏一封信，还做好搬迁中保密资料等的清理善后工作，使整个搬迁工作实现“零过渡”，受到宝钢股份公司领导的赞扬。新事业发展总公司承接宝钢富余氢气的利用项目，组建上海宝氢气体工业有限公司，公司在获得消防安全许可证并报请上海市质量技术监督局同意后，于9月14日开始试生产，氢气充填量为600立方米/小时，每年可向市场投放400万立方米的高纯度氢气。（杨　健）

【工贸公司】 工贸公司承接的水处理加药系统在2000年的基础上又增加了8个，水处理加药设备增加78台，实现水质达标率93%，设备投运率95%，均优于考核指标。自筹资金，对闲置的6、7号堆场进行技术改造，建成占地4300多平方米的现代化室内四号库并投入使用。2001年，仓储集配吞吐量达到127.9万吨。在完成集团公司法务部委托清欠服务的同时，还承接宝钢集团其他子公司的清欠业务，共计讨回各类现款197万元，以物抵债物资82万元，债务处理中心接受抵债物资2081.2万元，实施变卖816.5万元。

（南相华）

【综合利用】 2001年，综合开发公司处理利用主生产线工业废弃物（灰、渣、油、泥）等总量约100万吨，约占年排放总量的17%。其中粉煤灰利用量约30万吨，利用率为100%。通过科技攻关，成功解决粉煤灰中20%高钙灰应用难度大的问题，研制开发的复合磨细粉煤灰质量达到上海市商品砼使用标准，申领到《上海市建设工程材料生产准用证》并进入社会市场，已销售1.7万吨。与宝钢钢研所、炼钢部合作开发研制钢渣复合脱磷剂、除尘灰复合脱磷剂，在二炼钢铁水预处理中进行工业性试验，预处理实绩达到技术要求。钢渣资源利用项目，目前能生产六种规格钢渣制品，用于水泥原料、沥青路面、道路骨料、桩基工程、回填工程，已成功运用于浦东国际机场的地面加固填筑和浦东深水港集装箱码头等重要市政工程。全年，钢渣处理量达到47.5万吨。废油回收率100%，净化再生率达到了25.9%，超过预定指标。宝钢废旧油净化处理返还生产线使用成果，经中国科学院上海市文献检索中心检索，其结论为“接近当今国际先进水平”，并在积极准备申报上海市高新技术成果转化项目。为搞好宝钢废旧干电池处理工作，先后在宝钢股份公司厂区内放置200多个废旧干电池专用回收桶，共回收处理废旧干电池13.8吨。（陆克勤）

【新兴产业的发展】 上海宝钢磁业发展有限公司成立于1998年8月，是开发总公司从事磁性材料产、销、研的专业化企业。2001年，该公司在磁件新产品开发、提高产品档次、增加市场占有率方面取得了新的进展，生产的BRL2K3D和BRL10K软磁铁氧体材料产品被认定为上海市新产品，该公司被批准为2001年度上海市高新技术企业。2001年，共生产软磁铁氧体颗粒料6300吨，软磁磁芯350吨，硬磁氧化铁粉43000吨，硬磁预烧料430吨，实现销售收入3.2亿元，利税总额3259万元。

上海宝田新型建材有限公司从日本引进全套立磨设备，建成高炉水渣磨细工程（一期50万吨），开发生产的宝田牌立磨矿粉不仅取得了上海市高新技术成果转化认定（A级）证书，而且在市场上供不应求，更开创了冶金行业工业废渣综合利用的新路。2001年，该公司实现销售收入6009万元，完成利润1118万元。

（闻　群）

【科技创新】 开发总公司为增强自身的经济实力，提高产品的市场竞争力，进一步提升产品和服务的科技含量，加大科技创新的力度，积极推进科技创新活动。BRL软磁材料、宝田牌立磨矿粉、碱性颗粒钢包覆盖剂、PQ116电能质量分析仪、铁水预处理喷枪等5个产品取得上海市高新技术成果转化认定证书，软磁材料BRL10K、BRL2K5D、S95级立磨矿粉3个产品取得上海市科委的新产品鉴定证书。经市高新技术企业（产品）认定办公室认定和市高新企业（产品）认定领导小组批准，上海宝钢天通磁业有限公司成为上海市2001年度高新技术企业。以软磁材料、水渣微粉为代表的高新技术产品不断获得新的市场份额，成为开发总公司参与社会市场竞争的拳头产品，不仅改变开发总公司的产品形象，也通过发展实业制造业，优化总公司产业结构。 （闻　群）

【贸易业发展】 利用宝钢三期投产后钢材品种变化的机遇，适应家电厂商为降低成本而将进口原料国产化的需要，成功开拓科龙、美菱、日立等国内大型家电厂商的用板市场。2001年，白色家电用板代销量为4万吨，其中冰箱侧板2.2万吨，占宝钢外供量的60%以上。发挥“海运—铁路”、“海运—江运”的优势，依靠优质服务和灵活的营销策略，扩大市场份额，矿石贸易量达到489.9万吨，占国内矿石进口量的10%。

（闻　群）

【深化效能监察】 2001年，开发总公司在资金、管理、物资采购、基建大修工程建设、重要合同执行等方面共确立效能监察项目33个，年底已评估验收31项，经专业部门和所在单位领导确认产生经济效益4032多万元，在债权款的催讨方面，通过分级抓计划责任的落实和对有功人员的奖励等，全年共讨回债权款1202万元。经过努力，开发总公司的债权款总额从2000年初的1.5亿元下降到8777万元，下降43%。开发总公司效能监察工作经验，在集团公司专门召开的会议上作了介绍。（闻 群）

【为重大活动做好保驾】 2001年，宝钢重大外事活动较为频繁，APEC会议、江总书记等中央首长视察宝钢、三期工程国家验收、国家防汛总局视察"高温一号"等，开发总公司下属厂容绿化、建筑维修、生活福利、新事业等公司组织各系统的精兵强将，应急保驾，在厂容厂貌、物业管理、道路修缮、空调改造以及消防安全控制等各个方面，尽职尽责，规范有序，圆满完成上级要求的各项工作，受到宝钢等多层领导表扬，为宝钢赢得荣誉。（闻 群）

【减员分流再就业】 开发总公司实施减员分流再就业方案，通过离岗待退休、离岗退养、协商解除劳动合同等途径，共完成减员427人。此外，新事业公司接受宝钢股份公司减员等各类人员782人，共安排204人次重新上岗，稳定职工队伍。与此同时，将工作重心转向再就业，创造就业岗位737个，其中为集团公司就业管理中心提供再就业岗位141个，并积极创造条件，使一钢、二钢的18名下岗人员走上新的再就业岗位。（闻 群）

【推进人才培养】 继续组织实施"四个一百"人才开发计划。努力为人才成长创造条件，通过"给位子、压担子、挂职锻炼、交流轮岗"等办法，优先安排优秀后备干部到关键岗位锻炼、实习。有的单位抽调大学生参加工程项目建设，为他们提供一试身手的舞台。根据"教育培训工作为生产经营服务，为人才工程服务，为奋斗目标服务"的指导思想，一年来，开办各类培训班97个，培训7318人次，尤其重视了中高层次经营管理人才、多元产业紧缺人才和专业技术带头人的培养。开办由51名学员参加的第二期中青年干部培训班。与上海东亚学院联办了MBA进修班，选派25名中青年管理者参加培训。强化全员培训，提升职工队伍的综合素质水平。加强职工技能培训和技能鉴定，总公司取得职业资格证书的职工已达2897人，占技术工人的58%。加强管理和专业技术人员的继续教育，开办6期计算机应用、办公自动化培训班；举办7期400余名财务人员参加的财会新知识培训班和4期物业管理、保险代理、劳动人事等专业培训班；开办2期网络基础知识和CAD培训。加强基层管理者的培训，开办作业长安全培训班7期，班组长培训班4期，共培训611人次。加强对重新上岗和转岗的培训，188名职工通过新知识、新技能和再就业培训，走上新的工作岗位。总公司设立的人才奖励基金和"三学奖"，发挥鼓励职工自学成才的作用，已有1000余名职工通过自学获得大、中专以上学历，80人获得大专以上双学历，1名职工被评为宝钢"三学状元"，10名职工被授予"三学标兵"称号，20名职工被评为"三学先进"。（闻 群）

【工程建设总公司划转】 9月20日，上海宝钢集团公司发文（宝钢字377号），同意将宝钢工程建设总公司划转给开发总公司，将建筑业作为开发总公司多元化经营的发展定位之一。宝钢工程建设总公司原系宝钢集团的全资子公司，成立于1990年，具有工程总承包二级资质，现有员工52人，其中原宝钢职工39人。（傅亚新）

【精神文明建设】 2001年，开发总公司以改革发展为主题，以学习创新为动力，以争创"双佳"为抓手，牢牢把握"三改三创"（改革，改制，改进；创新，创佳，创建）的总体思路，加强党的建设，加强思想工作，促进服务经营任务的完成和职工队伍的稳定。各级领导班子和领导干部的整体素质有新的提高，民主集中制原则得到切实贯彻，党内工作机制和工作体系日趋完善。通过"三个代表"学习教育，认真剖析问题，查找薄弱环节，开好两级党委民主生活会，达到团结、向上、鼓劲的目的。加强支部建设上等级工作，共评出特级支部37个，一级支部59个，进一步推进党员“三高一流”带动全员“三高一流”活动，促进党员先锋模范作用的发挥和全员素质的提高，综合开发公司被评为集团公司先进党委，8位同志分别被评为集团公司优秀党务工作者和优秀党员。继续把加强对各级经营者、重要部门和敏感岗位干部的廉洁教育作为重点，提高各级经营管理者坚决执行经济工作纪律的自觉性，全年共有282人次拒收和登记上缴礼品、礼金，折合人民币14.8万元。组织廉政教育16场次，3000余人次受到教育；汇编《正气之歌》，宣扬生产经营活动中涌现出来的艰苦奋斗、拒腐防变的典型事例；3次组织新任聘、交流干部进行上岗前的警示教育。一年来，总公司和各二级单位共签订党风廉政建设目标责任书139份，将党风廉政建设目标责任书的每项措施落实到具体工作中；在重大工程承发包、技改项目等领域，与业务协作单位签订党风廉政共建协议书89份，分级跟踪执行情况。全面推进CS工程，始终把就餐者、乘客、业主、上下道工序，客户、用户等服务主体满意不满意，作为衡量自己企业文化建设好坏与否的一个标准。广泛开展争创最佳示范作业区、最佳协力班组、最佳协力员工等活动，不断提高文明窗口建设的整体水平，文明食堂、文明通勤、文明单宿、文明厕所等的建设已趋于经常化、制度化、规范化。开发总公司获得上海市2000～2001年度社会治安综合治理先进集体称号。厂容绿化、生活福利、综合开发公司被评为上海市文明单位。5月，开发总公司被评为集团公司“用户满意文明单位”，这是开发总公司成立15年来首次获得这一殊荣。 （蒋天国）

【开发总公司大事纪要】

1月18日，开发总公司举行2001年责任书签字仪式。

4月5日，在上海市精神文明建设工作会议上，开发总公司下属生活福利公司、厂容绿化公司、综合开发公司被授予“1999～2000年度上海市文明单位称号”。

4月20日，开发总公司召开五届一次职工代表大会。

9月12日，开发总公司召开成立15周年庆祝大会。

9月14日，全国后勤改革与发展座谈会在开发总公司召开。集团公司副总经理赵昆、中国行政管理学会副会长武树帜、全国后勤管理研究会理事长赵庆云、上海市后勤协会会长李文连等领导及全国企业系统的23家生活后勤单位的人员出席会议。

11月15日，开发总公司建筑维修公司8名职工启程随中国南极科学考察队赴南极，承建宝钢楼的任务。

11月30日，集团公司第十次“观念与创新”研讨会在开发总公司举行，推广开发总公司“创新促创业，创业促就业，就业促稳定”的经验。总经理徐楠，党委书记叶国平分别作了《企业的活路在创业》、《立足“三个依靠”，处理好“三个关系”——开发总公司发展要因初探》的主题发言。

12月25～28日，开发总公司召开改革发展研讨会。总公司领导、各公司（卫生处）党政工及机关处室负责人出席了会议。会议就企业改制、资产重组、业务整合、公务用车改革等举措进行了研讨。 （闻　群）

信息业

【综述】 上海宝信软件股份有限公司（以下简称宝信软件）主营业务包括：自主知识产权的软硬件产品开发，系统及资源外包服务，ERP系统解决方案，生产控制与管理系统解决方案，自动化控制系统集成及智能控制技术应用，网络集成与维护，智能交通和智能楼宇，电子商务和软件出口等。宝信软件是上海市高新技术企业，已通过ISO9001质量体系认证，并具有科技经营、信息服务、设备维修、智能建筑等多项资质证书。

根据宝钢集团信息产业发展战略，宝信软件确立“以信息化带动工业化”为宗旨的中期发展规划。宝信软件要成为独立的信息业界强者，具体表现为要在过程自动化、企业信息化和城市信息化三个领域成为国内的领先厂商。发展目标是：成为企业信息化解决方案的主要供应商，成为流程工业企业自动化系统的主要集成商，进入城市信息化建设和服务市场。 （赵　青）

上海宝信软件股份有限公司

【概况】 上海宝信软件股份有限公司，由宝钢原有三家从事信息与自动化技术的子公司（宝钢计算机公司、宝钢软件公司和宝利公司）为基础组建设立。2001年4月，通过与上海钢管整体资产置换改制上市，公司名称变更为“上海宝信软件股份有限公司”。公司包括上海宝利计算机集成技术有限公司和上海宝希计算机技术有限公司两家子公司。宝信软件注册资金2.6亿元人民币，公司位于上海浦东张江高科技园区，员工总数876人，其中博士5名、硕士80名，并有一批专业领域专家。

徐乐江
1959年2月生，山东新泰人，中共党员，硕士，教授级高级工程师，上海宝信软件股份有限公司董事长。

王文海
1953年12月生，上海市人，中共党员，大学文化，高级工程师，上海宝信软件股份有限公司董事、总经理。

冯国城
1951年4月生，浙江平湖人，中共党员，硕士，高级工程师，上海宝信软件股份有限公司董事、党委书记。

上海宝信软件股份有限公司被认定为2001年度上海市高新技术企业，并获“上海市科技型中小企业100强企业”称号，排名第40位（按销售收入排列）。

（赵　青）

【集团公司领导到宝信软件调研】 9月24日，集团公司领导徐大铨、尹灏、何文波、葛红林、马国强、方彝林等来到宝信软件进行生产经营情况调研。徐大铨董事长希望宝信软件贯彻有所为、有所不为的原则，进一步细化发展规划并大胆实施，在深入了解研究国内外同行的基础上，发展自己的强项，争取在个别项目上达到国际一流水平。集团公司领导还指出：宝信软件在实施规划目标之时，先要找准定位，培育多元市场，有计划地设立海外贸易机构，加快形成产业国际化的步伐。同时，应抓住冶金行业技改项目上马的机遇，努力培育重大专有技术，形成具有IT企业特色的运行机制。加强人才高地建设，结合行业特点，分配机制与用人机制结合起来，加大内部改革力度，合理配置资源，把宝钢的IT产业做高做强。（赵　青）

【宝信软件与宝山区科委举行战略合作签字仪式】 10月10日上午，宝信软件与宝山区科委战略合作暨控股宝景公司的签字仪式在金富门大酒店举行。此举为宝信软件开拓城市信息化领域提供广阔市场空间，同时也为提高宝山信息化水平、早日实现地区信息化创造条件。宝钢领导徐大铨、关壮民、葛红林、方彝林，宝山区区委书记于根生、区长乐景彭、副区长厉家骏及宝信软件、宝山区各委、办、局的领导出席签字仪式。

（赵　青）

【宝信软件召开首届二次职代会】 7月20日，宝信软件召开首届二次职代会。大会确定宝信软件三年发展规划框架的总体定位，并审议通过《上海宝信软件股份有限公司薪酬管理试行办法（草案）》、《上海宝信软件股份有限公司2001年减员分流实施办法（草案）》以及《宝信软件公司待聘人员管理办法（草案）》等办法。

（赵　青）

【成功开发宝山区电子公务网一期工程】 由宝山区科委实施、宝信软件设计并开发的宝山区电子政务信息系统于2001年7月18日正式开通。宝山区电子公务网是上海市公务网的试点，一期工程的开通，实现宝山区在上海市率先实行政府机关办公自动化目标，标志宝山区与宝信软件良好合作开始。此项工作受到上海市信息化办公室领导和宝山区党政领导的高度赞扬和肯定。一期工程合作成功，为宝信软件参与宝山区信息化建设打下坚实基础。

（赵　青）

2001年7月20日，宝信公司召开首届二次职代会

【参加2001年上海国际冶金工业展】 旨在加强国际冶金行业技术贸易、技术服务及投资合作的2001年上海国际冶金工业展11月27日上午在上海国际展览中心隆重开幕。此次展会为期三天，吸引17个国家和地区的87家厂商参展。冶金展集中展示国内外各类先进的冶金、铸造、锻造、热处理等方面的先进技术和设备，展会期间还同时举行大型技术交流会。开幕式上，展会的主办单位之一——上海宝钢集团公司董事长徐大铨在致词中表示，中国冶金工业在改革开放的20多年里取得举世瞩目成就，已经发展成为世界钢铁生产大国。宝信软件在此次冶金展上展示钢铁企业ERP，过程控制计算机应用软件平台Plature99 2.0、数据分析等先进产品技术，吸引众多国内外冶金设备制造商，对今后的技术引进和输出产生积极影响。

（陈在根）

宝信公司参加2001年上海国际冶金工业展

【参加第三届上海工博会】 由国家经贸委、外经贸部、科技部、信息产业部、教育部、中科院、中国国际贸促和上海市人民政府共同主办的第三届上海国际工业博览会11月22～27日召开。本届工博会吸引海内外观众55.5万人次，集中展示海内外信息化带动工业化的最新成果，成为中国入世后，中外科技界、产业界进行科技交流与经贸合作的大舞台。美国微软、法国阿尔卡特、德国西门子和上海华虹、广电、贝尔、四川长虹、江苏中天等国内外信息产业的领头企业踊跃参展。宝信软件为此次参展做了充足准备工作，展会期间集中展示钢铁企业ERP，过程控制计算机应用软件平台Plature99 2.0、易能office等多项产品，受到广泛关注，不仅大大提高宝信软件知名度，更为宝信软件产品开拓更为广阔市场空间。

（陈在根）

【参加“中国制造业企业信息化研讨会”】 11月6～9日，中国制造业企业信息化研讨会在北京中国科技会堂召开。此次会议的主题是以信息化带动产业化，大力振兴制造业。国家信息中心及我国制造业信息领域著名专家作了制造业信息化综合报告，部分国内外知名IT厂商如IBM、ORACLE、COMPAQ及用友、安易、金蝶等在会上展示新技术、新产品并举行技术专题讲座。作为本次大会参展单位，宝信软件夏思椿作“宝钢信息系统架构与开发组织体系”的演讲，受到与会者广泛关注。会议期间，宝信软件会同东方钢铁在线共同展示钢铁企业ERP、易能office、数据分析以及在线钢铁交易等产品及解决方案，充分展现宝信软件历年来信息化工作的成功经验和公司的企业形象，取得良好效果。

（陈在根）

宝信公司参与举办的“宝钢信息化和自动化成果展”

【参与举办“钢铁工业信息及自动化推进中心”年会】 10月29日，在宝钢召开“钢铁工业信息及自动化推进中心”2001年年会，中国钢铁协会会长吴溪淳，原冶金部副部长周传典，钢铁工业信息及自动化推进中心主任、鞍钢总经理刘玠，上海宝钢集团公司党委书记关壮民、副总经理葛红林，包钢总经理林东鲁等领导和来自国内70家单位的130余名代表出席会议。在集团公司有关部门协调下，宝信软件联合宝钢股份公司、东方电子商务公司组织举办“宝钢信息化和自动化成果展”及系列演示和参观活动，充分展示宝钢信息自动化成果和我公司的企业形象。会议期间，通过在宝钢的学习交流，与会领导和代表交流经验，畅谈对信息自动化的体会，并对明年“推进中心”的工作提出建议，都感觉此次到会颇有收获。若干企业已表示对宝信软件产品的兴趣和项目合作意向。

（陈在根）

【参加“WORLD PC EXPO 2001”展览会】 一年一度的“WORLD PC EXPO 2001”计算机综合展览会11月在日本东京幕张展览中心举行。宝信软件参加此次展览，并取得较大成果。“WORLD PC EXPO 2001”会议是世界三大之一，亚洲最大的计算机综合展览会。展览会以挑战Big “E”为主题，规模宏大，荟萃全球IT产业顶尖产商和最先进的电子产品，4天内共有30多万人参观。中国企业首次组团参展，且仅有上海和天津两个展区。作为上海8家参展企业之一，宝信软件准备工作充分。在参展期间，宝信软件共发放300多份日文版产品资料和宣传手册，接待200余家来访单位和个人，并和其中一些企业进行深入的交流和认真的洽谈。同时，公司还在WORLD PC EXPO 2001世界计算机展览会网页（WPC上海游廊）栏目中刊登相关内容。此次参展不但使宝信软件了解到世界上最新最先进的IT技术，同时也将“宝信软件”企业的优势和特色展示于世界，为宝信软件逐渐成为国际化企业创造有利条件。

（陈在根）

【加入上海软件对外贸易联盟】 9月，宝信软件加入上海软件对外贸易联盟（简称SOBUS）。本联盟是由上海市地域内的各类计算机软件企业法人以及相关社团法人按照“平等、合作、互助、互惠”的原则，自愿组成的从事计算机软件出口业务的非独立法人和非盈利性的联合体。联盟首批成员企业有47家，都是上海软件界的骨干企业。宝信软件的加入，旨在积极开拓软件出口业务，与联盟内其他企业共同推动中国计算机软件出口事业的发展。

（赵　青）

【宝信软件通过ISO9000贯标复评】 8月17日，宝信软件获得上海市质量体系审核中心批准授予的ISO9001质量体系认证证书。这是宝信软件通过推进管理转型和文化再造，整合公司内部资源，强化管理所取得又一成果。宝信软件将在顺利通过贯标复评的基础上，以形成提高效率、降低成本的有效工作机制为目标，进一步开展ISO9001（2000）的转换工作，并组织“软件企业能力成熟度模型”（CMM）的能力培训，以不断提高公司的软件工程化能力和市场竞争能力。

（赵　青）

【宝信软件与梅山公司签订RH工程合同】 6月28日，宝信软件与梅山公司在宝信总部举行梅山公司RH工程自动化系统的合同签字仪式。梅山公司RH自动化系统项目采用国际招投标方式，竞标的公司中不乏象新日铁和川崎制铁这样在RH工艺和过程控制方面具有丰富经验的日本公司。而宝信软件凭借着强大的技术实力和多年来在宝钢自动化控制系统的设计与开发中积累的丰富工程经验，特别是在宝钢2号RH工

宝信公司与梅山公司签订RH工程合同

宝信公司通过上海市
质量体系审核中心贯标复审

程自动化系统设计中的成功业绩，赢得梅山公司信任。经过一年多坚持不懈的努力，多轮技术交流和技术谈判，最终以低于对手一半的价格中标。签字仪式标志宝信软件与梅山公司在自动化控制领域的合作迈出关键性一步。

（赵 青）

【宝信软件承建宝钢国际Internet】 由宝信软件承担开发的宝钢国际Internet计算机管理系统涉及国贸总公司、子公司的贸易业务管理和财务管理，且随着宏观环境、管理体制、贸易结算方式、管理模式的不断变化，预计系统建成后，将使宝钢国际摆脱重复的手工劳动，极大地提高工作效率。本系统是一个面向贸易业务，集采购、销售、运输、存货、财务等管理，以及办公自动化、分析决策于一体的计算机管理系统。该系统将统一管理国贸的物流、信息流、资金流，形成国贸自己的管理、信息和调度中心。系统建成后，将实现与宝钢股份公司、东方钢铁网站及主要用户系统的连接，为宝钢实现电子商务打下扎实基础。

（毛健敏）

【宝信软件与Sybase建立战略合作伙伴关系】 5月15日，宝信软件与全球著名的电子商务解决方案供应商Sybase公司在宝信总部举行签约仪式，正式结成战略合作伙伴关系。Sybase（中国）公司董事总经理冯星君和宝信软件总经理王文海亲临会场并就两家公司的发展策略发表演讲。此前，宝信软件已与多家世界著名的IT公司建立战略伙伴关系。通过此次合作，宝信软件将充分利用Sybase公司先进的数据库作为技术支持，并享受Sybase公司专业的服务。同时，双方还将共同利用彼此的资源优势，为客户提供高效、便捷的行业解决方案。

（陈在根）

【召开首届学术委员会会议】 宝信软件于2月召开了首届学术委员会第一次会议，委员们就学术委员会参与宝信软件的学术活动、宝信软件的技术管理及重大技术问题、宝钢信息产业发展规划等问题进行热烈的研讨和交流，并提出许多有益的建议。今后，委员会将每年主持编辑出版一次宝信软件论文集，总结研究和开发成果，激励宝信软件员工的科研及开发热情。（赵 青）

【宝信软件获得多项软件著作权证书】 2001年，宝信软件成功开发的《Plature99过程控制计算机中间软件》、《IBM9672批作业调度程序》、《主机通信平台软件》等20项软件产品，顺利通过上海市国家软件测评中心认可，并获得国家版权局颁发的“计算机软件著作权证书”。另有多项软件开发产品也正在申请之中。

（顾颖兰）

【上海市领导对宝信的发展寄予厚望】 年初，市经委组织召开的上海市信息化与工业化研讨会上，市领导针对如何实现信息化带动工业化等问题提出重要意见。蒋以任副市长在发言中特别提到宝钢和宝信软件，他说：“宝信软件是一个典型的例子。宝钢从企业ERP出发，到现在成立自己的信息企业，从而帮助别的企业搞ERP，这样的方式比搞纯网站、软件公司强。因为他们有企业实际操作的经验，而ERP的实现是一个不断升级的过程。企业通过自己运行的丰富经验，不断地改进技术，比没有实际操作的软件公司搞ERP有相当程度的优势。”

（赵 青）

【宝信软件召开首届技术创新大会】 1月，宝信软件召开首届技术创新大会。宝信软件副总经理华建新在题为《加大技术创新力度，加速信息产业化进程》的演讲中指出，在当前充满挑战和机遇的时代，技术创新应成为宝信软件在激烈的市场竞争中求取生存、实现信息产业跨越式发展的根本出路。为此，加大创新力度是宝信软件面临的一项重要而紧迫的任务。公司今后不仅应加强产品及技术的创新，更应重视在经营管理、市场营销、工程组织等各方面加大创新力度，以期实现公司的体制接轨和文化再造。宝信软件今后将努力探索建立以研发中心为主体的三级技术创新体系，建立科技管理体系，加大科技投入，形成科技合力。同时加强软件产品化和工程创新，重视质量管理，加速培养人才，注重营造吸引人才、鼓励创业的环境氛围与机制。宝信软件研发中心介绍在新产品开发和研制方面所取得的成果。

（赵　青）

【Multilink2000软件产品】 在工业生产控制中存在大量的数据信息需要传递，其中包含现场设备的运转信息，产品生产的状态信息，组织生产的计划管理信息以及产品销售的信息等等。所有这些信息必须按照生产管理的要求进行高效的传输。MultiLink2000就是为这种大工业生产的数据整合而服务的中间软件产品，用于解决生产基础自动化层和生产过程控制层的信息通讯。该产品于10月研制成功，应用于宝钢烧结一二期改造项目中。（顾颖兰）

【外高桥造船有限公司弱电系统项目】 外高桥造船有限公司位于东海之滨的外高桥地区，是国家投资新建的特大型船舶企业。宝信软件承揽其建厂项目中的网络与布线系统、UPS系统、程控交换机系统、广播系统、服务器与工作站、主机与数据库。该工程合同于2000年11月签订，项目当月正式启动，2001年其中的大部分子项目已经完成，根据合同将在2002年底全部完成。该项目建成后，作为全厂信息系统的前期部分，将为业主提供全厂数据、语音通信平台，同时宝信软件也将为业主提供相关软硬件方面的应用服务。

（祁志民）

【宝钢设备维修综合管理信息系统】 宝钢设备维修综合管理信息系统作为宝钢整体产销系统的一个组成部分，11月底全部投入运行。本系统实现宝钢设备维修综合管理的在线化和集成化，成为以信息化推动管理业务，从而改变宝钢设备管理手段落后的局面，实现企业设备管理数据共享，保证数据的一致性和数据处理的高效、迅速，提高分析的准确性，减少维修管理业务的处理时间，提高工作效率，为减少管理层次，降低维修成本，创造良好效益提供先进的管理手段。本系统具有性能稳定、运行可靠的特点，易于使用的人机界面，高效率的网络结构，以及稳定的系统通信等功能。（赵　青）

【宝钢冷轧平整机三电改造项目】 宝信软件在2030毫米冷轧平整机组三电系统改造项目中承担L1部分应用软件的设计、编程、调试、负荷试车、功能考核等工作。本次改造项目于10月完成，具有周期短、难度大等特点，此项目的成功改造获得用户和外商的一致好评，同时也为在两个不同的三电系统之间进行大规模的程序移植和系统切换提供一个成功实例，为宝钢今后老设备三电系统改造开辟一条新路。（赵　青）

【用户信息（档案）系统】 用户信息（档案）系统从2000年8月开始可行性研究，2001年2月正式立项，在宝钢股份公司原营销管理处牵头下于12月正式投运。该系统全面整合宝钢用户信息资源，适应电子商务发展的潮流，以本系统为基础平台，多层次地开发面向用户的服务功能，并实现宝钢股份公司内用户资源共享，提高宝钢的用户服务管理效率，更好地了解和掌握宝钢用户需求情况，提升宝钢产品的市场竞争力，真正实现以用户为中心的管理理念，使宝钢用户管理水平达到世界一流成为可能。（赵　青）

【宝森剪切中心PMS项目】 随着宝钢汽车板市场的不断扩大，2030毫米冷轧的剪切能力已满足不了生产需要。为缓解汽车板剪切矛盾，经多方论证，宝钢股份公司决定新增一条1550毫米冷轧产品到宝森剪切中心加工的物流。宝信软件按照集团公司领导要求宝森项目先期投入运营的批示，先期垫付启动资金，由钢铁事业部全力投入开发，进行需求分析，并以最快的速度完成项目的基本设计、详细设计及编程调试。于3月26日将所有设备及系统顺利安装于宝森剪切中心，保证PMS系统于4月1日正常投运。

（赵　青）

【钢管热区生产控制计算机系统】 该系统于9月完成，根据钢管生产类企业的业务特点，结合宝钢股份公司钢管分公司实际情况，充分考虑钢管用户的适用习惯和实际需求，适用于对钢管生产类行业热轧产线的管坯库管理、生产控制、质量跟踪、工具的组织/加工/上线、能源管理和分析等。系统功能包括：管坯库管理、生产计划管理、生产实绩管理、设备管理、质量管理等。系统具有统一的画面格式、完善的帮助系统、灵活的通信管理系统等特点。

（赵　青）

【1550毫米冷轧CAL机组IPC系统】 IPC（Integrated Process Control）即一贯过程控制。本系统作为分析支持系统，它为质量管理者掌握生产过程能力、质量技术人员统计分析生产过程能力、现场操作者监控生产过程能力提供了准确、便捷、直观的途径，既有高度概括的图视化功能，也有细致入微的多层数据挖掘功能。该系统共分大功能：控制图生成、趋势图生成、符合性图生成、控制参数计算与保存、人机对话功能。该系统投运后，受到宝钢股份公司领导及各厂、部的普遍好评，为宝钢股份公司全面开展IPC提供技术、运作依据。（赵　青）

化　工　业

【综述】 上海宝钢化工有限公司（以下简称化工公司）是集煤化工产品生产、科研、销售、贸易的企业。作为集团公司多元化经营的重要组成部分，在辅助钢铁产业完成生产的同时，担负着宝钢集团化工产业发展的重要任务。

化工公司召开"精神文明建设工作"、"'学邯钢'劳动竞赛"总结表彰、推进会

2001年，化工公司所处的生产经营形势在2000年基础上发生急剧的变化：国际原油及化工市场行情迅速回落，化工产品效益急剧下滑；股份公司原定464万吨焦炭计划产量由于出口严重受阻，实际只完成396.9万吨，造成化工原料严重不足；集团公司调整投资政策，对化工三期工程投资费用的50%由化工自筹资金解决，为此化工公司多承担贷款利息约2000万元。面对严峻形势，化工公司严格管理、深挖潜力、力拓市场、争创效益，终于全面完成全年生产经营总目标。全年生产化工产品38.11万吨，在宝钢股份公司焦炭产量仅完成年计划85.53%的情况下，化工产品产量完成年计划的97.15%；销售收入14.38亿元；实现利润2.32亿元；合同完成100%；出口创汇491万美元；清理三角债务28.4万元，三角债仅剩5万元。化工公司被上海市工业党委评为"2001年度建设工业新高地争先创优活动优秀企业"，被上海市质协评为"2001年度上海市用户满意企业"；公司申报的"IPC-当代先进的质量一贯过程控制管理系统"质量创新成果，被评为2001年度国家冶金企业管理现代化创新成果二等奖、上海市管理现代化创新成果三等奖；总经理魏国瑞被上海市总工会评为"职工信赖的好厂长（好经理）"。

（唐华仙）

上海宝钢化工有限公司

【概况】 化工公司是上海宝钢集团公司全资子公司，独立法人，国有资产原值49.7亿元，2001年底，注册资金由7.4亿元增加到19.1495亿元。至2001年底，有职工824人，其中技术人员121人，占14.7%。下设：经理办公室、经营计划室、组织人事室、财务室、市场调研室、规划发展室、安全环保室、技术中心、技术改造管理室、设备管理室、煤气精制厂、化产一厂、化产二厂、设备车间、化验室、产品销售公司、化工外贸部、企业文化室等18个行政厂部室，及4家子公司（苏州宝化炭黑有限公司、浙江五龙化工股份有限公司、上海宝山钢铁总厂化工经营部、温州宝隆贸易有限公司）。三期化工工程建成投产后，化工公司形成年处理27.5亿立方米焦炉煤气、30万吨焦油、11万吨粗苯、生产各类化工产品43万吨的规模。主要产品有精制焦炉煤气（供应宝山钢铁股份有限公司）、煤焦油系列、苯系列、炭黑系列、减水剂系列产品等5大类，50余种产品。（唐华仙）

魏国瑞
1948年7月生，上海市人，中共党员，大学文化，教授级高级工程师，上海宝钢化工公司总经理。

顾士忠
1945年2月生，江苏启东人，中共党员，大专文化，高级政工师，上海宝钢化工公司党委书记。

【服务钢铁主业】 2001年，宝钢股份公司焦炭产量计划464万吨，实际只完成396.9万吨，期间，焦炭产量计划一降再降，使化工公司生产经营处于非常被动状态，同时化工市场低迷，为牢牢抓住难得的商机，还须合理调整产品结构，这必然增加了化工生产组织的难度。为此，化工公司及时调整生产经营计划，在生产、计划、设备、销售等相关部门密切配合下，使公司生产的调整与宝钢股份公司焦炭产量调整的步伐相协调，并在此前提下努力兼顾经营，如煤气净化装置3套开2套，尽量以集中处理的方式安排生产等，以此来实现低消耗，获得明显成效。年供应优质精制煤气量为17.22亿/m^3，其中一、二、三期精制煤气的H_2S含量分别为0.087g/m^3、0.14g/m^3、0.081g/m^3，达世界一流水平，确保集团公司整体利益。（唐华仙）

【安全工作"三个为零"】 在煤化工企业中，安全工作重要性已成为普遍共识，为继续做好2001年安全工作，把好安全大门，公司继续以标准化作业为抓手，切实推进"两长制"，强化现场管理，在宝钢股份公司范围内，化工标准化正面典型事例被评上2个，二净化作业区继续被评为"示范作业区"，有5个作业区8次被评为"示范作业区推进先进"；围绕生产经营总目标，组织签订"四级一把手"安全责任书，严格落实各级安全生产责任制；修订《化工公司OHS补充文件》，进一步完善安全管理制度；切实落实公司领导提出的"安全员的办公室就在现场"的要求，深入现场，着重审核有关检修安全方案，检查方案的落实情况，并经常与现场作业长、检修人员沟通，及时将事故苗子消灭在萌芽之中；大力推进查隐患、促整改工作，深入开展"安全记分"活动；2001年底，已累计实现安全生产5777天，继续保持安全工作"三个为零"，即火灾爆炸事故为零、厂区道路交通死亡事故和厂外机动车辆有责交通死亡事故为零、重伤及以上事故为零。（唐华仙）

上海质量体系审核中心
质量管理体系认证证书
兹证明
上海宝钢化工有限公司
中国 上海市宝山区同济路1800号 201900
建立和实施的质量管理体系符合标准：
GB/T19001-2000-ISO 9001:2000
体系覆盖范围：
煤气精制和化工产品的设计和开发、生产、服务过程。（附产品目录）（12DG）
本证书注册编号：0101Q10233R0M
证书有效期：2001年12月27日至2004年01月04日
本机构代表（签名）汐嘉祥
2001年12月27日
国际认可论坛质量管理体系多边承认协议（IAF MLA-QMS）成员认可
国家认可注册号：SC 01

化工公司获得上海质量体系审核中心颁发的质量管理体系认证证书

【质量管理再上新台阶】 化工公司的质量工作在集团公司始终处于较领先水平。质量方针是"重用户，重改进，重效率，重价值，为社会提供世界一流的产品和服务。"每一位员工都认识到"质量是企业的生命工程"，在公司内形成全员、全面、全过程抓质量的格局。稳步提高IPC管理，在集团公司内率先采用计算机采集数据、绘制控制图。配合IPC管理，加强对中间产品的监控，通过努力，中间品一次合格率实绩为95%，煤精厂达到99.6%的水平。11月，通过上海市质量管理体系认证中心对ISO9002:94版的监查、三个产品的扩证及ISO9001:2000版的换版认证。全年产品一流指标合格率100%，等级品率140%，优等品率86%，主要产品12项质量技术指标继续保持世界一流。纯苯特号、焦化苯酚、精萘、硫酸铵获上海市名牌产品百强称号。

（唐华仙）

【深挖潜力增效益】 依靠全体员工深入推进降本增效工作，对年初制订的13项降本增效措施具体明确目标，落实责任者，降本增效约381万元。开展“‘降成本，增效益’金点子”活动，共评出49项“金点子”，实际完成16项，实现效益676.16万元。根据宝钢股份公司焦炭实际产量比原计划严重减少的现状，化工公司见缝插针，尽量以集中的方式安排生产，全年煤气净化装置三套开两套累计265天，节能1855万元；努力提高两大源头产品的收得率，焦油收得率为4.58%，粗苯收得率为1.17%，分别为历史最高水平和较好水平，为化工产品生产争得尽可能多的中间原料；充分发挥装置的富余生产能力，全年外购粗苯9400吨加工销售，为公司多创效益176万元；充分发挥装置潜力，努力做好粗酚盐和碳酸钠的平衡，全年生产酚类产品5002吨（为历史最高水平），由于2001年酚类产品利润相对较高，单是这一产品创利就达2344万元。能源消耗和设备检修是公司生产成本的大头，在确保生产正常、稳定运行的前提下，通过合理组织生产，提高设备操作、维护水平，节约能耗4060万元，降低检修费用1556万元（含三期消缺费用500万元）。继续开展合理化建议活动，共提合理化建议2370条，创效1438万元。提高融资水平，节约融资成本80.35万元。通过各项挖潜增效工作，成功弥补不利因素带来的减利影响。

（唐华仙）

【应对市场积极营销】 2001年，化工产品市场总体价格走势不同于2000年，年初开始一路走低。化工公司继续将扩大主要产品的直供用户比例作为主要工作，沥青焦、95萘等7类产品的直供比例超过70%，其中95萘高达90%，沥青焦高达95%。价格逼近市场，坚持跑小步，走慢步，不打价格战。热心服务用户，以高质量的产品和服务取信于用户。完善用户满意度评价体系，构建与主要用户的战略伙伴关系。坚持效益优先，调整内外贸产品结构，继续非宝钢贸易的拓展。通过努力，化工产品销售收入完成5.42亿元，把月销售平均价的逆转点推迟到10月，实际应收账款到年底仅为702万元。

（唐华仙）

【加大科技推进力度】 随着化工公司一二期装备更新及改造力度和技术进步力度的进一步加大，为适应公司高水平改造项目实施，成立技术改造管理室，负责技改项目从项目建议书审查到后评估全过程管理及技改项目招投标工作等。为适应中国加入WTO后，化工自我发展、参与国际大市场竞争的需要，提升化工公司的技术创新能力，促进形成专有技术或重大知识产权的新产品、新工艺、新技术的开发，对已有科研开发力量进行整合重组，在原产品开发室基础上，组建化工公司技术中心，并出资引进高科技人才从事化工新产品的研究与开发。修订《设计与开发控制程序》、《技术改造管理制度》等管理制度，强调各部门对项目负责人工作的支持，进一步完善科技制度，理顺科研体制。2001年科研项目完成11项；技改项目完成15项，创效益260万元；专利实际申报3项，受理3项；技术秘密实际完成9项。

（唐华仙）

【精神文明建设】 2001年化工公司党委牢牢把握两个文明建设一起抓的发展方向，在努力抓好生产经营，推进物质文明建设的同时，狠抓精神文明建设。化工公司把培养“四有”职工队伍作为推进精神文明建设的重点，修订化工公司职工道德规范，健全文明职工考核条例，深入开展树“三观”、讲“三德”及“三个代表”、“三爱”、“三个意识”和“五感教育”，不断提高职工的思想政治素质。3月，化工公司成立企业文化室，标志着公司企业文化建设规划正式起动，“为用户创造价值，为职工谋取福利”的理念得到进一步普及。

（唐华仙）

【子公司管理】 2001年，继续对子公司进行清理，上半年完成浙江华宝公司的股权转让，10月份苏州联合公司完成工商注销，在资产分配过程中，充分保护化工公司作为债权人及投资者的权益。苏州宝化炭黑有限公司自2000年4月正式投产以来，在国内同行业中的排位仅次于上海卡博特，2001年销售收入1.33亿元，实现利润380万元。天津路化工经营部2001年经营业绩突出，销售收入和利润总额双双超过行情火爆的2000年，销售收入2974万元，利润总额80万元。温州宝隆贸易有限公司作为化工公司的参股企业，已成为公司古马隆产品稳定的销售窗口，2001年销售收入1540万元，实现利润9.34万元。

（唐华仙）

【全力推进环保工作】 2001年，在继续推进清洁文明小区建设的基础上，又开展消除异味源的活动，全年找出并确定异味源1433个，按严重程度进行分级，到年底消除802个，为总数的56%。规范日常工作行为，继续完善ISO14000贯标体系。进一步提高废水达标排放水平，2001年综合排放合格率达99.4%，分别超过年计划指标和2000年实绩约2个百分点，连续两年实现排污费为零。

（唐华仙）

化工公司废水污池

检测、检修业

【综述】 2001年是上海宝钢设备检测公司（以下简称检测公司）发展的新纪元，是公司面临新挑战的一年。2000年末，公司改制为由直属集团公司管理后，提出“两个服务、两个定位”的战略思想：即为设备管理服务、为安全生产服务；强化质保体系建设，定位于业主设备协管力量；构筑检测公司技术高地，定位于业主的检测技术支撑力量。使公司生产、经营、管理、技术紧紧围绕这个主题去发展，这一思想得到集团公司和宝钢股份公司领导的赞同，公司上下围绕这一战略思想，齐心协力，积极落实。通过强化管理、服务意识，提高创新能力和整体效益等措施，持续提升公司竞争力，为公司的长期发展进一步奠定基础。一年来，公司各业务部室为宝钢股份公司设备保驾护航起到技术支撑作用。诊断技术部为宝钢股份公司承担的设备状态受控点工作，全年共为宝钢股份公司预报设备异常近600条，其中418条得到及时处理，消灭故障隐患；公司各业务部室的满意服务，获得业主广泛好评，创造良好的声誉，提高了检测公司在宝钢集团和宝钢股份公司方面的技术地位。12月26日，公司召开“2001年宝钢设备检测公司生产经营综合分析会”，公司员工全面完成公司2001年生产经营目标，各项工作有序、有效，公司生产经营形势喜人，业务量稳定发展。2001年全面完成公司生产经营任务计划，全年实现营业收入5972万元，比上年度增长34%。会上，公司总经理提出下一年度开展工作的主线为“技术、管理、市场、成本”，重点是“市场与成本”。

上海宝钢设备检修有限公司（以下简称宝检公司）全年完成检修产值20269万元，至2001年6月，公司已发生历年遗留的应付款2329万元，经过下半年的努力，减少外委外购量近2000万元，同比全年外购外委费用下降630万元。至2001年年底实现当期利润21.91万元。通过重点抓降成本，增加内修，减少外协费用共680万元。钢丝绳厂原租用12000平方米厂房，年租金70万元；消防清洗中心原租用398平方米厂房，年租金9.6万元；浦东办事处1022平方米楼面，年租金26.74万元；上述不良投资已全部终止。经研究决定在新事业公司重新租用厂房解决钢丝绳厂和消防中心检修用房，仅此一项，每年可降低成本51万元。同时，无条件接受电厂、运输部四个检修大队共793人，为宝钢股份公司主辅分离、精干主体出了力。还加强同新事业公司合作，将劳务工集中到新事业公司管理，以集中精力搞好设备检修工作。2001年宝检公司先后成功组织宝钢股份公司初轧、高线、热轧1580、2050、冷轧1420、2030、钢管分公司、能源部、电厂、运输部等厂部的年修任务，宝钢股份公司与益昌薄板公司全年常规检修和抢修保驾任务，并顺利完成二高炉脱硅、2050热轧1号、2号卷取机和F2大电机交流化改造等8项技改项目，优良率达100%。全年共完成销售收入20269万元，实现利润21.91万元。其中：常规检修7364万元（日修5094项、定修16222项、年修3049项、抢修107项），备件修复4544万元（3698项），炉窑检修2125万元，车辆台班1012万元，计量检定704万元，技改工程610万元，改善维修266万元，科研收入69万元，专业检修766万元，废旧物资回收15万元，宝钢股份外收入2794万元（含益昌2066万元）。

（陆彩琴、张伟荣）

上海宝钢设备检测公司

【概况】 检测公司是上海宝钢集团公司的全资子公司，具有独立法人资格。公司是上海市高新技术企业，全国冶金行业第一家专门从事设备检测、诊断、测量和测绘的综合性专业化技术服务公司。主要承担冶金备件和设备的几何量精度、硬度等物理性能测试、各类无损检测、失效分析、工业建筑物变形检测与房屋质量检测、避雷装置检测、工业无线遥控器的运用及维护、压力容器检测检验、设备动态检测与诊断及其他设备性能参数检测业务。公司注册资金为1720万元，固定资产原值2323万元。下设诊断技术部、检测工程部、测绘设计部、检测工程二部、研究开发部、经营管理部、办公室、组织人事部、财务部、特种设备管理室、安全生产管理室等部室。2001年底，在职职工人数275人，其中大专以上学历的技术人员133人。2001年业务量为44099项，比上年翻一番，产值5972万元，比上年增长34%。

（陆彩琴）

张克南
1963年5月生，江西清江人，中共党员，硕士，高级工程师，上海宝钢设备检测公司总经理。

傅肖燕（女）
1950年9月生，江苏昆山人，中共党员，大学文化，高级政工师，上海宝钢设备检测公司党总支书记。

【调整机构优化配置】 根据公司发展的需求，2001年度公司及时调整内部机构，对人员、资产进行优化配置。将原“生产计划部”更名为“经营管理部”、原“组织人事室”更名为“组织人事部”、原“财务室”更名为“财务部”；撤销“诊断技术开发室”，成立“研究开发部”，同时成立“特种设备管理室”和“安全生产管理室”，撤销“市场部”、“遥控器开发室”，成立“检测工程二部”。根据集团公司有关文件精神，完成将上海冶金装备检测总站整体划转为检测公司全资子公司。同时顺利完成压力容器检测检验资质和起重运输机械、电梯、避雷检测等专业检测检验资质认可，加强对特种（专业）设备检测检验的归口管理。根据《中华人民共和国气象法》、《上海市雷电防护管理办法》和沪宝钢字（2000）第524号《关于上海宝钢公司设备检测业务归口管理的通知》文件精神，成立专业技术管理站：“上海宝钢集团避雷装置检测总站”，经上海市气象局、上海市消防局审核同意，并于2001年9月通过上海市质量技术监督局的计量认证。上海宝钢集团避雷装置检测总站为上海宝钢设备检测公司专业技术管理站。公司组织人事部制定了各部门管理职责，机构及部门管理职责的优化配置，使公司生产经营管理处于良好运行状态。（安红艳）

【技术创新取得成果】 为满足用户的各种专业检测需求，公司自筹研究开发经费，大力推进开发新技术和新手段，2001年公司通过新立项、结转上年自立科研项目19项，投资达75.6万元。其中，“风机在线性能测试技术的开发和应用”项目通过与宝钢股份炼钢厂和法国ABB公司近一年的联合攻关，采用当前国际上最先进的风机“长寿”技术，使风机正常工作寿命可由原来的8个月延长至18个月。在项目实施过程中，应用检测公司利用自行研制开发的“风机性能测试”技术，对风机进行状态数据采集、数据处理、及计算机自动生成报告，较准确地把握主排风机的状态，解决工况、效率评价问题。改造后的风机输入功率由原来的2000千瓦降至1500千瓦，节能25%，仅此一项一年就可为宝钢股份公司节约电费88万元。同时噪声降低，工作区域环境质量明显改善，获得宝钢股份公司好评，也得到合作单位赞赏。另外，公司研究开发部与宝钢设备部合作开发成功点检员使用的数据采集器产品，该产品根据设备点检实际需求，是在宝钢十几年的设备诊断经验及国际同类厂商数据采集器发展趋势的基础上专门研制的，具有全面检测设备运行状态、准确定量把握设备运行状态数据的能力，使设备维护工作更有效、更轻松，并自行完成与之配套的9672系统管理软件，使公司具有自主知识产权的产品。此外2001年公司还完成金相图像分析技术的应用开发和易拆装型联轴器产品等。上述新技术、新手段的开发成功，为检测公司的持续发展进一步奠定基础。

（陆彩琴　安红艳）

【举办诊断技术学术交流】　9月25～27日，检测公司再次主办“2001年中国设备诊断工程技术宝钢现场学术研讨会”。来自上海通用、首钢、鞍钢、马钢等全国18个行业75家单位的199位代表参加研讨会。此次会议特邀检测公司高级技术顾问、日本九州工业大学教授、国际著名的设备诊断工程技术专家丰田利夫教授，就企业开展设备诊断的战略意义、经济效益及评价方法，日本及国际设备诊断技术的发展动态，常用设备诊断方法的适应性及其应用原则，设备在线诊断的应用及实例介绍，企业开展设备诊断工程技术的策划思路等课题作了专题讲座。会议期间，全国各地的代表们还参观宝钢厂区和检测公司的油脂实验室。通过本次会议使与会代表及时了解国际设备诊断技术的发展动态及趋势，推动我国设备诊断工程技术之间的普及和发展，力争缩短中国在该领域与国际设备诊断技术水平之间的差距。　（安红艳）

检测公司油脂实验室获CCIBLAC(ISO/IEC17025)认可

【国内首家通过ISO/IEC17025实验室认可】　6月29日，检测公司油脂实验室接受国家出入境检

2001年，中国设备诊断工程技术宝钢现场学术研讨会

验检疫实验室认可委员会为其颁发的认可证书。这标志上海宝钢集团公司在油脂管理及油脂实验室分析能力上又步入一个新的台阶，从而实现与国际接轨，确立第三方公正的地位。

ISO/IEC17025是ISO（国际标准化组织）和IEC（国际工委员会）联合发布的评定实验室能力的最新国际标准。该标准涵盖ISO9001、ISO9002中有关实验室质量管理的所有要求。通过该标准的认可，表明检测公司油脂实验室在被认可范围内具备提供正确技术分析结果的能力，标志公司油脂检测能力符合国际要求。

（陆彩琴）

【完善质保体系】　按照有关国际标准，建立标准化的专业管理体

CIBLAC

中国国家出入境检验检疫实验室认可委员会

实验室认可证书

兹证明

上海宝钢设备检测公司油脂实验室

上海市宝钢厂内经五路纬六路

经评审符合CCIBLAC-AC01-00《测试和校准实验室认可准则》（等同采用ISO/IEC 17025:1999）要求，予以认可。

认可范围：石油产品的检验（具体内容见实验室认可证书附件）。

签署人：

检测公司实验室认可证书

系并获得认可，增加基础管理的“高科技含量”，为公司与日俱增的生产任务、与日俱进的经营目标服务，是检测公司继2000年管理年之后强化基础管理工作的又一项重大举措。为确保检测公司的管理体系与宝钢股份公司接轨、与国际惯例接轨，适应市场拓展的需要，2001年公司在完善ISO9002体系的基础上，与宝钢股份公司接轨，纳入宝钢股份公司ISO14001和OHSMS、ISO10012贯标体系。2001年，公司完成2000版质保体系《质量手册》、《程序文件》的文件编制工作。（安红艳）

【强化设备（仪器）管理】 2001年，公司进一步强化“设备一生管理”理念，加强公司固定资产管理工作，理顺业务流程，明确职责分工，加强全员设备管理意识，提高设备（仪器）的完好率、利用率。公司以质量贯标为抓手，全员参与，严格固定资产管理，完善公司固定资产管理制度，建立公司固定资产编码，编制固定资产标签，进行宝钢股份公司托管设备的清点、报废更新申请工作。为真正落实公司《固定资产管理制度》，9～10月期间，公司组织开展设备(仪器)大检查活动，成立工作领导小组及工作小组，编制下发《宝钢设备检测公司设备(仪器)大检查活动管理办法》，从设备基础管理状况、维修成本管理及全员设备管理状况、主要设备仪器的技术状况、设备作业状况、功能、精度管理情况着手，查摆问题、寻找原因、采取对策，使公司设备(仪器)管理工作得到全面提高。通过检查评比，共评选出“红旗设备”8台、先进集体2个、先进个人7个。11月14日，首次召开检测公司设备(仪器)管理工作会议，公司总经理提出设备管理要从“功能、精度、可靠性、合法性、形象、寿命、成本、应用开发”等八方面开展工作，使设备管理更具针对性，也使公司基础管理进一步完善。

（陆彩琴）

2001年度设备(仪器)管理工作总结会

【开拓市场业务】 检测公司在全心全意为宝钢股份公司做好服务工作的同时，为提高公司的抗风险能力和公司持续发展的需要，努力开拓社会业务。年初，公司与各业务部室签订安全经营责任目标书中，将市场业务也纳入考核指标，以加大市场业务开拓力度。宝钢益昌薄板有限公司因为02机组出现带钢跑偏的不良现象，严重影响钢板的轧制质量而求助于检测公司。公司测量技术人员在现场对设备状况进行勘测和分析后制订详尽检测方案，并通过长达72小时的全面检测，终于得出数据，为设备状态分析、现场检修提供科学依据。事实证明，以技术先行，平稳中求发展，整体出成果，确实使公司提高市场竞争力，也为公司在社会上树立良好形象。2001年公司社会业务收入190万元，比2000年增加72%。

（安红艳）

【深化厂务公开】 检测公司于2000年末改制为直属集团公司管理后，及时制定下发《上海宝钢设备检测公司深化厂务公开实施意见》，为进一步在深度、广度、力度、规范性和职工的满意程度上深化厂务公开制度，采取以下措施：完善职代会制度，实施干部任前公示制，建立“厂务公开、党风监督员”制度、群众接待日制度、职工代表座谈议事制度等；同时以公司局域网为平台，将公司各种生产经营信息、国家相关政策、制度及时上网发布，并建立厂务公开、班组园地、支部生活等专栏，增强透明度。2001年，公司把领导班子、中层以上干部作为党风廉政教育的重点，加强廉政教育，增强防范能力。年初，公司党政领导与各部门经理、分支部书记签订党风廉政建设目标责任书，要求全体员工严格执行集团公司各项廉政规定，以及公司内部制度的廉洁自律各项规定。并要求领导干部和敏感岗位人员填写《廉洁自律自我保护卡》加强防范和约束措施。公司广大干部职工通过厂务公开的多种渠道，履行民主决策、民主管理、民主监督的权力，从而促进公司经营管理水平的提高；促进党风廉政建设；促进职代会制度的进一步健全和落实；突出党的全心全意依靠职工办企业方针在检测公司的进一步落实。（陆彩琴）

现场设备材料定量分析

公司领导与部门代表签订目标责任书

【全员共建企业文化】 检测公司鼓励职工积极参与企业管理，增强参政议政的意识和能力，增强主人翁责任感。2001年初，检测公司与《宝钢日报》社共同举办的"检测杯《开卷有益》有奖征文活动"，至11月底落下帷幕。公司有28人踊跃投稿，共有8人获奖。该栏目的设立，有利于员工交流思想、互通信息，激发起大家读书热情，同时也扩大了公司的知名度和社会影响。为纪念中国共产党成立80周年，公司开展系列庆祝活动：重温党的历史，学习党的知识，开展党的知识竞赛和群众歌咏比赛。并请专家上党课，教育全体党员应具备世界眼光，同时组织公司全体党员和积极分子参观嘉兴南湖，回顾党的战斗历程。此次活动不仅增强检测公司员工爱党、爱祖国的热情，更激发大家爱岗敬业的工作热诚，进一步提高企业的凝聚力。 （安红艳）

【检测公司大事纪要】

6月29日，油脂实验室国内首家通过中国国家出入境检验检疫认可委员会颁发的ISO/IEC17025认可实验室证书，举行颁证仪式。

9月25～27日，由宝钢设备检测公司主办的"2001年中国设备诊断工程技术宝钢现场学术研讨会"在宝山宾馆召开。来自全国18个行业75家单位199名代表参加了研讨会。国际著名的设备诊断工程技术专家丰田利夫教授，作专题讲演。

11月1日，经上海市气象局、上海市消防局审核同意，成立上海宝钢集团避雷装置检测总站，通过了上海市质量技术监督局的计量认证。上海宝钢集团避雷装置检测总站挂靠上海宝钢设备检测公司。

11月14日，宝钢设备检测公司首次召开公司设备（仪器）管理工作暨年修工作总结表彰会。

检测公司员工庆祝
中共建党80周年联欢会

11月，经市技监局批准，组建的宝钢压力容器检验站是检测公司内部的一个业务部门，其资质覆盖面为宝钢集团内的股份公司、在沪全资子公司、控股子公司和梅山公司。

12月26日，公司召开年度生产经营综合分析会，会上进行年度总结和2002年工作展望。

（安红艳）

上海宝钢设备检修有限公司

【概况】 上海宝钢设备检修有限公司（简称宝检公司）始建于1997年，是上海宝钢集团公司的全资子公司，独立法人。宝检公司注册资金5200万元，固定资产原值2.4亿元。2001年底，宝检公司共有职工2100人，其中工程技术人员105人，宝钢技能专家3人，高级技师9人，技师40人。下设总经理办公室、党委办公室、工事管理室、经营室、财务部、安保部、质量技术室、机具中心和机械、电气、仪表、炉窑、施机、益昌维修中心等检修工程施工部门，以及年底刚从宝钢股份公司电厂、运输部整体划转成立的电力检修、运输设备检修、港机检修、运输四个大队。汇集了液压、气动、计量检定、高压开关、大型电机、变压器、带压堵漏、电刷镀等几十个检修专业及技术人员，装备有1300余台套国内外一流的专用检修设备，以及从日本引进的华东地区最大的电气试验装置。通过全体职工的努力，2001年完成产值20269万元；实现利润21.91万元。

（张伟荣）

唐志勇
1957年8月生，四川江油人，中共党员，硕士，高级工程师，上海宝钢设备检修有限公司总经理。

章玉铨
1945年3月生，江苏武进人，中共党员，大学文化，高级政工师，上海宝钢设备检修有限公司党委书记。

【公开竞聘总经理】 3～7月，为推进人事制度改革，建立经营者"择优录用、竞争上岗"机制，经批准在集团公司范围内以竞争形式公开招聘宝钢检修公司正副总经理各1名。共有22人报名参加，经过综合测试和组织考察，5人成为正副总经理候选人进入竞聘角逐。集团公司和宝钢股份公司领导亲临竞聘现场，竞聘者以抽签形式依次登台答辩，作自我介绍，阐述施政纲要，接受专家提问。由专家组成的评聘工作组对他们的仪表气质、工作思路、意志信心、能力和专业知识等方面进行综合评分，并当场亮分。结果，原宝钢股份公司炼铁部部长助理唐志勇当选总经理，宝钢股份公司设备部改善室主任张国忠当选副总经理。整个过程坚持公开、公平、公正的原则。（张伟荣）

【新班子锐意进取铸铁军】 7月12日，新行政班子上任后，面对宝检公司定位不准、作风松懈、用户不满意、在宝钢股份公司设备系统声誉和地位低下的现状，果断提出以"铸造设备检修铁军，重振中央检修雄风"为工作目标，团结、带领新班子成员"树正气、办正事"，经过半年来艰苦努力，初步形成用铁腕铸造铁军，用真心赢得民心，岗位靠竞争，分配讲业绩等管理理念，为公司进一步强化管理打下基础。7月16日，新班子召开公司干部大会，从抓纪律、立规矩、树正气、办正事入手，推出10项规定：公车一律不准开回家；严禁向业务关系单位借车；禁止购买市内汽油票；禁止和集团以外业务单位应酬；禁止在有业务关系单位开办的饭店就餐或搞活动；参照宝钢股份公司标准规范手机、BP机和电话补贴；保证政令畅通、令行禁止；严格执行规章制度；倡导团队精神；严格遵守"三化"、"四S"规定，大力整治环境。经过半年努力，初步达到严格管理、照章办事、令行禁止、奖罚分明的管理效果，为进一步改革打下基础。（张伟荣）

【规范用人机制】 在工事室、经营室和机具中心管理岗位实行公开竞聘上岗，从64名应聘者中选拔12名充实到职能管理岗位上，将20名不适应管理岗位要求的人员退回原单位。设立检修辅助岗，用制度制约招工中的人情操作，对合同到期人员考核动真格，年内共有70余名职工合同到期，经过严格考核，对占总人数近20%的员工不予续签合同。打破技师职务终身制，形成优胜劣汰，适者生存的激励机制，有资格的不一定聘用，在岗技师必须能上能下。年内1名中层干部因严重失职，被就地免职，6名中层干部因工作失误被处罚，12名中层干部依据业绩和需要被交流或提拔。筹建检修协力部，计划将不适应一线要求的员工送检修协力部培训，收入与市场水平持平，达到一线人员精干、高效，充分体现优胜劣汰的竞争机制，此项工作正在推进之中。一名机修青工因业绩突出，被破格晋升工资。（张伟荣）

【推进机构扁平化，提高工作效率】 年内先后撤销备修中心，业务归并工事室；撤销设备室，业务归并经营室；保卫科与安环室合并为安保部；建立机具中心，统一管理全公司工具设备，达到资源共享，成本降低的目的；撤消现有质量技术室，成立技术室筹备小组；筹建协力部等机构整合措施；精干工效管理系统。撤销大队工效班，由工事室集中管理，首先在机修大队试点，提高现场响应速度。建立和开通了公司计算机网络notes系统，逐步推进现代化无纸办公，提高工作效率。（张伟荣）

【改革现有分配机制】 本年度增资不再是"人人有份"，经过职代会投票通过，本次加工资比例为总人数的75%，对员工综合考核成绩为C和D的人员实行缓加和不加工资，充分体现按劳分配、按生产要素分配的原则，标志着公司分配机制改革迈出艰难而坚定的一步。（张伟荣）

【建章立制，落实责任】 年内，新班子上任后，树正气、办正事，共制定和实施了"检修辅助工管理"、"违章、安全连带保护责任考核办法"、管理岗位竞聘上岗、BP机、手机、电话补贴办法，年修期间工程车使用办法等近20项管理制度。通过不断理顺管理，堵住了漏洞，使公司的管理和工作不断规范化。在安全上，凡在安全、环保、消防等方面违章的员工，要受到处罚，各级责任者也要受到处罚，重大事故，单位领导就地免职。质量上，一方面制定落实三级质量责任制，另一方面把质量工作提高到关系公司生死存亡的高度来抓，谁违反了制度和规定，破坏了规矩，谁就要受到处罚。全年无重大安全、人身、设备事故发

生。（张伟荣）

【信息化管理】 为了贯彻集团公司关于开展计算机管理的有关文件精神，在公司范围内实现网络资源的有效共享，2000年9月，在宝检公司领导大力支持下，由公司技术室系统工程组开始组建局域网。局域网采用千兆以太网技术，主干采用电缆，核心交换机采用3COM公司的光交换机，服务器选用配置了强大的至强处理器的IBMx250，实现“主干上千兆，百兆到桌面”。2001年12月中旬，在公司各部门配合和系统工程组努力下，局域网正式开通。服务器安装了LOTUS R5系统和各类检修项目管理程序，主要承担公司内部各级主管领导信息交流、文件下达等日常办公需求，实现文件异地、无纸化的传输，减少中间环节，缩短工作周期，提高工作效率和工作质量。结合宝检公司实际，还将进一步开发网络系统功能，编制修改各类检修项目管理程序，更好地服务于公司日常办公及业务管理。（张伟荣）

【安全环保工作】 宝检公司的安全环保工作在基础管理、事故管理和职业卫生管理方面都有很大突破。全年对1211人次进行上岗安全保卫教育。组织对安环操作规程或作业指导书学习培训，并组织1178次考试。对外协人员的安全保卫教育1105人次。安全行车学习培训309人，其中兼职177人。跟踪16个粉尘岗位监测点和中央检修含油废水排放监测点三个污染指数的环境监测，共计126次测量，合格率达100%。收集到环境保护法律法规74个，评价适用于宝检公司的环境保护法律法规25个；收集到职业安全卫生法律法规94个，评价适用于宝检公司的职业安全卫生法律法规分4个部分，11个类别，共82个文件。全年制订、修订体系文件49个，基本做到安全、环保有章可循。年内没有发生环保、消防、职业病事故。在定、年修中未发生各类人身和设备伤害事故，确保事故为零。2001年发生上报轻伤事故一起，达到年度安全管理目标考核责任书协议。组织员工进行各类职业安全健康检查，共计227人次。（张伟荣）

【党建精神文明工作】 为适应宝钢股份公司对设备的高要求，宝检公司党政班子带领广大干部、党员、员工结合实际，解放思想、开拓创新，通过转变观念，突出使命感和危机感教育，不断强化服务意识、精品意识和主人翁意识。规范运作，强化管理，深化改革，营造“树正气、办正事、铸铁军、振雄风”氛围。同时加强党的自身建设，通过深化“干部形象工程”，要求干部以身作则、身先士卒，积极为职工树立榜样。从讲政治角度，确保队伍稳定。不断加强党风廉政建设，努力探索教育方式，深化针对性教育。以形象工程建设为抓手，深入推进企廉工作。堵漏建制，推进效能监察工作。关口前移，实施源头治理。同时发挥好群众组织作用。工会积极服务现场，配合稳定大局，抓实以职代会为主的民主管理，落实全心全意依靠工人阶级办企业的方针，继续深化厂务公开。团委通过“登高计划”、“青安岗巡检”、合理化建议等活动，不断激发广大团员青年的事业心和创造力，获得上海市“共青团号设备”、“新长征突击队”等荣誉称号。（张伟荣）

建筑、房地产业

【综述】 上海宝钢建设有限公司（以下简称宝钢建设）抓住新一轮基本建设上马的有利机遇，不断强化市场开拓意识，在“提高层次，扩大辐射，加深关系，讲求成果，增加效益”的方针指导下，进一步加强经营工作，取得显著的成效。宝钢建设推行财务集中统一管理制度和材料集中采购制度，推行预算管理制度，加强经济运行的监控力度，建立经济活动分析会制度，出台一系列控制成本费用的办法，使降本增效工作又取得新进展。2001年，宝钢建设进一步加强项目管理工作，提高项目管理的水平。宝钢建设基本完成企业新资质申报工作。宝钢建设还顺利通过2000版ISO9001标准质量体系认证。

宝钢建设由于采取“精心组织、贴近跟踪、集中攻关、志在必得”的策略，承接从中国最大的集装箱堆场、外高桥四期工程项目，到亚洲第一大跨度的沪东装焊车间；从上海化学工业区第一个公用设施项目——污水处理厂工程，到国内最大的彩管生产线—上海

宝钢建设承建的徐家汇人行天桥

旭电子公司炉窑机电一体化项目；从目前上海第一个高层钢结构住宅群—11万平方米的“中福花苑”钢结构总承包工程，到一钢公司不锈钢板坯库工程；从五钢公司的不锈钢、钛合金项目到16个亿投资额的长型材项目代甲方管理；从徐家汇人行天桥，到奥多姆设计施工总承包项目等等。宝钢建设2001年工程签约和中标数达7.56亿元，几乎相当于过去两年总和，创下该公司历史记录。

2001年，宝钢建设产值51746万元，主营业务收入47096万元，利润160.7124万元。

上海宝钢房地产经营开发公司(以下简称宝钢房地产公司)是集团公司的全资子公司，注册资金3100万元，具有二级房地产开发资质。2001年，宝钢房地产公司以“依托宝钢、立足市场、服务宝钢、面向社会”的经营方针，遵循以市场需求为导向、成本管理为基础、资金流量控制为核心的经营原则，以“盘活存量资产、改善资金结构、强化投资管理、提高资产经营能力”的总体经营思路，内修管理、外争市场，通过对集团公司委管项目和公司自营项目的开发建设，圆满完成集团公司的各项考核指标。公司党总支带领广大职工深入学习和贯彻江泽民总书记“三讲”、“三个代表”的重要思想和“十五届六中全会”文件，并以迎接建党80周年的活动为契机，通过座谈、民主评议等活动，深抓员工思想政治工作，加强公司内部凝聚力，提高全体职工特别是入党积极分子和团员青年的政治思想素质，做到全年无违纪事件发生。

(茅德宏　袁浩捷)

上海宝钢建设有限公司

谈德勤

1955年7月生，江苏镇江人，回族，中共党员，研究生，高级经济师，上海宝钢建设有限公司总经理。

吉福关

1946年9月生，江苏阜宁人，中共党员，大专文化，高级政工师，上海宝钢建设有限公司党委书记。

【概况】 宝钢建设是具有冶金有色金属、工业与民用建筑、市政建设等三个国家一级资质的大型综合性建筑施工企业。2001年，宝钢建设紧紧围绕规划发展主线，全力推进管理和效益工作，开展“管理年”和“效益年”活动，着力夯实管理基础，扎实降本增效、积极开源节流，取得明显成效。以上海冶建为主起草编写的《宝钢建筑业发展规划》历经一年的调研修改，反复论证，在10月9日召开的集团公司董事会上，经过表决，获得一致通过。上海冶建争分夺秒加紧实施，立即开展集团内建筑业资源整合的试点工作和企业更名工作。12月7日，上海冶建与五钢公司签订资源整合的协议，迈出资源整合第一步。经集团公司批准，上海冶建更名为上海宝钢建设有限公司，12月26日

宝钢建设参与承建的上海科技城

正式办理工商行政注册登记。

（茅德宏）

【财务集中统一管理】 根据集团公司要求，宝钢建设2001年下决心推进财务集中统一管理工作。在部分单位财务委派制的基础上，将所有生产经营单位的财务人员编制集中到公司财务部，并在加强财务管理方面采取一些措施。财务集中统一管理对加强监控、平衡资金、清欠收款、清产核资等都起到积极作用。材料集中采购虽然碰到的问题多，难度大，但是在各二级单位支持下，已经迈出第一步，取得应有成效。

（茅德宏）

【项目管理工作有长足进步】 2001年，宝钢建设经过认真研究，编写并发布《项目管理条例》和《项目经理管理条例》。两个条例是企业多年生产经营成果的总结和升华，代表企业项目管理水平登上新的台阶。与条例的出台相呼应，2001年项目经理的教育培训工作有明显的加强。项目预算过去是拖拉滞后，2001年终于在一些项目上有大的突破，以一钢工程部为代表，基本实现“两算对比，月结成本”的目标，对控制工程成本，提高项目效益具有重大的意义和进一步推广示范作用。

（茅德宏）

【宝钢建筑业发展规划获得批准】 2001年，根据集团公司的要求，上海冶建经过反复调研、认证、修改，编制宝钢建筑业发展规划（2001～2005年）。规划的主要精神是：以上海冶建为核心企业，通过对集团内部建筑资源和钢结构资源的整合，组建“宝钢建设”。宝钢建设将以工程承包为基本形式，设计为龙头，钢结构为核心技术，专业施工为支撑，形成经营型、管理型、技术型的具有鲜明特色和较强竞争力的新型建筑业。充分发挥宝钢的品牌优势，坚持“以内拓外，内外并举，用项目带发展”的原则，做强做高宝钢建筑业，使之成为宝钢非钢产业的重要支柱之一。10月9日，集团公司董事会审议通过宝钢建筑业发展规划。12月21日，集团公司经理书记办公会议决定：将上海冶金建设有限公司更名为“上海宝钢建设有限公司”（简称“宝钢建设”）。

（茅德宏）

【质量管理体系通过2000版ISO9001标准认证】 宝钢建设的质量管理体系于1998年通过1994版国际质量标准ISO9002标准认证。按照2000版国际质量标准ISO9001标准要求，2001年，宝钢建设对自己的质量管理体系文件进行升级换版工作。11月21～23日，法国国际质量认证有限公司（BVQI公司）派出主任审核员孙飞、审核员周松、观察员章晔，并聘建筑行业专家龚曦对公司的质量管理体系进行贯彻2000版ISO9001标准暨第二轮认证审核。经法国国际质量认证有限公司BVQI公司认证审核，宝钢建设的质量管理体系顺利地通过第二轮认证。（茅德宏）

【五钢建筑业资源整合试点工作已迈出第一步】 12月7日，在集团公司主持下，根据宝钢建筑业发展规划的精神，上海冶建与五钢公司签订资源整合的协议。集团领导徐大铨、谢企华、赵昆、马国强及规划部、计财部、法务部等相关部室的负责人都参加签约仪式。根据协议，原属五钢公司的上海五钢冶建市政绿化有限责任公司、上海五钢工业设计研究院、上海大通钢结构有限公司将划归上海宝钢建设有限公司。

（茅德宏）

【“宝钢建设”大事纪要】

1月12日，法国国际质量认证有限公司（BVQI公司）对公司进行第四次监督审核，公司通过这次审核。

1月12日，公司获2000年度上海市重点工程实事立功竞赛优秀公司称号，徐颖被评为2000年度上海市建设功臣。

1月18日，公司决定：公司总工程师办公室更名为公司工程技术中心，公司生产管理部更名为公司项目管理中心，公司财务实行集中统一管理，公司治安保卫管理职能划归劳动人事部，公司电脑管理职能划归经理办公室。

2月13日，上海宝钢集团公司总经理谢企华率集团公司规划发展部、战略研究室等部门的负责人来公司指导工作、商谈建筑业发展规划等问题。

2月13日，公司决定，原安装工程分公司、炉窑工程分公司实行资源重组，成立工程管理部和新的安装工程分公司；另外，公司成立一钢不锈钢工程管理部和五钢工程管理部，组建钢结构工程部；公司建立安全管理室。

6月5日，叶祖攸因到龄退休不再担任公司董事长职务；公司法定代表人由叶祖攸改为谈德勤。

6月26日，法国国际质量认证公司（BVQI公司）对公司进行第五次监督审核，审核得以通过。

6月28日，由公司实施“代甲方管理”的五钢公司不锈钢长型材工程上午在现场举行开工仪式。工程总投资14个亿，由五冶公司和二十冶公司施工。

7月2日，公司获得上海市1999～2000年度“重合同、守信誉”单位称号，成为上海市连续15年保持这一荣誉的先进企业之一，并被上海市工商行政管理局授于2000～2001年度免检企业资格证书。

7月2日，公司承建的逸仙路高架工程被评为国家优质工程银质奖。

11月9日，公司被中国建筑业协会建筑机械设备管理分会评为1999～2000年全国施工企业设备管理优秀单位。

11月19日，公司承建的沪东造船集团涂装车间工程全线竣工，并通过市质检部门的验收。这一厂房是国内目前跨度最大的网架厂房。

11月21～23日，法国国际质量认证公司（BVQI公司）对公司的质量管理体系进行贯彻2000版ISO9001标准暨第二轮认证审核。BVQI公司对公司质量管理体系的符合性、适宜性和有效性表示满意，但也开具三份次要性不符合报告。待不符合项得到纠正和验证后，将颁发认证证书。

12月7日，公司整合五钢建筑业资源的签约仪式在宝山宾馆举行。集团公司领导徐大铨、谢企华、赵昆、马国强与集团公司部分子公司领导参加仪式。公司总经理谈德勤和五钢公司党委书记胡鸿铣分别代表双方发言并在协议上签字。

12月20日，公司承建的五钢公司特种冶炼技术工程（一期）开工仪式于上午9点在现场举行。上海市副市长蒋以任以及市有关委办的领导，宝山区区长乐景彭，集团公司领导徐大铨、谢企华、赵昆、马国强等出席仪式。

12月25日，在北京召开的国家建设部全国首届建筑工程装饰奖表彰会上，公司被评为建筑工程装饰金奖单位。上海市共有五家单位获此殊荣。

12月26日，经集团公司审议批准，上海市工商行政管理局核准公司名称改为“上海宝钢建设有限公司”。

12月28日，公司在宝隆宾馆召开2002年工作会议。总经理谈德勤作年度工作报告，副总经理任琪新宣布公司机构变动的决定，副总经理裴雨来宣布公司新一任中层干部的名单，党委书记吉福关作总结。（茅德宏）

上海宝钢房地产经营开发公司

【概况】 宝钢房地产公司根据经营业务需要和职工专业特点进行机构调整与重组，撤销民建分公司，设置综合业务室、计划财务室、经营开发室、工程管理室、市区筹建处、宝山筹建处、浦东筹建处、物业分公司、经纪分公司。根据集团公司有关文件精神，公司召开职工大会，通过《2001年工资改革方案》和《职工待退休方案》，实行工资改革及男职工满57周岁、女职工满52周岁待退休制度，截至年底，符合条件的11名职工全部办理待退休手续，进员1人，在职在岗职工为53人。开展“宝钢房地产业发展机遇与策略”和“宝钢房地产融投资问题研究”两项应用课题的研究，指导工作实践。另外，结合经营与发展需要，公司还开展广泛的全员学习培训活动，其中，专业业务培训77人次，培养在职硕士研究生7人、在职博士研究生1人，一支求实的学习型员工队伍初步形成。

（袁浩捷）

赵光华 1952年4月生，重庆市人，中共党员，博士研究生，工程师、高级政工师、高级经济师，上海宝钢房地产经营开发公司总经理。

唐国华 1956年2月生，上海市人，中共党员，硕士研究生，政工师，上海宝钢房地产经营开发公司副总经理兼党总支书记。

【宝钢教培中心扩建项目竣工结算及考核】 “宝钢教培中心扩建项

目”是集团公司委管项目，该项目于1999年7月开工，2000年11月竣工。批准概算投资5249.25万元，预计完成投资金额5709.90万元，超概算投资460.65万元。宝钢房地产公司对该项目工程量进行细致的核对，完成初审后又积极配合审计部门进行审计。2001年9月已将竣工决算审计报告送交固定资产投资处审核，确认。年内又完成该项目中央空调一冷一热两季的功能及污水处理设备考核，并办理正式移交手续。

（袁浩捷）

【富锦机械修配厂】 该项目是长寿工业公司委管项目，位于宝杨路152号，总投资800余万元。有两个单体工程，即仓库与车间，总面积约5000平方米。该项目在年内全部完成，工程质量被评为优良。（袁浩捷）

【宝钢老年福利院】 该项目是集团公司委管项目，位于永清路东、海江路北、宝山十村中，总建筑面积约10000平方米，总投资3000多万元。由于该工程受宝山气象台观测环境的制约，前期审照耽误一段时间，后在市计委协调下，市、区气象局认可宝钢气象台观测临时移位，使该项目得以在2001年7月开工，年底结构封顶。

（袁浩捷）

【牡丹锦苑交付使用】 “牡丹锦苑”地处宝山区，南临宝林路、西靠牡丹江路，占地面积9466平方米，总建筑面积39397平方米。主

牡丹锦苑外景

要由商品住宅（34859平方米）、商场（4502平方米）、地下车库（2633平方米）组成。容积率：3.52，绿地率：31%；可售住宅221套；机动车泊位114辆（地面43辆、地下71辆）；总投资约1.6亿元。该项目1999年8月8日正式动工建设，2001年11月交付使用，工程优良率100%，A、G楼获宝山杯工程质量奖。“牡丹锦苑”设计采用现代派手法，形体错落有致、活泼灵动，外立面大胆采用冷色调处理，以显气质高贵、幽雅脱俗。房型设计顺应时代潮流，力求丰富、实用，在221套住宅中有不同房型40多种，满足客户的不同需求，预售率达99%。“牡丹锦苑”项目虽让利宝钢职工（均价3360元/平方米），但仍是由宝钢房地产公司自筹资金，并完全按市场化模式来运作的自营商品房项目，宝钢房地产公司通过对“牡丹锦苑”的开发建设，探索市场、积累经验、建立品牌、锻炼队伍、树立公司形象。（袁浩捷）

【东方花园订售形势喜人】 “东方花园”是宝钢房地产公司自营商品房项目，地处浦东张江，金桥路3111号，占地460.5亩，规划建欧式高档的别墅区，总建筑面积约90000平方米，容积率0.31，绿化率64%。宝钢房地产公司开发该项目的南块，南块占地225亩，建筑面积约39000平方米，预计投资约2亿元（均为自筹），建造别墅156户（双联体及单体），房型8种（202～405平方米）。年内，完成总体人工湖、道路、管线和绿化景观的设计，申领一期工程（70户）的规划许可证、施工许可证和预售许可证，一期工程随即动工，截至年底已全部结构封顶。由于“东方花园”的设计以亲水生态、环保与智能化为主题，力求自然与人文、实用与艺术的融合，以优良的质量、优越的服务、优廉的价格深受宝钢职工的青睐。8月，“东方花园”别墅对外预订，即被预订一空。（袁浩捷）

在建中的东方花园

【又一村11号楼主体竣工】 “又一村11号楼”是由宝钢房地产公司的控股子公司上海明旭房地产有限公司承担开发的一个商品住宅项目。“又一村11号楼”位于杨浦区周家嘴路又一村住宅小区10号楼的西北侧，占地3350平方米，建筑面积13028平方米，高17层，

“又一村”11号楼竣工

底层为车库（26个泊位），2～16层为商品住宅，共3个单元，96户，总投资约4000万元。“又一村11号楼”自1999年5月开始建设，2001年5月31日正式取得预售许可证，年底主体工程已竣工，配套工作正在进行中，96套商品房中已预售56套。在建期间，“又一村11号楼”工程被评为“标准化工地”，并被杨浦区作为向建设部推荐项目。（袁浩捷）

【仙乐斯广场招商引资】 “仙乐斯广场”是由宝钢房地产公司、上海仙乐斯文化实业公司及香港香仁（中国）有限公司合资组建上海仙乐斯房地产公司实施开发经营的商办楼项目。“仙乐斯广场”场址在南京西路444号，占地9110平方米，共35层、高150米，另有7层商场裙房，总建筑面积95135平方米（含商场26770平方米），地下共3层，建筑面积20514平方米，可供停放机动车。整个项目总投资约1.5亿美元。“仙乐斯广场”是集大型商场、餐饮、娱乐、办公为一体的现代高度智能化大楼，其新颖独特的建筑组合与现代雕塑型建筑风格相得益彰。总体设计体现刚强坚实，斜面的几何形体和全方位的立体构成，使建筑产生与众不同的外观形象。空中花园强调东向的景观，形成与南京路中轴相呼应的视觉观感，创造高层建筑与自然和谐的高空绿色景观。“仙乐斯广场”于1997年8月动工建设，2001年底基本竣工后开展招商引租工作，已有汇丰银行、罗氏制药等国际知名企业签约入租，入租率已达30%。（袁浩捷）

建成后的仙乐斯广场

【东江花园的前期启动】 “东江花园”项目位于浦东高行镇，新老杨高路的东侧，拟建高档单体别墅型住宅、联体排层等，容积率0.4左右。2000年8月16日，宝钢房地产公司与上海东翔实业公司签约联建开发其中150亩地块。后从可持续发展角度和做大做强宝钢房地产品牌角度考虑，宝钢房地产公司又于2001年10月16日向东翔公司签约追加受让250亩地块使用权，累计支付400万元便锁定“东江花园”400亩土地使用权。2001年底，尚在办理该项目前期规划征询事宜。（袁浩捷）

【杨行地块】 杨行地块位于宝山区新城西区，桃园港以南，杨盛河以西，杨鑫路以北，蕴川路以东，面积约215亩。1993年8月31日，宝钢房地产公司与宝山住宅建设开发总公司签订协议，购置其中100亩地的土地使用权，宝钢房地产公司已支付一部分土地费用。后由于宝山住宅建设开发总公司撤销，由上海杨泰房地产开发有限公司承担其权责，故于1999年4月15日，宝钢房地产公司又与杨泰房地产公司签订补充协议。2001年，随着宝山区市政和基础设施的建设，杨行地块具备启动开发条件。因此，宝钢房地产公司、杨泰房地产公司欲把杨行地块扩大到215亩（杨泰房地产公司再投入115亩土地使用权），拟建一个较大规模的中档生活社区，并初步商定将共同出资设立的上海宝鑫房地产有限公司(暂名)开发该地块。至2001年底，双方仍在对宝鑫房地产有限公司的注册资金、出资比例、金额等事宜进行协商。

（袁浩捷）

【产学研一体化平台初步构建】 年初，宝钢房地公司与东北大学、复旦大学、华东师范大学、苏州科技大学、上海社科院房地产研究中心、上海房产经济学会、上海市建科委、上海房地资源管理局科技委等高校及科研机构共同构建"产学研一体化平台"，旨在将高校及科研机构的理论研究优势与宝钢房地产公司的市场实践相结合，以科学、系统的方法着手房地产应用课题的研究，以便成功分析把握市场，指导工作实践，使宝钢房地产公司在业内处于学术领先的地位，提升其科技内涵，并通过逐步完善平台的建设及对研究成果的合理运用，依次实现战略领先、管理领先、经营领先和市场领先，以推动宝钢房地产业整体发展。

（袁浩捷）

【两项科研课题的研究】 为配合宝钢多元化发展战略的实施，做大、做强宝钢房地产业，2001年5月，宝钢集团公司规划发展部确立"宝钢房地产业发展机会与策略研究"的课题项目，并与资产经营处、宝钢房地产公司和华东师范大学东方房地产学院联合组成课题组承担研究工作。该课题研究立足宝钢房地产业，面向上海房地产市场，以日益激烈的房地产市场竞争和宝钢集团在新世纪的大发展为研究背景，探索宝钢房地产业的发展环境、机遇与策略。以房地产行业的实证研究为基础，从完整地搜集、整理市场信息出发，运用定性与定量相结合的方法对房地产市场基本形势与发展趋势作基本分析，充分运用"特尔菲法"等专家咨询法、PEST分析法、SWOT分析法、市场竞争力量分析法和竞争优势理论，参考标杆企业管理者、行业专家及政府部门的咨询意见，并形成用以指导宝钢房地产业发展的规范性建议。该课题已于2001年底结题，研究成果由正文、5个分报告、6个市场资料附件组成。此外，2001年9月，宝钢房地产公司确立了"宝钢房地产融投资问题研究"课题，并与东北大学、复旦大学、苏州科技大学、上海及第不动产机构等单位共同开展研究工作。该课题坚持以房地产业及其相关的金融业为前景，以市场为导向，以信息经济学、委托代理、波斯顿矩阵组合、层次分析法、线性规划、供应链、成本管理、物权债权等理论为指导，探索研究房地产融投资模式及其应用的创新，建立科学的融投资决策机制，指导融投资工作实践。至2001年底，该课题尚在研究中。

（袁浩捷）

【房地产公司大事纪要】

5月10日，长寿公司委托管理项目——富锦机械修配厂仓库、车间项目开工，并于10月25日竣工。

6月，"仙乐斯广场"商办楼开始招商引租，汇丰银行、罗氏制药等国际知名公司相继承租。

9月18日，集团公司委托管理项目——宝钢老年福利院开工建设。

9月25日，"宝钢房地产业融投资问题研究"应用课题立项，东北大学、复旦大学、华东师范大学、苏州科技大学等科研机构参与此课题研究，标志着公司"产学研"一体化平台初步建成。

10月26日，与上海东翔实业公司签约追加受让"东江花园"250亩地块使用权，截至2001年底，累计向其支付400万元。

11月8日，上海宝钢房地产经营开发公司第一个以市场化模式运作的商品住宅项目——"牡丹锦苑"交付使用。

12月28日，"又一村"11号楼商品住宅主体土建安装工程竣工。

（袁浩捷）

旅馆、旅游业

【综述】 宝山宾馆由南北两幢大楼组成，共拥有各类客房808间

宝山宾馆嘉宝堂

宝山宾馆（四星级）外貌

（套），是集食、宿、行、娱、购于一体的多功能大型宾馆。宾馆北楼拥有客房439间（套），于1997年1月被国家旅游局评定为四星级涉外饭店。宝山宾馆拥有中、西式餐厅、宴会厅、酒吧以及可以容纳30至500人不等的各类会议室十数间；并设有商务中心、美容美发室、康乐中心、歌舞厅、室内游泳池、商场、出租车队等服务设施。2001年宝山宾馆继续加大企业改革力度，倡导创新理念，开拓经营思路；依托科学管理，稳定服务质量；转换用工制度和分配制度；深化降本增效，开展内部挖潜工程。全年完成营业收入8739万元，同时在集团公司不再承担子公司住房补贴情况下，2001年宾馆在自行消化416万元职工住房补贴后，实现利润14余万元，折旧735万元，全面完成上海宝钢集团公司下达的利润、折旧指标，并顺利通过四星级涉外饭店复查。全年实现安全无事故。

宝山宾馆在精神文明建设方面也取得丰硕成果：顺利通过“上海市花园单位”复查；荣获“2001年上海市‘交通安全创优达标’竞赛活动市级达标单位”称号；荣获“2001年度宝山区绿化先进集体”称号；餐饮部郁金香海鲜城包房班组荣获“上海市优秀质量信得过班组”称号；电话总机班组荣获“2001年上海市宝山电信局交换机用户优胜集体”称号；团委荣获“2001～2003年度中央企业五四红旗团委创建单位”称号；餐饮部制作的“葱扒海参”、“特色水晶虾仁”、“金牌银雪鱼”等三道菜被评为“首批上海名菜名点”。这些殊荣为宝山宾馆在社会上树立优秀的企业形象奠定基础。

（郑玉华）

宝山宾馆

【概况】 宝山宾馆是上海宝钢集团公司下属的全资子公司，实行独立核算，自主经营，自负盈亏。年底，宝山宾馆在册正式职工671人，其中宾馆本部在岗497人，外派89人，内部退养、待退85人。宝山宾馆下属子公司共9家：无锡宝钢碧波园饭店，舟山宝钢海湾大酒店，普陀宝钢朱家尖培训中心，北京宝钢大酒店，常熟宝钢职工教育培训中心，上海宝钢天津路招待所和宝钢集团上海国际旅行社，上海宝菱日式料理有限公司，上海新宝山郁金香海鲜酒家。

（郑玉华）

朱根林

1943年2月生，上海市人，中共党员，大专文化，宝钢集团宝山宾馆党委书记兼副总经理。

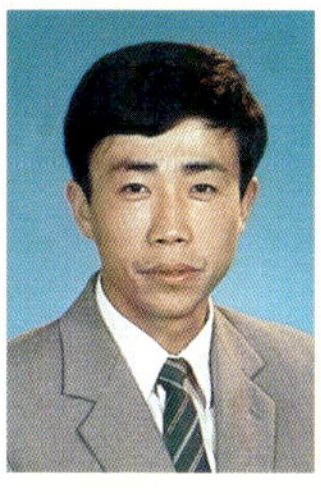

庞 锐

1962年7月生，山东人，中共党员，硕士，宝钢集团宝山宾馆副总经理。

【拓展营销渠道促增效】 2001年，宾馆客房销售以散客、会议和旅游团队、长包房促销为重点，积极开发散客资源，通过优质的服务、有竞争力的价位，争取宝钢项目客人；首次开辟行政楼面提供高质量行政客房、设专门场地提供“HAPPY HOUR”服务，吸引并稳定一批较高层次商务客人；同时，扩大对外招徕力度，使全年散客数量较去年有所增长。积极开发旅行社市场和会议团队，选择有稳定客源且信誉好的旅行社，加大境外团开发力度，全年共接待旅游客人48310人次，团队数1869个，客房收入达到264万元；接待会议团队113个。全年新增长包房19间。餐饮销售以宝山区客源市场为重点，积极走访宝山各乡镇及民办企业，坚持特色服务、菜肴创新、品牌效应。“老上海”餐厅结合两周年庆，从宁波聘请名厨主理，举办“宁波美食节”；郁金香海鲜城改变经营风格，在保留原有粤菜基础上，增加川帮和本帮两大菜系，形成粤、川、沪“三味”一体经营模式；为提高宴请档次，餐饮部专门定制具有民族特色的台裙和口布，推出多种富有新意的花台，从全国各地引进新鲜器皿和食品，真正落实“人无我有，人有我优”的经营理念。餐饮部全年完成营业收入3150余万元。商场部在确保宝钢这块市场的前提下，走向社会，积极走访宝山区多家企业，争取到一批新客源。加大季节性商品和特色商品销售力度，在夏季饮品、月饼以及中华烟销售上取得成功；积极调整商品结构，增加多种低价位小商品以及掌上电脑等高档商品以满足不同客户需求，还以柜台出租形式增设一个水晶礼品专柜。商场部全年完成利润90万元。康乐部加强各类会员卡销售力度，在全套项目会员卡基础上增设游泳、桑拿、健身、棋牌等单项会员卡，为客人提供广泛选择余地；歌舞厅实行不同时段差价收费的经营方式；改造部分区域，扩大经营场所。2001年康乐部首次突破利润为零的记录，全年盈利20余万元。

（郑玉华）

宝山宾馆“老上海”餐厅喜迎周年庆

【强化培训提高服务质量】 2001年，宾馆坚持以人为本，不断强化员工业务素质和服务水平，加大培训力度，提高服务质量。康乐部从年初起实施一整套包括业务技能、促销意识、英语会话等知识的系统培训，开设游泳救生和按摩基础技术培训。餐饮部开班对基层管理者进行强化培训，提高现场管理能力；开展小厨师“拜师学技”活动，培养新生力量。安保部定期分批组织全馆员工进行消防治安知识培训。车务部针对服务中薄弱环节开展质量大讨论，制定8项考核标准和10项管理制度，提高整体服务质量。采供部加强验收人员业务知识培训，强化验收效果。其余部门常规培训长抓不懈。宾馆针对旅游客人尤其韩国客人增多的情况，外请老师为前台员工教授韩语基本会话，完善对韩国旅游客人的服务。培训工作的开展，提高了宾馆员工整体服务质量。（郑玉华）

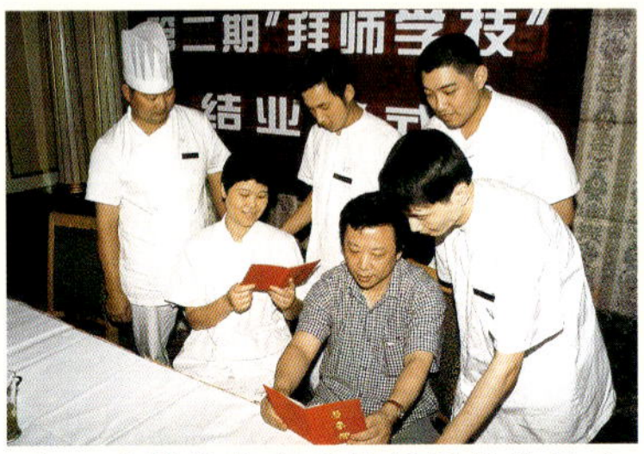

宝山宾馆餐饮部开展拜师学技活动

【规范完善各项管理制度】 2001年，宾馆各部门继续完善各项管理制度。前厅部坚持对员工实行每日考核制度，对涉及部门各个岗位的服务细则和规章制度不断加以调整和完善；在接待旅游团队方面，制定总台与导游间确认程序、行李收发程序、话务叫醒程序等。客房部联合工程部、质检部建立房态检查制度，根据实际情况推出长包房财产登记、布件箱抽查、客人遗留物品与赠物处理制度。商场部为确保商品质量，杜绝"三无"商品入库，建立采购验收、入库检验、上柜检查三重责任制，降低商品损耗率。财务部不断加强财务制度建设，认真做好"十制一流程"，如：洗涤费用对帐核销制、发票勾销制、备用金和营业款抽查制、支票签发规范化制、现金报销审核、付款审批制、银行未达帐清理制、应收应付款项清理制等，对进一步规范宾馆财务管理起到积极作用。

（郑玉华）

【完善考核机制】 2001年，宾馆继续深化分配制度。年初，宾馆与销售部、餐饮部、车务部、商场部、康乐部及总务部洗衣房等经营部门签定《业绩工资分配考核办法》，将员工业绩工资与本部门营业收入、统计利润完成情况挂钩；非营业部门员工业绩工资50%与销售部营业收入挂钩，50%与宾馆整体效益挂钩；将销售部和餐饮部销售人员、车务部出租车司机工资系数中的一部分纳入业绩工资进行考核；将能源消耗和修理费用与相关部门挂钩进行考核，能源消耗费用70%与工修部挂钩，30%与客房部、餐饮部、康乐部挂钩，工修部对上述三个部门的能源奖惩享有建议权；修理费用全部纳入工修部的考核。

（郑玉华）

【抓好安全保持稳定】 2001年，宾馆以突出"防"、落实"查"、狠抓"管"为安全工作重点，积极推行安全考核机制。年初，宾馆与各部门经理签定《安全生产目标责任书》，年中实施部门安全自查、安保部定期抽查制度，安全考核结果与奖金挂钩。经努力，宾馆全年顺利完成所有接待任务，包括2次一级保卫、4次二级保卫、5次三级保卫，成功接待国务院副总理吴邦国、政协副主席陈锦华、朝鲜劳动党总书记金正日、摩尔多瓦总统、澳大利亚西澳洲总理等领导人，成功接待宝钢三期工程竣工验收大会和上海宝钢集团公司联合重组经验座谈会、印度议会联盟代表团、中英企业研讨会等重大会议。各部门也将安全列入首要工作，工修部定期对员工进行安全生产培训，严格执行标准化作业及持证上岗制度，每月两次由部门经理协同部门安全员对易燃、易爆物品和摆放场所进行自查自纠，做好安全巡视工作，2001年宾馆在工程施工及设施设

宝山宾馆领导检查花台布置的质量

备等方面无事故发生。车务部制定《安全行车考核办法》，提高司机安全行车意识，全年累计行驶210万公里，无一起有责交通事故。2001年宾馆继续保持全年重大火灾、刑事案件、生产安全事故为零的目标。（郑玉华）

【进行区域性改造提高硬件质量】 2001年，宾馆对部分区域进行改造，以维护四星标准，使客人满意。对友谊会堂内部重新装潢，铺设地毯，提高档次；为适应宝钢股份公司入住需求，对南楼4～7楼所有客房进行整修；为北楼470间客房安装电子磁卡门锁；更换两台旧冷冻机组。通过提高硬件质量，创造更好条件为客人服务。（郑玉华）

【加强子公司管理】 为促进子公司发展，2001年，宾馆根据子公司实际经营状况，与各子公司签订经营毛利（即GOP）承包合同，对其实行经营毛利考核制度，子公司员工业绩工资与经营毛利指标挂钩。宾馆与各子公司签定的经营毛利指标都大于或等于零。各子公司为实现这一目标，纷纷加大销售力度，注重开源节流，提高服务质量，工作取得较大成效。宾馆各职能部门不断加大对子公司检查、监管力度。企管部每月对子公司经营状况进行分析；组织召开子公司总经理、财务经理会议，举办工程经理学习班，规范子公司各项管理。财务部除向子公司选派财务部经理外，还定期进行财务工作检查，发现问题及时提出限时整改意见，不断规范子公司财务制度，提高业务水平。同时，对子公司各项工程项目进行跟踪监管，如北京宝钢大酒店餐厅改造工程、常熟培训中心2吨煤炉改造工程等。宾馆还不定期向子公司输出业务骨干实施指导、培训工作，提高子公司服务质量。（郑玉华）

宝钢国旅牡丹江路营业所

【宝钢集团上海国际旅行社】 由集团公司投资组建，其资产划归宝山宾馆管理。1994年6月开业，从事国内外旅游经营业务。2001年营业收入达4688万元，比2000年增加7.42%，创历史新高。（郑玉华）

【无锡宝钢碧波园饭店】 由集团公司投资兴建，其资产划归宝山宾馆管理。1992年1月开业，1998年5月重建，2000年3月重新开业，客房100间/套，经营范围客房、餐饮、商场、康乐，2001年营业收入达513万元。（郑玉华）

【常熟宝钢职工教育培训中心】 由集团公司投资兴建，其资产划归宝山宾馆管理。1998年9月开业，客房128间/套，别墅10幢，经营范围客房、餐饮、商场、康乐，2001年营业收入达818万元，比2000年增加29.75%，创历史新高。（郑玉华）

常熟培训中心大堂一角

【北京宝钢大酒店】 由集团公司出资购买，其资产划归宝山宾馆管理。1997年8月开业，客房111间/套，经营范围客房、餐饮、商场、康乐，2001年营业收入达623万元，比2000年增加9.72%，创历史新高。 （郑玉华）

北京宝钢大酒店贵宾厅

【普陀宝钢朱家尖培训中心】 由集团公司出资购买，其资产划归宝山宾馆管理。1994年7月开业，共有6幢别墅，内有客房75间/套，经营范围客房、餐饮、商场、康乐，2001年营业收入达151万元，比2000年增加19.46%。

（郑玉华）

【舟山宝钢海湾大酒店】 由集团公司出资购买，其资产划归宝山宾馆管理。1996年5月开业，客房44间，经营范围客房、餐饮，2001年营业收入达141万元，比2000年增加10.46%，创历史新高。

（郑玉华）

【宝钢天津路招待所】 由集团公司出资租赁，划归宝山宾馆管理。1988年12月开业，客房41间，经营范围客房、餐饮，2001年营业收入达124万元。 （郑玉华）

【上海宝菱日式料理有限公司】 由宝山宾馆与日本三菱公司合资开办。1995年6月开业，餐位52个，包房2间，经营日式料理，2001年营业收入达79万元。

（郑玉华）

宝钢朱家尖培训中心全貌

共产党组织

GONGCHANDANGZUZHI

共产党组织

组　织

【概况】 上海宝钢集团公司党委组织部(以下简称组织部)主要职责是集团公司党的组织建设，基层党委、纪委领导班子建设，指导基层党支部建设和基层党员队伍建设；集团公司党费管理、党内年报和各类统计管理；集团公司机关党群机构设置及定岗定编管理；集团公司国(境)外子公司党组织及党员队伍管理；集团公司“党建研究会”的日常管理。年底，定员4人。

12月10日统计，集团公司党员30771名，基层党委26个，直属党总支4个，直属党支部2个，分党委116个，党总支145个，党支部1336个，党小组2913个。

2001年，集团公司党的组织工作坚持以邓小平理论和江泽民同志“三个代表”的重要思想为指导，紧紧围绕宝钢的生产经营和改革发展大局，大力加强基层党组织的班子建设、党支部建设、党员队伍建设和党务干部队伍建设，积极探索党建工作的制度创新、管理创新和工作创新，不断增强企业党建工作的适应性、渗透性和实效性，充分发挥了基层党组织和党员的“三大作用”，为集团公司各项任务的完成提供了强有力的组织保证。（方　慧）

【领导班子“三讲”学习教育活动】 7月，根据中央的部署，由中组部“三讲”指导检查组组长李克成率领“三讲”指导检查组进驻宝钢，在上海宝钢集团公司领导班子成员中开展了为期一个月的“三讲”学习教育活动。9月，集团公司党委派出“三讲”指导检查组参加宝钢股份公司的领导班子“三讲”学习教育活动。通过“三讲”学习教育活动，取得了良好的效果。（方　慧）

【组织推荐出席党的十六大代表候选人】 根据上海市委、市委组织部和市直机关党工委的要求，集团公司党委下发了关于“上海宝钢集团公司出席党的十六大代表候选人酝酿推荐工作的意见”，各基层党组织认真履行组织推荐程序，广大党员充分行使民主权利，通过三轮组织推荐，如期完成了党的十六大代表候选人的推荐工作。（方　慧）

【党委班子建设】 2001年，集团公司组织部把基层单位党组织换届改选和组建工作作为加强党委班子建设的重要议事日程。完成了二钢公司、化工公司党委换届改选工作；落实了南京宝日钢厂党支部和宁波宝新不锈钢公司党委的组建工作；对浦钢公司、宝钢国际、上海钢管公司、宝信公司的党委领导班子进行了调整和组建，从而进一步优化了班子的整体结构。（方　慧）

【“三个代表”学习教育活动】 9～10月，根据中组部、市纪委和市委组织部的要求，集团公司党委下发了《关于在基层党政领导班子及成员中开展“三个代表”学习教育活动的通知》，各基层单位领导班子认真学习理论，广泛征求党内外群众意见，认真对照检查，进行自我总结；召开民主生活会，联系思想实际，认真开展批评与自我批评，提出了整改意见和方案，积极落实整改措施；本次基层党组织民主生活会的召开率达到100%。通过学习教育活动，对进一步加强领导班子的思想作风建设，增强基层领导班子的创造力、凝聚力和战斗力，取得了良好的成效。（方　慧）

【基层党委工作考核】 根据集团公司党委《关于2000年度基层党委工作考核的通知》要求，1月15～22日，由集团公司党政领导带队，党群各部门负责人参加，对基层23个单位的党组织进行了考核，考核结果：好党委10个，较好党委（直属党总支）8个，一般党委（直属党总支）5个。（方　慧）

【基层党支部建设】 加强基层党支部建设，实施“班长工程”，选好、配强党支部书记。基层党支部积极开展“达标创优”、“支部工作上等级”等活动，党支部在参与基层基础管理、促进企业生产经营、精神文明建设和减员分流、稳定中发挥了重要作用。集团公司党委组织部在《宝钢日报》上组织开展了“基层党支部建设”的征文活动，努力探索新形势下党支部建设的新途径、新方法。

（方　慧）

【“三高一流”党员队伍建设】 联合重组上海宝钢集团公司后，集团公司党委提出了深入开展“三高一流”和在梅山公司等子公司开展“三高一流”试点的意见。全年，在宝钢主体单位积极推进专业技术岗位、管理岗位、经营岗位和后勤服务岗位党员“三高一流”活动，并与“党员业绩排行榜”、“党员创新小组”、“党员责任区”、“党员岗位承诺制”等活动结合起来，从而深化了活动的内涵，提高了活动的效果。与此同时，梅山公司、一钢公司、二钢公司、宝钢建设公司、益昌薄板公司等五个公司开展试点工作，形成了各自行之有效、颇具特色的做法。在此基础上，浦钢公司、五钢公司、钢研所、上海钢管、工艺所等单位也都结合各自的实际情况，全面开展了“三高一流”活动。至此，整个集团公司开展“三高一流”活动的覆盖面达到了100%，各单位党组织通过开展“三高一流”活动，提高了党员素质，增强了党组织的战斗力、凝聚力和创造力，保证和促进了生产经营各项任务的顺利完成。　（方　慧）

【党员先进性教育活动】 根据中组部和上海市委组织部的要求，3月，集团公司党委下发了“关于开展党员先进性教育活动的意见”，各单位党组织认真组织广大党员开展了以学习“三个代表”和加强党性党纪党风为主要内容的党员先进性教育活动。在此基础上，各单位党组织开展了党员民主评议工作，对党员队伍现状进行了分析。本次参加民主评议并作组织鉴定的共有27473名党员，被评为合格党员的有27430名，占99.8%；被评为不完全合格党员的有29名，占0.1%；被评为不合格党员的有8名，占0.03%。因问题尚未搞清而暂挂的党员有6名，占0.02%。通过本次学习教育活动和民主评议，进一步增强了广大党员的党性观念和责任感，激发了党员争“三高”、达“一流”的积极性，促进了党员队伍素质的提高。　（方　慧）

【全年发展党员1079名】 根据中组部、上海市委组织部关于党员发展工作要“优化结构、控制数量、确保质量”的指示精神，在发展党员工作上坚持“十六字”（坚持标准、保证质量、改善结构、慎重发展）方针和“一线、一流、青年”的重点，规范发展党员工作程序，改善党员队伍结构，确保了新党员的质量。全年，集团公司共发展新党员1079名，其中，35岁以下的党员635名，占58.9%；新党员中团员424名，占39.3%；新增入党申请人数1063名，其中，35岁以下743名，占70%。集团公司组织部和基层党组织分别举办入党积极分子培训班，先后共培训入党积极分子895名。

为了确保新党员的质量，探索新党员发展的新形式，积极开展了“发展党员公示制”的试点，宝钢股份公司、梅山公司、五钢公司等试点单位都收到了较好的效果。

为了进一步加强“推优”工作的力度，8月，组织部与团委联合召开了“发展党员工作暨推优工作座谈会”。会上，表彰了青年党章学习小组和优秀辅导员，基层党组织的组织员和团干部交流了开展“推优”工作的经验和做法，并对进一步深化“推优”工作作了新的部署，要求组织部门与团组织加强联系和沟通，不断完善“推优”工作机制，逐步形成具有宝钢特色的“推优”工作模式，为党组织输送更多更优秀的团员青年。

（方　慧）

【“七一”系列纪念宣传活动】 为了隆重纪念中国共产党成立80周年，集团公司开展了系列纪念宣传活动。一是编印出版发行了《“三高一流”——宝钢党员队伍建设探索与实践》一书；二是在集团公司范围内开展推荐、评选和表彰党内各类先进的活动；三是组织筹备和召开了“宝钢纪念中国共产党成立八十周年大会”；四是参加由市委组织部组织的上海市优秀党建成果评选活动，宝钢《开展“三高一流”活动，保持党员队伍活力》被评为优秀成果奖；五是组织基层广大党员开展“党的知识竞赛800题”答题竞赛活动以及参与收看和评选《在邓小平理论旗帜下——新世纪风采》党建电视系列片的活动。

利用各种有效的宣传途径，大力宣传宝钢的党建工作和先进人物的事迹。与《干部视界》联合拍摄制作了以介绍宝钢优秀共产党员标兵单旭沂为题材的《我心中的洋博士》电教片；配合中央党史研究室、市委组织部和东方电视台拍摄了反映宝钢党建工作成果的专题片；在6月28日《组织人事报》上专版刊登了全面宣传报道宝钢“三高一流”活动的照片和文章；会同《宝钢日报》、《学习与创新》、宝钢电视台等新闻媒体集中宣传报道了集团公司党建工作的经验做法和集团公司各类党内先进的典型事迹，在宝钢广大党员中积极营造了学习先进、积极向上、勇创佳绩的良好氛围。（方 慧）

【“七一”评比表彰】 3月，集团公司党委下发了《关于“七一”党内评选、表彰先进基层党组织、优秀共产党员、优秀党务工作者的通知》。经过层层推荐、评选，共评出10名优秀共产党员标兵，86名优秀共产党员，10名优秀党务工作者，12个先进基层党组织。同时，通过向中组部、上海市委组织部、上海市工业党委推荐和评选，宝山钢铁股份有限公司党委被评为“全国先进基层党组织”和“上海市先进基层党组织”，同时，评出1名“上海市优秀共产党员”、2名“上海市优秀党务工作者”；6个“上海市工业系统先进基层党组织”、6名“上海市工业系统优秀共产党员”、5名“上海市工业系统优秀党务工作者”。为了进一步弘扬先进、宣传典型，组织部把先进集体和先进个人的事迹，通过各种宣传形式，在基层党组织中进行广泛宣传。（方 慧）

【党建调研九项课题】 根据市委组织部下发的“关于做好2001年度本市组织系统调研工作的通知”的精神，由集团公司党委组织部牵头，会同各党群职能部门提出了9个重点调研课题并进行了立项。同时，积极组织协调推进和完成了9项党建重点调研课题。其中，组织部会同宣传部和工会对20个子公司的1000名员工的思想状况进行问卷调查，从而形成了《努力塑造新世纪工人阶级的新形象——关于宝钢员工队伍变化及阶级意识培育的研究报告》。（方 慧）

【制度建设及基础管理工作】 2001年，根据新形势的要求，对原有的党建工作制度进行修订和完善，经修订下发了《关于党员组织关系转接、党费收缴的有关规定》；起草下发了《上海宝钢集团公司党委常委会工作制度》（试行），会同干部处起草下发了《上海宝钢集团公司关于加强和改进党的作风建设实施办法》；进一步修订完善了《基层党委工作制度》、《党支部工作制度》、《党员管理工作制度》等三项制度。

认真做好党内统计年报、党费管理年报和发展党员工作年报等基础统计工作。通过对年报信息的采集、汇总和分析，进一步了解和掌握了宝钢党组织和党员队伍的状况，完善了基础组织管理工作。（方 慧）

【困难企业党员补助工作】 根据上海市工业党委关于“在春节期间对扭亏解困、实施再就业工作中成绩显著的困难企业党组织和党员干部以及生活困难党员进行帮困慰问”的精神，经集团公司党委研究，决定对基层一些困难企业勇挑重担的党员领导干部、党务工作者以及困难党员进行不同层次的帮困慰问。期间，共发放慰问金约8万元，帮困慰问生活困难党员达263人。（方 慧）

宣 传

【概况】 上海宝钢集团公司党委宣传部（上海宝钢集团公司企业文化部）下设宣传教育处、新闻处。还有精神文明建设活动委员会办公室、思想政治工作研究会秘书处、宝钢文联秘书处、《学习与创新》编辑部、《宝钢文艺》编辑部、“四五”普法办公室、宝钢高雅艺术奖励基金理事会办公室。年底，定员13人。

主要职责有：干部理论教育、党员教育、职工形势任务教育、道德教育、普法教育及各类政治宣传教育；归口管理集团公司新闻宣传、报刊订阅和对内对外重要的专项宣传；集团公司精神文明建设和企业文化建设的日常管理和推进工作；负责策划集团公司企业形象、归口管理集团公司广告展览、办好宝钢因特网主页“要闻”；编辑出版宝钢思想政治工作研究会会刊《学习与创新》和文学刊物《宝钢文艺》；承办宝钢高雅艺术奖励基金的具体事务和宝钢文联的日常工作。（徐宪民）

【中心组学习】 宝钢各级党委都建有理论学习中心组，每两周学习一次。内容主要是联系宝钢改革和发展实际，学习邓小平理论和江泽民同志关于“三个代表”重要思想以及党的路线、方针、政策。全年重点学习江泽民同志“七一”讲话、十五届六中全会精神以及江泽民同志视察宝钢、国家计委和经委在宝钢召开的“两会”精神等。上半年，党委发出《关于加强和改进党委中心组学习的意见》，对各级党委中心组学习提出指导意见。下半年，围绕“三个代表”和“七一”讲话安排了专题学习，先后有10多位集团公司领导紧密联系宝钢实际，作了中心发言。集团公司监事会主席丁贵明为集团公司中心组作了“建立与完善国有企业监管机制，充分发挥监事会作用”的专题辅导报告。（徐宪民）

【干部理论教育】 重点是联系宝钢改革、发展实际，学习“三个代表”重要思想。集团公司党委先后发出了《关于学习贯彻江泽民同志在庆祝中国共产党成立80周年大会上讲话的意见》、《关于认真学习贯彻党的十五届六中全会决定的通知》，对干部理论教育作出具体部署。

2001年，为了引导干部学习，集团公司党委在《宝钢日报》、《学习与创新》连续发表《我们的力量来自党、来自真理、来自人民》、《用“三个代表”思想指导宝钢“办世界一流企业，创世界一流水平”》、《按照“三个代表”要求加强党建，发挥党组织的政治优势》三篇学习江泽民同志“七一”重要讲话的体会文章。邀请中央党校副校长李君如、原国家体改委副主任高尚全等专家、学者来宝钢给领导干部作学习“三个代表”辅导报告。11月5～8日，分两批举办领导干部理论学习研讨班，集团公司直管干部98％参加了学习。（徐宪民）

【全员政治轮训】 年初，集团公司党委发出《关于对宝钢全体员工进行新一轮政治轮训的安排意见》，决定2001～2002年继续对宝钢全体职工进行新一轮政治轮训。每期轮训2～3天，其中一般职工轮训2天，党员增加1天。要求在两年内全部完成。轮训内容：一是邓小平理论、江泽民同志关于“三个代表”的要求、党的路线方针政策、宝钢新世纪初的发展规划和形势任务；二是宝钢人应该具有的爱岗敬业职业道德素质、宝钢精神和用户满意文化理念；三是与企业和职工相关的法律、法规；四是创新知识、创新理念，当代科技发展；与企业和职工相关的科普知识以及WTO相关知识。为了加强组织纪律性教育、团队精神教育和国防教育，宝钢党校、政校还在政治轮训中增加了队列训练。党员还要增加学习内容：一是按照《中国共产党章程》要求，进行邓小平党建理论、“三个代表”的

上海宝钢集团公司党委中心组学习时情景

要求和江泽民同志提出的“四个如何认识”教育；二是宝钢党员在新形势下如何发挥先锋模范作用教育（深化“三高一流”教育）。轮训方式：宝钢股份公司等有条件的单位继续实行职工分期分批，全脱产到宝钢党校、政校轮训；其他子公司根据自身特点，采取多种形式进行。

3月12日，宝钢新一轮职工政治轮训举行开学典礼。党委书记关壮民在开学典礼上强调指出：“宝钢新一轮政治轮训重在培育21世纪的‘宝钢人’和‘宝钢精神’。”至2001年底，轮训职工51450名，占51.2%；其中党员10309名，占48.09%。

（徐宪民）

【形势任务教育】 年初，各单位围绕2001年宝钢生产经营总目标和企业改革、发展、稳定各项任务，在全体党员、干部和职工中开展了形势任务教育。1月13日，党委书记关壮民在上海宝钢集团公司党委书记研讨班上对深入开展形势任务教育进行了部署。

3月上旬，各单位及时组织党委中心组和广大干部群众学习政府工作报告和“十五”规划，广大干部群众进一步认清了形势，明确了奋斗目标。

5月中旬，国家计委、国家经贸委分别在宝钢召开了《宝钢三期工程竣工验收大会》、《上海宝钢集团联合重组经验座谈会》，吴邦国副总理到会作重要讲话。集团公司党委发出《关于学习贯彻“两会”精神的通知》，要求宝钢各级党组织以此为契机，引导职工开展“宝钢要成为具有国际竞争力的企业集团，我们怎么办？”的大讨论。增强宝钢人的光荣感、责任感、紧迫感、危机感、使命感。动员全体员工艰苦创业，为把宝钢建成最具国际竞争力的钢铁精品基地和企业集团而奋斗。

6月13日，江泽民总书记再次到宝钢视察，勉励宝钢“办世界一流企业，创世界一流水平”。集团公司党委发出《重温江总书记题词，深入开展“办世界一流企业，创世界一流水平”教育活动的意见》，要求各级党组织引导党员和干部、群众对总书记的题词进行再学习、再宣传、再教育、再落实。特别要求共产党员以江总书记视察为精神动力，继续按照“三个代表”和“两个世界一流”的要求，以在本职岗位上实践“三高一流”的实际行动，庆祝党的生日。

“七一”前后，各单位开展了一系列宣传教育活动。集团公司党委在《宝钢日报》、《学习与创新》发表《继往开来，奋勇前进》纪念中国共产党诞辰80周年文章。宣传部在《学习与创新》刊物上刊登《每季形势综述》宣传材料。集团公司领导对此十分重视，每次都由主要领导亲自审阅。

年内，各单位还围绕北京申奥成功、美国“9.11”事件、在上海召开的APEC会议、中国正式加入WTO等一系列国内外重大事件，及时在干部、党员和职工中开展形势教育。（徐宪民）

【应对新挑战 打响中华牌—WTO与新闻宣传】 9月5日，徐大铨董事长等集团公司领导研究了有关西气东输用X70管线钢国际招标的新闻宣传问题。党委书记关壮民在“应对新挑战 打响中华牌”一文上批示认为该文“理论清晰、说服力强”，要求发表。

9月18日，企业文化部召开子公司宣传部长和宝钢新闻媒体负责人参加的新闻通气会，传达集团公司领导“积极应对WTO，打响中华牌，正确宣传X70管线钢招标”等精神，莫臻助理提出“WTO与新闻宣传”10个要点。

10月，在分别举行《宝钢日报》、《文汇报》、《解放日报》的发行会上，莫臻重审了10个要点。

10月中旬，《文汇报》、《中国冶金报》分别发表题为“应对新挑战 打响中华牌——西气东输一次国际招标较量的启示”的文章，批驳了上海某报记者及某些报刊发表的“西气东输 管线钢招标冲击波强烈”、“浦项夺头标 发人深思”等不实报道。

10月23日，关壮民和莫臻会见《解放日报》总编宋超，双方统一了宣传导向认识。11月6日，《解放日报》在头版头条发表《决胜于“思想领先”——宝钢集团公司以作风建设推动“两个一流”发展纪实》，宣传了宝钢发展成就和经验。

12月7日，企业文化部邀请上海市和中央驻上海新闻单位的记者，参加以“WTO与新闻宣传”为主题的研讨会，莫臻作主题发言，就运用WTO规则、应对市场竞争、赢得目标市场等问题，以及正确宣传宝钢，提出明确意见。

（孟海彪）

【江总书记视察宝钢期间的宣传和展示】

6月5日起，企业文化部根据集团公司领导要求，启动宝钢展示厅改造、展品充实和调整，企业文化部和宝钢电视台赶制了向江总书记汇报用电视专题片；研究在江总书记视察期间的宣传报道、新闻摄影和录像等项工作；

6月13日，宝钢展示厅圆满接受江总书记一行的视察；

6月13日起，宝钢新闻单位以“两个世界一流”为主题，以摄影、录像、专题片等形式，形成宣传江总书记视察宝钢和学习贯彻江总书记题词的高潮。（孟海彪）

【推进“三学”活动】 2001年，各子公司以各种形式组织开展了群众性的“学知识、学科学、学技术”活动。宣传部（企业文化部）、工会、团委、人事部、教委、科协联合开展了2000～2001年度上海宝钢集团公司“三学状元”、“三学”活动先进个人（集体）评选表彰活动。经各基层单位推荐群众评选，决定授予幸利军等10名职工为2000～2001年度上海宝钢集团公司“三学状元”。（孟海彪）

【普法教育活动】 按照全国“四五普法”要求，集团公司制定了2001～2005年《关于在全体职工中开展法制宣传教育的第四个五年规划》，对宝钢的新一轮普法工作提出指导意见。各子公司相应地制定了法制宣传教育的第四个五年规划。11月上旬，在领导干部理论学习研讨班上，对集团公司全体直管干部进行了WTO相关法律知识培训。12月初，集团公司组织了宪法周宣传活动。12月7日，集团公司召开“四五普法”动员电视电话会议，党委书记关壮民作了动员讲话。并邀请郑传本、陶武平、高前和、徐申平、朱树英等一批上海市知名律师，在主会场通过热线电话或当面接受职工的法律咨询。（孟海彪）

【“宝钢发展研究”课题】 中共中央党校组成以原中央党校副校长韩树英为课题组顾问、中央党校哲学部主任庞元正为课题组组长的“宝钢发展研究”课题组于3月上旬和4月中旬两次来宝钢调研。课题组成员分别与宝钢老领导黎明、监事会主席丁贵明及徐大铨、谢企华、关壮民等十多位集团公司领导座谈，并参加了“宝钢建设和联合宣传两周年座谈会”，听取了各方面情况介绍。在调查研究掌握大量材料的基础上，课题组提出了总结经验的基本思路，并形成了阶段性研究成果。课题报告共13.4万字，由一个主报告、九个专题报告及两个附件组成，汇编为《以持续全面创新不断提升国际竞争力——宝钢建设与发展23年调研》一书。其结论是：“宝钢23年的发展，走出了一条‘以持续全面创新不断提升国际竞争力’的国有大企业发展道路，宝钢不仅在如何建设一个世界一流企业方面积累了宝贵的经验，在实现国有资产战略重组，改造老企业、帮助老企业扭亏脱困、整体提升国有企业国际竞争力方面也有出色的表现。”

4月12日，中共中央党校与上海宝钢集团公司签订了《关于继续开展对宝钢改革与发展进行跟踪研究的协议书》。协议提出中共中央党校“宝钢发展研究”课题组继续对宝钢进行为期5年的跟踪研究。（徐宪民）

【三次“观念与创新”的研讨和成果】 4月3日，举行2001年第一次“观念与创新”研讨会，主题是“新形势下宝钢如何吸引人才、留住人才、用好人才”，党委组织部、宝信公司、宝钢股份公司、五钢公司、钢研所、宝钢研究院等单位都作了主题发言。集团公司领导徐大铨、谢企华、关壮民在会上要求不断探索适应宝钢发展需要的人才机制，重视教育培训，加速形成宝钢人才队伍，宝钢要树立最具竞争力的人才观念、营造最具竞争力的事业环境和用人环境。

8月22日，举行第二次“观念与创新”研讨会，会议以电视电话形式召开，主会场设在宝钢大厦，各子公司设立了分会场。南通宝日制钢公司领导分别作题为“逼出去、改观念、干出来、抠成本、闯市场、创名牌”、“高高扬起艰苦奋斗的旗帜”的主题发言，徐大铨、关壮民、尹灏、赵昆、马国强等集团公司领导即席发言，要求各子公司向宝日制钢学习，领导班子带头发扬艰苦奋斗精神，赢得激烈的市场竞争。

11月30日，举行第三次“观念与创新”研讨会，会议在企业开发总公司召开，企业开发总公司领导分别作了题为“企业的活路在创业”、“立足三个依靠处理好三个关系”的主题发言。徐大铨、关壮民、尹灏等集团公司领导要求各子公司在中国即将融入全球经济一体化的新形势下，解放思想、创新观念、勇于创业，以创业带动再就业，使企业做高做强，并提出：对子公司创业，将给予更多的资金等支持。（徐宪民）

【企业文化建设】

4月3日，党委书记关壮民在“观念与创新”研讨会上提出对于宝钢精神的思考：追求与比较；苛求与创新；自强与奉献。

8月11日，党委书记关壮民主持召开集团公司领导成员参加的企业文化研讨会，党委书记助理莫臻向领导班子成员作了“上海宝钢集团文化概论”汇报发言。

9月5日，党委书记关壮民主持召开了各子公司党委负责人参加集团公司第二次“新千年，新思路”研讨会，发表“企业文化是企业竞争和发展的灵魂”的讲话，要求落实“三讲”学习教育活动整改意见，建设与宝钢生产经营、改革发展相匹配的企业文化；党委书记助理莫臻作了题为“上海宝钢集团公司文化概论”的研讨发言。

9月，企业文化部根据集团公司党委安排，组成宝钢视觉形象诊断项目组，就企业视觉形象问题，对约400名中层和高层经理作问卷调查，并对比研究了部分世界一流公司的视觉形象系统，提出了《宝钢VIS诊断报告（初稿）》。

12月，企业文化部向集团公司领导呈报了《上海宝钢集团公司文化概论》、《上海宝钢集团公司文化管理制度》和《宝钢VIS诊断报告》。

企业文化部深入梅山、工艺所等基层单位宣讲、辅导，推进CS战略，达到了集团公司党委提出的“各子公司无一例外实施CS战略”的要求。

《学习与创新》推广了宝钢股份、浦钢、梅山、五钢、二钢等公司中涌现出的一批CS典型，特别是主要领导亲自抓CS的典型。

（孟海彪）

【精神文明创建活动】 年内，《上海宝钢集团公司创建“用户满意文明单位”条例》的实施，改变了精神文明创建工作考核有两种制度的状况，成为宝钢联合后文化融合取得明显进展的标志。

1月13日，在上海市工业系统党政负责干部大会上，上海宝钢集团公司有5家企业、6名职工获得“2000年度建设上海工业新高地争先创优活动”先进企业和优秀个人称号。

4月5日，在上海市2001年精神文明建设工作会议上，上海宝钢集团公司有25家企业获得“第十届（1999～2000年度）上海市文明单位”称号；8个生活区获得“2000年度上海市文明小区”称号；3个单位获得“第十届（1999～2000年度）上海市军民共建社会主义精神文明先进集体”称号。

7月17日，集团公司召开“文明单位表彰会”，对18个“用户满意文明单位”进行表彰，对12个“文明单位”给予表扬，对18位“优化企业形象最佳组织者”授予奖励，9个单位被评为2000年度“用户满意文明达标单位”。

（徐宪民）

集团公司召开文明单位表彰会

【道德建设】 中共中央《公民道德建设实施纲要》（以下简称《纲要》）发布后，各单位认真组织学习、贯彻。10月27日，在上海市“学习贯彻《纲要》座谈会”上，集团公司党委书记助理莫臻代表宝钢作《以为人民服务为核心，全面提升企业道德建设水平》的发言。10月31日，集团公司宣传部召开宣传系统“学习贯彻《纲要》座谈会”，莫臻传达了上海市“学习贯彻《纲要》座谈会”精神，并就如何贯彻落实《纲要》，提出了意见和要求。强调要把道德建设列入本单位领导班子的中心任务来研究、来抓；要把道德建设列入干部考核和评价的内容；要把道德建设列入企业发展的总体规划；强调要做到“四抓”：抓头头，头头抓；抓配合，配合抓；抓具体，具体抓；抓持续，持续抓。

（徐宪民）

【三期工程和联合成果新闻宣传】 2月20日，集团公司宣传部拟定了“关于宝钢三期建设验收总结和上海宝钢联合成果现场会有关宣传问题的预案”，同日，以集团公司党委的名义，向上海市委宣传部作了“关于宝钢建设和联合总结宣传问题的专项报告”。

3月2日，集团公司召开“宝钢建设和联合宣传座谈会”，进一步明确了宣传报道宝钢建设和联合经验的重要性和宣传基调，集团公司宣传部向各新闻单位提供了近10万字的相关文字资料和大量图片资料。

宝钢建设和联合宣传座谈会

3月起，中央党校“宝钢发展研究”课题组、中央和上海各大新闻单位，从宝钢建设的新特点、新经验和联合成果等方面深入地开展调研和采访活动。

宣传宝钢三期工程和联合成果，各媒体发稿超过120篇，其中头版头条36篇，《人民日报》、《经济日报》等还对重要报道配发了评论，引起了国内外各界的广泛关注。 （徐宪民）

【做好对外宣传报道】 2001年，组织记者采访集团公司或股份公司领导和基层先进模范100多人次；新华社、《人民日报》、《经济日报》、中央电视台、中央电台等全国新闻媒体和《解放日报》、《文汇报》等上海报刊和电视台、电台采访了徐大铨董事长、谢企华总经理、关壮民书记、丁贵明主席以及其他集团公司领导；新华社出了“内参清样”6篇，产生了较大影响；《人民日报》、《解放日报》分别发表了谢企华总经理、关壮民书记学习“三个代表”重要思想的文章；中央电视台“东方之子”播放了采访徐大铨董事长的专题节目；组织召开15次新闻发布会。其中主要的有：宝钢首钢武钢合作协议签字仪式、上海克虏伯投产新闻发布会、宝钢在海外招聘人才记者招待会、联合公司非钢产业新闻发布会、中英国际研讨会、宝钢教育奖颁奖新闻发布会等。 （徐宪民）

【重大展览、展示】 2001年，企业文化部组织参加“国有企业改革与发展暨创新成果展”、“上海国际工业博览会”、“首届中国企业文化展暨论坛”外，还做好参加北京钢结构展、上海市高新技术转化成果展、参加著名商标电视大赛、宝钢发行企业债券发行等展览、广告工作。经首届中国国际商标知识大赛公众意问卷调查，并由中国国际商标知识大赛组织委员会颁证，集团公司的“宝钢”商标，荣获“中国最受欢迎商标”。在树立宝钢良好社会形象的同时，统筹安排、勤俭办事，在办北京展览时，就考虑了上海“国际工业博览会”的需要，做到一物两用，节约经费超过20万元。

6月18～28日，中宣部、国家经贸委等单位组织的“国有企业改革与发展暨创新成果展”在北京举行，企业文化部设计布置的宝钢展台，受到主办单位重视，处于展览区的显要位置；展览期间，谢企华、关壮民等集团公司领导接待了视察宝钢展台的李鹏、朱镕基、李岚清、温家宝等中央领导同志。

11月22～27日，企业文化部代表集团公司组团在上海国际工业博览会设立宝钢展台，徐大铨、谢企华、赵昆、赵如月等集团公司领导参观了宝钢展台；宝钢展台获上海市优秀组织奖、上海市工业系统最佳组织奖、上海市工业系统优秀设计奖。

10月12～15日，宝钢参加北京“首届中国企业文化展暨论坛”

首届中国企业文化展暨论坛

的展示、演讲和演出等全部三项活动，获得了优秀组织奖；党委书记助理莫臻应邀代表宝钢作“世纪交替与公司文化”的演讲，获得优秀论文奖；宝钢职工创作和演出的《携手创辉煌》、《握手》获得优秀演出奖。 （张鑫尔）

【宝钢艺术奖】 2月15日，宝钢高雅艺术奖励基金理事会在宝钢大厦召开会议，理事长尹灏作工作回顾；通过了修改后的章程和理事会成员名单，决定将“宝钢高雅艺术奖”更名为“宝钢艺术奖”，通过了建党80周年文学作品单项奖有关事宜。集团公司董事长徐大铨、宝钢老领导朱尔沛、宝钢集团公司总经理谢企华和中共上海市委常委、市委宣传部部长殷一璀讲了话。

8月16日，在宝钢大厦召开“宝钢艺术奖——迎接建党80周年创作奖”揭晓新闻发布会。会上，对评选出的22部电影、电视、舞台剧、广播剧、歌曲作品进行表彰，颁发了获奖证书和奖金。获奖作品的作者和新闻单位的记者约60余人参加了新闻发布会。

（孟海彪）

“宝钢艺术奖”新闻发布会

【宝钢精品名录】上海宝钢集团公司成立以来，企业文化部首次对宝钢现有精品进行集中梳理，汇总完成了“上海宝钢集团公司精品名录”。纳入上海宝钢集团公司精品名录的精品共102项，其中钢铁类精品94项，非钢铁类精品8项。“上海宝钢集团公司精品名录”刊登在《上海宝钢集团公司成立两周年专辑》上。（徐宪民）

纪检、监察

【概况】 上海宝钢集团公司纪委、监察部合署办公。下设办公室、纪检室、审理室，定员10人。监察部下设监察处，定员13人。集团公司下属直管部门和子公司有党委（党总支）26个，其中23个单位设立纪委，配备专兼职纪委书记，3个单位设专职纪检干部。集团公司纪检监察系统共有专兼职纪检监察干部213名，其中，专职纪检监察干部103名，兼职纪检干部110名。

党风廉政建设特邀监督员聘请会

集团公司纪委、监察部主要职责：负责受理来信来访对违法违纪行为的控告、检举；调查处理违法违纪行为，对涉嫌违法、犯罪案件移送司法机关处理；负责领导干部廉洁自律和党风廉政建设宣传教育；负责审理违反党纪、政纪、申诉案件及回访教育；负责开展效能监察工作和专项检查工作；负责向集团公司领导提出加强廉政建设、堵漏建制等方面的建议；负责对集团公司下属子公司纪委业务指导及开展有关调研工作。

2001年，集团公司纪检监察工作以江泽民同志“三个代表”重要思想为指导，认真贯彻党的十五届六中全会精神，努力落实中纪委、市纪委提出的各项任务，以“三讲”和“三个代表”学习教育活动为契机，坚持发动群众、依靠群众，改进作风、求实创新，认真解决存在的突出问题，各项工作取得较好的成效。（余敏光）

【党风廉政建设教育】 2001年，集团公司党风廉政教育以“从严治党、规范行为、廉勤从业、促进发展”为主题；以各级领导班子、领导干部和“三管六外”(管人、管物、管钱；外销、外购、外委、外包、外协、外联)为重点对象，以“三讲”和“三个代表”重要思想为重要内容，坚持以德治企和以法治企并重，按照党风廉政教育进班子、到岗位的要求，在领导干部中开展“规范廉洁自律行为和规范经营管理行为”教育、以德治企和以法治企大讨论、严肃党的政治纪律、组织纪律、经济工作纪律和党的群众工作纪律教育，全系统共开展各种形式的党风廉政教育共1410余场，受教育面达103789人。总结推广一钢公司案件检查“三不放过”(案件发生原因不查清，责任不查明不放过；案件的责任未追究，整改措施不落实不放过；案件的当事人及其他员工未受到教育不放过)的经验，制定《关于实施重要案件“三不放过”教育的规定(试行)》，宝钢股份公司等单位严格按照《关于实施重要案件“三不放过”教育的规定（试行)》执行。以集团联合以来违纪违法典型案例为素材，编印《留给我们的思索》警示教材，下发至公司直管干部和1590个基层支部。运用《学习与创新》、《宝钢日报》、宝钢电视台等新闻媒体，开展以案说纪、以纪论理和勤廉兼优的先进典型宣传。各级纪检监察干部撰写党风廉政建设论文327篇，廉政格言2497条。

（余敏光）

【信访举报 案件查处】 2001年，集团公司纪检监察系统共受理群众信访举报569件次。其中，集团公司纪委、监察部直接受理223件，已办结192件，办结率为86.1%。各基层单位受理的信访举报346件，已办结327件，办结率为94.51%。从办结情况看，信访举报情况属实的179件，占34.49%，失实的307件，占59.15%，暂存的33件，占6.36%。

2001年，立案查处的案件共56件，比2000年上升了16.66%。其中，涉及党员45人，处以上干部15件，科级干部16件，其他人员25件。12月底，已查结56件，受到党纪处分的25人，受到政纪处分的33人，其中，有16人同时受到治安和刑事处理。全年案件查处涉案金额387.46万元，直接挽回经济损失241.47万元。

（余敏光）

【领导干部廉洁自律】 认真贯彻中纪委关于领导干部廉洁自律的一系列规定，2001年3月制定《上海宝钢集团公司领导人员廉洁自律"七个不准"的规定和实施处理意见》。具体内容是：不准个人擅自决定企业的大额度资金运作，生产经营、企业改革的重大决策、重要人事任免等有关事项；不准收受或接受直接管理和服务的对象、主管范围内下属单位和个人、外商或私营企业部门赠送的现金、有价证券和高档贵重礼品，以及为出访、旅游、健身活动提供的各种奖励和赞助；不准超越权限审批出国（境）事项，不得在出国（境）期间参与赌博、色情等违法违纪活动。因私出国（境）的必须按规定程序报告和办理有关手续；不准利用职权为配偶、子女及其他亲属个人从事可能侵害该企业利益的生产经营活动；不准擅自兼任下属企业和其他企业的领导职务，经批准兼职的不得领取兼职工资或其他报酬；不准违反财经纪律授意、指示、强令财会人员做假账或私设"小金库"；不准到下属单位和本单位有业务往来的企业、事业单位报销应由个人支付的费用；不准个人与客户建立借贷、投融资关系。重点在集团公司直管干部中开展填报《领导人员遵守廉洁自律自查表》活动，316名领导人员按规定进行填报，填报率达99.37%。其中，有304名填报本人自集团公司组建以来的廉洁自律情况，有38名领导干部填报因私护照、港澳通行证、外国居留证等情况。

3月，为客观评价宝钢集团公司成立以来的党风廉政建设状况，集团公司纪委、监察部在二级子公司领导人员、中层干部和一般干部、职工群众三个层面，组织宝钢党风廉政建设千人问卷调查。结果显示：干部和职工群众对宝钢党风廉政建设的整体评价比2000年上升8.41个百分点。同时，有479人对宝钢党风廉政建设提出意见和建议。

8月，集团公司纪委、监察部聘请21名由民主党派、无党派人士、职工代表和离退休干部组成的党风廉政建设特邀监督员，颁布《宝钢党风廉政建设监督员条例》。

2001年，集团公司共有364位领导对个人重大事项作了报告，1438人次对个人收入作了申报，1322人次登记上交各类礼品、礼金和礼券。其中，礼金16.20万元，礼券13.31万元，礼品折价39.23万元。 （余敏光）

【深化效能监察】 2001年，集团公司效能监察工作针对薄弱环节、关键领域、重点部门实施。在生产经营、物资采购、资金管理、工程建设和技改项目等四大领域开展，全年共立项58项，年底前已实施完成45项，挽回经济损失1548.60万元，各单位堵漏建制213项，为集团公司降本增效75902.87万元。建立和完善了效能监察工作管理制度，初步形成一套效能监察工作机制，明确了效能监察项目责任制。

进一步深化采购领域的比价管理制度，推进"采购价格内部稽核审计制度"和"功能（寿命）计价管理"，引入电子商务实行网上招标采购，使采购领域的效能监察工作进一步向供应商和使用单位延伸，体现综合管理效能，促进企业经济效益提高，加强企业党风廉政建设。 （余敏光）

【专项检查】 2001年，宝钢集团公司纪委、监察部重点对集团组建三年来实施专项检查整改落实的情况，以“回头看”的方式开展专项检查。针对企业应收账款清欠中存在的薄弱环节，制订和完善债务重组、坏账处理、诉讼程序、考核办法等一系列制度，逐步规范化、制度化操作。针对企业两用资材、闲置物资、抵债物资、废旧物资的管理措施不善，进行清理整顿，明确管理职能，强化管理程序，统一财务结算。针对“四技”（技术成果转让、技术咨询、技术服务、技术培训）费用和节余奖金管理中存在的不规范现象，采取“堵”与“疏”结合的原则，制订具体管理制度予以规范。针对外协外委管理漏洞，进行外协外委队伍清理，共摸清外协外委队伍407支，清理外协外委项目803个，形成外协外委管理制度117个，引入市场机制，促进外协外委业务公开化，有效地规范经营管理行为。针对废旧物资处理中容易产生“小金库”的特点，加强财务管理，明确在废次材经销过程中，必须物流与资金流同时循环，实行闭口管理。在清理“小金库”方面加大监督检查力度，全年共查处7个单位的10个“小金库”，处理违纪责任者9人，收缴违纪金额143.07万元。（余敏光）

【纪检监察队伍建设】 2001年，各级纪检监察组织以落实“三讲”整改为契机，在全公司纪检监察系统中开展“自我学习总结、查找突出问题”活动。学习对照一钢公司纪检监察组织敢于和善于正确履行职责的经验，联系实际认真分析，各单位针对查找出的问题，落实了整改措施。全系统概括出了7方面24个突出问题与主要表现，为加强各级纪检监察队伍和纪律检查委员会建设提供了重要依据。年内集团公司纪检监察系统培训办班20期，培训内容有纪检业务、企廉工作、效能监察、招投标知识、政策法规等，参加人数498人；参加上级纪委或社会举办的培训班234人，培训内容有纪检业务、审计财会、合同法律等，两项合计732人。（余敏光）

统一战线工作

【概况】 上海宝钢集团公司党委统战部（以下简称统战部），是集团公司党委统一战线工作的职能部门。负责协调集团公司内部各民主党派组织（成员）、无党派重要代表人士的关系和党外知识分子、少数民族、台胞台属、归侨侨眷等统战人士的队伍建设；做好对台宣传及海外交流（联谊）工作和对各子公司统战工作的指导检查。年底，定员4人。

年内，宝钢统战工作根据全国、上海市统战工作会议精神和集团公司党委年度工作计划的要求，围绕集团公司“十五”钢铁发展规划和“两个基地”的建设目标，坚持高举邓小平理论伟大旗帜，坚持以江泽民总书记“三个代表”重要思想为指导，坚持以宝钢的改革、发展与稳定为中心，坚持以贯彻全国、中央企业工作委员会和上海市统战工作会议精神为主线，统战工作取得了新的发展。（张惠明）

【贯彻全国统战工作会议精神】 3月，组织统战系统各界人士学习贯彻全国、市、中企委统战工作会议精神，并组织统战系统人士积极参加中央统战部组织的全国统一战线理论、政策知识竞赛活动，收到较好的效果。

抓住贯彻落实全国统战工作会议精神的契机，回顾总结集团公司成立以来开展统战工作的情况，制定了《关于进一步加强宝钢统战工作的若干意见》，提出进一步推进宝钢统战工作的措施。3月28日，召开了集团公司联合以后的第一次统战工作会议，孔繁云部长在会上作了《围绕中心、锐意进取、努力开创新时期宝钢统战工作新局面》的工作报告，梅山公司党委副书记吴慧萍、上海钢研所党委书记孟繁德、宝钢股份公司总经理助理诸俊生分别就注重民主党派建设、发挥统战优势、为建成全球最具竞争力的钢铁企业增加助力、形成合力等作了交流。集团公司党委书记关壮民在会上对进一步贯彻落实全国统战工作会议精神和推进宝钢统战工作提出了要求。“要从讲政治的战略高度，充分认识统一战线工作的重要地位和作用；要把握统一战线的基本原则，围绕经济中心做好统战工作；要贯彻‘三个代表’的重要思想，加强党对统一战线工作的领导。统战工作要根据自身的特点，发挥统战优势，团结一切可以团结的力量，调动一切可以调动的积极因素，特别是宝钢作为精品基地建设的先行者，积聚大批知识分子、科技人才，要为企

2001年3月28日，集团公司召开统战工作会议

业发展提供强大的力量支持。统战工作范围面广量大，内容具体丰富，要努力造就一个真诚相待、宽松和谐、体谅包容、畅所欲言、团结合作的环境和氛围。广纳群言、以收众益应成为各级领导干部的座右铭。”　　（张惠明）

【民主党派工作】　统战部结合宝钢生产经营形势和各项改革政策、措施出台的实际，充分发挥民主党派成员在两个文明建设中的积极作用，营造民主党派成员参与企业民主管理、民主监督过程中的良好氛围；深入民主党派组织及其成员所在的党委，协调解决民主党派成员在工作、学习和生活等方面遇到的困难和问题，广泛调动他们的积极性；支持民主党派加强自身建设，协助有关民主党派组织做好换届候选人的考察、推荐工作，确保了换届的顺利进行；积极为民主党派组织开展活动提供帮助和支持；加大中国共产党领导的多党合作和政治协商制度的宣传，保证了民主党派成员在参与宝钢各项管理和党风廉政监督等方面作用的发挥；大力宣传民主党派成员，特别是民主党派中各级政协委员在参政议政中发挥的作用，对集团公司成立三年来参政议政的情况进行统计汇总，宝钢党外人大代表和政协委员提出的《对上海资产重组产业结构优化调整成果要作后评估》、《国企资产重组应防止不正之风》、《工业引进外资、台资要注意质量》等225件提案（议案），均得到市、区两级政协的肯定，为宝钢赢得了荣誉。　　（张惠明）

【统战工作调研】　结合全面学习贯彻全国及上海市统战工作会议精神，落实集团公司第一次统战工作会议所提出的要求，实施工作重心下移，深入各子公司开展统战调查研究和宣传党的统一战线方针、政策及统战工作在社会主义现代化建设中的重要地位和作用等，了解基层统战工作开展情况，并走访了益昌、一钢、二钢、浦钢、五钢、梅山、工程技术公司、上海钢研所、研究院等子公司党委，交流开展统战工作的经验做法和对做好企业统战工作的认识；同时，深入统战系统各界人士，尤其是民主党派各组织了解参政议政、参与企业民主管理和民主监督的情况，征求并听取民主党派组织对统战部工作的意见、建议，共同研究加强民主党派自身建设及在参与企业两个文明建设方面的措施。形成了“坚持四个突出，实现统战工作为两个文明建设服务”的调研材料，先后作为市工业党委统战工作座谈会经验交流和上海市统战工作会议书面交流材料进行了交流；“面对新情况，针对新问题，采取新对策”的调研材料，参加中企委4月在攀钢召开的中央企业（冶金）统战工作首次联席会议上作交流。

11月18日，集团公司党政领导徐大铨、关壮民、尹灏、赵昆等与前来调研指导工作的中共上海市委常委、市委统战部长黄跃金，副部长周箴及所属各部门领导进行了汇报和交流。　　（张惠明）

【“同舟共济”活动】　2001年，统战部坚持围绕集团公司“十五”钢铁发展规划，建立六大钢铁精品基地和建成新工艺、新技术、新材料研发基地的总体目标，坚持统战工作为经济建设服务，积极配合集团公司党政在实施调整产品结构、淘汰落后工艺设备和下岗分流再就业过程中，做好稳定队伍、鼓舞士气的工作，统战系统各

界人士齐心协力、同心同德、共同努力，为建设钢铁精品基地多作贡献。

1月16日，召开了2000年“同舟共济”表彰暨2001年开展“同舟共济”主题活动动员会议。集团公司徐大铨、关壮民、尹灏、赵如月等领导出席会议，徐大铨和关壮民作了重要讲话，在充分肯定一年来宝钢统战工作所取得成绩和宝钢各界人士在生产经营和两个文明的建设中发挥了举足轻重作用的同时，希望统战系统人士在新的一年里，在党的领导下，进一步为宝钢的发展作出更大的贡献。

4月26日和9月29日，集团公司党政领导分别向统战人士通报介绍宝钢各个时期生产经营状况和江总书记再次视察宝钢、三期工程竣工验收、联合重组以来发展以及国际国内钢铁行业的市场形势、宝钢在中国加入WTO后所面临的机遇和挑战等情况，为统战人士知情出力创造了良好的条件。公司“三讲”活动后，及时向统战人士通报“三讲”活动的有关情况和整改的具体措施。结合各子公司生产经营的实际，组织统战人士大力开展以“科技创新”、“创新与一流”等为内容的同舟共济主题活动，广泛动员各界人士提合理化建议，开发新技术、新产品，在本职岗位上建功立业。

梅山公司党委、开发总公司党委、宝钢股份公司炼铁厂党委和民建宝钢工委会及李俊等6名统战人士、统战干部分别被评为市工业党委“同舟共济”组织奖、奉献奖和组织者奖。（张惠明）

【党外知识分子工作】 党内有人才，党外也有人才，一直是宝钢干部队伍建设的一个重要理念。一年来，统战部结合宝钢党外知识分子层次高、联系广、技术业务全面和宝钢干部队伍管理体制的实际，在集团公司党委的领导下，一是全面总结集团公司成立以来党外干部工作的开展情况；二是结合新的形势要求，会同公司干部处对照差距，制定新的工作目标；三是根据中央和上海市委统战部的要求，大力培养和推荐党外后备干部。目前，已有一名同志被推荐到中央统战部备案，六名推荐到市工业党委备案。同时，对各子公司现职和后备党外干部进行调研，针对存在不足，建立宝钢领导干部与党外代表人士结对交友的制度，以期逐步建立一支队伍，完善后备机制。（张惠明）

【民族宗教工作】 宝钢是一个由23个民族组成的大家庭，按照江泽民总书记“民族宗教无小事”和“三个离不开”的民族工作要求，本着从小事做起、于细微处抓落实的原则，开展各项民族团结进步活动，不仅凝聚了宝钢少数民族职工的力量，同时还取得了良好的社会效果。

1月21日，受市委统战部长黄跃金和集团公司关壮民书记的委托，统战部派员前往宝钢医院看望慰问住院治疗的上海市道教协会名誉会长、中国道教协会顾问陈莲笙先生；3月初，根据上海市民族宗教事务委员会的统一部署，在全公司范围内开展了民族、宗教政策、法规的宣传教育周活动，重点开展对各清真餐厅、窗口供应的调研和强化工作，收到良好的社会效果，并得到市民宗委的高度赞扬；结合庆祝建党80周年，组织少数民族职工参加6月9日市民宗委和市少数民族联合会联合主办的“‘洪长兴杯’歌颂党的丰功伟绩、歌颂改革开放以来丰硕成果、歌颂各民族大团结”少数民族业余歌手比赛活动，宝钢获得“组织奖”。

11月29日，协助上海市民宗委、市少数民族联合会做好局(集团）公司少数民族联合会工作研讨会在宝钢召开的筹备和接待工作。会上，宝钢作了“坚持一条主线、把握二条原则、推进三项工作、实现四个服务、开展五个一活动”的民族工作情况介绍和清真供应情况的介绍；为保证有清真饮食习惯的少数民族职工过好一年一次的“开斋节”，统战部按照中央“少数民族的节日，应当受到尊重。民族节日放假办法按国务院规定执行”的精神，重申了开斋节放假一天的规定及有关假期待遇；12月17日，统战部还走访了所属的清真餐厅，征询并听取就餐职工对清真供应质量和服务质量的意见、建议，并与餐厅工作人员座谈进一步抓好清真供应、提高服务质量的措施等。2001年，针对云南省金平县“上海民族希望小学”三名品学兼优学生的实际困难，对他们进行资助。

（张惠明）

【联谊和接待工作】 统战部以"内增助力、外树形象"为突破口，做好联谊接待工作。1月16日，组织统战人士开展迎春联谊活动，邀请集团公司党政领导与统战人士共同联欢；6月27日，结合中国共产党建党80周年，组织统战各界人士共庆党的80华诞；9月11~12日，结合中秋、国庆，举办台胞台属、归侨侨眷和少数民族代表人士"话中秋、忆发展、促统一、讲贡献"座谈联谊活动。通过组织统战人士联谊，密切了关系，增进了团结，调动了统战人士在紧紧围绕宝钢做高做强、建设钢铁精品基地、实现两个"世界一流"目标中奋发有为、积极进取、乐于奉献的主人翁积极性。特别是在纪念建党80周年之际，各界人士在回顾党的光辉历程，畅谈祖国经济建设的巨大成就的同时，纷纷向党诉说心声，表达对党的敬仰之情，并表示要把对党的满腔热爱化作自己工作的动力，在本职岗位上做好工作，为宝钢发展尽一份力量。

积极做好港、澳、台、侨及海外各界人士考察观光的联谊接待工作，以"真诚、热情、服务周到"为出发点，介绍祖国改革开放所带来的日新月异的变化，宣传宝钢建设发展的成果以及宝钢未来建设的远景目标等。5月23日，会同上海市海外交流协会邀请旅荷华侨、作曲家孙永伟先生率领的荷兰飞利浦管乐团长号重奏组与宝钢铜管乐团进行艺术交流。交流演奏会上，两支不同国家，首次携手合作的管乐团演奏，博得在场观众多次长时间的喝彩。孙永伟先生对宝钢海外交流协会周到的安排和热情的接待，表示了由衷的感谢，并表示：作为一名华人演奏家，把国外的优秀乐团、演奏家介绍到国内与同行进行交流，是一件非常有意义的事，这次交流非常成功，宝钢能生产世界一流的产品，宝钢的管乐团也是目前我在国内见到的最好的企业乐团，宝钢了不起，这也是祖国强盛的结果，作为身居海外的中国人，我们感到非常自豪。全年接待来自海内外各界朋友41批，共计1342人。通过接待，不仅使海内外人士加深了对祖国的了解，而且更进一步增强了海内外同胞的亲情和友谊，尤其是增进了台湾同胞对祖国的认同感。 （张惠明）

【统战干部培训】 3月，根据市委统战部和工业党委的统一部署，选送包括子公司党委书记、统战干部和民主党派骨干参加的统战业务、统战政策培训班；7月，与党校联合举办了集团公司各子公司统战干部、民主党派和群众团体负责人参加的学习"三个代表"重要思想学习培训班；10月16~20日，结合十五届六中全会精神的学习，在统战系统干部、骨干中积极开展思想作风建设，并组织部分党外处级干部赴革命圣地延安进行学习考察，用老一辈无产阶级革命家在战争年代无私奉献的生动事例教育干部。

2月8日，市工业党委在宝钢召开局（公司）统战部长研讨会，组织部分统战干部参加旁听学习，既使统战干部了解了企业统战工作的发展趋势，又使他们从中学到了许多兄弟企业好的做法和经验，对于指导本职工作起到了推动促进作用。11月29日，上海市民族联在宝钢召开各局（集团）公司少数民族联合会工作研讨会，安排宝钢民族联部分骨干一起参加会议，使他们了解了当前民族工作面临的形势、遇到的难点和热点问题，促使他们主动做好周围民族职工的工作，成为沟通党与民族职工联系的信息员、民族政策的宣传员、民族团结的促进员和民族问题的协调员。通过强化业务和统战理论政策的培训，使统战干部和统战系统骨干的素质进一步提高；同时，树立起与时俱进，与时代同行，与宝钢发展同进的新观念，并对做好新时期宝钢统战工作的意识有了进一步的增强。 （张惠明）

党 校

【概况】 上海宝钢集团公司党校（以下简称党校）现有员工22名，其中教师9名（副教授4人，讲师4人，助教1人），设有管理教研室、马列教研室、教务科、办公室四个科室。主要负责上海宝钢集团公司党员和干部的教育培训。2001年，党校以服务于宝钢党的建设、企业文化建设、一流党员干部队伍建设为目标，紧紧围绕党的路线、方针、政策和企业实际，对党员干部进行系统的马列主义、毛泽东思想、邓小平理论教育和社会主义市场经济及企业经营管理等有关实务知识教学，以提高宝钢党员干部队伍的理论基础、世界眼光、战略思维和党性修养。根据集团公司发展需要，承担现职处科级干部培（轮）训、后备干部培训、党员干部政治轮训、党群干部岗位培训、学历（函授）教育等。（刘祥松）

【教学实绩】 随着集团公司与各子公司整合力度的加大，党校由原来面向宝钢主体单一用户，转变为面向集团和各子公司各方用户，服务量和服务方式面临重大调整。如何在现有师资办学条件下适时调整，积极发挥集团党校的优势所在，满足不同用户的不同需求，对党校而言是一大挑战。年内党校由校长带队先后走访了一钢、五钢、浦钢、梅山等公司和宝钢股份公司炼铁部、运输部、钢管分公司、技术中心等单位，针对党校作用发挥、运作方式、教学改革、基层服务需求等进行重点调研，并根据调研确定了党校的发展定位。教务部门也先后围绕办学模式、授课内容、师资资源等课题广泛开展调研活动，适时调整了第三轮政治轮训、函授学历班、中青班等班次的授课时间和授课方式，配合了党校教学改革的推进。全年党校共完成71个班次，5009人的计划内教育培训工作。（刘祥松）

【课题研究】 党校围绕“关于职工思想政治工作若干问题”、“健全和完善职工董事监事制度”，“炼铁部、技术部开展员工思想教育状况的调查”等课题开展多方调研，形成了一批优秀科研成果。24篇科研文章被刊载于《上海工业企业党政论坛》、《上海国际战略研究会年会论文集》、《支部生活》、《开拓》、《学习与创新》、《宝钢教育》及《宝钢日报》等报刊媒体上；参与市委组织部《新时期思想政治工作》一书的编撰工作，并参与市委党校组织的建党80周年文稿征集活动。（刘祥松）

【教学改革】 为了实施党校“精品战略”，进一步推进以“提升教学质量和办学水平”为核心的教学改革，4月，成立了由行政管理人员和教师、教务人员共同参与的教学改革研究小组。配合学校行政领导研究和探讨教改整体思路，围绕教学质量开展调查研究，为学校教学决策作参谋；研究和探索教学方式、方法的改革和教学质量、科研成果的评估及其评估体系的完善，制定和完善了《关于建立课程评估体系的意见》、《函授工作细则》、《函授班主任职责》等办法；研究和议定学校年度科研选题和实施计划。由于有效地调动了党校教师参与教学改革研究的积极性，因而对党校教学改革起到了积极的推动作用。

按照中央党校提出的党校教学改革方向和布局以及建设好“既坚持马克思主义又充分适应世界大转折和中国新发展”要求的教育课程的指导思想，党校紧紧扣住“理论基础”、“世界眼光”、“战略思维”和“党性修养”的教学框架，结合宝钢人才培养发展战略，开设了“三基本原著导读”、“第三代领导集体对邓小平理论的继承与发展”、“新世纪中国发展的国际环境”、“当代科技”、“中国近代史上的现代化探索”以及“宝钢如何应对WTO”、“宝钢发展战略”，适应集团公司要用世界眼光和战略思维培养“宝钢人”的需求，受到了广泛的好评与肯定。同时，课程建设日趋成熟，形成体系。

年内，党校还先后针对第三轮干部政治轮训、宝钢股份公司中青班、函授学历班等班次，在授课内容、授课时间、授课方式上作了重大调整，在政治轮训班增设了军训、合唱革命歌曲等内容，中青班实现了脱产学习向半脱产学习、理论学习向能力培养的转变，函授各班次由工作日学习改为双休日学习等等，受到了基层用户单位的欢迎和上级党委的肯定。（刘祥松）

【服务各方】 2001年，党校先后为集团公司党委领导撰写党课提纲1份；为集团公司党委中心组专题学习提供提纲4篇；为梅山公司两级党校培训师资数批；应《宝钢日报》要求，以“纪念建党80周年”和学习“七一”讲话为主题，组织党校教师撰写系列文章近20篇发表，受到普遍好评。党校教师以讲课、中心组学习辅导、党建课题研究等形式下基层达130多次，讲授“三个代表”、“十五届五中全会精神”、“国际国内形势”和“七一”讲话辅导等课程，听课人数达10000多人次，受到基层党员群众的普遍欢迎，其中，曹莉芳老师多次义务为社区街道退休老党员讲授党课，得到社区党员群众的高度评价，其事迹被刊载于《宝钢日报》。党校还应益昌公司的要求，送教上门，为其举办了党员干部政治轮训班、党支部书记培训班等。（刘祥松）

人民武装

【概况】 集团公司人武部负责民兵预备役组织建设、征兵、军事训练、武器装备管理、军民共建、拥军优属、国防教育等工作。现有职工10名，其中管理人员9名，操作人员1名。大专以上6名。政工师4名。12月，人武部体制调整为部长1名、综合主管1名、高级技术师2名、管理员4名、参谋1名、武器（保卫）1名。（张一鸣）

【军事训练】 结合宝钢实际，认真制定了切实可行的训练战备计划。共完成下述军事训练任务：7月，在宝钢高炮库完成民兵预备役高炮、高机训练115名；8月底～9月初，在教委完成学生军训128名；11月下旬～12月上旬在警备区杨行训练基地，完成红缨导弹成建制训练69名。为了提高员工队伍素质，2001年首次在员工政治轮训中，其中2个小时为军训课目，把军训列入职工政治轮训内容，全年共军训12500名。7月，在厂区还组织了民兵、预备役进行13公里演练。9月27日和29日，分别对预备役高炮三连和宝钢应急分队进行了战备点验。训练中主要抓了四个方面：一是基本功训练；二是大小协同训练；三是干部组织指挥训练；四是训练质量和安全。

民兵正在进行军事训练

7月4日，集团公司领导尹灏、赵昆，到高炮（高机）训练场看望了参加训练的官兵。11月25日，上海警备区领导到杨行红缨导弹训练场督促、检查、指导工作；12月3日，集团公司领导尹灏、欧阳英鹏、赵昆到杨行红缨导弹训练场进行慰问及检查、指导工作。（张一鸣）

【国防教育】 为了加强国防教育力度，根据上海市国教委的指示精神，8月，集团公司成立了国教办，设国教办主任、副主任及干事若干名，开展国防教育系列活动。《宝钢日报》、宝钢电视台刊登、播放了《中华人民共和国国防教育法》全文及开展国防教育活动目的意义的文稿。

集团公司党委书记关壮民等领导带头参加《国防教育法》笔答竞赛，认真翻阅资料，仔细填写每一道试题。宝钢职工踊跃参加《国防教育法》知识竞赛，人数高达23000人次，准确率达87%。共收到征文32篇，并评出了一、二、三

组织宣传“兵役法”活动

等奖。其中，国防知识竞赛：一等奖3名，二等奖6名，三等奖12名。征文：一等奖1名，二等奖3名，三等奖5名。为了配合国防教育系列活动的开展，9月15日，邀请市国教办方敏教授对处以上干部作国防形势报告。11月，相继拍摄完成了由关壮民题字的宝钢国防后备力量在前进及反映国防教育系列活动的两个专题片。（张一鸣）

【民兵组织】 针对宝钢民兵队伍中普通兵多，专业技术兵少，尤其是高技术含量专业分队与现代战争的需求不相适应的实际，在整组中注重提高专业技术兵的比例。对应急分队、红缨导弹、高炮、高机、工程抢险、汽车运输、医疗救护、防化救援、特种车辆抢修、物资保障、计算机网络开发、计算机信息等12个专业分队和预备役连队，进行了重点调整，提高了民兵预备役适应现代作战任务的能力。（张一鸣）

【征兵工作】 9月，在宝钢范围内按照《兵役法》规定和兵役登记程序，对适龄公民有组织、有领导、有计划地进行了兵役登记，共登记适龄公民1046名，登记率达

2001年12月，集团公司召开欢送新兵入伍大会

100%。经过选择预征对象；体检、复检；政审、复审；三级定兵等，共向部队输送26名优质兵员，受到市、区征兵办及接兵部队好评。

（张一鸣）

【拥军优属】 2001年1月，公司下发了《关于2001年开展拥军优属、拥政爱民活动的意见》。“八一”、“春节”向入伍战士寄去慰问信、贺年卡186份；慰问军、烈属、伤残军人216户；发放优待金

“八一”期间慰问驻厂子弟兵

160.0643万元。做到三个100%，即：慰问军、烈属到户100%；慰问伤残军人到人100%；优待金发放到户100%。召开驻厂、驻地部队“迎新春军警民座谈会”。“八一”、“春节”慰问驻厂部队、走访周边部队。

（张一鸣）

【人防工作】 2001年，对防空警报器进行了维护保养，使设备处于良好状态。消防器材、避雷装置、通讯装备、照明线路等进行了检查测试，对不符合规定的进行了整改。完成了宝钢教委地下人防设施1240平方米的维修保养工作。对地下防空设施进行了全面了解。经调查，宝钢现有地下防空设施12处，面积18693平方米。

（张一鸣）

机关党委

【概况】 上海宝山钢铁集团公司机关党委（以下简称机关党委）坚持以邓小平理论为指导，认真学习贯彻江泽民同志“三个代表”重要思想和党的十五届五中、六中全会精神，紧紧围绕集团公司的中心工作，积极推进机关党组织的思想建设、组织建设和作风建设，充分发挥党组织的政治保证作用，促进了机关两个文明的协调发展，为推进机关管理创新、实现集团公司经营目标提供了保证。

2001年，机关党委工作机构定员6人，设党委书记(集团公司副总经理兼)、党委副书记、纪委书记、组织员、党办主任兼宣传员各1人，工会主席（党委副书记兼)、工会事务员各1人。机关党委下属党支部（总支）26个，党员452人，职工883人。

（钟　平）

【党支部建设】 注重加强党的建设，发挥党组织的作用。为了进一步加强机关党的建设，推进党支部工作上水平，机关党委始终坚持不懈地抓好党支部上等级工作，始终把重点放在“巩固、提高”上，坚持高起点、高标准，并把党支部的战斗堡垒作用和党员的先锋模范作用作为上等级的重要依据，使机关党支部建设每年上一个新台阶。全年，通过全面验收，认真审定，命名了7个党支部为特级党支部，占26.9%；命名了3个分党支部为特级分党支部；命名了13个党支部（总支）为一级党支部（总支），占50%；命名了6个党支部为二级党支部，占23.1%。

（钟　平）

【党员干部政治理论教育】 开展“三个代表”重要思想教育活动学习，提高党员干部思想理论素质。机关党委把组织机关党员干部学习“三个代表”作为党委工作的一项中心任务，以“三个代表”思想指导机关队伍建设，不断促进机关党员干部思想作风建设和各项管理工作。在机关领导干部中开展“三个代表”学习教育活动，71名各部门的领导干部在学习教育活动中，结合“三个代表”的要求认真对照，谈体会，找差距，制订整改措施。通过“三个代表”学习教育活动，机关领导干部在理论上有新的突破，在实践中有新的创新，在工作中有新的提高。

深入学习贯彻党的十五届六中全会精神，切实推进党的作风建设。机关党委把作风建设放在推进机关党建的一个主要环节，针对集团公司“三讲”和机关领导干部“三个代表”学习教育活动中，一些基层单位对机关在工作作风等方面存在的问题，提出加强和改进机关作风建设的意见，

开展加强和改进机关作风的再教育、再动员，使机关作风建设在思想上和行动上有一个明显的提高。

加强党员干部的政治理论学习。一是建立健全中心组学习制度，重点抓好机关党委和党支部（总支）的两级中心组学习制度；二是配合党委宣传部抓好处级干部的年度述学，把干部政治理论学习纳入对干部年度考核内容；三是每季对机关政治学习作出安排，强化政治理论学习的计划性、针对性和指导性；四是抓好机关党员干部和全体职工的政治轮训，全年安排了230名职工参加2001~2002年年度政治轮训。

加强理想与信念教育。在机关开展与“法轮功”斗争的教育，组织机关党员、干部参观和收看“法轮功”组织所制造的残害人性的展览和电视专题报道，用血的事实证明“法轮功”邪教的本质，提高广大党员、干部的政治鉴别力，在复杂的环境中保持清醒的头脑，以做好本职工作的实际行动维护宝钢和社会的安定团结大局。（钟 平）

【党员主题活动】 开展党员“三高一流”主题活动，不断提高党员队伍的整体素质。机关党委进一步完善机关党员的“三高一流”标准，将“三高一流”分解量化，以“建设五项工程”作为“三高一流”的有效载体，以“五个不断线”为“抓手”，不断提高党员队伍的整体素质，发挥党员先锋模范作用。通过开展党内主题活动和“争先创优”活动，初步形成了党委、党支部（总支）、党小组三级网络体系，做到“教育、跟踪、考核”三到位，使“三高一流”、“争先创优”活动成为体现党员先进性的生动实践。在建党80周年前，评选出4个“机关好党支部”、6名“机关好书记”、32名“机关好党员”。党员“三高一流”活动的开展，促进了机关党员队伍整体素质的提高，机关广大党员思想过硬、业绩突出，成为宝钢不断改革、发展和创世界一流企业的中坚。（钟 平）

【发展新党员】 2001年，党员发展工作遵循“坚持标准，保证质量，改善结构，慎重发展”的方针，严格把关，确保新党员的发展质量。在入党积极分子的培养和教育方面，着重在端正入党动机、解决思想入党问题上下功夫，认真考察和培养，坚持“成熟一个，发展一个”，保证新党员的质量。在新党员预备期中，加强对新党员的考察和教育，用党员的先锋模范作用来衡量、要求，使新党员素质有明显的提高。2001年，机关党委发展新党员5人，预备党员按期转正8人。（钟 平）

【党风廉政建设】 党风廉政建设教育“进班子，到岗位”。一年来，机关党委坚持“教育为主、预防在先”的方针，加强党风廉政建设。组织机关党员、干部学习、贯彻中纪委五次、六次全会精神和江泽民总书记的重要讲话，不断增强各级干部特别是领导干部政治上的坚定性和思想上的纯洁性；为了使廉政教育“进班子、到岗位”，组织开展正反面典型教育，对机关“勤政双优”的好干部事迹大力宣传；对贪污受贿、工作严重失职等案例进行警示教育。还组织机关党员干部参观上海市提篮桥监狱，进行了一次生动的法制和党风廉政教育。

抓好廉洁自律，强化监督制约机制。认真贯彻落实党风廉政责任制，切实做到教育到位、管理到位、监督到位、责任到位。坚持执行“七个不准”的规定，组织机关直管干部及助理以上领导进行“业务交往收受礼品”、“廉洁自律规定自查”的填报工作，填报率为99.1%；机关领导干部收入申报率100%。

执行礼品登记、上交制度。广大党员干部表现自觉，做到增强意识，完善管理，弘扬先进，形成风气。2001年，机关共有15人次上交礼品17件，折合人民币3300元；上交现金3人次，计人民币4000元；上交礼金卡4人次，计人民币1200元。

推进效能监察，规范经营行为。以防止国有资产流失为重点，以降本增效，不断提高企业管理水平为目标，围绕完善工程项目管理开展效能监察。将房地产公司的“东方花苑”建设工程，正式立为机关的重点效能监察项目，与集团公司监察处联合赴工程现场指导，提出具体的效能监察要求，督促签订了工程廉洁协议，努力达到“工程优质”、“干部优秀”的目标。（钟 平）

【机关精神文明建设和作风建设】

精神文明建设取得硕果。机关党委坚持“两手抓、两手都要硬”和“精神文明重在建设”的方针，充分发挥各党支部战斗保垒作用，发挥党员先锋模范作用，大力加强机关管理，推行管理创新，推进CS战略，实现了两个文明建设双丰收。由此，机关被评为上海市“文明单位”和上海宝钢集团公司2000年度“用户满意文明单位”。

大力推进“TSM”活动，不断改进机关工作作风和提高服务质量。机关党委围绕履行机关“六项职能”，推进满意服务，开展了季评机关“最佳服务标兵”活动。2001年，有20位同志被评为机关最佳服务标兵。

建立、完善具有机关特色的激励和约束机制。为了更好地发挥机关六项职能，强化用户第一意识，做好为基层服务工作，机关党委以机关经济责任制考核为抓手，请子公司对机关处室的服务、协调、办事效率等方面进行全面评价，在基层评价基础上，确定每月为基层服务的优胜处室，并给予奖励。还定期与子公司“两办”主任沟通信息，交流情况，听取意见和建议，主动做好协调工作。对机关为基层服务情况进行调研，分别向公司领导和机关经济责任制考核小组作汇报，在机关支部书记工作例会上作讲评，不断推进机关为基层服务工作。通过抓服务、抓考核，机关工作作风有改进，服务质量有提高，用户满意度有上升。2001年，机关先后有29个处室、61次被评选为“用户满意”单位。（钟　平）

【民主评议工作】 机关民主评议干部领导小组根据集团公司《深化厂务公开的若干意见》和2001年企业领导干部考核工作的总体安排，结合机关的实际，认真组织对机关领导干部进行民主评议。由党内外职工对领导干部的“德、能、勤、绩、廉”等五个方面进行客观评价，对领导干部改进工作、改进作风是有力的促进。被评议的62位机关领导干部非常重视民主评议工作，认真接受职工的评议。（钟　平）

【围绕经营目标开展安全竞赛】 为了加强机关安全行车管理，切实推进安全目标责任制，努力完成2001年度宝钢交通安全责任制所下达的各项指标。针对机关车辆多、专兼职驾驶员多的情况，组织开展了“学条例、迎APEC、确保安全行车”竞赛活动，促进了驾驶员的法制意识和技能的全面提高。通过安全竞赛，机关交通责任事故下降12%，一般事故下降30%，交通违章下降22%。9个部门被评为先进集体和先进班组，37人为评为先进管理者和先进个人。（钟　平）

【扶贫帮困献爱心】 关心职工生活，积极开展增强凝聚力工作。今年，机关工会为职工排忧解难，兴办实事，帮助解决职工困难110人次，发放困难补助金46780元。认真办好机关职工参加市总养老保险、重病保险；办理职工家属劳保、家庭财产保险等实事工作。

开展春节慰问活动，并组织在单人宿舍过年的单身职工吃“年夜饭”；积极配合行政关心、慰问机关无偿献血的职工。

组织开展社会募捐、送爱心活动，动员机关职工参加向云南、江西灾区人民捐献衣被和关心困难企业贫困职工家庭“一日捐”活动。共募集衣被2548条（件）；募集捐款57063.9元。（钟　平）

【文化体育活动】 开展各类文体活动，丰富职工文化生活。积极组织机关体育代表团参加集团公司五届职运会，在五届职运会上被评为体育道德风尚代表队，并取得2金、2银、1铜的成绩，奖牌数排名第9名，团体总分排名第10名。获羽毛球团体第3名、篮球团体第4名、桥牌团体第5名、拔河团体第6名、游泳团体第5名、保龄球女子团体第5名。在组织参加集团公司冬锻活动中，获长跑团体第6名、大众体育团体第3名。举办机关职工春节联欢系列活动，开展机关职工爱好者协会的各项活动，通过健康向上、小型多样的文娱活动，陶冶了职工的情操，丰富了职工的文化生活。（钟　平）

【机关青年工作】 坚持“服务企业、服务青年”的宗旨，引导团员青年立足岗位、创新实践，为完成集团公司经营目标建功立业。

加强理想信念教育，深化推优工作。以组织团员青年学习江泽民同志“七一”重要讲话和“三个代表”重要思想为主线，以纪念中国共产党成立80周年为契机，以“一线、一流团干部”为“推优”重点，以党员“三高一流”标准为“推优”条件，坚持做到35周岁以下青年入党100%经过团组织的“推优”。今年，机关团委向党组织推荐优秀青年1名。

开展学习创新活动，构建新型青年团队。定期组织机关青年参加学术交流、英语讲座等活动，为青年提供相互学习、共同提高的舞台，营造浓厚学习氛围。鼓励青年管理人员开展管理创新，借鉴国内外企业先进管理经验，不断探索适应机关特点的管理模式、管理方法和管理手段，推动机关管理水平不断上台阶。

大力加强青年精神文明建设，促进志愿者活动在巩固中不断拓展。根据集团公司团委的精神，组织开展“为了生命的希望工程—上海宝钢青年骨髓捐献志愿者活动”，机关共有12名志愿者报名参加骨髓捐献，体现了机关青年热心公益、崇尚奉献的队伍形象。机关3名青年出色完成2001年APEC会议志愿者服务工作，展示了宝钢青年的风采。 （钟 平）

老干部一处

【概况】 老干部一处现有职工52人，其中，中共党员35人，要求入党的积极分子11人，大专以上学历13人。下设科室8个，管辖活动室5个。

至2001年12月，老干部一处管理服务的离退休职工5113人。其中，离休干部142人，70岁以上122人，平均年龄73岁；退休处级以上干部和1993年10月前的高级工程师1085人，70岁以上279人；退休科级以下职工3886人，70岁以上315人。患各种危重病150人。全年去世37人，其中离休干部1人。

2001年6月，举办宝钢第九届“老年之声”演唱会

老干部一处处长朱品成被中共上海市工业党委和中共上海市委老干部局评为“上海市工业系统老干部工作先进个人”和“上海市老干部工作先进个人”；老干部一处被中共上海市工业党委和中共上海市委老干部局评为“上海市工业系统老干部工作先进集体”和“上海市老干部工作先进集体”。 （陈 娟）

【落实老同志政治待遇】 春节前召开宝钢离退休老干部团拜会，一处、二处、梅山老干部代表参加会议，公司领导向老同志拜年并通报宝钢生产、经营情况。公司召开干部大会、政工会议、节日纪念活动等都邀请离退休老领导参加。公司领导决定在老干部活动室新建一幢活动楼，拆除年久失修的老楼。阅文室全天开放供老同志阅览文件，重要文件及时向有关老同志传达。全年向离退休职工发放学习资料5万多份。为1200位离休干部和退休处级干部及1993年10月前的高级工程师每人订阅报纸两份，保证了老同志学习的需要。每季举行一次形势报告会。3月，由宝钢九届人大代表田定宇向老同志传达了全国九届人大四次会议精神。同月，老同志踊跃参加宝钢科协组织的“反对邪教、崇尚科学”万人签字活动。对行动不便的离休干部专车接送游览浦东建设成就。4月，关壮民书记、尹灏副书记到老干部活动室向老同志通报中央关于调整宝钢集团公司领导班子情况、中央工作会议精神和企业开展“三讲”教育的精神。5月，老领导黎明、朱尔沛、王佩洲、寒力等出席了集团公司召开的吴邦国副总理等参加的“宝钢三期工程竣工验收会”。6月13日，江泽民总书记视察宝钢，在接见公司领导时，老领导黎明、朱尔沛、寒力、张浩波等也出席。7月，离休干部四个党支部的书记王洪顺、朱效义、陈德胜、谷淑珍出席了集团公司领导班子“三讲”教育动员会。8月25日，尹灏副书记向宝钢、上海冶金、梅山老领导30人通报了集团公司领导班子“三讲”情况。还组织38名离退休老战士游览浦江，以庆祝“八·一”建军节。

春节前，开展敬老一条龙服务

（陈 娟）

【继续加强离退休干部党的建设】 中共上海宝钢集团公司离退休干部工作委员会(简称党工委)有9名委员组成，其中书记1名，副书记2名。有离休党支部4个、处级高工党支部10个、高工党支部2个、长寿党支部1个，有党员1088名(一处902名、二处186名)。1月，离休干部黄俊向党工委交纳了5000元党费(不含每月交纳100元党费)。4月，在江苏南通举办了党支部工作研讨班，进一步明确了党支部要发挥做离退休老同志思想政治教育主渠道的作用，把“老有所学、老有所教”落到实处。5～6月，开展了党员民主评议，973名党员参加了评议，参评率94.1%，合格率100%，评出好党员60名、先进党务工作者5名。曹长祥被评为集团公司优秀党员，一处离休干部第三党支部被中共上海市工业党委评为“上海市工业系统老干部先进集体”；离休干部黄俊被中共上海市工业党委和中共上海市委老干部局评为“上海市工业系统老干部先进个人”和“上海市老干部先进个人”。下半年，各党支部按《党章》规定，顺利进行了换届改选工作。党工委根据一些支部党员人数过多的情况，新增了3个党支部。11月，全体离退休党员参加了上海市出席党的十六大代表的推荐工作。通过对离退休党员的教育和管理，重申按规定收缴党费。 (陈 娟)

【开展纪念建党八十周年活动】 为纪念中国共产党建党80周年，宝钢离退休干部工作委员会组织开展了系列纪念活动：6月，召开了纪念中国共产党成立80周年大会。举办了“我心中的共产党员”为主题的演讲会，154名老党员参加，13位老同志登台发表了热情洋溢的演讲。举办了《颂歌献给党》第9届老年之声演唱会，700多名老同志组成的15支歌队参加。集团公司领导尹灏、郭廉高、莫臻登台与老同志共同演唱。组织了600多人次老同志参观中共一大会址、嘉兴南湖等活动。在离退休党员中开展《辉煌的历程》征文活动，共收到回忆文章200多篇，经筛选、修改、编辑成书。共辑录了154篇文章，由革命战争年代、社会主义建设时期和离退休后改革开放时期三个部分组成。老同志们用深情的笔触、切身的体会回顾峥嵘岁月，表达了对党和国家及革命事业无限忠诚的情怀，充实了企业党的思想建设内容。宝钢集团公司党委书记关壮民为该书作序，并题写了书名。10月，公司领导关壮民、尹灏、卞恩君等出席了该书的首发仪式。

(陈 娟)

【落实老同志生活待遇】 年内发放离退休职工补贴养老金674.43万元；退管会补贴368.3万元；春节慰问品4800份；高温清凉饮料4800箱；中秋月饼5000份；老年节慰问品5000份。为方便老同志就近领取，在各活动室设置发放点，同时还在宝山八村、宝林八村、欧阳花苑、又一村、浦发花园设置发放点。为321名老同志办理房改结算提款有关手续；审理了2256名老同志的住房一次性面积补差。完成1200名离休干部、退休处级以上干部、高工和3140名科以下退休职工体检及1347名离退休女同志妇科普查工作；从5月1日起，集团公司统一为5012名宝钢离退休职工每人交款50元，办理了上海市医疗互助保障。走访慰问生病住院、有特殊困难的老同志3050人次，给予定期和不定期的困难补助达4580人次，计81.5万元。对176人次孤老、75岁以上高龄、重病住院等老同志，坚持上门送款、送药、义务理发等服务。安排了7批220名离退休老同志赴浙江舟山朱家尖和杭州、江苏常熟等地疗休养。在集团公司工会、团委和开发总公司的支持下，开展敬老一条龙服务4次，有生卤菜和花卉展销、修鞋、磨刀、保健咨询、修小家电、理发等项目，营造尊老、爱老、敬老、助老的氛围。 (陈 娟)

【老有所教老有所学】 2月13日，老干部大学校长关壮民在映晖楼主持召开了第十一次校务委员会会议。会上，关壮民进一步明确了老干部大学的办学方针：各方支持，因地、因势、因事制宜，协调解决办学中的问题。全年学校开办18个专业，46个班，学员2000余人次。摄影、广场舞、交谊舞、钢琴、英语、太极拳等因参加者踊跃，都开设了2个班。6月，宝钢老年大学与上海冶金、梅山三所老干部大学在宝钢共同举办了“三校庆祝建党80周年书画、摄影展”。10月，集团公司批准增建一幢教学楼。12月,电脑班在有关部门支持下调试完毕并进行了试开班工作。在完成课堂教学同时,组织摄影班、花鸟班、山水画班外出采风写生;老年大学与梅山老年大学进行了书画、摄影作品交流。11月,老年书画社由老干部大学名誉校长朱尔沛等老领导率领赴广西与广西老年书画研究会进行书画、摄影作品交流活动。

（陈 娟）

【老有所为】 宝钢咨询委员会有委员24人。10月,咨询委员会委员寒力等20位老领导赴宁波参观考察了宝钢马迹山港口建设。

长寿工业服务公司（简称长寿公司）独资的子公司有长寿机械厂、长寿加工厂、货运所、盛寿经营部、长翔仓储公司等。在钢材市场持续疲软情况下,公司开展了降本增效活动,坚持在“创业”、“创新”、“发展”、“服务”8个字上狠下功夫,经济效益连续10年递增。2001年,提供给宝钢离退休职工的生活补贴达435万元,比2000年增长1.2%。3月,被上海市退管会评为“上海市退管系统百佳特色企业”和“上海市退管系统三项指标评比优胜单位”。12月,关壮民书记亲自主持召开了长寿公司汇报会,赵昆副总经理及有关单位部门领导参加。

宝林、友谊、月浦三个报刊投递站中,78名老年投递员全年发送《解放日报》、《文汇报》、《劳动报》、《宝钢日报》10206156份;同时,收订各类报纸34103份。年初,有7名年满65周岁和体质较差的老年人辞去了这份工作,并将愿意担任这份社会公益性工作的人员充实到老年投递员队伍中来。

（陈 娟）

【关心下一代协会工作】 配合宝钢工业学校开展庆祝建党80周年、“九·一八”70周年纪念活动,给入党积极分子上党课,388人次学生受到了教育;老同志与学生代表参加了上海市老干部局举行的“三颂”(歌颂党、社会主义、改革开放)忘年交演讲比赛,获第四名和单项创作奖。肖维新会长参加上海市中小学生“爱我中华、振兴中华”2001年读本编辑工作,并推荐宝钢两份材料入选,此书已出版发行。离休干部黄俊结合从军14年的战斗生活,写出了5200多字的讲稿,分别在盘古路小学、月浦三小、七色花幼儿园大班给1520多名师生上爱国主义教育课。科技组老同志受公司团委的委托,和其他同志一起从上报的360多篇青年优秀论文中评出获奖论文116篇。月老组面对宝钢大龄青年减少、且要求条件高的情况,仍热情工作,成功介绍98对,领结婚证8对,挂钩登记121人。其事迹被上海东方人民广播电台“常青树”栏目制作了一档“甜蜜的事业”节目,并以现场采访形式作了广播。帮教组老同志多次去监狱、少管所和灵石学校对16名被帮教对象进行感化“顽石”活动。由关协牵头,将团结路小学更新下来的课桌椅120多件,盘古路幼儿园更新下来的风琴、油印机、收录机、桌椅、箱柜约80件、10多纸箱玩具和160多条垫被,共装了满满四卡车送往大别山革命老区来沪打工子弟学校。根据宝山区少年宫反映,“钢城游乐园”中的宝钢总厂模型图片陈旧老化,关协专题报告给股份公司党委书记欧阳英鹏,不久,股份公司党委指示有关部门进行改造,运用现代化手段制作了新型的宝钢股份公司模型图片,成为向宝山区少年儿童宣传宝钢的新窗口。 （陈 娟）

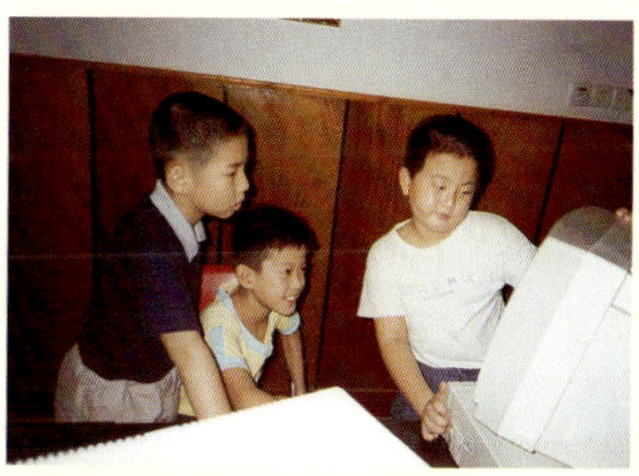

举办暑托班,帮助孩子们学习计算机操作

【老有所乐】 宝钢老年艺术团更名为“宝钢淞涛艺术团”。艺术团择优录取新团员21名,25名超龄老团员光荣离团。全年参加上海市委老干部局、市退管会和社区的各种形式的文艺演出26场。1月16日,宝钢淞涛艺术团与金山石化公司常青艺术团在宝钢影剧院举办的欢乐中国年——宝钢离退休职工2001年春节联欢会上联袂演出了文艺节目,股份公司党委书记欧阳英鹏致贺词,集团公司工会主席卞恩君等领导出席联欢会。5月,淞涛艺术团与来宝钢的福建泉州市“夕阳红艺术团”联欢,市老干部活动中心副主任关建出席。在上海市退休职工庆祝建党80周年戏曲比赛中,越剧表演唱《唱支山歌给党听》、京歌《没

宝钢第四届老年人运动会门球比赛

有共产党就没有新中国》、评弹表演唱《党的光辉照浦江》均获一等奖。9月26～27日，赴南京与梅山钢铁有限公司"长青艺术团"同台演出文艺节目，庆祝中华人民共和国成立52周年。11月2日，淞涛艺术团97名老同志在"东方绿舟"上海青少年校外活动基地，参加第三届中国上海国际艺术节开幕庆典中外艺术家与上海市民大型游园联欢活动——来自宝山的问候，代表宝山区展示了宝山人民的精神风采。12月29日，淞涛艺术团与上海化工老干部歌舞团在映晖楼(宝钢老年活动中心)举行了联欢交流活动。

7月，老年体协进行了换届工作，组成了新的老年体协。乒乓球队获得上海市老年乒乓球赛女子团体第五名、个人第二名；在全市老年人太极拳、剑邀请赛上，拳操队夺得男子太极剑个人第一名、女子太极剑个人第二名；桥牌协会形成了自我管理制度，每周五有12桌牌友在映晖楼参加打桥牌。11月7日，门球队与韩国南海郡门球联合会在宝钢老干部活动室门球场举行了第二届中韩民间门球联谊赛，增进了中韩两国老年人之间的交往和友谊，发展了门球文化。12月，在宝钢老干部活动室门球场举办了"宝钢杯"上海市工业系统老干部门球友谊赛，近百名来自上海各系统的老同志参加了比赛。在重大喜庆活动中腰鼓队员的身影总是耀眼夺目。12月，增加10名男腰鼓队员。

5月17日，宝钢第四届老年人运动会与上海宝钢集团公司第五届职工运动会同时在宝钢体育馆开幕。1040名(1894人次)，参加了门球、桌球、乒乓球、篮球投篮、象棋、跳棋、桥牌、扑克40分、麻将、休闲舞、体育舞蹈、太极拳、练功十八法、飞标、钓鱼等16个

老年体协组织第二届
中韩民间门球比赛

项目、18个单项、5个团体项目的比赛。运动会组委会根据老同志的特点，对运动会的总则和每个竞赛项目规划进行了重新研究和审定。采用了初赛、复赛在老干部活动室、开发总公司职工俱乐部、老年活动中心、银发活动室、胶州路活动室等分赛场进行，决赛在主赛场进行的比赛方法，吸引了众多老同志就近参加比赛。运动会历时4个多月，达到了"重在参与、增进友谊、联络感情、切磋技艺、丰富生活、科学健身"的目的。9月25日，"庆国庆暨第四届老年人运动会闭幕式"在宝钢影剧院举行，尹灏、赵昆、莫臻等领导向225名获奖运动员颁发了奖状。10月25日，在开发总公司小体育馆举行了"宝钢离退休职工庆祝上海市第14个敬老日拳操会演"，450名老同志参加。（陈　娟）

老干部二处

【概况】 老干部二处是上海宝钢集团公司党委分管老干部工作的职能部门之一，定员3人。负责指导、协调一钢、浦钢、五钢等子公司536名离休干部，176名退休厂级干部和原冶金局机关242名离退休人员的管理服务工作。

2001年，按照江泽民总书记"三个代表"重要思想的要求，精心开展建党80周年系列活动，认真组织学习"七一"讲话，强化指导协调作用，发挥管理服务功能，依靠基层党组织和离休干部党支部，落实两个待遇，从政治上、生活上关心好老干部。深入基层保持密切联系，及时掌握各单位老干部工作动态，当好领导的参谋。发挥冶金老干部活动中心的阵地作用，组织开展好各种融思想性、娱乐性于一体的多项活动，发扬政治理论班的特色和优势，坚持办好老干部大学。弘扬老干部光荣革命传统，营造老干部工作良好氛围，使各项工作得到更好落

冶金老干部活动中心

实。

“七一”前夕，老干部二处被市委组织部、市委老干部局评为“上海市老干部工作先进集体”，冶金老干部活动中心主任包裕第被评为“上海市老干部工作先进个人”。（周庚寅）

冶金老干部庆祝建党80周年演唱会

【开展建党80周年系列活动】 依靠老干部大学，开展党史教育活动，举办了4讲、8次党史讲座，参加人数达600人次。

按照宝钢党工委要求组织开展《辉煌的历程》征文活动，有12个单位、90位老同志撰写了100多篇回忆文章，其中57篇文章编入《辉煌的历程》一书。

根据市委有关部门的部署，开展“弘扬先进，再作贡献”的评选表彰活动，一钢公司离退休党总支被评为“上海市离休干部先进集体”，刘淑华、裘源懋被评为“上海市离休干部先进个人”；老干部在社会主义两个文明建设中的先进事迹被广为传诵后，进一步涌现出“关心社区关爱失学儿童”的先进人物和先进事迹，裘源懋在表彰后制订了新的资助失学儿童计划，并办理了遗体捐献手续。

编印《墨海情深》书法作品集，32位老干部大学书法班学员共51幅作品收编入集，表达了广大老同志对党的挚爱之情。

组织老同志参加中组部、党建研究会等单位举办的“党史知识竞赛”活动，有350位老同志参加了答题竞赛活动。

举办冶金老干部摄影展，从送展的100多幅照片中精选50幅优秀作品，歌颂伟大的党，歌颂改革开放巨大成就，从一个侧面反映了老干部热爱党、热爱生活的精神风貌。

举行学习“七一”讲话活动，离休党支部书记和老干部工作者30多人参加了这一活动；成立了老干部理论学习小组，充分发挥小组成员在学习中的导向作用和老干部思想政治建设的参谋作用。

举行“庆祝建党80周年冶金老干部歌曲演唱会”，160多位老同志登台演出，载歌载舞，用不同形式祝贺党的80华诞。

召开纪念建党80周年座谈会，歌颂党的光辉历史，表达了老同志继续为党的改革开放再作贡献的坚定信念。（周庚寅）

【生活上关心照顾老同志】 按照沪医保文件精神，为536名离休干部办理调换新的“离休干部就医凭证”卡，扩大了老干部定点医院的选择范围。按照沪委老文件精神，为490名离休干部提取社区高龄养老专项经费9.8万元，积极推进社区高龄养老工作。坚持走访制度，除陪同集团公司领导走访慰问老局级、老红军外，全年走访慰问老同志700余人次。开展老干部健康状况和特殊用药情况的面上调查，为领导决策提供依据，对贡献大、有特殊困难的老干部，主动做好关心工作，坚持特事特办。一钢、浦钢、五钢等子公司全年向离休干部发放非固定生活补贴金额64.96万元；补助遗属金额6.7万元；改善和解决老干部住房困难6户，增加面积135.1平方米，货币补贴10.3万元。7个企业设立了老干部基金，金额达359.55万元。用于解决离休干部的特殊用药金额18.15万元。在指导、协调“三个一点”的关心措施中，对于少数困难企业，依靠市委老干部局的帮困经费直接资助2.43万元，解决了9人次的特殊用药。做好破产企业老干部的安置协调工作，新沪公司、三冷厂两个破产企业19名离休干部在集团领导和有关部门支持下，已在年内得到妥善安置，老干部经费也已落实到位。（周庚寅）

【原冶金局机关离退休人员管理工作】 现有离退休人员242名。坚持做好两年一度的民主评议党员工作，除生病、出国外，176名离退休党员参加了评议，评选出10名“好党员”，1名“好书记”，受到宝钢离退休党工委表彰。开展了十六大代表提名推荐工作。三个离退休党支部按时进行了换届改选。组织开展“老有所为、老有所乐”交流活动，展现了机关离退休老同志“调整心态、转变角色、直面人生、乐在其中”的精神面貌。全年走访老劳模、老高工、生病住院的离退休老同志及离休干部遗属共150人次。生活上主动关心，发放各类非固定生活补贴119.35万元。对特殊困难的老同志给予特殊帮助，补助金额达5万元，其中，解决特殊用药金额2.98万元。为160位处以下离退休人员进行了体检。上海市公费医疗改革正式启动后，按照市退休职工互助保障计划精神，及时为机关179名退休人员办理了此项手续，至年底有10名退休人员得到理赔。同时根据文件规定，做好原机关退休人员参照公务员实行医疗补助工作，有16人次得到补助，补助金额达1.14万元。（周庚寅）

【满腔热情做好老干部工作】 根据市委老干部局有关精神，开展离休干部党支部建设抽样调查，对一钢、浦钢、五钢等子公司离休干部党支部建设从思想上、组织上、作风上三个方面进行调研分析，并就贯彻中组部《关于加强离退休干部党支部建设的意见》的落实情况、做好老干部思想政治工作的经验、探索离休干部党支部活动形式等方面进行总结和归纳；提出进一步加强离休干部党支部建设的意见建议，促进了基层离休干部党支部的自身建设。坚持离休干部党支部书记例会制度，及时传达上级有关部门精神，布置开展老干部思想政治工作要求，听取基层老干部工作情况反映，研究问题，依靠离休干部党支部书记的队伍，发挥其不可替代的作用。坚持老干部工作者例会制度，组织专（兼）职干部认真学习"三个代表"重要思想，进一步树立全心全意为老干部服务的观念；学习有关政策和业务知识，促进自身素质的提高，全面提升老干部工作水准。深化"重建设、勤服务、会管理"主题活动，从"反应快、质量高、效果好、工作实、创意新"等几个方面推进讲评和考核工作，内强素质，外塑形象，加强自身队伍建设，顺应改革发展形势，努力开创老干部工作新局面。维护改革发展稳定的大局，认真耐心细致地做好来信来访接待处理工作。全年处理来信27封，接待来访24人次，本着实事求是原则，妥善解决他们的问题，疏导思想，化解矛盾，做好稳定工作。（周庚寅）

【坚持办好老干部大学】 开设政治、保健、声乐、书法、舞蹈、钢琴、通用英语100句等课程7个专业9个班；开办了青松操培训班，全年在学老干部达659人次。按照市老干部大学系统工作会议"老干部大学不仅要扩大学员数量，而且要提高办学质量"的精神，春季政治理论班课程重点结合建党80周年开展党史教育，秋季政治理论班课程重点围绕"七一"讲话进行学习辅导，全年安排了16讲32次辅导讲座。通过一系列教学活动，广大老同志将政治理论班作为"政治坚定、思想常新、理想永存"的重要课堂。在具体教学活动中还与市有关部门举办"老干部看上海"主题教育系列活动有机结合起来，组织学员参观考察民营企业，帮助老同志增加感性认识，更好地学习和领会江总书记"七一"讲话精神。（周庚寅）

【老干部活动中心活动经常化】 上海冶金老干部活动中心开展丰富多彩的经常化活动，2001年积极组织和配合开展建党80周年系列活动；举办冶金老干部第四届闹元宵游园活动，200多名老同志参加了猜谜、射击、投篮、飞镖等娱乐项目，共度佳节；响应市老干部活动中心提出的开展上海市老干部健身月活动的号召，举行"宝钢集团上海冶金老干部欢度敬老节暨健身运动展示会"，显示了"生命在于运动"的真谛；推荐冶建公司老干部自办的《爱国主义教育基地纪念门票展》，送至市老干部活动中心二楼展示厅展出，受到众多老同志的欢迎；精心挑选冶金老干部摄影展中20幅摄影作品，制作成四块展板分别参加市老干部大学书画摄影作品展和市工业党委老干部大学摄影作品展；选送30幅摄影作品和34幅书法作品参加了宝钢、冶金、梅山老干部大学三校联展；组织原冶金局机关离退休人员56人参加宝钢离退休党工委举办的"红五月歌会"；组队参加宝钢第四届老年人运动会，有120人次参加12个项目比赛，荣获围棋个人第1名，象棋、门球团体第3名；组队参加市老干部活动中心和市工业系统老干部活动中心分别组织的"吉祥杯"国际标准舞比赛及门球、桥牌比赛，这些活动进一步丰富了老干部的离休生活，交流了技艺，增进了友谊，锻炼了身体。（周庚寅）

民主党派组织

MINZHUDANGPAIZUZHI

民主党派组织

【概况】 上海宝钢集团公司有中国国民党革命委员会宝钢支部（以下简称民革宝钢支部）；中国民主同盟宝钢总支部（以下简称民盟宝钢总支），中国民主同盟上海钢研所支部（以下简称民盟钢研所支部）；中国民主建国会上海宝钢工作委员会（以下简称民建宝钢工委会），下辖民建宝钢、梅山、一钢、二钢、五钢、十钢、浦钢、综合、申新等9个支部；中国民主促进会宝钢支部（以下简称民进宝钢支部），中国民主促进会上海市梅山直属支部（以下简称民进梅山支部），中国民主促进会宝钢冶金支部（以下简称民进冶金支部）；中国农工民主党宝钢支部（以下简称农工宝钢支部）；九三学社宝钢支社（以下简称九三宝钢支社），九三学社上海冶金支社（以下简称九三冶金支社），九三学社上海钢研所支社（以下简称九三钢研所支社），九三学社上海市梅山直属支社（以下简称九三梅山支社）；以及致公党（5人），台盟（1人），因成员少未成立组织，宝钢共有8个民主党派21个基层组织，成员557人（不含编入地区党派基层组织的成员）。

2001年，各民主党派组织认真学习江泽民总书记"七一"重要讲话，宣传落实全国统战工作会议精神，结合中国共产党建党80周年，举办各种形式的庆祝纪念活动，通过组织参观中共党史教育展，回顾与共产党风雨同舟的历程，畅谈改革开放巨大成就，表达对党的敬仰之情。在天安门广场发生"法轮功"痴迷者自焚等事件后，各民主党派积极组织收看中央台"邪教本质，残害生命"的专题报道，并组织讨论，揭露"法轮功"反人类、反社会、反科学的邪恶本质，旗帜鲜明地给予强烈谴责，并自觉与共产党保持一致。在参政议政、参与宝钢民主管理和民主监督中发挥了积极的作用，民建宝钢工委会、民革宝钢支部成员马鄂云、九三冶金支社主委叶舜发被上海市委统战部分别授予上海市统战系统为两个文明建设服务先进集体和个人。

（张惠明）

【民革宝钢支部】 民革宝钢支部隶属民革宝山区委领导。现有党员18人，发展对象1人。平均年龄48.3岁，具有高级职称者8人，中级职称8人。第三届支部委员会由2000年12月5日换届选举产生，支部委员会由庄铁、娄家葆、陶慧敏、李皓、姜良玉等5人组成。庄铁任主任委员，娄家葆任副主任委员。支部现有政协九届上海市委员1名，民革宝山区委员会委员1名。

民革宝钢支部全体党员认真学习和贯彻江泽民总书记"七一"重要讲话，努力加强支部自身建设，提高党员政治思想素质，两次开展与民革上海市先进基层组织五角场支部的互访交流，通过相互取长补短，促进了支部的组织建设和思想建设。结合纪念中国共产党成立80周年，组织党员参观由上海市委宣传部举办的党史教育展，增强党员坚定跟共产党走，做中共挚友的信念。针对日本首相小泉纯一郎不顾亚洲国家人民的强烈反对，一意孤行参拜"靖国神社"的行为，组织党员参观"淞沪抗战纪念馆"，用当年上海军民英勇抗击日军侵略的斗争历史，教育党员勿忘国耻，并为增强国力努力做好本职工作。根据股份公司上市后面临的严峻形势，3月，响应宝钢股份公司组织处的号召，在全体党员中开展了"适应新形势、完善新机制"的献计献策活动，广大党员从大局出发，集思广益，实现了人均建议1条，有些建议得到了上层领导的重视并落实。9月份，民革中央宣传部来上海调研工作，在三区（闸北、杨浦、宝山）联合调研会上，民革宝钢支部就民主党派如何在企业和社会开展各项工作作了汇报，得到上级领导的重视并作为基层组织的一个典型，会后按要求整理上报了书面材料。

在市、区召开的"两会"期间共递交提案并立案13项，受到市政协的好评。宝钢金属学会秘书长，党员马鄂云为"宝钢—中钢"历次科技交流活动的成功勤奋工作，被中国金属学会第七届全国会员代表大会授予"1997～2001年全国优秀学会工作者"，荣获

"上海市电力系统优秀特约监督员",其事迹被刊登在《团结报》和《人民日报》海外版上;党员曹爱红被编入《中国专家名人辞典》第十卷;王琦被评为股份公司"无损探伤专业带头人";陶慧明《剖析汉森减速器为国产化提供依据》在"第六届压力加工设备学术研讨会"上发表;张立亮参与的《高炉长寿风口研制》获股份公司重大科技进步三等奖。(庄 铁)

【民盟宝钢总支】 民盟宝钢总支隶属民盟上海市委直接领导。现有盟员55人,平均年龄58.6岁,具有高级职称者35人,中级职称20人。第六届总支委员会由2000年4月换届选举产生,总支委员会由温大威、朱齐、王伟民、张社英、徐梅红、许健等组成。温大威任主任委员,朱齐、王伟民任副主任委员。总支现有民盟上海市委员会委员1人,宝山区第四届人大代表、政协委员各1人。

年内,民盟宝钢总支组织盟员认真学习江泽民总书记"七一"重要讲话精神,坚持以"三个代表"思想为指导,抓好盟务建设,提高盟员的素质。针对天安门广场发生的"法轮功"痴迷者自焚事件,组织盟员收看中央电视台"邪教本质,残害生命"的专题报导,并用血淋淋的事实进一步揭露"法轮功"反人类、反社会、反科学的邪恶本质,盟员们对"法轮功"邪教灭绝人性,预谋制造惨剧的行为表示了极大的愤慨和痛恨,并表示要做崇尚科学的实践者、社会稳定的带头人。5、6月,结合纪念中国民主同盟成立60周年,先后组织各分支部观看了民盟上海市委制作的电视教育片《风雨同舟肝胆情》,重温中国民主同盟在长期革命斗争中与中国共产党互相支持,并肩战斗的光荣历史,使盟员再一次受到民盟的优良传统的教育。迎接中国共产党建党80周年,先后出席民盟上海市委和公司统战部召开的座谈会,组织盟员学习江泽民"七一"重要讲话、《人民日报》庆祝中国共产党成立80周年社论《光荣属于中国共产党和中国人民》及中共十五届六中全会做出的《关于加强和改进党的作风建设的决定》等材料。根据集团公司"三讲"教育活动的要求,发挥参政党作用,组织部分盟员参加"三讲"活动,结合实际查摆问题并提出整改建议。退休盟员江宗俊,人退心不退,继续关心国家,关心社会,2001年在《联合时报》、《宝钢日报》、《宝钢文艺》等报刊上发表文章15篇,焕发了青春,丰富了生活。

2001年,先后有3位盟员被公司分别派往美国、日本、德国学习、考察和交流。 (温大威)

【民盟钢研所支部】 民盟钢研所支部隶属民盟宝山区委领导。现有盟员12人,其中,教授级高级工程师2人、高级工程师3人、工程师7人。支部委员会由王承忠、金伟、黄芸3人组成,王承忠任主任委员。

年内,民盟钢研所支部以注重理论学习,加强自身建设为突破口,紧跟时代步伐,组织盟员对江泽民总书记的"三个代表"重要思想和理论进行了认真系统的学习,并结合形势学习中央盟讯、上海盟讯和中共上海市委宣传部刊登、印发的有关学习内容,以提高盟员的思想政治觉悟,自觉地在行动上立足本职工作,积极参加集团公司统战部组织的"同舟共济"主题活动和钢研所党委统战部开展的各项为生产经营服务的活动,以支部盟员为课题负责人的许多科研成果,解决了很多生产工艺问题和检测技术难题。在参政议政方面,支部盟员积极发挥特长,提案建议上报率继续保持100%。列席钢研所召开的党代会、职代会、工代会和集团公司经济形势通报座谈会及宝山区统战会议,积极献计献策,为钢研所、集团公司及宝山区的发展作出了贡献。在扶贫帮困,奉献爱心的活动中,全体盟员带头积极响应,并踊跃参加,树立了良好的民盟形象。 (金 伟)

【民建宝钢工委会】 民建宝钢工委会隶属民建上海市委领导。下属民建宝钢、一钢、二钢、浦钢、五钢、十钢、梅山、综合、机关申新等9个支部和1个小组,现有会员200人,其中,硕士8人、大学本科76人、大专88人,其他28人。具有高级职称者64人、中级职称105人,其他31人。主任委员张立仁,副主任委员郑亚萍、束颖诚、张立红。现有民建中央委员1人、民建上海市常委1人、民建上海市委委员2人、民建宝山区委主委1人、上海市九届政协委员2人、宝山区第四届政协委员2人、宝山区第四届人大代表1人、浦东新区一届政协委员1人。

2001年，民建宝钢工委会根据民建市委换届工作的意见，对工委会领导班子进行了部分调整，使工委会委员的平均年龄得以降低，在职委员的人数得到增加，委员的职级也得到提高，并实现全年新会员发展率7%，在民建市委各级组织中名列前茅。2月，民建宝钢工委会被评为“上海市统一战线为两个文明建设服务先进集体”；6月，获上海市工业党委“同舟共济”组织奖称号，树立了民建组织和民建会员的良好声誉。

年内，民建宝钢工委会注重思想建设，坚持每月召开一次工委会扩大会议，学习党中央和民建的有关文件精神，并通过“走出去，请进来”的方式学习先进区委会、工委会的经验，不断提高全体会员的自身素质。结合中共十五届六中全会精神的学习，工委会举办会员学习班，邀请集团公司统战部和民建市委领导作辅导报告，取得了实效，9月，召开表彰会，对2个先进集体支部和20名先进会员进行了表彰，为全体民建会员树立了榜样。民建宝钢工委会注重凝聚力工程建设，根据民建市委关于建立两级帮困基金的建议，2月，开始筹建《民建宝钢帮困基金》，现已募得基金30440元，其中，民建会员个人捐款138人次计10440元，认捐率69%。9月起，已有16人次因患病或家庭发生困难的民建会员获得帮助，机关申新支部坚持三年对下岗工人潘阿妹家庭进行帮困助学，五钢支部会员顾士英全家义养残疾孤儿等事迹已在社会上广为流传，塑造了民建会员的良好形象。在参政议政方面，民建宝钢工委会发动全体会员收集社情民意、积极献计献策，2001年经工委会政协委员和人大代表在“两会”期间共向政府有关部门提交提案、议案18件，并得到重视，履行了民主党派的职能。(周以华)

【民进宝钢支部】 民进宝钢支部隶属民进宝山区委领导。共有会员22人，平均年龄49岁，其中具有高级职称的会员19人，中级职称会员3人。主任委员：凌索菲，副主任委员：姜伟忠，委员：贾公伟，冯莲芹。现有宝山区第四届政协委员1人，民进宝山区委委员1人，宝山区党风监督员1人。

2001年，民进宝钢支部奉行“坚持四项基本原则，坚持改革开放”的基本国策，各会员立足本职工作，充分发挥参政党的作用，积极参政议政，为宝钢和宝山区的两个文明建设作贡献。“两会”期间，民进宝钢支部共提交提案与议案20余项，内容从宝钢和宝山区的经济建设、社会发展到居民的日常生活各个方面，其中涉及宝山区发展规划的“关于宝山区工业园区突出重点”的提案、“进一步落实一业特强，多业并存”的提案、“地区经济发展战略应为‘9+1’工程形成合力”、“探索宝山地区经济发展战略的思考”等提案已被宝山区规划局采纳；针对上海大学将新校区设在宝山，提出了“加强产学结合，发挥学子聪明才智”；从保护环境，维护居民身心健康的角度出发，提出了“治理吴淞地区污染，接受群众监督”、“回收旧电池”、“消除马路早点摊”等提案并大部分已获采纳，获得了有关方面的好评。

民进宝钢支部重视加强基层组织建设，3月召开了支部大会，传达了区人大与政协的有关会议精神；为加深对改革开放的感性认识，支部还组织全体会员参观了金茂大厦和上海城市规划展示馆，亲身体验了上海在改革开放以来“沧海桑田”般的变化。

(姜伟忠)

【民进梅山支部】 民进梅山支部隶属民进上海市委领导。现有成员34人，其中，在职10人，离退休24人。大专以上文化程度25人，中级以上职称30人。第四届支部委员会由2000年11月10日换届选举产生，现任支部主委王鼎辉。

年内，民进梅山支部结合梅山实际，立足岗位，参与企业民主管理和民主监督，与中共党组织“风雨同舟、肝胆相照、荣辱与共”。针对企业改革中职工出现的思想问题，及时收集和听取职工的反映，在对有关问题进行调查研究的基础上，通过一定形式或渠道向公司党委反映职工呼声，为公司的两个文明建设建言献策。并组织会员参加公司统战部组织的以“爱梅山、献良策、作贡献”为主题的“同舟共济”活动，充分利用各会员的知识和专业优势，发挥各成员在改革、发展和创新中的作用。5月，梅山热轧厂进行全线大修，由民进会员主持大修方案的制定及技术改造费的预决算，为企业节约资金近百万元。由民进会员主持的炼钢连铸机技改项目，也顺利通过论证，为今后生产奠定了良好的基础。同时，支部会员为提高梅山普教效率和质量，还独立设计完成梅山普教计算机网络操作系统，对提高教学效率和质量都产生了显著的效果。

（王鼎辉）

【民进冶金支部】 民进冶金支部隶属民进上海市委领导。现有会员24人，其中，硕士1人，大学本科11人，大专6人。有高级职称者6人，中级职称12人。成员来自宝钢设备检测公司、五钢公司、浦钢公司、二钢公司、十钢公司、新沪钢厂、工艺所及梅山公司等企业。现任支部委员会由吴海华、黄玉鹏、庄丽3人组成，吴海华任主任委员。

2001年，民进冶金支部坚持以加强政治学习，巩固组织建设来开展支部工作，要求会员牢固树立辩证唯物主义的世界观，全心全意为人民服务的人生观和历史唯物主义的价值观。组织会员认真学习中共十五届五中、六中全会和全国统战工作会议精神；学习江泽民总书记"七一"讲话精神和"三个代表"思想的重要论述。在工作中履行应尽的职能，加强自身建设，为宝钢建设做好本职工作。在参政议政、参与企业民主管理和民主监督方面，积极参加民进市委的两会提案座谈会，结合民进冶金支部的实践和感受，提出建设性的意见和建议，并做到到位而不越位，发挥了桥梁和纽带的作用。结合宝钢改革发展的实际，号召会员积极参与本企业统战部门组织开展的各项"同舟共济"活动和扶贫帮困献爱心等活动，树立了民进会员的良好形象。 （吴海华）

【农工宝钢支部】 农工宝钢支部隶属农工宝山区委领导。农工宝钢支部共有党员35人，联系对象1人。其中，在职11人，退休24人。支部委员会由张霄羽、庄祥弟、徐玉林等3人组成，张霄羽任主任委员。现有宝山区第四届政协委员1人，农工宝山区委员会委员1人。

2001年，农工宝钢支部围绕农工市委"三好"的要求和农工区委有关基层支部规范化建设的要求，加强支部自身建设，抓好理论学习，把组织党员学习邓小平理论，学习中共党的方针、政策作为每月一次组织生活的重要内容。结合学习贯彻全国、市统战工作会议精神，组织党员参加"全国统一战线知识竞赛"活动。结合纪念中共建党80周年，组织党员认真学习江泽民总书记"七一"重要讲话，深刻理解"三个代表"思想的科学内涵，帮助全体党员牢固树立起正确的世界观、人生观和价值观。一年来，农工宝钢支部积极参加社区共建活动和凝聚力工程建设，发挥党员中医务界人士多的优势，利用业余时间组织参加各类医疗咨询和社区精神文明的建设活动，并与宝钢四村居委会签定了小区共建协议。支部"企业技术创新理念"一文，于11月19日在宝山区举办的"2001年宝山科技论坛"会上发表。（张霄羽）

【九三宝钢支社】 九三宝钢支社隶属九三宝山区委领导。共有社员32人，其中，具有高级职称的29人，中级职称的3人。主任委员：王亚雯，副主任委员：龚根生。现有九三宝山区委员会名誉主委1人，九三宝山区委员会委员2人。

年内，九三宝钢支社带领全体社员认真学习统一战线理论，深刻领会江泽民总书记的"七一"讲话精神，加强自身素质建设，立足本职工作，积极参与民主管理和民主监督，在宝山和宝钢的两个文明建设中发挥积极作用。结合把宝钢建成全球最具竞争力的钢铁企业的实际，响应集团公司统战部的号召，组织社员投入为企业生产经营服务的"同舟共济"主题活动，为宝钢的发展出谋划策，社员江来珠全身心地投入到多项高科技科研项目中，《微合金化调质塑料模具钢的研制》、《宽厚板产品的预研究》等，为宝钢的生产和多元化发展及宝山的钢铁延伸业的发展贡献了自己的智慧和力量。支社在宝山区"两会"期间提出的"关于利用宝山新村架空层为社区居民服务"的提案，被政府部门采纳并逐步得到落实，部分已用作图书阅览室、老年活动室等等，丰富了新村居民的业余文化生活。 （王亚雯）

【九三冶金支社】 九三冶金支社隶属九三上海市委领导。共有社员47人，其中，教授级高级工程师10人，高级工程师25人，主任医师1人，副主任医师3人，中级职称8人，博士1人，硕士2人。社员平均年龄61岁。主任委员叶舜发，副主任委员俞国安，委员陈锦目、张奚东、鲍忠豪。现有九三上海市常委1人，九三上海市委委员1人，九三上海市科技工作委员会副主任1人，上海市府参事1人，上海市人大代表1人，黄浦区政协委员1人。

年内，九三冶金支社坚持“科技是第一生产力”、“科教兴国”的方针，履行参政党基层组织的职能，为祖国的冶金工业作贡献。广大社员在积极参与本企业民主管理和民主监督的同时，积极参政议政，在市、区召开的“两会”期间，递交了很多高质量的提案和建议，“关于加快实现老年福利社会化的建议”，得到冯国勤副市长的肯定并批示：“此建议对规划部署本市老年工作十分有益”。“关于进一步发展本市私营企业的意见”，“关于治理交通污染推动上海都市经济可持续发展的建议”，分别得到了陈良宇常务副市长和韩正副市长的批示。“重大项目可行性研究的同时要进行不可行性研究的建议”曾在《联合时报》头版刊登。此外，还积极响应九三中央关于向贫困地区捐助物资活动的号召，组织社员捐款捐物，以实际行动表达了对西部贫困地区人民的情意。 （叶舜发）

【九三钢研所支社】 九三钢研所支社隶属九三宝山区委领导。共有社员51人，其中在职9人，退休42人。1月17日换届选举产生新的一届委员会，由黄钢祥、翁文达、丁月丽、张忠民、施汉民等5人组成，平均年龄38.4岁，黄钢祥任主任委员，翁文达任副主任委员。现有九三宝山区委员会委员2人，政协宝山区第四届委员会委员1人，宝山区街道特约监督员1人，宝钢集团公司党风廉政特约监督员1人。

年内，九三钢研所支社坚持把加强自身建设的重要性放在首位，积极参加各种学习报告会，坚持自学和研讨相结合，通过学习，使社员更加明确高举邓小平理论伟大旗帜和坚持中国共产党领导的多党合作制度的历史意义，坚定了走有中国特色社会主义道路的信念。自觉履行参政议政职能并从实际出发，广泛深入地研究社情民意，在宝山区四届政协会议期间，先后递交了10余条提案，“关于逸仙路高架道路与吴淞大桥之间畅通问题”、“爱晖路高压线还绿问题”、“小区垃圾箱搬迁到小区之外”等提案得到了区有关承办单位的肯定和采纳，为宝山区的两个文明协调发展作出了贡献。 （黄钢祥）

【九三梅山支社】 九三梅山支社隶属九三上海市委领导。共有社员21人，其中在职14人，退休17人，平均年龄46.5岁。10月30日进行换届改选，李丽英、李岩、张晓平当选为支社新的一届委员会委员，李丽英任主任委员，李岩任副主任委员。

年内，九三梅山支社注重社员政治思想素质的提高，加强对社员的组织观念教育，经常组织社员学习时事政治，学习九三学社社史并为社员购买了“九三学社简史”，订阅九三学社中央刊物《民主与科学》，参观新四军驻地遗址及组织观看台情录象，参加揭批“法轮功”等活动，对社员进行生动的爱国主义教育，并将爱国热情带到工作岗位上，发挥九三科技人才集中、多数社员是本单位的技术骨干和学科带头人的优势，积极参政议政，参与企业的民主管理和民主监督。通过情况通报会、党代会、职代会等形式，反映民意，献计献策。在九三市委号召向福建省南平受灾地区捐款捐物的活动中，全体社员积极参与，共捐款400多元，得到九三市委领导的肯定。此外还再次参与了社区和单位组织的支援云南贫困山区希望小学的捐资助学活动，在社会上树立了良好的形象。

（李丽英）

群众团体

QUNZONGTUANTI

群众团体

工会组织

【概况】 上海宝钢集团公司工会管辖子公司、直属工会26个，有职工131057人，会员126596人，其中，女会员28549人。工作机构设组织民管部、生产劳保部、生活保障部、宣教女工部、办公室。2001年，集团公司工会提出“重调研、重落实、重实干、重实效”的工作总体要求，围绕党政中心工作，进一步突出和履行维护职能，充分发挥了工会组织的独特作用。一是职工群众完成生产经营任务的积极性、创造性得到调动激励，群众性“经济技术创新工程”取得阶段性成果。各级工会开展的“对标”、节能增效竞赛为集团公司2001年实现利润增长14%作出了贡献；股份公司韩明明获市“十大工人发明家”称号；集团职工取得创新成果8533项；集团公司获全国“五一”劳动奖状。二是扎实推进“职工素质工程”，全面提升职工队伍思想道德、文化技能素质。各级工会深入开展“争创智能型班组，争做智能型职工”活动；宝钢股份、一钢公司荣获市“学习型企业创建奖”；集团公司工会召开班组建设暨“职工素质工程”推进大会，出资100万元，设立“职工素质工程”基金；45名女职工被评为技术能手，女职工参加双增双节项目696个，创经济效益3039.4万元；776名女职工获3张技能证书；集团公司第五届职工运动会成功举办；集团公司被评为1996～2000年度全国群众体育先进集体，获1999～2000年度上海市群众文化奖。三是进一步推进全心全意依靠职工办企业，深化厂务公开工作取得明显成效。各级工会努力推进职代会五项职权的落实，在产业产品结构调整、减员分流的过程中，加强协调劳动关系；集团公司召开深化厂务公开工作会议，出台“关于深化厂务公开的若干意见”；一钢、二钢、化工公司的总经理分别获上海市“全心全意依靠职工办企业十佳厂长（经理）”、上海市“职工信赖的好厂长（经理）”称号。四是建立多层次补充医保体系，推动送温暖再就业工作，进一步维护职工具体利益。集团95%以上的在职职工参加了市总住院保障计划，59%的职工参加了特种重病保障计划，投保金额累计达570.4万元；全年住院保障计划理赔1986人，金额达176.5万元；特种重病保障计划理赔68人，金额达51.7万元；各子公司建立补充医保基金19个，资金达3060.56万元，有127325名职工受到市、集团、企业、分厂（部门）四级补充医保网络的保障；各级工会建立各种类型的职工互助帮困基金59个，资金达2442.51万元；全年慰问救助困难职工(含离退休)22804人次，救助金额达537.4万元；浦钢公司工会的“互助职介”活动为600名下岗职工解决了就业问题；再就业带头人创业基金纳入集团公司放小改制政策系列，提供无息借款累计达51万元。五是以提高工会干部综合能力和加强调查研究为抓手，进一步推进工会自身建设。各子公司下属的分工会主席100%参加了基层工会主席岗位培训；开发总公司工会被全总评为工会干部教育培训先进集体；集团公司工会开展了“保持党和群众血肉联系”、“工会工作适应不同职工群体需求”等专题调研。

（孙康华）

宝钢职工支援灾区物资装车待发

【构筑多层次职工补充医保体系】 2001年，宝钢集团公司工会积极构筑多层次职工补充医保体系。第一层次是参加市职工保障互助会的保障计划，累计参加在职职工住院保险136174人，金额

476.709万元；参加特种重病保险19849人金额137.389万元；参加退休职工住院保险69914人，金额349.57万元；全年共理赔19559人次，约1600万元。第二层次是建立集团公司工会帮困救助基金，累计金额达510万元，全年对各子公司核拨帮困款280万元。第三层次是推动各子公司建立多种类型的互助帮困基金和补充医保基金78个，金额达5503.37万元。第四层次是推动各子公司的分厂建立各种职工互助形式的保障基金，有效减轻广大职工自付医药费的负担，受到企业和职工的广泛好评。（蒋晓农）

【女职工素质得到明显提高】 2001年，集团公司工会组织广大女职工积极投身素质工程，提高技能技艺，增强对改革调整的适应能力。宝钢股份、梅山、一钢、浦钢、五钢等公司的女职工周末学校全年共开办“电子收银”、“超市理货”、“办公自动化”等20期培训班，参加者4394人次。通过投身读书、“三学”活动、“精一门、会两门、学三门”已成为女职工的自觉要求，素质得到明显提高。女职工中有高级职称340人、中级职称1557人、初级职称1843人、高级技师17人、技师195人、高级工824人、中级工8499人。其中，11%是2001年晋升的。女职工持有1张技术技能证书的5158人，2张证书的1773人，3张证书的776人。（钟 群）

【进一步深化厂务公开】 2001年，集团公司进一步深化厂务公开，使全公司改革、发展、稳定三者关系协调发展，其主要内容凸现为促进企业科学管理；加强职工群众监督，建立述廉制度；加大职工群众参与力度，促进企业领导人员管理的民主化；完善职代会制度建设，促进职代会职权的落实。集团公司明确，党委领导对厂务公开负总责，是第一责任人；行政是厂务公开的主体，是第一执行人；纪检监察部门对厂务公开实施监督检查，是第一监督人；工会是厂务公开工作机构，是第一组织实施人。集团公司党政联合下发了《关于深化厂务公开的若干意见》，通过召开厂务公开工作会议，开展深化厂务公开工作经验的交流，加强对基层深化厂务公开工作的服务与指导。（潘宪生）

【推进职工素质工程】 2001年，集团公司工会紧紧围绕集团公司确立的宏伟战略目标，把推进“职工素质工程”作为工会工作的第一要务来抓，建立了领导班子，制定了推进意见，出资100万元设立了“职工素质工程”奖励基金，明确了两个职工素质教育示范点。集团公司工会会同各子公司工会组织了182个工种的岗位技能培训和技术操作比赛，参加职工达22736人次，其中，8978人的技能得到晋升，评出公司级以上技术能手186人；有7人分别获得上海市“十大工人发明家”、“十大职工技术创新标兵”和“职工技术创新能手”称号；全年取得创新成果8533项，其中46项荣获上海市技术创新成果奖。（姚颂良）

【成功举办第五届职工运动会】 上海宝钢集团公司第五届职工运动会于5月18日隆重开幕，集团公司徐大铨等领导及近3000名职工参加开幕式。来自各子公司、直属单位的14个体育代表团、9个代表队的3500余名运动员参加了19项体育竞赛，并有1040名离退休职工参加了老年运动会16个项目的比赛。第五届运动会不仅赛出了水平，有16名选手打破了10项原宝钢记录，同时运动员们也赛出了风格，发扬了“顽强拼搏，奋发向上，公平竞争，不畏艰难”的体育精神和团队合作精神，有3个单位、12个运动队、20名运动员分别获得了“体育道德风尚奖”，再次展示了宝钢人不断创新、勇于进取的精神风貌。

（计兆琪）

共青团组织

【概况】 上海宝钢集团公司团委下设办公室、组织部、青技部、宣教部和机关团委，现员3人。一年来，集团公司团委在集团公司党委和团市委的正确领导下，坚持以邓小平理论和江泽民总书记“三个代表”的重要思想为指导，贯彻上海市青年工作会议精神，紧紧围绕集团公司党政工作中心，大力加强和改进青年思想政治工作，积极参与企业精神文明建设，不断深化青年创新创效活动和青年人才培养工作，深入开展“五四红旗团组织”创建活动，进一步加强基层团组织建设和团干部队伍建设，在服务大局、服务社会、服

2001年3月1日，共青团上海宝钢集团公司召开全委（扩大）会议

务青年等方面发挥了积极的作用。

2001年，集团公司团委被共青团上海市委授予“2000年度上海青工工作先进团组织标兵”。通过不断深化青年人才培养工作，引导青年立足岗位、实践创新，涌现出2000年度全国杰出青年岗位能手获得者宝钢股份公司热轧厂王军、2000年度中央企业青年岗位能手宝钢股份公司李俊、劳兆利，“全国青年文明号建设示范创建单位”宝钢股份公司炼钢部铸钢分厂青年浇钢台等一大批青年典型个人和集体。（顾　斌）

【加强青年思想道德教育】 以纪念“五四”运动82周年和中国共产党成立80周年为契机，掀起共产党好、社会主义好、改革开放好的教育热潮。通过组织开展18岁成人仪式、“上海宝钢青年素质发展要求”大讨论、召开“五四”纪念大会、表彰集团公司青年岗位能手及编辑《实践曾乐精神的年轻人》一书等一系列工作，教育引导青年立足岗位实践人生理想，勇创佳绩展示自身价值。围绕纪念中国共产党成立80周年，广泛开展“党在我心中”主题教育活动，推出“党在我心中”党史知识竞赛、“向党诉说心里话”征文、“青春扬帆党引路”诗歌朗诵会、“寻革命足迹、颂丰功伟绩、做四有新人”团支部主题教育等一系列活动，激发青年爱党、爱国、爱社会主义的热情。同时，广泛开展“党在我心中，岗位立新功”一流青年岗位为党的生日献礼活动。各级基层团组织在“五四”和“七一”期间，通过广泛开展“党在我心中”英语演讲比赛、辩论赛、主题报告会等多种形式的教育活动，营造了浓厚的活动氛围，在团员青年中唱响共产党好、社会主义好、改革开放好的主旋律。

在青年和团干部中广泛开展学习江泽民总书记“七一”重要讲话的活动，提出要把学习江泽民总书记“七一”重要讲话与深入学习和贯彻“三个代表”的重要思想相结合，与开展“两个世界一流”（“办世界一流企业，创世界一流水平”）的教育相结合，与深入开展青年学习创新活动相结合，与加强团干部思想作风建设相结合。组织青年党员、青年入党积极分子收看“庆祝中国共产党成立80周年大会”实况，下发了《集团公司团委关于学习贯彻江泽民同志在庆祝中国共产党成立80周年大会上讲话的通知》，并组织座谈交流，把学习“七一”重要讲话作为当前“学理论、学党章”小组（简

2001年2月12日，集团公司领导谢企华等与青年职工举行座谈

称“双学”小组）活动的重点内容。各级团组织依托团的组织生活、青年“双学”小组和青年邓小平理论读书会等学习阵地，通过下发学习意见、组织团干部培训、邀请党政领导作专题辅导、开展主题征文等多种方式，深入学习讲话精神，引导广大青年把思想和行动统一到江泽民总书记的讲话精神上来，落实到本职工作中去，为企业的改革发展建功立业、成长成才。（顾 斌）

【深入开展形势任务教育】 各级团组织结合2001年企业生产经营目标和上海宝钢改革发展的形势，在青年中切实加强形势任务教育。集团公司团委会同战略研究室，邀请集团公司党政领导及优秀青年就“企业形象与青年形象的塑造”这一主题，召开专题座谈会，围绕“企业跨世纪的发展对青年提出了怎样的要求？面对新世纪的挑战和机遇，宝钢青年应具有怎样的竞争意识？”等议题，安排7位青年作主题发言，并由领导与青年进行面对面的座谈、交流。通过召开“网络与青年思想政治工作”主题座谈会，调研了解基层工作，指导基层团组织充分利用网络资源，占领青年思想阵地，不失时机地做好青年的思想政治工作。同时，组织发动青年参加“世贸通杯”第三届中国·上海互联网大赛，开展“声援北京申奥网上签名活动”。许多基层团组织还结合单位实际，积极建立团组织网站，经常性地开展形式多样的形势任务教育，并采取座谈会、专题报告等手段，在青年中讲机遇、讲挑战、讲希望、讲困难，引导广大团员青年认清形势、勇挑重任，努力为上海宝钢的改革发展贡献聪明才智。（顾 斌）

【继续深化青年创新创效活动】 大力开展青年学习活动。集团公司团委结合新形势下企业的发展对青年素质发展的要求，并结合各种有利契机，组织团员青年参加各类学习活动。通过组织团员青年参加“党在我心中”全国青少年电脑作品大赛、“走进世博会——网络电视知识竞赛”、依托宝钢青年外语中心开展英语讲座等丰富多彩的学习活动，引导青年在学习中积累知识、增长才干。为果园青年活动中心阅览室每月添置新书，为青年外语中心购置DVD设备和音像资料，给青年读书学习创造良好条件。各基层团组织也充分利用读书小组、青年知识分子联谊会、“双学”小组等组织，举办培训班，制定学习奖励制度，开展午间学习、跟踪世界一流技术讲座、技能培训、科普夏令营、青年广场文化节、科普文化广场等多种学习活动，营造浓厚的学习氛围。宝钢股份公司、五钢公司、国贸总公司、宝信公司等单位团组织还充分发挥自身的优势，利用网络资源，开展青年学习交流活动，增强了学习的效果和影响力。在上海青少年新世纪读书计划活动中，集团公司团委荣获优秀组织奖。（顾 斌）

【积极推进青年项目负责制】 在2001年的“五四”纪念大会上，集团公司团委提出，要以推进青年项目负责制为重点，从规范工作机制入手，进一步抓好青年项目负责制的推进，促进青年创新创效活动的不断深入。各级团组织按照集团公司团委的整体部署，积极推进，不断完善青年参与科技开发的工作机制和载体。已初步形成了以青年项目负责制为主要抓手，以群众性青年创新活动为土壤，党政支持、横向部门配合、团组织积极推进的良好工作态势。梅山公司团委会同有关部门鼓励和推动青年技术人员开展技术攻关和研究开发，上半年，确定了公司级青年科研项目31个，下拨15万元专项经费。五钢公司团委以青年科技“蓝鹰奖”活动为载体，组织青年参与公司重点工程建设、重大项目和课题的研究攻关，以项目培养青年，以任务锻炼青年。开发总公司综合开发公司团委争取党政支持，通过与1995年以后进厂的每位大学生签定项目承研书，给青年压担子、交任务。宝钢检修公司团委在青年中积极开展“青年模拟经营”活动，通过成立项目组，承接备件修复项目，至2001年底，“青年模拟经营”活动共优质完成6个备件修复项目，为企业创造了客观的经济效益，并锻炼、提高了青年的岗位技能和创新能力。宝钢股份公司条钢部团委通过制定《青年课题活动管理办法》，发挥青年在促进企业技术进步中的生力军作用。同时，各级团组织还通过为青年项目负责人配备导师，通过青年科技组织，开展科技活动，加强对青年科技人才的培养。

（顾　斌）

【深入开展“导师带徒”活动，推进青年技能“登高”工作】　各级团组织把“导师带徒”活动作为推进青工技能“登高”的有效抓手，结合本单位的实际，在实践中不断深化。一钢公司团委结合不锈钢生产工艺的需要，大力开展科技、技能“双登高”活动，并通过举办青工比武、不锈钢工程技术培训班等活动，为不锈钢生产培养和储备青年科技和技能人才。浦钢公司“一带一”导师制活动已连续开展了七期，他们选择综合素质高的导师和进取心强的学员结对，对新进公司的59名大学生实施全员“导师带徒”。开发总公司团委将“导师带徒”活动由原来的简单工种拜师结对向紧缺型、高技能型、多能工方向发展，组织青年与劳模等先进结对，提高青工岗位技能。上海钢研所团委在党政领导支持下，挑选了41名优秀青年作为青年后备人才，通过为每人配备导师、制定发展目标和培养措施等，加强对青年后备人才的培养。宝钢股份公司、工程技术公司、化工公司等单位团组织在“导师带徒”活动中，通过在青年职工中开展技术操作比赛，实施岗位练兵、技能鉴定，不断提高青年职工的业务技能。

（顾　斌）

【积极开展“青年文明号”和“青年文明生产线”创建活动】　集团公司团委根据集团公司产业结构特点和共青团工作整体推进的具体情况，对原来“一流青年岗位”和“青年文明生产线”创建活动进行了进一步的规范和调整，按照创建单位申报、初评、综合评审、统一表彰等几个环节，开展“青年文明号”和“青年文明生产线”创建活动。各级基层团组织紧紧围绕质量、成本、效益、服务、安全等内容，不断完善和规范创建措施，层层开展创建活动。今年，集团公司10个青年集体被评为上海市“共青团号”，宝钢股份公司炼铁部一号高炉和炼钢部铸钢分厂青年浇钢台被认定为中央企业系统“全国青年文明号”，宝钢股份公司炼钢部铸钢分厂青年浇钢台被团中央确定为“青年文明号信用建设示范创建单位”。全年，集团公司共有全国“青年文明号”、上海市“共青团号”青年集体33个，“全国青年文明号生产线”2条。

（顾　斌）

【广泛开展青年工程立功竞赛】　积极发动、组织团员青年参与青年工程立功竞赛，在上海市以及企业的重大建设工程中发挥团组织的生力军与突击队作用。围绕新国际博览中心、卢浦大桥、浦钢不锈钢工程等上海市以及企业的重大建设工程，新申报组建了13支青年突击队和13项青年创建工程。浦钢公司团委紧贴企业生产经营实际，从修旧利废、节能降耗、科技“五小”等方面大力开展创益生力军竞赛，为企业创造效益482万元。五钢公司团委结合新产品开发和银亮钢、新模块、不锈钢长型材等一系列工程项目的建设，开展“放量生产保优质，项目建设显优势”青年岗位立功竞赛，促进产量、质量、节能降耗等经济指标的不断提高。冶建公司团委围绕上海新国际博览中心、化学工业园区等工程，通过组建青年突击队，积极开展重大工程立功竞赛活动；梅山公司团委围绕热轧功能恢复、炼钢试生产，开展青年突击队活动，为炼钢工程顺利试车以及热轧生产顺行做出了积极的贡献。

（顾　斌）

【切实抓好青年安全工作】　各级团组织通过与行政层层签订青年安全目标责任书，对青年安全工作实行目标管理。2月27日，集团公司团委与行政签订了2001年《青年安全目标责任书》，根据责任目标，团委定期对各单位青年安全工作进行考核。工作中，不断深化“青安杯”竞赛，形成具有可操作性和可推广性的工作规范，如青安岗巡检工作规范、青安信息上报工作规范、青工安全结对工作规范、青年安全环保教育工作规范等。6月中旬，会同安全生产管理室积极组织“青年安全宣传周”、开展安全知识竞赛等活动，并评选出优秀青安岗员巡检、典型事例予以表彰，努力提高青年的安全意识和技能。各级团组织继续推进以新职工、转岗职工和安全重点人为主要对象的“青年安全结对”工作，通过传、帮、带的方式，加强对青年职工的安全教育、培训和监督；各级团组织加大对青年的安全培训力度，特别是组织青年认真学习岗位规程和操作技能，确保青年安全生产，加强对团干部和青年环保监督员的环保知识培训和普及。

（顾　斌）

【广泛开展“五四红旗团组织”创建活动】 集团公司团委按照团市委开展“五四红旗团组织”和“五四特色团组织”创建工作的总体要求，在年初的共青团工作会议和“五四”纪念大会上，对创建工作进行了动员和部署，提出了创建工作的总体思路，发动基层团组织积极开展创建活动：通过抓宣传，营造创建活动良好氛围；通过抓试点，努力培育一批创建示范单位；通过抓重点，在整体推进的过程中实现重点突破；通过抓典型，及时树立一批创建业绩显著的团组织。年初，集团公司团委表彰命名了11个“红旗团委”。同时，在申报推荐的基础上，上半年共有6个基层团组织被中央企业团工委确定为2001～2003年度“中央企业五四红旗团委创建单位”，3个基层团组织被团市委确定为2001年度上海市“五四红旗团组织创建单位”，3个基层团组织被团市委确定为2001年度上海市“五四特色团组织创建单位”。

（顾　斌）

【大力加强团干部队伍建设和基层团组织建设】 集团公司团委结合形势和当前学习重点，对团干部学习江泽民总书记“七一”讲话精神、贯彻“三个代表”的重要思想提出明确要求，并在上海宝钢基层团组织负责人中开展撰写学习心得（论文）活动，推动广大团干部更深刻地理解“三个代表”重要思想的科学内涵，进一步增强运用理论研究、指导团工作实践的能力和自觉性。注重加强对团干部的素质培养，推荐3名团干部参加中央企业团工委举办的理论和管理知识培训班，推荐2名团干部、优秀青年赴美国马里兰州圣·玛丽学院参加“21世纪未来工商管理精英培训班”学习。集团公司团委坚持把工作重心落到基层，通过今年的中期调研，加强对基层团工作的分类指导。各级团组织把团支部主题活动作为加强团的基层组织建设、增强基层团组织活力的有效抓手。宝钢股份公司团委制定了《团支部主题活动管理制度》，并召开活动推进会，加大工作的推进力度。工程技术公司团委与基层团组织签订《团支部（总支）主题活动目标责任书》，对团支部主题活动实施目标管理。益昌公司、化工公司等单位团组织也紧紧围绕党政中心工作，积极开展形式多样的团支部主题活动，以此增强团组织在青年中的凝聚力和感召力。（顾　斌）

【不断深化“推荐优秀团员青年作党的发展对象”（即“推优”）工作】 2001年，集团公司各级团组织坚持从培养党的事业合格接班人的战略高度出发，在党委组织部门的指导下，注重加强对团员青年、申请入党青年和入党积极分子的教育培养，加强青年“双学”小组建设，开展各类主题教育活动，并不断完善“推优”工作机制，为党组织源源不断地输送新鲜血液。集团公司团委切实加强对“推优”工作的调研，开展了优秀“双学”小组、“双学”活动优秀组织个人和“双学”小组优秀辅导员评选工作，并与集团公司党委组织部联合召开了“集团公司发展党员暨‘推优’工作座谈会”。今年，集团公司有743名青年向党组织递交了入党申请，占申请入党总人数的70%；共有635名团员青年经团组织“推优”加入党组织，占同期党员发展总数的58.9%。集团公司共有866个“双学”小组，参加学习人数达9769人，“双学”活动在青年中的影响力和辐射面不断扩大。（顾　斌）

【营造青年文化活动氛围】 集团公司各级团组织充分利用现有的青年文化活动阵地，开展多种青年文化活动，使活动体现经常性、持续性，营造浓厚的青年文化活动氛围。下半年，集团公司团委举办了以“新世纪·新青年·新形象”为主题的第十届上海宝钢青年文化节，推出“化工杯”上海宝钢青年英语朗诵比赛、“祖国在我心中”抒情歌曲、民歌演唱赛、上海宝钢青年书画作品征集、评比活动，“上海宝钢青年文化节”会标设计大赛，“话剧鉴赏与电影配音、表演艺术”专题讲座、“国贸杯”上海宝钢青年英语小品大赛。文化节让青年在丰富多采的活动中展示形象、陶冶情操、塑造形象，努力引导青年成为企业先进文化的代表，为上海宝钢的文化融合、营造具有企业特色的文化氛围作出团组织应有的贡献。

（顾 斌）

【深化青年志愿服务活动】 集团公司各级团组织坚持“立足企业、服务社会”的方针，广泛开展青年志愿服务活动。为积极参与中华骨髓库的建设，弘扬时代新风，集团公司团委按照团市委的有关精神，广泛组织开展“为了生命的希望工程——上海宝钢青年骨髓捐献志愿者”活动，认真做好宣传发动、组织报名等工作。各级团组织通过召开动员大会、网上宣传、网上倡议、下发宣传资料、张贴海报、编发团讯等多种方式进行宣传和动员，形成了良好的活动氛围和声势，吸引了广大青年和职工踊跃报名，并涌现出了集体报名、夫妻报名等感人事例。截至年底，共有1085名志愿者报名参加骨髓捐献。8月20～22日，集团公司团委举行了首批300名志愿者的血检工作，并举行了上海宝钢青年骨髓捐献仪式，应邀出席仪式的团市委、市红十字会领导及集团公司党政领导对上海宝钢青年热心公益、奉献爱心的举动给予了充分肯定，上海电视台、东方电视台、《青年报》等媒体对此做了宣传报道。同时，基层各级团组织还以贫困学生、离退休老同志、生活有困难的青年和单宿职工等为服务重点，广泛开展“捐资助学”、“扶贫帮困”、“一助一”结对、社区服务等活动，使更多的青年在服务他人、服务企业、服务社会的过程中，得到自我教育。

（顾 斌）

科学技术协会

【概况】 上海宝钢集团公司科学技术协会（以下简称宝钢科协）是上海宝钢集团公司党委领导下的宝钢科技工作者的群众组织，是集团公司党委和行政领导联系科技工作者的桥梁和纽带，是宝钢科技进步的重要力量，是集团公司党委和行政开展科学技术工作的助手，是上海市科学技术协会的基层组织。

宝钢科协现有会员5079人，下属13个学会、3个研究会、2个协会、2个分科协，主体学会在宝钢股份公司范围内。宝钢科协对原宝山钢铁（集团）公司及其子公司范围内的学会、研究会、协会仍具有领导、协调职能。一钢、浦钢、五钢、梅山等公司科协，分别在其本公司党委的领导下，根据各自特点开展各项活动。宝钢科协与各子公司科协加强联系与沟通，根据需要适当进行业务指导。

2001年，宝钢科协按照江总书记“三个代表”的重要思想，努力把科协建设成为“科技工作者之家”；开展“讲理想、比贡献”竞赛活动，发扬“献身、创新、求实、协作”精神，寓精神文明建设于科技活动之中；积极开展学术交流和科学普及工作，促进企业的科技进步与发展，营造企业的科技文化氛围；带头弘扬科学精神，传播科学思想和科学方法，反对迷信愚昧和一切伪科学、反科学的活动；进一步加强国际科技交流与合作，加强与台湾地区海峡两岸间、企业同行间的交往与联系。举办继续工程教育各类培训班、讲座共8期、456人次参加、126课时。

9月30日，上海宝钢集团公司科协获得“全国第三届企业科协先进集体”称号，科协徐昌明获得“全国第三届企业科协优秀干部”称号。

12月，根据集团公司组织部、人事部下文，集团公司领导批示，宝钢科协秘书处与宝钢企协秘书处合署办公。

（宋小禾）

【崇尚科学、反对邪教】 为体现科协的科学性和政治性，为响应中国反邪教协会关于“反对邪教，保障人权，百万公众签名活动”的倡议，2月12～14日，由宝钢科协牵头组织了“宝钢‘反对邪教，保障人权，职工签名活动’”。在10个签名点，共有6041人参加了签名活动。“签名长卷”15日送上海市科协，下午由市科协送往北京，由北京送往日内瓦。成功组织签名活动，反映了科协组织旗帜鲜明，崇尚科学，反对邪教，反对迷信；反映了宝钢广大职工与李洪志及其“法轮功”邪教组织作坚决斗争的决心。

（宋小禾）

【“讲、比”竞赛活动】 开展“讲理想、比贡献”竞赛活动，旨在科技人员中树立“献身、创新、求实、协作”的科学精神。2001年，宝钢科协共收到各学会“讲、比”参赛项目181项，参赛人数2500余人次。经科协各层次评比，即学组初评、专家评、学会评、复评、"讲、比"工作委员会审定等五道程序，最终评出获奖项目84项，一等奖9项，二等奖32项，三等奖43项，鼓励奖若干项。宝钢股份公司冷轧部李俊博士获全国"讲理想、比贡献"竞赛活动先进个人奖；宝钢股份公司炼铁部、热轧部、设备部获上海市科协第九届"讲理想、比贡献"竞赛活动先进集体奖；冷轧部李俊、技改处潘国钧、宝钢设备部廖国斌获先进个人奖；宝钢化工公司许健获优秀组织者奖。

（宋小禾）

【学术技术交流，促进技术创新】 2001年，宝钢科协在宝钢优秀论文的征集、评比上，继续做好《宝钢优秀论文选集》的编辑出版工作；在扶持、帮助、培养青年科技工作者方面，继续接受团委委托，做好评审青年优秀论文、青年"五小"科技成果工作；向中国科协学术年会推荐宝钢优秀论文，为宝钢科技人员搭建参与国内外学术交流的舞台；举办宝钢第二届"创新与发展"论坛，邀请企业内外专家、学者，就企业技术开发、现代管理、企业文化等课题作专题报告；结合国内外科技发展趋势，举办专题应用技术交流，开阔宝钢科技人员的学术视野；借国际冶金工业展之机，精心组织国内外学术技术交流会。（宋小禾）

【《宝钢优秀论文选集》编辑出版】

2001年，宝钢科协为开拓学术论文征集工作，在各基层学会广泛发动征集的基础上，又向全公司发出论文征集通知，广泛开展论文征集工作，共征集2000年度学术论文199篇，经初审、复审、终评，最终评出2000年度宝钢优秀论文74篇，一等奖2篇，二等奖10篇，三等奖62篇，鼓励奖若干篇，并选出29篇优秀论文编辑出版《宝钢优秀论文选集》。《宝钢优秀论文选集》自1990年开始出版，至今已出版11年，得到公司领导的肯定，是一本宝钢较有层次的优秀论文选集。（宋小禾）

【向中国科协推荐宝钢优秀学术论文】 新世纪首届中国科协学术年会于9月在长春举行。宝钢科协为此共征集优秀论文20余篇，经专家评审、公司领导同意，共推荐上报中国科协10篇论文，均入选《中国科协学术年会论文摘要文集》，宝钢派出了以科协常务副主席张清朗为团长的11人代表团参加了在长春举办的中国科协学术年会，宝钢科技人员的入选论文得到了交流。宝钢科协为宝钢科技人员搭建了很好的参加国内外学术交流的舞台，为宝钢的人才开发作出了贡献。（宋小禾）

【宝钢第二届"创新与发展论坛"】 11月4日与6日，由宝钢科协与宝钢中青年学者联谊会联合举办了宝钢第二届"创新与发展论坛"，邀请了企业内外专家、学者，就企业技术开发、现代管理、企业文化等课题作专题报告，旨在交流信息、开阔视野、增长知识、启迪智慧，有利于提高企业干部、职工的科学文化素质，有利于在企业内形成学习型、智能型、创新型组织。集团公司党委副书记尹灏、副总经理赵昆，科协常务副主席张清朗和宝钢科技与管理工作者共200多人出席报告会。集团公司尹灏副书记致开幕词，报告会邀请了西安交大副校长席酉民教授、中银金融控股公司首席经济学家曹远征来宝钢作专题演讲，集团公司党委书记助理莫臻、战略研究室何太平博士等6位领导和专家也作了专题演讲，集团公司副总经理赵昆致闭幕词。论坛共征集报告30篇，选择18篇编辑出版了《第二届创新与发展论坛报告文集》。（宋小禾）

【举办生物技术交流研讨会】 借2001年宝钢科技节之机，宝钢科协与宝钢股份公司安环处、宝钢开发总公司厂容绿化公司、复旦大学、台湾宏筠公司等联合组织了4场以科技节"生物科技——为了新世纪人类的幸福"为主题的生物科技交流研讨会，从生物技术应用于污染治理和环境保护、用生物法处理宝钢冷轧含铬废水的实验室研究、用微生物处理生活垃圾、用生物技术处理宝钢焦化废水脱氮等展开交流研讨，既结合宝钢的生产实际，又结合当今世界生物技术发展的前沿科技，利用生物技术，探讨企业环境污染治理，研讨会效果很好。研讨会期间，利用宝钢的绿化生态资源，举办"宝钢绿化生态资源调查与评估报告会"，从环境科学、环境效益的角度来评价宝钢的生态经济效益，也从现代生物科技－自然资本论的角度来阐述园林绿化，从而让人们了解，宝钢不仅出生产经济效益，而且出可观的环境生态经济效益。（宋小禾）

【组织国际学术技术交流会】 由上海宝钢集团公司、上海国际展览公司、香港华进有限公司联合主办的2001上海国际冶金工业展暨技术交流会于11月在上海举办。宝钢科协受公司领导委托，承担了其中17场技术交流会的组织工作。科协为了做好这项工作，认真研究、精心组织，向全国冶金企业、大专院校、科研院所发出了150余封邀请函，共有千余人参加了技术交流会，为国内冶金同行创造一次不出国门看世界的机会，也为冶金同行间进行交流提供了条件。（宋小禾）

【认真作好科技节工作，营造宝钢大科普环境】 上海市举办了'2001上海科技节，宝钢科协制定出20余项重点活动，有开幕式暨主题报告会、"创新与发展论坛"、宝钢青年学术年会、"三学"读书活动、"基因与我们、健康生活"图片展、科技优惠书展、网上科技节、《宝钢日报》和宝钢电视台专题报道、开放4个实验室、主题科技交流研讨会、生物科技知识竞赛、闭幕式暨总结表彰会等。在上海市科技节总结表彰会上，宝钢共获得6个先进集体、优秀项目、先进个人的奖励：科协获"2001上海科技节优秀组织奖"，集团公司网上科技节获"2001上海科技节优秀项目奖"，集团公司的"基因与我们、健康生活"图片展获"2001上海科技节优秀项目奖"，科协的徐昌明获"2001上海科技节科普贡献奖"，梅山公司科协的杨本谱获"2001上海科技节科普贡献奖"，《宝钢日报》社的陈明获"2001上海科技节科普贡献奖"。（宋小禾）

【2001上海网上科技节宝钢分网站】 为了创新2001年上海科技节的传播手段，充分依托现代信息科学技术，动态反映科技节活动的全过程，提高城市信息化的程度和市民上网浏览兴趣，使科技节取得更好的效果，根据市科技节组委会的要求，宝钢迅速筹建了网上科技节"宝钢分网站"。主题为"生物科技与绿色宝钢"，网址，http://www.baosteel.com/bast/或上海市科协科博在线http://www.daexp.com网站，点击"综合馆"，宝钢分网站网上科技节主要栏目有：科技节指南，开幕式，学术报告，企业文化，绿色宝钢，精品基地，论坛，学术年会，交流研讨，科技展示，主题展示，评比表彰，子公司活动等。（宋小禾）

【组建科普创作队伍，建设科普宣传网络】 宝钢科协注重从平时向《宝钢日报》的"科学与技术"、"卫生与健康"两个科普版面投稿的作者及各宣传部门的科普工作积极分子中组建科普创作队伍。通过宝钢科协与《宝钢日报》社不定期地举办科普创作笔会、科普工作研讨会，凝聚科普创作队伍。宝钢科协自1999年起已连续3年举办科普创作培训班，邀请上海市资深科普作家来宝钢讲学，系统学习科普创作知识，更好地应用于工作实践，并编辑出版《科普创作概论》一书作为培训教材，同时结合学员自己的创作作品进行对照交流，通过相互学习，共同提高。借科技节闭幕式之机，表彰了科普征文大赛获奖者。其中，一等奖2名，二等奖3名，三等奖8名，鼓励奖若干名。此外借各种科技类宣传日、周，举办专题类科普宣传专版，如世界卫生日、6.5世界环境日、节能宣传周等。借科技节之机创办的"基因与我们、健康生活"图片展，在科技节之后，又在上钢系统、宝钢教委、宝钢股份公司等处作巡回展出。（宋小禾）

【召开宝钢科普工作交流研讨会】 3月30～31日，由宝钢科协与《宝钢日报》社联合举办了宝钢科普工作交流研讨会，宝钢各部处室的科普工作积极分子及宝钢科协各学会的科普工作骨干出席了会议。主要为2001年更好地做好宝钢的科普工作提出建议，并为宝钢2001年科技节工作的开展寻找项目资源的基础。12月25日，由宝钢科协牵头组织召开了宝钢科普工作交流研讨会，主要就2002年宝钢科普工作的重点、如何结合企业特点开展科普工作、如何扩大科普创作队伍，提高科普创作水准展开讨论。会议对2001年宝钢科协发挥的科普工作主力军作用给予了肯定，也希望各级党政部门要提高对科普工作的认识，

3月2日，徐大铨等领导在宝钢技师协会年会上讲话

加强对科普工作的重视领导。同时，对新形势下科普工作的内容、形式、方法进行了探讨。

（宋小禾）

【科协各所属学会活动】 2月5日，金属学会召开了2000年度“讲、比”表彰交流会暨“宝钢－中钢第六次科技交流信息发布会”。6月4日，与上海市金属学会联合召开“宝钢钢研所扩建三个项目可研专家咨询会”。10月24日，由宝钢科协金属学会牵头组织，“宝钢－中钢第七次科技交流研讨会”在宝钢举行。台湾中钢集团董事长郭炎士等一行23人，集团公司董事长徐大铨等领导及各科技人员代表100余人出席了交流会。本次交流在高炉冶炼技术、耐火材料开发、应用技术和镀锌钢板生产技术方面展开。编辑出版《宝钢－中钢第七次科技交流文集》。10月，由金属学会牵头，宝钢组团参加了在北京举办的’2001中国钢铁年会，共征集论文74篇，被录用的论文共52篇。

2001年，科协各下属其他专业学会，如机械工程学会、电机工程学会、环保与给排水学会、土建工程学会、化学化工学会、自动化学会、档案学会、消防学会、钢渣研究会、翻译学会、退休科技工作者协会相应根据自己学会的特点，开展国际国内应用技术交流研讨会。医药卫生学会根据其学会的特点，举办大型健康医疗咨询2次，邀请市内各大医院专家来宝钢作专家医疗咨询。举办2次专题医学讲座，邀请复旦大学附属中山医院院长、上海市科普作家学会理事长杨秉辉来宝钢讲学。宝钢科协自动化学会2001年召开第五次会员代表会议，进行了换届改选。

（宋小禾）

企业管理协会

【概况】 上海宝钢集团公司企业管理协会(简称宝钢企协)是集团公司党委领导下各层次管理工作者组成的学术性群众团体，是中国企业联合会、中国钢铁工业协会和上海市企业联合会的团体会员并接受其业务上的指导。宝钢企协配合行政推进宝钢管理现代化，提高企业经济效益、工作效率等，在企业中发挥“桥梁、纽带、参谋和助手”作用。

2001年，宝钢企协主要围绕集团公司生产经营目标和行政中心工作，结合生产经营实际情况开展内容丰富、形式多样的活动：召开企协各分会秘书长会议，针对基层管理中的热点、难点问题进行调研活动，围绕集团公司重大发展战略专题开展研究，组织学术报告会，征集编撰、出版优秀经验论文书刊，组织会员外出参观学习，对子公司宣传推广现代化管理，与国内知名企业开展经验交流学习，对各学会与分会工作进行工作计划布置、经验总结、成果评比；企协的《宝钢经济与管

2001年10月，宝钢股份公司举办高级技师研修班

理》编辑部组织了宝钢应对加入WTO研讨会，新辟了“应对WTO、成功之道”等专栏，整合健全了覆盖集团的发行网络，杂志被上海、山东两家图书馆订阅收藏。截至12月底，有专职人员7人。

（陈益群）

【宝钢企协推进管理年工作】 1月10日，宝钢企协召开各分会秘书长会议，企协副秘书长刘成银总结了企协上年的工作情况，介绍了企协近阶段工作内容和下阶段工作设想。各分会秘书长汇报了各分会上年的工作情况并进行了经验交流，大家决心围绕集团公司2001年“生产经营目标和管理年”的方针开展工作，把本单位的管理工作向前推进，集团规划发展部企管处副处长叶纯兴就企协与分会工作谈了设想和建议。

（陈益群）

【作业长推进管理研讨会】 1月10日，在企管协会和宝钢股份公司企管处的共同筹划下，以“夯实基层管理，实现‘安全、稳定、顺行’”为主题的作业长推进工作暨现场管理研讨会。参加会议的有宝钢股份公司总经理艾宝俊、副总经理赵周礼、总经理助理郭可中、周建峰，二级厂、部、职能处主要负责人，作业长代表共170多人；参加会议的厂、部长，分厂长和作业长们围绕现场管理问题进行了研讨；艾宝俊就作业长管理和宝钢的发展作了重要讲话；会议还授奖表彰了一批先进单位和个人。

（陈益群）

【宝钢技师协会举行年会】 3月2日，宝钢技师协会召开2001年年会，应邀参加会议的有：集团公司董事长徐大铨、副总经理郭廉高，宝钢股份公司副总经理赵周礼、助理郭可中，市技师协会会长王荣华、秘书长姚家伟，各子公司有关领导及主管技师工作的同志和技师代表240多人。宝钢技师协会会长林申铭主持并作年会工作报告；孔利明等5位技师优秀代表分别联系岗位工作，介绍其刻苦钻研技术，学习创新业绩；徐大铨、郭廉高和王荣华分别讲了话；大会表彰了10位优秀技术经验总结论文获奖者，发行了第三集《宝钢技师技术总结汇编》。

（陈益群）

【子公司经营者联谊会召开第三届大会】 7月5日，宝钢子公司经营者联谊会召开第三届会员大会，出席会议的有集团公司副总经理赵昆，企协常务副会长郭廉高。会议讨论通过修改的新章程，选出了第三届联谊会会长黄兴荣、秘书长曹廉福，陈逸君、赵光华等15位同志当选为理事。经营者们就宝钢劳务外协用工制度、经营者组织配置和市场配置、年薪制分配等问题展开了讨论。集团公司副总经理赵昆、企协常务副会长郭廉高就联谊会的活动形式、内容和子公司经营发展作了重要讲话。

（陈益群）

【企协管理研究】 4月始，企协对一钢、二钢、五钢、益昌、上海钢管和梅山的矿业公司、炼钢厂、热轧厂进行了为期2个月的调研。6月，企协对南通宝日制钢学习和推进宝钢现代化管理情况进行了调研。8月，根据集团公司副总经理赵昆、企协常务副会长郭廉高在子公司经营者联谊会上所作的企协和联谊会要为领导决策提供方案，要搞调查研究，拿出课题给领导参考的指示，企管协会结合中国加入WTO组织后，宝钢所面临的经营形势，进行一个多月收集资料、调研分析，撰写了近8000字的专题研究报告《战略联盟是企业发展强大的致胜之道》，被中国管理科学研究院主编的《中国新时期人文科学优秀成果精选》等书籍收录。9月15日，当美国“9.11”事件发生后，对宝钢生产经营产生影响如何？企协和集团党办调研室合作，走访了宝钢集团外贸公司和钢铁生产部门，撰写了近2000字的《美国遭“9.11”恐怖袭击后对宝钢生产经营影响》调查分析报告。

（陈益群）

【华中一专家举行纳米技术报告会】 3月23日，著名科学家、中国纳米技术7人专家组成员——华中一教授来宝钢作“纳米技术与新一轮工业革命”报告会。出席报告会的有集团公司领导关壮民、葛红林和机关部、室负责人，各子公司中心组成员及企协、科协会员共400多人。华教授阐述了纳米技术在未来计算机存储器、平板显示器与集成电子、国防航空隐形技术、航天发生器、微型控制器的应用原理和价值。宝钢与会者听了报告对纳米技术有了初步的了解。

（陈益群）

【中青年学者恳谈会讨论管线钢市场竞争】 9月中旬，宝钢股份公司党委书记欧阳英鹏、总经理助理诸俊生与中青年学者一起，围绕着管线钢市场竞争、公司技术创新存在的问题等进行恳谈，大家都感受到股份公司在加入WTO后所面临的严峻挑战，公司加快开展科技创新的紧迫性意义，提高了中青年学者的使命感和责任感。 （陈益群）

【作业长研修"宝钢岗位劳务外协工管理问题"】 1月5日，作业长研修会召开"宝钢岗位劳务外协工管理问题"的研讨会，参加会议者就宝钢基层劳务外协用工中存在的因收入不平衡、怨气多、纪律安全差等情况进行研讨，提出了解决问题的具体思路和方法，并把其作为2001年作业长重点管理研究课题。6月下旬，作业长研修会召开第三次理事会。与会者面对中国加入WTO组织后宝钢将融入世界经济竞争环境和根据江泽民总书记提出的宝钢要办"两个世界一流"的题词要求，从自身素质上寻找观念、文化、技术、管理等方面的差距；理事们经讨论决定向全体作业长提出6点倡议，呼吁全体作业长努力学习，创新图强，缩短差距，加强管理，为完成宝钢生产经营目标而奋斗。 （陈益群）

【交流往来】 4月16日，上海市质量管理协会副会长陈振浩、副秘书长朱瑞琰一行5人到宝钢股份公司进行调研，宝钢质量学会领导同志向市质协领导介绍了宝钢股份公司近年开展ISO9000、QS9000体系贯标工作的情况与取得的成效，以及宝钢企管协会和质量学会的概况；汇报了宝钢质量学会的组织机构、人员组成、工作情况。5月21日，上海市企协培训部的"江苏企业管理学习班"一行39位学员来宝钢参观学习。6月19日，天津市企业家代表团一行40人来宝钢学习参观。8月中旬，接待了天津振兴水泥厂副总经济师萧珠、财务部长刘大林来宝钢股份学习全面预算管理和宝钢基础管理的经验。10月11日，接待了由梅山企划部副部长刘忠带队的职能管理部组成的10人代表团，宝钢股份人力资源处综合主管杨刚、教委经济管理研修院院长王晓红介绍了宝钢股份作业长的管理和培训情况；考察团到益昌公司和企划部等职能部领导、分厂长及作业长的代表一起座谈作业长推进工作的经验；企协施伟平向代表团介绍了宝钢企协配合行政推进作业长制工作概况及作业长制管理改革完善的目标。 （陈益群）

【评优活动】 6月，根据上海市经委、市企业联合会的评优活动的要求，宝钢企协向上海市管理现代化创新成果评审委员会推荐和申报了宝钢集团公司企业管理现代化创新成果奖共13项；经市评委会评选审定，宝钢集团公司获得"2001年上海市企业管理现代化创新成果奖"。其中，一等奖1项、二等奖2项、三等奖3项。9月，为总结并推广冶金企业管理现代化经验，促进冶金行业深化改革和管理创新，根据中国钢铁协会《关于2001年申报冶金企业管理现代化创新成果的通知》的要求，宝钢集团企管协会会同规划发展部向中国钢铁协会推荐申报6个成果项目；经冶金企业现代化创新成评审委员会审定：宝钢集团公司的《组建企业集团，发挥联合优势，建设钢铁精品基地，增强国际竞争优势》、宝钢股份有限公司的《强化财务控制体系，实现企业价值最大化》两项成果被评为一等奖，另有3项成果被评为二等奖。 （陈益群）

思想政治工作研究会

【概况】 在1月16日召开的上海市工业系统思想政治工作研究会第十三届年会上，宝钢股份公司炼铁部政研会、梅山公司政研会、一钢公司政研会、浦钢公司政研会、五钢公司政研会、开发总公司政研会被评为"1999～2000年度上海工业政研会系统思想政治工作政研会先进单位"。

在12月26日召开的上海市思想政治工作研究会第九次年会上，宝钢集团公司一批个人、集体和优秀成果受表彰，其中，上海宝钢益昌薄板公司党委书记李荣、宝钢股份公司热轧厂党委书记蔡伟飞被授予"上海市优秀思想政治工作者"称号；梅山公司职工思想政治工作研究会获"上海市思想政治工作研究会工作奖"；宝钢集团公司思想政治工作研究会沈葆君获"上海市思想政治工作研究会优秀组织者奖”。

宝钢集团公司党委书记关壮民的《做到“三个自觉”，体现“三个代表”》、宝钢集团公司职工思想政治工作研究会的《转变观念推进创新，建设有竞争力的宝钢企业文化》获“1999～2000年度上海市思想政治工作优秀成果奖”；宝钢集团企业开发总公司党委书记叶国平的《加大改革力度，加快发展步伐》获“1999～2000年度上海市思想政治工作优秀成果提名奖”。《做到“三个自觉”，体现“三个代表”》及《转变观念推进创新 建设有竞争力的宝钢企业文化》两篇文章被收入《探索与研究——1999年～2000年度上海市思想政治工作优秀研究成果集》。年会上，党委书记关壮民代表宝钢集团公司党委作了《积极推进观念创新，深化企业改革发展》的交流发言。关壮民的《转变观念推进创新 建设有竞争力的宝钢企业文化》一文在冶金政研会大钢学组第十六次年会上获年会优秀论文一等奖。

原上海宝钢集团公司团委书记刘长威获“全国企业优秀思想政治工作者”称号；上海宝钢集团公司职工思想政治工作研究会秘书长沈葆君获“全国政研会优秀工作者”称号。（沈葆君）

文学艺术联合会

【概况】 2001年，宝钢文联以纪念中国共产党诞辰80周年为契机，以“跨越”为主题，大力组织开展了“展现宝钢风貌，讴歌宝钢精神”的“主题创作”。

在组织宝钢美协、宝钢书画社、梅山画院作者多次深入宝钢三期厂区收集创作素材，在多次邀请上海市美协领导和专家到宝钢创作观摩和切磋、指导的基础上，共推荐22位作者的30件作品参加上海市文广局、上海市美术家协会举办的“纪念建党80周年上海美术作品展览”，入选15件，仅次于上海画院和上海油画雕塑院，名列第三。一钢公司陈寅创作的版画“力量”荣获一等奖，宝钢书画社徐勤的国画“崛起”被评为优秀奖，“力量”“崛起”一起选送到北京参加全国建党80周年画展的评选。

为了纪念中国共产党成立80周年，中国职工思想政治工作研究会在北京举办的“中国职工书画展”上，宝钢文联选送的三幅美术作品均获奖。宝钢股份公司运输部职工陈云龙的国画获一等奖、书画社徐勤的国画获二等奖，汪家芳的国画获三等奖。

组织诗歌作者参加了由上海市文广局、上海市文联等单位联合举办的“都灵杯2001年上海当代诗会”活动。在全国18000多篇投稿中，宝钢有14篇作品获奖，还获得了惟一的一等奖。

文联与《宝钢文艺》、《宝钢日报》联合举办了“21世纪宝钢人”征稿活动，包括报告文学、小说、诗歌、美术、摄影、歌曲等形式。宝钢广大文学艺术工作者积极投稿，涌现出不少精品。其中，报告文学《亲切的关怀 巨大的鼓舞》以充满深情的笔调记载了江泽民总书记亲临宝钢视察的过程；报告文学《为了祖国的重托》，回顾了上海宝钢集团组建两年多来光辉历程。

文联积极配合工会、老年艺术团进行“阳光·大地”歌曲创作的征集活动。

文联与宝山区文广局联合举办了“新宝钢、新宝山”摄影、书画征稿活动。宝钢作者创作的歌颂宝山区巨大变化的长诗、歌颂共产党员无私奉献的演讲小品等节目参加了宝山区纪念建党80周年的文艺演出。

文联的会员还参与了宝钢老干部合唱团纪念建党80周年演出节目的创作活动；参与了宝钢工会为纪念建党80周年演出节目的创作活动等。

文联主席莫臻被上海文联推荐为上海产业职工惟一代表，又被冶金文协推荐为全国冶金系统惟一代表，出席12月18日在北京召开的中国文学艺术联合会第七次全国代表大会和中国作家协会第六次全国代表大会。

文联会员加入省市级以上协会的有48人，其中，中国作家协会1人，省市级8人；中国美术家协会2人，省市级6人；中国音乐家协会2人，省市级3人；中国书法家协会5人，省市级12人；中国摄影家协会1人，省市级会员7人；中国民间艺术家协会1人。

（吴久德）

教育、文化

JIAOYUWENHUA

教育、文化

上海宝钢集团教育委员会

【概况】 上海宝钢集团教育委员会(简称宝钢教委)是上海宝钢集团企业教育的管理、决策机构,统筹规划、统一管理集团的职工教育培训工作。宝钢教委的主要职责是:部署、贯彻、实施国家关于继续教育、企业教育等方面的相关法规、文件;审定上海宝钢集团教育培训方面的组织体系、重大管理制度及主要工作程序;审定上海宝钢集团教育培训方面的政策、规划及年度计划;推进上海宝钢集团教育培训工作;审定教育培训方面的重大事项;评估上海宝钢集团教育培训方面的工作业绩。上海宝钢集团公司教育培训中心的办公室和教育培训室为宝钢教委的日常办事机构。

宝钢教委主任由集团公司副董事长、党委书记关壮民兼任,集团公司董事、副总经理郭廉高兼任宝钢教委副主任,高海航任常务副主任,樊纯诗任副主任。宝钢教委委员组成人员有上海宝钢集团公司人事部、计财部、规划发展部、研究院(技术中心)、宣传部、党校、工会、团委的负责人,各大子公司的主管领导,上海宝钢集团公司教育培训中心负责人等。

(陶云武)

宝钢教委主任关壮民在颁奖仪式上致辞

上海宝钢集团公司教育培训中心

【概况】 上海宝钢集团公司教育培训中心(简称教培中心)是上海宝钢集团公司和宝山钢铁股份有限公司的职工教育培训基地,下辖宝钢经济管理研修院、宝钢继续工程教育学院、宝钢工业技术学校(宝钢高级技工培训中心、上海宝钢高级技工学校)、宝钢政治学校等4个办学实体及办公室、教育培训室、多媒体网络教育中心、宝钢职业技能鉴定中心。3月,教培中心新建大楼正式启用。2001年底,教培中心已建成为一个占地226亩、建筑面积94000平方米的职前教育和职后培训相衔接、结构合理、功能齐全的现代化企业培训基地。年底,教培中心所属机构有教职工209人,其中,具备高级职称者49人,中级职称67人,初级职称33人;专业技术人员占职工总数68%。

宝钢教培中心一角

教培中心主要为宝钢及社会提供中等职业技术教育(包括中专、技校)、高等职业技术教育等学历教育,管理、经济、技术、技能、企业文化等各类培训,以及职业技能鉴定、特种作业安全考核等教育培训、鉴定、考核服务。

2001年,教培中心下属继续工程教育学院计算机教研室获集团公司"三八"红旗集体称号,工业技术学校老师高筱祝被评为集团公司"三八"红旗手,经济管理研修院获1998~2000年度集团公司先进集体称号,多媒体网络教育中心周胜获1998~2000年度集团公司先进个人以及"上海市先进教育工作者"称号,政治学校老师葛丽荣获集团公司"三学状元",教培室获集团公司"三学"活动优秀组织集体称号,工业技术

2001年宝钢教育奖获奖师生参观宝钢股份公司生产现场

学校老师李晓虹获上海市“学习宣传《国防教育法》征文”一等奖，教培中心获上海市“学习宣传《国防教育法》最佳组织单位”称号。

（陶云武）

【教育培训基本情况】 2001年，教培中心开展了继续工程、经济管理、操作维护技能、政治轮训、职业技能考核鉴定、中等职业技术、高等职业技术、研究生培养等方面的教育培训，共举办培训班1152个，培训学员71621人次。

年内，教培中心本着坚持教育培训必须服务与服从于企业的生产经营的指导思想，注重为集团各下属单位提供适应现场需要的优质教育培训服务。根据宝钢股份公司提出的提高员工人均受教育年限的规划，宝钢高级技工学校增开了新的专业，使来自宝钢股份公司的在校学员人数达到了633人；根据一钢公司不锈钢工程建设的需要，适时开展了一钢公司不锈钢工程从业人员职业技能培训；高级工培训中心与市环保局合作，在上海市首家开设了水处理高级工培训班；政治学校把教育培训对象从工人延伸到了干部，为宝钢股份公司炼铁部、化工公司等单位举办了干部政治理论、经营管理知识培训班，并在政治轮训中成功地加入了军训的内容；经济管理研修院根据新《会计法》实施的需要，对集团公司范围内的500余名会计人员进行了普及新《会计法》知识培训。

2001年，教培中心各办学实体采取各种有效措施，不断完善教育培训质量控制体系，整体用户满意率达92%。继续工程教育

政治学校学员在进行军训

学院重点加强了办班的调研、策划和组织工作；经济管理研修院将教育培训作为产品设计和产品生产的过程来进行，制订了规范的流程，保证了教育培训过程质量的一致性；工业技术学校在原有的“教学质量监控体系”的基础上，增加了“教学研讨总结”环节，使教育质量监控体系的管理条目达到了30条，形成了较完整的全面质量管理体系。政治学校通过实施“教师自选授课专题制”、“教师挂牌上岗制”、“教学质量末位整改制”等六项行之有效的制度，实行了教学质量课前、课中、课后的全过程管理。

全年，教培中心还接待了全国29所高校学生共2824人，来宝钢实习，接待全国16个单位28批来宝钢实习人员共724人。

（周铁强）

【继续工程教育】 继续教育学院全年共开办各类培训班、研讨班197个，参加培训人次达7323人次（具体参见下表）。2001年，新送培硕士研究生52人、博士研究生14人。在读的研究生总计达到146人。科研项目《多媒体全连铸动态学习系统》经评审结题，《集团公司专业技术人员科目指南》项目的11个子课题组的工作基本上按计划进度进行。

PLC系列培训。全年培训量超过170多人次。9月底～11月下旬，为一钢公司和宝信公司举办了三期西门子PLC培训班，培训人数50人，培养了一批能从事西门子PLC设备编程和开发的软件

继续工程教育情况一览表

部门	班数/项目数	培训人次	集团公司人次	股份公司人次	子公司人次	上钢系统人次	其他单位人次
工程	116	5117	52	3419	1239	188	219
计算机	51	1456	71	788	391	145	61
外语	22	500	52	305	115	26	2
东大	2	104	35	69			
网络	1	146		91	44		8
科研	5						
总计	197	7323	210	4675	1789	359	290

技术人员。

CAD系列培训。充分利用“全国CAD中心宝钢培训基地”和“Autodesk授权培训中心”的优势，培训人数达166人次，超出年初计划人数。

电气与仪表自动化技术研修。举办了9期培训(研修)班，包括“Factory Suit 2000自动化软件及应用”、“西门子工控技术”、“自动化技术和发展”和“MFA无模型自适应控制技术”等。

三电技术与计算机控制。围绕知识普及型、实用技能提高型、专题研修型和新技术介绍型四大类培训项目，对三电技术人员展开了旨在提高理论知识和业务技能的培训。

压缩机原理与技术培训、外委TOEFL班。为配合一钢铁公司不锈钢项目的建设，而开设了外语、计算机、PLC以及热轧工程技术人员培训班等多项培训。

（刘　航）

【经济管理研修】 经济管理研修院（简称经管院）全年合计办班101个，培训5419人次、4440学时。其中计划内办班57个，3214人次、3122学时；计划外办班44个，2145人次、1798学时。

2001年，经管院为配合集团公司各子公司学习宝钢的现代化管理模式、推行作业长制，先后为一钢公司、浦钢公司、五钢公司、二钢公司开办作业长任职资格培训班。为二钢公司、奉贤经委开办领导干部工商管理培训班。根据宝钢股份公司质量管理五年规划要求，经管院首次开办质量工程师资格考试辅导班，QS9000专项技术培训，并为二级厂部培训QS9000专项技术培训师资；为集团公司500名会计人员进行了继续教育。

（张锡芳）

【操作维护人员技能培训】 宝钢工业技术学校（简称高培中心），负责实施上海宝钢集团公司操作维护人员的技术、技能培训和特种作业人员的安全技术培训、考证。上海市特种作业安全技术宝钢考核站、上海市消防学校宝钢分校、上海市交通安全教育学校宝钢分校均挂靠在高培中心。2001年，高培中心共完成各类计划内培训11507人次，其中技能等级3335人次，单科培训524人次，计算机培训459人次，各类岗位培训872人次，班组长资格培训620人次，全员设备管理（TPM）培训3447人次，高级技能（大专）班（给排水、轧钢自动化、机电一体化、冶炼、煤化、动力等专业）633人，消防安全培训1456人，点检员培训174人次，技师提高与深化培训130人次；职工业余高中四期，共计1500人次；完成计划外培训1654人次，其中，为一钢公司培训四期，共计810人次；为益昌公司、宝森公司、沪昌特钢培训各类操作维护人员80人次；为开发总公司培训消防安全有关作业人员162人次；为宝钢冶金建设公

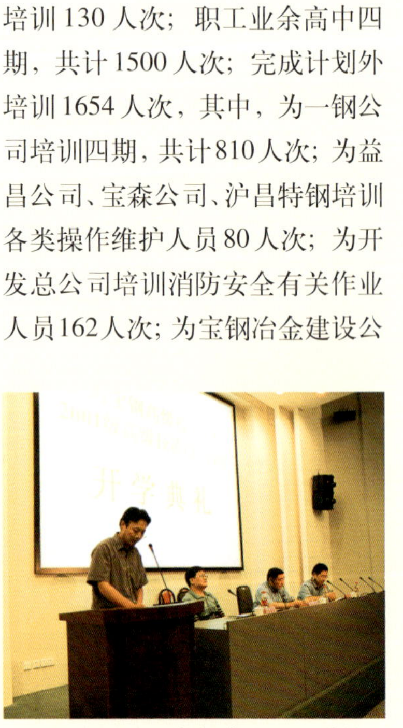

2001年9月，宝钢高级技工学校高级技能（大专）班开学典礼

司和其他冶建单位培训消防安全有关人员569人次，冶建公司大工种培训33人次。

2001年，考核站开设特种作业培训复训班288个，培训了学员14436人次，其中，为宝钢股份公司培训了7767人次，为宝钢股份公司举办了驾驶员日常教育、审证班137个，培训了学员12008人次。考核站还根据宝钢现场生产工具实际，将原来由各二级厂部自行培训的"兼职指吊"、"兼职切割"、"电动葫芦"三个项目纳入考核站管理，共开设培训班65个，培训了学员3572人次。

（杨荣明、孙智明）

【操作维护人员政治轮训】 政治学校（简称政校）开设了"宝钢股份公司的企业精神——忠诚·认真·严格·不断学习"课程，这是宝钢股份公司员工第六轮政治轮训的主题；"宝钢的发展前景"课程，着重讲述了宝钢股份公司2001～2006年的发展规划；"WTO知识"课程，着重讲授中国加入WTO以后，将会给宝钢和宝钢员工带来的机遇和挑战，以及怎样做好准备，抓住机遇，正确应对挑战；"宝钢的标准化作业"课程，主要讲授宝钢的基层管理知识。配合宝钢股份公司的组建和上市，在法律教育中开设了"中华人民共和国证券法"课程；为探索消除员工心理障碍的方法，开设了"宝钢员工的心理健康"课程；联系宝钢的"三高一流"活动和宝钢共产党员的先进事迹，在党员中开设了"三个代表的重要思想"

职业技能鉴定中心2001年共对6043人次进行了职工技能鉴定

课程。

政校全年共办班69期（计划内56期，计划外13期），共培训员工11071人，其中，宝钢股份公司员工9272人，上检公司、化工公司、国贸公司、运输公司等子公司员工1276人，新事业公司523人。（吴洪生）

【职业技能鉴定】 2001年7月，宝钢职业技能鉴定所完成了国家劳动和社会保障部、冶金工业技能鉴定中心对冶金特有工种和机械冷加工职业技能鉴定工作年度评估工作，评估考核的各项指标都为优秀。配合宝钢股份人事处的要求，根据国家职业分类大典，结合宝钢岗位实际技能需求，在统一规范宝钢股份公司岗位工种名称的基础上，组织编写了涉及炼铁、炼钢、化工、电力、轧钢等职业（工种）技能标准和鉴定规范。为了进一步丰富、完善鉴定测评手段，对能源部制氧分厂的高级气体深冷分离工种的职业技能鉴定，首次采用了试题案例化考核，提升鉴定技术含量。全年共开展鉴定6043人，其中，股份公司3750人（高级工1246人、中级工2169人、初级工335人），并对宝钢股份公司一、二期职工进行岗位新知识、新技能复考，全年累计完成3340人次。

为贯彻落实国家劳动和社会保障部关于《招用技术工种从业人员规定》指示精神，推行国家职业资格证书制度，共完成直接换证19250人。完成了14个比赛工种及其相关工种的组、审卷以及399人次的应知、应会考试的技能

2001年宝钢工业技术学校秋季田径运动会

鉴定实施工作。（邹烈明）

【中等职业技术教育】 宝钢工业技术学校已形成较完整的“宽基础、专门化”的中等职业技术教育模式。在“二二制”教学模式的基础上，推出“阶段式、模块化、重特色、强技能、分层次”的教学理念与计划。2001年，学校有五篇教学论文分获行业教研论文评比一等奖和二等奖；教师自行编制多媒体教学课件十多个，充分利用现代教学技术并取得了较好的成效。2001年，学校招生115名，毕业348名，在校学生总数940名。

2001年，宝钢工业技术学校被上海市教委批准为A类中等专业技术学校和市百所重点建设学校之一，电气自动化专业被列为市教委重点专业建设项目。杜辉获2001年上海市“三好学生”称号；沈艳华获2001年上海市“优秀学生干部”称号；9809班获上海市“三好班集体”称号；学生董玉祥、青年教师袁学勇获得上海宝钢集团公司“新长征突击手”称号；《繁星报》社获得上海宝钢集团公司“新长征突击队”称号。

（吴福民）

【高等职业技术教育】 华东师范大学宝钢职业技术学院和安徽工业大学宝钢职业技术学院大力推行高职教学改革与探索工作，加强理论课程的综合化改革、突出实验实践课程的应用能力培养的途径。2001年，华东师范大学宝钢职业技术学院共招收高职学生共116人，设有“计算机技术”、“机电一体化技术”两个专业；安徽工业大学宝钢职业技术学院共招收安徽104名新生，其中，64人在安徽工大宝钢职业技术学院就读“电气自动化”专业，另40名新生就读于安徽工大宝钢职业技术学院梅山校区的“机电一体化”专业。在校学生总数258名。（吴福民）

宝钢工业技术学校第六届校园文化艺术节闭幕式合唱表演

【东北大学网络学院宝钢分院开学】 9月7日，举行宝钢教培中心与东北大学正式合作成立东北大学网络学院宝钢分院开学典礼。东北大学网络学院宝钢分院首届2001级“计算机科学与技术”（专升本）专业报名人数达238人次，经过筛选有146人正式注册报到，他们将通过两年半的学习，修完28门“计算机科学与技术”（专升本）专业的课程，成绩全部合格者将获得东北大学本科文凭。

（刘　航）

【中日经济技术学院成立】 为了进一步发展中日文化经济、加强双方的合作交流、培养符合需要的高水准应用人才，上海宝钢集团公司和东京都中日文化经济交流协会合作开办的宝钢中日经济技术学院于3月19日举行了开学典礼，3月22～27日举办了学院第一期《网络安全知识》及《基层管理》研修班。来自集团公司、宝钢股份公司及各子公司的67名学员参加了研修。11月5～8日，学院举办《ERP研修》及《项目管理》研修班。来自集团公司、宝钢股份公司及各子公司的45名学员参加了研修。（刘　航）

【教师队伍建设】 2001年，教培中心规范了教师进修工作流程，全年共有43名教职工参加学历进修，其中攻读博士学位4人，攻读硕士学位12人，参加专升本学习18人，参加大专学习9人。88名教职工参加各种短期专业进修，17人出国进修或考察。年底，教培中心已有120人取得《中华人民共和国教师资格条例》所要求的教师任职资格证书，另有24人的教师资格证书正在申办。张曼青、陈列定、吴洪生、朱文兴等教师被评为学科带头人，葛丽等29名教师被评为教培中心骨干教师。

（李蓉妮）

【网络教育基础设施基本建成】 2001年，教培中心完成了新校区千兆内部校园网和因特网的建设，完成了电信ISDN专线的实时双向远程教学网和教室的建设，完成了闭路电视双向数字化改造并开通了VOD点播；形成了校园主干网、国际互联网、有线电视网、远程教学网四网并举的宝钢网络教育格局。年底，教培中心初步完成了网络的基础建设，为宝钢教育培训的数字化、网络化奠定了坚实的基础。

9月，教培中心开通了因特网宝钢教育网网站，建立了《网上教学》、《网上图书馆》、《宝钢教育杂志网络版》、《动态信息发布》等9个栏目。教培中心下属多媒体网络教育中心制作了1580热轧SP板坯定宽侧压机检修案例、纳米技术讲座、政校案例教学等多部教学片；下载东大网络学院6门课程180讲，并及时制作成宽、窄带课件，供主干网、因特网学员学习；制作双向闭路电视点播教学片50小时，供教师点播教学；采编了3门基础课程的动画教学素材，供工业学校基础课教师使用；采编了信息技术类网络课程16门，供网上教学使用。 （周　胜）

2001年宝钢教育奖获奖学生在宝钢股份公司厂区内植树纪念

【对外交流与合作】 3月28日，美国麻省理工学院管理学院学生访问团一行40人来宝钢访问。5月23日，加拿大大不列颠哥伦比亚大学（UBC）学生访问团一行20人来宝钢考察访问。4月6～13日，美国加州技术大学工学院院长彼得·李教授夫妇访问宝钢，与宝钢教委、公司人事部等有关人员就双方合作培养人才等问题进行实质性的磋商，并在宝钢教委作题为“美国工程教育的改革及政府、企业、学校联合的实践”的讲学。6月，德国LUEDENSCHEID职业技术学院两位教师来宝钢工业技术学校讲学。11月12～18日，荷兰特温特大学教育科学和技术系De Boer博士来宝钢教培中心作专题讲学访问，讲学内容涉及网络教育的现状及前景等。

根据宝钢教培中心与德国律登谢德职业技术学院及宝钢教培中心与荷兰特温特大学教育合作协议的有关条款，11月11～25日，以关壮民为团长的宝钢教育代表团对上述两所学校进行了友好访问，并举行了“宝钢—特温特大学第七届教育合作年会”。12月，教培中心组团分别访问了德国、芬兰、日本；宝钢工业技术学校与日本OTC公司续签“宝钢－OTC焊接技术培训服务中心”合作协议；与美国ABS咨询公司续签“宝钢－ABS技术培训服务中心”合作协议。 （陶云武）

领导、专家为10名荣获2001年宝钢教育奖“优秀教师特等奖”的教师颁奖

【2001年宝钢教育基金颁奖活动】 宝钢教育基金“2001年宝钢教育

奖颁奖仪式”，于11月30日在宝钢技术中心隆重举行。全国76所高校和中科院17个研究所的795名优秀师生荣获宝钢教育奖。其中,优秀教师特等奖10名；优秀教师奖182名；优秀学生奖603名。宝钢集团公司领导徐大铨、关壮民、赵昆,宝钢教育基金会名誉会长黎明、名誉理事长朱尔沛出席了颁奖仪式。中国科学院院士、中国工程院院士、宝钢顾问委员会首席顾问李国豪教授，中国科学院院士钱令希、柯俊、曲钦岳教授，中国工程院院士翁史烈教授等出席颁奖仪式并讲话。出席颁奖仪式的还有中国冶金教育学会理事长、宝钢教育基金理事会副理事长崔宝璐，教育部人事司副司长张兰春,以及全国48所大学、研究所的领导和有关部门负责人,5家新闻媒体的领导及160名获奖师生代表。颁奖仪式由宝钢集团公司副总经理赵昆主持。

（沈锡琪）

宝钢日报

【概况】 《宝钢日报》由上海宝钢集团公司主办，报社实行总编负责制。2001年,《宝钢日报》在册人员45人,其中在编人员28人,借聘人员17人。6月,《宝钢日报》总编辑马永建待退休，由沈珩任总编辑。10月，经集团公司党委同意,筹备《宝钢日报》改版事宜。11月，在集团公司经理书记办公会上,原则同意《宝钢日报》改版,并提出“办报费不增、人员不增、报纸质量提高”的要求。11月19日,上海市新闻出版局正式下文,批准《宝钢日报》改版为对开四版报纸。12月1日起《宝钢日报》正式改版。12月11日，沪宝钢字(2001)444号文件《关于宝钢日报改版有关问题的通知》下达,确定《宝钢日报》有关事宜，同意报社设5个部门：编辑部、新闻部、政文部、副刊部、总编室；对报道内容、版式等进行了调整和充实。

2001年2月14日，宝钢举行“反对邪教、保障人权”职工签名活动

2001年,《宝钢日报》新闻报道实现舆论误导为零、失泄密事故为零、重大事件失实为零、有偿新闻投诉为零。版面编校差错率全年平均在万分之一以下，低于国家新闻出版总署规定范围的万分之三。

2001年，在全国性和省市级企业报好新闻评比中,获一等奖8个、二等奖9个、三等奖3个，好版面奖3个，优秀征文奖3个，居全国企业报前列；并荣获第三届全国企业报“先进报纸”称号。

（王明伟）

【分配机制改革】 为了提高全体编辑、记者的工作积极性、创造性，根据宝钢集团公司细化经济责任制的精神，结合报业的具体情况，推出了《宝钢日报分配方案》,方案的分配对象为集团公司在编员工和借聘人员；在编人员的固定收入部分由岗薪工资、年功工资、效益工资和其他补贴组成，借聘人员由协议工资和其他补贴组成；业绩奖以按劳分配、多劳多得、质优奖励为原则,编辑的版面、记者的稿件根据质和量,均折合为分值,实行量化管理,按每人每月完成分值的总量计奖。分配方案于4月起试行。

分配方案试行后，拉开了业绩奖的档次，进一步调动了全体员工的工作积极性，有些记者的写稿量比过去增加50%，取得了较明显的效果。 （王明伟）

【报道方针与要求】 报社认真贯彻十五届六中全会《决定》、江泽民总书记“七一”重要讲话及宝钢干部大会精神，围绕企业的中心工作，确定了2001年《宝钢日报》的工作方针是：巩固提高，稳中求新，面向职工，服务宝钢。

做好重大事件的报道。主要有江泽民总书记视察宝钢、吴邦国副总理视察宝钢、建党80周年、申奥成功、加入WTO、宝钢召开“两会”、谢企华参加APEC会议的CEO峰会等。

坚持突出主旋律。及时报道了学习贯彻“三个代表”重要思想、领导班子开展“三讲”活动、集团公司组建三周年、三期工程验收、创业与就业、减员增效、国际化经营等。

宣传典型人物和事件。其中有上海市十大工人发明家韩明明、上海市优秀思想政治工作者陆振家、宝钢股份炼铁厂烧结区域环境整治、一钢公司“老平炉唱响创业歌”等。（王明伟）

【报纸发行】 根据沪宝钢委办(2000)第13号文件《关于〈宝钢日报〉实行收费订阅的通知》的精神，从2001年开始，《宝钢日报》由原来的免费送阅，改为收费订阅。每份单价0.40元，全年定价120元。订报收费统一交上海宝钢集团公司计财部。宝钢股份公司及原宝钢集团子公司员工每户一份；原上钢、梅山系统的企业订阅至班组。

全年《宝钢日报》出版305期，每期发行量49100份。发行形式主要有：友谊路及周边地区的订户由宝钢退管会负责投递；上海市区的订户委托邮电局投递；单位集体订阅的由宝钢新事业公司发行站送达；外省市订阅的报纸作为印刷品每周邮寄两次。

（王明伟）

宝钢电视台

【概况】 宝钢电视台隶属上海宝钢集团公司，实行台长负责制。至2001年底有员工27人，其中，大专以上学历16人；高级职称3人，中级职称2人；专业技术人员占75%以上。宝钢电视台下设新闻部、节目部、专题部、技术部。

2001年，宝钢电视台播出频道由32个增加至44个，其中，自播2个频道，其余为转播频道，网络用户4.5万户。一年来，宝钢电视台围绕企业生产经营、迎接庆祝建党80周年、发挥集团优势、企业技术创新、建设精品基地、效益最大化、党内“三高一流”企业文化的宣传，按照实现“两个世界一流”目标的要求，坚持正确的舆论导向，完成了宣传报道任务，全年采编新闻达2200条以上，摄制专题片60部；自办栏目有《宝钢新闻》、《宝钢与市场》、《周末》、《文化视野》。全年实现了“政治事故为零、重大新闻漏报错报为零、《宝钢新闻》重大失实泄密为零、网络运行重大故障为零”的目标。

2001年，宝钢电视台荣获中国冶金文联先进电视台，上海电视台优秀通联集体称号；王震民被评为中国冶金文联电视台先进工作者；王小甫被评为中国冶金文联先进电视台台长。获奖作品有：在第五届中国行业电视节目展评中“宝钢成为外国专家培训基地”获好新闻一等奖；科教专题片获三等奖。此外，获上海电视系统“好专题、好新闻”二等奖2个、三等奖1个。（陈党耀）

【建党80周年宣传工作】 宝钢电视台以“三个唱响”(共产党好、社会主义好、改革开放好)为主要内容，结合党的建设、生产经营、改革发展成就，精心策划部署建党80周年的宣传报道并贯穿全年。3月起，以宝钢股份公司条钢部党委开展“带头带动，改进创新党内主题活动”的报道拉开了建党80周年宣传报道的序幕，在《宝钢新闻》中开办了“迎接建党80周年专题报道”等栏目，6、7、8月达到了宣传高潮。仅6月，动态报道、典型报道、深度报道就推出30多条（部）。优秀党员、好书记、好党委、先进基层党组织的先进事迹不断出现在荧屏上，形成了纪念建党80周年宣传的浓厚氛围。“七一”前后，由电视台摄制播出的典型人物和先进集体的专题片达到30多部。同时，多视角全方位地展示宝钢的建设、发展、联合重组所取得的成果，形象地宣传、歌颂了党的改革开放政策。“七一”以后，电视台把宣传江泽民总书记的重要讲话作为一项重要任务，及时报道了公司党委中心组、各子公司、基层单位学习贯彻的动态和典型经验，同时向市台和中央台作了报道。（陈党耀）

【圆满完成拍摄江总书记视察宝钢

的任务】 江泽民总书记视察宝钢的报道任务下达后，电视台立即投入电视汇报片的制作中。从讲政治的高度，怀着对江泽民总书记的敬仰之情，采编人员积极查阅《宝钢志》，查找照片资料，调阅磁带库中江泽民总书记历年共8次视察宝钢的珍贵镜头。一部由集团公司党委书记助理莫臻撰稿，经过两昼夜精心编辑的电视汇报片《办世界一流企业，创世界一流水平》”(12分钟)，赶在6月13日江总书记视察宝钢时播出。

6月13日，江泽民总书记视察宝钢，电视台分三路拍摄采访。记者们以高度的政治觉悟、高超的业务技能和良好的道德素养，用摄像机完整真实记录了江泽民总书记视察宝钢的珍贵镜头（片长24分钟)。录像资料经领导审定并剪辑后多次被市台及中央台采用。江泽民总书记视察宝钢结束后，电视台领导自己撰稿，采编人员配音、编辑、合成，送审，高质量完成了7分钟的新闻报道片，得到集团公司领导的充分肯定后，刻录成VCD，成为各单位贯彻江泽民总书记80周年重要讲话，贯彻“两个世界一流”题词精神的重要学习内容。 （陈党耀）

【两个重要会议的宣传报道】 5月，国家计委、国家经贸委分别在宝钢召开“三期工程竣工验收大会”和“国企改革座谈会”。为了准确、及时宣传和展示宝钢三期工程建设和宝钢集团组建的成果，电视台提前介入，了解报道要求，早在2月拟出宣传报道提纲，并将本台制作的《上海宝钢》等5部专题片，加工成精美的VCD礼品，赠送给参加两个会议的代表。会议期间，电视台严守新闻报道纪律，在积极认真地做好会议重要活动的动态报道外，精心推出六集“三期工程”系列报道和七集“联合重组”等颇有深度的系列报道，并外发给央视、上视、东视等台采用。会务组转录了宝钢电视台播出的录像资料。（陈党耀）

【宝钢“三讲”和“三个代表”学习教育报道】 7月12日，中组部“三讲”指导检查组同宝钢领导班子举行见面会，直至8月10日“三讲”学习教育活动总结大会。其间，对该项报道近20次，其中，70%作头条播出。宝钢“三讲”活动的三个步骤包括集团公司召开“三讲”动员大会，领导班子及成员自我总结民主评议，抓紧落实“三讲”重大整改项目等关键节点，都作了全面深入重点报道，将宝钢“三讲”活动能讲出实效、讲出经验体现出来，将宝钢“三讲”活动领导班子成员学习领会江泽民总书记“七一”讲话精神，学习贯彻“三个代表”重要思想体现出来。7月14日、27日，宝钢集团公司分12个小组座谈，电视台跟踪拍摄报道，及时报道座谈的主要内容和领导指示精神，对影响宝钢改革与发展的突出问题和群众关心的热点问题概括提炼，留下了宝贵的历史镜头。

（陈党耀）

【坚持正确舆论导向】 对学习贯彻党和国家的重大方针政策的报道，集团公司重要会议、重大活动的宣传，电视台坚持正确的舆论导向，以高度的责任感和政治敏感性，在第一时间作准确报道。2月，当中央电视台播出了“法轮功”顽固分子蓄意制造“自焚事件”后，宝钢电视台也迅速向市台报送了宝钢离退休干部揭批“法轮功”的新闻，此新闻同时被中央台采用。党的十五届六中全会公报一发表，宝钢领导接受本台记者采访的报道即在市台播出。

2001年，电视台还多次圆满完成了外国元首、政府首脑和中国高层领导参观视察宝钢的采访任务。 （陈党耀）

【推出系列化深度报道】 2001年，电视深度报道的重点、内容覆盖整个宝钢集团。推出了近30个系列报道：宝钢汽车板应对WTO挑战；宝钢管线钢打响中华牌；质量管理在宝钢；建设具有竞争力的物资供应链；新世纪宝钢的新产品、新技术；辉煌的开拓者；岗位竞聘；马迹山港建设；梅山热轧厂推出“CS”战略；一钢不锈钢工程建设；宝钢帕萨特汽车板实现阶段性突破；宝钢管线钢，宝钢轨道用钢，宝钢炼铁厂的技术创新宣传报道等，都做到了新闻和背景、动态报道和深度报道相结合，不仅大大深化丰富了报道内容，为生产一线鼓了劲，而且为前进中的宝钢添光彩。此外，宝日制铁、鲁宝钢管等子公司的改革成果报道也频频亮相。系列报道平均每月推出2~3个，深度报道每月8条左右。

11月，宝钢股份公司获得全国质量管理奖，电视台派出记者跟随宝钢股份公司艾宝俊总经理进京，在颁奖大会上作专访，获得圆满成功。 （陈党耀）

【镜头对准基层先进人物】 “五一”前夕，电视台承担了34名劳模、27个劳模集体的宣传报道任务。全台进行动员，以劳模精神拍劳模，突击完成了12部劳模专题片。在“五一”长假期间，电视台开辟了劳模事迹宣传特别节目。电视台还拍摄了宝钢科技专家、技能专家、操作能手等人物专题。市劳模、科技专家《单旭沂的一天》获得上海市总工会劳模专题片展评作品优秀奖。同时，电视台还为劳模刻制了VCD专辑。

（陈党耀）

【网络运行连续五年获市达标单位】 宝钢有线电视网络带宽为450兆邻频系统，覆盖宝钢1~11村、宝林1~9村、宝山8~10村及月浦地区。经过6年多运行，按设计要求网络已进入更新期，由于维护措施得力始终保持较好状态。2001年，市台频道变动频繁，央视及外地卫星电视增加频道12个，因此必须随时调整本台的播出频道，为观众提供收视方便。6月，配合宝山区政府整治架空线黑色污染，电视台连续几夜组织施工，完成了电视光缆穿过道路入地工程，并保证了信号一次切换成功。11月，配合住宅施工，对电视台至友谊路地区总干线进行改造。 （陈党耀）

刊 物

【宝钢技术】 《宝钢技术》是上海宝钢集团公司主管、上海宝钢研究院主办的技术刊物，大16开本，创刊于1983年12月，季刊，持有上海市新闻出版局批准的期刊登记证沪刊第394号。1985年1月25日，改为沪内刊第68号。1988年，被国家科委批准为国内发行的正式期刊，国内统一刊号CN31-1499/TF，1992年由季刊改为双月刊，逢双月出版，印数3500册。1998年，被上海市新闻出版局批准为国内外公开发行的专业期刊，国际刊号ISSN1008-0716。《宝钢技术》现任编委会主任委员徐乐江。办刊宗旨为：“开发创新、消化吸收、交流传播，使《宝钢技术》为推进上海宝钢技术进步，展示宝钢技术创新成果服务”。主要刊登上海宝钢集团公司范围内有关钢铁冶炼、轧钢工艺、钢铁材料、机电技术、耐材、能源、自动化、仪表、化工、理化检验、综合利用、环保等方面论文以及国内外新技术述评等。主要栏目有：综述、生产实践、新技术开发与应用、试验研究、问题讨论、专利信息等。全年，《宝钢技术》出刊6期（约66万字）、增刊1期（约11万字）。除编辑出版外，《宝钢技术》编辑部组织2000年度获奖论文评选以及与上海市部分优秀期刊编辑部的业务交流等活动。在人员不断减少的情况下，《宝钢技术》编辑部注重刊物的内在质量和外观质量，全年差错率控制在0.2‰规定范围，达到全国期刊出版标准。 （翁国强）

【世界钢铁】 《世界钢铁》（原名《宝钢情报》），是上海宝钢集团公司主管、上海宝钢研究院主办的技术刊物，创刊于1979年。1993年第1期起更名为《世界钢铁》。2001年，上海市新闻出版局批准为国内公开发行的专业期刊，国内统一刊号CN31-1936/TF。《世界钢铁》现任编委会主任葛洪林。办刊宗旨为：“跟踪报道国内外钢铁冶金方面的先进工艺、先进装备、新技术、新产品及综合信息”，是宝钢人及钢铁冶炼专业人员了解世界的窗口。《世界钢铁》（双月刊）从2001年第1期起逢单月出版，印数2000册，主要刊登国内外各大钢铁企业有关钢铁冶炼、轧钢工艺、钢铁材料、自动化、产品、环保、设备、油气润滑等先进工艺、装备方面文章。主要栏目有：综述、试验研究、生产应用、技术开发与改造及综合信息。年内，《世界钢铁》出刊6期，计64篇，约76万字，其中一期为小专刊“EMBR”——电磁制动。至年底，《世界钢铁》累计出刊103期、增刊2期、专讯40期、导刊2期、专集10期。《世界钢铁》编辑部还组织了新编委座谈会以及与上海市优秀期刊的业务交流等活动。特别是在人员大幅度减少情况下，《世界钢铁》编辑部仍注重刊物质量，全年差错率控制在0.2‰的规定范围内，达到全国期刊出版标准。 （翁国强）

【宝钢志通讯】 《宝钢志通讯》创刊于1986年，是真实反映宝钢各个历史发展阶段情况的史料性刊物，旨在公开收集史料、多方考证、资政育人存史。持有上海市连续性内部资料准印证[K]第162号，季刊，每期发行量为2200本。该刊物主编欧阳英鹏，至年底，累计出版61期，约690万字。2001年共出版了4期（第58～61期）。（史志办）

【上海宝钢年鉴(2001)】 为上海宝钢集团公司年度性刊物，主编关壮民，该部年鉴全面系统记述上海宝钢集团公司成立后，机关各部门和各子公司锐意改革、积极进取的基本情况和重大事项，配有照片图表，图文并茂，直观地反映各单位的新变化、新经验、新成就，为各级领导科学决策和管理实践提供借鉴与依据，为精神文明建设、物质文明建设提供翔实的资料，为"宝钢人"和社会各界了解、认识、研究上海宝钢集团公司提供真实、可靠的史料。全书372页，版面文字62万，照片225张，全彩印。本部年鉴共设26个栏目、609个条目（子条目），2001年10月，由上海社会科学院出版社出版，印数2000册，大16开，书号为ISBN 7-80618-906-8/Z · 160。（史志办）

【学习与创新】 创刊于1984年6月的《学习与创新》是上海宝钢集团公司思想政治工作研究会会刊，持有上海市连续性内部资料准印证。编委会主任欧阳英鹏，主编莫臻。年内共编辑出版《学习与创新》15期，其中正刊12期，专刊3期。3期专刊分别为《徐大铨董事长在2000年上海宝钢集团公司干部大会上的报告》、《上海宝钢集团公司成立两周年专辑》、《上海宝钢集团公司再就业工程推进大会专辑》。《学习与创新》第12期版面改版（试行），开本由16开改为大16开。（沈葆君）

【宝钢文艺】 创刊于1987年2月的《宝钢文艺》是一份64页双月刊综合文艺刊物，持有上海市连续性内部资料准印证。主办单位是集团公司企业文化部，主编莫臻。《宝钢文艺》以"展现创新风貌，讴歌宝钢新人"为宗旨，其内容紧紧围绕宝钢的生产经营，贴近生活，弘扬正气，突出"纪实性、教育性、普及性、资料性"。2001年《宝钢文艺》共出版6期。（吴久德）

【宝钢教育】 2001年，《宝钢教育》杂志和其附刊《人才 · 教育 · 培训》合刊。共出10期，其中，包括出增刊1期。共发表文章近500篇，约90万字。合刊后的《宝钢教育》杂志为大16开，每期40页，开设有"信息快递"、"书记谈教培"、"教培园地"、"理论经纬"、"校园传真"、"现场在线"、"一言集"、"园丁风采"、"教培超市"、"万花筒"、"他山之石"、"办班预告"、"为您服务"等栏目。为了扩大读者面，杂志在年初还开设了网络版。（周铁强）

【宝钢经济与管理】 《宝钢经济与管理》的主办单位为上海宝钢集团公司规划发展部、企业管理协会、经济管理研修院，主编张森。双月刊。4月，《宝钢经济与管理》编辑部和企协召开"宝钢应对WTO"研讨会，集团各子公司的领导、经营者、专家学者代表30多人应邀参加研讨会；与会的领导和专家们分别就宝钢进入WTO后，在金融、人力资源、房地产业、钢铁营销等方面所面临的挑战和机遇，论述了应采取的对策措施。编辑部坚持精品杂志的原则，精心选稿、编稿，使杂志质量有了进一步提高，全年没有发生泄密、失实及观点导向方面的错误。（陈益群）

人物与表彰

RENWUYUBIAOZHANG

人物与表彰

一、上海宝钢集团公司领导简介

徐大铨

中共党员，教授级高级工程师，第七、第八届全国政协委员。1998年11月始任上海宝钢集团公司董事长、党委委员。2001年3月起任党委常委。

谢企华（女）

中共党员，教授级高级工程师，中共中央候补委员。1998年11月始任上海宝钢集团公司副董事长、总经理、党委委员。2000年2月起，兼任宝山钢铁股份有限公司董事长。2001年3月起任党委常委。

关壮民（满族）

中共党员，高级工程师，中共十五大代表、上海市七届市委委员。1998年11月起任上海宝钢集团公司副董事长、党委书记。

徐乐江

中共党员，教授级高级工程师，1998年11月起任上海宝钢集团公司董事、副总经理、党委委员。2001年3月起任党委常委。

尹　灏

中共党员，高级工程师，七届全国人大代表。1998年11月起任上海宝钢集团公司董事、党委副书记。

艾宝俊

中共党员，高级会计师，1998年11月起任上海宝钢集团公司董事、总会计师、副总经理、党委委员。2000年2月起，兼任宝山钢铁股份有限公司总经理。2001年3月起任董事、党委常委。

何文波（满族）

中共党员，高级工程师，1998年11月起任上海宝钢集团公司董事、副总经理、党委委员。2001年3月起任党委常委。

葛红林

中共党员，教授级高级工程师，1998年11月起任上海宝钢集团公司董事、副总经理、党委委员。2001年3月起任党委常委。

戴元永

中共党员，高级工程师，1998年11月起任上海宝钢集团公司副总经理。2001年3月起任党委常委。

欧阳英鹏

中共党员，高级政工师，1998年11月起任上海宝钢集团公司党委副书记。2000年2月起，兼任宝山钢铁股份有限公司党委书记。2001年3月起任党委常委。

赵如月（满族）

中共党员，高级政工师，1998年11月起任上海宝钢集团公司纪委书记、党委委员。2001年3月起任党委常委。

赵　昆

中共党员，高级工程师，2001年3月起任上海宝钢集团公司副总经理。

马国强

中共党员，副教授，2001年3月起任上海宝钢集团公司副总经理。

（干部处）

二、先进人物

劳兆利

1970年生，大学文化，中共党员，工程师，宝钢股份公司设备部轧钢一室副主任。

1999年获集团公司“岗位能手标兵”，并被授予“曾乐式青年”称号。2000年获宝钢股份公司首批“金牛奖章”，被评为上海市90年代十大杰出青年建设者、上海市新长征突击队队员、上海市劳动模范。2002年又获得全国“五一”劳动奖章。

王安安（女）

1953年1月生，安徽安庆人，中共党员，大学文化，全国注册监理工程师、土建专业高级工程师，一钢公司设计院院长兼一钢建设公司总经理。

在公司2500立方米高炉工程烧结细碎室隔振及120米高烟囱桩基失效难题中，应用先进工艺攻克难关，为公司节省250万元投资费用，确保工程如期上马。尝试推行项目经理负责制及参值考核分配制度，使建设公司和设计院面貌焕然一新，在不锈钢工程前期拆迁工程中，效果明显。2000年获“上海市三八红旗手”称号。

郁　竑

1951年8月生，江苏南通人，中共党员，工学学士，教授级高级工程师，上海钢铁工艺技术研究所所长，国家级钢筋机械连接技术研究推广中心主任。1996年获首届“上海市发明家”称号，2001年获第七届“上海市科技精英”称号，2002年获得全国“五一”劳动奖章。

徐　军（女）

1959年10月生，浙江鄞县人，中共党员，大学文化，高级工程师，一钢公司科技部科研处副处长。

她抱着“用户需要是我的责任”的宗旨，致力于新钢种、新产品的研制开发，1999年开发出NSI、SM490A、热轧新III级钢筋等新产品。为解决NSI产品相配套的焊丝工艺，三下扬州，深入工地掌握第一手资料，终于攻克了这一难题，赢得了市场，取得良好的社会效益和经济效益。2000年获“上海市三八红旗手”称号。

周金发

1961年7月生，江苏高邮人，中共党员，高中文化，技师，上海宝钢建设有限公司安装工程分公司冷焊一组组长。带领的班组曾获得上海市红旗班组、上海市劳模集体称号，2000年获得上海市劳动模范称号。

宋莲娣（女）

1955年2月生，江苏淮安人，中共党员，中专文化，经济师，上海宝钢建设有限公司再就业管理中心负责人。克服困难，出色完成公司减员分流和再就业工作。2000年获得“上海市三八红旗手”称号。

三、科技人物

郁 玹

1951年8月生，江苏南通人，中共党员，工学学士，教授级高级工程师，上海钢铁工艺技术研究所所长，国家级钢筋机械连接技术研究推广中心主任。

他所发明的钢筋冷压连接技术改变了建筑施工中钢筋连接沿用的传统方法，填补了我国钢筋机械连接技术的空白，并为该项成果的产业化作出了贡献，获国家发明三等奖、上海市科技进步一等奖和中国发明金奖、中国专利优秀奖等，此后又开发了钢筋锥螺纹连接技术和镦粗直螺纹连接技术，共获中国专利5项。作为主要起草人编制的我国第一部《钢筋机械连接通用技术规程》已作为国内各大建筑设计院的设计依据，并参加编制了ISO/WD15835国际标准，提出的有关抗震性能指标和测试方法被采纳编入标准。1992年享受政府特殊津贴。

朱世忠

1971年2月生，江苏六合人，大学文化，宝钢股份公司工程师。

他负责的主要科研项目有：钻杆惯性摩擦焊和焊缝热处理工艺及其监控装置的研究；钻杆线测量点喷标设备的引进及其相关自动化系统的改造；提高焊缝热处理回火控温精度及焊缝精加工产能的研究等。其中，“提高焊缝热处理回火控温精度及焊缝精加工产能”的研究项目，已经将钻杆的年产量提高到10500吨，可为宝钢创造利润5000万元/年以上，2001年获上海市优秀新产品一等奖。

高玉田

1938年生，上海市人，大学文化，高级工程师，宝钢电气控制技术专家。

他所发明的《宝钢2030毫米外耦滚筒式协衡飞剪》，获第八届中国专利新技术新产品博览会金奖、上海市1999年上海市优秀发明一等奖和国家机械工业局1999年科技进步特等奖、2000年国家科技进步二等奖、2001年获中国专利金奖。1993年起享受政府特殊津贴。2000年国家人事部主编的《中国专家大辞典》收录了高玉田及其事迹简介。

王伟民

1955年2月生，江苏海门人，大专文化，宝钢股份公司工程师。

由他负责的科研课题《4″无接箍套管开发》，当年获直接经济效益294.36万元，达到了国际先进水平，中原油田用该产品修复了50口油井，取得较好效果。该项目2000年9月通过国家冶金局主持的成果鉴定，被评为2001年上海市优秀新产品二等奖，2001年被评为上海市技术创新先进工作者。

四、代表、委员

1. 当选为中国共产党代表大会代表或委员

中共第十五次全国代表大会代表：关壮民

出席中共十五大的还有：黎　明　谢企华（女）

中共第十五届中央委员会候补委员：谢企华（女）

中共上海市第七次代表大会代表：

（按姓氏笔画为序）

丁如晨（女）　孔繁云（女）　王鸿锷
王肇平　尹　灏　叶国平
关壮民　李其世　朱国强
华建新　许俊章　庄根子
吉福关　陈安杰　张思明
吴慧萍（女）　郑礼贞（女）　郑　勇
周志秀（女）　梁兆贤　崔　健
董文军　董　祥　谢企华（女）
戴元永

中共上海市第七次代表大会列席代表：

黎　明　朱尔沛

中共上海市第七届委员会委员：关壮民

中共上海市第八次代表大会代表：

（以得票多少为序）

谢企华(女)　关壮民　欧阳英鹏
卞恩君　吴慧萍(女)　赵如月
伏中哲　单旭沂　谢　蔚
叶国平

中共上海市第八届委员会委员：谢企华(女)

2. 当选为人民代表大会代表

第九届全国人民代表大会代表：田定宇

上海市第十一届人民代表大会代表：

（按姓氏笔画为序）

王文斌（女）　孙振华　叶舜发
乐景彭　李守纪　李其世
张　杰　张思明　陈家光
林怀平　高小枚（女）　徐乐江
谢毛弟　葛红林　焦贤仲

上海市第十一届人大常委会委员：张思明

3. 当选为政协委员会委员

上海市政协第九届委员会委员：

（按姓氏笔画为序）

丁　山　马鄂云（女）　王少炯
孙柏年　叶舜发　张立仁
郑　勇　胡国胜　章念祖
戴元永

4. 当选为总工会委员会委员

中华全国总工会第十三届执行委员会委员：卞恩君

中国机冶建材工会委员会常委：卞恩君

上海市工会第十届委员会委员：

卞恩君　卞进利　朱义明　林怀平

5. 当选为共青团代表大会代表或委员

上海市共青团第十一次代表大会代表：

（按姓氏笔画为序）

王　琴（女）　王强民　王　鹏
叶　萍（女）　刘长威　华雪英（女）
吴文忠　张　超　张　耀
宋　震　范文蓓（女）　幸利军
庞志荣　周　昌　周鹏飞
郭庆林　俞　琳（女）　施惠刚
窦从容（女）

上海市共青团第十一届委员会委员：刘长威

五、人物传略

马 丕 (1920.02～2001.02.24)

1920年2月生，河北平山人，2001年2月24日7时05分因病医治无效在上海逝世，享年81岁。

马丕1939年2月参加革命，同年加入中国共产党。战争时期历任县委书记、区委书记、武工队政委、县委城工部部长、县委宣传部部长、地委土改组组长等职。建国后，历任华北公路管理局运输处秘书、人事处组织科长，华北汽车运输总公司办公室主任，上海船舶修造厂副厂长、党委副书记、书记，上海东昌区区委书记，上钢一厂厂长、党委书记，上钢三厂党委书记，上海市造船局党委书记，上海市冶金工业局党委书记。1985年12月离休。

马丕曾当选为中共十二大代表，中共上海市第二次、第五次代表大会代表。

张本道(1928.12.09～2001.10.27)

1928年12月生，江苏泰兴人，2001年10月27日因病医治无效在上海逝世，享年73岁。

张本道1944年3月加入青年解放团。1944年9月加入中国共产党。1944年11月，在江苏省宝应县参加新四军。学习后任司药、军医。1947年7月在东海突围战斗中立三等功。1948年5月在苏中反扫荡战役中受重伤，为三等甲级残废。后任部队医训队副队长、医院内科代主任等职。参加解放上海的战斗。1955年获得解放奖章。1958年后，历任上海工人疗养院党支部书记兼办公室主任，上海钢铁研究所党委宣传部部长，上海冶金设计院政治处主任，上海第五钢铁厂二中试党总支书记。1977年12月参加宝钢建设，历任宝钢工程指挥部政治部组织处处长，宝山钢铁总厂干部处处长、机关党委书记。1988年12月离休，参照副局级待遇。

高彦思 (1926.08～2001.06.03)

1926年5月生，山东沂南人，2001年6月3日因病医治无效在上海逝世，享年75岁。

高彦思1943年5月参加革命，1944年7月加入中国共产党，战争时期历任班长、排长、连长等职。曾参加过莱芜、济南、淮海、渡江等战役，多次立功受奖。建国后，历任华东海军海岸炮兵独立营连长、营参谋长、营长。1955年被授予大尉军衔，并获得独立自由奖章和解放奖章各一枚。1961年从部队转业到地方，先后任上海吴淞化工厂党委副书记，上钢一厂无缝钢管车间党总支书记，上海钢管厂政治处主任、厂长兼党委副书记。1982年10月离休，享受局级待遇。

周太平(1920.07.20～2001.12.25)

1920年7月20日生，四川宣汉人，2001年12月25日因病医治无效在上海逝世，享年82岁。

周太平1933年2月参加革命，1934年7月加入中国共产党。1935年参加红军二万五千里长征，先后在33军297军团任司号员、号长、排长，红五军团任书记员、司号排长，红五军团29师任师部学员、秘书等职；先后参加了三河场、仓溪县、俞家坪、扬柳关、保宁府、剑阁县、江由县、松潘等战斗。抗日战争时期先后在山西省115师南阳团、山东纵队渤海分区担任指导员、政工干部。相继参加了山西汾离公路、晋西南、山东鲁西、莱芜等战斗。解放战争时期先后在东北第六纵队18师、东北43军129师担任副政指、政指、营长、教导员等职，先后参加了东北、长春、鞍山、辽西、吉林“第二次攻打长春”等战役。1949年随43军担任南下工作队员。为巩固胜利果实、与匪徒不折不挠的斗争。新中国成立后，先后在南路军分区16团、高雷军分区23团、华南军分区22团任政治处主任，1953年1月从部队转入地方，曾在广东省财政局、统计局任办公室主任，1958年6月调任上海第二钢铁厂副厂长。1983年9月离休，享受局级待遇。

邹　民（1919.11～2001.12.27）

1919年11月生，江苏武进人，2001年12月27日因病医治无效在上海逝世，享年82岁。

邹民1942年2月参加革命，同年10月加入中国共产党。战争时期在苏中军区三分区总务科、苏中公学供给科、苏中军区祥太公司、华东军区后勤军管部、志愿军后勤二分部任股长、科长、副处长等职。曾参加过淮海、渡江、上海等战役及抗美援朝。1958年从部队转入地方后，历任上钢四厂、冶金建筑安装大队、冶金局援阿办、安徽八五钢厂等单位副队长、副主任。1979年11月任上海市冶金工业局办公室副主任。1983年11月离休，享受局级待遇。

田定宇（1943.03.30～2002.03.14）

1943年3月生，河南开封人，中国共产党党员，教授级高级工程师。第八届上海市政协常委，第九届全国人大代表。2002年3月14日零时48分，在上海因心脏病抢救无效逝世，终年59岁。

田定宇，1967年毕业于上海工业大学电冶金专业，1988年任上钢三厂总工程师，1955年初任上海冶金设计研究院院长，不久调回上钢三厂担任厂长，上钢三厂改制后任上海浦东钢铁（集团）有限公司总经理、上海冶金控股集团公司董事兼任上海浦东钢铁（集团）有限公司董事长，1999年8月又调任上海冶金设计研究院院长，并担任上海宝钢工程技术有限公司副总经理兼上海宝钢设计研究总院院长，中国金属学会常务理事、中国特钢协会不锈钢分会副会长、上海市突出贡献专家协会常务理事、上海市勘察设计协会副理事长等。

田定宇长期在钢铁战线上从事生产、科学研究、工程设计及领导管理工作，主持并参加完成的科研项目《炼钢电弧炉水冷挂渣炉壁》、《FP系列喷粉罐及应用》、《上钢三厂转炉方坯全连铸生产技术》等科研项目，分别获部、市和国家科技进步奖。1988年荣获国防科委颁发的"献身国防科技事业"荣誉证章。1994年10月起获国务院特殊津贴。

在他的主持下，引进了我国冶金工业利用外资项目——上海克虏伯不锈钢工程并首任上海克虏伯不锈钢有限公司董事长，组织领导了该公司的一期建设。担任上海宝钢设计研究总院院长后，负责组织编制上海宝钢集团公司发展规划和负责组织宝钢集团一钢公司不锈钢工程、宝新不锈钢有限公司二期工程、上海克虏伯不锈钢有限公司二期工程和宝钢集团五钢公司不锈钢长型材工程等设计工作，为上海宝钢集团公司技术改造和钢铁精品基地的建设，为我国的不锈钢事业的发展，做了大量的卓有成效的领导组织工作。

六、荣誉与表彰

（一）工业系统先进基层党组织和党员表彰

1. 全国先进基层党组织

宝钢股份公司党委

2. 上海市先进基层党组织

宝钢股份公司党委

3. 上海市优秀共产党员

郑　勇　浦钢公司厚板厂厂长助理

4. 上海市优秀党务工作者

陆振家　宝钢股份公司炼铁部党委书记

吴慧萍　梅山公司党委副书记、副董事长

5. 上海市工业系统先进基层党组织

宝钢股份公司党委

宝钢国贸总公司党委

益昌薄板公司党委

梅山公司炼铁厂党委

一钢公司钢板厂轧钢车间党支部

浦钢公司型钢厂小型车间党支部

6. 上海市工业系统优秀共产党员

单旭沂　宝钢股份公司热轧部计算机技术主管、宝钢技术专家

厉新礼　梅山矿业公司采矿场采准车间掘进班班长

郑　勇　浦钢公司厚板厂厂长助理

杨孝永　宝钢工程技术公司上海冶金设计院副总工程师

程玉宝　宝信公司系统服务部技术主管、宝钢技术专家

施国基　五钢公司上海冷拉型钢厂党委书记、厂长

7. 上海市工业系统优秀党务工作者

陆振家　宝钢股份公司炼铁部党委书记

吴慧萍　梅山公司党委副书记、副董事长

张宁怀　一钢公司开发总公司党委书记

周　虎　五钢公司转炉分厂党委书记

莫　臻　集团公司党委书记助理兼宣传部部长

（二）第十届上海市文明单位、文明小区、军民共建先进集体

1. 第十届（1999～2000年度）上海市文明单位（25家）

上海宝钢集团公司

宝山钢铁股份有限公司

益昌薄板公司

宝钢化工公司

宝钢国贸总公司

宝江公安分局

宝山宾馆

开发总公司厂容绿化公司

宝钢工程技术公司

宝钢机械厂

宝钢设计研究总院

上海冶金建设公司

五钢公司

十钢公司

冷拉型钢厂

沪昌特殊钢股份公司

矽钢公司

三钢运输装卸公司

浦东不锈薄板股份公司

开发总公司综合开发公司

开发总公司生活福利公司

普莱克斯实用气体公司

梅山公司

浦钢公司

上海钢铁工艺所

2. 2000年度上海市文明小区（8个）

宝钢单宿果园生活区　梅山梅怡新村

梅山上怡新村　梅山梅岭小区

梅山中学新村　梅山梅欣小区

梅山上怡二村　梅山梅清苑小区

3. 第十届（1999～2000年度）上海市军民共建社会主义精神文明先进集体（3个）

宝钢股份公司运输部
上海钢铁研究所
宝钢开发总公司综合开发公司

（三）2000年度建设上海工业新高地争先创优活动

1. 先进企业（5个）

宝钢股份公司　梅山矿业公司
宝康电子公司　五钢特冶公司
益昌薄板公司

2. 优秀个人（6位）

杨加美　汪金德　刘代德
李　俊　杜国华　郭朝晖

（四）先进基层党组织、优秀共产党员标兵、优秀共产党员、优秀党务工作者
（沪宝钢委[2001]第30号）

1. 先进基层党组织

宝山钢铁股份公司党委
益昌薄板公司党委
宝钢国贸总公司党委
宝江公安分局党委
梅山公司炼铁厂党委
开发总公司综合开发公司党委
二钢公司高线分厂党总支
一钢公司钢板厂轧钢车间党支部
浦钢公司型钢厂小型车间党支部
五钢公司热轧厂轧三车间党支部
宝钢化工公司煤气精制厂党支部
宝钢教培中心政治学校党支部

2. 优秀共产党员标兵

宝钢股份公司：单旭沂　刘国强
梅山公司：厉新礼
一钢公司：王承学
浦钢公司：郑　勇
五钢公司：陆江帆
二钢公司：张卫东
宝钢工程技术公司：杨孝永
宝钢国贸总公司：梅雪飙
宝信公司：程玉宝

3. 优秀共产党员

宝钢股份公司：
余学文　刘振均　陈又申　吴福祥
羌菊兴　陆志刚　金小平　张建忠
蒋浩民　卢　敬
梅山公司：
陈建克　桑建民　孙　杰　杨起华
秦细良　程乃良　陈宇新　吴松奇
庄华铭　徐传信　郑定强　孙良富
樊继平　徐　政
一钢公司：
伏中哲　吴建伟　陈红国　王安安
姜步民　刘林福　孙立康　孙家国
周三宝　钱久明　叶世峰　顾建根
浦钢公司：
梁兆贤　刘国防　张茂光　陈辉伦
黄志杰　徐振宇　许家瑞　陈必武
五钢公司：
施国基　王坚民　顾新根　徐洪光
张社明　时建华　葛宪平　孙　元
二钢公司：戴　勇
开发总公司：
张振东　王东兴　夏勤才　顾宝根
王纬丽　邱伟强　金颐芳
国贸总公司：陈志才　邢卫群
工程技术公司：马　易
益昌公司：连见岭
冶建公司：叶绍铭
钢研所：黄　剑
工艺所：高明亮
钢管公司：钱光华　赵毅彪
产业公司：朱卫民
化工公司：魏国瑞　惠文明
上检公司：蔡国成

宝信公司：沈苏闵
华宝公司：李朝晖
宝山宾馆：顾建华
教培中心：吴洪生
宝江公安分局：朱树永　邱际平
联合公司：羡锡龄
运输公司：李剑华
检测公司：茅根新
宝欧公司：于中海
离退休工委：曹长祥
集团机关：陈　炯　杨大宏

4. 优秀党务工作者

宝钢股份公司：陆振家　丁永强
梅山公司：吴慧萍
一钢公司：张宁怀
浦钢公司：左　森
五钢公司：周　虎
开发总公司：徐远洲
工程技术公司：周裕泉
冶建公司：茅铁城
集团机关：莫　臻

（五）上海宝钢集团公司2000年度“用户满意文明单位”、“文明单位”和1999－2000年度“优化企业形象最佳组织者”

（沪宝钢委[2001]第34号）

1. 用户满意文明单位（18个）

上海宝钢益昌薄板有限公司
上海宝钢化工有限公司
宝山钢铁股份有限公司
上海宝钢集团公司机关党委
上海市公安局宝江分局
宝钢集团国际经济贸易总公司
上海宝钢集团公司教育培训中心
宝钢研究院
南通宝钢新日制钢有限公司
宁波宝新不锈钢有限公司
宝钢集团企业开发总公司
宝钢集团产业发展有限公司宝产轻型房屋公司
宝钢集团上海联合公司大众汽车无锡维修站
宝钢集团上海联合公司深圳大西洋电焊条公司
上海宝钢检修有限公司电修大队
上海宝钢检修有限公司施机大队
上海宝钢工程技术有限公司宝钢机械厂
上海宝钢工程技术有限公司宝钢设计研究总院

2. 文明单位（12个）

宝钢集团上海梅山有限公司
华宝信托投资有限责任公司
宝钢集团上海五钢有限公司
宝钢集团上海浦钢有限公司
宝钢集团上海冶金建设有限公司
宝钢集团上海钢铁工艺技术研究所
宝钢集团上海第一钢铁有限公司运输公司
宝钢集团上海第一钢铁有限公司机电公司
宝钢集团上海二钢有限公司高线材料分厂
宝钢集团上海二钢有限公司设备工程公司
宝钢集团上海钢铁研究所冷带分厂
宝钢集团上海钢铁研究所精密分所

3. 优化企业形象最佳组织者（18位）

赵　昆　李　荣　魏国瑞　顾士忠
朱树永　徐平之　刘南满　周裕泉
羡锡龄　浦树民　任　远　施国基
张莉莉　陶伟民　田为全　冷联海
李国礼　俞　立

4. 用户满意达标单位（9个）

上海宝钢运输有限公司
上海宝钢设备检测公司
上海宝钢工程技术有限公司
上海宝钢设备检修有限公司
宝钢集团宝山宾馆
宝钢集团产业发展有限公司
宝钢集团上海联合公司
宝钢集团上海二钢有限公司

宝钢集团上海第一钢铁有限公司

(六)上海宝钢集团公司1998～2000年度先进生产(工作)者和先进集体名单

(沪宝钢字[2001]第62号)

1.先进生产(工作)者

(1)宝钢股份公司

余广求　销售处冷轧科综合主管
袁　磊　成本处费用管理科综合主管
张雪珍　设备采购管理处冶炼室电气区域主管
史济良　物资采购处耐材室主任
杜　斌　技术中心自动化研究所高级工程师
郭朝晖　技术中心自动化研究所高级工程师
刘永顺　生产部原料管理中心主任
孔利明　运输部汽车大队技能专家
万根节　技术部条钢室主管
劳兆利　设备部轧钢一室副主任、工程师
陈阿威　能源部能源中心高级技师
陶兴武　电厂发电分厂机组值班员
吴福祥　钢管分公司设备管理室工人
丁维军　钢管分公司管加工分厂工程师
单旭沂　热轧部生产技术室计算机应用技术专家
杜国华　热轧部磨辊车间技师
李　俊　冷轧部质检冷轧技术专家
朱进兴　冷轧部厂部1800项目组组长
张贞宝　条钢部线材设备车间电气技术主管
倪伟菊　炼铁部设备管理室技术组
林成城　炼铁部高炉分厂炉长
金大中　炼铁部技术系统技术专家
白松涛　炼钢部转炉一分厂高级技师技能专家
郭可中　总经理助理、高级工程师

(2)梅山公司

余　明　矿业公司采矿场安全环保科科长
吴礼明　矿业公司采矿场东采车间出矿五班班长
樊继平　矿业公司采矿场场长
曹身亮　矿业公司选矿厂过滤车间操作班班长
孙勇燕　矿业公司普教部梅山第二小学教师
杨和平　炼钢厂生产计划科总调度长
刘　华　热轧板厂电气车间主任
刘代德　炼铁厂厂长、党委书记
吴建明　炼铁厂机动科三电组组长
郑涌泉　烧结厂烧结车间主任
孙渭民　动力能源部供水车间技术员
施家麒　运输部机务段检修工
徐伯平　热电厂热力车间技师
陶伟民　梅山公安分局刑侦大队大队长
谈得利　企发公司汽运分公司经理
陶家华　企发公司化工实业分公司回收车间硫铵工段工段长
胡恒法　技术中心金属材料研究室主任、高工
吴元生　培训中心机电教研室教师、高工

(3)一钢公司

张　恺　科技部副部长
郭忠文　动力厂供气车间主任
徐忠平　炼铁厂2500车间主任兼党支书
张期明　炼铁厂职能科室科员
胡　锦　炼铁厂750车间750高炉炉长
郑礼华　科技部质监处现代化管理科副科长
陆　波　装备部计控处器具车间副主任兼党支书
戴长贵　炼钢厂炼钢车间炉长
金　鑫　机电公司生产经营部经理
唐余庆　钢板厂甲班总值班长
陆根宝　轧钢车间主任兼党支书
周建成　开发公司华南厂厂长
俞　立　运输公司总经理兼党委书记
蒋龙弟　型钢厂热轧丁班工长
王晓沪　炼钢厂二转炉炼钢车间炉长
王伟民　物资分公司副总经理
高希光　矽钢公司技质部质量组组长
薛国海　矽钢公司一分厂厂长

(4)浦钢公司

张广辉　铸锻公司铸钢车间班长
范黎明　转炉厂装备科科长
施永康　运输装卸公司汽车运输二场检修队队长

阮召忠　三钢工程建设公司土建工程师
黄少华　能源部职能管理办公室主任
沈　俊　厚板厂机动车间总工长
倪国荣　型钢厂小型车间主任
汪金德　总经理
朱英球　销售分公司总经理
王　敏　设备处检修管理科科长
蒋伟华　中板厂甲班值班室值班长
周申裕　技术中心主办
陈国良　特钢厂厂长

（5）五钢公司
张林梅　装备环保部管理科副科长
杨放年　银亮钢分公司设备部经理
周奠华　特冶公司材料一室主任、教授级高工
黄列明　初轧厂轧钢车间车堆组组长
王承志　运输公司水运装卸站站长
夏光淳　设备工程公司技术部副经理
殷　匠　研究一所教授级高工
赵家明　热轧厂轧一车间550轧机甲班值班主任
樊林泉　转炉厂厂长
蓝国峥　转炉厂连铸车间钳工组组长
徐中平　电炉厂设备厂长
杨奇华　电炉厂炼钢车间副主任
吴　平　三炼厂装备部连铸机械主管
孙　元　十钢公司热轧带钢厂技质科副科长
浦树民　十钢公司总经理
陈伟梁　冷拉型钢厂副厂长

（6）开发总公司
徐建栋　饮食公司设备维修分公司维修工段作业长
陈伟国　交运公司汽修分公司二分厂厂长
黄俊兴　生活福利公司商务大厦维修组组长
王跃明　厂容绿化公司环卫二分公司经理
刘建生　生产协力公司经理
康乳国　建筑维修公司空调制冷分公司经理
赵海涛　申翰金属制品厂厂长
孟光斌　综合开发公司经理
殷宝达　新事业发展总公司维修分公司方坯丙班班长
陆麒发　天通磁业有限公司总经理助理
严华敏　卫生处体检中心护理组组长、护士长
须晓丰　资金管理部业务副经理

（7）冶建公司
俞丽江　公司副总工程师
周金发　安装工程分公司冷焊二组组长

（8）二钢公司
张　军　制品二分厂针布作业区作业长
俞荣华　制品一分厂制绳工段工段长
宣　斌　高线分厂乙班轧钢工段工段长

（9）工艺所
钱伟中　副所长

（10）益昌薄板公司
徐　俊　轧钢分厂技术组组长
赵　昆　董事长兼总经理

（11）工程技术公司
徐汉明　宝钢设计研究总院工艺室主任工程师
杨孝永　宝钢设计研究总院工程管理部副总工程师兼副部长
万建良　常州冶金机械厂技术处处长

（12）产业发展公司
谈五聪　宝翼制罐有限公司工厂部技术主管

（13）上检公司
朱锡吾　电修大队工人
龚祖铭　机修大队钳工、高级技师

（14）钢管股份公司
居道祥　热轧车间值班长
金炜忠　二冷车间值班长

(15) 宝山宾馆
杨　芳　餐饮部经理

(16) 运输公司
庄祥清　宝铁储运有限公司总经理

(17) 教培中心
周　胜　网教中心开发室主任

(18) 南通宝钢新日制钢公司
倪明德　总经理

(19) 宁波宝新不锈钢公司
刘　安　总经理

(20) 鲁宝钢管公司
王永众　轧管车间主任

(21) 钢研所
蔡逸民　焊带分厂焊机工段工段长
郭南翔　冷带分厂厂长

(22) 国贸总公司
陶海成　钢铁部上钢组业务员
黄　幸　经营财务部稽核组组长

(23) 化工公司
魏国瑞　公司总经理
邵立宪　煤气精制厂技师

(24) 南京轧钢总厂
郭宝玉　焊镀分厂焊管机组机长

(25) 集团机关
王诚翔　计财部预算处综合主管
黄魁元　集团公司团委组织部长
王白吉　组织人事部人才开发处主管

2. 先进集体

(1) 宝钢股份公司
炼铁部炼焦分厂一燃管作业区调火班
炼钢部铸钢分厂浇钢乙班二跨小组
炼钢部运转车间乙班铸钢行车组
条钢部轧钢分厂甲班作业区连轧机组
冷轧部2030设备车间机酸点检班
冷轧部轧钢一分厂轧机丙班
热轧部一轧钢分厂精轧丙班
钢管分公司轧管分厂轧机丁班
电厂设备车间锅炉本体班
能源部能源中心车间电力巡检作业区
设备部冶炼室连铸计算机运行一组
技术部检测中心化学组
运输部汽车大队修一作业区直流电工组
运输部铁路站信号检修小组
物资采购处供应中心耐材作业区业务三组
销售处热轧科管线组

(2) 梅山公司
矿业公司采矿场凿岩车间中孔二班
矿业公司选矿厂过滤车间操作甲班
炼钢厂吊运车间丙工段连铸行车班
热轧板厂电气车间精轧班
炼铁厂一号高炉值班室
烧结厂烧结车间看火丙班
动力能源部供电车间变电检修班
运输部机务段221机车包乘组
热电厂热力车间汽机运行甲班
公司机关生产部调度科
梅山公安分局刑侦大队
企发公司市政绿化分公司环卫所环卫六班
开发公司普教部梅山一中高三年级组
培训中心机电教研室

(3) 一钢公司
机电公司电修中心电机修理队
开发总公司华南厂碾泥生产组
型钢厂检修液压组

钢板厂纵横切车间纵切乙班
炼钢厂二转炉连铸丁班三小队
运输公司码头吊车丁班
炼钢厂三转炉甲班行车三组
装备部计控处电子秤组
炼铁厂一烧车间丁班看火组
炼铁厂750高炉主控室
科技部铁烧研究室
科技部质监处质量科
动力厂供气车间十五万煤气加压站
矽钢有限公司一分厂轧钢丙班一号机

（4）浦钢公司
浦东不锈冷轧车间冷轧工段丙班冷轧机
运输装卸公司汽车一场丙中队二小队
特钢厂炼钢4号炉丁班
供应处钢铁料计划采购组
机电部电修车间电机三组
型钢厂小型车间乙班轧机小组
中板厂热轧车间轧钢乙班
厚板厂热轧车间轧钢甲班
转炉厂炼钢车间1#转炉丙班

（5）五钢公司
转炉炼钢厂冶炼车间丁班3#炉
转炉炼钢厂连铸车间钳工班
电炉炼钢厂甲班3#炉
特种冶金公司钛合金室
热轧厂轧一车间丙班500轧机组
研究一所结构钢工模具钢研究室
初轧厂轧钢车间车堆组
运输公司汽车二队坯运组
第三炼钢厂生产车间连铸甲班
营销部清欠科
动力厂热力车间南区20T锅炉房丁班
十钢热轧带钢厂丙班轧机工段
冷拉型钢厂一车间冷拉二班

（6）开发总公司
生活福利公司宝林二村物业管理组
厂容绿化公司绿化一分公司四中队一班
建筑维修公司消防器材三班
工业公司冷轧包装2030冷轧站05-1#甲班
综合开发公司制袋包装厂制袋乙组
新事业发展总公司物业分公司服务三组
工贸实业总公司仓储运输宝杨仓储中心
交通运输公司第一客运分公司三中队四组
卫生处急救中心护理组

（7）冶建公司
冠达尔钢结构有限公司双丝焊接小组
机施分公司空调改装组

（8）二钢公司
高线分厂机修工段流体组
资产经营部审计科

（9）工艺所
测试中心

（10）工程技术公司
机械厂铣镗组

（11）产业发展公司
宝康电子工程控制公司技术服务事业部

（12）上检公司
电修大队试验组

（13）益昌薄板公司
精整分厂平整机组丁班

（14）宝山宾馆
工程维修部

（15）教培中心
宝钢经济管理研修院

(16) 运输公司
业务部

(17) 钢研所
锻轧分厂研剥工段
精密分所

(18) 国贸总公司
实业公司废钢供应中心

(19) 化工公司
外贸部

(20) 钢管股份公司
工模具车间车刨甲班

(21) 宝江公安分局
治安支队维稳组

(七) 上海宝钢集团公司2000年度班组建设工作先进名单

(沪宝钢字[2001]第234号)

1. 先进集体 (13个)

宝钢股份公司炼铁部
宝钢股份公司技术部
梅山公司烧结厂
梅山公司矿业公司采矿场
一钢公司炼铁分厂
一钢公司钢板分厂轧钢车间
浦钢公司运输公司
浦钢公司中板厂
五钢公司转炉分厂
开发总公司生活福利公司
开发总公司工业公司冷轧包装分公司
益昌薄板公司维修分厂
化工公司化产二厂

2. 智能型班组 (14个)

宝钢股份公司热轧部一轧钢分厂精轧丙班
宝钢股份公司运输部汽车大队修一区直流电工组
宝钢股份公司设备部冶炼室连铸计算机运行一组
梅山公司炼铁厂1号高炉值班室
一钢公司炼铁分厂一烧丁班看火组
一钢公司炼铁分厂仪电计算机组
浦钢公司厚板厂酸洗乙班
五钢公司动力分厂煤气计控组
开发总公司综合开发公司印务有限公司电脑排版组
开发总公司厂容绿化公司花木分公司服务一组
工程技术公司机械厂铣镗组
钢研所焊带分厂钳工组
化工公司煤精厂一、二期酚水甲班
上检公司电修大队试验组

3. 标杆班组 (148个)

(1) 宝钢股份公司 (30个)
炼铁部炼焦分厂1、2号炉调火班
炼铁部炼焦车间二高炉电器炉周围组
炼铁部高炉分厂1BF大沟主沟班
炼铁部烧结分厂设备管理组
炼钢部铸钢分厂浇钢乙班二跨组
炼钢部运转车间300T乙班铸钢行车组
炼钢部焙烧分厂丙班烧成组
条钢部轧钢分厂连轧机甲班
条钢部精整分厂管坯丁班机械清理组
热轧部一轧钢分厂精轧丙班
热轧部质检站2050运行作业区乙班
热轧部1580设备车间精轧电气点检班
冷轧部2030设备车间机酸点检班
冷轧部轧钢一分厂轧机丙班
冷轧部精整一分厂成品业务班
钢管分公司轧管分厂轧机丁班
钢管分公司质检站技术应用组
钢管分公司管加工分厂配件综合组
电厂设备车间锅炉本体点检班

电厂发电分厂燃料A班
能源部能源中心电力巡检大班
能源部制水分厂水源作业区取水班
运输部汽车大队修一区直流电工组
运输部铁路站信号检修组
设备部冶炼室连铸计算机运行一组
设备部轧钢二室2030冷轧五机架计算机组
技术部检测中心一分析站化学组
技术部检测中心化学作业区标样组
技术中心测试研究中心力学组
物资采购处供应中心耐材作业区业务三组

（2）梅山公司（20个）
炼铁厂1#高炉值班室
炼铁厂运行车间空压站
炼铁厂备煤车间三班
烧结厂烧结车间看火丙班
运输部机务段221机车包乘组
运输部码头一区司机甲班
动能部机电车间钳工2班
动能部供电车间变电检修班
热电厂热力车间汽机运行甲班
矿业公司采矿场凿岩车间中孔二班
矿业公司采矿场支护车间喷浆二班
矿业公司采矿场副井车间钳工班
矿业公司选矿厂过滤车间操作甲班
矿业公司选矿厂中碎车间操作乙班
矿业公司汽修厂推土机班
矿业公司动能部11万变电所
企发公司化工分公司回收车间硫铵大班
企发公司安装分公司铸造车间造型一班
企发公司市政绿化分公司环卫六班
企发公司汽运分公司汽车一大队东风班

（3）一钢公司（22个）
炼钢厂二转炉炼钢甲班二小队
炼钢厂三转炉甲班行车三组
炼铁厂750车间主控室
炼铁厂一烧丁班看火组
炼铁厂二烧乙班烧冷组
炼铁厂仪电车间计算机组
钢板厂轧钢车间丙班连轧组
钢板厂电修车间中板内区组
钢管厂乙班轧管机小组
轧钢厂运行甲班行车组
型钢厂热轧乙班粗中轧组
机电维修中心鱼雷型混铁车及铸铁机检修组
运输公司铁运分公司包修组
物资分公司辅材部化工库
科技部理化所型钢钢板力学室日班
质监处型钢站乙班检验组
装备部计控处电子秤组
冶金开发总公司华南矿棉制品厂碾泥甲班
人事部保卫处消防队
矽钢有限公司一分厂轧钢丙班四号机
矽钢有限公司一分厂行车维修组
矽钢有限公司二分厂轧钢甲班一号机

（4）二钢公司（5个）
制品一分厂拉丝工段丁班
制品一分厂制绳工段甲班打轴组
高线分厂电气常日班维修一组
高线分厂收发大组
制品二分厂针布丙班

（5）浦钢公司（18个）
发展总公司物贸公司上海三钢印刷厂
三钢工程建设公司外贸板仓库班组
特钢厂炼钢4#炉丁班
铸锻公司铸钢中件组
中板厂热轧车间轧钢乙班
物资供应处钢铁料计划采购组
型钢厂小型车间乙班轧机小组
能源部第一变电站
转炉厂炼钢车间1#炉丙班
新事业公司食堂科六食堂小锅菜组
运输公司汽车一场丙中队二小队
机电部电修车间电修工段电机三组

三钢医院内一病区
三钢梅塞尔气体公司生产工程部通用空压站
厚板厂成品车间酸洗乙班
厚板厂热轧车间轧钢甲班
技术中心机动科试样加工工段
浦东不锈冷轧车间丙班冷轧机组

（6）五钢公司（19个）
电炉炼钢厂炼钢车间甲班3号炉
电炉炼钢厂机修车间冷焊组
转炉炼钢厂连铸车间钳工组
转炉炼钢厂冶炼车间丁班3#炉
特种冶金公司钛合金室
初轧厂轧钢车间车堆组
研究一所结构、工模具钢研究室
热轧厂轧一车间500丙班轧机组
沪昌特钢股份公司生产一部乙班炉子组
带钢分公司热轧车间丁班精轧组
第三炼钢厂生产车间连铸甲班
动力厂热力车间南区20T锅炉房丁班
动力厂煤气车间计控组
运输公司汽车二队坯运组
营销部清欠科
锻造分公司日班3#锤组
冷拉型钢厂一车间冷拉二班
十钢有限公司热轧带钢厂丁班轧机工段
十钢有限公司装备后勤部计量管理组

（7）企业开发总公司（14个）
饮食供应公司厂西分公司1420食堂菜甲班
饮食供应公司厂南分公司条钢部食堂
交运公司汽修分公司发动机总成组
宝钢生活福利公司指挥中心电梯维修组
厂容绿化公司花木分公司服务一班
卫生处急救中心护理组
生产协力公司劳防站热轧洗衣组
生产协力公司外协分公司钢管工段热轧班组
建筑维修公司大型制冷设备点检组
工业公司热轧包装分公司甲班商品线班组
工业公司冷轧包装分公司日班综合组
综合开发印务有限公司电脑排版组
新事业公司检修三部一热轧甲班
工贸实业总公司仓储中心收发一组

（8）设备检修有限公司（2个）
电修大队综合作业区试验组
机修大队16作业区162班组

（9）工程技术有限公司（2个）
宝钢设计研究院环保室暖通组
宝钢机械厂机加车间铣镗组

（10）国贸总公司（2个）
实业公司回收利用中心一板卷作业区二组
实业公司质量检验站河运作业区资材组

（11）化工公司（3个）
化产二厂苯加氢作业区甲班
化产一厂焦油萘甲班
煤精厂一、二期酚水甲班

（12）上海冶金建设有限公司（2个）
机施分公司空调改装组
冠达尔公司双丝焊接小组

（13）宝山宾馆（2个）
餐饮部多功能服务班
客房部会议服务班

（14）益昌薄板公司（2个）
精整分厂平整机组丁班
维修分厂镀锡点检作业区电控班

（15）上海钢铁研究所（2个）
动力部锅炉工段
焊带分厂钳工组

（16）钢管有限公司（2个）

技术发展部试验站
热轧车间新热轧轧机三班

（17）钢铁工艺技术研究所（1个）
冷弯型钢公司型钢制造部180机组丙班

4. 优秀组织者

汤在新　宝钢股份公司工会生产劳保部部长
卢红霞　宝钢股份公司企管处管理人员
刘喜武　宝钢股份公司人力资源处主管
尤岷虹　上海梅山公司企划部科员
刘良玉　一钢公司工会生产部部长
杨林强　一钢公司物资分公司工会主席
陈红国　一钢公司炼铁厂党委书记
忻　华　二钢公司人事部人力开发科科长
朱　铧　浦钢公司党委副书记
林明来　浦钢公司工会生产部部长
胡金杰　浦钢公司运输装卸有限公司工会主席
刘天听　五钢公司动力厂工会主席
陈延民　五钢公司工会生产干事
郑　璇　五钢公司十钢有限公司工会生产部主管
茅铁成　冶金建设有限公司党委宣传部部长
邹雪娣　企业开发总公司工会副主席兼劳保部部长
曹亚德　企业开发总公司工业公司工会主席
郁依萍　企业开发总公司生活福利公司工会主席
张和平　钢铁研究所冷带厂工会主席
蒋绍琛　益昌薄板有限公司工会副主席
袁小华　国贸总公司实业公司工会主席
蔡邦俊　工程技术有限公司工会主席
杨绍光　工程技术有限公司机械厂工会主席
王朝江　设备检修有限公司工会主席
蔡志康　钢管股份有限公司工会办公室主任
边华骏　化工有限公司工会干事

（八）上海宝钢集团公司2001年度“用户满意文明单位”、“用户满意文明达标单位”和2000～2001年度“优化企业形象最佳组织者”

（沪宝钢委[2002]第16号）

1. 上海宝钢集团公司2001年度“用户满意文明单位”（28个）

上海宝钢化工有限公司
南通宝钢新日制钢有限公司
宝山钢铁股份有限公司
宝钢集团企业开发总公司
宁波宝新不锈钢有限公司
上海宝钢集团公司机关
宝钢研究院
宝钢集团上海梅山有限公司
上海宝钢益昌薄板有限公司
华宝信托投资有限公司
宝钢集团上海五钢有限公司
宝钢集团上海二钢有限公司
上海市公安局宝江分局
宝钢集团财务公司
上海宝钢钢材贸易有限公司
上海宝钢商贸有限公司
上海宝信软件股份有限公司钢铁事业部
上海宝钢设备检修有限公司电修大队
上海宝钢设备检修有限公司施机大队
上海一钢冶金开发总公司
上海一钢机电公司
宝钢工业技术学校
上海钢铁研究所冷带分厂
上海钢铁工艺技术研究所测试中心
上海宝钢工程技术有限公司宝钢机械厂
上海宝钢工程技术有限公司上海宝钢设计研究总院
上海宝钢建设有限公司总承包部
上海钢管有限公司工模具车间

2. 2000～2001年度上海宝钢集团公司“优化企业形象最佳组织者”（16名）

魏国瑞　顾士忠　倪明德　徐永昌
艾宝俊　欧阳英鹏　徐　楠　叶国平
刘　安　华丁生　崔　健　李维国
赵　昆　李　荣　朱树永　徐平之

3. 2001年度“用户满意文明达标单位”（12个）

上海宝钢检测有限公司
上海宝钢国际经济贸易有限公司
上海宝信软件股份有限公司
上海宝钢设备检修有限公司
宝钢集团上海第一钢铁有限公司
上海宝钢集团公司教育培训中心
宝钢集团上海钢铁研究所
宝钢集团上海钢铁工艺技术研究所
上海宝钢工程技术有限公司
上海宝钢房地产经营开发公司
上海宝钢建设有限公司
宝钢集团上海钢管有限公司

七、共青团光荣榜

（一）2001年获全国、上海市青年各项集体和先进个人称号名录

1. 全国青年文明信用号建设示范创建单位

宝钢股份公司炼钢部铸钢分厂青年浇钢台

2. 2000年度中央企业系统全国青年文明号

宝钢股份公司炼铁部一号高炉
宝钢股份公司炼钢部铸钢分厂青年浇钢台

3. 2000年度全国冶金系统“青安杯”竞赛夺杯单位

大钢赛区：宝钢股份公司团委
特钢赛区：五钢公司团委

4. 2000年度全国杰出青年岗位能手

宝钢股份公司热轧部　王　军

5. 2000年度中央企业青年岗位能手

宝钢股份公司冷轧部　李　俊
宝钢股份公司设备部　劳兆利

6. 2000年度上海青工工作先进团组织标兵

上海宝钢集团公司团委

7. 上海市“共青团号”青年集体

梅山公司矿业公司采矿凿岩车间中孔二班
一钢公司运输分公司1554＃机车包乘组
浦钢公司三钢运输装卸公司汽车二场汽车五班
五钢公司运输公司团员新风车队
五钢公司研究二所青字号炉座
二钢公司资产经营部审计科
宝检公司机修大队17青年作业区
宝钢研究院信息所网络室
宝钢股份公司能源部热力分厂2号CDQ丁班
宝钢股份公司钢管分公司管加工分厂管体3号线丁班流水线

8. 上海市工业系统2001年“双争”活动优秀组织奖

上海宝钢集团公司团委

9. 上海市“五四红旗团组织标兵”

梅山公司团委

10. 上海市“五四红旗团组织”

宝钢股份公司炼钢部团委

11. 上海市“五四特色团组织”

开发总公司团委
宝钢股份公司冷轧部团委
二钢公司团委

12. 上海市团建工作法“捆绑式考核”

五钢公司团委

13. 上海市优秀青年突击队

宝钢股份公司设备部1550青年突击队
梅山公司炼钢厂连铸作业区青年突击队

14. 上海市杰出青年岗位能手

宝钢研究院　郭朝晖

15. 上海市青年岗位能手

梅山公司　马欣娟
五钢公司　徐　飚
一钢公司　易智勇
上海钢研所　陈利荣
浦钢公司　马远国

16. 上海市优秀青年突击队员

益昌公司轧钢分厂　徐　俊

17. 上海市青年突击队、青年工程立功竞赛活动优秀组织者

冶建公司团委　徐　颢

18. 上海市新长征突击手、新长征突击队优秀青年

宝钢股份公司　郑坚敏
梅山公司　胡利民
一钢公司　易智勇

二钢公司　王容海
五钢公司　童　辉
国贸总公司　梅雪飙
优秀团员
宝钢股份公司　杨　征
梅山公司　何天军
一钢公司　顾　峻
浦钢公司　刘德国
开发总公司　金　敏
优秀团干部
宝钢股份公司　王　琴
宝钢股份公司　王正强
浦钢公司　周发强
五钢公司　施劲松
开发总公司　华雪英

19. 新长征突击队

梅山公司热轧板厂机械车间团总支
宝信公司钢铁事业部系统二部铁区管理机项目组
上海宝钢设备检修有限公司机修大队17作业区
宝山钢铁股份有限公司冷轧部镀锡分厂团总支

（顾　斌）

（二）2000年度上海宝钢集团公司曾乐式青年、青年岗位能手

（沪宝钢办[2001]第18号）

1. 科技类

青年岗位能手标兵（曾乐式青年）
宝钢股份公司　赖兴涛　贡雪南
梅山公司　马欣娟
浦钢公司　金　涛
五钢公司　盛险峰
益昌公司　翟　辉
宝信公司　王志刚
工程技术公司　程　煌
青年岗位能手
宝钢股份公司　刘献东
梅山公司　吴建明
五钢公司　陈家昶
冶建公司　韩嘉胤
上海钢研所　卞晨洁
开发总公司　沈咏梅
益昌公司　徐　俊
宝信公司　陈　良
化工公司　张金涛
检测公司　张　薇

2. 技能类

青年岗位能手标兵（曾乐式青年）
宝钢股份公司　胡　滨
上检公司　夏康萌
青年岗位能手
一钢公司　朱海文
浦钢公司　孙亦龙
二钢公司　洪　文
产业发展公司　钟　淮

3. 管理（服务）类

青年岗位能手标兵（曾乐式青年）
二钢公司　沈伟明
开发总公司　孙勇坚
国贸总公司　王国杰
宝山宾馆　杨　芳
机　关　徐美竹
青年岗位能手
宝钢股份公司　崔　勇
梅山公司　鲍　勇
一钢公司　王建忠
五钢公司　金嘉明
上海钢研所　任玲斌
钢管股份公司　殷守诚
国贸总公司　汪振炫
工程技术公司　郝荣亮
化工公司　颜长青
教培中心　张丽娟
华宝公司　凌有法
宝江公安分局　施　东
机　关　周宝英

（三）2001年度上海宝钢集团公司青年岗位能手标兵、青年岗位能手
（沪宝钢办[2002]第8号）

1.青年岗位能手标兵

宝钢股份	李自刚 张贞宝
梅山公司	阚艳霞 裴新华
一钢公司	俞 亮
浦钢公司	刘德国
五钢公司	吴佩林
二钢公司	张海东
开发总公司	康 明
宝钢国际	纪 超
益昌公司	连见岭
宝信公司	邵卫军
化工公司	金学文
宝检公司	王 波
华宝公司	王 军
宝江公安分局	王海东
机 关	朱建春

2.青年岗位能手

宝钢股份	汪长安 李建新 王 劲
梅山公司	龚敏会 吕红心
一钢公司	袁 鸢
浦钢公司	杨勇明
五钢公司	池 武 杨 磊
二钢公司	金 辉
宝钢建设	周 俊
上海钢研所	邵卫东
上海工艺所	陆志华 胡 军
钢管公司	管凯霖
开发总公司	顾燮峰
宝钢国际	刘 杏
工程公司	冯 伟
产业公司	黄 欢
化工公司	孙 剑
宝山宾馆	寿朝明
教培中心	沈 瑾
财务公司	谢 放
检测公司	刘 晗
机 关	路梦蔚

（四）2001年度上海宝钢集团公司新长征突击手（队）和青年文明号、青年文明生产线
（沪宝钢团[2002]第10号）

1.新长征突击手（126名）

（1）优秀团员（40名）

宝钢股份:	曹恒峰 褚 刚 梁岳民 曹 健 高志玲 李 晓 张 峥
梅山公司:	曹 平 孙本国 魏 星 王 莉 汪王番 何永敏 倪 林
一钢公司:	金黎镝 张海清 陈建峥 徐春艺
二钢公司:	江国庆
浦钢公司:	罗致旭 唐懿翔 于国锋
五钢公司:	方 兰 钱咏海 周白皋 赵志强 葛力峰
宝钢建设:	凤 洁
上海钢研所:	钱 军
开发总公司:	陈钟慧 苏 今
宝钢国际:	陈庆华
益昌公司:	陈 卫
化工公司:	施 亮
宝检公司:	卢 涛
宝信公司:	曹志新
工程技术公司:	刘 蓉
宝山宾馆:	张 丽
教培中心:	林国瑜
产业发展公司:	薛晓军

（2）优秀团干部（47名）

宝钢股份:	郭 斌 白 颖 卞晓东 王峰涛 郭小龙 郑 靓 王小干

梅山公司: 霍一君 沈 涛 徐 鹏
杨永慧 熊亚军 孙志刚
朱 梅 李庆川 刘海平
一钢公司: 董 彦 沈建英 马有文
二钢公司: 田郑伟 王容海
浦钢公司: 龙 孙 陆君雁
五钢公司: 吕炯亮 史 笠 金 华
徐 涛 施劲松
宝钢建设: 徐 晨
上海钢研所: 陈 东
钢管公司: 罗 军
工艺所: 缪 勇
开发总公司: 王爱珍 刘晓玮 曹建刚
宝钢国际: 杨 洪
益昌公司: 翟志新 栾 霞
化工公司: 张金涛 苏 伟 彭云华
宝检公司: 周 云
宝信公司: 须春敏
工程技术公司: 黄晓锋
教培中心: 史冯庆
华宝公司: 刘文力
检测公司: 李 杰

(3)优秀青年(39名)

宝钢股份: 宋玉轩 丁鸿儒 张健民
汤洪博 毛立华 周 铭
梅山公司: 张金明 艾 军 王 勇
曹修华 陆体海
一钢公司: 盛 锋 虞 挺 吴晓东
李 巍
二钢公司: 章 佩
浦钢公司: 丁海敏 庞 义
五钢公司: 陈雪斌 王建华 陈 捷
张名捷
宝钢建设: 曹为民
开发总公司: 童拥军
宝钢国际: 刘宝龙 周王月 谭金军
丁海罡
益昌公司: 朱 敏
化工公司: 李笑一
宝检公司: 石云宵
宝信公司: 魏广余
工程技术公司: 王东强 陆 凌
宝江公安分局: 李 毅
教培中心: 黄国平
华宝公司: 田崇青
法律事务部: 陆俊勇
房地产公司: 洪克雄

2.新长征突击队(36个)

宝钢股份: 热轧厂质检站团总支
冷轧厂1420设备团总支
钢管分公司轧管分厂团总支
财会处团支部
梅山公司: 炼钢厂连铸团总支青年突击队
烧结厂烧结车间青年突击队
运输部车辆段青年突击队
矿业公司采矿场支护车间青年突击队
一钢公司: 炼钢厂青年突击队
型钢厂团委
炼铁厂仪电青年突击队
二钢公司: 设备工程公司项目科
浦钢公司: 厚板热轧青年突击队
特钢厂甲班作业区青年集体
五钢公司: 研究一所结构工模具钢研究室
研究二所材料室
银亮钢厂银剥甲班
宝钢建设: 冠达尔设计事务所新国际博览中心项目组
上海钢研所: 耐高温浓硫酸用钢研究课题组
钢管公司: 装备部团支部
工艺所: 测试中心青年突击队
开发总公司: 生活福利公司物业联合团支部
新事业发展总公司工程设备制造分公司团支部
宝钢国际: 东方钢铁"宝钢股份公司项目组"
益昌公司: 维修分厂轧钢点检作业区

化工公司：化验室团支部
宝检公司：电修大队王华班组
宝信公司：剪切中国信息管理系统项目组
工程技术公司：.轧钢部轧钢技术室
宝山宾馆：康乐部康乐中心班组
宝江公安分局：交巡警支队机动中队一分队
教培中心：宝钢工业技术学校团委
产业发展公司：意达工厂部
华宝公司：企业特定基金系统开发小组
检测公司：检测部团支部
计财部：计财部团支部

3.青年文明号（20个）

宝钢股份：冷轧厂硅钢分厂2#电工钢甲班
热轧厂设备管理室1580精轧电气班组
条钢厂精整分厂方坯丙班机清2组
钢管分公司设备室计算机作业区冷区班组
电厂发电分厂D值3号机组
梅山公司：热轧板厂电气精轧工段
企发公司汽运分公司一大队斯太尔乙班
浦钢公司：技术中心技术品种室
五钢公司：转炉厂乙班3#炉
动力厂六中央变电所
研究一所结构工模具钢室
宝钢建设：总承包部紫阳花苑二期项目部
开发总公司：建筑维修公司消防分公司消防点检二作业区一班
宝钢国际：经营财务部
益昌公司：镀锡分厂镀锡丁班
化工公司：化产一厂酚精制作业区乙班
宝信公司：自动化工程事业部彩涂三电系统开发项目组
工程技术公司：上海宝钢设计研究总院建筑分院建筑方案创作室
机械厂镗铣组
宝山宾馆：客房部北楼服务中心班组

4.青年文明生产线（5个）

宝钢股份：炼钢厂转炉二分厂乙班
炼铁厂烧结分厂三号烧结机
梅山公司：热轧板厂轧钢车间
一钢公司：铁烧生产线
益昌公司：益昌公司轧钢分厂02机组

中共宝山钢铁股份有限公司委员会获得“全国先进基层党组织”称号

附录

FULU

附录

上海宝钢集团公司行政部分文件目录索引

标题	文号	发文日期
关于下达《宝钢三期工程2000年调整计划》的通知	沪宝钢字(2001)第001号	2001.01.04
关于落实原上钢、梅山所得税基数返还政策的专题报告	沪宝钢字(2001)第002号	2001.01.03
关于上海宝钢益昌薄板有限公司申请办理技改免税确认书的报告	沪宝钢字(2001)第005号	2001.01.05
关于《上海宝钢资讯有限公司清算报告》的意见	沪宝钢字(2001)第006号	2001.01.08
关于上海浦东钢铁(集团)有限公司成立债转股新公司资产评估结果进行确认的申请	沪宝钢字(2001)第007号	2001.01.10
关于组建上海宝钢集团海外办矿项目组的通知	沪宝钢字(2001)第008号	2001.01.11
关于上报《上海宝钢集团公司"十五"钢铁发展规划(草案)》的报告	沪宝钢字(2001)第011号	2001.01.10
关于对华宝信托投资有限责任公司所属证券营业部资产评估结果进行确认的申请	沪宝钢字(2001)第012号	2001.01.10
关于2000年出口焦炭的情况汇报	沪宝钢字(2001)第013号	2001.01.11
关于请求转发国家经贸委关于"印发《关于审批上海宝钢集团一钢公司不锈钢及碳钢热轧板卷技术改造项目可行性研究报告的请示》的通知"的报告	沪宝钢字(2001)第014号	2001.01.12
上海宝钢集团公司2000年事故情况通报	沪宝钢字(2001)第016号	2001.01.17
关于上海宝钢集团公司2000年工作完成情况和2001年工作安排的报告	沪宝钢字(2001)第017号	2001.01.20
关于对上海钢管股份有限公司资产评估立项工作的申请	沪宝钢字(2001)第018号	2001.01.20
关于对上海宝钢信息产业有限公司资产评估立项工作的申请	沪宝钢字(2001)第019号	2001.01.20
关于宝钢内招锅炉更新改造项目建议书(代可行性研究报告)的批复	沪宝钢字(2001)第020号	2001.01.20
关于宝钢整体产销管理信息系统L4软件等15项应用软件的著作权权属的通知	沪宝钢字(2001)第022号	2001.01.21
《关于下达各子公司二00一年度预算计划的通知》	沪宝钢字(2001)第023号	2001.01.21
关于上海五钢有限公司场地租赁建大型商业项目委托宝山区计委审批的批复	沪宝钢字(2001)第024号	2001.01.22
关于下达宝钢集团上海梅山有限公司二00一年度工资基金的批复	沪宝钢字(2001)第025号	2001.01.31
关于上海宝钢集团公司落实二00一年总量调控工作的报告	沪宝钢字(2001)第026号	2001.01.31
关于捆带公司资产划转的通知	沪宝钢字(2001)第027号	2001.01.31
关于宝钢集团上海第一钢铁有限公司《关于2500m³高炉工程追加投资补办审批手续的请示》的批复	沪宝钢字(2001)第028号	2001.02.01
关于上海宝钢化工有限公司一、二期煤气精制循环水系统增设旁滤器的项目建议书的批复	沪宝钢字(2001)第029号	2001.02.01
关于上海宝钢设备检修有限公司、上海宝钢益昌薄板有限公司《关于组建上海宝钢设备检修有限公司益昌维修中心的请示》的批复	沪宝钢字(2001)第030号	2001.02.02

标　　题	文　号	发文日期
关于转让上海一钢异型钢管股份有限公司剩余股权的批复	沪宝钢字(2001)第031号	2001.02.02
关于上海钢铁研究所、上海冶金设计研究院、上海钢铁工艺技术研究所等三家科研院所清产核资的情况汇报	沪宝钢字(2001)第032号	2001.02.02
关于下发《宝钢三期配套马迹山港工程2001年度投资计划》的通知	沪宝钢字(2001)第033号	2001.02.05
关于下发《宝钢三期配套马迹山港工程2001年一季度投资计划》的通知	沪宝钢字(2001)第034号	2001.02.05
关于宝钢集团上海五钢有限公司不锈钢长型材工程预可行性研究报告（代项目建议书）的报告	沪宝钢字(2001)第037号	2001.02.06
关于周龙城等三十二位同志取得高级政工师任职资格的通知	沪宝钢字(2001)第039号	2001.02.07
关于开展二000年度企业年度检验工作的通知	沪宝钢字(2001)第041号	2001.02.12
关于部分子公司对外长期投资违规行为的通报	沪宝钢字(2001)第050号	2001.02.13
关于宝钢集团上海五钢有限公司《合金模块专业生产线工程初步设计》的批复	沪宝钢字(2001)第052号	2001.02.15
关于《宝钢集团上海第一钢铁有限公司炼铁工程项目竣工财务决算的审计报告》的报告	沪宝钢字(2001)第054号	2001.02.16
关于下发《上海宝钢集团公司移动通讯设备管理办法(试行)》的通知	沪宝钢字(2001)第055号	2001.02.19
关于成立宝钢贸易产业发展推进小组的通知	沪宝钢字(2001)第056号	2001.02.16
关于做好宝钢三期工程竣工验收准备工作的通知	沪宝钢字(2001)第057号	2001.02.20
关于重申国（境）外子公司管理规定的通知	沪宝钢字(2001)第058号	2001.02.21
2000年钢材“以产顶进”工作总结及2001年计划及建议	沪宝钢字(2001)第059号	2001.02.21
关于下发《宝钢三期工程2001年一季度投资计划》的通知	沪宝钢字(2001)第060号	2001.02.22
上海宝钢集团公司关于表彰1998～2000年度先进生产（工作）者和先进集体的决定	沪宝钢字(2001)第062号	2001.02.22
关于梅山炼钢系统（一期）工程竣工财务决算的批复	沪宝钢字(2001)第063号	2001.02.23
关于宝钢集团上海梅山有限公司二号高效板坯连铸机技术改造工程预可行性研究（代项目建议书）的报告	沪宝钢字(2001)第064号	2001.02.26
关于下发《宝钢三期工程2001年度投资计划》的通知	沪宝钢字(2001)第065号	2001.02.27
关于下发《宝钢三期配套工程马迹山港工程2001年交工验收计划》的通知	沪宝钢字(2001)第066号	2001.02.27
关于对《关于上报冶联新沪公司转制为民营化企业工作方案请示》的批复	沪宝钢字(2001)第069号	2001.03.01
关于同意成立上海宝钢信息产业有限公司工程系列中级职务任职资格评审委员会的批复	沪宝钢字(2001)第070号	2001.03.01
关于同意成立宝钢集团上海五钢有限公司工程系列中级职务任职资格评审委员会的批复	沪宝钢字(2001)第071号	2001.03.01
关于同意成立宝钢集团上海第一钢铁有限公司工程系列中级职务任职资格评审委员会的批复	沪宝钢字(2001)第072号	2001.03.01

标　　　　题	文　　号	发文日期
关于对上海宝钢信息产业有限公司整体资产重组“ST钢管”项目资产评估结果确认的申请	沪宝钢字(2001)第073号	2001.03.01
关于对上海钢管股份有限公司资产置换项目资产评估结果确认的申请	沪宝钢字(2001)第074号	2001.03.01
关于矽钢公司煤气发生炉环保技术改造项目建议书(代可行性研究)的批复	沪宝钢字(2001)第075号	2001.03.01
关于上海宝钢化工有限公司煤气精制一、二期指令通讯系统改造工程项目建议书（代可行性研究）的批复	沪宝钢字(2001)第077号	2001.03.02
关于下达二00一年钢产量总量调控目标及分月分解计划的通知	沪宝钢字(2001)第078号	2001.03.06
关于对宝钢集团国际经济贸易总公司参股发起设立开滦精煤股份公司的批复	沪宝钢字(2001)第080号	2001.03.07
关于“宝钢股份一炼钢增建2#RH真空脱气装置项目申报“九五”优秀技改项目的报告	沪宝钢字(2001)第081号	2001.03.07
关于上海宝钢益昌薄板有限公司新增罩式炉工程可行性研究并初步设计批复	沪宝钢字(2001)第083号	2001.03.07
关于宝钢集团上海浦东钢铁有限公司厚板厂水处理设施、高压水除鳞及公辅设施可行性研究的批复	沪宝钢字(2001)第084号	2001.03.07
关于宝钢集团上海浦东钢铁有限公司厚板厂新增压平机及配套设施可行性研究的批复	沪宝钢字(2001)第085号	2001.03.07
关于在上海宝钢集团公司开展“严肃经济工作纪律，严格规范经营管理行为”专项检查的通知	沪宝钢字(2001)第086号	2001.03.08
关于上海宝钢化工有限公司一、二期煤气精制循环水系统增设旁滤器的可行性研究报告（代初步设计）的批复	沪宝钢字(2001)第087号	2001.03.08
关于成立上海宝钢集团公司政工专业中级职务任职资格评审委员会的通知	沪宝钢字(2001)第092号	2001.03.12
关于宝钢集团上海二钢有限公司转让长发(集团)公司法人股的回复	沪宝钢字(2001)第095号	2001.03.13
关于上海益钢机动车驾驶员培训部改制和资产转让的批复	沪宝钢字(2001)第096号	2001.03.13
关于宝钢集团上海五钢有限公司《引进漏磁探伤设备可行性研究》的批复	沪宝钢字(2001)第097号	2001.03.15
关于上报《宝钢集团一钢公司2500立方米高炉煤气余压透平发电装置项目建议书》的报告	沪宝钢字(2001)第099号	2001.03.19
关于对“青岛宝钢钢材配送有限公司(筹)钢材加工配送工程可行性研究报告”的批复	沪宝钢字(2001)第100号	2001.03.19
关于对“重庆宝钢钢材配送有限公司(筹)钢材加工配送工程可行性研究报告”的批复	沪宝钢字(2001)第101号	2001.03.19
关于宝钢集团梅山有限公司炼钢系统工程竣工验收的情况汇报	沪宝钢字(2001)第102号	2001.03.19
关于《上海宝钢集团公司“十五”钢铁发展规划（草案)》的报告	沪宝钢字(2001)第103号	2001.03.20
关于对常州宝钢钢管有限公司整体资产进行资产评估工作的立项申请	沪宝钢字(2001)第105号	2001.03.20

标　　题	文　号	发文日期
关于同意浦钢与华融、信达公司共同组建债转股公司——上海第三钢铁有限责任公司的批复	沪宝钢字(2001)第106号	2001.03.20
关于同意成立上海宝钢化工有限公司工程系列中级职务任职资格评审委员会的批复	沪宝钢字(2001)第109号	2001.03.22
关于同意成立宝山钢铁股份有限公司工程系列中级职务任职资格评审委员会的批复	沪宝钢字(2001)第110号	2001.03.22
关于上海宝钢化工有限公司煤气精制一、二期指令通讯系统改造工程初步设计的批复	沪宝钢字(2001)第111号	2001.03.22
关于上海宝钢化工有限公司增设β－甲基萘脱色装置项目建议书(代可行性研究）的批复	沪宝钢字(2001)第112号	2001.03.22
关于同意成立宝钢集团上海浦东钢铁有限公司工程系列中级职务任职资格评审委员会的批复	沪宝钢字(2001)第113号	2001.03.23
关于同意成立上海宝钢设备检修有限公司工程系列中级职务任职资格评审委员会的批复	沪宝钢字(2001)第114号	2001.03.23
关于下发《上海宝钢集团公司关于2001年工资分配制度改革的指导意见》的通知	沪宝钢字(2001)第115号	2001.03.23
关于同意组建上海宝申建筑工程技术咨询有限公司的批复	沪宝钢字(2001)第117号	2001.03.26
关于宝钢集团上海第一钢铁有限公司氧、氮、氩气体输送管道工程初步设计的批复	沪宝钢字(2001)第121号	2001.03.28
关于宝钢集团江西人民机械厂下属民爆公司工亡事故情况的通报	沪宝钢字(2001)第125号	2001.03.29
关于强化和推广宝钢外语等级考试制度的规定	沪宝钢字(2001)第126号	2001.03.29
宝钢三期1550冷轧工程与总体工程环保设施汇总竣工验收申请	沪宝钢字(2001)第127号	2001.04.03
关于重申严格控制人力资源增量，修改2001年进员计划的通知	沪宝钢字(2001)第129号	2001.04.05
关于上海宝钢化工有限公司精萘装置增加结晶系统项目建议书(代可行性研究）的批复	沪宝钢字(2001)第132号	2001.04.06
关于同意宝钢集团上海五钢有限公司参与发起设立上海宝鼎投资股份有限公司的批复	沪宝钢字(2001)第133号	2001.04.11
关于上海宽频科技股份有限公司部分股权进行转让的请示	沪宝钢字(2001)第138号	2001.04.16
关于对宝钢股份公司钢管分公司两起隐瞒事故的情况通报	沪宝钢字(2001)第139号	2001.04.17
关于下发《上海宝钢集团公司2001年职工工资收入分配改革方案》的通知	沪宝钢字(2001)第144号	2001.04.19
2001年上海宝钢集团公司职工待退休的有关规定	沪宝钢字(2001)第145号	2001.04.18
关于组建上海二钢开发有限公司的批复	沪宝钢字(2001)第146号	2001.04.18
关于上海宝钢工程技术有限公司宝钢机械厂新增数控卧式加工中心机床项目建议书（代可行性研究报告）的批复	沪宝钢字(2001)第150号	2001.04.19
关于下发《2001年职工工资收入分配改革方案实施细则》的通知	沪宝钢字(2001)第153号	2001.04.25
关于下达2001年进口钢材预订货计划的通知	沪宝钢字(2001)第154号	2001.04.26

标　　题	文　号	发文日期
关于请求协调解决宝钢集团一钢公司不锈钢工程污水处理站排水口坐标问题的报告	沪宝钢字(2001)第156号	2001.04.27
关于宝钢集团上海五钢有限公司特钢银亮钢材中心可行性研究的批复	沪宝钢字(2001)第161号	2001.04.29
关于下发《上海宝钢集团公司2001年减员分流、再就业工作意见和政策》的通知	沪宝钢字(2001)第162号	2001.05.08
关于下发《上海宝钢集团公司质量信息管理办法》的通知	沪宝钢字(2001)第164号	2001.04.30
上海宝钢集团公司关于出售部分三期资产的决定	沪宝钢字(2001)第166号	2001.05.08
关于下发《宝钢三期配套马迹山港工程2001年二季度投资计划》的通知	沪宝钢字(2001)第170号	2001.04.30
上海宝钢集团公司关于加快高层次人才培养的若干意见	沪宝钢字(2001)第172号	2001.04.30
关于对上海宝钢斯创林技术服务部实行停业清算的批复	沪宝钢字(2001)第173号	2001.04.30
关于上海钢管股份有限公司重大资产重组中有关财务处理问题的请示	沪宝钢字(2001)第174号	2001.05.09
关于对上海益钢机动车驾驶员培训部、上海怡景广告印刷厂、上海宝昌铸造有限公司资产评估立项的申请	沪宝钢字(2001)第176号	2001.05.09
关于对上海宝钢集团公司科技成果进行登记的通知	沪宝钢字(2001)第178号	2001.05.09
关于宝钢集团上海五钢有限公司特钢银亮钢材中心引进设备办理确认书的请示	沪宝钢字(2001)第179号	2001.05.10
关于贯彻《关于开展清理"小金库"和银行账户工作的实施意见》的工作意见	沪宝钢字(2001)第180号	2001.05.11
关于下发上海宝钢产业有限公司等十八家子公司2001年度资产经营责任书的通知	沪宝钢字(2001)第181号	2001.05.11
关于成立宝钢集团国际经济贸易有限责任公司筹备组的通知	沪宝钢字(2001)第183号	2001.05.14
关于对上海宝钢集团公司驻京联络处"北京宝钢大酒店车库工程"的批复	沪宝钢字(2001)第188号	2001.05.21
关于下发《上海宝钢集团公司重点科研项目管理办法(试行)》的通知	沪宝钢字(2001)第190号	2001.05.22
关于同意上海宝钢信息产业有限公司工商变更登记事项的批复	沪宝钢字(2001)第191号	2001.05.23
关于宝钢集团上海浦东钢铁有限公司厚板厂辊底式热处理炉及炉后快速冷却装置及热处理区三电设施可行性研究的批复	沪宝钢字(2001)第192号	2001.05.24
关于宝钢集团上海浦东钢铁有限公司厚板厂新增辊底式热处理炉及炉后快速冷却装置的配套设施可行性研究的批复	沪宝钢字(2001)第193号	2001.05.24
关于宝钢集团上海浦东钢铁有限公司厚板厂新增辊底式热处理炉可行性研究的批复	沪宝钢字(2001)第194号	2001.05.24
关于宝钢集团上海五钢有限公司饮料厂资产转让的批复	沪宝钢字(2001)第197号	2001.05.25
关于上海宝钢集团公司长期外币评级的情况汇报	沪宝钢字(2001)第198号	2001.05.29
关于宝钢集团上海二钢有限公司油回火气门弹簧用钢丝生产线技术改造工程可行性研究的批复	沪宝钢字(2001)第201号	2001.05.30
关于宝钢集团上海二钢有限公司油回火悬架弹簧用钢丝生产线技术改	沪宝钢字(2001)第202号	2001.05.30

标 题	文 号	发文日期
造工程可行性研究的批复		
关于对上海华东特种模具材料厂放小改制的批复	沪宝钢字(2001)第203号	2001.06.04
关于宝钢集团上海二钢有限公司高强度、低松弛预应力钢丝热镀锌生产线技术改造工程可行性研究的批复	沪宝钢字(2001)第207号	2001.06.08
关于宝钢集团上海二钢有限公司高强度、低松弛预应力钢丝稳定化生产线技术改造工程可行性研究的批复	沪宝钢字(2001)第208号	2001.06.08
关于宝钢集团上海二钢有限公司高强度、低松弛预应力钢丝生产线技术改造工程可行性研究的批复	沪宝钢字(2001)第209号	2001.06.08
关于宝钢集团上海二钢有限公司高强度、低松弛预应力钢绞线生产线技术改造工程可行性研究的批复	沪宝钢字(2001)第210号	2001.06.08
关于同意宝钢集团国际经济贸易总公司参股发起设立大同煤业股份公司的批复	沪宝钢字(2001)第211号	2001.06.13
关于下发《关于鼓励吸引海内外高层次人才到宝钢工作的若干规定》的通知	沪宝钢字(2001)第212号	2001.05.17
关于同意五钢工业设计院增加注册资金的批复	沪宝钢字(2001)第215号	2001.06.14
关于下发宝山钢铁股份有限公司等五家子公司2001年度资产经营责任书的通知	沪宝钢字(2001)第219号	2001.06.14
关于下发《2000年度子公司工效挂钩结算及2001年工效挂钩办法》的通知	沪宝钢字(2001)第221号	2001.06.17
关于上海宝钢集团公司2001年继续深入开展班组升级工作的实施意见	沪宝钢字(2001)第224号	2001.06.18
关于宝欧公司《关于宝钢欧非地区机构调整的请示报告》的批复	沪宝钢字(2001)第225号	2001.06.18
关于调整计划财务部预算处职能的通知	沪宝钢字(2001)第226号	2001.06.19
关于《宝钢集团上海第一钢铁有限公司2500立方米高炉煤气余压透平发电装置项目建议书》的批复	沪宝钢字(2001)第228号	2001.06.19
关于《宝钢集团上海第一钢铁有限公司2500立方米高炉煤气余压透平发电装置配套系统项目建议书》的批复	沪宝钢字(2001)第229号	2001.06.19
关于对《关于合资组建南京梅山冶金渣有限责任公司的请示》的批复	沪宝钢字(2001)第232号	2001.06.21
关于下发《上海宝钢集团公司空转土地管理暂行办法》的通知	沪宝钢字(2001)第233号	2001.06.20
上海宝钢集团公司关于表彰2000年度班组建设工作先进集体和优秀组织者的决定	沪宝钢字(2001)第234号	2001.06.21
关于印发《上海宝钢集团公司会议电视系统运行、维护管理办法(试行)》的通知	沪宝钢字(2001)第235号	2001.06.21
贯彻上海宝钢集团联合重组经验座谈会精神情况汇报	沪宝钢字(2001)第236号	2001.06.21
关于请求协助解决宝新进口原料关税事宜的报告	沪宝钢字(2001)第237号	2001.06.25
关于上海五钢钢管有限公司资产评估立项申请	沪宝钢字(2001)第239号	2001.06.25
关于《上海宝钢益昌薄板有限公司增建‘运输车队’项目建议书(代可行性研究报告)》的批复	沪宝钢字(2001)第241号	2001.06.22

标　　题	文　号	发文日期
关于对宝山钢铁股份有限公司收购上海宝钢集团公司部分三期资产的资产评估结果的请示	沪宝钢字(2001)第243号	2001.06.26
关于上海五钢钢管有限公司清理关闭的批复	沪宝钢字(2001)第244号	2001.06.26
关于完善海外子公司工资分配办法的意见	沪宝钢字(2001)第245号	2001.06.26
关于调整中国宝钢巴西贸易有限公司工资类区标准的通知	沪宝钢字(2001)第246号	2001.06.26
关于请求协调办理上海碳素厂土地资产划转手续的报告	沪宝钢字(2001)第247号	2001.06.27
关于一钢公司《关于新泰科技、新联轧钢民营化改制的请示》的批复	沪宝钢字(2001)第248号	2001.06.27
关于宝钢集团上海梅山有限公司二号高效板坯连铸机技术改造工程可行性研究及有关附件的报告	沪宝钢字(2001)第249号	2001.06.29
关于宝钢集团上海梅山有限公司二号高效板坯连铸机技术改造工程可行性研究的批复	沪宝钢字(2001)第250号	2001.06.29
关于成立上海宝钢集团公司档案鉴定委员会的通知	沪宝钢字(2001)第252号	2001.07.02
关于上海宝钢益昌薄板有限公司与上海益昌薄板有限公司合并问题的回复	沪宝钢字(2001)第254号	2001.07.02
关于开展上海宝钢集团公司《会计法》重点检查阶段工作的通知	沪宝钢字(2001)第255号	2001.07.19
关于春光电梯导轨厂改制的批复	沪宝钢字(2001)第256号	2001.07.03
关于《上海宝钢工程技术有限公司宝钢机械厂一电镀车间主体设备技术改造可行性研究》的批复	沪宝钢字(2001)第257号	2001.07.03
关于《上海宝钢工程技术有限公司宝钢机械厂一电镀车间辅助设备技术改造可行性研究》的批复	沪宝钢字(2001)第258号	2001.07.03
对《关于增资建设普莱克斯上海梅山实用气体有限公司二期工程请示》的批复	沪宝钢字(2001)第259号	2001.07.04
关于同意宝钢货代公司在马迹山、青岛成立合资货代公司的批复	沪宝钢字(2001)第260号	2001.07.04
关于宝钢教培中心体育场及部分生活设施搬迁工程项目建议书(代可行性研究报告)的报告	沪宝钢字(2001)第261号	2001.07.09
关于印发《固定资产投资项目造价审计办法(试行)》和《固定资产投资项目竣工决算审计办法(试行)》的通知	沪宝钢字(2001)第264号	2001.07.10
关于宝钢集团上海梅山有限公司二号高效板坯连铸机技术改造工程质量控制系统关键技术及设施项目建议书(代可行性研究报告)的批复	沪宝钢字(2001)第265号	2001.07.10
关于宝钢集团上海梅山有限公司二号高效板坯连铸机技术改造工程精整出坯设施项目建议书(代可行性研究报告)的批复	沪宝钢字(2001)第266号	2001.07.10
关于宝钢集团上海梅山有限公司二号高效板坯连铸机技术改造工程中间罐维修改造项目建议书(代可行性研究报告)的批复	沪宝钢字(2001)第267号	2001.07.10
关于宝钢集团上海梅山有限公司二号高效板坯连铸机技术改造工程车间内部公辅及辅助设施改造项目建议书(代可行性研究报告)的批复	沪宝钢字(2001)第268号	2001.07.10
关于宝钢集团上海梅山有限公司二号高效板坯连铸机技术改造工程机械维修设施改造项目建议书(代可行性研究报告)的批复	沪宝钢字(2001)第269号	2001.07.10

标　题	文　号	发文日期
关于同意宝钢集团国际经济贸易总公司投资参股山西潞安环保能源开发股份有限公司的批复	沪宝钢字(2001)第 272 号	2001.07.12
关于宝钢集团上海第一钢铁有限公司氧、氮、氩气体输送管道项目可行性研究报告的批复	沪宝钢字(2001)第 273 号	2001.07.16
关于《上海宝钢斯创林技术服务部清算报告》的意见	沪宝钢字(2001)第 274 号	2001.07.16
关于下发《上海宝钢集团公司 2001 年奖金分配改革方案》的通知	沪宝钢字(2001)第 275 号	2001.07.17
关于同意成立上海钢铁研究所工程系列中级职务任职资格评审委员会的批复	沪宝钢字(2001)第 276 号	2001.07.17
关于同意成立上海宝钢工程技术有限公司工程系列中级专业技术职务任职资格评审委员会批复	沪宝钢字(2001)第 277 号	2001.07.17
关于宝钢集团上海五钢有限公司合金模块配套工程项目建议书(代可行性研究）的批复	沪宝钢字(2001)第 280 号	2001.07.20
关于上海宝钢集团公司 2001 上半年工作情况的汇报	沪宝钢字(2001)第 284 号	2001.07.26
关于下发《宝钢三期配套马迹山港工程 2001 年三季度投资计划》的通知	沪宝钢字(2001)第 285 号	2001.07.25
关于上海冶联新沪经营有限公司产权转让的批复	沪宝钢字(2001)第 289 号	2001.07.25
关于上海新泰科技贸易实业公司产权转让的批复	沪宝钢字(2001)第 290 号	2001.07.25
关于上海新联轧钢厂产权转让的批复	沪宝钢字(2001)第 291 号	2001.07.25
关于上海益昌薄板有限公司资产评估立项申请	沪宝钢字(2001)第 294 号	2001.07.26
关于上海宝钢化工有限公司三期苯加氢仪表控制系统改造项目建议书（代可行性研究报告）的批复	沪宝钢字(2001)第 295 号	2001.07.26
《关于上海宝钢集团公司已审核资产评估相关材料备案报告》	沪宝钢字(2001)第 298 号	2001.07.31
关于请求帮助解决九江久安钢瓶公司继续制造无缝气瓶取证问题的报告	沪宝钢字(2001)第 299 号	2001.08.01
关于《上海江南轧辊有限公司增建 3# 磨床工程可行性研究》的批复	沪宝钢字(2001)第 303 号	2001.08.03
关于“上海宝田新型建材有限公司扩建工程项目建议书”的批复	沪宝钢字(2001)第 304 号	2001.08.08
关于上海宝钢集团公司内部体制有关情况调查表的报告	沪宝钢字(2001)第 305 号	2001.08.09
关于“西气东输”的报告	沪宝钢字(2001)第 307 号	2001.08.10
关于申请资产评估立项的报告	沪宝钢字(2001)第 308 号	2001.08.14
关于下发华宝信托、财务公司 2001 年资产经营责任书的通知	沪宝钢字(2001)第 309 号	2001.08.14
关于下发《上海宝钢集团公司全资、控股子公司二00二年度预算、计划编制大纲》的通知	沪宝钢字(2001)第 310 号	2001.08.15
关于上海钢铁研究所信息产业用金属功能材料生产线改造工程现有轧机等五条作业线技术改造项目建议书（代可行性研究）的批复	沪宝钢字(2001)第 311 号	2001.08.16
关于同意投资控股上海宝景信息技术发展有限公司的批复	沪宝钢字(2001)第 313 号	2001.08.17
关于下发《上海宝钢集团公司国有资产处置管理暂行办法》的通知	沪宝钢字(2001)第 315 号	2001.08.21
关于一钢公司《关于设立上海新申钢铁公司的请示》的批复	沪宝钢字(2001)第 316 号	2001.08.22
关于宝钢集团上海第一钢铁有限公司不锈钢工程1780mm热轧项目初	沪宝钢字(2001)第 318 号	2001.08.22

标题	文号	发文日期
步设计的批复		
关于上海宝钢益昌薄板有限公司新建露天热轧卷堆场和轧后库扩建改造项目建议书的批复	沪宝钢字(2001)第319号	2001.08.22
关于宝钢集团上海梅山有限公司二号高效板坯连铸机技术改造工程可行性研究的批复	沪宝钢字(2001)第320号	2001.08.22
关于宝钢集团上海第一钢铁有限公司不锈钢工程1780mm热轧项目初步设计概算批复	沪宝钢字(2001)第321号	2001.08.22
关于《上海宝钢工程技术有限公司连铸机组设备制造技术改造项目建议书（代可行性研究报告）》的批复	沪宝钢字(2001)第324号	2001.08.23
关于申请《宝钢宽厚板轧机及配套连铸工程》开始建设的报告	沪宝钢字(2001)第325号	2001.08.24
关于申请《宝钢集团上海五钢有限公司不锈钢长型材工程》开始建设的报告	沪宝钢字(2001)第326号	2001.08.24
关于宝钢集团上海五钢有限公司2#空分改造工程项目建议书（代可行性研究）的批复	沪宝钢字(2001)第327号	2001.08.24
关于宝钢集团上海浦东钢铁有限公司厚板厂新增压平机及配套设施初步设计的批复	沪宝钢字(2001)第333号	2001.09.03
关于宝钢集团上海浦东钢铁有限公司厚板厂水处理设施、高压水除鳞及公辅设施初步设计的批复	沪宝钢字(2001)第334号	2001.09.04
关于宝钢集团上海浦东钢铁有限公司厚板厂新增辊底式热处理炉及炉后快速冷却装置的配套设施初步设计的批复	沪宝钢字(2001)第335号	2001.09.04
关于宝钢集团上海浦东钢铁有限公司厚板厂新增辊底式热处理炉炉后快速冷却装置及热处理区三电设施初步设计的批复	沪宝钢字(2001)第336号	2001.09.04
关于宝钢集团上海浦东钢铁有限公司厚板厂更新双边剪初步设计的批复	沪宝钢字(2001)第337号	2001.09.04
关于宝钢集团上海浦东钢铁有限公司厚板厂新增辊底式热处理炉初步设计的批复	沪宝钢字(2001)第338号	2001.09.04
关于宝钢集团上海五钢有限公司军工专用生产线技术改造工程可行性研究报告有关问题的说明	沪宝钢字(2001)第339号	2001.09.04
关于朱学其等四位同志享受2000年度政府特殊津贴的通知	沪宝钢字(2001)第340号	2001.09.05
关于成立上海宝钢集团公司锅容管特设备普查登记工作领导小组的通知	沪宝钢字(2001)第341号	2001.09.05
关于下发《上海宝钢集团公司试点单位无偿献血实施办法（暂行）》的通知	沪宝钢字(2001)第342号	2001.09.06
关于宝钢集团上海二钢有限公司镀锌－铝合金钢丝生产线技术改造工程初步设计的批复	沪宝钢字(2001)第344号	2001.09.06
关于宝钢集团上海二钢有限公司高性能钢丝绳生产线技术改造工程初步设计的批复	沪宝钢字(2001)第345号	2001.09.06
关于对上海至高非晶金属有限公司重组方案的批复	沪宝钢字(2001)第347号	2001.09.10
关于下发《上海宝钢集团公司国有资产评估管理暂行办法》的通知	沪宝钢字(2001)第350号	2001.09.12

标　　题	文　号	发文日期
上海宝钢集团公司关于出售上海宝利计算机系统集成有限公司股权的决定	沪宝钢字(2001)第352号	2001.09.12
关于上海宝钢集团公司出售东软集团有限公司部分股权的资产评估结果确认的请示	沪宝钢字(2001)第353号	2001.09.17
关于对上海宝钢集团公司出售上海宝利计算机系统集成有限公司股权的资产评估立项的申请	沪宝钢字(2001)第356号	2001.09.17
关于宝钢集团上海五钢有限公司特钢银亮钢材中心初步设计的批复	沪宝钢字(2001)第361号	2001.09.21
关于对上海市郊区环线北段工程部分路线方案的几点建议	沪宝钢字(2001)第362号	2001.09.24
关于上海钢铁研究所信息产业用金属功能材料生产线改造工程新增多辊轧机等机组设备技术改造可行性研究的批复	沪宝钢字(2001)第363号	2001.09.25
关于石洞口车客渡码头扩建工程将对宝钢原料进厂安全性构成严重威胁的紧急报告	沪宝钢字(2001)第364号	2001.09.26
关于成立上海宝钢集团公司人民防空领导小组的通知	沪宝钢字(2001)第368号	2001.09.29
关于同意常冶经营服务公司和常冶贸易公司产权转让的批复	沪宝钢字(2001)第370号	2001.09.29
关于转发《关于上海五钢集团十钢公司厂房改建为综合超市项目初步设计的批复》的通知	沪宝钢字(2001)第373号	2001.10.10
关于上海宝钢集团公司薄带连铸连轧产业化项目试验基地建设工程项目建议书的批复	沪宝钢字(2001)第375号	2001.10.10
关于"宝钢工程技术有限公司苏冶齿轮制造技术改造二期工程项目建议书（代可行性研究报告）"的批复	沪宝钢字(2001)第376号	2001.10.10
关于同意将宝钢工程建设总公司划转宝钢集团企业开发总公司的批复	沪宝钢字(2001)第377号	2001.10.11
关于宝钢文化中心映晖楼扩建方案的立项批复	沪宝钢字(2001)第383号	2001.10.16
上海宝钢集团公司关于二000年工资总额与经济效益挂钩结算及二00一年工效挂钩方案的请示	沪宝钢字(2001)第384号	2001.10.18
关于规范与上市公司之间有关经营活动的通知	沪宝钢字(2001)第387号	2001.10.18
关于宝钢教培中心老区消防设施改造方案的立项批复	沪宝钢字(2001)第389号	2001.10.22
关于下发《上海宝钢集团公司〈企业会计制度〉实施方案》的通知	沪宝钢字(2001)第390号	2001.10.23
关于成立上海宝钢集团公司第二次基本单位普查领导小组和办公室的通知	沪宝钢字(2001)第391号	2001.10.24
关于《宝钢集团上海五钢有限公司特冶工程配套设施项目建议书》的批复	沪宝钢字(2001)第392号	2001.10.25
关于《宝钢集团上海五钢有限公司引进钛电极等离子焊接设备项目建议书》的批复	沪宝钢字(2001)第393号	2001.10.25
关于《宝钢集团上海五钢有限公司引进10吨真空自耗炉项目建议书》的批复	沪宝钢字(2001)第394号	2001.10.25
关于开展在建项目施工队伍及施工安全检查的通知	沪宝钢字(2001)第395号	2001.11.01
关于同意五钢公司吸收合并五钢特种冶金公司及五钢气体公司等三家	沪宝钢字(2001)第396号	2001.11.02

标　　　　题	文　号	发文日期
公司变更投资主体的批复		
关于对“沈阳宝钢钢材配送有限公司项目建议书”的批复	沪宝钢字(2001)第399号	2001.10.30
关于宝钢集团上海第一钢铁有限公司不锈钢工程板坯连铸项目初步设计的批复	沪宝钢字(2001)第400号	2001.11.02
关于宝钢集团上海第一钢铁有限公司不锈钢工程炼钢项目初步设计的批复	沪宝钢字(2001)第401号	2001.11.02
关于宝钢集团上海第一钢铁有限公司不锈钢工程总图运输项目初步设计的批复	沪宝钢字(2001)第402号	2001.11.02
关于上海宝钢益昌薄板有限公司新建露天热轧卷堆场和轧后库扩建改造项目可行性研究的批复	沪宝钢字(2001)第405号	2001.11.01
关于同意五钢公司规范对深圳上五钢铁有限公司投资的批复	沪宝钢字(2001)第406号	2001.11.02
关于同意宝钢集团国际经济贸易总公司向上海宝森公司增资的批复	沪宝钢字(2001)第408号	2001.11.06
关于上海宝钢益昌薄板有限公司国债项目国产设备抵免企业所得税申请办理确认书的报告	沪宝钢字(2001)第410号	2001.11.09
关于下发《上海宝钢集团公司外贸统计管理办法》的通知	沪宝钢字(2001)第415号	2001.11.13
上海宝钢集团公司关于实施安全生产警示性谈话与黄牌警告制度的通知	沪宝钢字(2001)第416号	2001.11.12
关于组建上海宝钢国际经济贸易有限公司的通知	沪宝钢字(2001)第418号	2001.11.16
关于上海新钢房地产开发经营公司产权转让的批复	沪宝钢字(2001)第425号	2001.11.20
关于上海上管企业开发公司改制及投资比例变更的批复	沪宝钢字(2001)第426号	2001.11.23
关于上海三钢－梅塞尔气体产品有限公司110t/d液化储存系统及空压机改造工程生产达标验收的批复	沪宝钢字(2001)第427号	2001.11.23
关于宝钢研究院I区预留实验用房续建项目建议书批复	沪宝钢字(2001)第428号	2001.11.26
关于上海宝信软件股份有限公司等三家上市公司国有股股权划转的申请报告	沪宝钢字(2001)第429号	2001.11.26
关于印发《上海宝钢集团公司第二次基本单位普查实施方案》的通知	沪宝钢字(2001)第433号	2001.12.05
关于下发《上海宝钢集团公司关于对职工参与淫秽色情活动、赌博活动及吸食、注射、贩卖毒品行为行政处分规定》的通知	沪宝钢字(2001)第434号	2001.12.05
关于印发《上海宝钢集团公司OA公文系统管理办法》的通知	沪宝钢字(2001)第435号	2001.12.05
关于转发财政部关于上市公司国有股权质押、冻结、拍卖等有关文件的通知	沪宝钢字(2001)第436号	2001.12.05
关于宝钢集团上海梅山有限公司铁矿二期扩建工程生产达标验收的批复	沪宝钢字(2001)第437号	2001.12.06
关于档案处电子文件接收还原及归档系统改造可行性研究(代项目建议书)批复	沪宝钢字(2001)第438号	2001.12.06
关于同意宝钢集团上海冶金建设有限公司整合宝钢集团上海五钢有限公司建筑业资源的通知	沪宝钢字(2001)第439号	2001.12.07
关于宝钢集团公司老干部一处活动室旧大楼改造方案设计(代初步设计)批复	沪宝钢字(2001)第442号	2001.12.10
关于上海梅山园林工程有限公司产权变更的批复	沪宝钢字(2001)第443号	2001.12.10

标 题	文 号	发文日期
关于当前宝钢生产用煤告急的报告	沪宝钢字(2001)第445号	2001.12.12
关于上海梅山矿业有限公司铁矿二期扩建工程竣工财务决算的批复	沪宝钢字(2001)第449号	2001.12.18
关于下发《上海宝钢集团公司“十五”及2010年钢铁科技发展规划》的通知	沪宝钢字(2001)第450号	2001.12.30
关于开展经济责任审计工作情况的自查报告	沪宝钢字(2001)第451号	2001.12.19
关于下发《上海宝钢集团公司自管技术改造项目管理暂行办法》的通知	沪宝钢字(2001)第452号	2001.12.20
关于下发《上海宝钢集团公司知识产权管理办法（试行)》的通知	沪宝钢字(2001)第454号	2001.12.24
上海宝钢集团公司关于认真做好2002年元旦、春节期间安全保卫工作和安全生产工作的通知	沪宝钢字(2001)第455号	2001.12.26
关于上海三钢－梅塞尔气体产品有限公司合资改建项目竣工财务决算的批复	沪宝钢字(2001)第456号	2001.12.26
关于宝山钢铁股份有限公司2#彩涂机组项目设备采购方式的情况说明	沪宝钢字(2001)第457号	2001.12.26
关于上海宝钢集团公司申请2002年焦炭出口计划的报告	沪宝钢字(2001)第459号	2001.12.28
关于上海宝钢集团公司2001年煤炭合同执行及存在问题情况汇报	沪宝钢字(2001)第461号	2001.12.30
关于宝钢集团上海第一钢铁有限公司氧、氮、氩气体输送管道项目初步设计概算批复	沪宝钢字(2001)第463号	2001.12.30
关于下发《上海宝钢集团子公司财务负责人任职管理暂行规定》的通知	沪宝钢字(2001)第464号	2001.12.30
关于推进上海宝钢集团公司信息化建设工作的通知	沪宝钢字(2001)第469号	2001.12.31
关于修订《上海宝钢集团公司因公出国费用标准和管理办法》的通知	沪宝钢字(2001)第470号	2001.12.31
关于宝钢老年福利院南侧地块有关问题的批复	沪宝钢字(2001)第471号	2001.12.31
关于下发《上海宝钢集团公司“专利及技术推广费”管理办法》的通知	沪宝钢字(2001)第474号	2002.01.11

（集团公司办公室）

中共上海宝钢集团公司委员会部分文件目录索引

标 题	文 号	日 期
上海宝钢集团公司党委2001年工作要点	沪宝钢委(2001)第01号	2001.2.1
关于批转集团公司党委宣传部等单位《关于对宝钢全体员工进行新一轮政治轮训的安排意见》的通知	沪宝钢委(2001)第02号	2001.1.21
关于上海钢管股份有限公司党委隶属关系及潘跃良等三人职务任免的通知	沪宝钢委(2001)第05号	2001.2.13
关于宝钢建设和联合总结宣传问题的专项报告	沪宝钢委(2001)第06号	2001.2.28
上海宝钢集团公司二000年因公出国（境）人员审查工作汇报	沪宝钢委(2001)第08号	2001.3.9
关于开展党员党性教育活动的意见	沪宝钢委(2001)第10号	2001.3.20
关于评选、表彰先进基层党组织、优秀共产党员、优秀党务工作者的通知	沪宝钢委(2001)第11号	2001.3.20
关于二钢公司党委、纪委换届选举结果的批复	沪宝钢委(2001)第12号	2001.3.28

标　　题	文　号	日　期
关于转发中共中央组织部《关于上海宝钢集团公司党委领导班子组成人员调整的通知》的通知	沪宝钢委(2001)第13号	2001.4.4
关于中国共产党成立80周年纪念活动的通知	沪宝钢委(2001)第14号	2001.4.6
关于报送宝钢领导参加国有重要骨干企业领导人员脱产学习进修计划表的报告	沪宝钢委(2001)第15号	2001.4.12
关于调整上海宝钢集团公司社会治安综合治理委员会和维护稳定工作领导小组组成人员的通知	沪宝钢委(2001)第17号	2001.4.17
关于认真贯彻全国社会治安工作会议精神，全力维护上海宝钢一方平安的通知	沪宝钢委(2001)第18号	2001.4.24
上海宝钢集团公司党委关于加强和改进党委中心组学习的意见	沪宝钢委(2001)第20号	2001.5.21
关于上海宝钢集团公司纪委班子成员审批事项的请示	沪宝钢委(2001)第23号	2001.6.5
关于学习贯彻“两会”精神的通知	沪宝钢委(2001)第24号	2001.6.6
重温江总书记题词，深入开展“办世界一流企业，创世界一流水平”教育活动的意见	沪宝钢委(2001)第29号	2001.6.22
关于命名先进基层党组织、优秀共产党员标兵、优秀共产党员、优秀党务工作者的决定	沪宝钢委(2001)第30号	2001.6.25
关于学习贯彻江泽民同志在庆祝中国共产党成立80周年大会上讲话的意见	沪宝钢委(2001)第32号	2001.7.4
关于上海宝钢集团公司开展“三讲”学习教育活动的请示	沪宝钢委(2001)第33号	2001.7.12
关于命名上海宝钢集团公司2000年度“用户满意文明单位”、“文明单位”和1990～2000年度“优化企业形象最佳组织者”的决定	沪宝钢委(2001)第34号	2001.7.16
关于上海宝钢集团公司“三讲”学习教育活动由第一步骤转入第二步骤的请示	沪宝钢委(2001)第35号	2001.7.19
关于成立上海宝钢集团公司密码工作领导小组和密码工作领导小组办公室的通知	沪宝钢委(2001)第36号	2001.7.19
关于上海宝钢集团公司“三讲”学习教育活动由第二步骤转入第三步骤的请示	沪宝钢委(2001)第37号	2001.8.3
关于上海宝钢集团公司“三讲”学习教育活动召开总结大会的请示	沪宝钢委(2001)第38号	2001.8.8
关于印发《上海宝钢集团公司“三讲”学习教育活动整改工作方案及整改措施》的通知	沪宝钢委(2001)第39号	2001.8.20
关于下发《上海宝钢集团公司关于实施重要案件“三不放过”教育的规定（试行)》的通知	沪宝钢委(2001)第40号	2001.8.22
关于上海钢管股份有限公司党委、纪委更名及其组成人员的通知	沪宝钢委(2001)第41号	2001.8.29
关于浦钢公司党委、纪委委员调整的通知	沪宝钢委(2001)第42号	2001.8.29

标　　题	盘　号	日　期
关于上海宝钢信息产业有限公司党委、纪委更名和冯国城等三位同志职务任免的通知	沪宝钢委(2001)第43号	2001.8.29
关于在基层党政领导班子及成员中开展“三个代表”学习教育活动的通知	沪宝钢委(2001)第44号	2001.8.30
关于上海宝钢集团公司精神文明建设委员会组成人员调整的通知	沪宝钢委(2001)第45号	2001.9.4
关于印发《上海宝钢集团公司创建“用户满意文明单位”条例》的通知	沪宝钢委(2001)第46号	2001.9.4
关于发扬在宝钢“三讲”集中学习教育活动中体现出的五种精神，加快实现“两个世界一流”目标步伐的意见	沪宝钢委(2001)第47号	2001.9.4
关于宝山钢铁股份有限公司在领导班子及其成员中开展“三讲”学习教育活动的批复	沪宝钢委(2001)第48号	2001.9.6
关于认真学习贯彻党的十五届六中全会决定的通知	沪宝钢委(2001)第49号	2001.10.17
关于印发《上海宝钢集团公司关于在全体职工中开展法制宣传教育的第四个五年规划》的通知	沪宝钢委(2001)第50号	2001.10.23
关于上海宝钢国际经济贸易有限公司党委、纪委组成人员的通知	沪宝钢委(2001)第51号	2001.11.15
关于上海宝钢集团公司出席党的十六大代表候选人酝酿推荐工作的意见	沪宝钢委(2001)第55号	2001.11.19
关于调整中共上海宝钢集团公司委员会保密委员会成员的通知	沪宝钢委(2001)第56号	2001.11.20
关于调整上海宝钢集团公司国家安全领导小组成员的通知	沪宝钢委(2001)第57号	2001.11.20
关于调整助理岗位管理权限的通知	沪宝钢委(2001)第59号	2001.11.28
关于上海宝钢集团公司出席党的十六大代表候选人初步人选第二轮推荐工作的意见	沪宝钢委(2001)第60号	2001.12.3
上海宝钢集团公司关于深化厂务公开的若干意见	沪宝钢委(2001)第62号	2001.12.10
上海宝钢集团公司党委常委会工作制度（试行）	沪宝钢委(2001)第63号	2001.12.11
上海宝钢集团公司关于加强和改进党的作风建设实施办法	沪宝钢委(2001)第64号	2001.12.11
上海宝钢集团公司优秀年轻干部挂职锻炼实施办法	沪宝钢委(2001)第65号	2001.12.11
上海宝钢集团公司关于调整不胜任现职领导干部的暂行规定	沪宝钢委(2001)第66号	2001.12.11
上海宝钢集团公司干部交流暂行规定	沪宝钢委(2001)第67号	2001.12.11
关于2001年度基层党委工作考核的通知	沪宝钢委(2001)第68号	2001.12.20
关于改变上海宝钢运输有限公司党总支等党组织隶属关系的通知	沪宝钢委(2001)第69号	2001.12.24
关于化工公司党委、纪委换届选举结果的批复	沪宝钢委(2001)第70号	2001.12.25

（集团公司党委办公室）

上海宝钢集团公司领导在部分会议上的讲话、报告索引

报告(讲话)标题/会议名称	会议时间	报告(讲话)人	报刊出处
在上海宝钢集团公司党委书记研讨班上的讲话	2001.1.13	关壮民	《学习与创新》2001.1 总第 111 期
在上海宝钢集团公司政工会议上的讲话	2001.2.16	谢企华	《学习与创新》2001.2 总第 112 期
开拓创新，锐意进取，追求新的超越，铸造新的辉煌——在上海宝钢集团公司政工会议上的报告	2001.2.16	关壮民	《学习与创新》2001.2 总第 112 期
增强综合竞争力，迎接入世新挑战——在上海宝钢集团公司 2001 年预算计划工作会议上的报告	2001.2.27	谢企华	《学习与创新》2001.3 总第 113 期
认清形势，抓住机遇，加速推进精品基地建设——在上海宝钢集团公司2001年预算计划工作会议上的讲话	2001.2.27	关壮民	《学习与创新》2001.3 总第 113 期
开拓创新，锐意进取，努力建设一支高素质的干部队伍——在上海宝钢集团公司组织人事工作会议上的讲话	2001.3.1	谢企华	《学习与创新》2001.4 总第 114 期
适应新形势，明确新任务，努力开创组织人事工作新局面——在上海宝钢集团公司组织人事工作会议上的讲话	2001.3.1	关壮民	《学习与创新》2001.4 总第 114 期
全面推进 CS 战略的重要现实意义		戴元永	《学习与创新》2001.4 总第 114 期
在上海宝钢集团公司统战工作会议上的讲话	2001.3.28	关壮民	《学习与创新》2001.4 总第 114 期
宝钢三期工程建设情况汇报	2001.5.15	谢企华	《学习与创新》2001.5 总第 115 期
三期工程情况汇报	2001.5.14	许志斌	《学习与创新》2001.5 总第 115 期
组建企业集团，发挥联合优势，建设钢铁精品基地，增强国际竞争实力	2001.5.15	徐大铨	《学习与创新》2001.5 总第 115 期
宝钢贸易系统改革、发展和创新的基本思路——在上海宝钢集团公司党委中心组上的发言	2001.4.26	何文波	《学习与创新》2001.5 总第 115 期
宝钢三期建设和联合重组情况汇报	2001.6.13	徐大铨	《学习与创新》2001.6 总第 116 期
冷静看“入世”积极迎挑战	2001.5.10	谢企华	《学习与创新》2001.6 总第 116 期
突出重点，开拓创新，构筑宝钢再就业工程新体系	2001.5.10	关壮民	《学习与创新》2001.6 总第 116 期
开拓思路，勇于创新，全方位拓展再就业空间	2001.5.10	赵　昆	上海宝钢集团公司再就业工程推进大会专辑

报告(讲话)标题／会议名称	会议时间	报告(讲话)人	报刊出处
在上海宝钢集团公司“三讲”学习教育活动动员大会上的讲话	2001.7.13	徐大铨	《学习与创新》2001.7 总第117期
在上海宝钢集团公司“三讲”学习教育活动动员大会上的讲话	2001.7.13	谢企华	《学习与创新》2001.7 总第117期
在上海宝钢集团公司“三讲”学习教育活动动员大会上的讲话	2001.7.13	关壮民	《学习与创新》2001.7 总第117期
在宝钢纪念中国共产党成立八十周年大会上的讲话	2001.6.28	关壮民	《学习与创新》2001.7 总第117期
联合图强，发展精品，提升国际竞争力——在中央党校培训班上的讲课稿	2001.7.2	徐大铨	《学习与创新》2001.7 总第117期
发扬党的光荣传统，努力做“三个代表”排头兵——纪念中国共产党建党80周年		关壮民	《宝钢日报》第4102期
在上海宝钢集团公司文明单位表彰会上的讲话	2001.7.17	谢企华	《学习与创新》2001.7 总第117期
学讲话，学题词，找差距，明责任，加快建设世界一流钢铁企业的步伐——在上海宝钢集团公司文明单位表彰会上的讲话	2001.7.17	关壮民	《学习与创新》2001.7 总第117期
在上海宝钢集团公司“三讲”学习教育活动总结大会上的讲话	2001.8.10	徐大铨	《学习与创新》2001.8 总第118期
上海宝钢集团公司“三讲”学习教育活动整改方案的报告	2001.8.10	谢企华	《学习与创新》2001.8 总第118期
上海宝钢集团公司“三讲”学习教育活动总结报告	2001.8.10	关壮民	《学习与创新》2001.8 总第118期
竞争与合作——迎接中国入世 融入全球经济	2001.9	徐大铨	《学习与创新》2001.9 总第119期
认真学习“七一”讲话，努力实践“三个代表”，切实加强干部的作风建设	2001.9.13	尹 灏	《学习与创新》2001.9 总第119期
企业文化是企业竞争和发展的灵魂——在“新千年、新思路”研讨会上的讲话	2001.9.5	关壮民	《学习与创新》2001.9 总第119期
管理，对标，提高综合竞争力	2001.8.22	徐乐江	《学习与创新》2001.9 总第119期
总结经验，发现问题，寻找对策，提高宝钢整体管理水平	2001.8.22	赵 昆	《学习与创新》2001.9 总第119期
在集团公司“三老”座谈会上的汇报提纲	2001.9.14	何文波	《学习与创新》2001.9 总第119期
在集团公司“三老”座谈会上的汇报提纲	2001.9.14	艾宝俊	《学习与创新》2001.9 总第119期
在宝钢股份公司“三讲”学习教育活动总结大会上的讲话	2001.9.29	关壮民	《学习与创新》2001.10 总第120期
宝钢股份公司“三讲”学习教育活动总结	2001.9.29	欧阳英鹏	《学习与创新》2001.10 总第120期

报告(讲话)标题／会议名称	会议时间	报告(讲话)人	报刊出处
加强和改进党的作风建设的极端重要性和紧迫性——在宝钢领导干部"七一"讲话和十五届六中全会精神研讨班上的讲话	2001.11.7	关壮民	《学习与创新》2001.11 总第121期
关于代表先进生产力发展要求的思考	2001.10.25	艾宝俊	《学习与创新》2001.11 总第121期
把用户满意落实到每个岗位、每个环节——在梅山公司钢铁主业CS战略现场推进会上的讲话	2001.	戴元永	《学习与创新》2001.11 总第121期
普及法律知识，增强法制意识——在宝钢集团公司四五普法动员暨法律咨询活动时的讲话	2001.12.7	关壮民	《学习与创新》2001.12 总第122期
核心竞争力：跨国公司之魂——在第三届上海国际工业博览会论坛"跨国公司培育与发展"主题报告会上的演讲	2001.11.24	谢企华	《学习与创新》2001.12 总第122期
运用信息技术，再造传统产业——在第三届上海国际工业博览会论坛圆桌会议上的主导发言	2001.11.24	徐乐江	《学习与创新》2001.12 总第122期
坚持文化创新，建设先进的有竞争力的宝钢企业文化——在宝钢集团公司党委中心学习组上的发言	2001.11.22	欧阳英鹏	《学习与创新》2001.12 总第122期
以"三个代表"重要思想指导我们的工作——在宝钢集团公司党委中心学习组上的发言	2001.11.22	赵　昆	《学习与创新》2001.12 总第122期
在"观念与创新"研讨会上的讲话	2001.11.30	徐大铨	《学习与创新》2001.12 总第122期
在"观念与创新"研讨会上的讲话	2001.11.30	关壮民	《学习与创新》2001.12 总第122期
在"观念与创新"研讨会上的讲话	2001.11.30	尹　灏	《学习与创新》2001.12 总第122期
在"观念与创新"研讨会上的讲话	2001.11.30	欧阳英鹏	《学习与创新》2001.12 总第122期
以"三个代表"的要求，加强和改进党的建设		尹　灏	《学习与创新》2002.1 总第123期
经受考验，创新图强——在2001年上海宝钢集团公司干部大会上的报告	2001.12.27	徐大铨	《学习与创新》2002.1 总第123期
切实加强和改进企业党建工作	2001.12.20	戴元永	《学习与创新》2002.1 总第123期

（宝钢史志办公室）

上海宝钢集团公司2001年减员分流、再就业工作意见和政策

（沪宝钢字[2001]162号）

为了进一步加大上海宝钢集团公司（以下简称：集团公司）的减员分流力度，抓好转制“放小”，拓展就业渠道，妥善安置职工，现对今年减员分流、再就业工作提出以下意见。

一、2001年减员分流、再就业工作总体思路

紧紧围绕“建设集团公司钢铁精品基地”的战略目标，以主体减员为重点；以剥离辅体，搞活辅体，转制“放小”，开拓就业渠道，拓宽就业容量，吸纳下岗人员为措施；以加大各类培训力度，提高职工就业能力为保证，在确保集团公司稳定的前提下，使减员分流工作顺利进行。专项资金使用，要向开拓就业岗位倾斜，并从实际出发，在政策上有所突破，为在2004年达到集团公司钢铁主业定员目标作出努力。

二、2001年减员分流、再就业工作政策和专项资金补贴标准

（一）离岗退养

凡男1950年12月31日前、女1960年12月31日前出生的下岗富余人员，经本人与企业协商一致，可办理离岗退养。

离岗退养人员生活费按上海市2000年正式退休人员的计发办法核定，企业还应按规定为其缴纳社会保险费用。

除社保费用中应由企业缴纳的部分外，其余费用由专项资金给予企业适当补贴。

（二）协商解除劳动关系

职工由于企业产业、产品结构调整，淘汰落后生产工艺或其它各种原因失去岗位的，经本人与企业协商一致，可协商解除劳动关系。

协商解除劳动关系的经济补偿按本人协解前十二个月的月平均工资乘以本企业工作年数计发，补偿的工作年限不封顶。有条件的企业还可根据其经济承受能力，适当给予一次性补贴。

经济补偿和一次性补贴费用，由专项资金给予企业适当补贴。

（三）劳务输出

对大龄和市场就业困难的下岗职工，应在其与企业变更劳动关系、并与企业所属劳务公司签订劳动合同的前提下，由劳务公司组织推荐劳务输出。

劳务输出期间，由专项资金给予企业适当补贴。

（四）对成建制“关停”分厂、车间

1、对成建制“关停”分厂、车间职工给予“歇工待岗期”，“关停”后的三～六个月内，下岗人员待遇可在原工资基础上逐月减少，但不得低于上海市规定的职工最低工资水平。

歇工待岗期间下岗人员的生活费由专项资金给予企业适当补贴。

2、成建制“关停”分厂、车间职工与企业协商解除劳动关系的，专项资金对企业的补贴原则上实行包干的办法。

（五）开拓就业渠道

加强与市、区再就业项目执行机构的联系，重点开发与人民生活密切相关的劳动密集型的项目，积极在新经济组织中寻求、拓展就业岗位，着重解决年龄偏大、技术单一、市场就业困难的下岗职工。2001年集团公司要争取推出三～五个开拓就业岗位的新项目，逐年安排1000余名下岗职工重新就业。

对转制“放小”后，职工组建私营、民营、股份合作制等企业，由专项资金给予一定扶持，对辅体扩大就业容量，积极吸纳主体下岗人员的，由专项资金给予适当奖励。

继续做好集团公司各子公司外劳力使用的整顿、清退工作，腾出更多岗位为下岗职工创造就业机会，同时各子公司在原辅材料采购、设备检修、备品备件制造等外协市场方面要努力与安排下岗人员就业相结合。

（六）加大培训力度

企业应根据发展规划和产业、产品结构调整的要求，结合下岗人员的实际，加大培训力度和资金投入，为企业的发展和鼓励下岗人员走向社会积极创造条件。

在职职工和成建制“关停”分厂、车间职工参加企业组织的培训，可发给基本工资，考核合格，成绩优良的，可发给奖学金。下岗职工的市场就业培训费用原则上由集团公司就业管理中心负责落实；转岗培训和项目培训费用一般由企业承担，确有困难的，可由专项资金给予一定的支持。

（七）加强就业指导

就业管理中心要加强对下岗职工的就业政策指导，及时收集有关政策和信息，适时印成小册子，供下岗职工学习参考。并积极组织下岗职工中的带头人参加创业者培训和各类技能培训，帮助他们提高自主就业的能力。要尽快形成集团公司职介工作网络，做到信息互通，资源共享，努力扩大就业面，

（八）确保下岗人员生活费

要重点解决好滞留人员的分流安置工作，对新产生的企业富余人员，按进入市场的合法途径，解除劳动关系，实现国有企业下岗职工基本生活保障向失业保险并轨，在并轨过渡期间对尚未分流安置的人员保障其基本生活。

对下岗人员中尚未有分流去向的，按月发给其基本生活费：第一年318元／人月；第二年开始280元／人月，由专项资金给予企业适当补贴。

凡经市劳动能力鉴定委员会鉴定属大部份丧劳和丧劳的职工，在尚未落实安置前，由企业负责落实其基本生活保障，按月发给生活费445元／人，由专项资金给予企业适当补贴。

三、本办法由上海宝钢集团公司就业管理中心具体实施。

四、本办法的解释权属上海宝钢集团公司人事部。

五、本办法自2001年1月1日起执行。

上海宝钢集团公司
关于加快高层次人才培养的若干意见

（沪宝钢字[2001]172号）

各部、室：

为了进一步做好高层次人才培养工作，提高企业核心竞争力，现就上海宝钢集团公司（以下简称：集团公司）加快高层次人才培养提出如下意见：

一、认清形势转变观念，充分认识高层次人才培养的重要性和紧迫性

人类已进入21世纪，经济全球化趋势日益凸现，科技革命迅猛发展，知识经济正在到来，特别是我国即将加入世贸组织，正面临着前所未有的以人才争夺为核心的激烈的国际竞争。集团公司要实现钢铁精品基地建设和跻身世界500强的整体战略目标，必须要拥有一支高素质的人才队伍。

集团公司组建以来，各级领导十分重视人才队伍建设，不失时机地抓人才培养，使一大批优秀人才脱颖而出，加快了企业技术创新的步伐，企业经济效益得到了明显的提高。但是，在集团公司内部总体发展不平衡，观念滞后、人才流失、优秀人才缺乏、人才结构不合理、用人机制和分配机制相对落后等问题仍然很突出。因此，进一步抓好集团公司高层次人才培养的任务仍十分艰巨，刻不容缓。

各级领导干部和人事干部要认真学习邓小平的人才思想，进一步解放思想，转变观念，要牢固树立人才是企业发展的第一资源的观念，坚持把人才队伍建设作为企业发展的关键，抓紧抓好抓实；要牢固树立企业是用人主体的观念，坚持从企业发展要求和人才队伍现状出发，克服“等、靠、要”的思想，积极主动地抓好人才队伍建设。

二、以集团公司发展战略为依托，制定实施人才发展战略

当前，集团公司正在实施“十五”规划，推进“两个基地”（钢铁精品基地，新工艺、新技术、新材料基地）建设；制定实施科技发展规划和非钢产业发展规划，加快跻身世界500强的步伐。为实现这一战略目标，必须一如既往地确立人才优先的思想，把人才发展战略作为企业发展的首要战略考虑。要把人才的选拔、培养、使用纳入统一规划、分步实施的轨道，制定一个能够适应发展战略目标，切实可行，指导实际工作的人才发展战略。

集团公司人才队伍经过长期的锻炼，具有高度的政治觉悟和较高的技能素质、优良的职业道德作风，在冶金工程设计建设、钢铁生产经营、市场拓展、海外业务等方面取得了令人瞩目的成就，是我国冶金行业的最为强大的人才队伍之一，但是由于近年来市场竞争的加剧，人才争夺愈演愈烈，导致部分优秀人才流失。为此，要以实现集团公司战略目标为出发点，针对集团公司人才队伍状况，确立新时期适应新形势的集团公司人才培养指导思想与目标。

1. 人才培养指导思想：“用施展才干的舞台留住人才，用企业发展战略吸引人才，用激励机制与成长环境发展人才”。

2. 人才培养目标：“以培养高层次、复合型国际化人才为重点，着力建设一支素质优良、结构合理、专业门类配套，后备力量充足，能够适应集团公司总体发展战略的一流人才队伍。”

三、构筑国际化的人才开发机制，加速国际化人才培养

经济全球化，势必要求人才开发的国际化，集团公司要参与全球竞争，必须要具有世界一流人才培育机制，拥有一批世界一流的技术和管理人才。集团公司十分注重人才的培养和使用，也初步形成了具有集团公司特色的人才培养机制。但是，集团公司现有人才的知识结构、技能水平还不能完全适应国际化竞争的要求。为此，要将人才开发的重心转移到国际化上来，以人才构成国际化、人才素质国际化、人才活动国际化为基本思路，来构筑和不断完善集团公司人才培养机制，加速国际化人才培养。

1. 加大高层次人才国外培训力度。有计划地选送青年拔尖人才去国外著名院校、公司与科研机构进修、深造，注重于把人才放到国际环境中去培养、锻炼；遴选一些优秀技术人才去著名的科研机构和公司作访问学者或从事科研合作，让他们早出、多出高水平的科研成果；在继续选送青年贸易、营销人才定期去三菱、三井物产等世界著名商社进行实务学习，培养国际商务人才的基础上，注重培养较为紧缺的国际金融人才，涉外法务人才以及更为紧缺的资本经营人才；采用轮岗与挂职的方式选派优秀青年人才到集团公司的海外子公司进行实地锻炼与培养，熟悉掌握国际规则，增长跨国经营才干。

2. 加大海外人才的引进力度。加强与国家留学中心、国家外专局、侨联等部门联系，建立海外人才信息库，在全球范围内招聘紧缺的有用人才，特别是海外留学人员；定期组织有关子公司赴海外招聘，对困难企业的人才引进，在资金上集团公司给予一定资助；积极创造条件，吸引海外人才到集团公司短期讲学、做访问学者、担任客座研究员以及做博士后。

3. 大力实施集团公司外语等级制度。外语是参与国际化活动的基本工具，集团公司十分重视青年专业技术人员外语培训工作，建立了集团公司外语等级制度，采取各种措施强化青年专业技术人员的外语训练，取得了明显的成效。但是仍然难以适应经济全球化与我国进入WTO后带来的严重挑战的要求。为此，要修订完善集团公司外语等级制度，不遗余力地在集团公司范围内推进；优先选送外语水平高的骨干人才到国外深造，优先选送与资助外语达到要求的青年专业技术人员到国外参加国际学术会议；要在岗位任职条件中列入外语要求，作为岗位竞聘与考核的重要条件。

四、创造脱颖而出的人才激励机制，加快高层次人才队伍建设

市场经济条件下，受利益驱动的人才流动不可避免。因此，要下大力气研究、建立适应市场经济客观要求、能吸引和留住人才的激励机制，加快高层次人才队伍建设。

1. 探索建立按劳分配和按生产要素分配相结合的分配机制。市场经济条件下，企业分配的实质就是劳动力的价格按照劳动者提供的劳动的质和量调整利益。要坚持人才的薪金水平与市场接轨，以市场价位为依据，确定企业分配方案，敢于拉开差距，向关键岗位和关键人才倾斜，对特殊人才可以实行面议工资；研究开发人才是企业知识工作者，要大胆探索知识参与分配，在不断完善项目工资基础上，试行开展知识入股、技术入股、期权激励等分配方式，允许一部分优秀人才以技术、知识、现金等形式入股，从而把优秀人才的利益与企业的利益紧紧地捆在一起。

2. 设立优秀人才的选拔机制。竞争是任何组织保持活力的原动力，没有优胜劣汰，就谈不上高水平，竞争中有利于发现人才，有利于年轻人才脱颖而出，有利于留住各类高水平的人员。因此，集团公司将在全公司范围内开展技术业务专家和技能专家的评选，给予较高工资和其它待遇，提供良好的工作环境。继续实施集团公司人才专项奖，在重奖对集团公司生产经营有重大贡献的人才以及为选拔、培养人才作出贡献的人员的同时，重点资助子公司海外人才引进、优秀拔尖人才赴国内外深造、优秀人才出版专著等。

3. 强化高层次人才"自主开发"培养。要按照"优秀人才优先培养、重要人才重点培养、紧缺人才抓紧培养"的原则优先安排高层次后备人才的培训，对于高层次优秀人才，在符合企业发展方向的前提下，请本人设计自己的培养、开发的方案，在充分听取本人意见的基础上，按照高层次人才对自身开发的实际需要，因才施教，进行卓有成效的开发。

五、创新人才流动机制，构筑人才高地

由于种种原因，集团公司的一些子公司最近若干年人才流失超过人才引进，引发了人才危机。另外，集团公司研发力量与浦项、新日铁相比一方面比较薄弱，学术带头人缺乏，另一方面比较分散。为此，要创新人才流动机制，一方面盘活集团公司内技术人才资源，另一方面吸引社会优秀人才，构筑集团公司人才高地。

1. 建立科研项目招标制，聚集优秀人才。设立科研项目招标制，使集团公司工程技术人员都有机会参加竞标，中标者可以暂时离开原岗位，从事课题专项研究，这样能使集团公司技术人才资源得到最佳利用。另外，还可以通过集团公司每年设立若干名访问学者，吸引社会优秀人才来集团公司做课题研究，发挥社会人才资源的作用，对优秀的访问学者可以争取留在集团公司工作。

2. 通过超前主动跟踪，挖掘著名高校优秀毕业生。集团公司在全国著名的高校已设立宝钢奖学金，要充分利用宝钢奖学金的影响，吸引著名高校优秀毕业生来集团公司工作。另外，通过挑选著名高校博士、硕士生来集团公司做课题研究，争取其中优秀人才毕业后留在集团公司工作。

3. 通过博士后工作站，吸纳高层次人才。由集团公司出资博士后日常经费，广泛吸引科研院所、高等院校具有博士学位的人员，进入集团公司博士后工作站从事研究工作，争取从出站博士后中吸纳一批富有潜力的年轻优秀人才。

4. 拓宽社会渠道，招聘高层次紧缺人才。要加强与人才市场联系，建立高层次紧缺人才信息库，不惜代价挖掘引进高层次紧缺人才，对一些奇缺的人才，可以用超常规措施加速、成批地引进，甚至可以通过购买整个实验室、研究所来引进人才。

六、创造良好环境，共同推进高层次人才培养工作

高层次人才培养工作是一项十分艰巨的系统工程，各级党政组织要把这件事放到企业生产经营的重要议事日程上来，切实加强领导，形成合力，共同推进。各单位要结合本企业的实际，突出重点，自主创新，努力探索适合本企业特点的人才队伍建设的新路子，对引进人才要做到"引进、留住、用好"，以事业凝聚人，以成就激励人，以精神感染人，以真诚对待人，造成一个近悦远来的用人氛围。

要建立高层次人才培养的工作责任制，领导班子要明确责任，合理分工，加强协调，抓好督促检查。各单位正职领导是高层次人才培养的第一责任者，主管人事工作的副职领导是第二责任者，组织人事部门负责人是第三责任者。

各级领导每年都应结合年终工作总结，对高层次人才培养工作进行一次全面检查，认真总结经验，研究在工作推进过程中出现的新情况、新问题，积极探索高层次人才培养的新方法。今后，集团公司人事部要定期走访各单位、各部门，了解高层次人才培养开展情况，此项工作是各级领导干部考核的一项重要内容。

上海宝钢集团公司
重点科研项目管理办法（试行）

（沪宝钢字[2001]190号）

为规范上海宝钢集团公司（以下简称：集团公司）重点科研项目的管理，特制定《上海宝钢集团公司重点科研项目管理办法（试行）》。

（一）重点科研项目的立项原则

第一条 根据集团公司的科技发展规划，规划发展部于每年7月编制出集团公司下一年度重点科技开发指南，上海宝钢研究院（以下简称“研究院”）和子公司应以重点科技开发指南为参考组织申报集团公司重点科研开发项目（研究院和子公司所申报集团公司重点科研项目必须是列入本单位科研开发计划的项目）。申报集团公司重点科研项目应符合以下条件：

1. 符合集团公司发展战略及“精品基地”建设要求；

2. 具前瞻性，带有技术战略储备性质并可能产生重大或专有自主知识产权的新产品、新工艺、新装备和新技术的开发；

3. 有利于发挥集团公司综合优势、解决重点共性技术问题、需联手进行开发。

（二）重点科研项目计划编制

第二条 规划发展部于每年9月1日开始受理研究院和各子公司下年度集团公司重点科研开发项目申报表（见附件1），截止日期为9月30日。

第三条 规划发展部于每年10月份对研究院和子公司申报的集团公司下年度重点科研项目进行初审，组织宝钢专家资源库的有关专家对规划发展部筛选并形成的集团公司重点科研项目计划初案进行咨询，并根据咨询意见编制集团公司年度重点科研项目计划及集团公司重点科研项目经费预算计划（含科技发展专项经费支持计划以及专家咨询意见），11月底前上报公司技术创新委员会审定。

第四条 规划发展部根据公司技术创新委员会的审定结果编制并下达集团公司重点科研项目计划及经费预算（含科技发展专项经费支持情况）计划到研究院和各子公司，并报送公司计财部列入集团公司年度预算计划。

第五条 对列入集团公司计划的重点科研目，由规划发展部（必要时可委托宝钢研究院）组织专家资源库专家进行立项评审，形成立项评审意见（见附件2），并根据专家评审意见编写计划任务书（见附件3），然后由规划发展部连同结题归档材料表（见附件4）下达到项目负责单位。

（三）重点科研项目的费用管理

第六条 经过集团公司技术创新委员会批准的集团公司重点科研项目，科技发展专项经费的支持按以下原则和方法进行：

1. 专项经费支持的原则

①对由宝钢研究院负责，并形成集团公司固定资产的重点科研项目进行全额支持；对由宝钢研究院牵头开发，但形成子公司固定资产的项目，集团公司支持科研开发费用，形成固定资产所需费用由子公司自行负责；

②对由子公司负责的重点科研项目，集团公司将支持部分科研开发经费，其余科研费用和形成子公司固定资产所需费用由子公司自行匹配；

③由几家子公司联合开发的项目，本着经费随项目走的原则，由集团公司将所支持部分科研开发费用按规定办法下达到项目负责单位，课题组成员间的费用协调由项目负责单位牵头。

2. 专项经费管理方法

对宝钢研究院负责的重点科研项目，科研费直接列支集团公司科研费，并执行费用月度预算管理，即：每个重点科研项目每个月的经费预算（见附件5）必须提前在上一个月的12日前由项目负责人提出，加盖宝钢研究院公章后向规划发展部申报，经规划发展部审批同意后，由规划发展部统一编报月度经费预算，并在每个月的14日前向计划财务部申报下月的科研经费预算。项目的经费开支直接列支在集团公司科研经费中，重点科研项目中如在研究院形成固定资产，则所形成的固定资产归集团公司所有。形成固定资产的费用管理及新增固定资产的办理程序按照集团公司有关规定执行。

对由子公司负责的重点科研项目，集团公司以委托开发形式支付费用，即：集团公司和子公司作为甲、乙方签订合同（协议），关于付款的方式、项目的进度节点、验收标准等在签订的委托开发合同（协议）中明确规定，并由规划发展部按项目的进度节点进行验收，同时实行分期付款（一般每年的付款次数不超过3次），最后一期的付款必须在委托开发合同（协议）规定的全部科研内容完成并验收后才能执行。

（四）重点科研项目的实施管理

第七条 重点科研项目的承担单位在收到规划发展部下达的计划任务书后应认真按时间节点组织好项目的实施工作，同时需按季度向规划发展部报送项目进展情况（季度跟踪表，见附件6）和项目年度总结报告（每年的1月15日前），并在集团公司科技例会上通报项目进展情况。

规划发展部将根据需要对集团公司重点科研项目的进展情况进行跟踪、协调和推进。对重点科研项目的关键工艺、技术和装备的外协合同或超过30万元的重点外协合同的签订，规划发展部可以对外协方资质情况进行了解，向项目负责单位提出相应的意见和建议，并检查外协合同执行情况。

第八条 规划发展部可以根据日常跟踪的情况对项目负责单位提出建议，对严重偏离研究方向、严重拖期而且无相关补救措施以及阶段性研究结果表明已无进一步研究意义的集团公司重点科研项目，规划发展部可以向技术创新委员会提出中止该项目进展的建议。

对集团公司科技发展专项经费支持额度超过100万元（含100万元）或开发周期超过2年的重点科研项目，规划发展部应组织对该项目进行1～2次中期评估，并根据中期评估的结果决定下一步科技发展专项经费对该项目的支持计划。

第九条 项目在进行过程中，可根据实际情况对计划任务书的内容作适当的调整（原则上只能调整一次）。由项目负责单位填报计划任务书调整单（见附件7），规划发展部审批。

（五）重点科研项目的结题管理

第十条 重点科研项目的结题验收

具备结题条件的重点科研项目，项目负责单位应按结题归档材料表要求，准备结题所需各类材料（其中项目效益评审使用经济效益评审表，格式见附件8），连同结题报告（格式见附件9）在计划结题前一个月报送规划发展部，由规划发展部组织专家资源库专家并主持结题评审，项目负责单位承担必要的协助工作。项目评审专家组应对项目的完成情况、达到的目标及取得成果的水平、意义与作用、经费使用情况和项目的组织管理等做出实事求是的评价，填写结题验收综合评审表（见附件10）。

第十一条　科研课题在运行中产生阶段成果时，也应由规划发展部组织验收，方法与项目结题验收相同。

（六）重点科研项目的知识产权管理

第十二条　列入集团公司重点科研项目的有关知识产权归属原则：对集团公司科技发展专项经费全额支持的重点科研项目开发所形成的知识产权归属集团公司所有；对科技发展专项经费部分支持的集团公司重点科研项目开发所形成的知识产权的归属，应在签订委托开发合同（协议）时加以明确。

项目负责人应重视研究成果的延伸与应用，并及时将项目结题后新发表的专著、论文、论文引用、成果鉴定和推广效益、专利申请等情况通过所在单位主管部门报送规划发展部备案，作为项目结题材料的补充予以备案和归档。

第十三条　项目研究的延伸成果，如专利和研究论文等一旦涉及到集团公司内部非项目承担单位的有关生产和技术秘密的，需事先经规划发展部组织有关专家审查同意后，方可对外公开发表。

第十四条　对集团公司科技发展专项经费开发所形成的集团公司科技成果、技术秘密、专利及相关的技术贸易的管理按集团公司相关管理办法执行。

第十五条　对列入集团公司的重点科研项目，优先推荐申报上海市及国家级相关项目，研究成果可直接申报集团公司重大技术创新奖。

（七）附　则

第十六条　本《管理办法》自颁布之日起执行。

第十七条　本《管理办法》由规划发展部负责解释。

关于鼓励吸引海内外高层人才到宝钢工作的指导意见

（沪宝钢字[2001]212号）

为了提高上海宝钢集团公司（以下简称：集团公司）的国际竞争力，加强技术创新，建设一支富有创新能力的高素质的人才队伍，在注重现有人才培养的同时，必须加大引进高层次人才的力度。为了鼓励各子公司吸引海内外高层次人才到宝钢工作，特提出以下指导意见：

第一条　本指导意见所称的海内外高层次人才是指具有硕士研究生及以上学历、学位且在国内外金融机构、跨国公司、著名高校、科研院所及企业从事金融、工程技术、科研等工作，取得显著成绩者。主要是指宝钢紧缺的海外中青年高级经营管理人才和专业技术学术带头人。

第二条　各单位引进海内外高层次人才，可不受定员、岗位的限制。

第三条　为加大引进力度，鼓励各子公司引进海内外高层次人才，薪酬实行面议，对作出突出贡献的，可再给予本人薪酬数倍的特聘津贴。

第四条　引进的海内外高层次人才，其报酬应与其本人能力水平、对宝钢的贡献和所创造的经济效益挂钩。各子公司应将海内外高层次人才的专利、发明、专有技术等要素参与分配，凡符合沪府发（2000）55号《上海市促进高新技术成果转化的若干规定》和其他有关规定者，鼓励给予成果转化提成、奖励和分配股权。

第五条 为鼓励海内外高层次人才到宝钢工作，加大各单位的引进力度，对来宝钢工作的海内外高层次人才，根据每个人的实际情况，在购买商品房时，各子公司可为其提供一次性购房补贴（具体数额视引进人才的水平、学历而定）。或为引进人才租房提供住房补贴。

第六条 为维护企业利益，企业对引进人才提供一次性购房补贴的，需在劳动合同中对服务期有特殊约定（原则上不低于6年）。违约者，须向企业退还相应比例的购房补贴。

第七条 留学人才到宝钢工作后需要评定专业技术资格，可不受原有专业技术资格和任职年限的限制，根据其本人的学术、技术水平和其他条件由集团公司人事部负责向上海市人事局申请确定，他们在国外取得与我国互认的执业资格证书，由集团公司人事部到有关部门办理相应的专业技术执业资格证书。

第八条 集团公司在人才专项奖中设立海内外高层次人才引进专项经费，用于海内外高层次人才来宝钢考察、技术交流、面试的往返旅费、食宿费用等方面的资助。

第九条 各子公司要进一步更新观念，完善用人机制，创造良好环境。要充分运用市场机制作为配置手段，制定本公司高层次人才引进的相关政策，对引进人才要做到“引进、留住、用好”。以事业凝聚人，以成就激励人，以精神感染人，以真诚对待人，造成一个近悦远来的用人氛围。

第十条 本意见由上海宝钢集团公司人事部负责解释。未尽事宜，按照国家和上海市的相关政策执行。

上海宝钢集团公司关于规范领导人员廉洁自律行为及经营管理行为的规定（试行）

（2002年版）

坚持“依法经营，廉洁从业，勤奋高效，诚实守信”是对上海宝钢集团公司全体员工的共同要求，更是各级领导人员的应尽职责和义务。为了规范领导人员廉洁自律行为及经营管理行为，特制订本规定。

第一章 规范领导人员廉洁自律行为的规定（七条十二不准）：

第一条 不准个人擅自决定企业的大额度资金运作、企业生产经营和改革的重大问题决策、企业的重要人事任免等有关事项。

第二条 不准收受或接受直接管理和服务的对象；主管范围内下属单位和个人；其他与行使职权有关系的单位和个人；外商或私营企业主等赠送的现金、有价证券和高档贵重礼品，以及各种名义的奖励和赞助。不准向上级单位的领导人员赠送现金、有价证券和高档贵重礼品，以及各种名义的奖励和赞助。

第三条 不准将企业或公司（以下简称企业）财产转移到个人名下或其他企业从事营利活动；未经投资者批准，不准以个人名义在国（境）外注册公司或投资参股；不准违反规定个人私自经商办企业及从事有偿中介活动。

第四条 不准利用职权为本人或其他领导人员的配偶、子女及其亲属经商办企业提供便利和优惠条件；不准本人的配偶、子女及其亲属个人从事可能侵害该企业利益的生产经营活动。

第五条 不准擅自兼任下属企业和其他企业的领导职务，经批准兼职的，其兼职工资或其他报酬应领回，一律上交，并按有关规定处理。

第六条 不准将应由个人及其配偶、子女支付的费用到本单位或客户单位报销；不准个人与客户建立借贷、投融资以及租赁关系。

第七条 不准参加用公款、变相用公款支付高档消费的娱乐和健身活动，确因外事活动需要除外。

第二章 规范领导人员经营管理行为的规定（六条九不准）：

第八条 不准授意、指示、强令财务机构、人员做假账、提供虚假的财务报告；不准伪造、变造或擅自销毁、处理会计凭证、会计账簿及其他会计资料。一经发现，一律给予纪律处分或组织处理。

第九条 不准设立“小金库”或授意、指示、强令财务人员设立“小金库”。对设立“小金库”的，一经发现，不论数额大小，一律给予纪律处分或组织处理。

第十条 不准越权或未按规定处置程序对企业财产进行产权转让及注销。

第十一条 不准违反规定对外长期投资、对外担保、对外拆借资金；不准违反规定接受、签发、处理票据。

第十二条 不准违反规定对外透露企业保密的技术、经营、销售等信息；不准在招投标中与投标方串通投标、泄露标底或在比价采购中泄露采购底价。

第十三条 不准超越法人委托权限、范围对外签订、变更合同或虚构合同，套取现金，转移企业资产。

第三章 附则

第十四条 各级子公司应参照本规定执行，并可根据所在公司的实际情况，制订具体实施办法。

第十五条 本规定由上海宝钢集团公司纪委、监察部负责解释。

第十六条 本规定自下发之日起实施。

（集团公司纪委、监察部）

上海宝钢集团公司关于对职工参与淫秽色情活动、赌博活动及吸食、注射、贩卖毒品行为行政处分规定

（沪宝钢字[2001]434号）

第一条 为认真贯彻中共中央关于《公民道德建设实施纲要》，进一步加强上海宝钢集团公司（以下简称集团公司）职工队伍建设，规范集团公司职工社会主义道德行为，维护良好的企业形象，特制定本规定。

第二条 本规定适用于集团公司职工。集团公司职工，是指在集团公司工作的人员和受集团公司委派、聘用到全资子公司、企业事业单位、控股子公司、参股公司工作的人员。

第三条 执行本规定，必须坚持实事求是的原则：以事实为依据、以纪律条规为准绳的原则和教育与惩处相结合的原则。

第四条 违反本规定的行政处分分为警告、记过、记大过、留用察看；也可视所犯错误情节，作解除岗位聘用或解除劳动合同处理。

第五条 集团公司职工因参与淫秽色情活动，赌博活动，吸食、注射、贩卖毒品等行为而受司法机关处理的，给予下列行政处分或处理：

（一）被依法追究管制及以上刑事责任的，以及被劳动教养的，均作解除劳动合同处理；

（二）被免予刑事处罚的，或裁定行政拘留的，给予留用察看处分或解除劳动合同处理；

（三）被单处罚金、没收财物的，给予警告至留用察看处分；也可视所犯错误情节，作解除岗位聘用或解除劳动合同处理。

第六条 集团公司职工因参与淫秽色情活动、赌博活动，吸食、注射、贩卖毒品的，视情节，给予下列行政处分或处理：

（一）参与卖淫、嫖娼的，一律给予解除劳动合同处理；

（二）接受色情性异性按摩或色情性“三陪”的，给予记过以上处分或给予解除岗位聘用处理。

（三）观看淫秽影视、书画，经教育不改的，给予警告或记过处分；

观看淫秽表演的，给予记过或记大过处分；

传播淫秽物品的，给予留用察看处分或解除劳动合同处理。

（四）参与赌博被群众举报或被单位发现，并经查实，情节轻微的，给予批评教育；多次参与赌博，给予警告或记过处分；在公共场所进行赌博、与客户进行赌博或赌资较大等情节严重的，给予记大过以上处分，直至解除劳动合同处理。

领导人员参与赌博，一经查实，不论赌次赌资多少，一律给予政纪处分或组织处理。多次参与赌博，给予记过或记大过处分；在公共场所进行赌博、与客户进行赌博或赌资较大等情节严重的，给予留用察看处分或解除岗位聘用，直至解除劳动合同处理。

因赌博被公安机关查处的，不论赌次赌资多少，一律给予政纪处分或组织处理。情节较重的，给予记过处分；情节严重的，给予记大过以上处分，或解除岗位聘用，直至解除劳动合同处理。

为赌博提供场所、赌具、赌资或其他方便条件，情节较轻的，给予警告处分；情节较重的，给予记过或记大过处分；情节严重的，给予留用察看处分，或解除岗位聘用，直至解除劳动合同处理。

（五）非法吸食或注射国家管制的麻醉药品、精神药品的，给予记过或记大过处分；经戒除后又吸食、注射的，给予留用察看处分或解除劳动合同处理；

（六）吸食、注射鸦片、海洛因、吗啡、大麻、可卡因、摇头丸等毒品的，给予留用察看处分或解除岗位聘用处理；经强制戒除后又吸食、注射的，给予解除劳动合同处理。

第七条 集团公司职工有违反本规定的行为构成犯罪的，应当移送司法机关，依法追究刑事责任。

第八条 有下列情节之一的，可以从轻或减轻处分：

（一）主动交代错误的；

（二）主动检举同案人的问题，经查证属实的；

（三）有其他立功表现的。

第九条 有下列情节之一的，可以从重或加重处分：

（一）用公款进行淫秽色情活动或用公款参与赌博的；

（二）淫秽色情活动、赌博活动的为首者或组织者；

（三）在工作时间、工作场所及在国外、境外参与淫秽色情、赌博活动的；

（四）多次犯同类错误的。

第十条 从轻、从重处分，是指在本规定中对所犯错误应当受到的行政处分的幅度内，给予较轻或较重的行政处分；减轻、加重处分，是指在本规定中对所犯错误应当受到的行政处分幅度以外，减轻或者加重一档给予行政处分。

第十一条 本规定所称多次参与赌博，是指参与赌博两次以上（含两次）的行为。

本规定所称多次犯同类错误的，是指犯同类错误受到两次以上（含两次）处分或处理。

第十二条 对违反本规定的职工的行政处分和处理，由各单位按人事管理权限和规定程序办理。

第十三条 集团公司所属全资子公司、企业事业单位、控股子公司应参照本规定并按程序制订或修改相应的处分规定。

第十四条 共产党员参与淫秽色情活动、赌博活动及吸食、注射、贩卖毒品行为，需要给予党纪处分的，依照《中国共产党纪律处分条例（试行）》有关规定给予处理。

第十五条 对参与淫秽色情活动、赌博活动及吸食、注射毒品、贩卖毒品行为放任不管，或瞒报、谎报、包庇，或不严肃查处的领导人员，依照《上海宝钢集团公司关于实行党风廉政建设责任制的规定》给予纪律处分或组织处理。

第十六条 本规定由集团公司监察部、人事部负责解释。

第十七条 本规定自下发之日起施行。原《上海宝钢集团公司职工参与淫秽色情活动、赌博活动及吸食、注射、贩卖毒品行为行政处分暂行规定》[沪宝钢字（1999）第831号] 终止执行。

上海宝钢集团公司
知识产权管理办法（试行）

（沪宝钢字[2001]454号）

第一章 总　则

第一条 为了规范和加强上海宝钢集团公司（以下简称：集团公司）的知识产权管理工作，充分发挥知识产权在企业发展中的作用，推动科技进步和技术创新，培育集团公司的核心竞争力，根据《中华人民共和国专利法》、《中华人民共和国著作权法》、《中华人民共和国商标法》、《中华人民共和国反不正当竞争法》等法律法规，制定本管理办法（以下简称：本办法）。

第二条 规范和加强集团公司知识产权管理的目的是：强化宏观管理，建立知识产权管理体系；发挥综合优势，加速自主知识产权的形成；推进技术贸易，促进科技成果转化为生产力。

第三条 本办法中所指知识产权包括：专利、商业秘密（包括技术秘密和经营秘密）、商标、著作权等。

第二章 知识产权管理体系

第四条 集团公司技术创新委员会是集团公司知识产权管理的领导决策机构，负责确定集团公司知识产权工作的发展战略和方向，审定集团公司知识产权工作方针、政策和相关制度。

第五条 规划发展部是集团公司知识产权归口管理部门，负责研究制定并组织实施集团公司知识产权工作方针、政策、发展战略及相关管理制度；负责制定集团公司年度知识产权工作计划，并推进实施；负责集团公司科技成果推广、技术贸易推进工作。

第六条 法律事务部负责知识产权仲裁和诉讼的法律事务管理，负责知识产权许可使用、转让等法律文书的审核，协助进行无形资产的评估，并为集团公司各单位提供法律支持和服务。

第七条 计划财务部负责知识产权等无形资产的评估管理和会计核算、以及协助进行技术成果的推广等工作。

第八条 人事部负责与职工有关的商业秘密条款及竞业禁止协议的签订及管理，负责与知识产权相关的各项培训组织以及知识产权管理人员的培养等。

第九条 各子公司应根据国家相关法律法规及参照本办法，结合企业实际，建立知识产权管理体系，配备知识产权管理人员，建立和完善知识产权相关的管理制度。

第三章 权属管理

第十条 集团公司各单位职工在执行本单位的任务、利用本单位的名义或主要利用本单位的物质技术条件所取得的智力成果，其知识产权归所在单位所有，完成者依法享有在有关技术文件上署名及获得奖励和报酬的权利，双方有协议的按约定办。

执行本单位任务完成的智力成果是指：履行岗位职责规定的工作所取得的智力成果；履行岗位职责以外由公司交办的其他任务所取得的智力成果；职工离、退休或调离公司后一年内完成的与其在原单位承担的本职工作或分配的任务有关的发明创造和技术成果；受公司委派在国内外讲学、进修、培训等人员，在接收单位完成的发明创造和其他智力成果。

利用本单位名义，是指经本单位同意后在经济技术合同中和一切经营活动中使用本单位名义。

利用本单位的物质技术条件是指利用本单位的资金、设备、器材、零部件、原材料或者不对外公开的技术资料等。

第十一条 集团公司各单位聘用的各类研究人员及经合法途径接收的各类培训、借用、返聘及兼职人员，在工作和学习期间利用工作物资、技术条件或承担其任务所取得的知识产权属于聘用单位所有，但完成者有署名、获得奖励和报酬的权利。

第十二条 集团公司各单位委托外单位或者与外单位合作开展科研开发、技术改造、工程设计、工程施工、设备制造、备品备件国产化攻关，以及其他经济、科技活动中形成的知识产权，应事先签定知识产权协议，明确合作双方知识产权分享原则及侵权责任，原则上知识产权应归委托方所有。

第十三条 各子公司取得的知识产权归子公司所有，并由子公司自行管理。

第十四条 集团公司“科技发展专项经费”支持项目所产生的知识产权由集团公司和项目承担单位共同拥有，并需在委托开发合同中加以明确。

第四章 专利和商业秘密管理

第十五条 集团公司鼓励各单位积极申报专利、审定技术秘密，要求各单位制定相应管理制度和奖励政策，奖励力度不低于国家法律法规规定。

第十六条 集团公司各单位科研和技改项目立项时，应进行专利查新，以保证研究开发和引进技术的创新性。

第十七条 对由集团公司各单位开发，具有市场前景的实用技术或在某领域占有领先地位的技术，应加强专利申请和技术秘密审定。

第十八条 专利申请应在技术成果的鉴定、展览及科技文章的发表等工作之前开展，以防丧失新颖性。

第十九条 各子公司专利申请及技术秘密审定由子公司自行负责，并报规划发展部备案；单独以集团公司名义进行的专利申请及技术秘密审定由规划发展部负责并进行日常维护管理；以集团公司和子公司共同名义进行的专利申请及技术秘密审定可由规划发展部负责进行或视情况委托相关子公司具体操作并进行日常维护管理。

第二十条 对不为公众知悉，具有实用性或创新性，可长期保密并能带来经济利益的技术，不宜申请专利的，各单位应进行技术秘密审定，采取有效的保密措施，防止泄密。

第二十一条 对不为公众知悉，可以采取措施加以保密的，能带来经济利益的经营信息，应作为各单位的经营秘密进行保护，相应的责任部门必须采取有效的管理和防范措施进行保密。

第二十二条 对涉及或可能掌握公司商业秘密的科技、经营、管理和相关业务人员，用人单位应在劳动合同或聘用合同中与他们约定保密条款，包括保密范围、期限、方式、泄密责任及权益等内容。

第五章 商标、著作权管理

第二十三条 商标是公司无形资产的重要组成部分，集团公司各单位应规范使用、严加管理，维护集团公司整体形象和利益。

第二十四条 计算机软件、科技文章、专著、工程设计图纸及声像等成果的著作权，集团公司各单位应有有效的保护措施，以保护自己管理业务范围内的著作权。

第六章 技术合作、交流的知识产权管理

第二十五条 集团公司各单位需引进工艺装备及技术，或与外方进行技术交流时，应做好技术保密工作，如有外单位参加交流、谈判、设计、施工等相关工作，应在事先签订保密协议，格式由各单位自定。

第二十六条 集团公司各单位在对外开展技术咨询、技术服务，以及接待外单位人员参观访问实习培训时，应有保密意识，注意避免泄露公司技术或经营秘密。

第二十七条 集团公司各单位所属职工在对外学术交流活动中，如论文发表、讲学、参加会议参观访问等，应严格遵循公司保密规定，对于涉及公司有关技术或经营秘密以及可能产生自主知识产权的技术，不得对外泄露。

第七章 知识产权评估及技术贸易

第二十八条 集团公司鼓励各单位依法开展无形资产评估工作，为企业资产经营创造条件。

第二十九条 单独以集团公司名义或由集团公司与子公司名义共同申请的专利、审定的技术秘密以及注册的商标等知识产权的转让或使用许可，由规划发展部牵头负责，法律事务部、计划财务部协助。技术贸易获利所得由集团公司单独享受或与子公司共同享受，比例视具体情况协商确定。

子公司的知识产权转让或使用许可由子公司自行负责管理。但为防止宝钢竞争对手通过技术贸易形式获取宝钢核心技术，各子公司在与集团公司以外单位签订技术贸易合同前须报规划发展部审定。

第三十条 集团公司鼓励并推进集团公司内部及对外技术贸易工作，促进成果的转化，加速技术与经济的结合，实现企业价值最大化。

第三十一条 集团公司建立科研及技改项目立项前的科技成果查询制度，对于集团公司范围内已开发成功或已引进，并具备推广、转让等条件的项目或技术（其中引进技术需不受知识产权保护合同或协议约束），原则上不再予以立项，并通过集团公司内技术贸易（技术转让、许可、服务及咨询等）的形式解决。

第八章 政策导向

第三十二条 各子公司知识产权状况指标（年度专利申请数、专利授权数、技术秘密审定数、专利实施效益、技术贸易额、知识产权管理状况等）是评价子公司技术创新工作的主要指标之一。

第三十三条 集团公司设立“专利及技术推广费”，用以支持集团公司内重点科技成果的推广应用（管理办法另行制定）。

第三十四条 集团公司建立科技成果激励制度，重点奖励集团公司范围内具有自主知识产权的重大科技成果（管理办法另行制定）。

第九章 附　则

第三十五条 各子公司知识产权有关管理办法制定或修改后应及时报规划发展部备案。

第三十六条 造成较大产权纠纷的事件，应及时书面报告法律事务部。

第三十七条 本办法如与国家有关法律法规有抵触之处，按国家法律法规执行。

第三十八条 本办法由规划发展部负责解释。

第三十九条 本办法自下发之日起试行。

2002年宝钢职工就医须知

从2002年1月1日起，参加本市城镇职工基本医疗保险企业的职工（包括退休职工）将全部凭《社会保障卡》（简称社保卡）或《社会保障卡（医疗保险专用）》（简称医保卡）就医和结算医疗费用，原使用的《上海市城镇职工医疗保险住院凭证》和《上海市城镇职工部分项目医疗保险专用凭证》将停止使用。

一、2002年1月1日后参保职工就医时可能发生情况的处理方法

1.既有社保卡又有医保卡的退休职工，首次就医时，必须同时带好二张卡，先使用社保卡，如初次划卡时社保卡已能使用，则医保卡自动停止使用。如社保卡不能使用，可继续使用医保卡，但必须在就医单位领取《持社会保障卡就医告知单》，到原发卡的社会保障卡服务点重新办理社保卡。

2. 已有医保卡，尚未办理好社保卡的退休职工，继续使用医保卡，直至办好社保卡。

3. 尚未办理社保卡的在职职工，可由单位在收到区医保办通知后 去领取医保卡，发到职工手里，暂用医保卡就医，直至办理社保卡后。

4. 已办理申领社保卡手续但尚未领取的职工，请速到发放机构去领卡。

5. 只有社保卡而无医保卡的在职职工，因信息等原因，其社保卡无法使用的即在就医单位领取《持社会保障卡就医告知单》到社保卡服务点办理有关手续。

6. 两卡均没有的参保职工，就医时付现金，并需及时向单位领取医保卡或带本人身份证到区医保办办理医保卡。

7.参保职工在急诊或门诊大病医疗时，遇到保障卡不能使用时，先付现金就医，然后在就医单位领取盖好章的《就医卡损坏告知单》，带好本人身份证和医疗费发票在1个月内到就近医保办申请报销。

二、关于在职职工门诊大病医疗的登记工作

2002年1月1日起，企业在职职工门诊大病医疗费将持卡结算，但必须先到区医保办进行门诊大病登记，使大病信息进入本人保障卡内，方可在就医时按门诊大病医疗费支付办法结算。

登记方法：先到进行大病门诊医疗的医院办理《上海市城镇职工基本医疗保险门诊大病登记申请单》，然后凭申请单、本人的社保卡或医保卡，到该医院所在地的区医保办办理手续。

两卡均未领到的，暂凭本人身份证及申请单办理就医手续，在2002年1月1~15日期间，可先予以手工记帐，暂不收费，待办理好医保卡门诊大病登记手续后，一并按规定上网结算。

三、跨年度住院、急诊留观及家庭病床的医疗费结算

职工在2001年12月31日前住院或急诊留观，2002年1月1日后需继续治疗的，按2002年 实际结算时的年起付标准及最高支付限额执行。职工在一所医院住院不足6个月的，出院时结算。住院6个月以上的，每满6个月或出院时结算医疗费用。

家庭病床医疗、建床不足6个月的，撤床时结算，建床6个月以上的每满6个月或撤床时申请结算。

四、关于卫生处医务科代为审核2001年度医疗费零星报销事宜

职工年度门急诊医疗费超过自负段，进入共负段，可到医务科来审核，由医保支付的医疗费用事宜，但须知:

1. 医疗费发生时间截止于2001年12月31日

2. 医务科受理截止日期为2002年1月15日

3. 职工因公在外地急诊等特殊原因办理截止日期为2002年2月15日

五、个人医疗帐户的计入和使用

个人医疗账户包括当年，账户和历年结余

1.2002年当年账户：2001年个人实际缴费额加上2000年全市职工年平均工资的1.5%（或1%或0.5%）。

个人实际缴费额超过市平均工资水平300%的按300%计算。

年市职工平均工资，45岁以上计入1.5%，35~44岁的计入1%，34岁以下计入0.5%，为与养老保险年度（每年4月1日起）接轨，今年的账户资金从2002年1月1日到2003年3月31日发放15个月。

2.2002年的历年结余：2001年在职职工根据年龄段已暂发现金238~378元，作为当年账户资金，实际2001年应发数不止该数，其差额作为2002年历年账户结余已进入卡内，并按2001年1年期定期存款利率2.25%计息一并入卡。

3. 当年账户资金只能用于门、急诊，历年结余资金可在当年账户资金用完后用于支付门、急诊医疗费。当年账户及历年结余资金一并用完后才可进入门、急诊自负段，历年结余资金亦可用于住院、急诊留观、门诊大病、家庭病床等。2002年自负段及住院起付标准暂定为1400元。

六、卫生处所属6家医疗单位已纳入市医保单位：已与市医保信息中心联网，已可刷卡上网结算医疗费用。

该6家单位是：宝钢果园门诊部（体检中心）、宝钢厂区门诊部（急救中心）、宝钢三期门诊部（二急站）、宝钢指挥大楼门诊部（宝钢大厦）、宝钢化工公司卫生所（化工公司办公楼）、宝钢运输部卫生所（丁家桥大院2号楼）。

七、请带卡就医

无卡不能上网，不能进行账户结算。使用现金就医，卡内资金留存不用将无法进入自负段、共负段，使部分本该进入共负段的职工，无法由医保统筹基金为其支付部分医疗费用。

宝钢在职职工当年账户资金加上历年结余资金已有一定数目，今年卡内资金不用，势必转入明年的历年账户结余，更增加了明年进入共负段的难度，因此请查看您卡内当年和历年账户结余，勿忘使用您的社保卡。

八、职工住院手续该如何办？

2001年医保改革试行时，职工住院时要到卫生处医务科开具医保住院凭证，2002年开始医保住院凭证已不再使用，职工住院凭个人的社会保障卡或医保卡到医院办理住院手续，并须携带预付款，在职职工2000元，退休职工1000元。

如果住院手术要使用自费的进口器材，则可能还要准备进口器材的购置费（具体费用由医院通知）。

九、职工住院费用该如何支付？

职工住院或急诊留观，在自负（起步费）1400元后剩下的费用自负15%，医保支付85%，一年度内起步费只算一次，如果职工因病急诊留观或住院费用<1400元，则全部自理，但一年度内再次留观或住院时，则其费用加上首次住院（留观）的费用合并计算，自负超过起步费1400元后，自付15%，医保支付85%。

如果住院费用超过56000元，则超过部分自负20%，医保支付80%。

职工因病要使用进口器材，则需自理进口器材与国产同类器材的差价。

十、计划生育自然分娩或流产的医疗费用如何支付？

根据上海市劳动和社会保障局沪劳保福发（2001）58号关于发布《〈上海市城镇生育保险办法〉实施细则的通知》文件精神，按计划生育女职工自然分娩或流产将按妊娠月份给予生育医疗费补贴：

妊娠7个月（含7个月）以上分娩或妊娠不满7个月早产　补贴　2500元
妊娠3个月（含3个月）以上或7个月以下自然流产　补贴　400元
妊娠3个月以下自然流产或患子宫外孕　补贴　200元

上述标准由宝山区社会保险中心支付，超出部分由申领者携带生育及产前检查的发票及社保医疗补助证明到宝钢卫生处医务科审核后，按规定领取差额补贴，女职工因计划生育需要，在本市定点医疗机构施行节育和终止妊娠手术服务所发生的医疗费用仍按原规定由医保支付。

十一、在职职工在外地患病医疗费用的报销问题

在职职工因出差、探亲或旅游在外地患急病时，在定点医疗机构（乡镇、街道卫生院以上单位）急诊就医或急诊住院的，待其回沪后可携本人社保卡、外地就医证明（急诊病史或住院小结）及发票到区医保中心按规定办理费用核销事宜。在外地门诊就医或门诊住院不在此列，各类顽疾自行去外地就医亦不在此列。

十二、关于定居外地退休人员个人医疗账户资金的邮寄及医疗费零星报销工作

定居外地的退休人员，可去社保中心和医保中心办理手续，其养老金和个人医疗账户资金可由社保中心和医保中心直接寄到居住地，由本人领取。其在外地医保定点医疗机构（乡、镇、街道卫生院以上单位）就医，按规定应当由医疗保险基金报销的医疗费用，可由居住本市的亲友到医保中心代为申请报销，也可委托原工作单位到医保中心代为申请报销。

上海宝钢集团公司部分全资子公司和控股子公司通讯一览表

2002年5月

宝山钢铁股份有限公司
公司地址：上海市宝山区富锦路果园
邮政编码：201900
电话总机：（021）56784567
传真号码：（021）26648046
法人代表：谢企华

宝钢集团上海第一钢铁有限公司
公司地址：上海市长江路735号
邮政编码：200431
电话总机：（021）56825682
传真号码：（021）56820807
法人代表：伏中哲

宝钢集团上海二钢有限公司
公司地址：上海市黄兴路221号
邮政编码：200090
电话总机：（021）65188888
传真号码：（021）65200516
法人代表：谢毛弟

宝钢集团上海浦东钢铁有限公司
公司地址：上海市浦东新区上南路300号
邮政编码：200126
电话总机：（021）58839180
传真号码：（021）63201284
法人代表：汪金德

宝钢集团上海五钢有限公司
公司地址：上海市宝山区同济路333号
邮政编码：200940
电话总机：（021）56679080
传真号码：（021）56670867
法人代表：谢　蔚

宝钢集团上海梅山有限公司
公司地址：江苏省南京市中华门外新建
邮政编码：210039
电话总机：（025）6701886
传真号码：（025）6701540
法人代表：张思明

上海宝钢益昌薄板有限公司
公司地址：上海市宝山区江杨南路2288号
邮政编码：200431
电话总机：（021）56750777
传真号码：（021）56754274
法人代表：赵　昆

南通宝钢新日制钢有限公司
公司地址：江苏省南通市唐闸河东北路161号
邮政编码：226002
电话总机：（0513）5541503
传真号码：（0513）5545771
法人代表：倪明德

宁波宝新不锈钢有限公司
公司地址：浙江省宁波市北仑霞浦镇
邮政编码：315807
电话总机：（0574）6908888
传真号码：（0574）6907128
法人代表：何文波

南京宝日钢丝制品有限公司
公司地址：江苏省南京市南京经济技术开发区
邮政编码：210038
电话总机：（025）5801266
传真号码：（025）5801836
法人代表：孙福兴

上海宝钢产业发展有限公司
公司地址：上海市宝山区宝杨路855号
邮政编码：201900
电话总机：（021）56126666
传真号码：（021）56124437
法人代表：郎益富

上海宝钢国际经济贸易有限公司
公司地址：上海市浦东新区浦电路370号宝钢大厦18楼
邮政编码：200122
电话总机：（021）58358888
传真号码：（021）50603344
法人代表：何文波

宝和通商株式会社
公司地址：日本东京都千代田区1-15室
电话总机：（0081-3）32379121
传真号码：（0081-3）32379123
法人代表：谢企华

宝钢欧洲贸易有限公司
公司地址：德国汉堡瑙嫩斯缔克大街1号
电话总机：（0049-40）419940
传真号码：（0049-40）419941 20
法人代表：何文波

宝岛贸易有限公司
公司地址：香港湾仔港湾道1号会展中心29楼
电话总机：（0085-2）28277773
传真号码：（0085-2）25985917
法人代表：严和平

宝钢美洲贸易有限公司
公司地址：美国新泽西州哈根萨克大街401号
电话总机：（001-212）5249800
传真号码：（001-212）4570909
法人代表：谢企华

宝钢新加坡贸易有限公司
公司地址：新加坡淡马锡林荫大道6号新达城第四大厦#25-02
电话总机：（0065）3336818
传真号码：（0065）3336819
法人代表：邱成智

宝运企业有限公司
公司地址：香港湾仔港湾道1号会展中心29楼
电话总机：（0085-2）25285766
传真号码：（0085-2）25295117
法人代表：何文波

宝金企业有限公司
公司地址：香港湾仔港湾道25号海港中心29楼
电话总机：（0085-2）28333222
传真号码：（0085-2）28270001
法人代表：徐乐江

宝钢集团财务有限责任公司
公司地址：上海市浦东新区浦电路370号宝钢大厦9楼
邮政编码：200122
电话总机：（021）58358888
传真号码：（021）68403611
法人代表：翁英俊

华宝信托投资有限责任公司
公司地址：上海市浦东新区浦电路370号宝钢大厦7楼、8楼
邮政编码：200177
电话总机：（021）68403666
传真号码：（021）68403999
法人代表：王世宏

联合证券有限责任公司
公司地址：广东省深圳市深南东路5047号深圳发展银行大厦
邮政编码：518001
电话总机：（0755）2492000
传真号码：（0755）2493000
法人代表：王世宏

上海宝信软件股份有限公司
公司地址：上海市浦东新区张江高科技园区郭守敬路515号
邮政编码：201203
电话总机：（021）50801155
传真号码：（021）50800701
法人代表：徐乐江

东方钢铁电子商务有限公司
公司地址：上海市金陵东路2号光明大厦11楼
邮政编码：200002
电话总机：（021）63290101
传真号码：（021）63292624
法人代表：何文波

上海宝钢工程技术有限公司
公司地址：上海市宝山区湄浦路318号
邮政编码：201900
电话总机：（021）66786678
传真号码：（021）56783288
法人代表：王　喆

宝钢集团企业开发总公司
公司地址：上海市宝山区宝杨路889号
邮政编码：201900
电话总机：（021）56128720
传真号码：（021）56122654
法人代表：徐　楠

上海宝钢化工有限公司
公司地址：上海市宝山区同济路1800号
邮政编码：201900
电话总机：（021）26648400
传真号码：（021）56693647
法人代表：魏国瑞

上海宝钢房地产开发经营公司
公司地址：上海市宝山区宝杨路235号
邮政编码：201900
电话总机：（021）56125442
传真号码：（021）56106540
法人代表：赵光华

上海宝钢设备检修有限公司
公司地址：上海市宝钢厂区纬一路机三路
邮政编码：201900
电话总机：（021）26616721
传真号码：（021）56195801
法人代表：唐志勇

上海宝钢设备检测公司
公司地址：上海市宝山区湄浦路318号
邮政编码：201900
电话总机：（021）56787471
传真号码：（021）56787580
法人代表：张克南

上海宝钢建设有限公司
公司地址：上海市西江湾路500号
邮政编码：200083
电话总机：（021）56715671
传真号码：（021）56665391
法人代表：谈德勤

索引

SUOYIN

索　引

说　明:

一、本索引采用主题分析索引法，按主题词首字的汉语拼音顺序排列。
二、主题词后面的数字表示内容所在的页码，数字后面的a、b表示内容所在的栏别。
三、表格、表格内容的索引页码后面注有“表”字；图片索引的页码后面注有“图”字。
四、为便于读者检索，以“宝钢”打头的机关、企业单位名称一般不冠以“宝钢”二字，易产生歧义者除外。
五、内容有交叉重复的，在本索引中将重复出现。
六、本索引由《上海年鉴》编辑部林德珍同志编制。

A

B

C

D

E

F

G

K

L

M

N

O

P

Q

R

S

T

W

Z

《上海宝钢年鉴(2002)》工作人员

书名题签：关壮民

总 编 审：孙词雄

特邀编审：曹长祥、莫　臻、张　淼、倪颂迅、张生元、金　荣

栏目编辑：程陆平、严家森、邬烈豪、罗和平、张　鑫

总 校 对：罗和平、金　荣、张　鑫

特邀审稿：姚金祥、田　骅、黄海根、林德珍

特邀美编：杨德鸿

主要摄影人员及图片提供单位：

贝金国、姜为强、张鑫尔、陆非然、张清海、张跃进、王长志、黄建飞、杨秉法、陈益群

一钢公司、二钢公司、浦钢公司、五钢公司、梅山公司、益昌公司、上海钢管公司、宁波宝新不锈钢公司、南通新日制钢公司、烟台鲁宝钢管公司、宝钢国贸公司、工程技术公司、产业公司、宝信公司、联合公司、检测公司、化工公司、上海宝钢建设有限公司、房地产公司、宝山宾馆、宝钢研究院、就业管理中心、宝江公安分局、教培中心、人武部、老干部一处、老干部二处、团委

图书在版编目（CIP）数据

上海宝钢年鉴．2002/《上海宝钢年鉴．2002》编纂委员会编．—上海：上海社会科学院出版社，2002
ISBN 7-80681-059-5

Ⅰ．上…　Ⅱ．上…　Ⅲ．钢铁厂—上海市—2002—年鉴　Ⅳ．F426.31-54

中国版本图书馆CIP数据核字（2002）第054592号

上海宝钢年鉴（2002）

编　　纂： 上海宝钢年鉴编纂委员会
责任编辑： 杨　国
装帧设计： 徐伟亮　吴哲明
电脑制作： 林素珍　陈　乾　王　萍
制作监制： 罗喜荣
印刷总监： 徐伟亮

出版发行： 上海社会科学院出版社
经　　销： 新华书店上海发行所
图文制作： 上海柯乐电脑创意有限公司
印　　刷： 上海柯创印刷有限公司
开　　本： 889×1194毫米　1/16开
印　　张： 23
字　　数： 500千字
版　　次： 2002年7月第1版　2002年7月第1次印刷
印　　数： 000　1-2 000

ISBN 7-80681-059-5/Z·002　定价：280.00元
